桥梁工程施工技术交底手册

（第二版）

主编　李世华

中国建筑工业出版社

图书在版编目（CIP）数据

桥梁工程施工技术交底手册/李世华主编. —2
版. —北京：中国建筑工业出版社，2018.10
　ISBN 978-7-112-22606-1

　Ⅰ. ①桥… Ⅱ. ①李… Ⅲ. ①桥梁工程-工程施
工-技术手册 Ⅳ. ①U445.4-62

中国版本图书馆 CIP 数据核字（2018）第 199948 号

本书包括：概论；桥梁施工准备；基础工程；沉管隧道工程；模板、
拱架与支架；钢筋工程；混凝土工程；桥梁下部结构；预应力混凝土工
程；冬期施工；桥梁架设安装；拱桥；钢桥、斜拉桥与悬索桥；城市箱涵
顶进等内容。本书依据国家现行相关法规、规范、规程、标准、要求，参
考相关地方标准，征求相关单位和专家的意见，结合桥梁工程施工特点进
行编写，力求理论与实际相结合，注重施工实践经验的总结，并将新规范
的内容融会贯通，做到通俗易懂，体现知识性、权威性、前瞻性、适用性
和可操作性。

本书可供从事桥梁工程设计、施工、监理、管理等技术人员使用，也
可供大专院校有关专业师生使用。

责任编辑：胡明安
责任校对：姜小莲

桥梁工程施工技术交底手册（第二版）
主编　李世华
*
中国建筑工业出版社出版、发行（北京海淀三里河路 9 号）
各地新华书店、建筑书店经销
霸州市顺浩图文科技发展有限公司制版
天津安泰印刷有限公司印刷
*
开本：787×1092 毫米　1/16　印张：31½　字数：782 千字
2019 年 1 月第二版　　2019 年 1 月第二次印刷
定价：**99.00** 元
ISBN 978-7-112-22606-1
（32703）

本手册编审委员会

主　任　李俊亭

副主任　罗满秀　彭玉初　龚细珍　李荣生　彭丽仙　李高云　彭时秀
　　　　李阳初　肖春秀　李晋福　彭玉源　李秋秀　罗福生　李锡香
　　　　郑永光　彭泳娥　张汉初　彭健元　聂芷秀　彭　辉　李资英

委　员　李世华　罗桂莲　李智华　吴红汝　李春华　李国柱　李柳华
　　　　曾义芳　张连发　郑月珍　寿　鹏　陈湘平　李颂华　李阳春
　　　　李志军　李国华　李均华　李爱萍　李如华　刘鹤怀　李盛华
　　　　周赛兰　李泳华　马建秋　李玉华　王天飞　李植潘　宋淑元
　　　　李松怀　聂辉娥　李金娥　贺玉堂　李青娥　邬元林　李爱娥
　　　　周凡道　李素娥　肖正明　郑正龙　邵成英　郑银龙　王艳春
　　　　王平娥　熊双桥　郑有芳　王运成　郑桔芳　付同桥　罗冬林
　　　　尹月英　罗石生　许运秀　罗金桃　余菊兰　肖智勇　肖芝才
　　　　肖云岩　肖云海　张苍庚　余金莲　张民庚　廖锦平　张芝丽
　　　　刘绍球　张青丽　杜龙云　彭银坡　李辉娥　彭小满　彭晓香
　　　　彭铁志　鲁广安　彭志立　匡世鸿　彭民安　李　琼　张其林
　　　　张乐涵　李思洋　寿晨曦　李雨婷　李子昂　李　昂　寿李鸣飞
　　　　李　江　李嘉雯　李若寒　李彦达　李　海　李　苗　李　博
　　　　曾　铮　唐洁丽　曾玥跃　刘　顿　梁　洁　张　弓　欧阳宏珍
　　　　杜冰凌　张　戈　唐　芳　彭石红　陶　青　彭子扬　彭梓嘉
　　　　彭世坚　周宇花　彭桢惠　彭　博　鲁麒麟　朱　虹　鲁鸣博
　　　　彭　杰　匡　健　李南海　曾毛仔　聂建军　卜银波　聂　兰
　　　　王子豪　李小山　李银娥　李红莲　肖讫松　周红莲　李星峰
　　　　卿元兰　李佳惠　李槿惠　李　炜　李建伟　马利庭　王　蔻

3

前　　言

《桥梁工程施工技术交底手册》（第二版）在全体编审人员的齐心协力、勤奋努力下问世了，我们希望对全国从事桥梁工程设计、施工、验收、管理等方面的工程技术人员有所帮助。

随着国民经济的飞跃发展，我国的桥梁工程建设步入了史无前例的黄金时期，特别在党的"一带一路"建设的号召下，我国在各个领域都迈向全球价值链中高端，培育若干世界级先进制造业集群。习近平总书记在十九大报告中强调，要颠覆性技术创新，为建设科技强国、质量强国、航天强国、网络强国、交通强国、智慧社会提供有力支撑。

桥梁工程建设和投资规模逐年扩大，工程施工技术难度越来越大，质量与技术要求越来越高，施工环境越来越复杂，专业分工越来越细。同时，新技术、新工艺、新设备、新材料的不断涌现，对桥梁工程施工人员的知识积累、技能水平提出了更高的要求。为桥梁工程的规范化管理，提高从业人员施工技术水平和管理水平，将《桥梁工程施工技术交底手册》第一版进行修订。

《桥梁工程施工技术交底手册》（第二版）在编写过程中，严格依据国家现行相关的法律、规范、规程、标准、要求，参考相关地方标准，征求相关单位和专家的意见，结合桥梁工程施工的特点，考虑到桥梁工程管理的发展趋势进行编写，力求理论与实际相结合，注重施工实践经验的总结，并将新规范的内容融会贯通，做到通俗易懂，体现知识性、权威性、前瞻性、适用性和可操作性。

本书主要内容包括：概论；桥梁施工准备；基础工程；沉管隧道工程；模板、拱架与支架；钢筋工程；混凝土工程；桥梁下部结构；预应力混凝土工程；冬期施工；桥梁架设安装；拱桥；钢桥、斜拉桥与悬索桥；城市箱涵顶进等内容。

本手册由广州大学市政技术学院李世华任主编，李琼、张其林、李思洋、寿晨曦任副主编。其中李琼承担了第1章概论、第2章桥梁施工准备的编写；张其林承担了第3章基础工程、第6章钢筋工程的编写；李思洋承担了第9章预应力混凝土工程、第10章冬期施工的编写；寿晨曦承担了第11章桥梁架设安装、第 12 章拱桥的编写；广州市公用事业规划设计院钟惠华承担了；第 14 章城市箱涵顶进的编写。天津市政工程设计院广州分院刘晖承担了第 5 章模板、拱架与支架、第 13 章钢桥、斜拉桥与悬索桥的编写。广州市土地房产管理职业学校刘林承担了全书图纸的描绘与摄影工作，其余部分的编写由李世华完成。

本手册具有内容翔实、语言简洁、重点突出、新技术信息含量高、查找方便为特点，具有较强的指导作用和使用价值，可作为规范实施的技术性工具书，可供从事市政工程设计、施工、监理、管理等技术人员使用，也可供大专院校有关专业师生参考。

在编写过程中，不仅得到了广州大学土木学院、广州大学市政技术学院、中南大学、华南路桥集团、中交路桥华南公司、广州市政集团公司的安关峰、孟民强、刘兴荣、陈希龙、陈龙英、陈金珠、金毅、韦可海、蒋家铸、张玉萍、姜海军、甄真、杨喜铧、戴爱华、沈学军、陶佳妮、李春魁、刘宝霞、徐利勇、李冬、袁愈柳、周飞、伍永寿、杨树杰、江建新、李秀华、鄂建国、何肇银、周远定、聂星星、刘佩书、张少秋、温华、谷志和、陈锡旋、张巧玲、张相文、李亚南、罗国莉、陈仁干、李甫抽、李亦聪、张怀其、王春成、李定智、肖鼎盛、彭淳熙、贺美莲、聂伯青、王罗英、彭南光、贺恒应、黄向荣、孙善云、李伟命、王青梅、李紫林、张学文、彭玉光、黄柄炎、李海兵、彭石生等专家教授的大力支持和热情关怀，为本手册提供了大量的参考资料，而且参考了许多素不相识的同行们的著作、成果、资料等。在此一并致以衷心的感谢。由于我们的水平有限，书中不足之处，诚恳地欢迎广大读者批评指正。

目　　录

1 概　　论

1.1 桥梁的发展概况

桥梁的发展概况　　　　　　　　　　　　　　　　　　　　　　表 1-1

序号	主要项目	桥梁发展概况的主要内容与图表
1	引言	（1）桥梁作为人类克服各种自然障碍，达到通达目的的建筑结构，是一个为全社会服务的公益性建筑，它与人类社会的发展繁荣和人们生产生活的便利息息相关。它是记载着人类克服艰险、战胜自然、发展进步。从远古先人简单构筑木桥、石桥，发展到至今的凌空横跨、雄伟壮观的现代化桥梁，其发展的每一个里程，无不展示着人类的创造力，浓缩着人类不懈探索的成功，蕴含着人类科技文化发展的精髓。 （2）同其他建筑一样，在人类生产和生活的实践中，依靠着自身的智慧和创造力，不断将美好的愿望和需要、审美的追求和创造，渗透到桥梁的建筑中，"按美的规律来建造"桥梁。我的桥梁建筑曾经在世界建桥史上具有辉煌的篇章，对世界桥梁事业的发展做出了卓越的贡献，也是当时世界领先水平的古老建筑技术。 （3）我国的石桥建筑，无论是在结构形式、建桥技术、造型特点、艺术蕴涵，都可以说独树一帜。其中赵州桥，是我国古代石桥建筑技术和艺术上的典范，是世界桥梁科学宝库里熠熠生辉的瑰宝，也是世界建筑史上三大杰作之一，被誉为"国际土木工程里程碑"。 （4）中国古代的建桥技术和建筑艺术，体现了现今结构功能和造型艺术的统一，是一些美的规律和法则的浓缩，同时深刻蕴含着当时社会文化艺术的风采。著名英国科学家李约瑟评价中国的桥梁建筑时说"没有一座中国桥是欠美的，并且有很多特殊的美"。 （5）2008 年 5 月 1 日世界上跨海距离最长（36km）的杭州湾大桥和 2008 年 6 月 30 日世界上斜拉桥主孔跨度最长（1088m）的苏通大桥相继建成通车，标志着我国建桥史上完成了由桥梁建设大国向桥梁建设强国的历史性跨越。 （6）随着 2018 年 5 月 1 日港珠澳大桥（55km）的胜利通车，创造出无数个世界第一，标志着建桥强国，在党的"一带一路建设"号召中，领跑着世界桥梁建设跨入新世纪。
2	中国古代十大名桥	（1）赵州桥 图 1.1-1 所示为我国河北省赵县著名的古代石拱桥——赵州桥，也是世界上最早的一座敞肩圆弧石拱桥。此桥建于隋朝（公元 600～605 年），在结构构思、艺术造型、雕刻精湛、造型秀丽、兽形逼真等方面是桥梁史上的创举，更是我国文物的艺术珍品，该桥于 20 世纪已列入世界文化遗产。该桥是一座空腹式圆弧形石拱桥。净跨 37.02m，桥宽 9.00m，桥高 7.23m，主桥上两侧设有跨径分别为 2.80m 和 3.80m 不等跨的小拱。 赵州桥融技术与艺术于一体，可谓"车马千人过，乾坤此一桥"，引来历代文人争相题咏，1991 年赵州桥被美国土木工程学会选定为第 12 个国际历史土木工程里程碑，并建有标志。

序号	主要项目	桥梁发展概况的主要内容与图表
2	中国古代十大名桥	图 1.1-1 著名的古代石拱桥——赵州桥 （2）五亭桥 图 1.1-2 所示为瘦西湖五亭桥，五亭桥又是瘦西湖的标志，在全国园林中有一席之地。其最大的特点是阴柔阳刚的完美结合，南秀北雄的有机融和。该桥建于莲花堤上，是清乾隆二十二年（1757 年）巡盐御史高恒所建，是因为建于莲花堤上，因为形状像一朵盛开的莲花，所以它又叫莲花桥。造桥者把桥身建成拱形，由三种不同的券洞联系，桥孔共有 15 个，中心桥孔最大，跨度为 7.13m，呈大的半圆形，直贯东西，旁边 12 桥孔布置在桥的三面，可通南北，亦呈小的半圆形，桥阶洞则为扇形，可通东西。正面望去，连同倒影，形成五孔，大小不一，形状各殊，这样就在厚重的桥基上，安排了空灵的拱券，在直线的拼 图 1.1-2 瘦西湖上的五亭桥

序号	主要项目	桥梁发展概况的主要内容与图表
2	中国古代十大名桥	缝转角中安置了曲线的桥洞，与桥亭自然就配置和谐了。 （3）卢沟桥 　　图1.1-3～图1.1-4所示为卢沟桥，始建于金大定二十九年（1189年），至今已800多年历史。该桥在两侧栏柱上刻有表情各异、生动逼真的石狮，桥头有石碑、华表等建筑，是一座蕴含着中华民族丰富文化内涵和建筑艺术的桥梁，该桥被马可·波罗赞誉为"世界上独一无二"的桥梁。 图1.1-3　"世界上独一无二"——卢沟桥 　　该桥长266.5m，美丽的石桥宛如一带长虹，横跨两岸，11个拱券洞门悠然卧在波澜之上，每个桥墩前的分水尖，像把利剑伸向兴风作浪的蟹蛟，迫使它驯服地从洞门流过。此即卢沟桥上著名的"斩龙剑"（或称斩凌剑）。桥东西两端有4根高4.65m的华表亭亭玉立。桥上两侧共有1.4m高的望柱281根。两柱之间由刻着花纹的栏板相连。每个望柱顶端都有一个大狮，大狮身上雕着许多姿态各异的小狮。由于雕刻艺术高超，小狮不易被发现。经考古工作队勘察，桥上的石狮（包括桥东端代替抱鼓石的两个大狮，华表莲座上4个坐狮，281根望柱顶端的大狮及198个大狮身上的小狮）总数为485个。桥东端有碑亭，石碑正面为乾隆书"卢沟晓月"四字，背面为乾隆书卢沟桥诗，"卢沟晓月"是著名的燕京八景之一。卢沟桥还折射着中华民族在近代史上团结奋战、抗击侵略的伟大历史功绩。该桥于20世纪确定为是国家级重点保护文物，已列入世界文化遗产。 　　（4）泸定桥 　　图1.1-5所示为四川省泸定县城西大渡河上的泸定桥，为全国重点文物保护单位。该桥始建于清康熙四十四年，建成于康熙四十五年（1706年）。康熙御笔题写"泸定桥"，并立御碑于桥头，桥长103m，宽3m，13根铁链固定在两岸桥台落井里，9根作底链，4根分两侧作扶手，共有12164个铁环相扣，全桥铁件重40余吨。两岸桥头堡为木结构古建筑，风貌独特为我国国内独有。自清代以来，此桥为四川入藏的重要通道和军事要地。1935年5月29日，

序号	主要项目	桥梁发展概况的主要内容与图表
2	中国古代十大名桥	 图 1.1-4　乾隆书写的"卢沟晓月" 图 1.1-5　四川省泸定县的泸定桥 中国工农红军长征途经这里,以 22 位勇士为先导的突击队,冒着敌人的枪林弹雨,缘铁索匍匐前进,一举消灭桥头守敌,红军遂过大渡河。泸定桥自此闻名中外。

序号	主要项目	桥梁发展概况的主要内容与图表
2	中国古代十大名桥	（5）洛阳桥 如图 1.1-6 所示为洛阳桥，在福建省泉州市惠安、洛江分界的洛阳江入海口，又名"万安桥"。于北宋皇佑五年至嘉祐四年（1053～1059 年），由郡守蔡襄主持建造，历时 6 年竣工，是我国古代著名的梁式石桥。因在江海交汇处造桥，江阔水深，工程艰巨，造桥者首创"筏型基础"以造桥墩，种植牡蛎以固桥基，是我国古代重要的科学创新。该桥与卢沟桥、赵州桥、广济桥并称为"中国四大古桥"。现桥长 834m，宽 7m，尚存船形桥墩 46 座，桥之中亭附近历代碑刻林立，有"万古安澜"等宋代摩崖石刻及石塔、武士石像等。桥北有昭惠庙、真身庵等遗址，桥南有蔡襄祠，祠内有蔡襄《万安桥记》宋碑。1988 年被列为全国重点文物保护单位。 图 1.1-6　著名的古代拱桥之———洛阳桥 （6）安平桥 图 1.1-7 所示为著名的天下第一长桥——安平桥。安平桥是国家第一批公布的全国重点文物保护单位之一。位于晋江市的安海镇，由于桥长有五华里人们便称它为"五里桥"，安平桥全座石结构，用花岗岩和沙石构筑的梁式石桥，横跨晋江安海和南安水头两重镇的海滩，始建于南宋绍兴八年（公元 1138 年），后经明清两代均有修缮，现为国家拨款依旧重修保留原状，闻名天下。目前修缮后桥全长为 2070m，桥面宽 3m 至 3.6m，以巨型石板铺架桥面，两侧设有栏杆。桥墩筑法，用长条石和方形石横纵叠砌，呈四方形、单边船形、双边船形三种形式，尚存 331 座，状如长虹，为中古时代世界上最长的梁式石桥，故有"天下无桥长此桥"的美赞。此外，长桥的两旁，还置有形式古朴的石塔和石雕佛像，其栏杆柱头还雕刻着惟妙惟肖的雌雄石狮与护桥将军石像，以夸张的手法，雕刻表现得非常别致，皆为南宋的代表作。整桥上面的东、西、中部分别置有五座"憩亭"，以供人休息，并配有菩萨像。两翼水中筑有对称方形石塔四座，圆形翠堵婆塔一座，塔身雕刻佛祖，面相丰满慈善。中亭二尊护桥将军，躯高 1.59m 至 1.68m，头戴盔，身着甲，手执剑，雕刻形象威武，这都是宋代石雕艺术的精华。

序号	主要项目	桥梁发展概况的主要内容与图表
2	中国古代十大名桥	 图 1.1-7　著名的天下第一长桥——安平桥 （7）十字桥 　　图 1.1-8 所示为我国太原晋祠中的十字桥——"鱼沼飞梁"外貌图，晋祠始建于北魏，为纪念周武王次子叔虞而建，至少也有一千五百年的历史了。当时的晋祠已成为一个融水光山色和人文古迹于一体的皇家园林，这里殿宇、亭台、楼阁、桥树互相映衬，山环水绕，文物荟萃，古木参天，风景十分优美。尤其是圣母殿、侍女像、鱼沼飞梁、难老泉等景点 图 1.1-8　山西太原晋祠的"鱼沼飞梁"外貌图

序号	主要项目	桥梁发展概况的主要内容与图表
2	中国古代十大名桥	是晋祠风景区的精华。晋祠为国家重点文物保护单位，是华夏文化的一颗璀璨明珠。圣母殿前的"鱼沼飞梁"，造型独特，是一座造型奇特的十字形桥梁，是世界上最古老的水陆立交桥。该桥东西长 19.6m，宽 5m，高出地面 1.3m，前后与献殿和圣母殿相接，南北桥面长 19.5m，宽 3.8m，左右下斜连到沼岸。 （8）风雨桥 图 1.1-9 所示为广西三江侗族自治县的"岜团风雨立交桥"，建成于 1910 年的木桥，采用人畜分道设计，它在木桥立体功能分工方面属国内外首创，与现代的双层立交桥有异曲同工之妙，被誉为"古今中外，独一无二"的民间桥梁建筑的典范。据有关资料介绍，世界上桥梁的立体功能分工出现在钢铁运用于桥梁建筑的 19 世纪末、20 世纪初，在那个时期建成的罗马尼亚克拉依沃娃公路铁路两用桥，就是世界上较早出现的立体功能分工的桥梁。然而，同一时期在中国桂湘黔交界的三江县，侗族的能工巧匠却不用一根铁钉，完全用木头建成了这座 50m 长的人畜分道的桥梁。"岜团风雨立交桥"桥面的人行道与典型的侗族风雨桥无异，畜行道则挂于桥侧。该桥集亭、阁、廊为一体，造型庄重典雅，结构独特，亭阁的瓦檐层叠，檐角高翘，具有浓厚的民族特色和强烈的艺术感染力，是侗族建筑艺术的珍品。 图 1.1-9　广西三江侗族自治县的"岜团风雨立交桥" （9）玉带桥 图 1.1-10 所示颐和园里著名的建筑物之一——玉带桥。玉带桥是西堤第三座桥，始建于 1750 年，整座桥体采用清白石和汉白玉两种石料精雕细刻而成。因形似玉带而得名，仿佛是在西堤这绿色的项链上镶嵌的一颗明珠。玉带桥高跨昆明湖与玉河的分界处，清朝帝后乘画舫游览玉泉山时，必须从此经过。玉带桥在西堤六桥中是最令人喜爱的一座，桥身用汉白玉和青白石砌成。洁白的桥栏望柱上，雕有各式向云中飞翔的仙鹤，雕工精细，形象生动，显示了雕刻工匠们的艺术才能。

序号	主要项目	桥梁发展概况的主要内容与图表
2	中国古代十大名桥	图 1.1-10　颐和园里著名的建筑物之———玉带桥 （10）五音桥 　　图 1.1-11 所示为清东陵著名的五音桥。"七孔五音桥"是河北清东陵顺治皇帝的陵区里，近百座石桥之中最大、最奇特、最神秘而有趣的一座桥梁。桥全长 110.60m、宽 9.10m。桥上有石望柱 128 根，抱鼓石 4 块，两边安设有石栏板 126 块，每块栏板的形状和大小相同，如果用石块，顺着敲击，会发出不同的声音，是一座能发出音响的建筑物。据说这是根据我国古乐中的五个音阶，"宫、商、角、徵、羽"的区分而确定的，所以人们称它为"五音桥"。荟萃了清朝建筑艺术精华的清东陵，同时也达到了中国古代建筑艺术的顶峰。 图 1.1-11　清东陵著名的五音桥
3	中国现代名桥	2005 年 11 月中国土木工程学会桥梁及结构工程分会在长沙召开的第十六届全国桥梁学术会议期间，与会 229 位桥梁方面的专家代表评选出"中国十佳桥梁"。首先简单介绍"中国十佳桥梁"，然后介绍近十几年来新建的著名桥梁。 　　（1）万县长江大桥

序号	主要项目	桥梁发展概况的主要内容与图表
3	中国现代名桥	图 1.1-12 所示为万县长江大桥。桥型为钢筋混凝土劲性骨架拱桥，1996 年 6 月建成通车，该桥是国道主干线上海至成都公路在重庆万州跨越长江的一座特大型公路桥梁。大桥主孔跨径 420m，全桥 856m，桥面全宽 24m，桥高 147m（枯水位以上）。该桥十多年来，一直是当今世界上跨径和规模最大的钢筋混凝土拱桥。 图 1.1-12　最大跨径的钢筋混凝土拱桥——万县长江大桥 （2）卢浦大桥 图 1.1-13 所示为上海卢浦大桥，桥型：中承式钢箱拱桥。该桥 2003 年 6 月建成，主桥 图 1.1-13　最长的中承式钢箱拱桥——卢浦大桥

序号	主要项目	桥梁发展概况的主要内容与图表
3	中国现代名桥	长 750m，主跨跨径 550m，主桥全长 1172m，跨径组合为 40m（过渡孔）＋（99m＋144m）（边跨）＋602m（主跨）＋（144m＋99m）（边跨）＋（44m）（过渡孔），是当今世界跨度最长的中承式钢箱拱桥。 （3）广州丫髻沙大桥 图 1.1-14 所示为广州丫髻沙大桥，桥型：中承式钢管混凝土系杆桁架拱桥。它是环城高速公路上跨越珠江的三跨连续自锚杆桁架拱桥，分跨为 76m＋360m＋76m，桥宽 36.5m。主拱肋采用悬链线无铰拱，矢高 76.45m，矢跨比 1/4.5。拱肋中心距为 35.95m，共设置 6 组"米"形、两组"K"形风撑。广州丫髻沙大桥于 1998 年 7 月动工，2000 年 6 月建成。当时共创下 4 项全国乃至世界第一：大桥跨度第一，主跨达到 360m，为当时世界钢管混凝土拱桥中主跨度最长的；大桥平转转体每侧重量达 13680t，是世界同类型中第一座万吨转体桥梁；竖转加平转相结合的施工方法世界领先；大桥极限承载力和抗风力国内领先。 图 1.1-14 广州丫髻沙大桥 （4）杨浦大桥 图 1.1-15 所示为上海杨浦大桥，桥型：结合梁斜拉桥。该桥 1993 年 9 月建成通车，与南浦大桥遥相呼应，是上海内环线高架连接浦东与浦西的过江枢纽，总长为 7654m，跨径为 602m，主桥长 1172m、宽 30.35m，共 6 车道。是当时世界上跨径最大的斜拉桥，杨浦大桥为双塔双索叠合梁斜拉桥。 （5）岳阳洞庭湖大桥 图 1.1-16 所示为岳阳洞庭湖大桥，位于湖南省岳阳市北门渡口下游 1.35km 处，是省道 1804 线上跨越洞庭湖口的一座特大型桥梁。大桥全长 5747.82m，总投资 84324 万元，大桥于 2000 年 12 月竣工，是当时国内首座预应力混凝土不等高三塔连续主梁漂浮体系空间双索面斜拉桥，跨度组合为 130m＋2×310m＋130m。该桥实现了多项原创性科技成果，其中多塔斜拉桥新型结构体系的研究、强迫振动法测颤振导数、斜拉索风雨振控制系统都处于国际领先水平，成果整体上达到了国际先进水平。

序号	主要项目	桥梁发展概况的主要内容与图表
3	中国现代名桥	 图 1.1-15 上海杨浦大桥 图 1.1-16 岳阳洞庭湖大桥 （6）南京长江第二大桥 　　图 1.1-17 所示为南京长江第二大桥，桥型：钢箱梁斜拉桥，该桥位于南京长江大桥下游 11km 处。大桥采用跨径为 58.5m＋246.5m＋628m＋246.5m＋58.5m（总长为 1238m）的五跨连续钢箱梁，该跨径是当时同类桥型中国内第一、世界第三。南京长江第二大桥桥面宽为 32m，2001 年 3 月建成通车。大桥的建成使我国大跨径斜拉桥设计、施工水平居世界领先地位，是我国建设史上一座新的里程碑。

序号	主要项目	桥梁发展概况的主要内容与图表
3	中国现代名桥	图 1.1-17　南京长江第二大桥 （7）青马大桥 　　图 1.1-18 所示为香港青马大桥，该桥横跨青衣与马湾之间的海峡，连接香港大屿山国际机场与市区，是为国际机场而建的十大核心工程之一。桥梁全长 2160m，主跨 1377m，较长的边跨（长 359m）为悬吊结构，较短的边跨（长 300m）为非悬吊结构，主缆直径 1100mm，该桥建成十多年以来一直是当今世界上最大跨度的公路与铁路两用桥。它壮观宏伟的气势完全超越了美国的金门大桥。青马大桥所获得的荣誉包括青马大桥在内的"香港机场核心计划"还于 1999 年荣获美国建筑界"20 世纪十大建筑成就"。 图 1.1-18　香港青马大桥

序号	主要项目	桥梁发展概况的主要内容与图表
3	中国现代名桥	（8）江阴长江大桥 图 1.1-19 所示为江阴长江大桥，该桥是国家"两纵两横"公路主骨架中同江至三亚国道主干线及北京至上海国道主干线的跨江"咽喉"工程。桥梁全长 3071m，主跨 1385m，是我国第一座跨径超越千米的特大型钢箱梁悬索桥，建成时在已建桥梁中位列中国第一、世界第四。桥面宽 33.8m，桥下通航净高 50m。主塔高 190m，由钢筋混凝土塔柱和三道横系梁组成。南锚碇为嵌岩重力式锚碇，北锚碇为重力式锚碇深埋沉井基础。 图 1.1-19　江阴长江大桥 （9）南京长江大桥 图 1.1-20 所示为南京长江大桥，该桥建于 1968 年，是连接南北交通干线津浦铁路与沪宁铁路的重要工程，是当时我国自己设计、自己施工跨度最大的公路铁路两用桥。桥梁的 图 1.1-20　南京长江大桥

序号	主要项目	桥梁发展概况的主要内容与图表
3	中国现代名桥	铁路部分全长6772m，公路部分全长4588m，其中江面正桥1576m。正桥为10孔公路铁路双层钢连续桁梁桥。浦口岸第一孔为跨径128m的简支钢桁梁，其余9孔为三联三等跨160m的连续钢桁梁，主桁中心距14m，节间长度8m，在跨中处桁高16m，在支点处桁高30m。上层为四车道公路桥，车行道宽15m，两侧人行道各宽2.25m，下层为双线铁路桥。桥下通航净高24m。 （10）洛溪大桥 图1.1-21所示为洛溪大桥，桥型：不对称四跨连续刚构桥。该桥是跨越广州港出海南航道的一座特大型桥梁，该桥全长为1916.04m，主桥为480m，跨径布置为65m＋125m＋180m＋110m。大桥于1988年8月竣工，建成时位列当时同类桥型世界第六、亚洲第一。两岸引桥均为弯桥，引桥全长为1436.04m，北引桥平曲线半径1000m、南引桥半径为600m、桥面纵坡4%，采用跨径16m的普通钢筋混凝土T型梁和跨越30m预应力混凝土T型梁。洛溪大桥的建成是我国预应力桥梁建设的里程碑。 图1.1-21　洛溪大桥 （11）虎门大桥 图1.1-22所示为广东省虎门大桥，桥型：单跨钢箱梁悬索桥。该桥位于广东省珠江三角洲中部，是广州-深圳-珠海高速公路跨越珠江的一座特大型公路桥梁。该桥于1997年6月建成通车，大桥全长15.76km，主桥长4.606km。主航道桥跨径为888.0m加劲钢箱梁悬索桥，其跨度为270m的连续刚构辅航道桥，是当时世界上跨径最大的预应力混凝土连续刚构桥。 （12）丹河大桥 图1.1-23所示为丹河大桥，桥型：空腹式变截面无铰石板拱桥。2000年7月建成通车的山西省丹河大桥，全长413.7m，主孔净跨径146m，是目前世界上同类桥型中最大跨径的桥梁。2005年丹河大桥被正式列入吉尼斯世界纪录。

序号	主要项目	桥梁发展概况的主要内容与图表
3	中国现代名桥	 图 1.1-22　广东省虎门大桥 图 1.1-23　山西丹河大桥 （13）润扬大桥 　　图 1.1-24 所示为润扬大桥。桥型：悬索桥和斜拉桥混合型。该桥于 2005 年 04 月 30 日建成通车，这是横跨长江南北，连接镇江-扬州两地，由悬索桥和斜拉桥结合而成的世界级的漂亮大桥，跨江长度 7.3km，总长 35.66km。长桥卧波，刚柔相济。润扬大桥作为长江干流上的第 36 座大桥，刷新了中国桥梁史上八项记录，其中悬索桥主跨达到 1490m，位居

序号	主要项目	桥梁发展概况的主要内容与图表
3	中国现代名桥	中国当时的第一，世界第三。 图1.1-24　润扬大桥 （14）杭州湾大桥 　　图1.1-25所示为杭州湾大桥，桥型：桥型为双塔双索面双箱梁斜拉桥。该桥于2008年5月1日建成通车，它除了以36km长度为目前世界上在建和已建的最长、工程量最大的桥梁外，同时又是最美的跨海大桥，首次在大桥设计中引入了景观设计概念，兼顾杭州湾复杂的水文环境，景观设计师们借助西湖苏堤"长桥卧波"的美学理念，将大桥的平面设计 图1.1-25　杭州湾大桥

序号	主要项目	桥梁发展概况的主要内容与图表
3	中国现代名桥	呈 S 形曲线,两边的护栏依次刷上了"赤、橙、黄、绿、青、蓝、紫"七种颜色,像条彩虹挂在桥面上,真是美丽极了。 杭州湾跨海大桥所独有的海中观光平台堪称国内首创。南航道再往南 1.7km,就在离南岸大约 14km 处,有一个面积达 10000m² 的海中平台,足有两个足球场面积。该平台在施工期间将作为施工平台,是海中施工的据点。大桥建成后,这一海中平台则是一个海中交通服务的救援平台,同时也是一个绝佳的旅游观光台。平台上有一高高的观光塔,既可俯瞰波涛汹涌的大海,饱览海上风光,也可以一览大桥雄姿。整个海中平台以匝道桥连通大桥,距离大桥约有 150m。海中观光平台如图 1.1-26 所示。 图 1.1-26 杭州湾大桥的海中观光平台 (15)苏通长江大桥 图 1.1-27 所示为苏通长江大桥,桥型:钢箱梁斜拉桥。该桥位于江苏省东部的南通市和苏州市之间,是交通部规划的沈阳至海口国家重点干线公路跨越长江的重要通道,是我国建桥史上工程规模最大、综合建设条件最复杂的特大型桥梁工程。该桥 2008 年 6 月 30 日建成通车,大桥总长 8146m,其中主桥采用 100m+100m+300m+1088m+300m+100m+100m=2088m 的双塔双索面钢箱梁斜拉桥。在当时创造四个世界第一,即:斜拉桥主孔跨度 1088m,列世界第一;主塔高度 300.4m,列世界第一;最长斜拉索的长度 577m,列世界第一;群桩基础平面尺寸 113.75m×48.1m,列世界第一。其雄伟的身姿成为横跨在长江之上的一道亮丽风景。 (16)朝天门大桥 图 1.1-28 为朝天门大桥,于 2009 年 4 月 29 日正式通车。大桥连接解放碑、江北城、弹子石三大中央商务区,大桥位置是在溉澜溪青草坪。该桥为钢桁架拱桥形式,两座主墩,主跨达 552m,成为"世界第一拱桥"。大桥分上下两层。上层为双向六车道,行人可经两

序号	主要项目	桥梁发展概况的主要内容与图表
3	中国现代名桥	图 1.1-27　苏通长江大桥 图 1.1-28　朝天门大桥 侧人行道上桥；下层则是双向地铁轨道，并在两侧预留了 2 个车行道，可保证今后大桥车流量增大时的需求。大桥西接江北区五里店立交，东接南岸区渝黔高速公路黄桷湾立交，全长 1741m，是主城一条东西向快速干道。 　　(17) 矮寨大桥 　　湖南湘西矮寨大桥位于湖南省湘西自治州境内，2008 年正式开工，2012 年 3 月 31 日正式通车，是长沙至重庆公路通道、湖南省吉首至茶洞高速公路跨越矮寨大峡谷的一座特大型桥梁，为钢桁加劲梁单跨悬索桥结构，主跨 1176m，桥面宽度为 24.5m，桥面距峡谷底部高度达 350m。受地形限制，大桥两端直接与隧道相连。其外貌如图 1.1-29 所示。

序号	主要项目	桥梁发展概况的主要内容与图表
3	中国现代名桥	矮寨大桥地处云贵高原与沅麻盆地的交界处，桥位地形险要，山高坡陡，沟壑纵横，溶洞、裂隙和危岩体等不良地质十分发育，给大桥施工带来巨大的困难。但桥梁施工者不畏艰险，攻克了一个又一个技术难关，取得了举世瞩目的成就，与大桥建设各方共同创造了"四个世界第一"： 　1）大桥主跨 1176m，跨峡谷悬索桥创世界第一； 　2）首次采用塔、梁完全分离的结构设计方案，创世界第一； 　3）首次采用岩锚吊索结构，并用碳纤维作为预应力筋材，创世界第一； 　4）首次采用"轨索滑移法"架设钢桁梁，创世界第一。 图 1.1-29　矮寨大桥 　（18）龙江大桥 　图 1.1-30 所示为龙江特大桥，位于云南省西部、横断山脉南段，路桥垂直跨越龙江，大桥将采用双塔单跨钢箱梁悬索桥，保山龙陵岸索塔高度为 169.688m，保山腾冲岸索塔高度为 129.703m。全长 2470 多米，桥面离江面 280m，最高的索塔顶到江面为 470m，主桥跨径布置为 320m＋1196m＋320m，抗震等级按Ⅸ度设防，是云南省首座特大跨径钢箱梁悬索 图 1.1-30　龙江大桥

序号	主要项目	桥梁发展概况的主要内容与图表
3	中国现代名桥	桥，也是亚洲山区最大跨径的钢箱梁悬索桥。 2016 年 5 月 1 日，经过近 5 年的施工建设，亚洲最大钢箱梁悬索桥——云南龙江特大桥正式通车。 （19）港珠澳大桥 图 1.1-31～图 1.1-34 所示为港珠澳大桥的总平面图、外貌图。港珠澳大桥 2018 年通车，成为桥梁史上的世界之最： 1）最长跨海大桥：港珠澳大桥全长 55km，其中主体工程集桥、岛、隧于一体，共约 29.6km，包含九洲、江海和青州三座通航斜拉桥，19.6km 的非通航孔桥，包括海中桥隧主体工程、三地连接线及口岸，是目前世界最长的跨海大桥。 2）最长钢铁大桥：港珠澳大桥有 15km 为全钢结构钢箱梁，是目前世界最长钢铁大桥。 3）最长海底隧道：港珠澳大桥海底沉管隧道全长 6.7km。 4）最大沉管隧道：沉管隧道标准管节，每一节长 180m，排水量超过 75000t。最精准深海之吻：沉管在海平面以下 13～48m。 图 1.1-31 港珠澳大桥总设计图 跨海大桥创"世界奇迹""一桥飞架三地，大海变通途"，这个港珠澳三地人民共同的梦想实现了。港珠澳大桥是东亚建设中的跨海大桥，连接香港大屿山、澳门半岛和广东省珠海市，全长为 49.968km，主体工程"海中桥隧"长 35.578km。是一条世界上修建难度最大、施工技术要求最高的、跨海长度最大的跨海大桥。外国桥梁专家称赞港珠澳大桥施工质量是国际一流水平。 港珠澳大桥，属于 G94 珠三角环线高速的一部分，港珠澳大桥效果图设计时速每小时 100～120km。工程线路起自香港国际机场附近的香港口岸人工岛，向西接珠海、澳门口岸人工岛、珠海连接线，止于珠海洪湾，路线总长为 55km。 跨越珠江口伶仃洋海域，是以公路桥的形式连接香港、珠海及澳门的大型跨海通道。港珠澳大桥的起点是香港大屿山，经大澳，跨越珠江口，最后分成 Y 字形，一端连接珠海，一端连接澳门。整座大桥将按六车道高速公路标准建设，设计行车时速 100km/h。

序号	主要项目	桥梁发展概况的主要内容与图表
3	中国现代名桥	港珠澳大桥往珠海方向通过隧道穿越拱北建成区域，最先将与规划建设中的京港澳高速广珠西线相连，再通过延长线接驳，将与珠海境内现有的京珠高速、西部沿海高速、江珠高速，规划建设中的机场高速、高栏港高速等一系列干道连通，直贯整个珠江西岸地区乃至泛珠三角区域。 图 1.1-32　港珠澳大桥外貌图 图 1.1-33　港珠澳大桥珠海连接线部分图

序号	主要项目	桥梁发展概况的主要内容与图表
3	中国现代名桥	根据"外海厚软基桥隧转换人工岛设计与施工关键技术"研究理论研制的砂桩船已在东人工岛区域完成了工艺性试验及典型施工，成功应用于大桥的岛隧工程。港珠澳大桥技术创新研究阶段性成果丰硕。港珠澳大桥海底隧道采用两孔一管廊截面形式，是迄今为止世界上埋深最深、规模最大、单节管道最长的海底公路沉管；沉管全部采用工厂法流水预制，完成舾装后拖运至施工地点进行安装。港珠澳大桥上世界埋深最深沉管开始预制。 在港珠澳大桥设计中，防撞问题也是工程研究重点。大桥设计有 3 个通航孔，每个可防 3 万 t 冲击力。在海底隧道两端各建一个人工岛，在两个人工岛周围排放了石头形成斜坡，如果有船太靠近就会搁浅。另外还建有防撞墩，它们可防 30 万 t 撞击。有关方面表示，建成后的大桥保证大撞不倒，中撞可修。根据沿海海域台风的特点，防台风也是大桥工程考虑的因素，港珠澳大桥能抗击每秒 51m 的风速，这相当于最大风力 16 级。另外，港珠澳大桥建成后可抗 8 级地震。 图 1.1-34　港珠澳大桥的东隧道人工岛外貌图 （20）世界著名桥梁 世界著名桥梁见表 1.1-1 所列。

世界著名桥梁　　　　　　　　　　　　　　　　　　　　　　　　表 1.1-1

序号	桥梁名称	形式	跨度或长度(m)	国别	修建年份
1	赵州桥	公路石拱桥	37.02	中国	618 年
2	里阿尔托桥	大理石单孔桥	48	意大利	1591 年
3	伦敦塔桥	石塔与钢铁结构连接	76	英国	1894 年
4	丹河特大石拱桥	公路石拱桥	146	中国	2000 年
5	克尔克桥	公路钢筋混凝土拱桥	390	南斯拉夫	1980 年
6	万州长江公路大桥	公路钢筋混凝土拱桥	420	中国	1997 年
7	西江特大桥	中承式铁路钢箱提篮拱桥	450	中国	2012 年
8	悉尼海港大桥	公路铁路钢桁架拱桥	503	澳大利亚	1932 年
9	上海卢浦大桥	公路焊接连接钢结构拱桥	550	中国	2003 年

序号	主要项目	桥梁发展概况的主要内容与图表				
3	中国现代名桥	续表				

序号	桥梁名称	形式	跨度或长度(m)	国别	修建年份
10	重庆朝天门大桥	上公下铁钢桁架拱桥	552	中国	2009年
11	博斯普鲁斯二桥	公路箱梁悬索桥	1090	土耳其	1988年
12	南备赞濑卢桥	公路铁路钢桁梁悬索桥	1100	日本	1988年
13	梅克金海峡大桥	公路钢桁架结构悬索桥	1158.4	美国	1957年
14	金门大桥	公路钢桁架悬索桥	1280.6	美国	1937年
15	香港青马大桥	上公下铁悬索桥	1377	中国	1997年
16	江阴长江公路大桥	公路钢箱梁悬索桥	1385	中国	1999年
17	恒比尔桥	公路钢箱梁悬索桥	1410	英国	1981年
18	润扬长江公路大桥	公路钢箱梁悬索桥	1490	中国	2005年
19	大贝尔特海峡大桥	上公下铁钢桁架悬索桥	1624	丹麦	1996年
20	西堠门大桥	钢箱梁悬索桥	1650	中国	2007年
21	布鲁克林大桥	钢箱梁悬索桥	长1834	美国	1883年
22	明石海峡桥	上公下铁钢桁架悬索桥	1991	日本	1998年
23	芜湖长江大桥	上公下铁钢桁架悬索桥	长6078	中国	2000年
24	墨西拿海峡大桥	上公下铁钢桁架悬索桥	3300	意大利	2012年
25	斯法拉萨桥	公路斜腿刚构桥	376	意大利	1972年
26	上海杨浦大桥	公路钢梁斜拉桥	602	中国	1993年
27	南京三桥	公路钢箱梁斜拉桥	648	中国	2002年
28	诺曼底桥	公路钢箱梁斜拉桥	856	法国	1995年
29	多多罗桥	公路钢桁梁斜拉桥	890	日本	1998年
30	香港昂船洲大桥	公路钢筋混凝土斜拉桥	1018	中国	2008年
31	苏通大桥	公路钢箱梁斜拉桥	1088	中国	2008年
32	米洛大桥	公路钢筋混凝土斜拉桥	长2460	法国	2005年
33	武汉二七长江大桥	公路结合梁斜拉桥	长2922	中国	2012年
34	庞恰特雷恩湖桥	—	长38400	美国	1969年
35	杭州湾跨海大桥	主航通道为钢箱梁斜拉桥	长36000	中国	2008年
36	青岛跨海大桥	主航通道为钢箱梁斜拉桥	长41580	中国	2011年
37	施托维尔大桥	铁路连续钢桁梁桥	长236.3	美国	1917年
38	杭州钱塘江大桥	双层钢结构桁梁桥	长1453	中国	1937年
39	日本港大桥	公路悬臂桁梁桥	长大10	日本	1974年
40	科布伦茨桥	铁路钢箱梁桥	长113	德国	1961年
41	费雷泽诺桥	公路铁路钢桁梁桥	长1298	美国	1964年
42	九江长江大桥	公路铁路钢桁梁桥	长1806	中国	1993年
43	贵州坝陵河大桥	公路钢桁架悬索桥	长1088	中国	2009年
44	矮寨特大悬索桥	钢桁加劲梁单跨悬索桥	长1176	中国	2012年
45	云南龙江大桥	双塔单跨钢箱梁索桥	长1196	中国	2016年
46	红崖谷玻璃吊桥	玻璃吊桥	长488	中国	2017年
47	港珠澳大桥	主航通道钢箱梁斜拉桥	长49900	中国	2018年

1.2 桥梁的组成与分类

桥梁的组成与分类　　　　　　　　　　　　　　　　表 1-2

序号	主要项目	桥梁的组成与分类的主要内容与图表
1	桥梁的基本组成	图 1.2-1 所示为梁式桥梁的基本组成部分，一座完整的桥梁都是由上部结构、下部结构与附属结构三大部分组成。 图 1.2-1　梁式桥梁的基本组成示意图 　（1）桥梁的上部结构：桥梁的上部结构又称桥跨结构，包括桥面系、跨越结构与支座等，是在道路的线路前进方向遇到障碍而中断时，跨越障碍的主要承载结构。它所起的作用是承受车辆等荷载，并通过支座传递给墩台。 　1）桥面系：主要包括桥面铺装、防水和排水构造、伸缩缝、人行道（或安全带）、侧石、栏杆及灯具等构筑物，如图 1.2-2 所示。 图 1.2-2　桥面基本构造示意图 　2）承重结构：主要包括梁式桥中的主梁、桁架梁桥中的主桁、拱桥中的拱肋（拱圈）等。 　3）支座：设于桥（墩）台顶部，支承上部结构并将荷载传给下部结构的装置。 　（2）桥梁的下部结构：桥梁的下部结构主要指桥墩、桥台和基础。它的作用是支撑桥跨结构并将恒载和活载传递到地基。桥墩一般设置在两桥台的中间位置，其主要作用是支撑桥跨结构。图 1.2-3 所示为某桥立柱式轻型桥墩结构图，采用了立面、平面和侧面的三个投影图，并且都采用半剖面形式。从结构图可以看出，下面是 9 根 35cm×35cm×1700cm 的预制钢筋混凝土桩，但是，桩的钢筋没有详细表示，仅用文字把柱和下盖梁的钢筋连接情况标注在说明栏内。

序号	主要项目	桥梁的组成与分类的主要内容与图表
1	桥梁的基本组成	以混凝土重力式桥墩为例，其图样是由半立面图半配筋图、半平面图、半剖面图、半侧立面图半配筋图组成。桥台设置在桥梁的两端，除了有支撑桥距结构的作用外，同时还与路堤衔接并抵御路堤土的压力，防止路堤的滑塌等。 （3）桥梁的附属结构：主要指桥面的排水设施、桥面伸缩装置、人行道、护栏、防撞墙与隔离设施、桥梁照明系统、桥头锥形护坡、护岸以及导流结构物等。附属结构的作用是装饰、保护整座桥梁。 桥墩立面图　　桥墩侧面图 下盖梁平面图　　立柱断面图 1—1断面　2—2断面　3—3断面　4—4断面　5—5断面 上下盖梁断面图 说明：1.本图尺寸钢筋以"毫米"计，标高以"米"计，其他均为"厘米"。 　　2.混凝土强度等级采用C20号。 　　3.保护层采用3cm。 　　4.桩顶混凝土应凿掉，将钢筋伸入下盖梁内，伸入长度为40cm。 图1.2-3　某桥立柱式轻型桥墩结构图

25

序号	主要项目	桥梁的组成与分类的主要内容与图表
2	桥梁的类型	（1）根据桥梁多孔跨径总长和单孔跨径将桥梁划分为特大桥、大桥、中桥、小桥、涵洞。 （2）按用途来分类：可分为公路桥、铁路桥、公路铁路两用桥、农用桥、人行桥、水运桥、立交桥、高架桥等。 （3）按施工的方法分类：可分为现浇施工法和预制安装法等。 （4）按承重结构选用材料来分类：可分为木桥、钢桥、砖桥、石桥、混凝土桥、钢筋混凝土桥和预应力钢筋混凝土桥等。 （5）按结构受力体系来划分：可分为梁式桥（图1.2-4）、拱式桥（图1.1-10）、刚构桥（图1.2-5）、悬索桥、斜拉桥（图1.1-5）、组合体系桥（图1.2-6）等。 （6）根据桥面布置的不同情况：可分为上承式桥、下承式桥、中承式桥。 （a） （b） （c） 图1.2-4　梁式桥示意图 （a） （b） 图1.2-5　刚构桥示意图

序号	主要项目	桥梁的组成与分类的主要内容与图表
2	桥梁的类型	 图 1.2-6　组合体系桥示意图 (a) 梁、拱、吊组合；(b) 梁、拱组合；(c) 桁梁、斜拉组合；(d) 悬索、斜拉组合

1.3　城市立交桥

城市立体交叉桥　　　　　　　　　　　　　　　　　　　　　　表 1-3

序号	主要项目	城市立体交叉桥的主要内容与图表
1	概述	随着我国国民经济的高速发展，城市道路建设和公路建设步入了史无前例的黄金时代。发展平面交叉口已不能适应现代化交通的需求。而立体交叉工程能从根本上解决各车流在交叉口处的冲突，不仅大大提高了通行能力和安全舒适性，而且节约能源，提高了交叉口现代化管理水平。一座现代化立体交叉口的建成，不只是为这座城市产生巨大的经济效益，更重要的是为这座城市的环境增加了一道靓丽的风景线。所以，立体交叉工程已成为我国城市道路和公路建设中重要组成部分。 　　但是，大型的立体交叉往往占地较多，投资较大，对立交周边环境也有一定影响，故在市区建设大型立交应进行交通量、交通类型、工程造价、地形地貌、用地规模、环境协调等多方面的综合考虑。并根据所在城市路网中位置，对市中心城区和城市快速系统中的立交区别对待，进行立交的选型分析。
2	城市立交桥作用与组成	（1）立体交叉的作用 　　立体叉交工程的种类很多，无论形式如何，所要解决的问题就是消除或部分消除各向车流的冲突点，也就是将冲突点处的各向车流组织在空间的不同高度上，使各向车流分道行驶，从而保证各向车流在任何时间都连续行驶，提高交叉口处的通行能力和安全舒适性。 （2）立体交叉的组成 　　立体交叉口由相交道路、跨线桥、匝道、通道和其他附属设施组成。匝道是联结相交道路，使相交道路上的车流可以相互通行的构造物。跨线桥是两条道路间的跨越结构物，有主线跨线桥和匝道跨线桥之分。通道是行人或农机具等在横穿封闭式道路时的下穿式结构物。

序号	主要项目	城市立体交叉桥的主要内容与图表
3	城市立交桥的分类	**1. 按路网系统功能分** （1）枢纽型：枢纽型立交是中、长距离，大交通量高等级道路之间的立体交叉，如高速公路之间、城市快速路之间、高速公路和城市快速路相互之间及与重要汽车专用道之间，如图1.3-1所示。 图1.3-1　市区枢纽型互通式立交桥常用形式 （2）服务型：服务型立交叉称为一般互通立交，是高等级道路与低等级或次级道路之间的立体交叉。如高速公路与其沿线城市出入干道或次要汽车专用道之间，城市快速路或重要汽车专用道与其沿线城市主干路或次级道路之间，以及为地区服务的城市主干路与城市主干路之间等，如图1.3-2所示。 图1.3-2　市区服务型互通式立交桥常用形式 （3）疏导型：疏导型立交仅限地区次要道路上的交叉口，交叉口交通量已足使相交道路交通不畅，行车安全受到影响，平面交叉口出现阻塞现象时，从提高交叉口通行能力出发，对交叉口临界交通流向进行立体化疏导，以改善交叉口交通状态，提高服务水平，这类立交称之为疏导型立交，也称为简单立交。 **2. 按交叉互通程度分** （1）完全互通式：所有交通流向上均有立体专用匝道，如图1.3-3（a）所示为上海延安路立交平面示意图、图1.3-3（b）、（c）所示为长春西解放大道交通枢纽示意图与上海市

序号	主要项目	城市立体交叉桥的主要内容与图表
3	城市立交桥的分类	环东二大道立交示意图。 （2）部分互通：除个别交通流向不具有专用或没有通行匝道或保留平交路口外，余多半或大部分交通流向具有专用匝道。 （3）简单互通：相对部分互通而言，除个别交通流向具有专用或共用匝道外，余多半或大部分交通流向上不具有专用匝道或没有通行匝道，而且保留平交路口。 （4）分离式立交：相交道路是立体跨越，互不干扰。相交道路间无匝道连接，所有左转流向上没有匝道。 （a） （b） 图 1.3-3　互通式立体交叉桥工程实例示意图 （a）上海延安路立交平面示意图；（b）长春西解放大道交通枢纽示意图

序号	主要项目	城市立体交叉桥的主要内容与图表
3	城市立交桥的分类	图 1.3-3 互通式立体交叉桥工程实例示意图（续） （c）上海市环东二大道立交示意图 3. 按交通组织特性分 （1）无交织型：所有交通流向除了具有专用匝道之处，不会因为进出相交道路相互之间产生交织运行，即进入车辆与驶出车辆不发生交织，也不因合流后再通过交织分流； （2）有交织型：相对无交织而言，各交通流向即便具有专用匝道，也会因某些外部条件的限制造成道路转向车流先进后出从而产生交织，如图 1.3-3（b）所示； （3）有平交型：有平交型是针对部分互通及简单互通立交而言的，在受投资规模限制、转向交通流向不能全部——设置专用匝道的情况下，将一些次要交通流向集中于平面交叉口，以交通管理组织交通，将有限的资金集中解决主要交通矛盾。
4	城市立交桥的平面设计图例	图 1.3-4 所示为某城市立体交叉工程的平面设计图，其内容主要包括立体交叉口的平面设计形式、各组成部分的位置关系、地形地物以及建设区域内的附属构造物。从图中可看出，该立体交叉的交叉方式为主线下穿式，平面几何图样为双喇叭形，交通组织类型为双向互通。

序号	主要项目	城市立体交叉桥的主要内容与图表
4	城市立交桥的平面设计图例	图1.3-4 某城市立体交叉工程的平面设计图

1.4 桥梁施工方法的类型

桥梁施工方法的类型 表 1-4

序号	主要项目	桥梁施工方法类型的主要内容与图表
1	桥梁下部结构施工方法类型	**基础部分** （1）施工方法：主要采用机械开挖基坑浇筑法；人工开挖基坑浇筑法；土、石围堰开挖基坑浇筑法；板桩围堰开挖基坑浇筑法。 （2）主要特点：扩大基础是将墩、台以及上部结构传递来的荷载由其直接传递至较浅的支承地基的一种基础形式。扩大基础施工的顺序：对基底进行土石方的处理→砌筑砌体或立模→绑扎钢筋→浇筑混凝土。该施工方法的主要特点是：施工中的噪声、振动与对地下污染等建设引起的公害比较小；因为采用明挖地基，能用眼睛确认支承地基的情况下进行施工，施工质量能得到保证；在多数情况下，采用明挖施工时的所需要的操作空间较小，同时，缩短了施工工期，降低了工程造价；但是，明挖施工最容易受冻胀和雨水冲刷的影响。 **桩基础** 1. 沉入桩 （1）锤击沉桩法：锤击沉桩法是以桩锤（落锤、柴油锤、蒸汽锤、液压锤等）打击预制桩的桩头而将桩沉入地层至设计要求标高的一种施工方法。其主要特点是： 桩身材料在沉入地层之前可以进行检验，能确保桩的质量；在桩将土向外推挤的同时而贯入的施工方法，桩周围的土被挤压，因此增大了桩与土接触面之间的摩擦力；各种桩锤的施工效果在某种程度上受地层、地质、桩重和桩长等条件的限制，因此在使用时要特别注意选择；由于沉桩时会产生较大的噪声和振动，在人口稠密的地方一般不准采用此法。 （2）振动沉桩法：是采用专用振动沉桩机将桩沉入地层的一种施工方法。其主要特点：操作简便，施工速度快、工期短、节省投资，沉桩效率高；沉桩时桩的横向位移和变形小，不易损坏桩，管理方便，施工适应性强；施工时噪声小，软弱地基中入土迅速，且无公害，适应城市人口较多地区施工；振动锤构造复杂，维修困难，设备使用寿命较短，耗电量大；地基受振动影响大，遇到坚硬地基时穿透困难，且受振动锤效率限制，难以沉入大于 30m 以上的长桩。 （3）静力压桩法：是借助专用桩架自重、配重或结构物自重，作为反作用力来克服压桩过程中桩侧的摩擦力和桩尖反力，而将桩体压入土体中的一种施工方法。其主要特点： 施工时无冲击力、无噪声、施工应力小，可减少打桩振动对地基的影响；桩顶不易损坏，不易产生偏心沉桩，精度较高；能在施工中测定沉桩阻力为设计施工提供参数，并预估和验证桩的承载能力；机械设备的拼装和移动所消耗的时间较多。 （4）辅助沉桩法： 1）射水辅助沉桩：是利用在桩尖处设置冲击射管喷出高压水，冲刷桩尖处的土体，在桩尖周围地基松动、摩擦阻力减少的同时，使桩受自重以及锤击、振动、静压等作用而下沉的施工方法。其主要特点是：不易损伤桩材，沉桩效率高；施工时的噪声和振动很小；因为射水破坏了桩周围土的结构，桩在下沉时容易发生偏斜；消耗了大量的水，容易产生泥浆污染的公害，所以此法只宜在特殊条件下使用； 2）预钻孔辅助沉桩：是预先在桩位进行钻孔取土，然后以锤击、振动、静压等法沉桩的一种施工方法。其主要特点是施工中的噪声和振动小，并可减少对桩区邻近结构物的危害，但是施工的费用却增加 10%～20%。

序号	主要项目	桥梁施工方法类型的主要内容与图表
	桩基础	（5）沉管灌注法：是采用锤击或振动法将钢管沉入土内，然后，在管内灌注混凝土，随灌随拔而形成的一种施工方法。其主要特点：施工方便、设备简单、操作容易、施工速度快、造价低、适应性强；但是，由于桩管径的限制，影响单桩的承载力，且施工时的振动较大，噪声高。 　　锤击沉管施工法：是将用薄钢板焊接成封底的钢管，在管的底部浇上半硬性的混凝土形成柱塞，再用落锤击打底部的柱塞，使钢管沉入地基，并在钢管内灌注混凝土而成桩。其特点：由于管顶不受锤的直接冲击，使得钢管不承受压力而仅受拉力，并且节约了大量钢材。
1 桥梁下部结构施工方法类型	灌注桩	（1）螺旋钻机成孔法：螺旋钻机分为长螺旋钻机和短螺旋钻机，其主要特点是： 　　1）振动小，噪声低，不扰民，造价低，无泥浆污染，设备简单，施工方便； 　　2）钻进速度快。在一般土层中，用长螺旋钻机钻凿一个深 12m、直径 0.4m 的桩孔，作业时间只需 7～8min；混凝土灌注质量较好，不需要采用任何护壁措施； 　　3）单方承载力比打入式预制桩低，桩端多或少留下虚土，适用范围限制较大，仅适用于无地下水，无卵石，无砾石地层，且桩长有一定的限度。 　　（2）潜水钻机成孔法：这是将钻孔作业时，钻机主轴连同钻头一起潜入水中，由孔底动力直接带动钻头钻进的一种施工方法。其主要特点： 　　1）以潜水电动机作动力，工作时动力装置潜在孔底，消耗动力少，钻孔效率高； 　　2）潜水钻孔设备简单，体积小，重量轻，施工中转移工地方便；施工中无噪声、无振动，没有很大的拔管反力；可采用正、反循环两种方式排渣，如果循环泥浆不间断，孔壁不易坍塌； 　　3）如若采用反循环排渣时，土中若有大石块，则容易卡管；由于钻孔时需要泥浆护壁，施工场地泥泞路滑，需要设置沉淀池和处理排放的泥浆； 　　4）潜水钻机成孔适用于填土、淤泥、黏土、粉土、砂土等地层，也可以在强风化基岩中使用，特别适于在地下水较高的土层中成孔，但不宜用于碎石土层。 　　（3）冲击钻机成孔法：这是采用冲击式钻机或卷扬机带动一定重量的冲击钻头，在一定高度内将钻头提升，然后突放使钻头自由降落，利用冲击动能冲挤土层或破碎岩层形成桩孔，再用掏渣筒或其他方法将钻渣岩屑排出。其主要特点： 　　1）在含有较大卵砾石层、漂砾石层中施工，其成孔效率较高；设备简单，操作方便，钻进参数容易掌握，设备移动方便，设备的故障少； 　　2）施工钻进时孔内泥浆一般不是循环的，只起悬浮钻渣和保持孔壁稳定作用；但是容易出现孔斜和桩孔不圆的情况，以及出现卡钻和掉钻等事故。 　　（4）正循环钻机成孔法：这是由钻机回转装置带动钻杆和钻头回转切削破碎岩土，钻进时用泥浆护壁、排渣；泥浆由泥浆泵输进钻杆内腔后，经钻头的出浆口射出，带动钻渣沿钻杆与孔壁之间的环状空间上升到孔口溢进沉淀池后返回泥浆池中净化，再供使用。这样，泥浆在泥浆泵、钻杆、钻孔和泥浆池之间反复循环运行。其主要特点： 　　1）钻机外形尺寸小，重量轻，设备简单，在不少场合可以直接或稍加改进地借用地质岩心钻探设备或水文井钻探设备；设备故障相对较少，工艺技术成熟、操作简单，噪声低、振动小，工程费用较低，能有效地使用于托换基础工程；有的正循环钻机可打倾角10°的斜桩；

序号	主要项目	桥梁施工方法类型的主要内容与图表
1 桥梁下部结构施工方法类型	灌注桩	2）由于桩孔直径大，正循环回转钻进时，泥浆上返速度低，挟带泥砂颗粒直径小，排除钻渣能力差，岩土重复破碎现象严重。 （5）反循环钻机成孔法：这是在桩顶处设置护筒，护筒内的水位要高出自然地下水位2m以上，以确保孔壁的任何部分均能在0.02MPa以上的静水压力防止孔壁坍塌，因而钻挖时不用套管，然后用旋转钻头连续削土。在钻进过程中，冲洗液从钻杆与孔壁间的环状间隙中流入孔底，并携带被钻挖下来的岩土钻渣，再由钻杆内部排至孔外，与此同时，冲洗液又返回孔底形成循环。其主要特点： 1）机械设备施工时的振动小、噪声低；除个别特殊情况外，可不必使用稳定液，只用天然泥浆即可保护孔壁；施工过程中，钻头不必每次上下排弃钻渣，只要接长钻杆，就可以进行深层钻挖。目前最大成孔直径为4.0m，最大成孔深度为90m； 2）反循环钻采用旋转切削方式钻挖泥土，钻头在平稳旋转的同时，又将土、砂和泥水吸升；孔内的泥浆压力抵消了孔隙水压力，从而避免涌砂等现象； 3）钻孔速度快，例如普通土质、直径1m、深度30～40m的桩，每天可以完成一根。但桩是很难钻挖比钻头的吸泥口径大的卵石（15cm）层；土层中有较高压力的水或地下水流时，施工比较困难；废泥水处理工作量大，钻挖出来的土砂中水分多，弃土困难。 （6）冲抓钻成孔法：这是利用钻机冲抓锥张开的锥瓣向下冲击切入土石中，收紧锥瓣将土石抓入锥中，然后提升出孔外卸去土石，再向孔内冲击抓土，如此循环钻进成孔，孔中泥浆起护壁作用。全护筒钻机则是将钢护筒压入到桩底护壁，也使用冲抓锥钻进。适用于砾石类土、粉质类土、黏性土、黄土及砂砾、卵石等土层，不适于在大漂石和岩层中钻孔。 （7）人工挖孔法：人工挖孔法是指采用人力挖土形成的桩孔。在向下挖进的同时，对孔壁进行支护，以保证施工安全，然后在孔内安放钢筋骨架，再灌注混凝土而形成桩基。采用此种方法可以形成大尺寸的桩孔，且桩底可采取扩的方法以增大桩的支承面积即所谓扩底桩，并且视桩端土层情况，扩底直径一般为桩身的1.3～2.5倍。其主要特点： 1）人工挖孔施工时的噪声与振动很小；便于检查孔壁和孔底的地层土质情况，能够用眼睛直接确认地基；但涌水量大时，施工操作困难，混凝土用量较多；人工挖孔便于清底，孔底虚土能清除干净，灌注混凝土时，人可以钻入孔内用振捣棒捣实，因此，其施工质量可靠； 2）可按施工进度要求分组同时作业，国内因劳动力便宜，故人工挖（扩）孔桩造价较低，但因孔内空间狭小，劳动条件差，施工文明程度低，且容易发生人身伤亡事故，所以，人工挖孔法要特别注意生产安全。 （8）大直径桩：这是指桩的直径在2.5m以上，目前最大桩径已达7m。20世纪90年代以来，大直径桩在桥梁基础上得到了广泛的应用，结构形式也更加多样化，除实心桩外，还发展了空心桩，施工方法上不仅有钻孔灌注法，还有预制桩壳钻孔埋置法等。根据桩的受力情况，大直径桩多做成变截面的形式。
	沉井基础	（1）沉井平面形式 1）圆形：沉井四周受土压力、水压力的作用下，从受力条件看，圆形沉井抵抗水平压力性能较好，且形状对称，下沉过程不易倾斜。缺点是往往与基础形状不相适应；

序号	主要项目	桥梁施工方法类型的主要内容与图表
1 桥梁下部结构施工方法类型	沉井基础	2）矩形：其主要优点是使用比较方便，立模简单。缺点是在侧向压力作用下，井壁要承受较大弯矩。为了减少转角处的应力集中，四角应做成圆角； 3）圆端形：主要适应圆端形的墩身，但立模较麻烦，当平面尺寸较大时，可在井孔中设置隔墙，以提高沉井的刚度，并且成为双孔，比单孔下沉容易。 （2）沉井立面形式 1）柱形：其主要优点是柱形沉井与四周土体互相贴紧，如若井内挖土均匀，在井筒下沉中一般不易倾斜。但是当沉井外壁土的摩擦力较大或土的坚软程度差异明显，这些都会导致井筒被卡或偏斜的可能，校正纠偏在一定程度上难度加大； 2）外侧阶梯形：其主要优点是沉井井壁受土的压力和水压力作用下，随深度增大而增大。因此，下部的井壁要比上部厚一些，上部则可以相对减薄一些，制成阶梯形。当地基土比较密实时，为减少井筒下沉的困难，可将阶梯设置于井壁外侧。阶梯的宽度一般为10～15cm，在基脚处阶梯高为1.2～2.2m。如此，除底节以外，其他各节井壁与土的摩擦力要小很多； 3）内侧阶梯形：为避免井的周围土体破坏范围过大，也可以把阶梯设在内侧，外壁直立，但是内侧阶梯易于影响取土机具升降，这种方法一般较少采用。
	管桩基础	（1）管柱基础适用于各类土质的基础，特别是适用在深水、岩面不平、无覆盖层或覆盖层很厚的自然条件下，凡是不宜修建其他类型基础时，均可采用。 （2）管柱基础因其施工的方法和工艺相对来说较复杂，所需要的机械设备比较多，一般的桥梁极少采用这种形式的基础。只有在大型的深水或海中基础才采用此方法。例如在武汉长江大桥、南京长江大桥都采用过这种基础。 （3）管柱基础的施工工艺主要包括：管柱预制、围笼拼装浮运、下沉定位、下沉管柱、在管柱底基岩上钻孔、在管柱内安放钢筋笼、灌注水下混凝土等内容。
	地下连续墙	地下连续墙是通过专用的挖（冲）槽设备，沿着地下建筑物或构筑物的周边，按预定的位置，开挖出或冲钻出具有一定宽度与深度的沟槽，用泥浆护壁，并在槽内设置具有一定刚度的钢筋笼结构，然后用导管浇筑水下混凝土，分段施工，用特殊方法接头，使之连成地下连续的钢筋混凝土墙体。地下连续墙的主要特点： 地下连续墙刚度大，整体性好，安全可靠，墙厚一般为250～1200mm的钢筋混凝土墙，而且连续施工能承受较大的水、土压力。在城市密集建筑群中修建桥梁，对相邻建筑物和地下设施的影响很小，能贴近已建的建筑物施工，最小距离可控制在1m左右。选用适当的挖槽方法，施工时设备的振动小，噪声低，对邻近地基扰动少。可用作逆作法施工，使逆作法成为更加合理、有效和可靠的方法。能使临时挡土结构与永久性承重结构相结合，使桩、墙、筏共同作用承担全部永久性荷载。
	承台	（1）干旱处施工。对于旱地、浅水河中采用土石筑岛施工桩基的桥梁，其承台的施工方法与扩大基础的施工方法大同小异，可采用明挖基坑、简易板桩围堰后开挖基坑等方法施工。 （2）深水处施工： 1）钢板桩与钢管桩围堰：钢管桩围堰与钢板桩围堰实际上是同一类型的围堰形式，只不过所使用的材料不同，其目的是为了止水，以实现承台在干旱处施工；

序号	主要项目	桥梁施工方法类型的主要内容与图表
1 桥梁下部结构施工方法类型	承台	2）双壁钢围堰：该法通常是把桩基和承台的施工一起考虑，就是先在堰顶设钻孔平台，桩基施工结束后拆除平台，在堰内进行承台施工； 3）套箱围堰：该法主要采用钢材制作，分有底和无底两种类型，根据受力情况不同又可设计为单壁与双壁。
	墩身	（1）滑升模板施工法：该法对结构物外形尺寸的控制比较准确，施工进度平稳可靠、安全，机械化程度比较高。但是，因为采用液压装置实现滑升，而成本高，所需要的机械化设备较多。 （2）爬升模板施工法：该法要在模板外侧设置爬架，因为这种模板相对来说，所需用消耗的材料较多，其体积也比较大，但是不需要设置另外的提升设备。 （3）翻升模板施工法：该项特点，结构简单，施工方便，但是需要专门用于提升的起吊设备。
2 桥梁上部结构施工方法的类型	现浇施工法	（1）移动浇筑法 1）移动模架现浇法：该法是使用不断地移动式的支架和装配式的模板进行连续地逐孔现浇施工。这是城市桥梁施工中应用最多的方法之一。其主要特点：使用方便，施工速度快，安全可靠，机械化程度高，节省劳动力，减轻现场工人的劳动强度，少占施工场地，不会受桥下各种条件的影响，能周期循环施工，同时还可以应用于弯、坡、斜桥上的施工。但是，模架的投资较大，拼装与拆除都很复杂。因此，该法适用于跨径 20～50m； 2）在支架上逐孔现浇法：该法是在桥的现场浇筑中，逐孔现浇施工仅用梁的一孔或二孔的支架和模板周转使用，所需要的施工费用较少。这种施工方法的接头通常设在距离桥墩中心约五分之一全长的弯矩较小的部位，该法适用于中小跨径及结构构造比较简单的预应力混凝土桥梁； （2）固定浇筑法：这种施工方法是在桥跨间设置支架、安装模板、绑扎钢筋、现场浇筑混凝土的施工方法，它特别适用于旱地上的钢筋混凝土和预应力混凝土的施工，及中小跨径连续梁桥的施工。按其结构不同，支架可分为满布式、柱式、梁式及梁柱式等类型，所用材料有贝雷桁架、万能杆件、碗扣式支架、扣件式支架、门式支架及各种型钢组合构件等。 （3）悬臂浇筑法：采用挂篮悬臂浇筑施工，是在桥墩两侧对称逐段就地浇筑混凝土，等混凝土达到一定强度后，后张预应力筋、移动挂篮继续进行施工，使其悬臂不断接长，直至合龙。挂篮的构造形式很多，一般由承重梁、悬吊模板、锚固装置、行走装置及工作平台几部分组成。 同时，悬臂浇筑法不需要在跨间设置支架，使用少量施工机具设备，就可以很方便地跨越大的障碍物与河流，适用于大跨径连续梁桥的施工。 （4）顶推法：这种施工方法是在桥台的后方设置施工场地，分节地浇筑梁体，并采用纵向预应力筋将浇筑节段与已完成的梁体连成整体，在梁体前端安装长度为顶推跨径 0.7 倍左右的钢导梁，然后通过水平千斤顶施力，将桥的梁体向前方顶推出施工场地，重复此工序即可完成全部梁体的施工。

序号	主要项目	桥梁施工方法类型的主要内容与图表
2	桥梁上部结构施工方法的类型	预制安装法	（1）移动式吊装法：这是采用轮胎式吊车、汽车式吊车、履带式吊车等机械进行吊装。适用于桥梁的跨径在30m以内的简支梁板的安装作业。在现场吊装时，应注意引道上留有足够设放吊车的位置，并确保运梁道路的畅通，吊车的选定必须考虑梁体重量与作业半径。 （2）跨墩龙门安装法：这种安装法是在其墩台两侧顺高架桥方向设置轨道，在其上安设跨墩的龙门吊，并把梁体在吊起状态下运至架设地点而安装在预定位置。采用该方法时，可将梁的预制场地安排在桥梁附近，以缩短运梁距离。 （3）架桥机安装法：采用架桥机来安装桥梁的梁体，是在孔跨内设置安装导梁，是以此作为支承梁来架设梁体。目前架桥机的种类较多，按其形式的不同，架桥机可分为单导梁、双导梁、斜拉式和悬吊式等。 （4）浮吊架设法：这是适用于城市的过江、过河桥梁的架设安装，同时也包括节段式块件的悬臂拼装和整孔架设。运用该法的显著特点是施工期限短，但浮吊所需要的费用较高，并且容易受气象、海洋和地理条件的影响。 设落地式支架或者采用悬吊式支架，将节段预制块按顺序吊放在支架上，然后在预留孔道内穿入预应力筋，对梁施加预应力，使之成为整体。 （5）悬臂拼装法：该法一般适用于预应力混凝土梁体的施工，它是一种把梁体分节段预制，墩顶附近的块件用其他架设机械安装或现浇，然后以桥墩为对称点，将预制块件沿桥的跨越方向对称起吊、安装就位后，张拉预应力筋，使悬臂不断接长，直到合龙为止的施工方法。其主要特点是：施工速度快、桥梁的上部和下部可平行作业，预制块件的施工质量容易控制，但是，预制阶段所需要的场地较大。

1.5 桥梁施工技术交底概述

桥梁工程施工技术交底的任务、目的、分类，桥梁工程施工技术交底的要求和内容，城市桥梁分项工程施工技术交底重点，城市桥梁工程施工技术交底实施办法等内容，请参考《道路工程施工技术交底手册》"1.5 道路工程施工技术交底概论"中的有关内容。

2 桥梁施工准备

2.1 施工前期准备内容的技术交底

施工前期准备内容的技术交底 表 2-1

工程名称			施工单位		编号	
序号	项目	施工前期准备技术交底内容				
1	熟悉设计文件与施工方案	(1) 熟悉设计文件研究施工图纸 1) 承建单位通过对桥梁工程投标，并经专家评标，直至接到建设工程交易中心的中标通知后，与工程业主除签订施工合同外，还要认真组织工程技术人员熟悉、研究其所有技术文件和图纸，全面领会设计意图； 2) 检查所有设计文件、图纸、资料等是否齐全、清楚，图纸与各组成部分之间有无欠缺、错误和互相矛盾的情况； 3) 检查几何尺寸、坐标、标高等方面是否一致，技术要求是否正确；若需要与现场情况进行核对，并有必要进行补充调查。需要做好详细记录，记录中应有对图纸的各种疑问及其建议。 (2) 编制施工方案进行施工设计 1) 对投标时初步确定的施工方案和技术措施进行重新评价和研究，以制定出详尽的更加符合现场实际情况的施工方案，报上级批准； 2) 施工方案的主要内容包括：编制依据、工期要求、工程特点、施工方法、材料及机具数量、劳动力的布局、进度要求、完成工作量和临时设施的初步规划； 3) 施工方案确定后，就可进行各项临时性结构的施工设计，施工设计应在保证安全前提下尽量考虑使用现有材料和机械设施，因地制宜，使设计出来的临时结构经济、适用、安装拆卸方便。				
2	技术交底与组织设计	(1) 施工前的设计技术交底：由建设单位主持，设计、监理和承建单位参加。技术交底的主要内容有：工程设计概况、设计说明、结构尺寸及相互关系、施工工艺、技术安全措施、规范要求、质量标准、对工程材料的技术要求、试验项目、施工注意事项等。其主要程序如下： 1) 设计单位说明工程的设计依据、意图和功能要求，并对特殊结构、新材料、新工艺和新技术提出设计要求，进行技术交底； 2) 施工单位根据研究图纸记录以及对设计意图的理解，提出对设计图纸的疑问、建议和变更； 3) 在统一认识的基础上，对所探讨的问题逐一做好记录，形成"设计技术交底纪要"，并由建设单位正式行文，参加单位共同会签盖章，作为与设计文件同时使用的技术文件和指导施工的依据，以及建设单位与施工单位进行工程结算的主要依据。 (2) 施工组织设计：施工组织设计是施工准备工作的重要组成部分，也是指导工程施工中全部生产活动的基本技术经济文件；编制施工组织设计的目的在于全面、合理、有计划地组织施工，从而具体实现设计意图，优质高效地完成施工任务。				
审核人		交接人			接受交底人	

工程名称		施工单位		编号	
序号	项目	施工前期准备技术交底内容			
3	测量控制与施工预算	(1) 测量控制与协作配合： 1) 对各城市建委所交付的高架桥中线位置桩、三角网基点桩、水准基点桩等及其测量资料进行检查核对，如若发现桩志不足、不稳妥、被移动或测量精度不符合要求时，应按施工测量进行补测、加固、移设或重新校验； 2) 在桥梁开工前的准备阶段中，应充分调查有无地下原有管线或其他地下建筑物等障碍，如施工中可能涉及与其他部门有关的问题，应事先联系，加强协作，或者签订合同协议。 (2) 编制施工预算：施工预算是施工企业内部控制各项成本支出、考核用工、签发施工任务单、限额领料，以及基层进行经济核算的依据，同时，也是制订分包合同时确定分包价格的主要依据；施工预算是按照桥梁施工图纸的工程量、施工组织设计或施工方案、施工定额等文件进行编制的。			
审核人		交接人		接受交底人	

2.2 施工组织设计基本要求及编制的技术交底

施工组织设计基本要求及编制的技术交底　　　　　　　　　　表 2-2

工程名称		施工单位		编号	
序号	项目	施工组织设计基本要求及编制技术交底内容			
1	施工组织设计的作用与内容	(1) 施工组织设计的作用 1) 桥梁工程的施工组织设计是桥梁施工全过程中实施各项活动的技术、经济和组织的综合性文件，是使施工得以按连续性、均衡性、节奏性、协调性和经济性进行的指导性文件，同时又是对桥梁施工实行科学化管理的重要手段； 2) 编制桥梁施工组织设计的目的在于能对工程实施全面、合理、有计划地组织施工，使桥梁设计意图变为现实，并能高速、优质地完成施工任务。 (2) 施工组织设计的主要内容。 施工组织设计的主要内容：编制说明、编制依据、工程概况、施工准备工作、施工方案的选择、施工进度计划、各项资源及进场计划与资金供应计划、施工平面图设计、施工管理机构及劳动力组织、季节性施工的技术组织保证措施、质量控制的组织保证措施、安全施工的组织保证措施、文明施工和环境保护的措施、各项技术与经济指标。			
2	施工特点与方法	(1) 施工方法 根据桥梁工程特点与承建单位的实际情况，简单叙述工程的施工方法和确保工程质量、进度、投资、施工安全、以及推广所采用的新技术、新工艺、新材料、新结构、新设备等的技术措施。 (2) 施工平面布置图 1) 绘制桥梁的施工平面图，即桥梁的用地范围、临时性的生产与生活用房、预制场地点及其规模（构件现场预制时）；			
审核人		交接人		接受交底人	

工程名称			施工单位			编号	
序号	项目		施工组织设计基本要求及编制技术交底内容				
2	施工特点与方法		2）各种材料的堆放地（包括构件堆放场地），水、电供应及设备，临时道路，大中型施工机械设备及其他临时设施的布置； 3）施工平面图是否紧凑、合理地布置，直接关系到现场的施工管理； 4）必要时，对施工图进行补充，其内容包括：设计文件和图纸中没有包括的施工结构详图、辅助设备图以及临时设施图等。				
3	编制施工组织设计的原则与程序		（1）编制施工组织设计的基本原则 1）认真执行我国基本建设的程序； 2）必须科学地安排施工顺序，要严格控制桥梁的施工工期、工程期限及其投资等，做到确保重点，统筹兼顾安排； 3）尽可能地采用网络计划技术和流水施工，制定出合理的施工组织方案，确保工程能连续地、均衡地、有节奏地施工； 4）认真落实季节性施工的措施，特别要注意能更合理地安排冬期与雨期施工的项目，确保全年都能连续不断地施工； 5）在施工过程中，在条件许可的前提下，又能确保桥梁工程质量的技术措施、缩短施工工期和施工安全措施下，尽可能采用先进的施工工艺、新材料及新设备； 6）在满足桥梁施工需要的前提下，尽可能减少临时设施，合理储存物资，减少物资运输量； 7）科学地合理布置施工平面图，减少用地，节约基建费用，降低桥梁施工成本，减少工程造价。 （2）编制施工组织设计的基本程序 1）核对桥梁的设计文件，进行实地调查研究； 2）计算工程（主要包括基础工程、桥梁下部工程、桥梁上部工程、桥面及其附属工程等方面的计算）； 3）选择合理的施工方案和施工方法； 4）编制施工机具、设备计划； 5）编制劳动力计划、材料计划、编制工程进度图； 6）确定临时生产、生活设施； 7）确定临时供水、供电、供热设施； 8）编制运输计划； 9）编制重点工程施工进度图； 10）编制施工技术措施； 11）确定施工组织管理机构； 12）布置施工平面图； 13）制定质量、安全、环保、文明施工措施； 14）编写说明书。				
审核人			交接人			接受交底人	

工程名称		施工单位		编号	
序号	项目	施工组织设计基本要求及编制技术交底内容			

<table>
<tr><td rowspan="1">4</td><td rowspan="1">施
工
组
织
设
计
的
编
制</td><td>

1. 工程概况

（1）工程概况，即是对桥梁的工程规模、结构特点、桥位特征和施工条件等作一个简单扼要的、突出重点的文字介绍等。

（2）对于不同类型的结构与不同条件下的高架桥工程施工，都有不同的施工特点，因此还需要对其特点进行分析，指出施工中的关键问题，以便在选择施工方案、组织物资供应和技术力量配备等方面采取有效的措施。

2. 施工方案

（1）施工方案的合理确定：施工方法是施工方案中最为关键的问题，它将直接影响施工的进度、质量、安全和工程成本。所以要重点注意如下几方面：

1）工程量大的高架桥必须分出几个重要地位的分项工程项目；

2）要特别注意施工技术复杂的工程；

3）努力采用新技术、新工艺及对工程质量能起关键作用的项目。

（2）施工机械的合理选择：施工机械的合理选择是指以满足施工方法所需要为基本依据。并注意如下几方面：

1）必须根据桥梁工程的特点来合理选择主导工程的施工机械；

2）所选施工机械必须满足施工要求，但要避免大机小用；

3）选择辅助机械时，要考虑与主导机械的合理组合，互相配套。

（3）施工顺序：施工顺序是指桥梁工程施工的先后次序，主要包括以下几点：

1）必须遵循工程施工的程序，符合施工工艺的基本要求；

2）所采用的施工方法与使用的施工机械必须协调；

3）施工中必须考虑当地的水文地质和气候的影响，同时，需要认真考虑工程的施工质量和安全施工的要求；

4）满足施工组织的要求，使该工程的施工工期最短，可采取流水作业或部分流水作业，充分发挥施工机械和劳动力的效率。

3. 施工进度计划

（1）编制依据：

1）经过上级部门审批的全部工程施工图纸及所采用的标准图；

2）桥梁施工工期、开工的日期、竣工的日期；

3）确定的主要工程施工方案，包括施工顺序、施工方法、施工段划分、质量要求和安全措施；

4）施工条件，即劳动力、材料、机械的供应条件及分包单位的情况等；

5）劳动定额及其施工机械台班定额。

（2）编制内容：划分施工项目，确定施工方法；计算工作量；确定各施工项目的施工天数或生产周期；编制施工进度图；编制人工、材料、机械需要量的计划图。

（3）编制步骤：

1）对桥梁的有关施工技术、施工条件等进行研究；

2）划分施工项目，计算所有工作量；确定合理的施工程序和顺序；

3）计算各施工过程的实际工作量，确定所需劳动量和施工机械的台数；

</td></tr>
</table>

审核人		交接人		接受交底人	

工程名称			施工单位		编号	
序号	项目	施工组织设计基本要求及编制技术交底内容				

4	施工组织设计的编制	4）绘制桥梁的施工进度图，认真检查、调整施工进度图，进一步优化施工进度。 （4）编制程序：收取原始资料、研究施工条件、划分施工过程、计算工程量、确定施工机械的台数或劳动量、确定总的施工天数、编制施工进度计划表、计划的优化调整组合、绘制正式的施工进度计划。 4.施工平面图的设计 （1）设计依据： 1）桥梁工程结构设计和施工组织设计时所依据的当地原始资料。即：自然条件调查资料、技术经济调查资料（包括水源、电源、物资资源、交通运输、生产和生活基地情况）； 2）工程结构设计平面图及有关设计资料；施工进度计划和主要工程施工方案；各种材料、半成品的需要量计划及运输的方式； 3）各种临时设施的性质、形式、面积及其尺寸大小；各类加工场地的规模和施工机械设备的数量。 （2）设计原则： 1）在确保桥梁能正常施工的前提下，最大限度地减少施工用地，少占农田，使平面紧凑，布局合理； 2）对于临时性的建筑物及运输、水、电、通信等线路的布置，不得妨碍地面和地下构筑物的正常施工； 3）合理布置施工现场的运输道路及各种材料的堆放、仓库位置、各种机具的位置，尽可能地使其运距最短，以减少场内搬运的距离； 4）施工区域的划分和场地的确定，应符合施工的工艺流程要求； 5）桥梁施工现场应符合当地环保、安全防火和劳动保护等方面的要求，各种设施应便于工人的生产和生活。 （3）平面图设计内容与步骤：桥梁施工用地范围内绘有等高线的地形地貌、构筑物及其他设施（如公路、铁路、车站、码头、通信、电力、运输点、各种管线等）的位置；控制测量的放线标桩位置，工地施工服务的临时设施位置和尺寸；收集、分析研究桥梁所需的原始资料；确定混凝土搅拌站的位置；仓库的位置、材料和半成品的合理堆放，各种临时设施的布置；施工场外交通的引入与现场运输道路的布置及各种临时设施的布置；临时水电管网、动力设施与消防安全设施的布置。 5.质量管理控制 （1）质量目标：桥梁工程项目施工应达到的质量目标主要有如下几方面：工程项目领导班子必须坚持全员、全过程的质量管理，确保工程项目的各项指标达到规定的要求；承建单位的领导及上级主管部门要为实现质量目标而开展内部质量审核和质量保证活动；展开一系列的、有组织的活动，提供证实文件，使承建单位、政府质量监督部门与工程监理单位确信该项工程能达到预期的目标； （2）质量过程：根据桥梁工程项目质量所形成的全过程，其质量环共有以下阶段：工程投标、施工准备、材料设备采购、现场施工、竣工验收、工程保修；

审核人		交接人		接受交底人	

工程名称		施工单位		编号	
序号	项目	施工组织设计基本要求及编制技术交底内容			

<table>
<tr><td rowspan="1">4</td><td rowspan="1">施工组织设计的编制</td><td>

（3）质量体系运行：质量体系的运行是执行质量体系文件、实现质量目标、保持质量体系持续有效和不断优化的过程，其有效的运行是依靠体系的组织机构进行组织协调、实施质量监督、开展信息反馈、进行质量体系审核和复审来实现；

（4）质量控制：质量控制是为了确保合同、规范所规定的质量标准，而所采取的一系列检测监控的措施、手段和方法。在进行施工项目质量控制中必须遵循以下几点：坚持以人为本，以"质量第一，用户至上"，确保工程质量；以预防为主，加强对质量的事前、事中、事后控制；坚持桥梁的质量标准，严格检查；贯彻科学、公正、守法的职业规范；

（5）质量保证：质量保证是指承建企业为了提供足够信任表明工程能够满足质量要求，而且在质量体系中实施，并根据需要进行证实的全部计划。

（6）政府监督、工程监理与企业自检：

1）政府监督是工程质量保证体系中极其重要的质量监督环节之一，这是政府部门强化对工程质量管理的具体体现。政府监督具有强制性、执法性、全面性和宏观性等性质；

2）工程监理是指监理执行者对工程建设参与者的行为进行监督、管理和评价，保证建设行为符合国家法律、法规、技术标准等政策，约束和制止建设行为的随意性和盲目性，确保建设行为的合法性、科学性、合理性和经济性。工程监理具有服务性、公正性、独立性和科学性等性质；

3）企业自检是指要依靠合同计划完成工程建设的费用、进度和质量要求，这些在工程建设的质量保证体系中占有重要地位。

6. 安全管理措施

（1）施工安全管理范围：在桥梁的施工过程中，预防和杜绝工伤事故，保证施工生产的安全；保护施工手段和施工对象；即施工设施、施工设备和结构物的安全。

（2）安全管理原则：坚持以预防为主，综合考虑；将安全管理贯穿桥梁施工的全过程；承建单位必须树立全员管理，安全第一，做到管生产同时又管安全。

（3）安全管理措施：在桥梁的施工过程中，安全管理的具体措施主要有：建立安全管理体系，落实安全责任制，实施责任管理强化安全教育与训练，经常地实行安全检查制度、施工作业标准化制度、优化安全技术组织措施，建立一套健全的切实可行的安全规章制度。

7. 文明施工和环保

（1）文明施工：在现代化的施工过程中，必须使施工现场保持良好的施工环境和施工秩序。文明施工的主要措施有：组织管理措施、现场管理措施。大力开展"5S"活动（是指对施工现场各生产要素的所处状态不断地进行整理、整顿、清扫、清洁以及员工的培养）。

（2）施工现场环境保护：现场环境保护是指按照国家、地方法规和行业、企业要求，采取措施控制施工现场各种粉尘、废水、废气、固体废弃物以及噪声、振动等对环境的污染与危害。主要措施是：实行环保目标责任制，加强检查和监控工作，对需要保护和改善的施工现场环境、进行综合治理。

</td></tr>
</table>

审核人		交接人		接受交底人	

2.3 施工前准备的技术交底

桥梁施工前准备的技术交底　　　　表 2-3

工程名称		施工单位		编号	
序号	项目	桥梁施工前准备技术交底内容			
1	劳动组织的准备	(1) 概述：按照施工组织设计的具体要求，对物资进行必要的准备工作，其主要内容有：工程材料的准备（例如钢材、木材、水泥、砂石材料等，其规格、标准、生产厂家都必须符合设计要求）、工程施工设备的准备（各种式样的起吊设备、混凝土搅拌设备、浇筑设备、振捣设备、预应力机具等）、以及各种小型工具与配件等的准备工作。 (2) 建立组织机构：对桥梁的劳动组织准备，首先需要确定组织机构，其基本原则是：根据桥梁工程项目的规模、结构特点和复杂程度来决定其机构中各职能部门的设置，坚持合理分工与密切协作相结合的原则，分工明确，责权具体，总之，建立组织机构便于管理与指挥。 (3) 合理设置施工班组：在具体的施工过程中，需要合理建立施工班组，特别需要考虑专业与工种之间的合理配置、技工与普工的比例要满足合理的劳动组织，尽可能地符合流水作业方式的要求，并制定出该工程所需劳动力数量的计划。 (4) 劳动力进场：要集结施工力量，组织劳动力进场，对进场后的工人必须进行技术、安全操作规程、消防及文明施工等方面的岗前培训教育。 (5) 建立各项管理制度：为了高速、优质、低耗完成好桥梁修建，必须建立各项制度。即：技术档案管理制度、技术质量责任制度、施工图纸会审制度、技术交底制度、材料出入库制度、材料和构件的检查验收制度、安全操作制度、机具使用保养制度、工程质量检查与验收制度等。			
2	施工现场的准备	(1) 施工控制网的测量：根据勘察设计单位提供的桥梁总平面图和测图控制网中所设置的基线桩、水准标点以及重要标志的保护桩等资料，进行三角控制网的复测，并根据桥梁结构的精度要求和施工方案，补充施工所需各种标桩，建立能满足施工要求的平面与立面施工测量控制网。 (2) 四通一平：在施工前搞好"四通一平"，即：路通、水通、电通、通信通和平整场地等。 (3) 墩位补充钻探：高架桥工程在初步设计时所依据的地质钻探资料往往因钻孔较少、孔位过远而不能满足施工的需要，因此必须对有些地质情况不了解的墩位进行补充钻探，以查明墩位处的地质情况和可能发生的隐蔽物，为基础工程的施工创造有利条件。 (4) 搭建临时设施：根据施工总平面图的布置，将所有的生产、生活、办公、居住和仓库等临时用房建造好，同时将便道、码头、混凝土搅拌站（楼），以及构件预制场地等建造好。 (5) 安装施工机械：在桥梁开工前，对所有参与施工的机械、机具全部进行一次检查、调试，并对某些易损件配有备件。 (6) 材料的试验与堆放：根据设计要求，有计划地对所需要材料进行试验的申请，例如混凝土和砂浆的配合比与强度、钢材的机械性能等试验。按规定的地点和指定的方式进行堆放储存。			
审核人		交接人		接受交底人	

工程名称		施工单位		编号	
序号	项目	桥梁施工前准备技术交底内容			
2	施工现场的准备	（7）冬雨期的施工：根据施工组织设计的具体要求，认真落实桥梁的冬雨期临时设施和技术措施，切实做好其施工安排，尽可能地避免劳动力的浪费。 （8）建立各种制度：切实做好消防、保安等组织机构，并根据桥梁施工的特点，制定出一套切实可行的规章制度，布置安排好消防与保安的具体措施。			
3	现场布置原则	（1）缩短运距：施工场地应尽可能做到布置方便、合理、节约运输和装卸时间与费用，力求来料加工，形成流水作业。运距越短越好，大型的机具、材料、构件等，尽可能放在施工现场。 （2）危险品存放：对容易燃烧和爆炸的危险品存放地点，必须符合安全和消防的有关规定。在施工中，尽可能地节约用地；施工现场必须注意福利条件，满足职工的生活、文化娱乐的要求。			
审核人		交接人		接受交底人	

2.4 桥梁施工测量的技术交底

桥梁施工测量放样的技术交底　　　　　　　　　表 2-4

工程名称		施工单位		编号	
序号	项目	桥梁施工测量放样技术交底内容			
1	桥梁基础定位放样施工	1. 涵洞基础定位与轴线测量 　对于涵洞基础，设计资料一般会给出中心桩号、斜交角、涵长等；根据这些资料，可以测设涵洞中心桩以及轴线。涵洞施工中的测量工作主要是测设涵洞中心桩位以及涵洞轴线方向。 　（1）涵洞基础定位 　1）涵洞基础定位即测设涵洞中心桩。通常可以利用离桥涵最近的已经测设的中桩位置，计算涵洞中心到前后中桩的距离，采用直接丈量的方法测设，如图 2.4-1 所示。 　2）对于附近有可以利用的导线点时，也可利用路线附近的导线，根据计算的涵洞中心坐标，计算距离和夹角。采用极坐标的放样方法测设涵洞中心，如图 2.4-4 所示，将经纬仪安置在导线点 A 上，后视导线点 B，然后将照准部旋转 θ 角，即为涵洞中心所在方向，在此方向上从 A 点开始量取水平距离 L 所得就是要测设的涵洞中心。 　（2）涵洞轴线测量 　1）根据涵洞轴线与路线方向是否垂直，涵洞分为正交涵洞与斜交涵洞； 　2）对于正交涵洞，在涵洞中心位置确定以后，可利用方向架确定其轴线方向。或者将经纬仪架设在涵洞中心桩处，后视路线方向，盘左、盘右旋转 90°（或 270°），取其平均位置，即为涵洞轴线方向。为了方便在施工过程中恢复轴线，一般在轴线方向设立护桩，如图 2.4-1 所示；			
审核人		交接人		接受交底人	

工程名称			施工单位		编号	
序号	项目		桥梁施工测量放样技术交底内容			

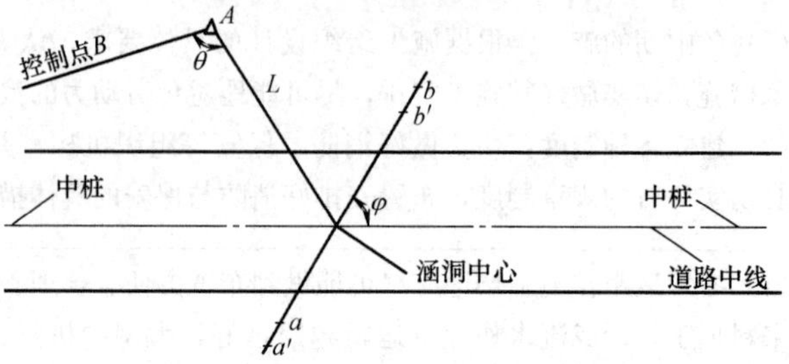

图 2.4-1　涵洞中心桩位及轴线测设

3）对于斜交涵洞，可将经纬仪架设在涵洞中心桩处，后视路线方向，盘左、盘右旋转一个角度为斜交角 ϕ（或 $180-\phi$），取其平均位置，即为涵洞轴线方向；

4）如果附近有导线点可以利用，也可根据设计资料，确定轴线上某两点 a 和 b（即确定涵洞中心沿轴线到 a、b 的距离，a、b 应在涵洞边线外侧）的坐标，则 a（或 b）与两个导线点形成一个夹角，计算夹角和距离，然后可以用极坐标的方法测设 a 和 b 的实际位置，并设置护桩 a' 和 b'。

2. 桥梁墩台定位与轴线测量

（1）概述：

1）在桥梁施工测量中，最主要的工作是准确地定出桥梁墩、台的中心位置和它们的纵、横轴线，这些工作称为墩台定位。直线桥梁墩台定位所依据的原始资料；

2）为桥轴线控制桩的里程和墩、台中心的设计里程，根据里程算出它们之间的距离，按照这些距离即可定出墩、台中心的位置。曲线桥所依据的原始资料，除了控制桩及墩、台中心的里程外，尚有桥梁偏角、偏距及墩距或结合曲线要素计算出的墩、台中心的坐标值；

3）水中桥墩的基础施工定位时，由于水中桥墩基础的目标处于不稳定状态，在其上无法使测量仪器稳定，一般采用方向交会法；如果墩位在干枯或浅水河床上，可用直接定位法；在已稳固的墩台基础上定位，可以采用方向交会法、距离交会法、极坐标法或直角坐标法。

（2）直线桥梁的墩台定位

位于直线段上的桥梁，其墩、台中心一般都位于桥轴线的方向上，如图 2.4-2 所示。根据桥轴线控制桩 A、B 及各墩、台中心的里程，即可求得其间的距离。墩位的测设，根据条件可采用直接丈量法、光电测距或交会法。

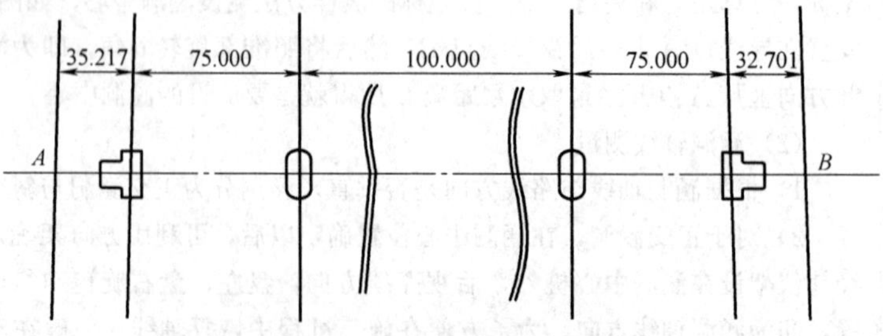

图 2.4-2　直线桥梁位置图

审核人			交接人		接受交底人	

工程名称		施工单位		编号	
序号	项目	桥梁施工测量放样技术交底内容			
1	桥梁基础定位放样施工	1）直接丈量法：当桥墩位于地势平坦，可以通视，人可以方便通过的地方，用钢尺可以丈量时，可采用这种方法。丈量前钢尺要检定，丈量方法与测定桥轴线相同。不同的只是此处是测设已知长度，在测设前应将尺长改正数、温度改正数及倾斜改正数考虑在内，将已知长度转化为钢尺丈量长度。为了保证丈量精度，施测时的钢尺拉力应与检定时的钢尺拉力相同。 2）光电测距法：只要墩台中心处能安置反光镜，且经纬仪和反光镜之间能通视，则用此法是迅速、方便的。但测设时应根据当时测出的气压、温度和测设距离，通过气象改正，得出测设的显示斜距。在测设出斜距并根据垂直角折算为平距后，与应有的（即设计的）平距进行比较，看两者是否相等。根据其差值前后移动反光镜，直至两者相符，则反光镜处即为要测设的墩位。 3）方向交会法：如图 2.4-3 所示，AB 为桥轴线，C、D 为桥梁平面控制网中的控制点，P_i 为第 i 个桥墩设计的中心位置（待测设的点）。A、C、D 三点上各安置一台经纬仪，A 点上的经纬仪瞄准 B 点，定出桥轴线方向；C、D 两点上的经纬仪均先瞄准 A 点，并分别测设根据 P_i 点的设计坐标和控制点坐标计算的 α、p 角，以正倒镜分中法定出交会方向线。 理论上从 C、A、D 引出来的三条方向线是交于一点的，该交点就是要测设的桥墩中心位置。但实际上由于测量误差的存在，三条方向线一般不是交于一点，而是构成误差三角形 $\triangle P_1 P_2 P_3$。如果误差三角形在桥轴线上的边长（$P_1 P_3$）在容许范围之内（对于墩底放样为 2.5cm，对于墩顶放样为 1.5cm），则取 C、D 引出来的方向线的交点 P_2 在桥轴线上的投影 P_i 作为桥墩放样的中心位置。 在桥墩施工中，随着桥墩的逐渐筑高，中心的放样工作需要重复进行，且要求迅速和准确。为此，在第一次求得正确的桥墩中心位置 P_i 以后，将 CP_i 和 DP_i 方向线延长到对岸，设立固定的瞄准标志 C' 和 D'，如图 2.4-4 所示。以后每次作方向交会放样时，从 C、D 点直接瞄准 C'、D' 点，即可恢复点的交会方向。 图 2.4-3 三方向交会法的误差三角形　　图 2.4-4 方向交会法的固定瞄准标志 4）极坐标及直角坐标法：在使用经纬仪加测距仪（或使用全站仪），并在被测设点位上可以安置棱镜的条件下，若用坐标法放出桥墩中心位置，则更为精确和方便。对于极坐标法，原则上可以将仪器置于任何控制点上，按计算的放样数据——角度和距离测设点位。对于全站仪，则还可以根据测站点、后视点及待放点的直角坐标，自动计算出待放点相对			
审核人		交接人		接受交底人	

工程名称		施工单位		编号	
序号	项目	桥梁施工测量放样技术交底内容			

| 1 | 桥梁基础定位放样施工 | 于测站点的极坐标数据，再以此测设点位。但是，若是测设桥墩中心位置，最好是将仪器安置于桥轴线点 A 或 B 上，瞄准另一轴线点作为定向，然后指挥棱镜安置在该方向上测设 AP_i 或 BP_i 的距离，即可定出桥墩中心位置 P_i 点。

（3）曲线桥的墩台定位
1）在整个路线上，处于各种平面曲线上的桥梁并不少见，曲线桥由于桥梁设计方法不同而更复杂些。曲线桥的上部结构一般有连续弯梁和简支直梁等形式，但下部一般都是利用墩、台中心构成折线交点而形成弯桥，如图 2.4-5 所示。一般路线设计中常用的有圆曲线和缓和曲线，它们都有计算公式可查用；

图 2.4-5　曲线桥的布置

2）在设计文件已给定墩、台定位的有关数据时，只需重新复核无误即可按其进行放样定位。但数据通常并不能满足施工的需要，应按路线测设资料、曲线有关要素，由计算公式求出各墩、中心为顶点的直线，再用偏角进行定位；
3）对于坐标值的计算，一般在直角坐标系中进行较为普遍、简便。可以先建立以墩、台中心为原点，切线及法线方向为坐标轴的局部坐标系，在局部坐标系中确立待放点局部坐标值；再利用墩、台中心的路线坐标值将局部坐标值转换到路线坐标中。
4）墩、台定位的方法，根据不同的条件可采用偏角法、长弦偏角法、利用坐标的交会法和坐标法等。曲线桥的放样工作，主要是对放样数据的计算，基本步骤的差异并不大，在此不再重述。

（4）墩、台的纵、横轴线测设
1）墩、台中心测设定位以后，尚需测设墩、台的纵、横轴线，作为墩、台细部放样的依据。
2）在直线桥上，墩、台的横轴线与桥的纵轴线重合，而且各墩、台一致，所以可以利用桥轴线两端控制桩来标志横轴线的方向，而不再另行测设标志桩。
3）在测设桥墩、台纵轴线时，应将经纬仪安置在墩、台中心点上，然后盘左、盘右以桥轴线方向作为后视，再旋转 $90°$（或 $270°$），取其平均位置作为纵轴线方向，如图 2.4-6 所示。 |

审核人		交接人		接受交底人	

工程名称		施工单位		编号	
序号	项目	桥梁施工测量放样技术交底内容			

图 2.4-6 直线桥梁纵、横轴线图

3. 桥涵细部施工放样

桥梁细部施工放样内容很多，不同结构形式放样方法也各异，下面主要叙述桥梁墩、台部的放样工作以及架梁时的测量工作。涵洞的细部施工放样内容主要在于洞口的锥体护坡的放样。

（1）明挖基础的施工放样：

1）在地基较好、基础不深的情况下，常常采用明挖基础；

2）在基础开挖前，应首先根据基底尺寸，及开挖深度、放坡情况等计算出原地面的开挖边线，然后根据墩、台中心及其纵、横轴线即可放出基坑的边线。当基坑开挖到设计标高以后，应进行基底平整或基底处理，再在基底上放出墩、台中心及其纵、横轴线，作为安装模板、灌注混凝土基础及墩身的依据；

3）注意基坑底部尺寸应根据实际情况较设计尺寸每边增加 50～100cm 的富余量，以便于支撑、排水与立模板；

4）基础或承台模板中心偏离墩、台中心不得大于 2cm，墩身模板中心偏离不得大于 1cm；墩、台模板限差为 ±2cm，模板上同一高程的限差为 ±1cm。

（2）桩基础的施工放样：在墩基础的中心及纵、横轴线已经测设完成的情况下，可以纵、横轴线为坐标轴，根据设计提供的桩与墩中心的相对位置，用支距法放出各桩的中心位置，其限差为 ±2cm，如图 2.4-7 所示。放出的桩位经复核后方可进行施工。对于单排桩，桩数较少，也可根据已知资料，以极坐标法放样。水中桩位或沉井位置的放样，可参照水中

图 2.4-7 纵、横轴线坐标图

墩位的施工放样方法，在水中平台、围囹或围堰等构造中定测桩或沉井的位置，经复测后方可进行基础施工。

（3）桥梁墩、台的细部放样

1）墩身和台身的细部放样，也是主要以它的纵、横轴线为依据，在立模板的外面需要预先画出它的中心线，然后在纵、横轴线的护桩上架设经纬仪，照准该轴线方向上的另一护桩，根据这一方向校正模板的位置，直至模板中心线位于视线的方向上；

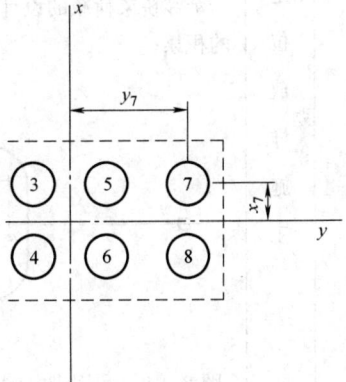

审核人		交接人		接受交底人	

工程名称		施工单位		编号	
序号	项目	桥梁施工测量放样技术交底内容			
1	桥梁基础定位放样施工	2）在施工过程中，经常要利用护桩恢复墩、台的纵、横轴线，即在墩、台身一侧的护桩上架设经纬仪，照准另一侧的护桩。但墩身筑高以后，视线被阻，就无法进行，此时，可在墩身尚未阻挡视线以前，将轴线方向用油漆标记在已成的墩身上，以后恢复轴线时可在护桩上架设仪器，照准这个标记即可； 　　3）如果桥墩位于水中，无法标示出桥墩的纵、横线时，可用光电测距仪或交会法恢复墩中心的位置。在用光电测距仪时，墩的横轴线方向是利用桥轴线的控制桩来确定的。在桥轴线一端的控制桩上安置仪器，照准另一端的控制桩，则视线方向即为桥轴线方向，也是墩的横轴线方向（直线桥）。在此视线方向上，于墩中心附近前后各找出一点 α_1 和 α_2 安置反光镜，测出它至控制桩的距离 d，于两点间用钢尺定出墩中心的位置，如图 2.4-8 所示； 　　4）利用交会法测设墩中心时，同前所述，应至少选三个以上的方向进行交会。误差三角形最大边在墩的下部不超过 25mm，在墩的上部不超过 15mm，取三角形的重心作为墩中心的位置。 　　5）在墩、台帽模板安装到位后应再一次进行复测，确保墩、台帽位置符合设计要求。模板位置中心的偏差不得大于 1cm，并在模板上标出墩顶标高，以便控制灌注混凝土的标高。当混凝土灌注至墩帽顶部时，在墩的纵、横轴线及墩的中心处，可埋设中心标志，在纵轴线两侧的上、下游埋设两个水准点，并测定出中心标志的坐标和水准点的高程，作为大致安置支撑垫石的参考依据，如图 2.4-9 所示。对于支座、垫石的位置及高程的确定，由于牵涉桥梁荷载的设计和传递，应慎重对待，必须重新对其进行测量、放样，以避免误差的积累； 　　图 2.4-8　利用光电测距仪定出墩中心位置　　图 2.4-9　在墩顶埋设中心标志及水准点图 　　6）墩、台各部分的高程一般是通过设在墩、台身或围堰上的临时水准点来控制的，可直接由临时水准点用钢尺向上或向下量取距离来确定所需的高程；也可以采用水准仪，从已浇筑的临近墩、台上设置的临时水准点测量来控制。但是在墩、台顶的最后施工阶段，应该采用水准仪直接施测来控制高程。 　　（4）梁体施工时的测量工作 　　1）梁体施工是桥梁主体结构施工的最后一道工序。桥梁上部结构较为复杂，要求对墩、台方向及距离和高程以较高的精度测定。由于各种桥梁结构不同，使得施工时的控制方法各异，在此仅作粗略说明；			
审核人		交接人		接受交底人	

工程名称			施工单位			编号	
序号	项目		桥梁施工测量放样技术交底内容				
1	桥梁基础定位放样施工	2）墩、台施工时，对其中心点位、中线方向和垂直方向以及墩顶高程都作了精密测定，但当时是以各墩、台为单元独立进行的。梁体施工需要将相邻墩、台联系起来，考虑其相关精度，中心点间的方向、距离和高差符合设计要求； 3）桥梁中心线方向测定，在直线部分采用准直法，用经纬仪正倒镜观测，刻画方向线。如果跨距较大（＞100m），应逐墩观测左、右角。在曲线部分，则采用测定偏角或坐标法； 4）相邻墩中心点间的距离用光电测距仪观测，在已刻画的方向线的大致位置上，适当调整以使中心点里程与设计里程完全一致。在中心点架设经纬仪放出里程线，与方向线正交，形成墩、台十字中心线。以此精确放出支座底板中心线，并以墨线弹出； 5）墩、台顶面高程用精密水准测定，构成水准路线，附合到两岸基本水准点上。 6）梁体具体施工过程中的测量工作有： ① 对大跨度钢桁架或连续梁采用悬臂或半悬臂安装架设的桥梁，在拼装架前，应在梁顶部和底部分中点作出标志，架梁时用以测量梁体中心线与桥梁中心线的偏差值。在梁的拼装开始后，应通过不断的测量，保证梁体在正确的平面位置上。高程控制一般以大节点挠度和整跨拱度为主要控制。对需要在跨中合龙的桥梁，合龙前的控制重点应放在两端悬臂的相对位置上； ② 对于预制安装的箱梁、板梁、T梁等，测量的主要工作在于平面位置的控制上。在架设前，应在梁顶部和底部分中点作出标志，架梁时用以测量梁体中心线与支座中心线的偏差值。在梁体安装基本到位后，应通过不断的微调保证梁体在正确的平面位置上； ③ 对于支架现浇的梁体结构，测量的主要工作在于高程的控制。对于支架预压前后的高程应进行连续测量，以测得弹性变形，消除塑性变形；同时应根据设计保留一定的预拱度。在梁体现浇的过程中，应对支架的变形进行跟踪测量，如果变形过大，则应暂停施工，并采取相应的措施； ④ 对于悬臂施工的梁体结构，测量的主要工作在于高程的控制。对于挂篮预加荷载前后的高程应进行测量，测得弹性变形，消除塑性变形；同时在不同节段的浇筑前，应根据施工图中不同节段预拱度的设计值，并结合已浇筑的前一节段的高程，调整相应的预拱度，使合龙前两端悬臂的相对位置满足要求，没有积累误差。 （5）涵洞的细部测量 涵洞中心桩位以及涵洞轴线方向测设在前面已叙及，下面就涵洞施工中锥体护坡的细部测量作简要的介绍： 1）涵洞锥体护坡在施工时要按设计准确放样，尤其是斜交涵洞的洞口施工； 2）锥体护坡及坡脚通常为椭圆形曲线，放样方法很多，如支距法、图解法、坐标值量距法、经纬仪设角法、放射线式放样法等。对于斜涵锥坡还应考虑到斜度系数，可以采用纵横图分解法进行放样； 3）以上方法均先求出坡脚椭圆形的轨迹线，测设到地面上，然后再按规定的边坡放出样线，据以施工。这里只对常用的支距放样法、纵横图分解法进行介绍； 4）锥坡支距放样法的做法是：如图 2.4-10 所示将 b 分为 n 等份（一般情况下分为 10 或 8 等份），则可求得 i 点对应的支距 a，然后根据 i 点在 b 方向的分量和在 a 方向的分量盘 a_i 可在现场放出 i 点；					
审核人			交接人			接受交底人	

工程名称		施工单位		编号	
序号	项目	桥梁施工测量放样技术交底内容			

| 1 | 桥梁基础定位放样施工 | 5) 纵横图分解法的做法是：如图 2.4-11 所示，按 a 和 b 的长度引一平行四边形；将 a' 和 b' 均分为 10 等份，并将各点顺序编号；由 b' 之 0 点连 a' 之 1 点，由 b' 之 1 点连 a' 之 2 点……依此类推，最后由 b' 之 9 点连 a' 之 10 点，即形成锥坡的底线；

图 2.4-10　支距放样法　　　　图 2.4-11　纵横图分解法

6) 放出样线，为了在锥坡挖基、修筑基础以及砌筑坡面时，便于悬挂准绳，使铺砌式样尺寸符合标准。在施工过程中为随时防止样线走动或脱开样线铺砌，而应进行必要的检查复核工作。 |

| 2 | 工程监理测量验收 | 测量工作贯穿于整个施工过程中，其重要性不言而喻。因此对监理工作来讲，必须严格依据技术规范对每一道工序进行检查，不符合规范要求的不得进入下一道工序施工，并应及时采取相应措施加以补救，以免造成不必要的浪费。

1. 监理测量质量控制工作主要内容

按照我国目前所实行的质量保证体系，监理方的测量工作主要有以下内容：

(1) 向承包人提供原始基准点、基准线和基准高程，并对承包人的定线控制测量进行监督检查和认可。在各项工程开工之前，对承包人的施工放线测量进行监督检查和认可。

(2) 在各项工程的施工进行中，对控制工程的各位置、高程、尺寸及其线形的准确性进行监督检查和认可。

(3) 在各分项工程、分部工程、单位工程、工程段落或总体工程项目的中间交工和竣工验收时进行测量监察、汇总并提出各分项工程的测量成果资料。

2. 部分控制标准

监理方对施工测量的跟踪控制主要依据设计要求、合同条款及相应的技术规范，在此摘录了部分规范要求，其他请参阅相关规范。

(1) 平面控制测量等级（表 2.4-1）。

平面控制测量等级　　　　　　　　　　表 2.4-1 |

序号	等级	桥位控制测量	序号	等级	桥位控制测量
1	二等三角	＞5000m	4	一级小角	500～1000m 的特大桥
2	三等三角	2000～5000m	5	二级小角	＜500m 的大、中桥
3	四等三角	1000～2000m	6		

审核人		交接人		接受交底人	

工程名称		施工单位		编号	
序号	项目	桥梁施工测量放样技术交底内容			

2 | 工程监理测量验收 |

（2）三角测量技术要求（表2.4-2）。

三角测量中误差　　　　　　　　　　　　表2.4-2

等级	平均边长（km）	测角中误差（"）	起始边边长相对中误差	最弱边边长相对中误差	测回数 DJ1	测回数 DJ2	测回数 DJ6	三角形最大闭合差（"）
二等	3.0	±1.0	≤1/250000	≤20000	12	—		±3.5
三等	2.0	±1.8	≤1/150000	≤70000	6	9	—	±7.0
四等	1.0	±2.5	≤1/10000	≤40000	4	6	—	±9.0
一级小三角	0.5	±5.0	≤1/40000	≤1/20000		3	4	±15.0
二级小三角	0.3	±10.0	≤1/2000	≤1/10000	—	1	3	±30.0

（3）桥轴线相对中误差（表2.4-3）。

桥轴线相对中误差　　　　　　　　　　　　表2.4-3

序号	测量等级	桥轴线相对中误差	序号	测量等级	桥轴线相对中误差
1	二等	1/130000	4	一级	1/20000
2	三等	1/70000	5	二级	1/10000
3	四等	1/40000	6		

（4）水准测量等级：凡是长度在2000m以上的特大桥梁一般为三等，长度在1000～2000m的特大桥为四等，长度在1000m以下的桥梁为五等。

（5）水准测量的主要技术要求（表2.4-4）。

水准测量的主要技术要求　　　　　　　　　　　　表2.4-4

等级	每公里高差中误差（mm）偶然中误差	每公里高差中误差（mm）全中误差	水准仪的型号	水准尺	观测次数 与已知点联测	观测次数 附和或环线	往返较差、附和或环线闭合差（m）
二等	±1	±2	DS1	钢瓦	往返各一次	往返各一次	±4√L
三等	±3	±6	DS1	钢瓦	往返各一次	往一次	±12√L
			DS3	双面	往返各一次	往返各一次	
四等	±5	±10	DS3	双面	往返各一次	往一次	±20√L
五等	±8	±16	DS3	单面	往返各一次	往一次	±30√L

3. 施工测量与放样质量要求

（1）在桥梁施工中，对所有的施工测量及放样都必须做到有放必复，有的要进行三级复核（施工队、公司、监理），复核内容除内业计算外，还应对测放标志进行定期复测。

（2）开工前应根据施工图纸将指定的水准标志点引至不妨碍施工的地点。

审核人		交接人		接受交底人	

工程名称		施工单位		编号	
序号	项目	桥梁施工测量放样技术交底内容			
2	工程监理测量验收	（3）为施工方便，可设置若干辅助基点，使在施工各个阶段都可直接测量，辅助基点必须经常检查和校测，控制桩应妥善保护，并引出攀线标志。 （4）桥梁中线一般应用经纬仪测量，墩、台间距均应校对其对角线是否相等，斜交桥应按设计角度算出的对角线进行校对。 （5）为防止台后填土引起的桥台位移，桥台轴线放样时，一般向岸上偏移 $1\sim4$cm；为防止墩、台自重引起的下沉，一般在墩、台高程放样时，放高 $0.5\sim2$cm，桥面最后的设计高程可通过桥面铺装加以调整。 （6）第一个墩（台）施工完毕后，以后所有的墩、台轴线与高程均应以筑成的墩（台）轴线与高程为基准。			
审核人		交接人		接受交底人	

3 基 础 工 程

3.1 明挖基础施工技术交底

3.1.1 基坑开挖施工技术交底

桥梁基坑开挖施工技术交底 表 3.1-1

工程名称			施工单位		编号	
序号	项目	桥梁基坑开挖施工技术交底内容				
1	用挡板支护坑壁的基坑施工	(1) 适应范围 当放坡开挖的基坑工程量过大，且又不符合高速优质的要求；基坑坑壁土质不稳定，并有地下水的影响；同时受到施工场地或邻近建筑物的限制，不能进行放坡开挖施工。 (2) 木挡板支护坑壁的形式（表3.1.1-1） 木挡板支护坑壁的形式　　　　表 3.1.1-1				

木挡板支护坑壁的形式 表 3.1.1-1

支护名称	支护方法	适应范围	施工简图
垂直挡板支护	当挖至较深的(不加支护，在短期限内能稳定)后设置垂直挡板1，在两侧的上下设置水平横枋2一根，用撑木3及楔木4顶紧 如若继续下挖，就必须随挖随打下垂直挡板加横枋、撑木，并将其楔紧。依次连续不断往下挖与支撑，直至基底	适用软塑或硬塑状的黏性土质分层开挖，并能达到较大深度。其缺点是出土时不够方便	(a)
垂直挡板支护	施工中，当挖至设计高程后，应立即设置垂直挡板1，在两侧的上下设置水平横枋2一根，用撑木3及楔木4顶紧。如若土质允许垂直挡板之间也可酌情留有间隙	适用软塑或硬塑状的黏性土质，基坑尺寸少，其深度少于3m，并能一次挖到底	(b)
水平挡板间断支护	首先将两挡板5水平设置，然后用撑木3及楔木4顶紧，每挖一层就支护一层	适用软塑或硬塑状的黏性土质，基坑尺寸少，其深度少于3m	(c)

审核人		交接人		接受交底人	

55

工程名称		施工单位		编号	
序号	项目	桥梁基坑开挖施工技术交底内容			

		支护名称	支护方法	适应范围	施工简图
1	用挡板支护坑壁的基坑施工	水平挡板间断支护	将挡板 5 水平设置,挡板间酌留出间隔,同时两对称设立木 6,用撑木 3 及楔木 4 顶紧	适用硬塑状黏质土,密实砂类土深度≤5m,一次开挖到底	(d)
		水平挡板连续支护	将挡板 5 水平设置,互相紧靠不留间隙,两侧对称设立木 6,用撑木及楔木 4 顶紧	适用软塑黏性土质、中密或稍松砂类土,其深度≤5m,一次开挖到底	(e)
		水平挡板连续支护	首先将基坑挖至可能的深度(不加支撑短时期内就能稳定),然后水平设置挡板 5,并互相紧靠不留间隙,两侧对称设立木 6,用撑木 3 以及楔木 4 顶紧。如若继续下挖,依次支撑直至基底	适用软塑黏性土质、中密或稍松砂类土,分层开挖,深度不限	(f)
		水平挡板短柱支护	首先将小短木桩(或者钢钎 11 一半露出地上,一半打入地下,地上部分背面水平设置挡板 5 后,再进行回填土 9 的工作	适用开挖宽大的基坑,下部放坡不足或者有小规模坍塌,基底为石或者硬土	(g) 11
		水平挡板锚拉式支护	首先将桩柱 12 的一端打入土内,而另一端用锚杆 7 与远处锚桩 8 拉紧,然后将挡板 5 水平设置在柱 12 的内侧。最后,向挡土板内侧回填土 9	适用于采用挖掘机开挖的较大基坑,不能安装横撑的	(h)

审核人		交接人		接受交底人	

工程名称		施工单位		编号	
序号	项目	桥梁基坑开挖施工技术交底内容			

支护名称	支护方法	适应范围	施工简图
钢木混合支撑	首先沿基坑周边每隔1.5～2.5m打入工字钢14至基底以下一定深度；然后边向下挖边在工字钢翼缘内安装水平挡板5；在适当高度于工字钢翼缘上安设撑3木顶紧	适用于基坑宽度大，土质较差或者在地下水位以下的基础	 基坑开挖施工简图 1、5—挡板；2—横枋；3—撑木； 4—楔木；6—立木；7—锚杆；8—锚桩； 9—回填土；10—斜柱；11—撑柱； 12—柱桩；13—石块；14—工字钢

1	用挡板支护坑壁的基坑施工	（3）木挡板支护坑壁的施工注意事项： 1）当采用木挡板支护坑壁时，要根据坑壁土质的具体情况，将挡板紧密铺设或间隔铺设、一次挖成或分段开挖，但每次开挖不宜超过 2m；坑壁支护的木材应采用优质的针叶材，例如松木、杉木等，不宜使用杂木。但楔块与垫木应尽可能地采用硬质材料；挡板与坑壁的空隙应尽可能地用原土填实，努力使挡土与土壁严密接触； 2）支护工作完成后，应经常检查支撑是否变形、开裂等现象，防止出现受力不均和应力集中等情况。也可以用小锤敲击，按音响来断定受力的大小；对已变形或受力过大的支撑，应立即加固或者更换新的支撑。如打紧受力较小楔木，或者增加立木、撑木等；施工中必须注意防止碰撞撑木，在有可能碰撞撑木的某一部位，应加设垂直护板或者采取其他有效的措施； 3）在换移支撑时，应先设新撑再拆旧撑。支撑施工时应按预先考虑完工后拆除支撑的次序进行，按立木分段分层逐步进行，拆除一层并经回填夯实达到要求后再拆下一层，直至地面为止。 （4）钢结构挡板支护坑壁的施工注意事项： 对于大型的基坑，如若地下水位较高或者土质较软时，最理想的方法就是用钢结构来支护坑壁其挡板采用定型钢模板，立木、纵横撑都可采用型钢，如工字钢、圆钢管以及槽钢，如图 3.1.1-1 所示。钢结构支撑的主要特点： 1）便于支撑的安装和拆除，材料消耗少，有利于向标准化、工具化发展； 2）整体刚度较弱，施工中应特别注意结全坑壁四周土质及荷载情况，合理布置千斤顶位置，以减少紧力的损失和控制坑壁变形； 3）钢结构挡板支护坑壁时，要特别加强纵横杆件交叉处及与立柱连接处的联接，除了三角形托架外，还需要用 U 形夹具来夹紧；对于杆件端部与千斤顶座及顶点接触的端头，一般应用混凝土将杆件的截面填实。

审核人		交接人		接受交底人	

工程名称		施工单位		编号	
序号	项目	桥梁基坑开挖施工技术交底内容			
1	用挡板支护坑壁的基坑施工	(5) 钢筋混凝土挡板支护坑壁的施工注意事项：在大型基坑中，如若土质太差或者地下水位较高时，为确保支护稳固，可以采用钢筋混凝土预制板。预制挡板的大小除了满足受力要求外，不定期应便于搬运；在坑壁允许无支护暴露较长时间的情况下，支撑结构也可以采用钢筋混凝土水平闭合框架，具有较高的整体刚度和稳定性；采用钢筋混凝土预制板的主要缺点是拆卸困难，所用材料不容易回收。 图 3.1.1-1　钢结构支撑坑壁示意图 (a) 平面；(b) 1/21-I 1—挡板；2—型钢坑壁立柱；3—型钢中间立柱；4—型钢纵横撑；5—千斤顶位置；6—三角形托架 (6) 锚拉式支护坑壁的施工注意事项： 1) 当基坑开挖和基础施工不允许在坑内安设纵横撑时，可采用锚杆支护代替支撑； 2) 大型基坑的锚拉式支护体系主要由护壁、横梁、托架、锚杆等部分组成； 3) 锚杆采用挖沟方式埋设，沟宽尽可能小，锚杆安装后预先要拉紧，使各锚杆受力一致； 4) 锚杆的锚固段应埋在稳定性较好的土（或石）层中，并用水泥砂浆灌注密实。 (7) 现浇混凝土加固坑壁的施工注意事项： 1) 对于圆形混凝土基坑，基坑采用分节开挖，每节深度 h，视土质稳定或既有定型钢模宽度而定，一般以 1.0~1.5m 为一节。每挖一节即安装模板、浇筑混凝土，再挖下一节基坑； 2) 安装模板时在上下之间应留出高 20cm 的浇筑口，待该节混凝土灌满后再用混凝土堵塞浇筑口，两节之间应预留连接钢筋； 3) 护壁的厚度应视基坑的大小及坑壁的土质而定，一般其厚度为 8~15cm； 4) 混凝土的强度等级不得低于 C15，并且必须掺加速凝剂； 5) 拆模时应根据速凝剂的效果和当时的气温等情况来确定。如若以混凝土达到支撑强度为标准，一般需要经过 24h 以上才能拆模； 6) 图 3.1.1-2 所示为钢筋混凝土加固坑壁示意图，施工程序与混凝土加固坑壁基本相同，但是应注意的主要事项有：

审核人		交接人		接受交底人	

工程名称		施工单位		编号	
序号	项目	桥梁基坑开挖施工技术交底内容			
1	用挡板支护坑壁的基坑施工	① "钢筋混凝土加固坑壁"是在"混凝土加固坑壁"的基础上增加绑扎钢筋的工序； ② 所采用的竖筋一般采用直径 6mm 或者 8mm，间距为 200mm 或者 250mm； ③ 基坑加固壁所采用的水平主筋一般是直径为 8mm 或者 12mm，每 m 不少于 4 根，视侧壁土压而定； ④ 当土压较大时，可采用变厚度护壁，并对称设置内外双层水平主筋，所需截面积按偏心受压构件来计算； ⑤ 根据基坑上层土质情况判定坑顶地面处自然横坡，坑口可加做台座，台座混凝土强度等级要求不得低于 C20； ⑥ 钢筋混凝土加固坑壁施工必须符合有关施工规范及要求。 图 3.1.1-2 钢筋混凝土加固坑壁示意图（cm） 1—井壁；2—水平筋；3—竖筋；4—浇筑口 （8）喷射混凝土加固坑壁工注意事项：喷射混凝土机械配置及现场布置参如图 3.1.1-3 所示。喷射混凝土施工过程中的注意事项： 图 3.1.1-3 喷射混凝土护壁作业示意图 1—空压机；2—拌合机；3—皮带运输机；4—喷射机；5—喷射手；6—卷扬机；7—摇头扒杆； 8—抽水机；9—拌合堆料棚；10—高压管路；11—混凝土喷射管路；12—高压水管路				
审核人		交接人		接受交底人	

工程名称		施工单位		编号	
序号	项目	桥梁基坑开挖施工技术交底内容			
1	用挡板支护坑壁的基坑施工	1) 喷射混凝土配合比应通过试验选取，必须满足设计强度和喷射工艺的要求； 2) 喷射混凝土配套机具应有良好的密封性能，生产能力应达到 3～5m³/h； 3) 喷射机作业开始时，应先送风后开机，再给料，作业结束时，应先停止供料，待料喷完后再切断水、电、风路。向喷射机供应连续均匀，料斗内应保持足够存料。喷射作业完毕或者因故中断喷射时，必须将喷射机和输料管内的积存料彻底清除干净； 4) 喷射作业过程中，喷头必须与受喷面垂直，喷头与受喷面距离应与喷射机工作气压相适应，以 0.6～1.2m 为最理想；要控制好水灰比例，保持混凝土表面平整、湿润光泽，无干巴或滑移流淌现象。喷头应不停止缓慢地作横向环行移动，循序渐进； 5) 如遇坑壁涌水，可采用竹、铁或塑料导管插入渗水孔将水引流至击水坑抽出。当涌水范围较大时，可设树枝状派水导管后再喷射；且改变配合比，增加水泥用量，先干喷混合料，待其与涌水融合后，再逐渐加水喷射； 6) 施工过程中，应随时观察基坑四周地面及喷护的坑壁有无开裂变形或起空壳脱皮等现象，如有发生应立即采取措施重喷补强或凿除重喷，确保坑壁的稳定。 (9) 锚喷混凝土加固支护坑壁的施工注意事项： 1) 钻孔：钻孔是在初喷混凝土之后迅速进行的一项工作，钻孔所使用的机械就是普通的凿岩机械，一般采用干式排粉碴的回旋式钻机，其孔径必须大于杆体 15mm 以上，孔位允许偏差±15mm，孔的深度允许偏差±50mm； 2) 灌浆：砂浆配合比宜为水泥：砂子：水＝1：（1～1.5）：（0.45～0.5），砂子的粒径不得大于 3mm，使用前必须过筛； 3) 安插锚杆：紧随灌浆进度，及时将锚杆体插入灌满砂浆的钻孔，投入孔内长度不应小于设计规定的 95%，锚杆杆体露出岩面的长度不应大于喷射混凝土的厚度； 4) 铺设钢筋网：钢筋网钢筋宜采用Ⅰ级钢直径 $\phi12$～$\phi14$，其间距为 150～300mm。钢筋网应随受喷面的起伏铺设，与受喷面的间隙一般不大于 3cm，钢筋网必须与锚杆连接牢固，在喷射混凝土时不应有晃动； 5) 喷射混凝土：当钢筋网铺设牢固后，即可在原初喷射过的壁面上分次、分片、分段，按自下而上顺序加喷混凝土。			
审核人		交接人		接受交底人	

3.1.2 围堰施工技术交底

桥梁围堰施工技术交底　　　　表 3.1-2

工程名称		施工单位		编号	
序号	项目	桥梁基坑围堰施工技术交底内容			
1	一般规定	(1) 围堰尺寸： 1) 围堰的外形：在筑堰施工期间，应考虑河流断面被压缩后，水的流速增大引起对围堰、河床的集中冲刷，以及对通航、导流等多方的影响； 2) 围堰高度：围堰的高度应考虑施工期间可能出现的最高水位，再加 60～80cm 的高度；			
审核人		交接人		接受交底人	

工程名称			施工单位		编号	
序号	项目		桥梁基坑围堰施工技术交底内容			

序号	项目	内容
1	一般规定	3）堰内面积：应能够满足基础施工时的需要； 4）围堰的断面：应能满足堰身强度和稳定的各种要求。 （2）围堰要求：围堰放一般安排在雨水少的早季枯水期限进行，围堰应具有防水严密、尽可能减少渗漏，以减轻排水工作。

围堰类型与适用的条件 表 3.1.2-1

类型	适用条件	简要说明	施工简图
土围堰	（1）适用于河水深在1.5m以内、流速0.5m/s以内。河床土质渗水性较少，可筑土堰。 （2）坡面有受冲刷危险时，外坡可以采用草皮、草袋、柴排等物进行防护，见右图所示	（1）在筑堰时，最适合采用黏性土，填土出水面后应进行夯实。 （2）必须彻底清除堰底河床上的树根、石块、杂物。 （3）筑堰施工时必须由上游逐渐向下游合拢	 土围堰
土袋围堰	（1）适用于河水深度在3m以内，流速1.5m/s以内。 （2）河床土质渗水性较少，可用土袋筑围堰，如右图所示	（1）首先将堆放土袋的基脚清理平整。 （2）然后采用优质的尼龙做袋装土，将土袋一层一层地往上堆，并且上层与下层的土袋必须相互错开缝隙，尽可能地堆码密实整齐。 （3）必要时可由潜水配合进行	 有黏土心墙时，顶宽2～2.5m 土袋围堰木
木桩土围堰	（1）适用于河水深度在3～5m、流速1.5m/s以内。 （2）所适用的木桩需要两排。 （3）桩内以竹笆一层挡土而构成围堰，可如图所示	（1）首先所选取的桩要符合要求，在打入两排木桩时，要注意桩与桩的纵坐标（一排中的间距）的间距为1.0～1.5m，横坐标（排与之间）的间距为1.5～2.0m。 （2）然后用金属螺栓或8号铁丝拉紧，并插入竹笆填土	 木桩土围堰
钢板桩围堰	（1）适用于河水深度在8～20m、流速3.5～5.0m/s的大河床。 （2）钢板桩在工程完成后，可拔出另用，也可成为工程结构的组成部分（见右图）	（1）先选取槽钢或工字钢作为钢板桩，在情况许可下，可选钢筋混凝土板桩。 （2）钢板桩施工时要求竖直，接口严密，减少和避免渗水，降低排水工作量	 钢板桩围堰

审核人		交接人		接受交底人	

61

工程名称		施工单位		编号	
序号	项目	桥梁基坑围堰施工技术交底内容			

续表

类型	适用条件	简要说明	施工简图
钢筋混凝土板桩围堰	（1）适用于河水深度在 8～20m、流速 3.5～5.0m/s 的大河床。 （2）适用的砂类土、黏质土、碎石土河床。 （3）除用于挡水防水外，不可以作为基础结构的一部分，也可以采取拔出周转使用，见右图所示	（1）钢筋混凝土板桩断面形式为矩形断面，宽 500～600mm，厚 100～300mm，一侧为凹形榫口，另一侧为凸形榫口。 （2）每块板桩的榫口成型要求上下全长吻合一致，光滑顺直，使插打板桩时不致发生大的阻力	 (*a*) (*b*) 钢筋混凝土板桩的断面形式 (*a*)半圆形榫口；(*b*)凸凹形榫口
钢套箱围堰	如右图所示为钢套箱围堰图，适应条件如下： （1）适用于河水流速较小、覆盖层较薄、透水性较好的砂砾或岩深水河床，埋置不深的水中基础，也可以用作修建桩基承台。 （2）根据工地起吊、移运能力和现场实际情况，钢套箱围堰可制成整体式或装配式，并采取相应措施，防止套箱接缝渗漏。 （3）钢套箱是利用角钢、工字钢或槽钢等刚性杆件与钢板连接，具有可靠的整体性和良好的防水性。 （4）套箱总高度应根据各施工阶段的最高水位、抽水最高水位、渡洪最高水位、渡洪最高水位及冲刷深度、基坑需要开挖的深度以及基度地基稳定程度确定	（1）钢套箱安装之前应先因地制宜要求在施工点四角打设定位桩和柱桩，边打边测量，符合要求后在其顶部加设纵横梁形成操作平台。 （2）清基封底时，要解决好套箱底部因与土或岩层接触面不匀密合产生的渗漏，需先由潜水员将套箱脚与岩面空隙部分的泥砂软层清除干净。 （3）然后在套箱脚堆码一圈砂袋，作为封堵砂浆的内模，再用布袋或水桶装 1：1 水泥砂浆，缓缓吊送给潜水员工，由潜水员将砂浆倒入套箱壁脚与砂袋之间以增强封堵效果，防止清基时砂砾涌入套箱内。如因套箱本身变形而发生的渗漏，可用棉絮在内侧嵌塞，使其由水夹带而至漏水处自行堵塞	 外框架正面图 钢套箱围堰

审核人		交接人		接受交底人	

3.1.3 基坑排水施工技术交底

桥梁基坑排水施工技术交底

表 3.1-3

工程名称			施工单位		编号	
序号	项目	桥梁基坑排水施工技术交底内容				
1	适应条件	主要适应集水坑法（集水坑降法适用范围较广，除严重的流砂外，一般情况均可适用）、井点排水（基坑土质不好，地下水位较高，用集水坑排水有流砂涌现象产生时，可用井点排水法，主要是降低地下水位）、沉井排水（适用于基坑较深、土质渗透性较大的基坑）、帷幕法（适用于将基坑周围土用冻结法、硅化法、水泥灌浆法、沥青灌浆法等处理成封闭不透水的帷幕）。				
2	自然冻结法	该法条件是自基坑开挖至完成基础坞工的期间内，必须保持昼夜日平均气温在$-10℃$以下，该法适用于流速在 $0.5\sim1.5$m/s 的水流，当水流速度大于 1.5m/s 时，则应增设围堰或其他阻流措施，以加速水层冻结。自然冻结法开挖步骤见图 3.1.3-1 所示。 图 3.1.3-1 自然冻结法开挖步骤 (a) 分格挖冰；(b) 随冰底冻结，继续下挖；(c) 进入砂覆盖层； (d) 进入不透水层；(e) 陆续拆除格墙，加支撑；(f) 挖至基底，浇筑混凝土				
3	集水坑排水法	<div align="center">集水坑排水法</div><div align="right">表 3.1.3-1</div> 见下表				

集水坑排水法　　　　表 3.1.3-1

项目	适用条件	简要说明	施工简图
集水沟、集水坑的设置	(1)改移河沟挖排水沟：处于宽坦的浅滩，流量不大的基坑开挖时，应先在上游利用地形筑坝拦水。 (2)改移河沟开挖大型排水沟排除地表水，使基坑处在干滩上开挖	(1)开挖基坑如有渗水时：沿坑底四周集水沟汇合于集水坑，然后采用水泵排出坑外，使基坑中间挖出部分处于干处，当挖至接近有水时，或反复加深集水沟和集水坑，经常保持坑底和水沟底有一定高差，达到排水通畅，使坑底处于干态，提高挖土效率，见右图所示。 (2)集水沟、集水坑的大小，主要是根据渗水量的多少而确定排水沟深为 0.5m，底宽不得小于 0.3m，纵坡为 1‰～5‰；如若排水时间较长或土质较差时，沟壁可用木板或荆笆支撑	 坑内明沟排水 1—基础边线；2—集水井； 3—排水沟；4—地下水

审核人		交接人		接受交底人	

| 工程名称 | | 施工单位 | | 编号 | |

| 序号 | 项目 | 桥梁基坑排水施工技术交底内容 |

续表

		项目	适用条件	简要说明	施工简图
3	集水坑排水法	水泵的选择与安装	对水泵的选取主要是根据设备的总排水量、每台水泵的排水量及具体选择的水泵类型,这就是根据基坑的深度选用水泵的吸程	设备总排水量按渗水量的1.5倍估算,每台水泵的排水量: $$Q=Fv=\pi UD^2/4=0.79D^2v$$ 式中 Q——基坑总渗水量,m^3/h; 　　F——水泵进水口面积,m^2; 　　D——水泵进水口直径,m; 　　v——流速,m/s。 水泵安装应按坑深、水深及水泵吸程大小等条件,安装于坑顶、水位以上、水位以下等位置,当坑深大于水泵扬程,可采取串联安装	

井点排水法　　　　　　　　　　　　　　　　　表 3.1.3-2

		项目	适用条件	简要说明	施工简图
4	井点排水法	喷射井点	当要求的降水深度大于5m,用多级轻型井点增加设备过多,且占地面积过大、工期长、不经济时,宜采用喷射井点法降低地下水位,这对渗透系数为0.1~50m/d的土效果较为显著,一般采用工作水压0.2MPa,井距3m左右,其降水深度可达12m以上	主要特点是:井点管的滤管以上部分有内外两层,内管下端连接喷射管,喷射管外面的外管与下面底座套连接处,必须安装严密,内外管顶端接头处须用油封妥善连接卡紧。 喷射井点管地面以上的设备为:连接软管、高压水泵、导水总管、循环水槽、排水槽和低压水泵等。喷射井点布置见右图	 喷射井点布置 1—井点管;2—连接软管;3—高压水泵; 4—导水总管;5—循环水槽;6—排水槽; 7—低压水泵;8—滤管;9—喷射器
		射流泵井点	射流泵是将类似喷射泵井点滤管下面的喷射器,改安装在地面上的集水箱上面。因为它与井点管、离心泵配合以抽吸降低地下水位,故称为射泵井点。其工作原理是用离心泵的高压水流,通过射流器狭小断面的喷嘴之后,水流速度大增	射流泵井点的主要设备是离心泵、射流器、循环水槽(箱)等,其余如集水总管、井点管、滤管等设备与轻型井点相同。 射流泵井点的施工,所有滤管、井管、集水管以及水箱、离心泵等的埋设、安装与轻型井点或喷射井点完全相同。射流泵的构造安装见右图	 射流泵构造示意图 1—电动机;2—离心泵;3—压力表; 4—水泵阀;5—循环水箱; 6—挡板;7—排水孔;8—溢水管;9—射流器; 10—真空表;11—地下水管阀;12—井点管; 13—压缩气体;14—集水总管

| 审核人 | | 交接人 | | 接受交底人 | |

工程名称		施工单位		编号	
序号	项目	桥梁基坑排水施工技术交底内容			

续表

4	井点排水法	项目	适用条件	简要说明	施工简图
		电渗井点	电渗井点法适用于当土层的渗透系数小于0.1m/d时，（如液塑状黏土、淤泥或淤泥质土，其渗透系数一般为0.1～0.002m/d）。前面的几种方法均不适用时，就可以采用这种施工方法	其原理是：用两根电极插入土中，分别通以正负直流电以后，则土粒向阳电极移动，而水分子向阴电极移动，前一种现象称为"电脉"，后一种现象称为"电渗"。电渗井点的布置是沿基坑外圈埋设井点管作为集水阴电极。井点管间距可较轻型井点的大些。在井点管的内侧埋设卫生直径20mm的钢筋作为阳电极，其纵向间距与井点管阳电极相同，见右图	 电渗井点布置示意图 1—井点管阴极；2—金属棒阳极；3—用电线将阴极连通；4—用电线将阳极连通；5—集水总管；6—水泵；7—发电机；8—电渗前水位；9—电渗后水位；10—基坑顶外绝缘

审核人		交接人		接受交底人	

3.1.4 地基处理施工技术交底

桥梁地基处理施工技术交底 　　　　　　表 3.1-4

工程名称		施工单位		编号	
序号	项目	桥梁地基处理施工技术交底内容			

地基处理方法的选择 　　　　　　表 3.1.4-1

序号	项目	土种类	适用条件	名称	施工要点	主要效果	适用条件
1	地基处理方法的选择	黄土	渗透系数为：0.2～2.0m/d	硅化法	在钻孔内灌注硅钠溶液	强度0.6～0.8MPa	加固地基
			—	热加固法	在桥墩的地基基础上钻孔内输送热空气	强度1MPa	加固地基
			—	土桩法	在土中构成土穴，用土或灰土填入，分层夯实	把孔隙率降低到计算标准，消除湿陷性	使地基密实
			—	重锤夯实法	重锤吊起自由下落	消除湿陷性	使地基密实
			—	碱液加固法	向土层中灌注碱液	消除湿陷性，提高强度	使地基固化
		黏性土	饱和状态	电动硅化法	在土中通过直电流，并灌注两种溶液：硅酸钠、氯化钙	提高水性，增加地基承载能力	加固地基
			饱和状态	排水预压法	在土中打入砂井，并堆载预压	增加地基承载能力，减少施工后的沉降量	使地基密实，加速固结
			饱和状态	深层搅拌法	通过特制的深层搅拌机械，将软土和水泥加固土形成复合地基	提高地基强度，增大变形模量	加固地基
			非饱和状态	砂桩法	打入钢管在土中成孔，采用振动灌砂形成砂柱	增加地基承载能力，减少地基变形	使地基密实
			饱和状态	电动疏干法	在土中通过直流电	基坑边坡的稳定性	便于基坑的开挖

审核人		交接人		接受交底人	

工程名称		施工单位		编号	
序号	项目	桥梁地基处理施工技术交底内容			

续表

		土种类	适用条件	名称	施工要点	主要效果	适用条件
1	地基处理方法的选择	砂质土	—	砂桩挤密法	打入成孔法	利用砂桩挤密	增加地基承载能力
			渗透系数为:2～20m/d	硅化法	通过注射管注射两种溶液,这就是:硅酸钠、氯化钙	其强度必须在1～5MPa,不透水性	加强基地地基下面的土,便于基坑挖土,帷幕作用
			渗透系数为:1～20m/d	降低地上水位	通过滤水管,用水泵进行抽水	基坑边坡的稳定	便于基坑开挖
			加固深度为10m	振动法	用深层振动棒法,使松砂密实	密实度	深层密实
		岩石类碎石土	裂隙性的、吸水率为0.05～10m/d	水泥灌浆法	在钻孔内压注水泥浆	不透水性	帷幕作用,加强地基
			蜂窝状的,吸水率为0.001～100L/min	黏土灌注法	在钻孔内压注含有石灰的黏土浆	不透水性	帷幕作用,加强地基
		淤泥及淤泥质土	积水地区	砂垫层法	在水下缓慢地抛填砂土层	增加地基的承载能力	使地基密实
			—	降低地下水位,并进行夯实	把淤泥中的水排除,减少孔隙比	增加地基的承载能力	使地基密实
			饱和状态	换土垫层法	换去一定深度的软土	增加地基的承载能力	加固地基基础
			—	砂井预压法	在土中打入砂井,并堆载预压	增加地基承载能力,减少施工后的沉降量	使地基密实加速固结
		杂填土	—	灰土挤密桩	用灰土桩挤密法填土	增加地基的承载能力	加固地基基础,使地基密实
			饱和状态	换土垫层法	换去一定深度的杂填土	增加地基的承载能力	加固地基基础
			饱和状态	砂桩法	用砂桩挤密杂填土	增加地基的承载能力	使地基密实加速固结
			非饱和状态	机械压实法	用机械方法进行压实	增加地基的承载能力	使地基密实
2基底地质与处理	黏土层	首先将基坑基底低洼处铲平,不能扰动土的天然结构,不得用黏土进行回填,当需要时,可于基上加铺一层100～150mm厚的夯填碎石,其碎石面不得高出基底设计的标高;如若基底土的含水量较大,出现松软"弹簧"现象,不得夯填,必须另作加强处理;基坑处理后,应于最短期间砌筑基础,避免基底暴露时间过久。					

审核人		交接人		接受交底人	

工程名称		施工单位		编号	
序号	项目	桥梁地基处理施工技术交底内容			
2 基底地质与处理	软土层	当采用软土及弱地基为沉积软弱饱和黏土层时，可根据软土层的厚度和力学性质、承载能力的大小、施工的期限、施工机具和材料供应等因素，因地制宜、就地取材。一般采用换填土、砂砾垫层、袋装砂井、塑料排水板土工织物、生石灰桩、真空预压或粉体喷射搅拌等处理方法。当软土层小于 2m 时，可将其全部挖除，换上力学性质较好的砂类土或中、粗砂，并分层夯实，其夯实度应达到最佳密度的 90％～95％。			
	湿黄土	（1）首先应在基础外围挖出排水沟，然后对基底进行防水的措施。 （2）根据土质条件，使用重锤夯实、换填、挤密桩等措施，进行加固，改善土层性质。 （3）基础加填不得使用砂、砾石等透水土壤，应用原土加夯封闭。			
	碎石类	将承重面整修平整，并在基底上铺筑一层 150～250mm 厚的碎石，然后夯压至紧，在其上再砌筑基础。当坑底渗水不能直接彻底排干时，应将水引至基础外排水沟排水。			
	岩石类	在未风化岩层基底上建筑时，首先将岩面上的所有松碎石块、淤泥、苔藓等清除，然后洗净岩面。在风化岩层基底上建筑，按基础尺寸凿除风化表面岩层，在砌筑基础施工的同时将基础坑填满、封闭。当岩层倾斜时，应将岩层面凿平或凿成台阶，使承重面与重力线垂直。			
	冻土层	按保持冻结的原则设计的明挖基础，其多年平均地温等于或高于−3℃时，应于冬期施工。 多年平均地温低于−3℃时，可在其他季节施工，但应避开高温季节，并注意如下几点：严禁地下水浸入或流入基坑；及时排除季节冻层内的地下水和冻土本身融化水；施工时，必须搭设遮阳棚或防雨棚；浇筑基础前应做好施工准备，组织快速施工；砌筑好的基础应立即进行回填，并以草袋等覆盖，防止热量侵入。按容许融化的原则设计埋置在季节冰层下的基础，冬期施工时，也应缩短基底暴露时间，防止冻层继续加深，以减少基础建成后的冻胀和融沉。			
	溶洞与泉眼	暴露的溶洞应用浆砌片石、混凝土填充，或填砂、石后，压注水泥浆充实加固。对大的溶洞除可采用混凝土掺片石灌填外，亦可用钢筋混凝土加盖处理。当设计基础已有规定时，必须按设计规定处理。基底地基及基础施工不得受水浸泡，对基底的泉眼应加以处理，再筑基础施工。 当堵眼有困难时，可采用管塞入泉眼，将水引至集中坑排出，或在基底下设置盲沟引流至集水坑后再排出（基坑内的集水坑集水由水泵抽汲排出），待基础施工完成后，向盲沟压注水泥砂浆堵塞；应注意防止砂土流失，引起基底沉陷。			
3 换土垫层法的地基处理	换土法	换土法是将基础底面下一定深度范围内的软弱土层挖去，换填低压缩性的散体材料，并进行分层夯实，作为地基的持力层，可用于软土地基的浅层处理。			
	垫层材料	（1）一般可用中砂、粗砂、砾石、碎石、卵石、灰土、矿渣、黏性土以及其他强度高、性能稳定的材料，其中以中砂、粗砂、砾石、碎石作为垫层应用最多。 （2）对所用材料的主要要求是：中砂、砾石、碎石、卵石等中的黏土含量不应大于3％～5％，粉土的含量不应大于25％，因为这些含量过多不利于排水，也不利于夯实。 （3）对砾石料的粒径的要求是：≥100mm 为宜。在基础的填筑中，要求分层放置、分层夯实，一般是 250～300mm 为一层，夯实一定要逐一地进行，提夯离地的高度不能低于 300mm。			
审核人		交接人		接受交底人	

工程名称		施工单位		编号	
序号	项目	桥梁地基处理施工技术交底内容			

序号	项目	桥梁地基处理施工技术交底内容
4 换土垫层法的地基处理	垫层的作用	（1）必须提高地基的承载能力：因为砂砾垫层比原软土强度高，压缩性低。所以能使地基承载能力提高。 （2）努力减少垫层下天然土层的压力：通过砂砾垫层的应力扩散作用，减小了垫层下天然软土层所受附加压力，因而也减小基础的部分沉降量。加速软土的排水固结：砂砾垫层透水性大，软弱土层受压后，砂垫层能作为良好的排水面，使孔隙水压力迅速扩散，从而加速软土固结过程。 （3）防止冻胀：因垫层颗粒较粗，含结合水少，属于不冻胀材料，且空隙较大，切断毛细水，可防止冬季结冰地下水迁移积聚而造成基础冻胀。
	砂砾垫层底面尺寸的确定	基础的压力通过砂砾垫层的扩散分布到较大面积上，扩散角度 ϕ 可以假若为 $35°\sim45°$，对于矩形基础的砂砾垫层底面积可按下式计算： $$A=a+2h_a\tan\phi \quad B=b+2h_s\tan\phi$$ 式中　a、b——基础的长边和宽边尺寸，m； 　　　A、B——砂砾垫层长度和宽度，m； 　　　h_s——砂砾垫层的厚度，一般为 $1\sim3$m； 图 3.1.4-1 中 σ'_H——外荷载在基底产生压力，再传砂砾垫层向下扩散到软基的最大压力，kPa； 　　　h——基础底面的埋置深度，m； 　　　H——原地面到砂砾热层底面的距离，m。 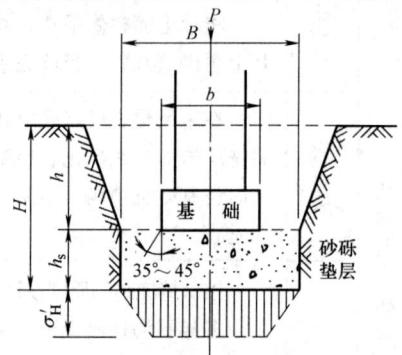 图 3.1.4-1　砂砾垫层应力分布图
	砂砾垫层厚度确定	$$\sigma_H=\sigma'_H+rh+r_sh_s\leqslant[\sigma]$$ 式中　$[\sigma]$——砂砾垫层底面处软土地基的容许承载能力，kPa； 　　　σ_H——砂砾垫层底面的计算压应力，kPa； 　　　r——原地至砂砾垫层顶同之间的土层的重力密度，kN/m³； 　　　r_s——砂砾垫层容重，在地下水位以下应扣除水的浮力，kN/m³； 　　　h_s——砂砾垫层的厚度，一般为 $1\sim3$m。
5 砂桩法地基处理	砂桩材料与尺寸	（1）砂桩的作用：如砂桩在松散砂土中，则可采用提高松散砂土的地基承载能力和防止砂土振动液化；在软弱黏性土中，可用于增大软弱黏性土地基的整体稳定性，防止发生滑动破坏；可提高地基的承载能力。 （2）砂桩的主要材料：砂桩使用中粗混合砂，其砂的含泥量不得大于 5%；在对砂桩成型必须具有足够约束能力的软弱黏性土，同时可以使用砂和角砾的混合料。 （3）砂桩的长度：如若碰上软弱土层厚度不大时，桩的长度可按软弱土层的厚度来确定；当软弱土层厚度较大时，按稳定性控制的工程，其砂桩长度应不小于最危险的滑动线深度；按沉降控制的工程，其砂桩的长度要满足砂桩地基沉降量，不超过建筑或构成物容许沉降量的要求，通过沉降计算来确定。 （4）砂桩的直径：直径的大小是应根据采用的成桩方以及所用机械能力来确定，在条件许可的情况之下，软弱黏性土中宜采用较大的桩径；国内所采用的桩径大都在 $300\sim500$mm；而国外实际上采用的桩径大都在 $600\sim800$mm，最大的可达到 $1500\sim2000$mm；砂桩的平面布置分为正三角形或者为正方形两种形式。

审核人		交接人		接受交底人	

工程名称		施工单位		编号	
序号	项目	桥梁地基处理施工技术交底内容			

序号	项目	桥梁地基处理施工技术交底内容
5 砂桩法地基处理	主要要求	(1) 施工标高：砂桩施工标高一般应高出基础底面标高 1～2m；如若砂桩施工后的地基表层进行适当处理，则砂桩施工可以从基础底面标高开始。 (2) 施工程序：在砂质土中，先施工外围的桩，后施工隔行的桩，如最后几行桩下沉桩管有困难时，可适当增大桩距；在软弱黏性土中可隔行施工，各行中的桩亦可间隔施工。 (3) 用砂的含水量：砂的含量水对砂桩施工的质量有较大影响，在施工时应根据成桩方法所规定砂的含水量；如若采用单管冲击法或振动法一次打拨管成桩或复打成桩时，应采用饱和砂；采用双管冲击法或单管振动法重复压拨管成桩时，应采用含水量为 7%～9% 的砂。
	振动成桩法	(1) 一次拔管和逐步拔管法 施工时所采用的主要机具有：振动打桩机、移动式打桩机架等。其成桩的主要程序（图 3.1.4-2）如下： 1) 首先是桩靴闭合，桩管垂直就位； 2) 然后将桩管沉入规定深度的土层之中； 3) 并且把料斗插入桩管斗口，同时向管内灌砂； 4) 最后，边振动边拔出桩管到地面； 5) 振动拔管拔出 500mm 时，应当停止上拔，继续振动 20s，如此重复进行直至桩管拔出到地面。 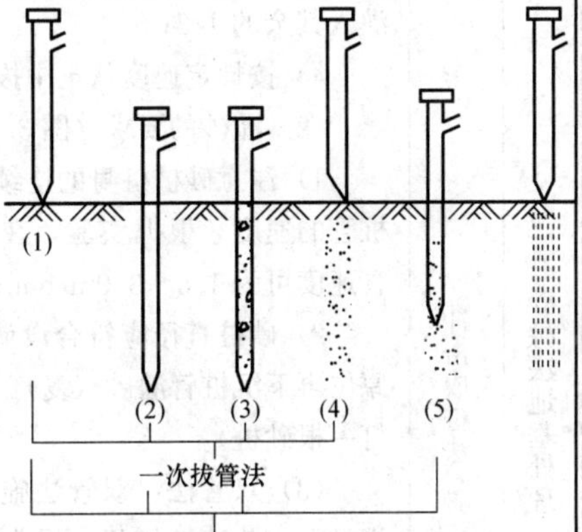 (2) 下端有特殊构造的桩管 下端有特殊构造的桩管所使用的主要机具有：振动打桩机、移动式打桩机、下端特殊构造的桩管（图 3.1.4-3）、装砂料斗和辅助设备（空压机和送气管、喷嘴射水装置和送水管）。 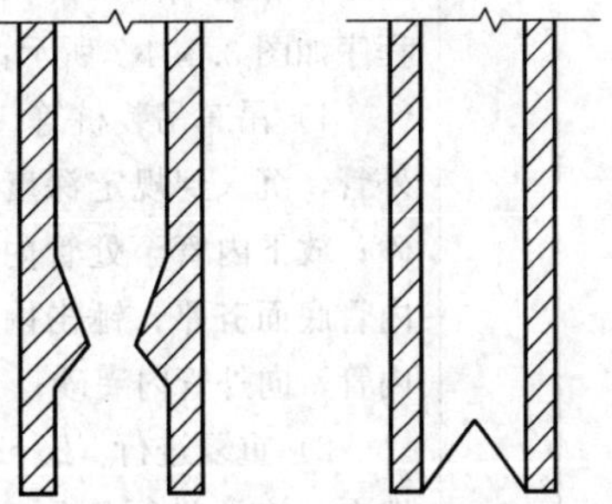 (3) 重复压拨法（图 3.1.4-4） 1) 桩管垂直就位； 2) 将桩管沉入到土层中规定的深度，如桩管下沉速度慢，可利用装管下端喷嘴射水加速下沉。 3) 按规定的灌砂量用料，向桩管内灌砂； 4) 按规定的拔起高度拔起桩管内送入压缩空气，使砂容易排出管外，桩管拔起后核定砂的排出情况；按规定的压下高度下压桩管，使落进桩孔内的砂压实； 5) 循序渐进地重复进行 3)～4) 工序，直至桩管拔出地面。 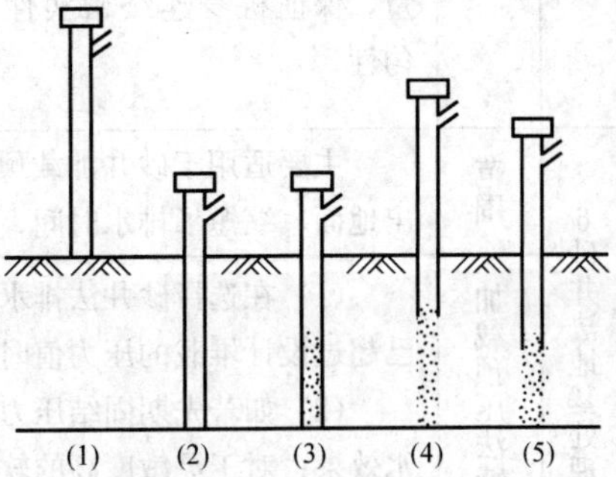

图 3.1.4-2 逐步拔管法施工程序

图 3.1.4-3 下端有特殊构造的桩管

图 3.1.4-4 重复压拔法

审核人		交接人		接受交底人	

工程名称		施工单位		编号	
序号	项目	桥梁地基处理施工技术交底内容			

5 砂桩法地基处理	冲击成桩法	（1）单管法（图3.1.4-5）：施工机具主要有：柴油打桩机、带有活瓣的钢制桩靴或预制钢筋混凝土锥形桩尖的桩管和装砂料斗等。其成桩工序如下： 1）桩靴闭合，桩管垂直就位； 2）将桩管打入土中至规定深度； 3）用料斗灌砂，量大时可分二次进行第一次灌入其余的1/3； 4）按规定速度从土中拔出桩管。 （2）灌砂的要求（图3.1.4-6） 1）注意砂桩桩身的连续性，保持一定的拔出桩管的速度。根据实验，在一般土质条件下，拔管速度可为1.5～3.0m/min； 2）砂桩直径应符合设计要求，必要时，须在原位再下沉桩管灌砂（复打），或在近旁加桩（加打一根砂桩）。 （3）双管法：双管法施工过程中所采用的主机具有：柴油打桩机、履带式起重机、底端开口的外管和底端闭口的内管及装砂料斗等。其施工程序如图3.1.4-7所示： 1）吊车吊装桩管，并垂直就位；锤击内管和外管，沉入到规定深度；拔起内管，向外管内灌砂；放下内管至处管内的砂面上，拔起外管至与内管底面齐平；锤击内管和外管将砂压实；拔起内管，向外管内灌砂； 2）重复进行（2）～（4）工序，直至桩管拔出地面。注意进行工序（2）时，按贯入度控制质量，保证桩身连续密实性及周围土层挤密后均匀性。	 图3.1.4-5 单管法施工示意图 连续性　　失去连续性 图3.1.4-6 灌砂要求示意图 图3.1.4-7 双管法施工示意图
6 砂井法地基处理	范围	主要适用于砂井加载预压，使孔隙水能就近流入砂井，并通过砂井作为排水通道而排出地面，缩短了排水时间，增强处理效果。同时，砂井法还适用于软土地基。	
	加载预压法特征	（1）在选择砂井法排水加固地基时，需要注意地基的固结状态。如若在先期固结压力已超过设计堆载的压力值时，加载就不可能产生超静水压力，砂井即无排水效果。 （2）如若先期固结压力值达到加载值的一部分时，则堆载在该部分作用下砂井也无排水效果；对于灵敏度高的软土采用砂井法时，要注意其融变性，特别是采用封底钢管冲击法施工时，土体结构受机械扰动而破坏，打井后短期内有一定的降低其强度现象发生。	

审核人		交接人		接受交底人	

工程名称		施工单位		编号	
序号	项目	桥梁地基处理施工技术交底内容			

| | 砂井的布置方法 | （1）砂井的井径：砂井的直径 300～400mm，护管砂井可以小到 150mm，袋装砂井直径可以小到 70～120mm。
（2）砂井的井距：砂井间距是指与相邻砂井中心之间的距离，砂井的间距按经验由井径比 $n=d_e/d_w=6\sim10$ 确定，常用井距为砂井直径的 6～9 倍，但不小于 1.5m。
（3）砂井长度：袋装砂井长度应较砂井孔长度长 500mm，使能放入井内后可露出地面。
（4）砂井的布置：可按三角形或正方形布置，当砂井为等边三角形布置时，砂井的有效排水范围为正六边形。 |

| 6
砂井法地基处理 | 砂井的施工要点 | （1）套管射水排土成井法（图 3.1.4-8）：施工时的主要设备：高压水泵、射水管、卷扬机、冲击机具以及承重车架等。其成井的主要工序：
1）套管就位，并且定位要准确，使设备处于较好的垂直度；由套管内的射水管进行射水；
2）射水时套管缓慢地往下沉；
3）套管下沉到规定位置后上下移动射水管，使套管内的土充分排出；
4）向套管内灌砂；拔出套管形成砂井；
施工中要经常检查桩尖与导管口的密封情况，避免管内进涨过多，造成井阻，影响加固深度。
（2）套管施打法成井施工（图 3.1.4-9）：施工时的主要设备：打、拔钢管机具（包括桩架、桩锤、卷扬机或由履带式起重机回装吊臂上的穿中心锤导向架、吊龙门）、套管、以及使用的活瓣式或钢筋混凝土固定式桩尖等。其成井的主要工序：
1）套管就位，下端有活瓣管靴时，管靴封闭；
2）采用冲击或振动法将套管沉入土中规定深度；用料斗装砂投入套管；
3）关闭投砂口，使用压缩空气时，边送入压缩空气边拔起套管；
4）不使用压缩空气时，则边振动边拔管；
5）使用固定式钢筋混凝土桩靴时，套管拔出后桩靴留在土中；套管整个拔出，砂井形成。 |

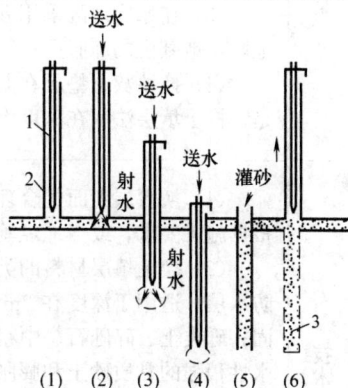

图 3.1.4-8 套管射水排土成井法
1—套管；2—射水管；3—砂井

KM2-12000A 型振动机技术性能

表 3.1.4-1

名称	单位	技术参数
偏心力矩	kN·cm	120
振动数	r/min	510
起振力	kN	340
空转时振幅	mm	22.1
空转时加速度	m/s²	63.02
电动机输出功率	kW	90
减振器全负载	kN	300
振动机质量	kg	5600

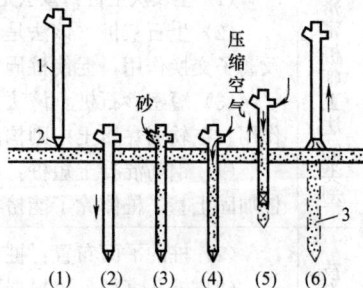

图 3.1.4-9 套管施打法成井施工
1—套管；2—导靴；3—砂井

审核人		交接人		接受交底人	

3.1.5 地基加固施工技术交底

<table>
<tr><td colspan="3" align="center">桥梁地基加固施工技术交底</td><td colspan="2" align="center">表 3.1-5</td></tr>
<tr><td>工程名称</td><td colspan="2">施工单位</td><td>编号</td><td></td></tr>
<tr><td>序号</td><td>项目</td><td colspan="3">桥梁地基加固施工技术交底内容</td></tr>
<tr>
<td rowspan="3">1 换土填层施工法</td>
<td>主要特点</td>
<td colspan="3">
（1）能就地取材，不需要特殊的机械设备，施工简便，工期短造价低，是一种适用范围较广的浅层加固方法，所以得到广泛的应用；通过垫层的应力扩散，减少垫层下天然土层所承受的压应力，减少基土沉降量。
（2）在软弱土层采用透水性较好的垫层时，软弱土层受压后，土中的水分可以通过垫层较快地排出，能有效地缩短沉降稳定时间，加快固结基础。
（3）在寒冷地区采用砂垫层，因粗颗粒垫层材料不易发生毛细管现象，所以，能有效地防止地基土的冻胀。
（4）换填灰土垫层在湿陷性黄土地区，有消除表层湿陷及减少下卧层湿陷的作用。但是，换土填层法用在深度大于3m的地方，施工就比较困难，成本会相应是高。
</td>
</tr>
<tr>
<td>技术要求</td>
<td colspan="3">
（1）换填层断面的合理厚度和宽度：厚度一般在0.5～3.0m范围；垫层底面宽度还应根据施工要求，或当地经验适当加宽。
（2）换土填层材料的类型：灰土类垫层具有一定的水稳定性和不透水性，可兼作辅助防水层，适用于深度在2m左右的软黏土、盐渍土、膨胀土、湿陷性黄土等各种地基的加固；砾类土、碎砾石、中粗砂土、粗砂土等透水性材料垫层，适用于处理加固软弱土中透水性稍强的黏质砂土和膨胀土，但不适用于湿陷性黄土地基。
（3）垫付层材料的技术要求：①灰土：土料可就地取用不含松软杂质的黏性土，必须打碎过筛，其粒径不得大于15mm；②石灰：宜用新鲜消石灰，不得夹有未消解的生石灰块粒，含水量不得过多，粒度不得大于5mm；③砂石：应选用级配良好，坚硬的中、粗砂、砾砂、碎砾石，不含植物残渣体、垃圾等杂质，石子的最大粒径不应大于100mm，含泥量不得大于5%；④砾类土：其中细粒含量不得大于15%，碎砾石粒径不大于是大于100mm；⑤工业废碴：质地坚硬、性能稳定和无侵蚀性，粒径为20～60mm，泥土及有机质含量不大于5%。
</td>
</tr>
<tr>
<td>施工注意事项</td>
<td colspan="3">
施工材料不尽相同，但施工要点大体相同，关键是要求分层铺筑，无论采用哪种压实方法（振动法、水撼法、夯实法、碾压法等），必须使捣压密实达到设计要求。必须首先进行验基工作，清除淤泥浮土，边坡必须稳定。当下雨天施工时，应采取排水措施。铺筑开始时，将坑底夯实，钉立标志桩来控制填料厚度，垫层底面宜在同一高程，如深度不同，基坑底土面应挖成阶梯搭接，并按先深后浅顺序进行垫层施工。
</td>
</tr>
<tr>
<td rowspan="2">2 挤密桩施工法</td>
<td>挤密桩施工法的类型</td>
<td colspan="3">
（1）土及灰土桩：该法是在桩孔中灌注素土或灰土，是深层处理湿陷性黄土地基的方法。
（2）生石灰桩：该法是在桩孔灌填生石灰，利用生石灰在桩孔内吸水、膨胀、发热以及离子交换作用，促使桩周土体的孔隙比和含水量减少，从而使软土固结。
（3）短密砂石桩：该法是在桩孔中填筑砂石，对于松散砂石和杂填土地基主要起挤密作用。在软弱黏质土中则构成复合地基，可提高地基承载能力和整体稳定性。
（4）钢筋混凝土短桩：当已知地表下不深处有较好的承力层时，可打入预先制备的短桩加固土基。桩体除了能挤密土体外，并有直接支承的作用。
</td>
</tr>
<tr>
<td>技术要求</td>
<td colspan="3">
（1）桩的平面布置：桩在纵横方向均不宜小于三排，可按等边三角形或正方形布置。
（2）桩孔直径：应根据置换率要求和所选用的成孔设备及成桩工艺等因素来确定，对于黏质土地基选用较大的桩径，即大于800mm；对于砾石土质的桩径为300～800mm，对于土及灰土质的桩径为300～600mm。
</td>
</tr>
<tr>
<td>审核人</td>
<td></td>
<td>交接人</td>
<td>接受交底人</td>
<td></td>
</tr>
</table>

工程名称		施工单位		编号	
序号	项目	桥梁地基加固施工技术交底内容			

<table>
<tr><td rowspan="3">2 挤密桩施工法</td><td>技术要求</td><td>

（3）桩孔间距：在一般的情况下，土及灰土桩的间距为桩径的 2～3 倍，砂石桩为桩径的 2～4 倍。桩的长度：桩的长度应根据土质情况、工程要求和成孔设备等因素来确定。

（4）桩顶高程：各类桩竣工后的桩顶有效高程及桩顶与基础底面之间的处理应与设计要求相符，并考虑将砂石桩顶接近地面的 0.5～1.0m 与被挤松和隆起的地面同时清除；灰土桩顶宜高出基础底面 150mm。

</td></tr>
<tr><td>施工工艺</td><td>

（1）锤击式沉静管法及成桩工艺：

1）单管法：该法采用的钢管是一根外径等于桩孔、管长大于孔深约 1.0m，管壁厚 8～12mm 的无缝钢管，为便于拔起和使填料能顺利地从管内落下，钢管下端装以直径大于 100mm 的钢质活瓣式桩尖或能自动脱落的混凝土桩尖，成桩的工序如图 3.1.5-1 所示；

2）双管法：该法造成孔的桩管是由一根上下开口的外管组成。内管顶设桩帽与打桩机锤头联结以利拔管。双管法比单管法优越，能解决单管法灌注某些填料如加生石灰拔管后活瓣桩尖不容易张开的问题，并且能较好地保证桩身连续、密实，桩周土挤密均匀，双管法成桩的工序如图 3.1.5-2 所示。

（2）振动式沉静管法及成桩工艺：振动式挤密砂桩使用的桩管是厚壁铸钢管，重量较大，可同时作为冲击振动锤头，由专用桩架以导向架固定，上端安设有振动锤及灌砂斗。其造孔及桩工艺又有逐步拔管法和重复压拔管法之分。 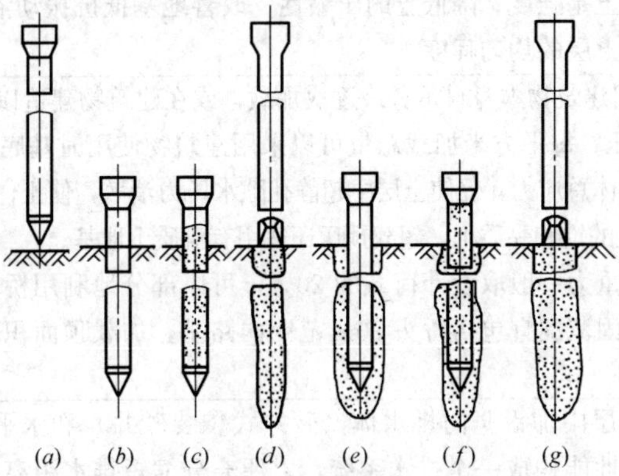

图 3.1.5-1 单管法成桩工序示意图
（a）桩管锤直，桩尖对准桩位；（b）桩管打至设计位置；
（c）管内灌满填料；（d）拔起桩管，活瓣桩尖张开，管内填料落入桩孔；（e）再将桩管打至设计的深度；
（f）向管内再一次灌注填料；（g）拔桩管，完成密实的扩大桩体 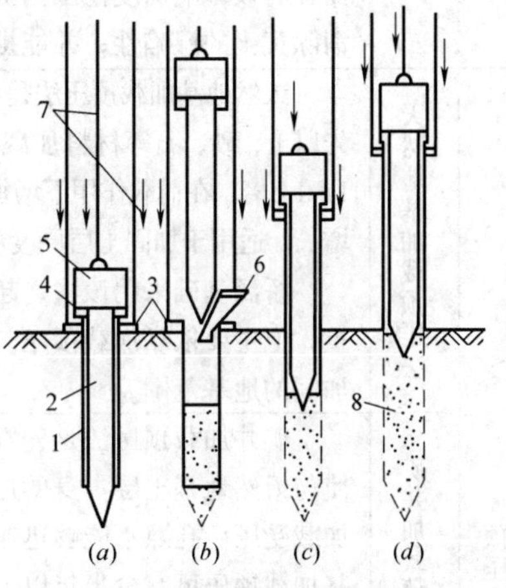

图 3.1.5-2 双管法成桩工序示意图
1—外管；2—内管带桩尖；3—扁担与外管焊固；4—卡口与内管焊固；5—桩锤；6—灌料斗；7—钢丝绳；8—填料

</td></tr>
<tr><td>施工注意事项</td><td>

（1）沉管开始阶段应轻击慢沉，待桩管方向稳定后再按正常速度沉管。

（2）成孔过程中如出现反常现象，应针对原因恰当处理。桩锤回跳过高或桩管沉入过慢，是土层含水量偏小，应再做定量预浸水，使接近最佳含水量。

（3）桩管沉至设计深度后应及时拔出，不宜在土中搁置太久；拔管困难时可用水浸润桩管周围土层或转动桩管再拔。桩管沉入过快，如因地层下有空洞、墓穴或过软土层，可拔出桩管填入非黏质土料再沉管挤压，如系桩直径偏小，可改用粗管。

（4）注意按计算数量灌注填料，控制灌注高度和填料密实度，填料宜分多次进行灌满。

</td></tr>
</table>

审核人		交接人		接受交底人	

工程名称		施工单位		编号	
序号	项目	桥梁地基加固施工技术交底内容			
3 夯压施工法	表面压实	该法是浅层地基加固中最简易的方法，主要适用于加固地基表层的软弱土厚度不大，或上部荷载较小的情况。常用于桥头路基和轻型小桥涵基础地基的表层加固和大面积换填层的压实。其主要特点是施工简单、工期短、成本较低。但必须预先正确判明地基土的性质状况，尤其是查明加固层以下卧层的特性。施工的方法主要是采用光轮压路机、振动压路机、羊脚碾、平板振动压实机等机械进行施工。			
	重锤夯实法	该法是采用起重机械将特制的重锤，提升到一定的高度后，自由下落，重复夯击基土表面，使浅层地基受到压密加固，主要适用于加固地下水位的有效夯实深度以下，饱和度不得大于 0.6 的温陷性黄土、稍湿的杂填土、黏质土、砂类土和分层填筑的地基，还可作为换填法加固地基的压实方法。这种方法能基本消除有效加固深度内黄土的湿陷性，降低夯实土层的压缩性和透水性，提高地基承载能力和变形模量。其有效加固深度与锤重、锤底直径、落距以及土质条件等因素有关，一般情况下为 12～2.0m。主要采用履带式起重机、打桩机、装有摩擦绞车的挖掘机等。			
	强夯法	该法是以 100～400kN 的重锤从 3～40m 的高处自由落下冲击土基，使基土在巨大的冲击作用下，产生很大的动力和冲击波，致使土中孔隙压缩，土体局部液化，在夯击点周围一定深度内产生裂隙，形成良好的排水通道，使土中孔隙水顺利逸出，土体随之固结，从而在有效影响深度范围内提高土基强度；降低土的压缩性；改善地基抵抗振动液化的能力；消除黄土的湿陷性；并能提高土层的均匀程度。			
4 预压施工法	天然地基加载预压法	天然地基加载预压法是利用建筑物本身自重分级逐次加载，或在建筑物建造以前，在场地先以土、砂、石等材料加载预压。每平方米加载总量可以采用建筑物使用时基底所受荷载的 1～1.2 倍。在荷载作用下增加土体总应力，促使土层中超静孔隙水压力消散，使土体压缩、强度增长。适用于加固土层厚度不大的饱和黏质土，超载预压还适用有机质土地基。 桥涵基础采用该法，超载重力一般取设计荷载的 20%，可以部分地利用桥涵墩台的自重，但主要依靠加载预压。加固范围宜包括桥头 20m 范围内路基，加载顶面积不得小于应加固的地基范围。			
	矿井加载预压法	矿井加载预压法是先在土层中加设竖向排水体（砂井式袋装砂井）和水平排水垫层，使与天然地基土层本身的透水性能构成一个排水系统，以便充分缩短排水距离，使土基在加载受压后孔隙水能够迅速地从排水通道逸出，从而缩短沉降固结的时间，一般比天然地基加载预压可减少半年以上工期，加固深度可达 20m 以上。这是加速饱和黏质土和有机质土地基排水固结最有效的方法。采用塑料排水带代替袋装砂井，更具有工效高、劳动强度低、质量稳定，适应于地基变形性能好等优点。			
	矿井真空预压法	(1) 矿井真空预压法是在土层中设置砂井，顶面设置砂垫层以后，在砂垫层上铺设比地基范围稍大的三层密封塑料薄膜，通过真空装置将膜下抽成真空，使膜内形成气压差，促使土层在总应力不变的条件下，孔隙水压力减少，有效应力增加，使土体沉降较快地到达设计要求，而不致发生剪切破坏，缩短了需加固总时间，最宜用于流塑状饱和黏质土地基。真空预压也可以和加载预压共同作用，两者的加固效果可以叠加。 (2) 真空预压的总面积应大于建筑物基础外缘所包围的面积，预压区每块预压面积应相互连接，并宜尽可能大些。对于表层存在良好透气层以及在处理范围内有充足水源补给的透水层等情况，应采取有效措施切断透气层及透水层。			
审核人		交接人		接受交底人	

工程名称		施工单位		编号	
序号	项目	桥梁地基加固施工技术交底内容			
5 振 冲 施 工 法	振 冲 置 换 法	振冲置换施工法又称振动水冲碎石桩施工法，适用于处理不排水抗剪强度≥20kPa的黏质土、粉质土、饱和黄土等地基。其施工工艺如下： （1）施工时将振冲器按拟振桩点编号顺序对准，开动振冲器、水源、电源，检查水压、电压和振冲器空载电流，一切正常后开启振冲器喷水。振冲器依靠自重在振动喷水作用下，以1～2m/min速度徐徐沉入土中，观察并记录沉入深度和电流变化，若电流超过电机额定值时，必须减缓下沉速度。 （2）当下沉达到设计深度时，振冲器应在孔底适当留振，并减小射水压力，以便排浆清孔。 （3）加料振密：将振冲器提出孔口，往孔内加料，每次0.5～0.6m³，然后把振冲器沉入填料中进行振密，并使填料挤向孔壁软土中。 （4）重复上一工序：将振冲器提出孔外、加料、沉入冲器密振，直至桩顶。			
	振 冲 密 实 法	振冲密实法主要依靠振冲器的水平振动力，把振冲中填入的大量粗骨料挤入周围砂层，地基密度增加（达75%以上）空隙减少，抗液化性增强。其施工工艺如下：振冲器就位后应安放钢护筒，使振冲器对准筒轴心；将振冲器徐徐下沉，同振动置换法工艺。振冲器达到设计深度后，将水压和水量降至孔口有一定量回水，但无大量细颗粒带出的程度，将填料堆于护筒周围；填料在振冲器振动下，依靠自重沿护筒周壁下沉至孔底振冲。 重复上一工序，直至全孔处理完毕后关闭振冲器和水泵。不加填料依靠周壁砂层塌陷密实的，其施工方法亦大体相同，在使振冲器沉至设计深度、留振至规定的密实电流值后，将振冲器上提0.3～0.5m，如此重复进行直至完成。			
6 深 层 搅 拌 施 工 法	类 型 与 特 点	（1）粉体喷射搅拌法：该法是利用压缩空气，把水泥、生石灰粉等固化材料，通过专用深层搅拌机空心钻杆的喷灰口喷出，喷射于地基深处已被螺旋翼强制切削、搅动的天然湿度地基土上，使固化材料与地基土发生一系列物理、化学反应，并在反应过程中吸水、发热、膨胀，使搅拌均匀的灰土硬结，形成具有整体性、水稳性和强度较高的地基。 （2）浆液喷射深层搅拌法：该法是将水泥、石灰等固化材料的浆液，用灰浆泵经输浆管泵送到特制的深层搅拌机两根搅拌轴之间的中心管输出，搅拌头于地基深处就地将灰浆与基土拌和，经一系列物理化学反应后硬结。特点是施工时无需高压设备，基土也不向侧向挤压，安全可靠、无污染、无振动，对环境无不良影响。			
	技 术 要 求	（1）土质分析：在施工设计前，应实地取样作土质分析，了解土的矿物成分、含水量、有机质含量、可溶盐含量和总烧失量；认真作水质分析，了解地下水的酸碱度、硫酸盐含量、侵蚀性等。再根据工程、土质和水质要求，选用适宜化材料品种和早强、缓凝、减水等外掺剂。 （2）加固形式：搅拌桩可供选择的布置形式有柱（桩）状：间隔一定距离设置一根，有利于充分利用桩身强度和桩周摩擦力，适用于独立基础。 （3）加固范围：搅拌桩按其强度和刚度是介于刚性桩和柔性桩之间的一种桩型，其承载性能又与刚性桩相近，因此布桩范围与基础底面相同即可，不必加宽。 （4）桩径、桩长及其强度的选定：桩径依搅拌机叶片直径而定，在50～100cm之间；桩长根据软土层的厚度确定，一般应达到软土层底部。 （5）固化材料：水泥及外掺剂品种及配比按实验资料要求采用；石灰应为质地纯净的一等石灰，氧化钙和氧化镁含量不少于85%，并应磨细，最大粉粒应小于0.2mm。			
审核人		交接人		接受交底人	

工程名称		施工单位		编号	
序号	项目	桥梁地基加固施工技术交底内容			

6 深层搅拌施工法	施工工艺	(1) 施工前的准备工作①平整场地：清除地面上下块径大于 100mm 的不利于搅拌的石块、树根等障碍物，低洼处用黏质土回填。如表层土质过软应铺垫干砂，不宜铺垫碎石以免造成钻进困难；②测量订桩：基坑底面高程宜控制在设计高程以上 500mm，这 500mm 留待制桩完毕再行挖除。按设计桩位放样，钉立小木桩，按施钻顺序编号；③根据设计要求和试验资料，选定固化材料种类和掺配比例，确定搅拌工艺。 (2) 粉体喷射深层搅拌法施工工艺（图 3.1.5-3）：①对准桩位：移动喷射搅拌机使搅拌轴垂直、钻头对准桩位，准备好合格粉料装入粉体发送器的灰罐内；②正转下沉：首先启动搅拌钻机及空压机，然后使钻头正转钻进，当入土 500mm 后喷射压缩空气，钻至设计的深度后就可以停钻；③反转喷灰搅拌提升：首先启动搅拌钻机，钻头反向旋转匀速提升，然后启动粉体发送器，按设计配合钻头提升速度，定时定量通过空心钻杆将粉气混合物喷入桩位下被搅动的土体，边转边喷边提，使桩位土体与粉料充分拌和逐渐提高；当钻头提升至地面以下 500mm 高处时，停止送灰，钻杆继续提升直至地面，桩柱制成，检查喷灰量是否达到设计要求；再后移动搅拌机，重复上述工序依次逐桩喷搅制桩。 (3) 浆液喷射深层搅拌法施工工艺（图 3.1.5-4）：①就位：将搅拌机移至拟加固桩位，使起吊设备保持水平，钻头垂直对准桩位，启动电机；②预搅下沉：待搅拌机搅拌头转速正常后，启动电机使搅拌机沿导向架边旋转搅土边往下沉，此时工作电流不应大于 70A。直至设计深度；③首先在预搅下沉至一定深度后开始按设计配合比拌制水泥浆，并在压浆前拌制好的水泥浆存入储料罐；④喷浆搅拌提升：然后开动灰浆泵将水泥浆通过搅拌钻机泵入被搅动过的土基，同时将搅拌机按规定速度匀速提升，边提升、边喷浆、边搅拌，使水泥浆土体充分拌合，直至地面以下 500mm；⑤重复搅拌下沉：为使搅拌更趋均匀，再次边搅拌边下沉，直至设计深度；⑥重复搅拌提升：再次从设计深度边搅拌边提升，直至提出地面，桩体制成；移动搅拌机，重复上述工序依次逐桩喷搅、制桩。 图 3.1.5-3　粉体喷射深层搅拌法施工工艺 (a) 对准桩位；(b) 正转下降；(c) 钻至设计深度；(d) 反转喷灰搅拌提升；(e) 桩柱制成　　　图 3.1.5-4　浆液喷射深层搅拌法施工工艺 (a) 对准桩位；(b) 预搅下沉；(c) 预搅拌提升；(d) 重复搅拌下沉；(e) 重复搅拌提升；(f) 桩柱制成 (4) 浆液喷射深层搅拌法施工注意事项：施工中应控制好深层搅拌机提升速度均匀连续，它是控制注浆量、搅拌均匀程度，保证加固效果的关键；规定第一次喷浆搅拌提升至桩顶时，料罐中水泥浆应正好排空，如有剩余应再次重复搅拌提升中喷完，且应根据所剩多少，尽量喷在靠近桩顶附近的桩段；每台班加固完毕必须立即将储料罐、灰浆泵、深层搅拌机及相关的管道用清水冲洗干净。

审核人		交接人		接受交底人	

工程名称		施工单位		编号	
序号	项目	桥梁地基加固施工技术交底内容			

7 高压喷射注浆施工法	主要特点	该法是利用钻机把带有特殊喷嘴的注浆管钻进土层的预定位置后，用高压泥浆泵等高压发生装置，使浆液或水成为20MPa左右高压喷射流，从注浆管底部侧面的喷嘴喷出，同时钻杆以一定速度徐徐提升，不断以强力冲击切削土体，除一部分细小土粒随浆液冒出水面外，其余在喷射力有效作用范围内，从土体剥落下来的土粒与浆液充分搅拌混合，并按一定浆土比例有规律地重新排列。浆液经一定时间凝固后即在土中形成一个固结体，其形状与射流移动方向有关，有三种形式：即旋转喷射注浆法、定向喷射注浆法、摆喷注浆法。
	施工类型	（1）单管法：该法是以注浆管从底部侧面喷嘴单独喷射的高压浆液，如图3.1.5-5所示。 （2）二重法：该法是使用双通道的双重管注浆管，从管底侧面的一个同轴双重喷嘴，同时喷射20MPa的高压浆液和0.7MPa的压缩空气复合流，如图3.1.5-6所示。 图3.1.5-5 单管旋喷注浆示意图　　图3.1.5-6 二重管旋喷注浆示意图 （3）三重法：该法是使用三重注浆管，并分别输送水、气、浆三种介质，在20MPa高压水喷射流的周围，环绕一股0.7MPa的筒状气流，同轴喷射冲切土体，土基中一部分土粒随水、气排出地面形成较大空隙，由泥浆泵注入2～5MPa高压浆液所充填，见图3.1.5-7所示。 （4）多重法：该法首先需在地面钻一导孔，然后置入多重管，用逐渐向下运动的旋转超高压水射流（压力约40MPa）切削破坏土体，使成泥浆，随即用真空泵将泥浆从多重管中抽出。如此反复冲抽，便在地层中形成较大的空间，最后根据工程要求选用浆液、砂浆、砾石等材料填充，于是在地层中形成一个大直径的柱状固结体，在砂质土中最大直径可达4000mm，如图3.1.5-8所示。 图3.1.5-7 三管旋喷注浆示意图　　图3.1.5-8 多重管旋喷注浆示意图

审核人		交接人		接受交底人	

工程名称		施工单位		编号	
序号	项目	桥梁地基加固施工技术交底内容			
7 高压喷射注浆施工法	施工工艺	(1) 施工前的准备： 1) 首先平整土地，合理布置料棚及机具设备安设地点、水电接头和排水沟的位置，尽可能紧凑缩短高压软管的距离，按其施工方法布置施工现场；按照设计标定各个孔位； 2) 在施工现场搭设临时工棚，储存一定数量的材料； 3) 机械检修、就位、试运转，试转时应先是空转，然后负载运转与试喷。 (2) 施工的程序：不论哪一种施工方法，其喷射注浆的施工程序都基本一致，都是先把注浆管插入预定的地层深度，自下而上进行喷射注浆作业。施工工艺流程图如图 3.1.5-9 所示；注浆施工流程如图 3.1.5-10 所示。其具体的施工程序如下： 1) 钻孔就位：施工钻机安装平稳，钻杆垂直，钻头必须对准孔位中心； 2) 钻孔插管：若使用 76 型或 70 型振动钻机钻孔时，其钻孔与插管为一道工序，射水成孔的同时插管至预定深度；当使用工程地质钻机时钻孔完毕，必须拔出岩心管，并换上旋喷管，边射水（水压应<1MPa，过大容易射塌孔壁）边插管，直至预定深度； 3) 喷射注浆：水泥浆液应在喷注前 1h 内搅拌好，当喷嘴达到设计高程喷注开始时，应先送高压水，再送浆液和压缩空气，在底部旋喷 1min，当达到预定喷射压力及喷浆量后再边旋转边提升，以防浆管折断，钻杆的旋转和提升必须连续不断；当注浆管不能一次提升完成而需要分次拆卸时，拆卸动作要加快，卸管后继续喷射的搭接长度不得小于 100mm； 4) 冲洗及移动机模具：当喷射提升到设计高程时，即宣布旋喷结束。应立即拔出注浆管，用清水彻底清洗包括泥浆泵和高压泵，管内、机内不得残存浆液和其他杂物。通常把浆液换成水，在地面上喷射，以便把泥浆泵、注浆软管内的浆液全部排出，损坏部件要及时修理和更换，运转部分要涂上黄油。再后将机具设备移动下一孔位，相邻两桩施工间隔时间应大于 48h，其间距也应大于 4～6m。 图 3.1.5-9　高压喷射注浆施工流程示意图 图 3.1.5-10　旋喷注浆施工程序示意图 (a) 钻机就位；(b) 钻机插管；(c) 旋喷注浆；(d) 注浆结束；(e) 冲击及移动机具
审核人		交接人		接受交底人	

3.2 沉入桩施工技术交底

3.2.1 概述

工程名称		施工单位			编号	
序号	项目	桥梁沉入桩施工的特点、类型、方法及要求内容				
1 适用范围与主要特点	范围	沉入桩是指桩沉入地层时造成土体位移的桩，如锤击沉桩、振动沉桩、静力压桩、振动或锤击配合射水沉桩、沉管灌注桩等。该施工方法主要适用于黄土、黏性土、砂土、碎石土、软土等。				
	主要特点	沉入桩桩身在沉入前可以进行检验，能保证桩的质量。混凝土桩身的质量好，适用于有侵蚀性的土层和松软的淤泥土层；在松软或淤泥质黏土层不会产生像钻孔灌注桩一样由于黏土挤压而可能导致的未凝固混凝土变形等难以处理的危险。沉管灌注桩内的配筋不受桩的操作和施工等应力控制，钢管可收回重复使用，节约了钢材用量，并且其桩长容易调节，以适合承载地层的标高。在地层变化复杂地区，沉入桩在施工时容易控制每桩的轴向力。沉桩时要引起桩邻近土体的隆起或者侧向移动，可能会影响邻近建筑物的安全。				
2 沉入桩的类型		(1) 锤击沉桩法：适用于松散、中密砂土、黏性土。桩锤有坠锤、单动汽锤、双动汽锤、柴油机锤、液压锤等，以土质情况及本表《沉入桩成孔工艺选择参考表》、《锤重选择表》中选取。 (2) 振动沉桩法：适用于砂土、硬塑及软塑的黏性土、中密的碎石土、较松的碎石土。具体施工时，可参见本表中的《沉入桩成孔工艺选择参考表》。 (3) 射水沉桩法：适用于在密实砂土、碎石土的土层，用锤击法沉桩有困难时，可用射水法配合进行施工。 (4) 静力压桩法：在标准贯入度 $N<20$ 软黏性土中，可用特制千斤顶等沉入各种类型桩。				

沉入桩成桩工艺选择参考表　　　　表 3.2.1-1

	桩的类型	桩径 (mm)	桩长 (m)	黏性土	淤泥土	粉土	砂土	碎石土	黄土	硬黏土	砾石土	密实砂土	风化石
3 沉入桩成桩工艺选择参考	挤压灌注桩												
	振动沉管灌注桩	270～400	≤24	○	○	○	□	×	○	○	×	○	×
	锤击沉管灌注桩	300～500	≤24	○	○	○	□	×	○	□	○	○	×
	锤击振动沉管灌注桩	270～400	≤20	○	○	○	□	×	○	○	○	○	○
	平底大头灌注桩	350～400	≤15	○	○	○	□	×	○	□	×	×	×
	沉管灌注同步桩	≤400	≤20	○	○	○	□	×	○	○	×	□	×
	夯压成型灌注桩	325～377	≤24	○	○	○	□	×	○	○	×	□	×
	干振灌注法	350	≤10	○	×	○	×	×	○	□	×	×	×
	爆扩灌注法	≤350	≤12	○	×	○	×	×	○	×	×	×	×
	弗兰克桩	≤600	≤20	○	○	○	○	×	○	○	○	○	×
	打入实心混凝土预制桩闭口钢管桩、混凝土管桩	≤500×500 ≤600	≤50	○	○	○	○	×	○	○	○	○	□
	静压桩	100×100	≤40	○	○	□	□	×	○	○	○	□	×

审核人		交接人		接受交底人	

工程名称		施工单位		编号	
序号	项目	桥梁沉入桩施工的特点、类型、方法及要求内容			

序号	项目		内容
4 沉桩方法选择与资料	沉桩方法选择		（1）必须依据桩重、桩型、设计荷重、地质情况、设备条件以及对附近建筑物产生的影响等系列因素而定。 （2）如附近有重要建筑物时，如铁路干线、高层建筑、堤防工程等，不宜用射水沉或振动沉桩。 （3）在城市附近采锤击或振动沉桩方法时，应采取减少噪声和振动影响的措施。
	应具备的资料		桩基处的地及水文地质钻探资料及有关判断沉桩可能性的分析资料（包括邻近地区已有的沉桩资料），在地质复杂的地区，每一墩台均应有钻孔资料；桩基的设计资料和桩基础的资料；使用权用沉桩设备的技术资料；试桩的所有资料（除一般的中、小桥沉桩工程，有可靠的依据和实践的经验可进行试桩工程在施工前应先沉试桩，以确定沉桩工艺和检验桩的承载力）。有条件进行静力触探资料；有利于沉桩工作进行的其他资料。

锤重选择表 表 3.2.1-2

冲击锤类型			柴油锤（t）						蒸汽锤（单动）（t）	
			2.0	2.5	3.5	4.5	6.0	7.2	7.0	10.0
锤的性能	冲击器重（t）		2.0	2.5	3.5	4.5	6.0	7.2	5.5	9.0
	总重（t）		4.5	6.5	7.2	9.6	15.0	18.0	6.7	11.0
	冲击力（kN）		2000	2000～2500	2500～4000	4000～5000	5000～7000	7000～10000	3000	4500～6000
	常用冲程（m）		1.8～2.3	1.8～2.3	1.8～2.3	1.8～2.3	1.8～2.3	1.8～2.3	0.5～0.7	0.4～0.6
桩的规格	预制方桩、管桩的边长或直径（mm）		250～350	350～400	400～450	450～500	500～550	550～600	400～450	400～450
	钢管桩径（mm）		$\phi400$	$\phi400$	$\phi400$	$\phi600$	$\phi900$	$\phi1000$	—	—
贯入量	锤的常用控制贯入量（cm/10击）		2～3	2～3	2～3	3～5	4～8	4～8	3～5	3～5
黏性土	一般深度（m）		1～2	1.5～2.5	2～3	2.5～3.5	3～4	3～5	1.5～2.5	2～3
	贯入阻力平均值（MPa）		3	4	5	>5	>5	>5	4	5
砂土	一般深度（m）		0.5～1	0.5～1.5	1～2	1.5～2.5	2～3	2.5～3.5	1～1.5	1.5～2
	贯入击数 N（cm/10击）		15～30	20～30	30～40	40～45	45～50	50	15～25	30～40

（序号 5 锤重选择表）

审核人		交接人		接受交底人	

工程名称			施工单位		编号	
序号	项目		桥梁沉入桩施工的特点、类型、方法及要求内容			
6	沉桩要求	打桩顺序	（1）在沉桩之前，必须在每根桩的一侧用油漆划上该桩的长度标记，以便于在进行沉桩施工时，显示桩的入土深度。 （2）沉桩顺序，一般由一端向另一端连续进行，当桩基平面尺寸较大或较小时，宜由中间向两端或四周进行，如桩埋置有深浅，宜先沉深，后沉浅。 （3）在斜坡地带沉桩施工时，应先沉坡顶的桩，后沉坡脚的桩。进行沉斜桩时，其沉桩的顺序还应考虑避免桩头相互干扰。			
		检查桩位偏差	（1）在沉桩开始时，应严格控制桩位及竖桩的竖直度或斜桩的倾斜度，在沉桩过程中不得采用顶、拉桩头或桩身办法来纠偏，以防桩身开裂并增加桩身附加矩。 （2）采用锤击法、振动法或压入法下沉空心桩时，若桩下端有射水空隙时应予及时进行堵塞，以防止水和泥砂进入桩心。 （3）桩沉入前，桩锤压住桩顶后，必须认真检查锤的中心线与桩的中心线是否一致，桩位、桩帽有无移动位置，桩的垂直度或倾斜度是否符合有关规定，桩架及其桩垫是否符合有关要求。 （4）在桩的沉入过程中，应始终注意锤、桩帽和桩身是否保持在同一轴线上。			
		沉桩的注意事项	（1）在软塑黏性土地区沉入群桩时，必须在每一基桩下沉完毕后，应测量其桩顶标高，待全部基桩均下沉完毕后，再测量各桩的标高，以检查桩顶是否有隆起现象。 （2）在松散的砂土地区沉入群桩时，如在相当于桩长距离的范围内有建筑物，就注意防止其因地面下沉而损坏。此时宜采取振动不大的沉桩方法。 （3）设计桩尖标高处为硬塑黏性土、碎石土、中密以上的砂土或风化岩等土层时，根据贯入度变化并对照地质资料，确认桩尖已沉入该土层，贯入度达到控制贯入度时，即可停锤。 （4）当贯入度已达到控制贯入度，而桩尖标高未能达到设计标高时，应继续锤入100mm左右，如无异常变化时，即可停锤。			
7	沉入桩的连接施工	法兰盘连接和钢板焊连接	（1）法兰盘连接法：当钢筋混凝土或预应力混凝土管桩或实心方桩需要连接时，可采用法兰盘连接，如图3.2.1-1（a）所示。接桩时，可将上下两节桩的法兰螺孔、纵轴线对好对准，穿入螺栓，对称旋紧。符合要求后将螺帽点焊固定，同时涂上防锈漆就可以了。 （2）钢板焊连接法：该法同样适用于钢筋混凝土或预应力混凝土管桩或实心方桩。连接时，将上节桩对准已沉入的下节桩，使接头钢板或角钢密切接触。符合要求后，对上下钢板或角钢先进行点焊固定，再进行通缝焊接。	图 3.2.1-1　法兰盘连接和钢板焊连接 （a）法兰盘连接；（b）钢板焊连接		
审核人			交接人		接受交底人	

工程名称		施工单位		编号	
序号	项目	桥梁沉入桩施工的特点、类型、方法及要求内容			

<table>
<tr><td rowspan="2">7
沉入桩的连接施工</td><td>无钢帽柱头的连接</td><td colspan="2">

对于无钢帽柱头桩（图 3.2.1-2）或有钢帽柱头桩（图 3.2.1-3）的连接，一般采用硫磺砂浆连接法。其具体方法是：上节桩的下端（连接面）伸出 4 根钢筋，其直径与主筋相同，长度为其直径的 10~20 倍（如若采用静力压桩时可采用低限 10 年，用锤击法沉桩时采用 16~20 倍），下节桩的顶端（连接面）在制桩时，预留 4 个螺纹形直孔，平面上的位置与上节桩底端的插筋位置相对应，孔深大于伸出钢筋约 50mm，螺纹孔的孔径为插筋的 2.5 倍。施工时，当下节桩沉入离地面仅 1m 时，吊起上节桩并将钢筋插入再提起约 200mm，将硫磺砂浆灌入孔内，然后慢慢地落下上节桩。经过 10min 左右，砂浆固结硬化，接桩完成图中 a 的长度：

</td></tr>
<tr><td>有钢帽柱头的连接</td><td colspan="2">

（1）400mm×400mm 时，桩的 $a=350$mm
（2）450mm×450mm 时，桩的 $a=350$mm
（3）500mm×500mm 时，桩的 $a=400$mm

</td></tr>
</table>

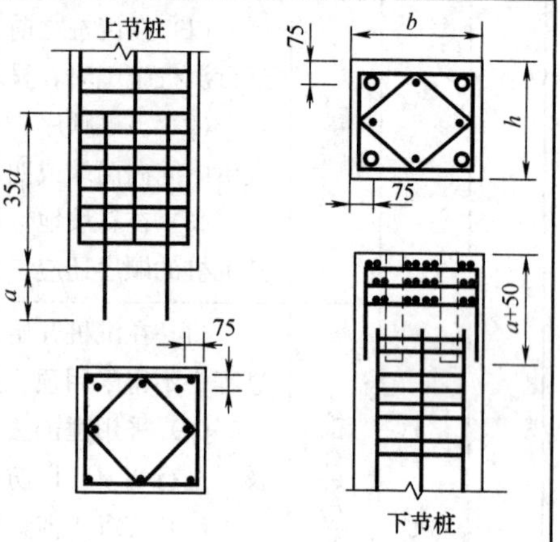

图 3.2.1-2　无钢帽柱头的连接

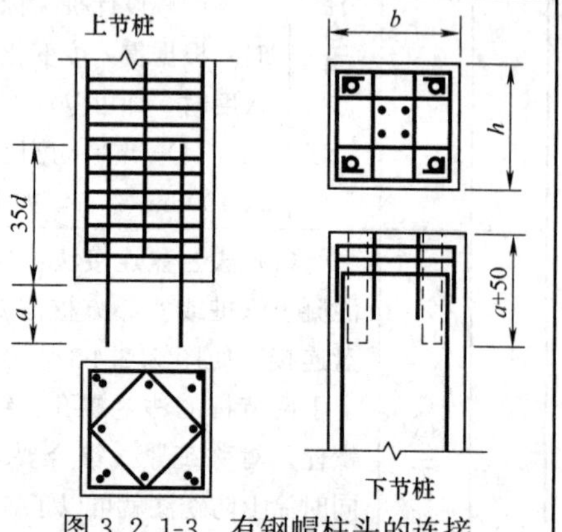

图 3.2.1-3　有钢帽柱头的连接

审核人		交接人		接受交底人	

82

3.2.2 沉桩施工技术交底

桥梁沉桩施工技术交底　　　　　　　　　　　表 3.2-2

工程名称			施工单位		编号	
序号	项目		桥梁沉桩施工技术交底内容			

序号 1　项目：沉桩施工工艺与顺序

沉桩施工工艺

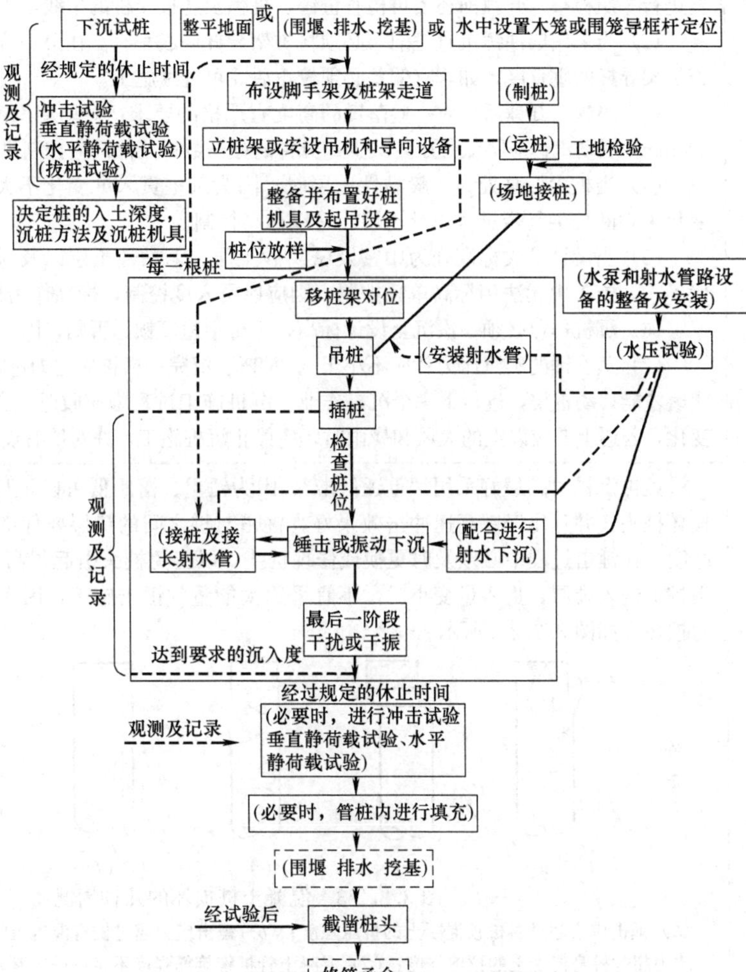

图 3.2.2-1　沉桩施工工艺图

注：括号内的工序只能在某些特定场合时采用。

沉桩顺序和土挤密隆起

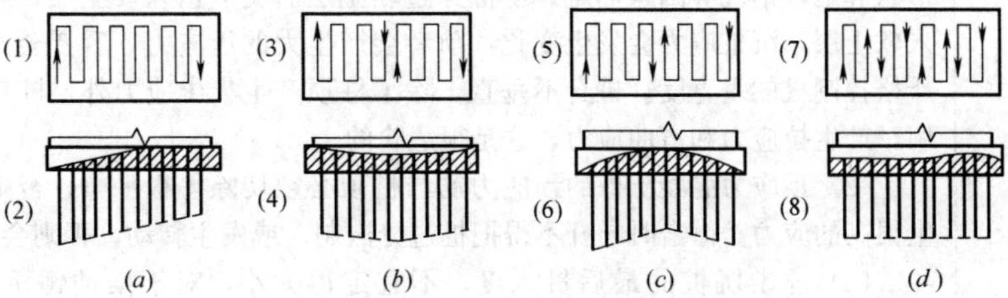

图 3.2.2-2　沉桩顺序和土挤密隆起情况

(*a*) 逐排沉桩；(*b*) 中央向边缘沉桩；(*c*) 边缘向中央沉桩；(*d*) 分段沉桩

审核人		交接人		接受交底人	

工程名称		施工单位		编号	
序号	项目	桥梁沉桩施工技术交底内容			

序号	项目	桥梁沉桩施工技术交底内容
2 锤击沉桩施工	施工要点	（1）沉桩施工前应认真对桩架、桩锤、动力设备、电缆、蒸汽管路、射水管路等施工器材进行一次检查。开锤前还要再检查桩锤、桩帽及送桩与桩的中线是否一致，否则应纠偏。 （2）当采用柴油锤沉直桩前，必须将桩架导杆调成垂直。在第一节桩入土 3m 时应停锤复查桩架导杆的垂直度，如若有偏差必须校正后才可继续施工。 （3）当施工开锤后，对一些落锤的高度有严格的要求：对单动汽锤的落锤高度不宜超过 500mm；双动汽锤应降低气压，减少每分钟的锤击数；柴油锤应控制供油量，减少锤击能量。 （4）当桩尖标高处为一般黏性土层时，因为沉桩贯入度变化不大，难以利用贯入度的变化来判断桩尖是否进入设计土层，是以标高控制。 （5）当设计桩尖标高处为中密及密实砂土层、老黏性土层以及风化岩层时，因硬层起伏不一，施工中无法用标高单独控制，则应以贯入度控制，标高作为校核。 （6）沉桩作业必须一次沉至设计标高，不得中途停顿，否则，因为土的恢复将难以下沉。 （7）蒸汽锤的蒸汽压力就应不小于 0.7MPa。沉完一根桩应立即进行检查，确认桩身无问题后才能移动桩架，进行下一个沉桩作业。沉桩施工过程中应收听气象预报，随时掌握气候变化，若遇上 5 级以上的大风和暴雨时，应停止沉桩施工，并对所有设备进行检查和防护。
	施工注意事项	锤击沉桩时，最好采用"重锤低击"，因为锤重、落距低可以延长锤击接触时间，避免损坏桩头，并且比轻锤高速冲击效果好，桩帽与桩之间的垫层要仔细安放，并要有适当的厚度，在锤击过程中必须及时更换或修理桩垫，以避免桩头引起很高的压力。施工过程中，当桩尖进入硬层，贯入量变小时，不宜采用大能量的锤击施工，因为容易造成桩头和桩身的损坏，如图 3.2.2-3 所示。 图 3.2.2-3　混凝土桩损坏的几种情况 （a）锤击应力超过时桩顶混凝土的抗压强度；（b）锤击应力超过桩身混凝土的抗剪强度；（c）锤击应力超过桩身混凝土的拉剪强度；（d）混凝土管桩螺旋筋强度不足；（e）混凝土管桩桩脚强度不够 （1）锤击时要注意桩的疲劳。当锤击次数越多，锤击频率越高，桩的强度降低越大，损坏的可能性越大，因此须控制单桩的锤击次数。捶击控制次数，一般由桩的种类、长度、形状和地基情况等因素而定。当桩穿过软土层后突然进入硬土层，或穿过硬土层后突然进入软土层，沉桩应力会发生变化，前者会产生大的压应力，后者会产生拉应力。锤击时应严格控制桩的垂直度。桩身不垂直，除了桩顶产生集中应力外，桩身还要受到压弯联合作用，产生拉应力和弯曲应力，这是很危险的。 （2）预应力混凝土桩的预应力筋与桩顶必须切除得很平整，否则，在锤击时会导致产生很高的应力。锤击时导杆不得把桩过分嵌制，或发生转动，否则会引起桩的扭转开裂。 （3）锤击沉桩的最后贯入度，不宜定得太小，对于柴油锤沉桩的贯入度不宜小于 1～2mm/击，蒸汽锤不宜小于 2～3mm/击，以免损坏桩锤。H 型钢桩断面刚度较小，锤质量不宜大于 4.5t 级，并且在锤击过程中桩架前应有横向约束装置，防止横向失稳。

审核人		交接人		接受交底人	

工程名称		施工单位		编号	
序号	项目	桥梁沉桩施工技术交底内容			

锤击沉桩施工中的常见故障及处理方法　　　　表 3.2.2-1

2 锤击沉桩施工	锤击沉桩施工中的常见故障及处理方法	桩头容易打坏	(1)桩头强度低,保护层过厚,桩顶凹凸不平; (2)锤与桩不垂直,落锤过高,锤击过久,桩帽垫层有问题; (3)桩尖遇坚硬土层或障碍物	分析原因,分别及时纠正
		桩身移位	(1)桩尖不对称; (2)桩身不正直	(1)偏差不大,可采用锤慢、锤低击进行纠正; (2)偏差过大,应拔桩重沉
		桩身倾斜	(1)桩头不平,桩尖制作歪斜,桩靴套得不准; (2)桩尖在土层内一侧遇石块障碍物等; (3)土层有陡的倾斜面滑移; (4)桩帽与桩身不在同一直线上; (5)地下有流砂,桩被冲动; (6)沉群桩基础时,采用了逐排连续沉桩顺序,使土挤向一侧	(1)沉桩前须对桩头、桩尖和桩靴进行检查纠正; (2)障碍物不深,可挖除回填后重新沉桩; (3)须查明土层陡坡方向,采取适当措施; (4)随时检查纠正; (5)是否采用桩基,与设计单位研究; (6)改用分段沉桩顺
		桩身破裂	桩质量不符合设计要求	混凝土预制桩可加钢夹箍,用螺栓拧紧后焊固补强
		桩容易涌起	(1)遇流砂或较软土层; (2)采用了由两边向中央沉桩顺序	(1)浮起量大的桩重新沉入; (2)涌起的桩进行复打
		桩急剧下沉	(1)遇软土层、土洞、暗坑等; (2)桩头破裂或桩尖劈裂,桩身弯曲或有严重的横向裂纹; (3)桩锤过重或落锤过高	(1)如情况与钻探资料符合,属于正常现象; (2)将桩拔起检查改正重沉,或在原桩位处做补桩处理; (3)调整锤击速度或落锤高度
		桩沉不下	(1)遇障碍物或碰到大石块; (2)沉到坚硬土夹层或砂夹层; (3)由于基岩面起伏较大,相同长度的桩沉不下去; (4)沉桩间歇时间过,摩擦力增大; (5)桩锤太轻或落锤太低; (6)桩距太小,或自两边向中央沉桩,土被挤密	(1)设法清除或移动桩位或补桩; (2)地基土与钻探资料相符,属正常情况; (3)进一步探清地质资料,改用符合设计要求的不同桩长; (4)一般采用加大锤质量达到提高落锤高度; (5)放大桩距改由中央向两边沉设; (6)加大桩间距离
		桩身跳动、桩锤回弹	(1)桩尖遇树根或坚硬层; (2)桩身过区,接桩过长; (3)落锤过高	(1)检查原因,采取措施使桩穿过或避开障碍物; (2)重锤轻击,改善落锤高度; (3)降低落锤高度

审核人		交接人		接受交底人	

85

工程名称		施工单位		编号	
序号	项目	桥梁沉桩施工技术交底内容			
3 振动沉桩施工	施工方法	（1）振动沉桩机、机座、桩帽必须连接牢固，沉桩和桩中心线应保持在同一直线上。 （2）当开始沉桩时，最好是采用自动下沉或射水方法下沉，待桩身下沉有足够稳定性后，再采用振动大的方法而下沉。 （3）沉桩至设计标高适当距离时，提高射水管，使射水嘴缩入桩内，停止射水，立即进行干振，将桩沉到设计标高。每根桩的沉桩施工作业，必须一次完工，不可中途停锤过久，以免桩周围的土发生摩擦阻止恢复，继续下沉时较困难。 （4）一个基础内的桩全部沉桩完毕后，为了避免先沉入的桩周围土被邻近桩下沉射水所破坏，影响其承载能力，应将全部基桩再复振一次，使其达到合格要求。 （5）在施工过程中，接桩、接输水管和停水干振的间歇时间尽可能力求缩短。 （6）振动锤与桩头法兰盘连接螺栓必须拧紧，不得有间隙或者松动，否则其振动力不能充分向下传递，影响管桩下沉，接头也比较容易振坏。			
	施工注意事项	（1）注意每次动的时间要连续，若过短则土的结构未能被破坏，过长则振动锤部件容易遭破坏。振动的持续时间应根据不同机械和土质来决定，一般不得超过10～15min。 （2）在使用射水时，振动持续时间可以减少，下沉速度可由大到小，也可以由小到大。停振后的射水时间应当控制好，过短影响下沉，太长没有必要，其适当时间必须根据已沉桩的下沉量与振动射水时间关系曲线进行比较而得出。 （3）当基底土层中含有大量卵石或碎石岩层，可采用开口的桩靴，并在桩内用吸泥机配合。但要求水压强度能破坏岩层的胶结物及完整性，一般水的压力要为4.5MPa。			
4 射水沉桩施工	射水沉桩方法的选择	（1）当在粉质黏土和黏土中射水沉桩时，为避免降低承载能力，一般选择以锤击为主、射水为辅，适当控制射水时间和水量。如若在砂夹卵石层或坚硬层沉桩时，以射水为主，锤击或振动为辅，同时应适当地控制射水时间和水量。 （2）当下沉空心管桩时，一般采购员用内射水法来施工，若桩下沉较深，或者土层较坚硬时，可用锤击或振动方法配合射水，如下沉至要求深度时，当下沉实心管桩时，可采用外射水法来施工，将射水管对称地装置于桩的两侧，并能沿着桩身上下自由移动，以便在任何高度上冲土。 （3）采用桩外射水时，为了方便检查射水管嘴位置与桩长的关系和射水管的入土深度，应在射水管上自上而下标志出尺寸；对于钢筋混凝土桩或预应力混凝土以射水配合沉桩时，适宜采用较低落距锤击，避免射水后，桩尖支承力不足，桩身产生超过允许的拉应力。 （4）射水沉桩桩尖接近设计标高时，应停止射水，进行锤击或振动下沉，使桩的下端沉入未射水的土中。停止射水时的桩尖标高，应根据试桩和施工时具体地质情况等因素来决定，一般不得小于设计的桩尖标高以上2m，若因射水使邻近下沉的桩发生松动时，应"复打"。			
	混凝土管桩施工顺序	（1）首先必须按照所计算长度配好射水管，将所有接头连接牢固，装上弯管，并与输水胶管接通，进行通水试验射水管装上导向环，缚好保险绳，并插入即将起吊的管桩，然后在桩顶安上钢送桩。 （2）在吊插管桩的同时，随着管桩的起吊，要特别注意及时引送输水胶管，防止拉断。 （3）当管桩插正立稳后，及时压上桩帽与桩锤，吊桩钢丝绳暂不解脱，即开启水阀，开始射水冲刷桩尖下的土壤，使桩依靠自重下沉。			
审核人		交接人		接受交底人	

工程名称			施工单位		编号	
序号	项目	桥梁沉桩施工技术交底内容				
4 射水沉桩施工	混凝土管桩施工注意事项	(1) 下沉开始时，应注意控制和校正桩的方向，并使桩能缓慢下沉，避免因下沉过快，射水嘴容易阻塞，且难以校正。桩身以射水自沉渐缓和时，可开锤轻击，同时继续射水。下沉转快时，可暂时停止锤击。 (2) 当桩身入土到8～10m深度，基本上能保持自身的稳定时，可以解脱吊桩的钢丝绳，并逐步加大水压和锤击能量，但桩的自由长度较大时，不宜过于加大锤击能量。 (3) 就地接桩中，如需要同时接长射水管时，为了防止停水导致泥砂涌入桩内而堵塞或者卡住射水嘴，可在停水前先将射水管吊起约500mm，继续不断地射水，直到桩顶涌出较清的水时，才能停止射水，拆除弯管，进行接管、接桩。接好桩后，开启水阀，并将射水嘴伸出桩尖至原来的部位。如若在射水管上安设三通阀（图3.2.2-4），则在接桩时不中断射水，也可以不提起射水嘴。 (4) 射水时，水阀不得突然大开，以避免射水量、水压突然降低，而涌入泥砂堵塞射水嘴。		 图 3.2.2-4 不停水接长射水管示意图	
	钢管桩施工顺序	(1) 在吊插钢管桩前，必须将射水管、供气管全部接妥放入桩内。先将桩吊起后卡入沉桩船的龙门挺中，再由设在龙门挺中部的液压抢桩机抢住，同时接通射水管与风管。 (2) 当沉桩船在施工现场定位后，应及时用锚稳插桩，并立即压上桩帽。当待桩在沉入水中3～5m时开始冲水供气，当桩顶出现汲水溢出时，其桩缓慢下沉，直至桩身自重下沉停止后，再压锤。施工中严格控制桩内射水水量与水压，始终保持桩内土芯高度在2.5～6m，以便锤击达设计桩位标高。			
5 静力压桩施工	施工前的准备	(1) 施工前应认真对所压地区的土层、地质情况调查清楚，同时，又应根据估算压桩的阻力，采用相对应的施工措施。 (2) 以压桩的阻力为依据来选择合适的压桩设备，来选取所需设备的静压力，一般应当比压桩阻力大于40%以上。 (3) 在施工前，还应仔细检查设备的各部件，例如对绞车、滑车组、动力、测量仪器等辅助设备的检查、校定，使其压桩施工能连续不断地进行。			
	施工要点	(1) 首先在采用桩架吊桩时，要注意压桩架底盘较宽，必须将桩运至底盘前然后再起吊。其桩尾要用溜绳溜住，使桩缓慢升起。吊上底盘，并靠近桩架，避免与桩架发生撞击。 (2) 当吊桩竖直后，必须用撬棍将桩稳住，然后将推至底盘插桩口再缓慢落下，在离地面100mm左右时，再加几根撬棍协助拨位，直至对准桩位插桩。 (3) 然后采用两台卷扬机同时运行，放下压梁、桩帽套住桩顶并顺势下压，同时注意两台卷扬机的"同步"运行，确保压梁不偏斜。 (4) 如若多节桩施工时，接桩面应距地面1m以上，方便操作，缩短施工时间。 (5) 压桩时应尽可能地避免中途停顿，如若必须停顿时，应尽量缩短停顿时间，并考虑将其停歇在较弱在土层之中，使之再压启动阻力不会过大。在施工过程中，必须密切注视压桩力是否与桩轴线符合，压梁导轮和拢的接触是否正常，有无卡阻现象。 (6) 当施工中快要达到设计标高时，不能过早停压，这样会造成再压困难或压得过深。			
审核人			交接人		接受交底人	

工程名称		施工单位		编号	
序号	项目	桥梁沉桩施工技术交底内容			

5 静力压桩施工	施工中的注意事项	（1）在插桩初压时，如遇到较大幅度的桩尖移位或桩身倾斜，要特别注意桩尖是否遇上孤石或障碍物，如有则需要将桩拨出并清除障碍物后，回填土后重新插桩与压桩。 （2）在沉桩施工过程中，如若桩身下沉或倾斜速度突然变快，这时应该考虑是接头失效或桩身断裂，当出现此种情况时，必须在靠近原桩的位置补压新桩。 （3）在压桩过程中，当桩尖遇到夹砂层时，压桩阻力可能突然增大，甚至超过压桩要求，使压桩机上抬，这时可用最大的压桩压力作用在桩顶，采用停车"进一进"方法，使桩有可能缓慢穿过砂土层。 （4）若当压桩阻力超过压桩能力，从而使压桩桩架发生较大倾斜时，应立即采取有效措施，以避免发生断桩或者倒架事故。
6 沉管灌注桩施工	单打施工法	单打施工法是最常见的一种施工方法，其施工的主要工艺如图 3.2.2-5 所示： （1）施工前的准备：将所有施工用的设备、工具、材料等运送到工地。 （2）安放桩尖和桩管：对照放样桩位中心先设置预制钢筋混凝土桩尖。其桩架安装必须标准，桩管应垂直套入桩尖，要求两者在同一轴线上。 （3）沉管：在振动或锤击沉管的施工过程中，不得有偏心的现象，并经常检查预制钢筋混凝土桩尖有无破坏，桩管有无偏移或倾斜，如果有上述情况出现时必须立即纠正。 （4）灌注混凝土与拔管：在灌注混凝土与拔管时应按照以下规定进行： 1）采用长桩管沉桩时，混凝土应一次灌足，沉放长桩时，应分次灌注，并必须保证桩管内有约 2000mm 高的混凝土。灌注时应逐渐由加料口倒入，使管内空气能够排出。 2）开始拔管时，应测得混凝土确已流出桩管后，才可进行继续拔管。采用预制钢筋混凝土桩尖振动沉入的桩管，应先振动 5~10s 再开始拔管，边振边拔。每上拔 0.5~1.0m，应停拔并振动 5~10s，如此反复操作直至桩管全部拔出。 （5）沉管入土深度应符合如下要求：摩擦桩沉入的深度必须以设计的桩长所控制；端承摩擦桩、摩擦端承桩所沉入土深度是以贯入度和设计桩长所控制；端承桩沉管入土深度以贯入度控制为主，设计持力层标高对照为辅。 图 3.2.2-5 沉管灌桩的施工工艺图 1—预制钢筋混凝土桩尖；2—桩管；3—钢筋笼 （a）置放桩尖；（b）钢管就位准备管；（c）沉管；（d）放置钢筋笼；（e）桩制成

审核人		交接人		接受交底人	

工程名称		施工单位		编号	
序号	项目	桥梁沉桩施工技术交底内容			

6 沉管灌注桩施工	反插施工法	（1）桩端反插范围应在桩端标高以上约 1500mm 之内，反插次数不得小于 5 次。桩身反插范围及反插次数应根据处理段的长度而决定。 （2）当桩管灌注混凝土后，应先振动后拔管，每次拔管高度宜为 500～1000mm，反插深度为 300～500mm。当穿过淤泥夹层时，应适当放慢其拔管速度，拔管的高度不得大于 500mm，反插的深度宜为 200～300mm。 （3）在拔管的施工过程中，应分段添加水泥混凝土，保持管内混凝土面不应低于地面表面，当地下水位距地表面的距离小于 1000mm 时，管内混凝土面宜高于地下水位以上 1000～1500mm。其拔管速率不得大于 0.5m/min。
	复打施工法	复打一次沉管灌注桩的施工工艺如图 3.2.2-6 所示，其主要内容如下： （1）当处理充盈系数小于 1.0 的桩时，应采用全复打；处理断桩及有缩颈的桩时，应采用局部复打，复打深度必须超过断桩或缩颈段 1000mm 以上。 （2）全复打施工中第一次灌注混凝土的数量应达到 5/6 的桩长，不得少灌。 （3）复打拔桩时，应随拔管把黏附在管壁和散落在地面上的泥土清除掉。 （4）前后两次沉管的轴线应重合，复打必须在第一次灌注混凝土初凝前进行。 （5）复打一次扩大桩的直径，可以根据其桩身的实际耗用混凝土数量，再折算出桩身的平均直径。 图 3.2.2-6　复打一次沉管灌注桩的施工工艺 1—预制钢筋混凝土桩尖；2—桩管；3—灌注混凝土；4—第二次设置预制钢筋混凝土桩尖；5—钢筋笼 （a）置放桩尖，钢管就位，准备沉管；（b）沉管；（c）第一次拔管灌注混凝土； （d）置放第二个桩尖，钢管就位准备沉桩；（e）第二次沉管；（f）放钢筋笼； （g）拔管灌注混凝土；（h）桩制成
	施工中的注意事项	（1）沉管灌注桩施工时，应注意观察桩顶和地面有无隆起及水平位移情况，并应及时研究，采取措施。如改变沉桩顺序或增加桩距等。 （2）桩突然下沉困难或者出现不能下沉时，可能桩尖损坏或遇地下障碍物，应及时将桩管拔出，进行研究处理后，重新插入施工。 （3）加强施工管理，密切注意桩身混凝土有无发生缩颈及断桩等现象，若发现该情况应立即采取反插法或复打法及时处理。 （4）防止桩身缩颈的措施： 1）当地基土的模量 $E<3$MPa，不排水抗剪强度 $\tau_u<30$kPa，孔隙比 $e>1.0$，饱和度 $S_r\geqslant85\%$，应按淤泥的施工技术进行操作；

审核人		交接人		接受交底人	

工程名称			施工单位		编号	
序号	项目	桥梁沉桩施工技术交底内容				
6 沉管灌注桩施工	施工中的注意事项	2）拔管速度应更缓慢，以减轻孔隙水压力的影响。用锤击沉桩时，拔管应轻锤密击；用振动锤沉桩时，每次拔管前，均应停拔振动 10min。每次上拔高度控制在 300～500mm，拔管速率控制在 0.5m/min 以内，反插深度控制在 0.3m 左右。在淤泥质土层的上下界面处，特别注意放慢拔管速度，应该密击不插； 3）应经常保持管内混凝土的灌注高度在 2000～2500mm 范围内，并保持拔管前轻的锤击力或振动力； 4）混凝土坍落控制在 50～70mm，碎石粒径应小于 4cm，细骨料为中砂； 5）仔细计算桩的混凝土灌入量和充盈系数，以免出现断桩。充盈系数控制在 1.2～1.3 之间。				
	施工记录内容	沉桩施工中必须对每一根桩作出记录，其主要内容如下： （1）采用单动汽锤、坠锤沉桩时，从开锤起统计桩身每沉下 1000mm 的锤击次数，以及全桩总锤击次数，并注意测量锤每 1000mm 沉桩的平均落锤高度；如采用双动汽锤、柴油锤时，主要记录桩身下沉 1000mm 的锤击时间和全桩总锤击时间。 （2）采用单动汽锤、坠锤沉桩施工至接近设计标高或接近贯入度时，应记录每 100mm 为一阶段的锤击数，算出每一锤击的下沉量（单位以 cm/击计）。 （3）若采用双动汽锤、柴油锤、振动锤时，其记录每 100mm 的锤击时间，并算出锤击 100mm 的每分钟的平均值（单位以 cm/min 计）。 （4）测量本项的数值时，应在桩头没有破碎的条件下进行。				
审核人			交接人		接受交底人	

3.3 钻孔灌注桩施工技术交底

3.3.1 概述

钻孔灌注桩施工的特点、类型、方法及要求
表 3.3-1

工程名称			施工单位		编号	
序号	项目	桥梁钻孔灌注桩施工特点、类型方法及要求内容				
1 灌注钻孔桩的发展概况与方法原理	概况	（1）钻孔灌注桩是采用不同的钻（挖）孔方法，在地层中按要求形成一定形状（断面）的井孔，达到设计标高后，将钢筋骨架吊入井孔中，再灌注混凝土，成为桩基础的一种工艺。 （2）我国在道路桥梁上采用钻孔灌注桩基础始于 20 世纪 50 年代末期，后逐渐在全国发展到冲抓锥、冲击锥、正反循环回转钻、潜水电钻等多种设备和钻孔工艺，应用规模不断扩大。到 21 世纪初，钻孔直径已达 350mm 以上，桩长已达到 100m 以上。 （3）目前在国内高架桥梁基础工程领域中，钻孔灌注桩基础已占据了重要地位，并向大直径、多样化方向发展。钻孔工艺水平不断提高，特别是引进了许多国外先进的大功率全液压钻孔机械，对国内钻孔机进行研制改进，已适应了大直径深水基础桩基施工的要求。				
审核人			交接人		接受交底人	

工程名称		施工单位		编号	
序号	项目	桥梁钻孔灌注桩施工特点、类型方法及要求内容			

<table>
<tr><td rowspan="11">1
灌注钻孔桩的发展概况与方法原理</td><td rowspan="11">方法与原理</td><td colspan="2" align="center">钻孔灌注桩的钻孔方法和工作原理　　　　　表 3.3.1-1</td></tr>
<tr><td>钻孔方法</td><td>工作原理</td></tr>
<tr><td>螺旋钻孔</td><td>螺旋钻成孔属于作业法,无需任何护壁措施。成孔方法和原理随螺旋钻具的长短而有所不同,所以有长螺旋钻机与短螺旋钻机之分</td></tr>
<tr><td>正循环回转钻孔</td><td>用泥浆以高压通过钻机的空心钻杆,从钻杆底部射出,底部的钻头(钻锥)在回转时将土层搅松成为钻渣,被泥浆浮悬。随着泥浆上升而溢出流到井外的泥浆溜槽,经过沉淀池沉淀净化,泥浆再循环使用</td></tr>
<tr><td>反循环回转钻孔</td><td>同正循环相反,泥浆由钻杆内流(注)入井孔,用真空泵或其他方法(如空气吸泥机等)将钻渣从杆中吸出,本法的泥浆能起辅助作用,其质量要求低</td></tr>
<tr><td>潜水钻机钻孔</td><td>潜水钻机的主要特点是钻机的动力装置同钻头连成一整体,其防水密封式电动机连接在钻头顶上</td></tr>
<tr><td>冲抓钻孔</td><td>用冲抓锥张开抓瓣冲入土石中,然后收紧锥瓣绳,抓瓣便将土抓入锥中,提升冲抓锥的井孔,松绳开瓣将土卸掉</td></tr>
<tr><td>冲击钻孔</td><td>用卷扬机提升实心钻锥,上下往复冲击将土石劈裂、劈碎,部分被挤入井壁之内</td></tr>
<tr><td>冲击反循环钻孔</td><td>其钻孔原理与实心锥冲击相同。只是因为其钻锥是空心的,在上下往复冲击时,其锥尖刮刀将孔底冲碎,而且已冲碎的钻渣可以从孔底进入空心锥管内</td></tr>
<tr><td>钻斗钻成孔</td><td>施工方法是利用钻杆和钻斗的旋转使土屑进入钻斗,土屑装满钻斗后,提升钻斗出土。钻头成孔法有全套管钻进法和用高质量泥浆来保护孔壁的无套管钻进法两种</td></tr>
<tr><td>挖孔</td><td>当土层内无地下水或地下水很少时,可以采用人工挖孔。井壁采用各种支撑防护</td></tr>
</table>

<table>
<tr><td rowspan="9">2
适用范围与主要特点</td><td rowspan="9">适用范围</td><td colspan="5" align="center">钻机的适用范围　　　　　表 3.3.1-2</td></tr>
<tr><td rowspan="2">钻孔方法</td><td rowspan="2">泥浆作用</td><td colspan="3" align="center">钻机的适用范围</td></tr>
<tr><td>土层概况</td><td>钻孔孔径</td><td>钻孔深度</td></tr>
<tr><td>螺旋钻孔</td><td>干作业,不需要泥浆</td><td>黏性土、砂类土、含少量砂砾石、卵石的土</td><td>长螺旋:40~80
短螺旋:150~300</td><td>长螺旋:12~30
短螺旋:40~80</td></tr>
<tr><td>正循环回转钻孔</td><td>浮悬钻渣,并护壁</td><td>黏性土,粉砂、细、中、粗砂,含少量砂砾石、卵石的土、软岩</td><td>80~250</td><td>30~100</td></tr>
<tr><td>反循环回转钻孔</td><td>护壁</td><td>黏性土、砂类土、含少量砂砾石、卵石(含量少于20%,粒径小于钻杆内径2/3)的土</td><td>80~300</td><td>用真空泵<35,用空气吸泥机可达65</td></tr>
<tr><td>潜水钻机钻孔</td><td>正循环浮悬钻渣。反循环护壁</td><td>淤泥、腐殖土、黏性土、稳定的砂类土,单轴抗压强度小于20MPa的软岩</td><td>非扩孔型:80~300
扩孔型:80~655</td><td>标准型:50~80
超深型:50~150</td></tr>
<tr><td>冲抓钻孔</td><td>护壁</td><td>淤泥、腐殖土、密实黏性土、砂类土、砂砾石、卵石</td><td>100~200</td><td>大于20m时进度慢</td></tr>
<tr><td>冲击钻孔</td><td>浮悬钻渣,并护壁</td><td>实心锥:黏性土、砂类土、砾石、卵石、漂石、较软岩石。
空心锥:黏性土、砂类土、砾石、松散卵石</td><td>实心锥:80~200
空心锥:60~150</td><td>50</td></tr>
<tr><td>钻斗钻成孔</td><td>干作业,不需要泥浆</td><td>填土层、黏土层、粉土层、淤泥层、砾土层</td><td>100~300</td><td>78</td></tr>
<tr><td>挖孔</td><td>支撑护壁,不需要泥浆</td><td>各种土石</td><td>方形或圆形:120~200
最大:350</td><td>25</td></tr>
</table>

审核人		交接人		接受交底人	

工程名称			施工单位		编号	

序号	项目	桥梁钻孔灌注桩施工特点、类型方法及要求内容		

钻孔灌注桩的优缺点　　　　　　　　　　　　　　表 3.3.1-3

		钻孔方法	钻孔灌注桩的优点	钻孔灌注桩的缺点
2 适用范围与主要特点	主要优缺点	螺旋钻	(1)钻孔设备简单,易搬迁,施工方便。 (2)由于是干作业成孔,无泥浆污染,适合于城市人口密集区。 (3)振动小,噪声低,对附近居民的生活和身心健康影响小,成孔造价较低。 (4)钻孔进度快,机械化程度高,成孔速度快	(1)施工中桩端或多或少留有虚土。 (2)长螺旋钻成桩的单方承载力较打入式预制桩低。 (3)使用范围限制较大,特别是有地下水的地区不能使用
		正循环回转钻	因为正循环回转钻的钻进与排渣同时连续进行,所以正循环回转钻的成孔速度较快,钻孔深度较大,最大深度可达100m,其他钻机较难达到这种深度	如果需要设置泥浆槽、沉淀池、储浆池等时,其施工场地较大,需要大量的水和泥浆原料。 机具设备较复杂,由于泥浆较稠,故孔壁泥浆护壁层厚度常达50～70mm,大大地降低了桩周摩擦力。
		反循环回转钻	(1)排除钻渣连续性好,速度较正循环快,功效较高。目前此类钻机最大嵌岩桩钻孔径可达250cm,普通土层钻孔直径可达300cm,深度可达80～120m,钻进岩层的岩石强度达180MPa左右。 (2)在孔壁不稳定的地层中,出于固壁的特殊需要,必须调制相对密度小于1.10的优质泥浆,但其造浆原材料的用量远低于正循环回转钻	扩孔率大于正循环,并且钻机结构复杂,造价偏高,特别是当钻孔直径达300cm和孔深达100m以上时,造价会更高。 尽管如此,目前反循环回转钻在公路桥梁钻孔桩成孔中仍处于主导地位
		潜水钻	潜水钻机分为正循环和反循环两种类型,其钻孔效率较一般正反循环回转钻均高些,钻具简单、轻便,易于搬运,噪声小,操作条件也有所改善	潜水钻机一旦发生塌孔埋钻事故,其钻头难于取出,可能造成较大的经济损失
		冲抓锥	该钻机不需要钻杆,进尺加深时只需多松绳即可,提锥卸土较方便。 其设备结构与附属设备简单,造价较低、能抓起粒径较大的碎石、卵石,并且无需大量的黏稠泥浆浮渣,成孔比较经济,适用范围广	冲抓锥因无钻杆导向,所以该钻机不能钻斜孔;同时钻孔深度如若超过20m后,钻机的钻孔速度下降较大
		冲击钻	实心冲击锥适用的地层和土质较广泛,当采用螺旋钻、回转钻、冲抓锥遇到大卵石、漂石时,只有换实心冲击锥就能攻克	当钻进普通土质时,进度比较其他方法慢,同时不能钻斜孔
			空心冲击锥比实心冲击锥钻孔速度快,同时还能钻进较大直径的孔	该钻因锥重较轻,因此不适用于漂石和岩层,钻大直径的孔时,需要采取先钻小孔,逐步扩孔的方法
		钻斗钻成孔	(1)钻斗钻成孔施工振动小,噪声低。 (2)最适宜于在硬质黏土中干钻。 (3)可用比较小型的机械钻成较大直径(2m)、较大深度(约3.5m)的桩孔。 (4)机械安装比较简单。 (5)施工现场内移动机械方便。 (6)钻进速度快;造价低	(1)在卵石层中钻进很困难,土层中有强承压水时,施工困难。 (2)稳定液管理不适当时,会发生坍孔,增加了排土的困难。 (3)沉渣处理困难(需另配空机具)。 (4)钻孔后的桩径,按地质情况的不同,可能比钻头直径大10%～20%
		挖孔	(1)施工中无需钻孔设备,使用人工和一般挖掘、起重工具即可。 (2)成孔后对土质情况可观察了解,这对于岩溶等复杂地层灌注桩的成孔最为有利。 (3)孔形可圆、可方	不适用于有大量地下水的土层施工,桩孔深度一般也不宜超过15m,否则影响工人安全

审核人		交接人		接受交底人	

3.3.2 钻孔的准备工作的技术交底

钻孔灌注桩施工准备技术交底 表 3.3-2

工程名称			施工单位		编号	
序号	项目	桥梁钻孔灌注桩施工技术交底内容				
1 场地准备与护筒埋设要求	钻孔场地准备	（1）当施工场地为旱地时，应清除杂物，换除软土，并整平与夯实。 （2）当施工场地为陡坡时，可用枕木、型钢等搭设工作平台，而不能在陡坡上安设备。 （3）当场地为浅水时宜采用筑岛施工，筑岛面积应根据钻孔方法、设备大小等要求确定。 （4）当施工场地为深水或淤泥层较厚时，可搭设工作平台，平台必须牢固稳定，能承受工作中的所有静、动荷载，同时应考虑施工机械能安全进出。 （5）当施工场地的水流平稳，水位升降比较缓慢，全部工序可在船舶或浮箱上进行，但必须锚碇稳固，桩位准确。 （6）当施工场地的水流速较大，但河床可以平顺时，可采用钢板或钢丝网水泥薄壁浮运沉井，就位后灌水下沉至河床，然后在其顶部搭设工作平台，在其底部安设护筒。 （7）施工时必须准备各类护筒，具体见图3.3.2-1～图3.3.2-7所示				
	钻孔护筒形式与设计要求	（1）为了固定桩位、保护孔口不坍塌，隔离地面水和保持孔内水位高出施工水位，以维护孔壁及钻孔导向等目的，在钻孔前须按以下要求制作、埋设或下沉"护筒"。 （2）护筒种类和制作要求： 1）护筒须能够多次转移使用，由钢板或钢筋混凝土制成的埋设护筒，较坚实又不漏水； 2）当护筒入土较深时，宜以压重振动、锤击或辅以筒内除土等方法沉入； 3）护筒内径应比桩径大，当护筒长度在2～6m范围时，机动推钻和有钻杆，导向的正反循环回转钻宜大200～300mm； 4）无钻杆导向的正、反潜水电钻和冲抓冲击锥宜大300～400mm；深入处的护筒内径至少应比桩径大400mm。 图3.3.2-1 木料护筒示意图　图3.3.2-2 钢制护筒示意图　图3.3.2-3 钢筋混凝土护筒示意图				
2 护筒埋设方法的选择	挖埋式护筒	**护筒施工简图** 图3.3.2-4 挖埋式护筒示意图		**适用的条件及其说明** （1）该方法适用于旱地或暗滩，当地下水位在地面以下大于1000mm时，可采用挖埋法施工。 （2）当河床为很松散的细砂地层，挖坑不易成型时，可采用双层护筒，在外层护筒内挖砂或射水下，里面安设正式护筒，两筒之间填筑黏土夯实（外护筒内径比内护筒外径应大400～600mm）。		
审核人			交接人		接受交底人	

93

工程名称		施工单位		编号	
序号	项目	桥梁钻孔灌注桩施工技术交底内容			

序号	项目			
2 护筒埋设方法的选择	填筑式护筒	 图3.3.2-5 填筑式护筒示意图	当桩位处地面标高与施工水位（或地下水位）的高差小于1500～2000mm（按钻孔方法和土层情况而定）时，宜采用本法（如图示），填筑的土台高度，应使护筒顶端比施工水位（或地下水位）高1500～2000mm。土台边坡以1：1.5～1：2.0为最好。	
	围堰筑岛护筒	 图3.3.2-6 围堰筑岛护筒示意图	当水深小于3000mm浅水处，一般须围堰筑岛埋设护筒。岛面应高出施工水位1500～2000mm。也可适当提高护筒顶面标高，以减少筑岛填土体积。若岛底河床为淤泥或软土，应予挖除换以砂土；若排淤换土工作量较大，则可采用长护筒，使其沉入河底土层。	
	深水中护筒	 图3.3.2-7 深水护筒示意图	该法使用于水深在3000mm以上的深水河床中。其主要工序为搭设工作平台（有搭设支架、浮船、钢板桩围堰、浮运薄壳沉井、木排、筑岛等方法），下沉护筒的定位导向架与下沉护筒等。	

序号	项目			
3 护筒埋设的其他要求	护筒顶端高度	反循环回转法钻孔	护筒顶端应高出水位2000mm以上	
		正反循环回转法（包括正循环潜水电钻）钻孔	护筒顶端泥浆溢出口底边，在良好地质，不易坍孔时，宜高出地下水位1.0～1.5m以上；地质不良，应高出地下水位1500～2000mm以上	
		采用上述外，其他方法钻孔	护筒顶端宜高出地下水位1500～2000mm	
		当护筒处于旱地时	除满足上列要求（高于地下水位1500～2000mm）外，还应高出地面300mm	
		孔内有承压水时	护筒顶端应高于稳定后的承压水位2000mm以上，其承压水不稳定或稳定后承压水高出地下水位很多，应先作试桩，鉴定在高承压水地区采用钻孔灌注桩基的可行性	
		处于潮水影响地区时	护筒顶端应高于最高水位1500～2000mm以上，并须采用稳定护筒内水头的措施	
	护筒底端埋置深度	钻孔地区情况	护筒底端埋置深度要求	
		旱地或潜水处	对于黏性土不小于1000～1500mm；对于砂土应将护筒周围500～1000mm范围内挖除，夯填黏性土至护筒底500mm以下	
		冰冻地区	应埋入冻层以下500mm	
		深水及河床软土、淤泥层较厚处	尽可能深入到不透水层黏性土内1000～1500mm；河床下无黏性土层时，应沉到大砾石、卵石层内500～1000mm；河床为软土、淤泥、砂土时，护筒底埋置深度应经细研究决定，但不得小于3000mm	
		有冲刷影响的河床	应埋入局部冲刷线以下不小于1000～1500mm	

审核人		交接人		接受交底人	

3.3.3 螺旋钻机施工技术交底

螺旋钻机施工技术交底　　　　　　　　　　　　表 3.3-3

工程名称			施工单位		编号	
序号	项目		螺旋钻机施工技术交底			
1	施工工艺	(1) 正式施钻前，应看一下电源的容量是否符合钻机所需容量。 　　(2) 推上电源总开关，检查控制箱内指示灯是否发亮。如不亮则需要查明原因。 　　(3) 接着按下控制箱内漏电开关，按一下测试开关检查漏电开关是否动作。控制手柄能落在"ON"与"OFF"中间位置时，则为正常。控制手柄回到"OFF"一端后，再推到"ON"位置处。 　　(4) 检查电压表是否指在 200～220V 处，电压过高，控制箱内的元件易损坏，电压过低或磁性开关沾上油污，则电动机无力，使钻机不能正常工作。让"点动—自动"转换开关动作后，处于点动状态，按正反运转按钮开关后，检查钻杆的运转是否正常。 　　(5) 正式施钻时应将钻机缓慢放下，使钻头对准孔位。当电流表指向无负荷状态时，即开始下钻钻孔。在钻进过程中，仔细观察电流表，如超过额定电流时，应放慢下螺旋钻的施工速度。 　　(6) 为了防止电动机过载，在控制箱内设置过电流继电器。在过电流继电器动作后，应间隔 10min 左右再启动一次。 　　(7) 钻机在运转过程中，应防止电缆线缠入钻杆中，要有专人看护；操作中要改变钻杆的回转方向时，须等钻杆完全停转后再启动；钻机作业完毕拔钻后，应将钻杆上残存的土除去。 　　(8) 在钻孔施工作业中，如果遇上突然断电，应立即将钻杆全部从孔内拔出。否则会因为土体回缩的压力而造成钻机不能运转或钻杆拔不出等现象的发生；钻孔操作完毕后，应将钻杆及钻头全部提升至孔外，并用水冲洗干净。同时将钻机的动力头放到最低位置，关闭电源开关。				
2	施工注意事项	(1) 钻进施工时应遵守下列规定： 　　1) 开钻前应纵横调平钻机，安装导向套（长螺旋钻孔机的情况）； 　　2) 在开始钻进或穿过软硬土层交界处的施工时，为保持钻杆垂直，宜缓慢进尺。在含砖头、瓦块的杂填土层或含水量较大的软塑黏性土层中钻进时，应尽量减少钻杆晃动，以免扩大孔径； 　　3) 钻进施工过程中如若发现钻杆摇晃或难钻进时，可能遇到硬土、石块或硬物等，应立即提钻检查，待查明原因并妥善处理后再钻，否则较容易导致桩孔倾斜、偏移，甚至使钻具扭断； 　　4) 钻进过程中应随时清除孔口积土和地面散土。遇到孔内渗水、塌孔、缩颈等异常情况时，应将钻具从孔内提出，然后会同有关部门研究处理；螺旋钻在砂土层中钻进时，如若遇到地下涌水，则钻孔的深度应不得超过初见水位，以防塌孔； 　　5) 钻孔施工完毕，应用盖板盖好孔口，并防止在盖板上行车。 　　(2) 清理孔底虚土时应遵守下列规定：钻到预定钻深后，必须在原深处进行空转清土，然后停止运转，提起钻杆。注意在空钻清土时不得加深钻进；提钻时不得回转钻杆。孔底虚土厚度超过质量标准时，要分析和采取处理措施。 　　(3) 在灌注混凝土过程中应遵守下列规定： 　　1) 混凝土应随钻随灌，成孔后不要过夜，遇雨天，要防止成孔后灌水，冬期防止混凝土受冻； 　　2) 钢筋笼必须在浇筑混凝土前放入，下放时要缓慢并保持垂直，注意防止放偏和刮土下落，放到预定深度时将钢筋笼上端妥善固定； 　　3) 桩顶以下 5m 内的桩身混凝土须随灌随振捣；灌注混凝土时，宜采用混凝土泵车运输，当用搅拌运输车灌注时，应特别注意，防止压坏桩孔；混凝土灌至接近桩顶时，应随时测量桩身混凝土顶面标高，避免超长灌注，同时保证在凿除浮浆层后，桩顶标高和质量能符合设计要求； 　　4) 在进行桩顶插筋时，要始终保持钢筋的竖直插进，保证具有足够的保护层厚度，防止插斜插偏；质量检查人员应将混凝土灌入量及坍落度等情况列入打桩记录上。				
审核人			交接人		接受交底人	

95

3.3.4 潜水钻机施工技术交底

潜水钻机施工技术交底　　　　　　　　　　　　表 3.3-4

工程名称		施工单位		编号	
序号	项目	潜水钻机施工技术交底内容			
1	安装要求	（1）潜水电钻、卷扬机和砂石泵的电缆均应接入配电箱，以便控制，应注意通入潜水电钻的电缆不得破坏、漏电。升、降钻及钻进时须专人负责收、放电缆和进浆胶管。 （2）钻进时潜水电钻会产生较大扭矩，须将钻杆卡固在导向滚轮内，以承受反扭矩，并使钻杆不旋转。 （3）为防止潜水电钻因钻杆折断掉落孔内，应在电钻上加焊吊环，系上一根保险钢丝绳引出孔外吊住，如图 3.3.4-1 所示。 （4）电缆线和进浆胶管上用油漆标明尺度，便于与钻进尺度相校核。	 图 3.3.4-1　潜水钻成孔灌注桩施工示意图 (a) 成孔；(b) 插入钢筋笼和导管； (c) 灌注混凝土；(d) 成桩柱		
2	施工工艺	（1）将电钻吊入护筒内，应关好钻架底层的铁门。起动砂石泵，先让电钻空转，待泥浆输进钻孔后，开始钻进。钻进中应根据钻速、进尺情况及时放松电缆线及进浆胶管。要使电缆、胶管和钻杆同步下放。应勤收少放，以免造成电缆或胶管缠绕钻头而发生绞断事故。 （2）钻进时应严密监视电流表指针数字，电流值不得超过规定数值。电钻必须安设过载保护装置，以便在钻进阻力较大或孔内出现异常情况时，自动切断电流，保护电钻。 （3）钻进速度应根据土层类别、孔径大小、钻孔深度和供水量等确定：在淤泥和淤泥质土中的钻进速度不宜大于 1m/min；在其他土层中的钻进速度一般以不超过钻机负荷为准；在强风化岩或其他硬土层中的钻进速度以钻机不产生跳动为准。 （4）随时注意钻机操作有无异常情况，如发现电流值异常升高，钻机摇晃、跳动或钻进困难，可能由于钻渣排除不畅，或遇到硬层，或遇到一边软一边硬的非均质土层，或遇到其他障碍物所致，此时应略微提起钻具，减轻钻压，放慢进尺，待情况正常后才恢复正常钻进参数和给进速度。 （5）钻孔过程中应严格控制护筒内外水位差，必须使孔内水位高于地下水位，以防塌孔。			
3	对泥浆的要求	（1）在黏土、粉质黏土层中钻孔时，可注射清水，以原土造浆护壁、排渣，当穿过砂夹层钻孔时，为防止塌孔，宜投入适量黏土以加大泥浆稠度。 （2）如砂夹层较厚，或在砂土中钻孔，应采用制备泥浆。注入的泥浆浓度要适当，浓度过大影响钻进速度，浓度过小不利于护壁排渣。注入干净泥浆的相对密度应控制在 1.1 左右，排出的泥浆相对密度，宜为 1.2~1.4；当穿过砂夹卵石等容易塌孔的地层时，泥浆的相对密度可增大至 1.3~1.5。 （3）泥浆可就地选择塑性指数 $I_p \geqslant 10$ 的黏性土除去杂质后调制。 （4）施工中应勤测泥浆相对密度，并应定期测定黏度、含砂量和胶体率。 （5）对原土造浆的钻孔，钻到设计深度时，可使钻机空转不进尺，同时射水，待孔底残余的泥块已磨成浆，排出泥浆相对密度降到 1.1 左右，即可认为清孔已合格。 （6）对注入制备泥浆的钻孔，可采用换浆法清孔，至换出泥浆相对密度小于 1.15~1.25 时为合格；孔底沉渣厚度应符合灌注桩施工允许偏差的规定。清孔完毕，应立即灌注水下混凝土。			
审核人		交接人		接受交底人	

3.3.5 正循环钻机成孔施工技术交底

正循环钻机成孔施工技术交底

表 3.3-5

工程名称		施工单位		编号	
序号	项目	正循环钻机成孔施工技术交底内容			
1	施工工艺	(1) 设置护筒，安装正循环钻机。 (5) 测定孔壁，将钢筋笼放入孔中。 (2) 钻进施工。 (6) 插入导管，第二次处理孔底虚土。 (3) 第一次处理孔底虚土（沉渣）。 (7) 水下灌注混凝土，拔出导管。 (4) 移走正循环钻机。 (8) 拔出护筒。			
2	施工要点	(1) 规划布置施工现场时，首先考虑冲洗液循环、排水、清渣系统的安设，以保证正循环作业时，冲洗液循环畅通，污水排放彻底，钻渣清除顺利。泥浆循环系统的设置应遵守下列规定： 1) 循环系统由泥浆池、沉淀池、循环槽、废浆池、泥浆泵、泥浆搅拌设备、钻渣分离装置等组成，并配有排水、清渣、排废浆设施和钻渣转运通道等，一般宜采用集中搅拌泥浆，集中向各钻孔输送泥浆的方式； 2) 沉淀池不宜少于2个，可串联并用，每个沉淀池的容积不小于6m³，泥浆池的容积为钻孔容积的1.2~1.5倍，一般不宜小于8~10m³； 3) 循环槽应设1:200的坡度，槽的断面积能保证冲洗液正常循环而不外溢； 4) 沉淀池、泥浆池、循环槽可用砖块和水泥砂浆砌筑，不得有渗漏或倒塌。泥浆池等不能建在新堆积的土层上，以免池体下陷开裂，泥浆漏失。 (2) 应及时清除循环槽和沉淀池内沉淀的钻渣，必要时可配备机械钻渣分离装置。在砂土或容易造浆的黏土中钻进，应根据冲洗液相对密度和黏度的变化，采用添加絮凝剂加快钻渣絮沉，适时补充低相对密度、低黏度稀浆，或加入适量清水等措施，调整泥浆性能。泥浆池、沉淀池和循环槽应定期进行清理。对清出的钻渣应及时运出现场，防止钻渣废浆污染施工现场及周围的环境。			
3	操作注意事项	(1) 安装钻机时，转盘中心应与钻架上吊滑轮在同一垂直线上，钻杆位置偏差不应大于2cm。使用带有变速器的钻机，应把变速器板上的电动机和变速器被动轴的轴心设置在同一水平标高上。 (2) 根据岩土情况，合理选择钻头和调配泥浆性能；初钻开始时应低挡慢速度钻进，使护筒刃脚处形成坚固的泥皮护壁，钻进护筒刃脚下1m后，可按土质情况以正常速度钻进。 (3) 钻具下入孔内，钻头应距孔底钻渣面50~80mm，并开动泥浆泵，使冲洗液循环2~3min。然后开动钻机，慢慢将钻头放到孔底，轻压慢转数分钟后，逐渐增加转速和增大钻压，并适当地控制转速。正常钻进时，应合理调整和掌握钻进参数，不得随意提升孔内钻具。操作时应掌握升降机钢丝绳的松紧度，以减少钻杆、水龙头晃动。在钻进过程中，应根据不同地质条件，随时检查泥浆指标。 (4) 在黏层中钻孔时，选用尖底钻头、中等钻速、大泵量，稀泥浆钻进方法。在砂土或软土等易塌孔地层钻孔时，宜用平底钻头、控制进尺、轻压、低挡慢速、大泵量、稠泥浆钻进方法。 (5) 在砂砾或坚硬土层中钻孔时，易引起钻具跳动、憋车、憋泵、钻孔偏斜等现象，操作时要特别注意，宜采用低挡慢速、控制进尺、优质泥浆、大泵量、分级钻进的方法。必要时，钻具应加导向，防止孔斜超差。在起伏不平的岩面与基岩的接触带、溶洞顶板上钻进时，应轻压慢转，待穿过后再逐渐恢复正常的钻进参数，以防桩孔在这些层位发生偏斜。 (6) 在同一桩孔中采用多种方法钻进时，要注意使孔内条件与使用的工艺方法相适应。如基岩钻进由钢粒钻头改用牙轮钻头时，须将孔底钢粒冲起捞净，并注意孔形是否适合牙轮钻头入孔。 (7) 在直径较大的桩孔中钻进时，在钻头前部可加一小钻头，起导向作用；在清孔时，孔内沉渣易聚集在小钻孔内，并可减少孔底沉渣。 (8) 加接钻杆时应先将钻具稍提离孔底，待冲洗液循环3~5min后，再拧卸加接钻杆。钻进过程中，应防止扳手、管钳、垫叉等工具掉落孔内，损坏钻头。如护筒底出现漏浆时，可提起钻头，向孔中倒入黏土块，再放入钻头倒转，使胶泥挤入孔壁堵住漏浆空隙，稳住泥浆后继续钻进。			
审核人		交接人		接受交底人	

3.3.6 反循环钻机成孔施工技术交底

反循环钻机成孔施工技术交底

表 3.3-6

工程名称			施工单位		编号	
序号	项目		反循环钻机成孔施工技术交底内容			

序号 1　项目：施工工艺

（1）设置护筒，并认真安装反循环钻机。

（2）钻孔。第一次处理孔底上的虚土（沉渣）。

（3）移走反循环钻机。

（4）测定孔壁的厚度。

（5）将钢筋笼放入孔中，并插入导管。

（6）第二次处理孔底虚土。

（7）水下灌注混凝土，并拔出导管。最后拔出护筒。

图 3.3.6-1 所示为反循环钻孔法灌注桩施工工艺示意图。

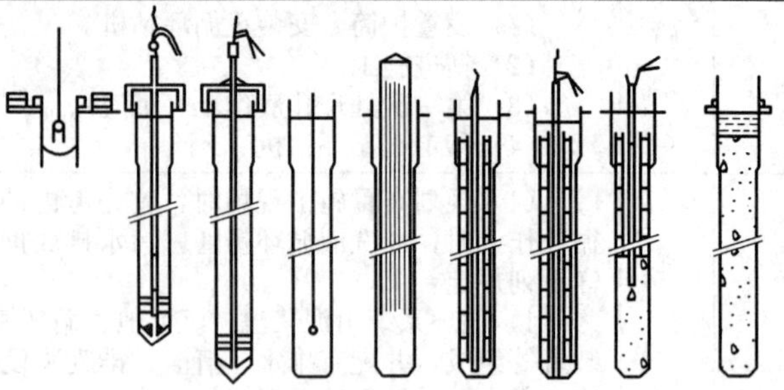

图 3.3.6-1　反循环钻孔法灌注桩施工工艺示意图
(a) 设置护筒；(b) 安装钻进、钻挖；(c) 钻孔终了、处理虚土；(d) 孔壁测定；(e) 插入钢筋笼；(f) 插入导管；(g) 第二次处理虚土；(h) 灌注混凝土、拔出导管；(i) 拔出护筒

序号 2　项目：施工注意事项

（1）规划布置施工现场时，应考虑冲洗液循环、排水、清渣系统的安设，保证反循环作业时，冲洗液循环通畅，污水排放彻底，钻渣清除顺利，主要内容如下：①循环池的容积应不小于桩孔实际容积的 1.2 倍，以便冲洗液正常循环；②沉淀池的容积一般为 6～20m³，桩径小于 80mm 时，选用 6m³；桩径小于 1500mm 时，选用 12m³；桩径大于 1500mm 时，选用 20m³；③现场应专设储浆池，其容积不小于桩孔实际容积的 1.2 倍，以免灌注混凝土时冲洗液外溢；④循环槽的断面积应是砂石泵的水管断面积的 3～4 倍，若用回灌泵回灌，其泵的排量应大于砂石泵的排量。

（2）冲洗净化。其内容有：①清水钻进时，钻渣在沉淀池内通过重力沉淀后予以清除。沉淀池应交替使用，并及时清除沉渣；②泥浆钻进时，宜使用多级振动筛和旋流除砂器或其他除渣装置进行机械除砂清渣；振动筛主要清除粒径较大的钻渣，筛板规格可根据钻渣粒径的大小分级确定；旋流除砂器的有效容积，要适应砂石泵的排量，除砂器数量可根据清渣要求确定；③应及时清除循环池沉渣。

（3）钻头吸水断面应开敞、规整，减少流阻，以防砖块、砾石等堆挤堵塞；钻头体吸口端距钻头底端高度不宜大于 250mm；钻头体吸水口直径宜略小于钻杆内径；在填土层和卵砾层中钻挖时，碎砖、卵砾石的尺寸不得大于钻杆内径的 4/5，否则易堵塞钻头水门或管路，影响正常循环。

（4）钻进操作要点：①启动砂石泵，待反循环正常后，才能开动钻机慢速回转下放钻头至孔底。开始钻进时，应先轻压慢转，待钻头正常工作后，逐渐加大转速，调整压力，并使钻头吸口不产生堵水；②钻进时应认真仔细观察进尺和砂石泵排水出渣的情况；③排量减少或出水中含钻渣量过多时，应控制给进速度，防止因循环液比重太大而中断反循环；④在砂砾、砂卵、卵砾石地层中钻进时，为防止钻渣过多，卵砾石堵塞管路，可采用间断钻进、间断回转的方法来控制钻进速度；⑤加接钻杆时，应先停止钻进，将钻具提离孔底 80～100mm，维持冲洗液循环 1～2min，以清洗孔底并将管道内的钻渣携出排净，然后停泵加接钻杆；⑥钻杆连接时应拧紧牢靠，防止螺栓、螺母、拧卸工具等掉入孔内；⑦钻进时如孔内出现塌孔、涌砂等异常情况，应立即将钻具提离孔底，控制泵量，保持冲洗液循环，吸除塌落物和涌砂；⑧钻进已达到要求深度停钻时，仍要维持冲洗液正常循环，清洗吸除孔底沉渣直到返出冲洗液的钻渣含量小于 4% 为止。起钻时应注意操作轻稳，防止钻头拖刮孔壁，并向孔内补入适量冲洗液，稳定孔内水头高度。

审核人		交接人		接受交底人	

3.3.7 冲抓钻机成孔施工技术交底

冲抓钻机成孔施工技术交底　　　　表 3.3-7

工程名称		施工单位		编号	
序号	项目	冲抓钻机成孔施工技术交底内容			
1	冲抓钻机工作原理	冲抓钻机又称全套管钻机，其基本工作原理是"贝诺特（Benoto）灌注桩施工法"。该法利用摇动装置的摇动，使钢套管与土层间的摩阻力大大减少，边摇动边压入，同时利用冲抓斗挖掘取土，直至套管下到桩端持力层为止。挖掘完毕后立即进行挖掘深度的测定，并确认桩端持力层，然后清除虚土。成孔后将钢筋笼放入，接着将导管竖立在钻孔中心，最后灌注混凝土成桩（图 3.3.7-1）。 贝诺特法实质上是冲抓斗跟管钻进法的结合。 图 3.3.7-1　整机式全套管钻机外貌图 1—主机；2—钻机；3—套管；4—锤式抓斗；5—主架			
2	落锤抓斗使用程序	 图 3.3.7-2　落锤抓斗使用程序 （1）提起落锤抓斗 [图 3.3.7-2（a）]；抓斗的壳体闭合；落锤抓斗进入冠头 [图 3.3.7-2（b）]，当落锤抓斗达到冠头，减低起升速度，当锤抓斗进入冠头立即停锤。 （2）落锤抓斗挂在冠头上 [图 3.3.7-2（c）]，当落锤抓斗进入冠头，并由冠头环的推动而产生响声，也由冠头与滑动块螺母接触发出响声。在确保上面的响声后，同时松开离合器并刹死刹车，锤抓斗挂在冠上。推开卸载板 [图 3.3.7-2（d）]，当卸载板操作踏板的前部压下，从冠头挂起的落锤抓斗连动卸载板向前推出。			
审核人		交接人		接受交底人	

工程名称			施工单位		编号	
序号	项目	冲抓钻机成孔施工技术交底内容				

| 2 | 落锤抓斗的使用程序 | （3）卸土，当刹车松开，主卷扬机钢丝绳变松、抓斗壳打开，撒出壳中土［图3.3.7-2（e）］。
（4）卸载板收回［图3.3.7-2（f）］。踏压卸载板，操纵踏板的后半部分，促使卸载板回到原来的位置。
（5）落锤式抓斗与冠头分开［图3.3.7-2（g）］，当落锤抓斗稍微提升，然后再降低，落锤式抓斗与冠头分开，开始落下。
（6）挖掘［图3.3.7-2（h）］，从冠头分开的抓斗通过安装在套管顶部的滑动架进入套管与地面接触。当落锤式抓斗再次起升时，壳抓泥土并关闭，提升到上面所述的［图3.3.7-2（a）］状态。
（7）重复上面的操作，在套管中挖土，使套管下沉。 |

| 3 | 全套管钻孔施工程序 | （1）埋设第一节套管。
（2）用锤式抓斗挖掘，同时边摇动套管边把套管压入土中（图3.3.7-3）。
（3）连接第二节套管，重复第（2）步程序。
（4）依次连接、摇动和压入其他节套管，直至套管下到桩端持力层为止。
（5）挖掘完毕后立即测定挖掘深度、确认桩端持力层，清除孔底虚土。 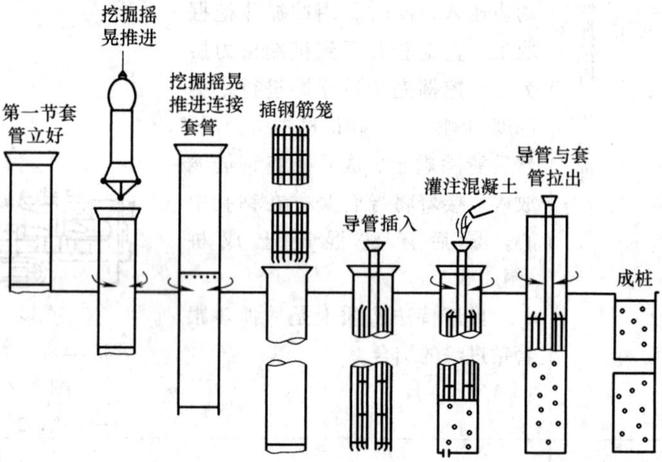 |

图3.3.7-3　全套管钻孔施工程序示意图

（6）将钢筋笼吊放入孔中，插入导管。向孔内灌注混凝土的同时，边拔导管，边拔套管。

| 4 | 全套管钻孔施工注意事项 | （1）钻机安装和开始挖掘需进行以下作业：①对于打竖直桩的情况，在成孔前应将钻机用水准仪校正找平，成孔机具中心必须与桩中心一致；②埋设第一、第二节套管必须竖直，这是决定桩孔竖直度的关键。在套管压入过程中，应用经纬仪或测锤不断校核竖直度。当套管发生倾斜时，一般应拔出来重新埋设，有时也可将钻机向前后左右移动一下使之对中；③若钻机安装场地土质松软，应铺石子或垫方木等以防止机架或套管重心偏移。
（2）套管刃尖与挖掘底面关系应遵守下列原则：①一般土质场合，套管刃尖可先行压进，也可在与挖掘底面保持几乎同等深度的情况下压进；②在不易坍塌的土质中，如套管压进困难时，可采取适当的超挖措施；③在漂石、卵石层中挖掘时，套管不可能先行压进，可采取一定限度的超挖措施，但必须使周围土层的松弛程度最小。
（3）在砂类土中成孔注意事项：在饱和松砂中成孔，摇动套管可能引起砂的流动；在水位以下厚细砂层中成孔，摇动套管可能使砂密实而钳紧套管。对于这两种情况，在操作时必须慎重，事先制定好处理措施：即对于前者，为避免在套管底涌进流砂可增加泥浆相对密度，即倒入黏土，将冲抓锥叶瓣张开，把自动挂钩挂住挂砣一起用钢丝捆紧，用冲抓锥在孔内反复冲击一段时间，使一部分黏土被挤入松散孔壁内，另一部分黏土用来增大泥浆相对密度等方法处理。对于后者如已发生可采取1~2根高压射水管在套管侧边射水，边插入，边摇动套管，边向下压进。 |

| 审核人 | | | 交接人 | | 接受交底人 | |

100

3.3.8　冲击钻机成孔施工技术交底

冲击钻机成孔施工技术交底

表 3.3-8

工程名称		施工单位		编号	
序号	项目	冲击钻机成孔施工技术交底内容			
1	机具布置	（1）机具布置随所用的钻机类型而异。冲击钻机一般都备有钻架。在埋好的护筒和备足护壁泥浆黏土后，将钻机就位，立好钻架，对准桩孔中心，拉好风缆绳，就可开始冲击钻进。 （2）用简易式冲击钻机时，须自制钻架，但高度不得小于 7m。钻架除有足够的结构强度外，还应考虑承受反复冲击荷载的结构刚度。如不能满足上述要求时，应采用缆风绳或撑杆等措施加固。			
2	开孔施工	（1）开钻时应先在孔内灌注泥浆，泥浆相对密度等指标根据土层情况而定，如孔中有水，可直接投入黏土，用冲击锤以小冲程反复冲击造浆；开孔及整个钻进施工过程中，应始终保持孔内水位高出地下水位 1.5～2.0m，并低于护筒顶面 0.3m 以防止溢出，掏渣后应及时补水。 （2）护筒底脚以下 2～4m 范围内属河床表面，一般比较松散，应认真施工。一般细粒土层可采用浓泥浆、小冲程、高频率反复冲砸，使孔壁坚实不坍不漏。 （3）在砂及卵石夹土等松散层开孔或钻渣时，可按 1：1 投入黏土和小片石，用冲击锤以小冲程反复冲击，使泥膏、片石挤入孔壁。必要时须重复回填反复冲击 2～3 次。			
3	用正式钻机注意事项	（1）冲程根据土层情况分别规定：一般在通过坚硬密实卵石层或基岩漂石之类的土层中时宜采用高冲程（1000mm），在通过松散砂、砾类土或卵石夹土层中时宜采用中冲程（约 750mm）。冲程过高，对孔底振动大，易引起塌孔。在通过高液限黏土、含砂低液限黏土时，宜采用中冲程。在易坍塌或流砂地段宜采用小冲程，并应提高泥浆的黏度和相对密度。 （2）在通过漂石或岩层，如表面不平整，应先投入黏土、小片石，将表面垫平，再用十字形钻锤进行冲击钻进，防止发生斜孔、塌孔事故。 （3）注意均匀地松放钢丝绳长度。在松软土层每次可松绳 50～80mm，在密实坚硬土层每次可松 30～50mm。应防止松绳过少，形成"打空锤"，机器及钢丝绳受到过大的意外荷载，遭受损坏。			
4	卷扬机钻机注意事项	（1）冲程大小和泥浆稠度应按通过的土层情况掌握。当通过砂、砂砾石或含砂量较大的卵石层时，宜采用 1～2m 的中、小冲程，并加大泥浆稠度，反复冲击使孔壁坚实，防止塌孔。 （2）当通过含砂低液限黏土等黏质土层时，因土层本身可造浆，应降低输入的泥浆稠度，并采用 1～1.5m 的小冲程，防止卡钻、埋钻。 （3）当通过坚硬密实卵石层及漂石、基岩之类土层时，可采用 4～5m 的大冲程，使卵石、漂石或基岩破碎。泥浆性能要求见前述；在任何情况下最大冲程不宜超过 6m，防止卡钻、冲坏孔壁或使孔壁不圆；为正确提升钻锤的冲程，宜在钢丝绳上油漆长度标志。 （4）在掏渣后或因其他原因停钻后再次开钻时，应由低冲程逐渐加大到正常冲程以免卡钻。			
5	掏渣	（1）破碎的钻渣，部分和泥浆一起被挤进孔壁，大部分靠掏渣筒清除出孔外，故在冲击相当时间后，应将冲击锤提出，换上掏渣筒，下入孔底掏取钻渣，倒进钻孔外的倒渣沟中。 （2）当钻渣太厚时，泥浆不能将钻渣全部悬浮上来，钻锤冲击不到新土（岩）层上，还会使泥浆逐渐变稠，吸收大量冲击能，并妨碍钻锤转动，使冲击进尺显著下降，或有冲击成梅花孔、扁孔的危险，故必须按时掏渣。 （3）在密实坚硬土层每小时钻进小于 5～10mm，松软地层每小时纯钻进小于 150～300mm 时，应进行掏渣，每次掏 4～5 筒，或掏至泥浆内含渣显著减少、无粗颗粒、相对密度恢复正常为止。 （4）在开孔阶段为使钻渣挤入孔壁，可待钻进 4～5m 后再掏渣。正常钻进每班应掏渣一次。 （5）在松软土层，用管锤钻进比十字形冲击锤快，故应及时掏渣。管锤内装满钻渣后，立即提锤倒渣。管锤装满状态，可根据实际测定；掏渣后应及时向孔内添加泥浆或清水维护水头高度。			
审核人		交接人		接受交底人	

3.3.9 钻斗钻机成孔施工技术交底

钻斗钻机成孔施工技术交底

表 3.3-9

工程名称			施工单位		编号	
序号	项目	钻斗钻机成孔施工技术交底内容				
1	施工程序	（1）安装钻斗钻机（如图3.3.9-1）。 （2）钻斗着地，旋转，开孔。以钻头自重加液压作为钻进压力。机动推钻遇硬土须加压时，可用气泵加压。 （3）当钻头被旋转挤压充满泥砂后，将提升上来，一面监视井孔水位变化情况，一面灌浆保持水头。 （4）旋转钻机，将钻头中的泥砂卸到翻斗车上。 （5）关闭钻斗活门。将钻斗转回钻进地点，并将旋转体的上端稳固定住。 （6）降落钻头。 （7）埋置导向护筒，灌入护壁泥浆。按现场土质的情况，借助于辅助钢丝绳，埋设一定长度的护筒。护筒直径应比桩径大100mm，以便钻斗在孔内上下升降。土质情况，定出稳定液的配方。如在桩长范围内的土层都是黏性土时，则可不必用泥浆，可直接钻进。 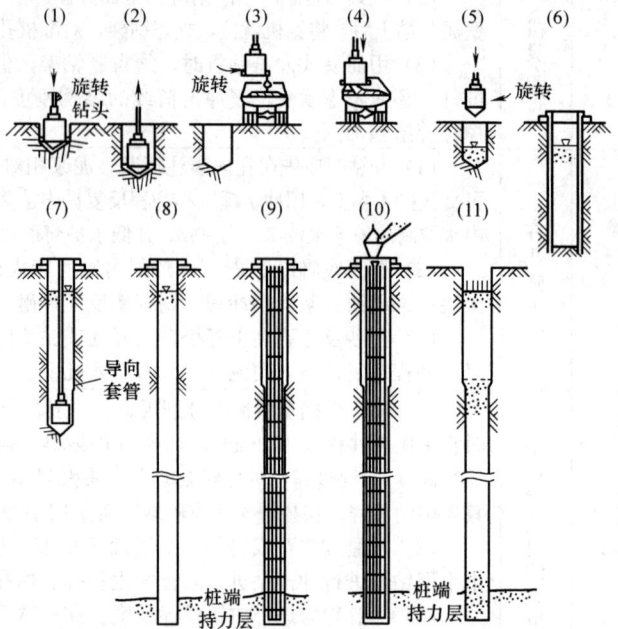 图 3.3.9-1 钻斗钻机成孔程序与成桩示意图 （1）开孔；（2）提起钻头，开始灌水；（3）卸土；（4）关闭钻头；（5）钻头下降；（6）埋设导向护筒，灌入泥浆；（7）钻进开始；（8）钻进完成，第一次清渣测定深度和孔径；（9）插入钢筋笼；（10）插入导管，灌注混凝土；（11）混凝土灌注完成，拔出导管，拔出护筒，桩完成 （8）将侧面铰刀安装在钻斗内侧，开始钻进。 （9）钻孔完毕，进行第一次清孔排除孔底的沉渣。 （10）测定孔壁。然后插入钢筋笼和插入导管后，进行第二次清孔排除孔底沉渣。				
2	钻进中的注意事项	（1）不管孔内有无地下水和表层土质情况如何均需设置表层护筒，护筒至少需要高出地面300mm。在表层护筒插入到预定深度以前，均需使用钻头的铰刀。 （2）为防止钻斗内的土砂掉落到孔内而使泥浆性质变坏或沉淀到孔底，斗底铁门在钻进过程中始终应保持关闭状态。 （3）必须控制钻斗在孔内的升降速度。因为如果快速地上下移动钻斗，那么水流将以较快的速度由钻斗外侧和孔壁之间的空隙中流过，导致冲刷孔壁；有时还会在上提钻斗时在其下方产生负压而导致孔壁坍塌，所以应按孔径的大小及土质情况来调整钻斗的升降速度。 （4）按照钻孔阻力大小，考虑必要的扭矩来决定钻斗的合适转数。 （5）在桩端持力层中钻进时，需考虑由于钻斗的吸引现象使桩端持力层松弛，为此上提钻斗时应缓慢。如果桩端持力层倾斜时，为防止钻斗倾斜，应稍加压钻进。 （6）为防止孔壁坍塌，应确保孔内水位高出地下水位2m以上。				
审核人			交接人		接受交底人	

3.3.10 挖孔灌注桩施工技术交底

桥梁挖孔灌注桩施工技术交底

表 3.3-10

工程名称		施工单位		编号	
序号	项目				

序号	项目	桥梁挖孔灌注桩施工技术交底内容
1 适用范围与施工准备	适用范围	（1）挖孔灌注桩基础是采用人力和适当的爆破方法，并配合简单的机具下井挖掘成孔，灌注混凝土成桩，适用于无地下水或地下水量很少密实土层或者岩石层。 （2）桩形有圆形、方形等种类，采用人力下井挖掘的方桩长边或圆桩孔径，以方便施工为宜，但不得小于桩的设计断面尺寸，当孔深超过 15m 时，应加强通风和安全措施。 （3）主要优点是需用机具少，成孔后可以直观检查孔内土质情况，确保桩的质量。
	施工准备	（1）挖孔灌注桩施工前应根据地质和水文地质条件以及安全施工、提高挖掘速度和因地制宜的原则，选择合适的孔壁支护类型。 （2）坡面有裂缝或坍塌迹象者应加以必要的保护，铲除松软的土层并夯实。在施工中测量墩台十字线后，就会定出桩孔准确位置。设置护桩并经常检查校核。 （3）孔口的四周挖排水沟，做好排水系统，并及时排除地表水，搭好孔口雨棚。 （4）安装提升设备，布置好出渣道路。合理堆放材料和机具，使其不增加孔壁压力、不影响施工。井口周围必须采用木料、型钢或混凝土制成框架或围圈予以围护，其高度应高出地面 200～300mm，防止土/石杂物滚入孔内伤人。 （5）若井口地层松软，为防止孔口坍塌，须在孔口用混凝土护壁，高约 2m。
2 挖掘施工工艺	方法	挖掘的方法是采用三班制连续作业，条件较差时一般用木绞车提升，有条件时可采用电机链滑车或架设三脚架，用 10～20kN 慢速卷扬机提升。
	程序	先挖桩孔，后挖承台座板基坑，其优点是便于排除地表水、场地宽敞、立架、支撑、提升、灌注等操作方便。先挖承台座板基坑，后挖桩孔。如为陡坡地形，若先挖承台座板基坑，挖方边坡高时，易造成挖孔塌方故障。
	工艺要求	（1）挖掘时，不必将孔壁修成很光的平面，要使孔壁稍有凸凹不平的感觉，主要是增加桩的摩擦阻力。对摩擦桩更应如此。 （2）在挖孔过程中，必须经常检查桩孔尺寸和平面位置：群桩桩位误差不得大于100mm，排架桩桩位误差不得大于 50mm；直桩倾斜度不得超过 1%，斜桩倾斜度不得超过±2.5%；孔径、孔深必须符合设计要求。挖孔时如有水渗入，应及时支护孔壁，防止水在孔壁浸泡流淌而造成塌孔。所有的渗水应及时设法排除。 （3）桩孔挖掘及支撑护壁两道工序时，必须进行连续作业，不宜中途停顿，以防其孔壁塌孔。在挖孔施工中，如遇到涌水量较大的潜水层承压水时，可采用水泥砂浆压灌卵石环圈，或其他有效措施，确保所挖桩孔不会塌方。挖孔达到设计深度后，应严格进行孔底处理。 （4）在多年冻土地区的施工，当季节融化层处于冻结状态，不受土层和水文地质的影响时，可采用孔底热融法，以提高挖孔效率。
	孔内爆破施工	（1）导火线起爆前所有工人迅速离开挖孔现场；导火线应作燃烧速度实验，再根据实验来决定导火线所需长度；孔深超过 10m 时应采用电雷管引爆。 （2）必须打眼放炮的桩，严禁裸露药包。对于软岩石炮眼深度不得超过 800mm，对于硬岩石炮眼深度不得超过 500mm。炮眼数目、位置和斜插方向，应按岩层断面方向来决定，中间一组集中掏心，四周斜插挖边。同时，必须严格控制用药量，以松动为主。一般中间炮眼装硝铵药 1/2 节，边眼装药为 1/3～1/4 节。 （3）有水眼孔要用防水炸药，尽量避免瞎炮。炮眼附近的支撑应加固或设防护措施。
审核人		交接人		接受交底人	

3.3.11 大直径桩施工技术交底

大直径桩施工技术交底

表 3.3-11

工程名称			施工单位		编号	
序号	项目	大直径桩施工技术交底内容				

序号	项目	大直径桩施工技术交底内容
1 概 述	大直径桩优点	近十几年来，我国建桥业得到了史无前例的发展，特别是大直径钻孔灌注桩的采用，增加了桥梁跨径的长度和增大了墩、台的荷载。例如，当桩的数量大于 4 根时，以往的办法是需要设置平台，这样增加了施工难度，而现在是采用将桩的上部直径加大，成为上下变截面的桩，可不设平台，仅在 2～3 根基础间设置连系梁即可，从而大大地减少了施工难度，加快了施工进度，提高了生产效益。下面将介绍不设平台的变截面大直径钻孔灌注桩、钻孔埋置桩壳空心桩和水下填石压浆混凝土桩等新工艺。
	大直径钻孔灌注桩	目前在桥梁设计与施工中，都将钻孔灌注桩的直径大于 2.5m 称为大直径钻孔桩，而当桩的上部直径增大则称为变截面桩，设计变截面桩是因为桥梁基桩桩底多沉达岩层，桩底承载力大，故桩身下部多只承受竖直荷载，其直径无需扩大。而桩身上部扩大，可以增加桩的抗弯刚度，达到减少群桩数量的目的，只在双桩之间设置系梁而免除了平台的设置（图 3.3.11-1），其经济效益特别显著。 图 3.3.11-1　基础桩数量方案的比较（cm）
	钻孔埋置空心桩	（1）必须按正常的工艺钻孔，同时预制钢筋混凝土桩壳。 　　（2）待桩孔完成钻孔、清孔，并在检验合格后，就进行填石块于孔底的施工。 　　（3）将桩壳分节吊放，沉入钻孔内，各节桩壳必须采用预应力筋连接。 　　（4）在桩周再插入注浆管和填入石块，然后桩周和桩底分次压注水泥砂浆或水泥浆。 　　（5）浇筑顶盖混凝土而完成了整个空心桩的施工任务。 　　（6）目前，我国这种类型的桩，成孔工序多，但各道工序可平行流水作业，施工速度较同样直径、同样深度的沉井快。 　　（7）桩底、桩周压注水泥浆可增加桩底承载力和桩壁摩阻力，故其总承载力比同直径同深度的钻孔灌注桩大；在同一荷载时，空心桩比钻孔桩可减短桩的长度。 　　（8）钻孔埋置预制空心桩也可将顶部直径扩大，在桩上部的预制桩壳扩大直径，并采用填石压浆混凝土，这样会起到良好的效果。
审核人		交接人			接受交底人	

工程名称		施工单位		编号	
序号	项目	大直径桩施工技术交底内容			
1	概述 填石压浆混凝土桩	国内水下填石压浆混凝土结构已在早些年广泛应用于市政、建筑、铁路、公路、水电、水利及城市高架桥等基础工程上，公路工程的沉井基础封底，较早地使用了填石压浆混凝土结构，并纳入《公路桥涵施工技术规范》(JTGTF 50—2011)。钻孔埋置空心桩的桩底和桩壳外周，还使用水下填石压浆混凝土垫底、塞缝，主要是增加桩的桩尖承载能力和桩与孔壁之间的摩擦阻力。与灌注桩相比，施工设备较轻便，施工故障较少，质量可靠，特别针对大直径、长桩时优点更加突出。其缺点是压浆混凝土的抗压强度增长速度慢，早期强度低等。			
2	施工前的准备工作 钢管桩支架平台施工	(1) 钢管桩施工注意事项： 1) 钢管桩定位：在浮吊进入墩位前，首先测定桩位，并使用浮标显示。当定位的船抛锚就位后，选用支架平台中一根钢管桩作定位桩，先进行振入施工，然后以此桩为基准，作为其他各桩定位的依据； 2) 钢管桩桩帽处理：因为桩壁厚度只有5～10mm，其顶部受锤击时，桩容易损坏，必须对桩头进行加固处理。其处理方的法是：首先在桩下端内部加焊厚10mm的底横隔板，距桩底高度等于桩径；并在桩顶面加焊厚20mm的顶盖板，中留直径20mm孔。最后在盖板的顶上现浇筑C40混凝土填实； 3) 钢管桩沉入：沉入顺序以浮吊移动方便为准，一般常将船头（尾）对准钢管桩。第一根定位桩夹在工作船中沉入，其他钢管桩可利用已沉入的桩上面支出钢管作工作平台进行施工。施工时应注意：在钢管桩上安装振动锤后，其顶部要用4根缆风索固定，控制钢管桩的倾斜。缆风索可锚定在工作船或已沉入的钢管桩上。如发现钢管桩倾斜时，应停机以链滑车收紧反方向的缆风索后再沉振。当钢管桩沉到工作台高度时应停振，接长（栓接或焊接）钢管，再振，直到设计位置。一个支架平台的钢管桩宜连续一次施工； 4) 钢管桩拔除：钢管桩使用完毕后，必须拔除回收利用。拔除方法有：用水平拉倒，适用于埋深浅的钢管桩；在浮吊上安装双频振动锤向上拔出。当上述二法不能拔除时，可在水下覆盖层处用氧气吹割。 (2) 平台施工与周转： 1) 首先在桩顶横梁上安装纵桁梁，在桁梁节间支点上安装横向工字钢梁，用抱箍固定，最后在横钢梁上铺设竹或木跳板，即成施工的工作平台； 2) 施工时应注意钢管桩稳定。当平台距水面较高和水流速度较大时，钢管桩顶要增设横梁，并在水流方向焊接剪刀撑，形成框架体系以保证稳定和安全； 3) 在平台正常周转情况下，一台大直径钻机平均15d可完成两根桩、一个墩。在宽阔河流中，为了充分发挥大型钻机的效率，至少要安排3套平台、5套钢管桩同时作业，才能实现平台和钢管桩的流水施工作业。			
审核人		交接人		接受交底人	

工程名称		施工单位		编号	
序号	项目	大直径桩施工技术交底内容			

序号	项目	大直径桩施工技术交底内容
2 施工前的准备工作	护筒	(1) 钢护筒：采用厚度 6mm 的钢板卷制而成的钢护筒，每节的长度为 2.5～3.5m。其底节的长度稍长，一般为 4.5～6m，护筒节段顶、底端内侧各焊一道水平加劲肋，肋板厚度大于 20mm，以保证护筒圆度，上部肋板与顶面齐平，下端肋高于筒底 30cm。 (2) 预应力混凝土护筒：其筒体厚度为 200～300mm，采用特制钢模板在台座上浇筑而成。节段的长度可按吊装运输能力确定。护筒接缝用预应力粗钢筋和环氧树脂连接。施工步骤： 　1) 首先采用冲击钻机在岩层上钻孔，并达到设计要求； 　2) 然后将预制护筒逐节吊放入孔中，最后灌注水下混凝土填封护筒周边，并把护筒固结于基岩之上； 　3) 另外，底节护筒的底部先用低强度混凝土封底，开钻时再甩钻机钻掉。 (3) 钢纤维、钢丝网、钢筋混凝土护筒：该类型的护筒其厚度均为 30～50mm，全长制作时，一般均在工作台上卧式施工。在钢筋上铺设 2～3 层钢丝网，再设立筒壁内外模板，其间浇筑机拌钢纤维混凝土，最后采用高频振捣器振动，并将双面刮平。底节护筒应设置钢刃脚，其长度约 300mm，向内倾斜，入水前为了防止产生渗漏，最好采用环氧树脂胶泥抹护筒的接头处。 (4) 沉井式护筒：当护筒的直径大于 5m 时，一般采用振动下沉入土是十分困难的，但是，可采用圆沉井式护筒下沉，壁厚为 500～1000mm。这类护筒通常利用枯水期，以筑岛法制作，用抽水人工开挖或机械抓斗开挖沉入土中。当水很深时，可将下节制成双壁钢护筒，在岸边制作浮运就位，再浇筑混凝土接高。
3 潜水锤钻进成孔工艺	概述	(1) 气举反循环排渣的湿式潜孔锤：当采用泵吸或气举反循环排渣的湿式潜孔锤施工时，其钻头有单体式和捆绑式，气压锤和反循环排渣通道互相独立，能在深水或含水地层钻进。钻进时需用泥浆护壁，钻孔锤冲击旋转钻位于孔底，经钻杆供给压缩空气使潜孔锤往复冲击，使刃口破岩，以泵吸或气举排渣钻进。它适应于硬岩或特硬岩的施工。 (2) 正循环排渣的干式潜孔锤：当采用做功后排气正循环排渣的干式潜孔锤施工时，这种施工方法是利用冲击做功后的排气进行排渣，孔壁与钻杆外壁之间的环状空隙，可按照不同钻孔直径选择不同钻杆直径调整。空气流速可根据钻进深度、钻渣粒径进行调整。
	采用梅花点施工法的钻进	在钻孔过程中，对难钻进的硬岩、砾石、卵石、漂石等，应先采用大直径回转钻头进行全断面钻进，然后按梅花点布置小孔。小孔数由桩孔大小决定，一般为 5～9 个，先钻中间孔，后钻周边孔。钻孔布置如图 3.3.11-2 所示。施工要点如下： (1) 实施梅花点施工法：内钻杆的中心钻头可使用气动潜孔钻冲击钻进，其套管钻头用大扭矩液压动力钻头进行回转钻进，破岩后的钻渣通过套管与钻杆之间的环形圈用泵吸或气举法排至地面。钻前，应先安置导向支架，以保证开孔位置，并用于导向、纠正。导向支架由 5～7 根钢管连接组成。 (2) 上部地层是软弱岩石：可在地表开始钻梅花点孔眼，钻穿软弱岩石及硬岩直到设计标高，然后按常规滚刀钻进成孔。此法可不用导向架。为避免孔位偏移，提高钻孔精度和排渣效果，可采用跟管法钻进。

审核人		交接人		接受交底人	

工程名称		施工单位		编号	
序号	项目	大直径桩施工技术交底内容			

<table>
<tr><td rowspan="2">3</td><td rowspan="2" colspan="2">潜水锤钻进成孔工艺</td><td colspan="3"></td></tr>
</table>

序号：3　项目：潜水锤钻进成孔工艺

采用梅花点施工法的钻进

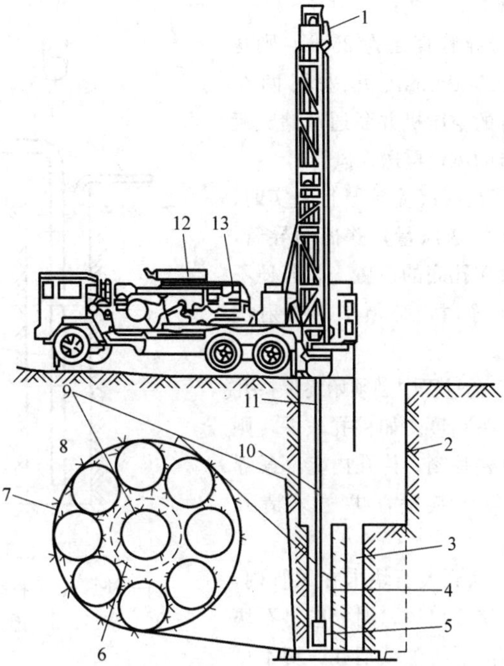

图 3.3.11-2　潜孔锤梅花点施工钻进

1—车装钻机；2—桩径；3—中心孔眼；4—周边孔；5—潜孔锤；6—护钻孔径；
7—桩径；8—周边孔；9—中心孔眼；10—钻杆丝扣；11—长钻杆；
12—空压机；13—发动机

　　（3）钻梅花点孔眼不使用导向管架：使用大直径套管下到基岩，仍可达到钻孔定位目的。首先跟管钻凿硬岩形成导向孔，再由套管钻头回转钻凿孔眼周边，扩钻成大孔。

清孔

　　钻进达到设计标高时，以钻杆长度核定孔深及孔底标高。确定后，不进尺继续钻（空转）5～10min，保持桩孔端尖无松散、软弱钻渣后，提起钻头100mm进行清孔，其主要方法有：

　　（1）抽浆法清孔：抽浆清孔比较彻底，比较适用于各种钻孔方法的摩擦桩、支承桩和嵌岩桩。但孔壁容易坍塌的钻孔使用抽浆法清孔时，要注意防止坍孔：

　　1）采用反循环法。转钻机钻孔时，可在终孔后停止进尺，利用钻机的反复循环系统的泥石泵持续吸渣5～15min，使孔底钻渣清除干净。

　　2）空气吸泥机清孔：其原理与气举式反循环回转钻相同，但以灌注水下混凝土的导管作为吸泥管。高压风管可设在导管内，也可设在导管外。采用空气吸泥机清孔注意事项：

　　① 高压风管沉入导管内的入水深度应大于钻孔内水头到出浆口高度的1.5倍，一般不宜小于15m，但不必沉至导管底部附近。钢筋骨架必须在导管吊入之前放入；

审核人		交接人		接受交底人	

工程名称			施工单位		编号	
序号	项目		大直径桩施工技术交底内容			

| 3 潜水锤钻进成孔工艺 | 清孔 | ② 开始工作时应先向孔内供水，然后送风清孔。停止清孔时应先关气后断水，以防止水头降低造成塌孔；

③ 若导管直径为 25cm，则送风量需 20m³/min。可采用两台 9m³/min 的空压机并联通过储气罐达到需求的风量再送入风管；

④ 当孔底沉淀较厚且坚实时，应适当加大送风量，并摇动导管，改变导管在孔底的位置。如若还不能清除干净时，必须采用喷射法配合；

⑤ 清孔过程中必须始终保持孔内原有水头高度。如桩孔较深，则中途宜停顿片刻，待孔内上部悬浮钻渣均匀沉淀后，再送风清孔一次；

⑥ 若遇到大石块卡在风管内，或浓泥浆堵塞出风口时，应将石块或泥浆清除后再继续清孔，切不可 |

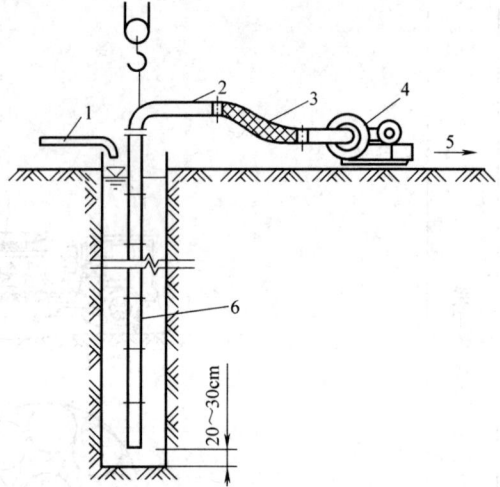

图 3.3.11-3　吸泥泵导管清孔

1—补水；2—特制弯管；3—软管；4—离心吸泥浆泵；5—排渣；6—灌注水下混凝土导管

任意加大风压引起胶管爆裂伤人。清孔结束后，最后测量孔底标高，将导管上的弯管拆除，内或外风管吊走，准备灌注水下混凝土。

3）以导管作为吸泥泵的吸浆管清孔，如图 3.3.11-3 所示。此法系以灌注混凝土的导管代替泵吸式反循环回转的空心钻杆作为吸泥管。它的好处是清孔完毕，将特制弯管拆除即可开始灌注水下混凝土，争取时间。

4）以上抽浆法各种清孔机具以内风管空隙吸泥机和导管吸泥泵清孔为优。因清孔后不必提升导管，只需拆除弯管部分，便能尽快地灌注水下混凝土，争取时间。用泵吸式反循环回转钻时，用后者清孔方法更为适宜，不需增加其他机具。用其他方法钻孔时，适宜用前者方法清孔。

（2）换浆法清孔：

1）当使用正循环回转钻进时，终孔后，停止进尺，稍提钻锤离孔底 100～200mm 空转，并保持泥浆正常循环，以中速将相对密度 1.03～1.10 的较纯泥浆压入，把钻孔内悬浮钻渣较多的泥浆换出；

2）使清孔后泥浆的含砂率降到 2% 以下，黏度为 17～20Pa·s，相对密度为 1.03～1.10，且孔底沉淀土厚度不大于设计规定的量值时，即可终止清孔，根据钻孔直径和深度，换浆时间为 4～8h（直径 1.5m，深 55m 的孔需 8h）；

3）最后进行灌注水下混凝土。本法对正循环回转钻进来说，不需另加机具，且孔内仍为泥浆护壁，不易塌孔；

审核人		交接人		接受交底人	

工程名称		施工单位		编号	
序号	项目	大直径桩施工技术交底内容			

3 潜水锤钻进成孔工艺	清孔	4）缺点是清孔不彻底，混凝土质量较难保证，而且清孔时间太长。用其他方法钻孔时，不宜采用本法清孔。 （3）用砂浆置换钻渣法清孔： 1）本法操作程序如图 3.3.11-4 所示，先用掏渣筒尽量清除钻渣，然后以活底箱在孔底灌注 60cm 厚的特殊砂浆； 2）特殊砂浆采用粉煤灰与水泥加水拌合，其相对密度小，能浮托在混凝土之上； 图 3.3.11-4 砂浆置换钻渣清孔 1—用掏渣筒掏渣；2—用活底箱灌注特殊水泥砂浆；3—搅拌；4—安放钢筋骨架及导管； 5—灌注水下混凝土；6—灌注完毕拔出护筒；7—搅拌器示意图 3）砂浆中加入适量的缓凝剂，使初凝时间延长到 6～12h 以上，以保证砂浆从注入孔底直到一系列作业完成后，混凝土灌注至孔顶标高，砂浆不致硬化； 4）灌注特殊砂浆后，插入比孔径稍小的搅拌器，作 20r/min 慢速旋转，将孔底残留钻渣拌入砂浆中，再吊出搅拌器，插入钢筋骨架及导管，灌注水下混凝土。混凝土从孔底置换了砂浆的位置后，砂浆大部分浮托在水下混凝土的顶面以上，一直被推到桩顶，在处理桩顶浮浆层时，一起被清除掉。本法在国外有数千根桩的经验，并做过实验，效果较好，可满足柱桩的要求。特殊砂浆常用配合比为：水泥：粉煤灰：砂：加气剂＝1：0.4：1.4：0.007（质量比）。 （4）掏渣法清孔： 1）冲击、冲抓钻进过程中，冲碎的钻渣一部分连同泥浆被挤入孔壁，大部分则靠掏渣筒、落锤式抓斗冲抓清除； 2）要求用手去摸泥浆中无 2～3mm 大的颗粒为止，并使泥浆的相对密度减小到 1.05～1.20。本法仅适用于各类土层摩擦桩的初步清孔，对冲击钻进，可在清渣前，投入水泥 1～2 袋，通过冲击锤低冲程的反复冲拌数次，使孔内泥浆、钻渣和水泥形成混合物，然后以掏渣工具掏出；

审核人		交接人		接受交底人	

工程名称		施工单位		编号	
序号	项目	大直径桩施工技术交底内容			

序号	项目	大直径桩施工技术交底内容
3 潜水锤钻进成孔工艺	清孔	3）降低泥浆相对密度的方法是在掏渣后用一根水管插到孔底注入高压水，使水流将泥浆冲稀，泥浆相对密度逐渐降低后向孔口溢出，达到所要求的清孔标准后，即可停止清孔； 4）对大直径、深孔，应在用掏渣法清孔后，再用气举抽浆法清孔。 （5）喷射法清孔：本法是在灌注混凝土前，对孔底进行高压射水或射风数分钟，使沉淀物飘浮后，立即灌注水下混凝土。常在其他方法清孔后或清孔过程中配合使用。钻孔工作完毕，由于有拆卸钻杆、钻头、下钢筋骨架及导管等工序，沉淀厚度可能会增大，导管无法插到底，故常用喷射法，将沉淀层冲起飘浮。
4 扩大桩身直径钻孔工艺	分级扩孔	充分利用现有钻机，采取分级扩孔工艺，完成覆盖大直径孔。这种方法的主要施工工艺过程是：在一般土层中，如上部大直径桩身为2.5m，可先设置桩身下部的护筒，使用GPS-15型钻机配置相应的直径为2.5m刮刀钻头，钻孔到孔底，经检测符合要求后，利用该孔作为导孔，再换上小直径嵌岩钻头。如用较大扭矩的钻机钻孔，例如采用CPY20型钻机，其扭矩为33kN·m，可钻3.0~4.0m孔；如钻直径大于4.0m的孔，则可配置扭矩80~100kN·m的钻机，均须配置相应的钻头，以扩大桩身孔径。
	变截面桩	变截面桩，下部为紧密砾石、卵石、漂石、岩层。这种方法的主要施工工艺过程是：采用较大直径的钻机钻完上部桩孔之后，再利用这种原钻机，更换一个小直径钻头，完成下部钻孔任务。有时候，小直径桩可以采用冲击钻。冲击钻机成孔工艺如下：机具布置→开孔→掏渣→分级钻进→检孔。
5 大直径钻孔施工工艺与注意事项	大直径钻孔施工工艺	（1）钻机就位：立好钻架，并调整和安装好起吊系统，将钻头吊起，徐徐放进护筒内。启动卷扬机把钻盘吊起，垫方木于转盘底座下面，将钻机调平并对准钻机。然后装上转盘，要求转盘中心同钻架上的起吊滑轮在同一铅垂线上，钻杆位置偏差不得大于20mm。 （2）钻孔： 1）首先启动泥浆泵和转盘，使之空转一段时间，待泥浆输进钻杆中一定数量后，才可开始钻进； 2）接长钻杆时，先卸去方形套，提升方钻杆达到钻头与钻杆相连处露出转盘为止； 3）采用钻杆夹持器卡住钻头并支承于转盘，卸去方钻杆； 4）然后吊起一节圆钻杆，连接于钻头，卸去夹持器，把圆钻杆连同钻头放入钻孔。当圆钻杆上端接近转盘时，照上述用夹持器支持圆钻杆，松吊绳，将方钻杆吊来与圆钻杆连接，撤去夹持器，把方钻杆降入转盘内并安好方形套，继续钻进； 5）以后需再接长钻杆时，照以上步骤在方钻杆同圆钻杆之间加接圆钻杆即可，一直钻孔到需要深度为止。卸去时，也同样办理，只是把接长改为减短而已。 （3）泥浆补充与净化：开钻前应调制足够数量的泥浆，钻进过程中如泥浆有损耗、漏失，应给予补充。并应按前述泥浆检查规定，按时检查泥浆指标，遇土层变化应增加检查次数，并适当调整泥浆指标。另外，每钻进2m或地层变化处，应在泥浆槽中捞取钻渣样品，查明土类并记录，以便与设计资料核对。 （4）减压钻进：无论正、反循环回转钻机钻深孔时，若从主吊钩以下的提引水龙头、钻杆到钻锤锥全部钻具重力都作用于钻孔底部，则细长的钻杆容易受压而弯曲，造成钻孔也随着弯曲，发生扩孔率较大的现象。为避免此现象必须采取减压钻进，即将主吊钩提起一些，使孔底承受的钻压不超出钻锥重力和压重块重力之和扣除浮力后的80%，这样可使钻杆不受压力，而且还受一部分拉力，在整个钻进过程中因手拉而维持竖直状态，使钻锥回转平稳，避免或减少斜孔、弯孔和扩孔现象。

审核人		交接人		接受交底人	

工程名称		施工单位		编号	
序号	项目	大直径桩施工技术交底内容			
5 大直径钻孔施工工艺与注意事项	操作注意事项	（1）开始钻进时，进尺应适当控制，在护筒刃脚处，应低挡慢速钻进，使刃脚处有坚固的泥皮护壁。钻至刃脚下1m后，可按土质以正常速度钻进。如护筒外侧土质松软发现漏浆时，可提起钻锥，向孔中倒入黏土，再下钻锥倒转，使胶泥挤入孔壁堵住漏浆孔隙，稳住泥浆继续钻进。 （2）在黏质土中钻进，由于泥浆黏性大，钻锥所受阻力也大，易糊钻。宜选用尖底钻锥、中等转速、大泵量、稀泥浆钻进。 （3）在砂类土或软土层钻进时，易塌孔。宜选用平底钻锥、控制进尺、轻压、低挡慢速、大泵量、稠泥浆钻进。 （4）在低液限黏或卵、砾石土层中钻进时，因土层太硬，会引起钻锥跳动、整车、钻杆摆动加大和钻锥偏斜等现象，易使钻机因超负荷而损坏。宜采用低挡慢速、优质泥浆、大泵量、两级钻进的方法钻进。			
审核人		交接人		接受交底人	

3.4 沉井与管柱基础施工技术交底

3.4.1 概述

沉井基础的种类与工艺流程　　　　　　　　　　表 3.4-1

工程名称		施工单位		编号	
序号	项目	沉井基础的种类与工艺流程内容			
1 沉井的种类与适应条件	概述	沉井基础是利用其自重，在地基挖掘过程中一边下沉一边接高的下口尖形的井状结构物，下沉到预定标高后，进行封底。构筑井内地板、梁、楼板、内隔墙、顶盖板等构件，最终形成一个地下建筑物或建筑物基础，它是重要的基础形式之一。在施工过程中，它可充当挡水和护壁结构，施工方便，当施工结束后，它又充当基础，桥梁墩台建造其上。 　　在市政建设中，广泛应用于桥梁墩台基础、取水构筑物、污水泵站、大型设备基础、人防掩蔽所、盾构拼装井、顶管拼装井、地下车道与车站、地下构筑物和大型深基础等。			
	沉井的种类	（1）按制造形式可分为： 1）就地浇筑下沉沉井：用混凝土或钢筋混凝土沉井，筑岛立模浇筑混凝土后，就地挖土下沉； 2）浮式沉井：多为钢壳井壁，也有空腔钢丝网水泥薄壁沉井、钢筋混凝土薄壁沉井，是在岸上制造成型，通过滑道等方法下水浮运到位。还有的在船上制作成型，采用一般套吊装设备和措施，使其浮运到位下沉，或采用船运到位，用沉船方法，使其入水下沉。 （2）按其竖向剖面形状可分为三种，如图3.4.1-1所示； （3）按横截面形状可分为三种，如图3.4.1-2所示；			
审核人		交接人		接受交底人	

工程名称		施工单位		编号	
序号	项目	沉井基础的种类与工艺流程内容			

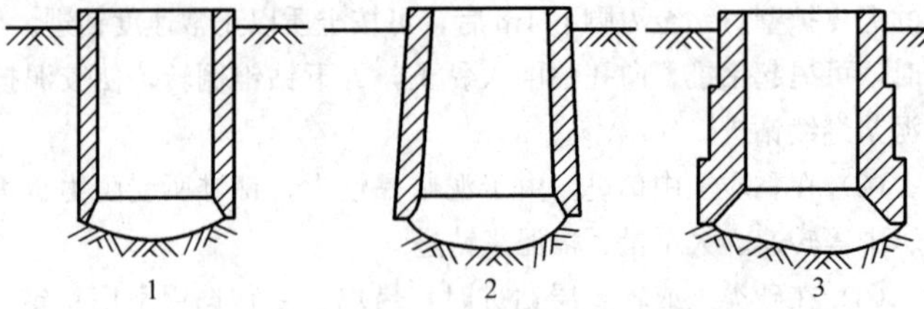

图 3.4.1-1　沉井竖向剖面形状示意图
1—柱形；2—锤形；3—阶梯形

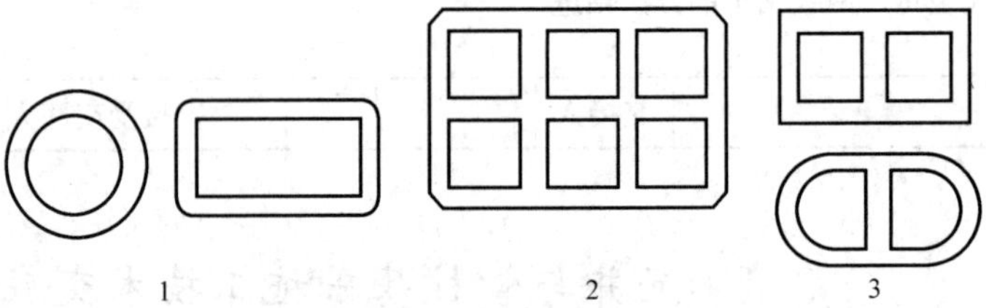

图 3.4.1-2　沉井横截面形状示意图
1—圆形；2—矩形；3—圆端形

1　沉井的种类与适应条件

沉井的种类

1) 圆形沉井：在下沉过程中垂直度和中线较易控制，较其他形状沉井更能保证刃脚均匀作用在支撑的土层上。在土压力作用下，井壁只受轴向压力，便于机械取土作业，但它只适用于圆形或接近正方形截面的墩（台）；

2) 矩形沉井：符合大多数墩（台）的平面形状，能更好地利用地基承载力，但四角处有较集中的应力存在，且四角处土不易被挖除，井脚不能均匀地接触承载土层；

3) 圆端形沉井：井壁受力比矩形沉井好，适宜圆端形桥墩，能充分利用基础施工。沉井制造时较圆形和矩形沉井复杂。

沉井基础适应条件

(1) 适应条件：

1) 上部荷载较大，而表层地基上的承载力不足，做扩大基础开挖量大、坑壁支撑困难、在经济上不可取；在山区河流中，虽然土质好，但冲刷大，或河中有较大卵石不便于桩基施工；

2) 岩层表面较平坦，且覆盖层较薄，但河水较深，采用明挖地基挡水存在困难。

(2) 沉井钻孔要求：

1) 面积在 200m² 以下（包括 200m²）的沉井，应有一个钻孔（可布置在中心位置）；

2) 面积在 200m² 以上的沉井，在四角（圆形为相互垂直的两直径端点）应各布置一个孔；

3) 特大沉井可根据具体的实际情况增加钻孔，钻孔底标高应深于沉井的终沉标高；

4) 每座沉井应有一个钻孔提供土的各项物理力学指标、地下水位和地下水含量资料等；

5) 根据河岸地形、设备条件，进行比较，确定沉井结构、场地排水和地下水排水方案。

审核人		交接人		接受交底人	

工程名称		施工单位		编号	
序号	项目	沉井基础的种类与工艺流程内容			
2	沉井施工的工艺流程与施工准备	沉井施工的工艺流程	沉井施工工艺流程如图3.4.1-3所示。 图3.4.1-3 沉井施工工艺流程图		
		查明地层与爆破	（1）沉井施工前必须详细钻探沉井所要通过的地质层，认真查明其地质构造、土质层次、深度、特性和水文情况，以便制定出切实可行的沉井下沉方案和对附近构筑物采取有效的保护措施。 （2）在认真查明沉井处的水文地质前提下，按有关要求布置好探孔的位置、数量和确定其孔深，每个沉井位置至少应有2个探孔，一般孔位在基底范围外2～3m处。 （3）对于大跨径和重要的高架桥基础，每个井位最少应钻4个探孔，探孔深度要超过沉井预定下沉的刃脚深度。		
审核人		交接人		接受交底人	

工程名称			施工单位		编号	
序号	项目	沉井基础的种类与工艺流程内容				
2 沉井施工的工艺流程与施工准备	查明地层与爆破	(4) 如若沉井落到岩层上，但沉井的四角和中心要各钻上一个探孔，共计 5 个以上的孔。 (5) 如若岩层倾斜很大，则应制作符合岩面倾斜状态的高低刃脚沉井。 (6) 如果设计需要穿过硬层或倾斜大的岩层时，采用其他方法处理有困难时，则可在沉井没有施工前采用"预裂爆破法"处理。为了满足设计要求，沉井下沉时要通过或埋入较硬的、用高压射水等方法仍不易破碎的岩层时，采用预裂爆破法效果较好。其具体施工方法如下： 1) 沉进施工前在现场详细探明所在位置的地质情况，准确地测放出刃脚及隔墙位置； 2) 根据爆破的需要来布置炮孔，计算其实际的用药量； 3) 将沉井下沉过程中所要遇到的硬层爆破成碎块，最后制作和下沉沉井。			
	核对资料	(1) 观察桥位上游的地形地貌、河道河岸变化、植被情况、人工调节设施。 (2) 核对气象水文情况，如雨量、风向风力、水位涨落变化、洪水季节、洪峰历时、流量流速、漂浮物情况等。 (3) 核对河道的所有情况，例如航道级别、疏通状况、码头位置、漂流物漂流或木(竹)筏流放情况等。			
	平整场地	(1) 就地浇筑沉井要在围堰筑岛前清除井位及附近场地的孤石、倒木、树根、淤泥及其他杂物，对软硬不均的地表应予以换土或做加固处理。 (2) 在极软塑土乃至流态淤泥、强液化土并有较大的倾斜坡的河床覆盖层上修造沉井时，为避免沉井失稳，对河床要做好处理，必要时还可采用加宽刃脚的轻型沉井。 (3) 浮运浮式沉井之前应对河床标高（运输路线）进行详细检测和处理。 (4) 浮运宜在保证浮运顺利通过的低水位或水流平稳、风力较小时进行。 (5) 落床过程中要随时观测由于沉井的阻力和断面压缩而引起的流速增大以及由此造成的河床局部冲刷，必要时可在沉井位置处填卵石或碎石。			
	安装设备及设施	施工前，在场地布置时，对场内外的运输道路、电力、水的供应线路、起重设备、混凝土搅拌站（陆地、水上）、北方冬天蒸汽养护的锅炉、管道线路等，都要统一安排，对沉井施工设备可根据不同施工方案分别选择以下设施： (1) 空气吸泥机、气幕助沉用的压缩空气站及其配套的船只管线等设施。 (2) 水力吸泥机及配套：主要指高压水泵站、管线、船只等； (3) 井顶吊机：主要指安拆扒杆、龙门吊等。 (4) 墩旁吊机：在沉井外侧距外壁 2～3m、不受沉井下沉影响、坚实牢固的土地上铺设木垛，在木垛上架设吊机，以满足沉井制作和下沉过程中吊装工作的需要；在条件允许时亦可架设缆索吊机；浮式沉井的导向船、定位船及工作船队、浮吊。 (5) 取上抓斗：两瓣抓土斗、四瓣抓土斗和排水作业时用的开底门的弃土斗。			
	审核人		交接人		接受交底人	

3.4.2　沉井施工技术交底

沉井基础施工技术技术交底

表 3.4-2

工程名称				施工单位		编号	
序号	项目		沉井基础施工技术交底内容				
1 抽除垫木施工	准备工作	（1）垫木编号：为了使抽垫木时在沉井内外能很好地配合，有条不紊地进行，要对垫木分组编号，其编号次序，应按设计制定的次序用红漆写在沉井内外井壁上。 （2）清理施工现场及材料准备：在抽除垫木之前应将沉井内外的碎木块、碎混凝土块等清除干净，同时应备好回填时用的砂石材料以及开挖回填工具等。 （3）劳动组织：劳动力的配备可根据沉井大小、垫木的多少及分组情况来确定，一般设 2～4 个小组，每组 10～13 人。 （4）下沉量观测：在沉井模板拆除后，抽除垫木之前，由测量工进行刃脚高程测量和沉井中线测量，在沉井四脚井壁上做出标尺，绘出沉井中心线标记。在抽除垫木时，每抽出一组应对沉井四角高程变化观测一次，如发现沉井方向倾斜过大时，应采取措施。				
	垫木方法	（1）在抽除垫木时必须统一指挥，按规定的联络信号分组、对称、同步地进行抽除工作。待同一编号的垫木抽完并进行回填后，方可抽除下一组垫木。一般情况下，垫木以向沉井外抽除为宜。如向沉井内抽除时，必须及时地将抽出的垫木运至井外。 （2）沉井内外的回填：垫木每抽完一组必须及时回填，回填材料以粗、中砂为宜。回填料不得从井内或筑岛上挖取，以便防止造成沉井歪斜，如图 3.4.2-1 所示。 （3）回填高度 H 的决定，应以最后分配在定位垫木上的重力不致压断垫木，以及垫木下土的承载应力不超出岛面极限承压力为准，必要时可加高 H 值，甚至在隔墙下进行回填来满足要求。		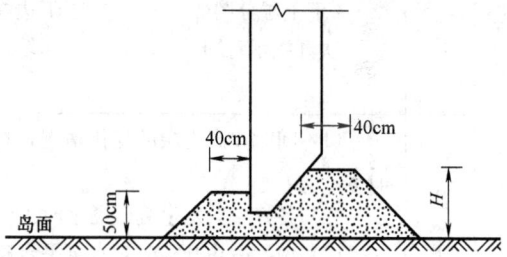 图 3.4.2-1　回填施工			
	注意事项	在抽垫过程中如若发现下列情况时，则应及时研究处理： （1）沉井向一侧倾斜，其倾斜度大于 1%，并且继续向该侧倾斜时。 （2）一次抽垫后下沉量超过上次的一倍时，垫木被压断时。 （3）回填土被挤出，产生隆起或裂缝等现象时。				
2 排水开挖下沉施工	各种土质开挖方法	（1）填软土质：在分层挖除回填土时，沉井逐渐下沉，当刃脚与井中部土面齐平时，即可在中部先向下挖深 400～500mm，并逐渐向四周均匀扩挖，到距刃脚约 10mm 时，开始分层挖除刃脚部内侧的土台，使沉井挤土下沉，如图 3.4.2-2 所示。 （2）比较坚硬的土质：如刃脚部内侧土台平后，沉井下沉很少或不下沉时，可从沉井中部再向下深 400～500mm 的四周均匀扩挖，使沉井平稳下沉。 （3）坚硬土层：可依抽垫顺序，分段掏空后随即回填砂砾，如图 3.4.2-3 所示。等到最后几段掏空并回填完毕，再按图 3.4.2-1 所示逐次挖除回填砂砾，使沉井下沉。 （4）岩层：沉井下沉至岩层时，可按图 3.4.2-4 所示，分 1、2 两部依次开挖。风化或软质岩层可用风镐等铲除，较硬的可打眼放炮。中间部分"3"如石质不好的，可在最后挖除；如石质良好，可以不动。				
审核人			交接人			接受交底人	

115

工程名称			施工单位		编号	
序号	项目		沉井基础施工技术交底内容			

序号	项目	内容
2 排水开挖下沉施工	各种土质开挖方法	 图3.4.2-2 刃脚下土层分图次开挖示意图　　图3.4.2-3 刃脚下边掏空边回填示意图　　图3.4.2-4 风化岩层依次开挖示意图
	注意事项	(1) 随时注意土层的变化情况，控制刃脚附近除土深度，分析发出的声响，慎防翻砂涌水。 (2) 备好一旦发生翻砂涌水时工作人员出井的设备。 (3) 做好吊斗升降时对水泵平台碰撞的防护措施。 (4) 保证井顶卸土或换装时不向井下掉土。 (5) 弃土不得靠近井壁，避免对沉井发生一侧超载压力引起沉井偏斜。
3 不排水开挖下沉施工	基本要求	(1) 尽可能加大刃脚对土的压力；沉井井内除土的深度视土质而定，最深不低于刃脚下2.0m。土质特别松软时不能直接在刃脚处除土。 (2) 在通过粉砂、细砂等松软土层时，不宜以降低井内水位来减少浮力，应保持井内水位高出井外1~2m，防止流砂向井内涌进而引起沉井歪斜并增加除土量。 (3) 除纠偏外，井内土应由各井孔均匀清除，各井孔内土面高差不得超过500mm。 (4) 在沉井入土较深，井壁摩阻力较大时，视具体情况可采取多种有效的下沉方法和措施，以确保沉井能够到达设计标高。
	抓土下沉	(1) 抓斗的选择： 1) 抓斗尺寸必须满足能在井孔内自由开合和升降。抓斗的容量和重力关系视土质而定；同样容量的抓斗，在密实的土中应用质量大的； 2) 斗中央的开合平衡要有足够的质量，便于抓斗灵活开合； 3) 密实土使用带掘齿的抓斗；不带掘齿的两瓣抓斗用来抓松散的砂质土； 4) 如若挖掘卵石宜采用四瓣式抓斗。 (2) 抓土操作： 1) 如若采用卷扬机时，应在井顶装设临时抓土吊架，用木杆绑扎搭设或用万能杆件拼成； 2) 根据施工统计，抓土作业中由于倒换孔位及其他原因，停抓时间占30%~40%，故应尽量减少辅助作业时间，提高抓土效率；

审核人		交接人		接受交底人	

工程名称			施工单位		编号	
序号	项目		沉井基础施工技术交底内容			

| 3 不 排 水 开 挖 下 沉 | 抓 土 下 沉 | 3）为倒换孔位方便，抓土吊架可用墩旁吊机整体吊装倒换；
4）单孔沉井，由于抓土斗挖掘井底中央部分的土而形成锅底状，在砂或砾石类土中，一般当锅底比刃脚低 1～1.5m 时，沉井即可靠自重力下沉，并将刃脚下的土挤向锅底；
5）如若从井孔中继续抓土，沉井即可继续下沉。在黏性土中，四周的土不易向锅底塌落，应辅以高压射水松土；
6）对于多井孔的沉井，最好每个井孔配置一套抓土设备，可同时抓土，减少抓土斗倒孔时间，否则应逐孔轮流抓土，以便使沉井均匀下沉；
7）如图 3.4.2-5 所示，为了能在井孔内靠边的位置偏抓土，可在沉井顶面井孔周围预埋几根钢筋挂钩，偏抓时先将抓斗落至井底，将抓斗张开用的钢丝绳挂在井孔周边的挂钩上，然后将抓斗提升到一定的高度后突然松下，再将钩子上的钢丝绳取下，收紧闭口用的钢丝绳，达到偏抓的目的。 |
图 3.4.2-5 挂钩偏抓示意图
1—钩子；2—抓斗张口绳；
3—抓斗闭口绳 |
| | 吸 泥 下 沉 | （1）水力吸泥机：
1）水力吸泥机包括吸泥器、吸泥管、扬泥管和高压水管；
2）吸泥机内部高压喷水嘴处的有效水压对于扬吸所需的水压比值平均约为 7.5；
3）吸入泥浆所需高压水流量与泥浆量相等；
4）水力吸泥机的使用不受水深的限制，其出土效率可随水压、水量增加而提高；
5）在淤泥、流砂上层中吸泥时，应保持井内水位高出井外 1～2m，以免翻砂。
（2）水力吸石筒：
1）图 3.4.2-6 所示为水力吸石筒，用于卵石含量在 60% 以上，粒径小于 300mm 的卵石地层、砂卵石层，使用时不受水深的限制，但需用吊机配合工作；
2）使用直径 300mm 吸石筒时需要出水量不少于 126m³/h 的 2 台 6 级高压泵供水。喷水口的环缝宽度为 1mm，应加工光滑准确，挡石网要有足够的刚度和强度并牢固地固定在射水管和筒的顶盖上； |
图 3.4.2-6 水力吸石筒（单位：mm） |

3）吸石时应注意听卵石碰撞挡石网的声音，如无声音，可将吸石筒上下提放和左右摆动。如看到吊挂吸石筒的钢丝绳产生颤动时，表示吸石已满，即可提出井外，吊起外壳，使砾卵石向四周卸出后，再将空筒放回井底继续吸石。
（3）空气吸泥机：
1）空气吸泥机的构造主要有空气吸泥器、吸泥管、排泥管、风管及其配件（卡箍）；
2）空气吸泥机的型号一般以进泥管口内径（mm）的大小而定，常用型号有：$d100$、$d150$、$d250$、$d300$、$d420$ 空气吸泥机。

审核人		交接人		接受交底人	

工程名称		施工单位		编号	
序号	项目	沉井基础施工技术交底内容			

序号	项目	沉井基础施工技术交底内容
4 下沉辅助措施及注意事项	高压射水	（1）如若在较坚硬土层中抓（吸）土较困难时，可采用高压射水将土层松动以便于抓出。 （2）在黏土层中，当抓（吸）的锅底坑已达 2m 以上深坑而周围土层不坍塌时，可用水平射水弯头或高低射水弯头，将深坑周边土体冲射坍塌松动，再从井底抓（吸）出井。 （3）如若土层很坚硬，抓（吸）不进，难于形成深坑时，可用垂直射水嘴冲射，松动土层后再抓（吸），如图 3.4.2-7 所示。 （4）图 3.4.2-7（c）所示射水管与吸泥机并联固定一起，吸泥和射水同时进行。射水嘴随吸泥机一起升降和移动，边射边吸。采用垂直射水嘴，并在侧旁设有 4 个直径为 5mm 射水孔的形式较好。在砂黏土层内，一般吸至坑深 1~2m 后，坑周土层即行坍塌，随即吸出，效果较好。 （a）　　　　（b）　　　　（c） 图 3.4.2-7　高压射水冲射土层示意图 （5）高压射水作业，一般均在井顶控制操作。当局部地段难于定点定向射及时，可由潜水员在水下掌握操作。为确保潜水员安全，在一个沉井内只能同时开动一套射水设备，也不应同时进行除泥或其他起吊作业。 （6）射水水压力与地层情况、沉井入土深度等因素有关，一般为 1~2.5MPa。 （7）射水一般从井孔直接放入射水管进行射水。如为冲射隔墙及刃脚斜面处难于冲射的土层，也可在井壁及隔墙适当位置预设孔道，从孔道内插入射水管射水。
	炮振下沉	（1）当孔底锅坑较深，刃脚下土层已掏空，沉井仍不下沉时，可在井孔中央的泥面上放置炸药起爆，使刃脚已悬空的沉井受振下沉。 （2）根据一些施工经验，用药量一般为 0.1~0.2kg，可视沉井大小、井壁厚度及炸药性能好坏而定。对于炸药包宜采用草袋等物覆盖。 （3）同一沉井一次只能起爆一处，并应根据具体情况，适当控制放炮次数。 （4）同一沉井在同一地层中，炮振次数不宜多于 4 次。
	抽水下沉	（1）对于不排水而需要下沉的沉井，在刃脚下已掏空不下沉时，可在井内抽水减小浮力，使其往下沉。 （2）但对于不易翻砂涌水地层，则不宜采用抽水下沉。 （3）当用空气吸泥机除土时，可顺便利用空气吸泥机抽水。
	压重助沉	（1）在沉井壁尚未接筑完毕时可利用接筑砌体加压。 （2）当沉井已够高，不再接高时，可在井顶均匀对称放置铁轨或其他铁件等重物加压。 （3）因沉井质量很大，所加质量与沉井质量相比很小，且增加质量和卸压的工作量又很大，所以应视具体情况，考虑实际效果后再采用。

审核人		交接人		接受交底人	

工程名称			施工单位		编号	
序号	项目		沉井基础施工技术交底内容			
4 下沉辅助措施及注意事项	下沉注意事项		（1）不管采用什么下沉方法，井内除土均应从中间开始，对称、均匀地逐步分层向刃脚推进。不得偏斜除土，以防沉井发生偏斜。 （2）随时掌握土层变化情况，分析检验土阻力与沉井质量的关系，选用适宜的除土方法，控制除土位置和除土量，确保沉井均匀平稳下沉。 （3）为防止沉井下沉时产生的偏斜，应根据土质情况、沉井大小、质量、入土深度等控制井内除土量及各井孔间底面高差。一般情况采用如下方法：①近刃脚处除了清除风化岩及胶结层外，取土面不宜低于刃脚；②对周边井孔的取土底面不宜低于刃脚1~2m；③对中间井孔的取土底面不宜低于刃脚2~3m；④而相邻井孔间底面高差不宜大于0.5~1.5m；⑤但是，隔墙底面不得支承于土层上。 （4）在下沉施工过程中要经常做好井底标高、下沉量、倾斜和位移的测量工作，随时注意纠偏。要认真观测沉井周围地面有无塌陷和开裂情况，以便采取有效措施，确保附近设施及其他建筑物的安全。对水中沉井还应注意观测沉井周围河床变化情况。 （5）尽可能地进行远弃土。力求向沉井四周均匀弃土，严防堆在沉井一侧，产生偏压造成沉井偏斜。冬期施工时，要坚决避免弃土靠近井壁或井顶围堰，防止因弃土冻结阻滞沉井下沉甚至造成井顶围堰开裂或向一侧倾斜等现象发生。 （6）当每节沉井下沉接高时，应注意下列要求：①接高时沉井的顶面距地面应不小于500mm，距水面应不小于1500mm；②接高前应尽量纠正倾斜和正位，并使接高后各节竖向中轴线在一条直线上；③接高模板不得将支撑直接支撑在地面上，并应考虑沉井接高增加质量后，不得使模板与地面接触；④为了确保上下节间的紧密接合，除了将下节混凝土顶面凿毛以外，同时还设置连接钢筋，增强其连接的强度；⑤在接高前不得将刃脚掏空，必要时应在刃脚下回填或支垫，防止突然下沉。 （7）沉井下沉接近设计标高前2m时，应控制其井内除土量，注意调整沉井，避免沉井发生大量下沉或大偏斜现象，造成难以按标准下沉至设计标高。
5 沉井施工中特殊情况的处理	障碍物处理		（1）刃脚下遇到倒木时可将其破碎或掏移，使其离开刃脚后取出。 （2）刃脚下遇到孤石时，小的可将周围的土掏空取出；大块的可先清除覆盖土，寻找弱点进行开挖，先将小块清除，形成逐渐扩大的坑后，再将其撬翻离开刃脚取出。 （3）潜水清除孤石时，除打炮眼外，还可利用高压射水将石下掏出的小洞放药爆破。刃脚下遇铁质障碍时，可采用水下切割清除。
	摩阻力大处理		（1）在沉井施工前就选定助沉方案，如射水助沉、泥浆套助沉、空气幕助沉等。 （2）挖除井壁外土减少摩阻力，但要注意对称挖除。 （3）不排水下沉的沉井，当刃脚下已挖空仍不下沉时，可抽掉部分井内水，减少浮力使沉井下沉，但应特别注意防止沉井歪斜。有翻砂涌泥可能时，此法不宜使用。 （4）在设计和制造沉井时，将外壁做成倾斜面，可使土对沉井的摩阻力减少而有利于下沉。
	硬土层处理		在排水开挖下沉时，可以采用人力打钢钎入土一定深度后撬动，或用尖嘴镐挖掘，或者进行打眼爆破。如采用不排水下沉施工时，可用重型抓土斗、射水和水下爆破等方法联合作业，即采用抓土斗在井中挖出约深2m的锅底坑，由潜水员用射水管在坑底向四角方向冲4个400mm深的炮眼，各装上不超过0.2kg的炸药进行爆破作业。同时，也可以采用重型钢钎冲击破碎后，再用抓斗取出。
审核人			交接人		接受交底人	

3.4.3 管柱基础施工技术交底

管柱基础施工技术交底

表 3.4-3

工程名称			施工单位		编号	
序号	项目		管柱基础施工技术交底内容			
1 概 述	范围		管柱基础可广泛适用于各种土质的基底，尤其在深水、岩面起伏不平、无覆盖层或覆盖层很厚的河床，以及不宜修建其他类型基础时，均可以采用。			
	特点		施工是在水面上，不受季节限制，能尽可能使用机械作业，从而较好地改善了劳动生产条件，提高了工程效率，加速工程进度，降低了工程的施工成本。管柱基础施工受水位的变化影响不大，如下沉管柱、钻岩及灌注水下混凝土等完全不受水位限制，全年都能施工。			
	结构		管柱基础的结构，可采用单根或多根，使之穿过覆盖层或溶洞、孤石，支撑于密实的土壤或新鲜岩面。施工时须设置控制管柱倾斜和防止位移的导向结构，导向结构的布置应便于下沉和接高管柱。对于围笼式结构应考虑其顶面便于安设钻机并兼作钢板围堰支撑之用。			
	方法		(1) 在沉井施工处需要设置防水堰的低际台或者高承台基础。 (2) 在沉井施工处不需要设置防水堰的低际台或者高承台基础。			
2 管柱基础形式与施工工艺	设置防水围堰管柱基础施工工艺流程	图 3.4.3-1 所示为设置防水围堰管柱基础施工工艺流程图。 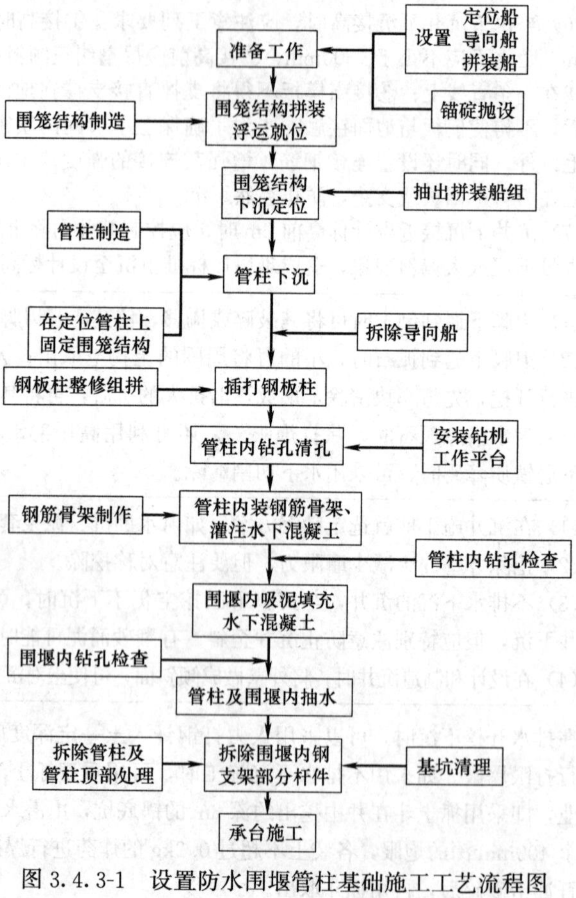 图 3.4.3-1 设置防水围堰管柱基础施工工艺流程图				
审核人			交接人		接受交底人	

图 3.4.3-1 设置防水围堰管柱基础施工工艺流程图

工程名称		施工单位		编号	
序号	项目	管柱基础施工技术交底内容			

3 管柱的种类与质量要求	钢筋混凝土管柱	钢筋混凝土管柱适用于入土深度在 25m 以内，下沉所需要的振动力不大，制造工艺及设备比较简单。钢筋混凝土管柱的常用直径有 1.55m（长度为 9m）、3.0m（长度为 6m）、3.6m（长度为 9m）、5.8m（长度为 7.5m）4 种，其管壁厚度为 100mm（管柱直径 ϕ1.55m）和 140mm（管柱直径 ϕ1.55m），其制造的方式有卧式、立式及离心旋制法 3 种。
	预应力混凝土管柱	（1）预应力混凝土管柱下沉深度要超过 25m，能够承受较大的振动荷载或施工振动，其管壁抗裂性较强，但工艺比较复杂，需要张拉设备等。 　　（2）预应力混凝土管柱目前有直径 3.0m 及直径 3.6m 两种规格。所用钢筋为 IV 级钢筋。当预应力的目的仅在于强迫下沉时，也可以采用 Q275 或 Ti20MnSi 作为预应力钢筋。 　　（3）预应力混凝土管柱制造一般采用先张法，将钢筋或高强度钢丝预加应力。
	钢管柱	（1）钢管柱制造设备较为简易，下沉速度也较同直径的其他种类管柱快，但钢材用得最多，对制造工艺要求较高，造价比混凝土管柱高。目前国内已使用的钢管柱直径有 1.4m、1.6m、1.8m、3.0m 及 3.2m 几种，其构造有普通节和底节两种。 　　（2）普通节的内壁，上下两端均有法兰盘，管壁采用 10mm 厚钢板，壁内有竖向肋角钢或加劲板及水平角钢圆环加劲作为骨架。底节上端为法兰盘，下端为刃脚，刃脚构造与预应力混凝土管柱刃脚相同，管壁构造与普通节基本相同，刃脚上 3.0m 高范围内加有 6mm 厚钢板内壁，作为防止钻头上下运动时碰撞之用。
	管柱桩制作的质量要求	（1）法兰盘连接头的允许偏差：管柱节与节之间的连接通常用法兰盘接头，法兰盘制成后的允许偏差：法兰盘顶面任意两点高差 2mm；螺栓孔中心对法兰盘中心径向长度 ±0.5mm；顺圆周相邻两孔间长度 ±0.5mm；顺圆周任意不相邻两孔间长度 ±1mm；接头法兰盘不得突出管壁外。 　　（2）管柱钢筋骨架的安设：除应按有关规范规定外，还必须符合下列要求：预应力混凝土管节的预应力主钢筋应采用整根钢筋；预应力混凝土管节的预应力主钢筋与法兰盘焊接，尽量减小各主钢筋间的初始应力差值；主钢筋与法兰盘连接部分，必须保证足够的焊接长度，并不得引起法兰盘的变形；不得在钢筋骨架上使用电弧焊。 　　（3）管柱浇筑与养护：为提高管壁的抗裂性能，须注意下列几点：粗骨料以碎石为宜；竖立浇筑时，管壁顶部混凝土必须浇筑密实，并与法兰盘粘接良好；每节管柱必须一次浇成；注意按有关规定严格进行养护。 　　（4）钢筋混凝土管柱成品的质量要求：钢筋混凝土和预应力混凝土管柱的允许偏差：内径和外径偏差不大于 ±20mm；管壁厚度偏差不大于 ±10mm；长度偏差不大于 ±20mm；法兰盘平面对垂直管柱轴线面的倾斜度 0.2%；管柱的纵向弯曲矢高 0.2% 管节长度。钢管柱制作，除按钢桩制造有关规定外，还应符合下列要求：钢管柱上下两相邻壁板的竖直拼接缝应予错开，其错开距离沿弧长不得小于 1m；成品管节的允许偏差：圆周长度为 1% 的圆周长、同一横截面任意两直径差为 ±6mm、长度、法兰盘平面倾斜度、管壁纵向弯曲矢高偏差同混凝土管柱。 　　（5）组合配套与堆放：根据成品管节检验资料及设计所需每根管柱长度，组合配套，并做好标志，使整根管柱的曲折度满足设计要求。管柱在横卧、多层堆放及运送时，必须采取防止管柱滚动的措施，多层堆放时，应验算管壁强度。大直径管柱竖立堆放时应验算其稳定性。

审核人		交接人		接受交底人	

4 沉管隧道工程

4.1 绪　　论

4.1.1 概述

城市的沉管隧道工程概述　　　　　　表 4.1-1

工程名称		施工单位		编号	
序号	项目	城市沉管隧道工程概述内容			
1	沉管隧道综述	（1）随着著名的港珠澳大桥建成通车，也随着全球城市化进程的加快。人们出行必然要求交通和运输系统不断完善，由此就引发了跨越江河和海湾（峡）的问题。水下隧道因能很好地解决水域的跨越问题，同时又降低对周围环境的影响，解决了大面积水域的航运问题等，使得大江大河上修建的大型水下隧道工程数量逐渐增多。但水下隧道因为受到技术水平的制约，一直没有得到足够的重视和发展。随着修建水下隧道的一些关键技术的不断突破，隧道已成为工程界普遍认同的跨越航运繁忙河道的第一选择，包括中国在内的许多国家已经掌握了建设水下隧道的技术，加快发展水下隧道的时机已经成熟，我国修建海底隧道的许多专利技术已经领先于世界。 （2）在我国，越江隧道、越海隧道的优越性也逐渐得到认同。在内河航运水道上发展水下隧道建设已成为一种趋势。桥梁或隧道跨越江河各有优缺点。在规划跨越江河的通道时，应该对两者进行认真地比选。与桥梁方案相比，采用隧道越江（海）具有以下优点： 1）全天候运营。 2）对航运、航空无干扰。 3）隧道线路短、可快速过江（海），且两岸拆迁少。 4）保持原有生态和自然环境不变。 5）抗地震能力好。 6）防战能力强。 7）多用途，易维护，造价相对较低。 （3）随着社会的发展，越江隧道、越海隧道的优越性将会突出地表现出来，并必将促进大型水下隧道工程的建设，从而推动我国水下隧道建设技术的大发展。 （4）目前修建水下隧道有以下几种施工方法：矿山法、盾构法、围堰明挖法、沉埋埋管节法（简称沉管法）、暗挖法、气压沉箱法、顶推法等。在大型的水下隧道工程中，沉管法和盾构法适用范围较广，几乎不受地质条件限制，被世界各国广泛采用。而其他几种施工方法要受到地质条件限制、难以推广使用。沉管法和盾构法越来越受到工程界的青睐，且沉管法工期最短、隧道延长最短、地质条件制约小，虽然管节沉放时对航道有影响，但总体上优于其他方法。 （5）盾构法是在称为盾构的钢壳内保持开挖面稳定的同时，安全向前掘进，在其尾部拼装称其为管片的衬砌构建，然后用千斤顶顶住已拼装好的衬砌，利用其反力将盾构推进。			
审核人		交接人		接受交底人	

工程名称			施工单位		编号	
序号	项目		城市沉管隧道工程概述内容			
1	沉管隧道综述		（6）沉管法是指在干坞内或大型半潜驳船上先预制管节，再浮运到指定位置下沉对接固定，进而建成过江隧道或水下构筑物的施工方法；采用沉管法施工的隧道简称为沉管隧道。适用于市政、公路、轨道交通等采用沉管法施工的隧道工程，一般采用钢筋混凝土矩形结构。沉管法与盾构法相比，存在以下几个方面优点： 1）沉管断面形状选择自由度大，大断面容易制作、断面利用率高，可做到一管多用、而盾构法大截面施工困难，而且以圆形为主； 2）沉管有利于缩短工期，防水性能优越。沉管隧道抗震性能优越； 3）沉管隧道埋入地下深度较浅，总的长度短； 4）因沉管密度小，对基底地质适应性强，不怕流沙； 5）沉管隧道的防水技术比较成熟，而且对施工要求并不高，同时具有良好的自防水功能。并且在海上也能处理防水工作； 6）沉管隧道具有较好的经济性；这主要得益于沉管隧道的回填覆盖层薄，埋深浅，可以有效地缩短路线长度；另外，管节的集中制作可以达到高效，节约资金； 7）隧道的施工质量容易保证。沉管结构和防水层的施工质量均比其他施工方法易于做好；隧道接缝极少，漏水机会大为减少，实际施工质量易达到完全防水； 8）现场的施工工期短。浇制管节大量工作均不在现场进行，一节100～200m的管节能在一个月内可以完成出坞、沉埋连续作业；操作条件好。基本上没有地下作业，水下作业也极少，因此，施工较为安全，且能保证施工精度。 （7）与盾构法相比较有以下的缺点：占用的施工场地多，对通航有一定干扰，施工受气象、水文等自然条件影响较大。 （8）沉管法经过近百年的研究和发展运用，沉管法隧道的技术体系更趋于完善，施工工艺更加成熟，已成为建设跨越江河（海）通道工程的主要经济技术比选工法之一，所有隧道施工方法都有一定的适应性。选择何种隧道形式，是要根据工程位置及各种条件来确定的，如水深条件、水上交通流量、沿岸建筑物、地形与地质条件、引坡段的坡度和长度以及隧道通风要求等。沉管法隧道优缺点见表4.1.1-1所列。			

沉管法隧道优缺点

表 4.1.1-1

序号	主要优点	主要缺点
1	基本上不会受到地质条件的限制	一般需要在特殊的场所预制管段，并要进行水上拖运
2	沉管所有工作都在地面、水上以及正常工作条件下完成，保证施工质量，需要控制渗水	需要有一个较大的弃土区，来解决基槽开挖大量的弃土
3	隧道的接缝非常少，容易实现滴水不漏	基槽开挖后受到回淤影响
4	不需要采用特殊的施工材料，也不需要大量特殊的熟练工人	需要特殊的设备沉放和连接沉管
5	重复进行的施工程序，能够加快施工速度	对繁忙的水上交通有影响
6	在一个隧道断面内可同时容纳4～6条车道，最多达8条车道，适应城市道路水底隧道	水流速度大时，对沉管沉放施工中有一定的影响

（9）因此，我国采用沉管隧道在经济、技术上有着独特的优点，加上沉管法的隧道设计和施工中的许多关键技术问题，如结构形式、管向防水、水下基槽开挖、地基处理、管节水下对接和接头防水等一系列问题得到很好的解决。

所以，我国港珠澳大桥的建成通车，使我国在多项沉管施工技术中处于世界领先水平。从而沉管隧道受到越来越多的国家重视，已成为水下大型隧道工程的首选施工方法。

审核人		交接人		接受交底人	

工程名称			施工单位		编号	
序号	项目		城市沉管隧道工程概述内容			

| 2 | 我国沉管隧道发展现状 | （1）从隧道建设的统计数据来分析，经济越发达的国家和地区采用沉管法进行隧道建设的数量就越多，主要的原因是沉管隧道具有独特的优势：由于隧道顶的覆土厚度可达到零覆盖，使隧道两端经济高速发展、社会活动频繁地区的交通疏解能得到最大限度的优化；使用功能的多元化和隧道宽度的增大，达到大容量机动车的通行的目的。

（2）建设期间实现多工作面同时作业的工程策划，使沉管隧道的施工工期通常控制在3年以内，对于沉管隧道水中段的结构设计必须考虑结构的抗浮问题，使它对地基承载力无特殊要求。有利于该方法在软弱地层中的应用，特别在江河下游地区更适宜用沉管法修建水底隧道。

（3）据统计，现在全世界已有约150座沉管隧道。国内而言，1993年年底建成的广州珠江隧道是我国大陆地区首次采用沉管工艺建成的城市道路与地下铁路共管设置的水下隧道。为我国大型沉管工程开创了先例。1995年我国大陆地区第二座沉管隧道在宁波甬江建成，该工程为克服软土地基的不利因素，施工采用分段联体预制法。

（4）2002年建成的宁波常洪隧道，根据隧址特殊的地质水文特点，采用桩基础，为我国在软弱地基上建造沉管隧道积累了经验。上海外环隧道工程就大型沉管隧道关键技术问题开展了11项课题研究，包括工程设计的系统性课题、施工关键工序的技术难点课题和工程设施建成后安全运营的系统性课题等。

（5）广州仑头生物岛隧道与生物岛——大学城隧道则在国内首次采用移动千坞预制沉管管段工艺。即利用半潜驳作为沉管管段的制作平台，管段预制完成后通过拖轮将半潜驳拖航到隧址位置沉放对接。广州市负责亚洲最大变截面穿越珠江主航道沉管隧道——广州洲头咀沉管隧道的施工建设。

目前，我国内地已经建成通车的十几座沉管隧道中（表4.1.1-2），以港珠澳大桥中穿越伶仃洋的沉管隧道规模最大，全长6.7km，创世界海底隧道之最。 |

我国建成、在建及拟建沉管隧道   表 4.1.1-2

序号	沉管隧道名称	备注
1	广州珠江隧道	已建成
2	广州仑头生物岛隧道	已建成
3	广州生物岛—大学城隧道	已建成
4	上海外环沉管隧道	已建成
5	宁波甬江沉管隧道	已建成
6	宁波常洪沉管隧道	已建成
7	南京长江掌管隧道	已建成
8	天津海河掌管隧道	已建成
9	香港东区隧道	已建成
10	香港西区隧道	已建成
11	香港机场隧道	已建成
12	港珠澳大桥沉管隧道	已建成
13	广州洲头咀沉管隧道	已建成
14	舟山沈家门港海底隧道	在建
15	佛山汾江路南延线沉管隧道	在建
16	南昌红阳谷沉管隧道	在建
17	琼州海峡沉管隧道	在建
18	广州鱼珠—长洲岛沉管隧道	在建
19	洛溪岛沉管隧道	在建
20	新造海沉管隧道	在建
21	厦漳海底沉管隧道	在建

审核人		交接人		接受交底人	

4.1.2 沉管施工技术简介

沉管施工技术简介

表 4.1-2

工程名称			施工单位		编号	
序号	项目		城市沉管隧道工程概述内容			
1	我国香港地区过海隧道	（1）我国香港地区共有 5 座海底交通隧道跨越维多利亚港连接九龙半岛和香港岛，全都采用沉管隧道技术建成。1979 年建成的地铁过海隧道为香港第二座越海沉管法隧道，连接地铁荃湾线尖沙咀站与金钟站，采用混凝土沉管技术，吸纳钢壳沉管断面形式的优点，采用双圆管钢筋混凝土断面，以利隧道结构在外水压力作用下横向受力（见图 4.1.2-1），并对管节施加纵向预应力，以提高抗裂性能；沉管隧道总长 14km，共分 14 个管节，每个管节长 100m。其中 12 个标准管节，其余 2 个为特殊管节，用于连接位于两岸的隧道通风塔和接收岸上暗挖隧道区间的盾构机。在近隧址的鲤鱼门填海区设立临时干坞，分批浇筑混凝土管节。 图 4.1.2-1 地铁过海隧道 （a）平纵图；（b）横断图 （2）通风塔也采用了混凝土沉井节段预制，经浮运并沉放至已就位的两岸端特殊管节的顶部连接。沉井与特殊管节之间的接头，设置橡胶密封的水平垫座和两个密封的临时隔板，待沉井节段准确就位后方拆除隔板。当通风塔建造完成并回填至适当的标高后，再修建一个由陆地进入的通道。 （3）由于陆域两岸的暗挖隧道区间采用盾构法施工，而海中沉管隧道先期完工，因此，竣工后沉管隧道两岸端特殊管节须回填覆盖好，以便接收岸侧盾构机进入沉管隧道，以完成盾构隧道与沉管隧道的连接。					
审核人			交接人		接受交底人	

工程名称		施工单位		编号	
序号	项目	城市沉管隧道工程概述内容			
1	我国香港地区过海隧道	（4）这是首例盾构机施工直接实现与沉管管段连接的工程。岸端特殊管节预先设置了岸端扩大头及双端封门，并用水泥膨润土砂浆特殊材料回填扩大头周围2m，以形成一种既易于盾构机钻挖又具有一定气密性的覆盖层。当接收盾构机时以维持工作面的压力平衡。 （5）香港地铁过海沉管的另外工程特色就是采用先铺砾石基础，在基槽浚挖后，先铺上适合水力条件的一层砾石，用平板法刮平形成平顺的基础，再沉放管段。 （6）先铺砾石基础是钢壳沉管常用的工法，在建造跨越维多利亚港红磡瑚海底钢壳沉管隧道（建于1969～1972年）中积累了先铺砾石基础的施工经验，这种管节基础形式在地铁过海混凝土沉管也得以成功应用。 （7）12号和13号管节的连接又称为水下最终接头，采用了水下导管混凝土技术连接。			
2	港珠澳大桥沉管隧道	（1）港珠澳大桥是连接香港、珠海、澳门的超大型跨海大桥，全长55km，其中主体工程"海中桥隧"长35.578km，海底隧道长约6.75km，至目前为止，是中国交通建设史上里程最长、投资最多、施工难度最大的跨海通道，被外媒誉为"现代世界七大奇迹"之一。因地质复杂及降低大桥阻水率等因素，隧道部分采用沉管法建造。 （2）港珠澳大桥沉管建设标准： 1）一级公路，100km/h，双向6车道（图4.1.2-2），成为单孔跨度最大（14.25m）的沉管隧道； 2）设计使用寿命120年； 3）较现行交通运输部颁布《公路桥涵设计通用规范》JTG D60—2015规定的汽车荷载提高25%； 4）抗震设防标准，采用基于性能的抗震设计思想，制定港珠澳大桥的生态设计标准（保证结构具有足够的强度及延性，并在经济与安全之间保持合理平衡）。工作状态：120年。 图4.1.2-2　港珠澳大桥沉管隧道横断面图 （3）沉管法建造隧道首先需要预制沉管管节，沉管管节分为标准管节，采用工厂化在车间内预制生产。标准管节长180m，重约75000t。管节预制时将每节180m长的沉管管节，又可分成8个小管节，每个小管节长22.5m，预制好的一整节沉管重约75000t。每个小管节的接口处都采用凹凸的地方，将与另外一个小管节凹下的地方咬合，保证小管节拉合后不脱落。在每个小管节之间，都采用止水带，以防止海水渗漏。			
审核人		交接人		接受交底人	

工程名称		施工单位		编号	
序号	项目	城市沉管隧道工程概述内容			

（4）目前，我国沉管隧道常用的施工技术如表 4.1.2-1 所示。

我国沉管隧道常用的施工技术　　　　表 **4.1.2-1**

序号	项目内容	采用的主要技术方法
1	管节预制场地	（1）通常采用干坞的位置、大小和结构形式对造价、工期和附近环境及航道的影响小。对于土方开挖量大的工程，完工后还要进行路面还原回填，要进行基础处理； （2）当前更为先进的方式是在陆地上设管节预制场地，然后将之滑移至半潜驳船上。可免去大量的土方施工，节省造价、节约工期与资金，减少对附近环境及航道的影响
2	管节制作方法	（1）对制作的管段长度，通常为 100m 左右，但是应该根据隧道、干坞的规模来具体确定管段的长度； （2）在制作过程中，通常以沉管结构自防水为主，应控制裂缝的产生，采用防渗混凝土、调整混凝土配合比、冷却、设后浇带等方法； （3）对于外防水，通常由底面钢板与侧、顶面的防水涂料的组成
3	管段基础	（1）采用压砂法后填基础； （2）在挖好的基槽上设置临时支座，沉管放在临时支座上，用砂泵把砂水混合物，向底板灌沙孔通管进行灌注，灌入基槽中，直至管节下面空隙完全填满为止
4	管段浮运与沉放	（1）一般浮运多采用绞车接力牵引方式； （2）沉放多采用双浮吊沉或起重船吊运； （3）目前，国际上更为先进的方式为采用半潜驳船牵引；主要是从干坞移至半潜驳船上，浮运至管段的沉放位置后下沉船身，当沉管浮离半潜驳船后，起重拖船将沉管拖离半潜驳船
5	管段连接	（1）首先采用柔性接头； （2）接头间主要由 GINA 橡胶止水带和 OMEGA 橡胶止水带形成两道防水线； （3）在接头设置由钢绞线组成的预应力钢拉索，作为地震时的限位受拉装置； （4）正常运营阶段，管段间还在横断面中部设有两组钢筋混凝土剪切缝，侧墙设有两组钢剪切缝
6	暗埋段的处理	（1）一般采用明挖法施工主体结构； （2）当基坑周边没有放坡的条件下，根据开挖深度的不同，可分别采用地下连续墙、钻孔灌注桩与深层拌桩、钢板桩等作围护结构，以节省工程造价； （3）一般采用钢支撑或钢筋混凝土支撑体系

（序号 3，项目：我国沉管隧道常用的施工技术）

审核人		交接人		接受交底人	

4.2 施工前的准备工作

沉管隧道施工前的准备工作

表 4-2

工程名称			施工单位			编号	
序号	项目	沉管施工前准备工作的主要内容					
1	施工前期要收集的资料	(1) 对于沉管隧道的施工，所涉及隧道的结构、港工、疏浚、航道航运、机械、测量、电子与电气等多个专业领域，系统性强，需要全面掌握地质、水文气象、航道、通航及施工图设计文件等资料外，还应深刻理解影响施工的各种制约因素，如地质、水文窗口、气象窗口、工期、管节类型与结构，制定一套技术可靠、施工安全、经济合理、环境友好的施工方案。 (2) 工程开工前应获得并分析下列基础资料： 1) 工程地质详细勘察报告； 2) 江（河、海）床演变、水文测验、水文和分析报告； 3) 气象及风参数研究报告，工程水域江（河、海）扫床报告； 4) 水域通航环境与安全影响报告； 5) 工程场地地质灾害评价报告及地震安全性评价报告； 6) 工程坐标系统联测与测量控制网布设报告； 7) 水域环境影响分析、环境影响报告书，工程区试挖槽边坡稳定性观测报告； 8) 经过评审的施工图设计文件和技术交底文件； 9) 工程两岸、干坞、临时航道、航标、抛泥区现状调查报告； 10) 场地周边管线、障碍物与建（构）筑物等调查报告； 11) 防洪评价报告；其他相关文件。 (3) 由于工程地质的不确定性、水文气象条件的变化，在沉管隧道施工图通过评审后，还必须根据实际的地质状况和测试的水文资料等情况，对已沉和待沉管节等的建（构）筑物进行施工监测，通过反馈分析，实现信息化施工和动态设计。沉管隧道施工应建立工程测量、工程信息监控控制系统，实施信息化施工。 (4) 应根据沉管隧道工程区的工程地质、水文、气象、航道、环境条件和工程规模、工期、环境保护等要求确定坞址，选择管节预制、舾装、基槽开挖、系泊区浚挖、浮运航道疏浚、浮运、沉放与对接、地基与基础处理施工方法、工艺技术与设备。满足设计要求的管节预制方式有多种选择，需要对坞址、干坞规模、地基与基础处理、浮运、沉放与对接方法、技术与设备等进行充分比选，统筹择优确定。 (5) 隧道施工所采用的各类材料以及各类产品，必须符合国家现行标准和设计规定的要求。由于沉管隧道管节接头、施工段与施工段的接头防水的重要性和特殊性要求，对于橡胶止水带（如 GINA、OMEGA）、可注浆钢边止水带等产品，采购时必须提供产品合格证和质量检验证书。必要时可参照有关规定和设计要求进行抽检。各类橡胶止水带除应符合规范要求之外，尚应符合项目设计要求和国家相关规定。 (6) 沉管隧道施工应减少对水域各类通行船舶、港口码头的影响，确保施工和船舶通行的安全。 (7) 在隧道施工中必须完成并复核下列事项：					
审核人			交接人			接受交底人	

工程名称		施工单位		编号	
序号	项目	沉管施工前准备工作的主要内容			
1	施工前期要收集的资料	1) 起止里程与坐标、高程；满足工程精度要求的测量控制系统； 2) 两岸场地状况及准备工作；沉管隧道设计几何尺寸（平、纵、横剖面图）； 3) 施工场地、系泊区、临时航道、出坞及浮运航道、抛水泥区位置等的选取； 4) 预制场地的准备和生产工艺的比较与选择； 5) 浮运、沉放、对接设备及配套船机的配置和选型； 6) 管节端钢壳制作精度、管节轴线控制精度、管节导向装置安装精度、管节临时垫块安装精度、管节干舷高度、基槽开挖精度和基础垫层级配、平面精度及密实度要求； 7) 沉管隧道施工管理系统与系列报表。			
2	前期调查	为防止各种原因导致的工程场地出现与设计图不符，施工开始前应对场地环境进行现场调查，逐一核对，为制定切实可行的施工组织方案提供足够依据，需要调查如下内容： （1）应全面分析水域工程地质和水文、航道、气象条件，必要时应进行施工阶段的补充地质勘查。 （2）应对工程附近道路、既有建（构）筑物、管线等进行勘查或探查。 （3）应特别注意对堤（护）岸结构及其基础形式进行详细调查和记录。 （4）应调查分析水域内航道、航运、锚地、防（避）台风区等状况。 （5）应调查分析沉管隧道施工过程中可能引起的生态与环境保护问题。			
3	技术准备	（1）由于沉管隧道施工的特殊性和窗口条件的苛刻性，施工前必须根据工程特点、规模、地形地貌、地质、水文、气象、航道航运、护岸、生态环境保护等要求，开展设计交底、设计交桩、工程坐标复测等是必要的。其目的是编制符合工程状况、切实可行、高效合理的具有可操作性施工组织设计。 （2）因为水上施工涉及各类船舶、设备众多，有时还需要开发专用设备，需要对现场作业人员进行安全培训，确保安全操作。 （3）技术准备工作包括下述内容： 1) 施工前应完成设计交底、设计交桩等具体工作； 2) 施工单位应编制实施性施工组织设计，对护岸拆除与恢复、基槽开挖、管节地基与垫层施工、系泊区浚挖、管节制作、浮运、沉放对接、接头处理等关键环节必须编制专项施工方案，并需要获得批准； 3) 应针对各种专用设备、特种设备做好设计、制造、技改、调试、验收及人员的培训工作； 4) 应针对工程的特点和具体要求建立满足工程精度要求的测量控制系统； 5) 应建立沉管隧道的施工动态监测控制系统。			
审核人		交接人		接受交底人	

工程名称		施工单位		编号	
序号	项目	沉管施工前准备工作的主要内容			
4	设备、设施的准备	（1）沉管隧道施工使用的各类型设备多，根据工程特点和规模可能有起重船、安装船、挖泥船、清淤船、整平船、砂流船、挤密砂桩船、打桩船、拖轮、测量塔、管节预制模板以及相应的配套设备。 （2）沉管隧道施工组织设计通过评审确定后，应根据其功能和工程进度计划要求开展各类船机定型、定船以及特种船机采购、设计、制造、技改和整机调试，确保其功能、精度、工效、使用环境等能够满足设计和施工要求。 （3）挖泥船、清淤船、运泥船、基础垫层整平船或灌砂船、沉放安装船等船机及其配套设施应符合下列规定： 1）与基槽开挖规模及管节几何尺寸、管节沉放负浮力相匹配，能够协调工作，满足浮运、沉放、对接的要求。 2）应委托专业公司设计制造、改造有关船机，且必须符合沉管隧道设计和施工要求，租赁、经总装调试的新船应提供有关部门或船级社的认证文件。 3）水上作业应满足水域施工的环境保护要求。 （4）管节预制生产及其配套设备应符合下列规定： 1）能够满足全部管节预制的功能要求； 2）能够和舾装相匹配。 （5）采用固定干坞预制管节时，坞门、绞车等坞内设施的准备应符合下列规定： 1）坞门应布局合理，与管节出坞工艺相适应，施工及验收按照相关规范执行； 2）绞车（缆桩）的布局应与管节起浮、绞拖、系泊相适应。			
5	堤（护）岸的修建	（1）对于护岸拆除与重建一般采用钢板桩、钢管桩、钻孔灌注桩、水泥土重力式挡墙、连续墙及格栅（格构）连续墙等形式，应根据工程的具体情况；并结合当地的实际、工期等要求综合选定。 （2）要特别注意在拆除原护岸、修建新护岸时，保持与两端护岸的有效衔接，并要做到施工期间稳定、竣工后安全可靠。护岸拆除与重建方案，都要应经过有关部门批准后才能用于施工。 （3）应根据地质、基础形式与埋深、环境保护要求、工期、施工设备与技术水平、场地条件，选择安全、经济、对环境影响小的施工方案。 （4）堤（护）岸的影响应通过相关管理部门的行政审批。			
6	施工场地的布置	隧道开工前应结合工程规模、工期、用地情况、运输条件、管节预制方式、寄放区、水电保障等情况，本着因地制宜、合理布置、统筹安排的原则绘制施工场地总布置图，布置施工场地及实施临时工程。 （1）施工场地布置应满足下列要求： 1）应结合预制场地（固定干坞或移动干坞）、水陆运输条件、临时码头设置、土方弃运、吊装作业、现场搅拌站的设置、大宗材料、散体物料堆场等的需要，对场区进行功能分区，合理布局； 2）应以管节预制为重点布置施工场地； 3）应综合考虑作业船舶靠泊、管节舾装，砂、石等大宗散体物料装卸的需要，设置或选择好临时码头；			
审核人		交接人		接受交底人	

工程名称			施工单位		编号	
序号	项目		沉管施工前准备工作的主要内容			
6	施工场地的布置	4）寄放区的设置、施工，应综合考虑沿线堤岸的安全、对邻近码头作业的影响、码头既有产权或使用单位的意见，并取得海事、港务、航道等部门的行政许可； 5）占用主航道施工（基槽开挖、管节安装等）时，应按航道、海事、港务等部门要求开辟临时航道、设置临时的航标；一般要求机械设备、附属车间、加工场布置应相对集中； 6）应按照场区功能分区，合理布置场内施工便道与场外道路； 7）生产与生活设施必须分区设置，危险品库房设置与管理应按有关管理规定严格实施； 8）寄放区的设置应采取有效安全措施，与航道保持一定安全距离，一定要保障过往船舶的通航安全。 （2）临时工程应满足下列要求： 1）场区道路应满足施工期间行车安全和使用要求； 2）场区道路和临时给水排水、用电、通信等配套设施应统一规划、提早实施、同步完成； 3）临时房屋的租用、设置，均需满足消防安全规定； 4）临时房屋的周围应设有排水系统，并避开高压电线。爆破器材库、油库的位置设置须符合相关规定； 5）严禁将住房等临时设施布置在受洪水、泥石流、落石、地陷、滑坡等自然灾害威胁的地点，要考虑可能的突发性自然灾害，并制定相应应急预案； 6）临时航道及航标应满足过往船舶通航需求，现场布置时应采取措施保护自然环境。			
审核人			交接人		接受交底人	

4.3 沉管隧道施工与竣工的测量

沉管隧道施工与竣工的测量　　　　　　　　　　　　表 4-3

工程名称			施工单位		编号	
序号	项目		沉管隧道施工与竣工测量的主要内容			
1	概 述	（1）沉管隧道施工前，应根据其沉管隧道的结构形式及精度要求等内容，编制出施工测量的方案，选择测量控制等级，确定测量方法。 （2）一般应由业主组织勘测单位到现场进行交桩，施工单位在复测控制网的基础上，根据施工需要适当加密、优化，建立施工测量控制网。宽阔水域隧道工程的施工测量宜采用 GPS 测量，且宜在水域建立专门的测量平台。 （3）对测量控制点，应编号绘于施工总平面图上，应采取有效措施妥善保护并定期进行复测。 （4）施工过程中，应对控制网（点）进行不定期的检查和定期复测，定期复测周期不应超过半年，当发现桩位发生变化时，应立即进行局部或全面复测。			
审核人			交接人		接受交底人	

工程名称		施工单位		编号	
序号	项目	沉管隧道施工与竣工测量的主要内容			

		1. 对预制构件的要求

平面控制测量精度、平面控制测量等级、隧道轴线相对中误差、高程控制测量等均采用《公路勘测规范》JTG C10—2007 标准。沉管隧道工程施工的平面控制测量应符合下列规定：

（1）各等级平面控制测量，其最弱点点位中误差为±50mm，最弱相邻点间相对点位中误差为±30mm，最弱相邻点边长相对中误差不得大于表 4.3-1 的规定；

平面控制测量精度要求　　　　　　　　　表 4.3-1

测量等级	最弱相邻点边长相对中误差	测量等级	最弱相邻点边长相对中误差
二等	1/100000	四等	1/35000
三等	1/70000	一级	1/20000

（2）对于沉管隧道工程平面控制测量的等级不得低于表 4.3-2 的规定，同时隧道轴线精度必须符合表 4.3-3 的规定。对于特殊结构的隧道，应根据其施工允许误差，确定测量的精度和等级。

平面控制测量等级　　　　　　　　　表 4.3-2

序号	隧道总长(m)	跨越水域宽度 L_s	测量等级
1	$L \geq 3000$	$L_s \geq 500$	二等
2	$2000 \leq L < 3000$	$300 \leq L_s < 500$	三等
3	$1000 \leq L < 2000$	$150 \leq L_s < 300$	四等
4	$L < 3000$	$L_s < 150$	一级

沉管隧道轴线相对中误差　　　　　　　　　表 4.3-3

测量等级	沉管隧道轴线相对中误差	测量等级	沉管隧道轴线相对中误差
二等	≤1/150000	四等	1/60000
三等	≤1/100000	一级	1/40000

（3）当采用独立坐标系、抵偿坐标系时，应确认与国家坐标系的转换关系。

（4）在布设平面控制点时，四等及以上平面控制网中相邻点之间的距离不得小于500m；一级平面控制网相邻点之间的距离不得小于200m；最大距离不应大于平均边长的2倍。隧道结构两端的每端应至少埋设 3 个平面控制点。

2. 沉管隧道工程施工的高程控制测量应符合下列规定

（1）同一沉管隧道工程项目应采用同一高程系统，并应与相邻工程项目的高程系统相衔接。隧址水准点的高程测量应与路线控制高程联合测量。

（2）高程控制网中最弱点高程的误差为±10mm。

（3）高程控制网每千米观测高差中误差和附合水准路线长度应小于表 4.3-4 的规定；

序号 2　项目 控制测量

审核人		交接人		接受交底人	

132

工程名称		施工单位		编号	
序号	项目	沉管隧道施工与竣工测量的主要内容			

高程控制测量的技术要求 表 4.3-4

测量等级	每千米高差中的误差（mm）		附合或环线水准
	偶然中误差 M_Δ	全中误差 M_w	路线长度（km）
二等	± 1	± 2	100
三等	± 3	± 6	10
四等	± 5	± 10	4

（4）沉管隧道工程的高程控制测量等级不得低于表 4.3-5 的规定：

沉管隧道工程高程控制测量等级 表 4.3-5

序号	隧道总长 L(m)	跨越水域宽度 L_s(m)	测量等级
1	$L \geqslant 3000$	$L_s \geqslant 00$	二等
2	$1000 \leqslant L < 3000$	$150 \leqslant L_s < 500$	三等
3	$L < 1000$	$L_s < 150$	四等

（5）施工水准网中的各水准点，应构成连续水准环。隧道结构的两端至少各设置 3 个水准点，作为水准网的控制点。

3. 宽阔水域隧道工程的 GPS 平面控制网

宽阔水域隧道工程的 GPS 平面控制网宜分为首级网、首级加密网、一级加密网和二级加密网 4 个等级，首级和首级加密网宜由勘测设计单位布设，一级和二级加密网宜由施工单位布设，一级和二级加密网的布设和使用应符合下列规定。

（1）加密网应采用与全隧道统一的坐标系统，宜由三角形或大地四边形组成，并应一次完成网形设计、施测与平差。

（2）加密网应保证至少与最近的 2 个高级网点为起算点进行联测，在一加密网点应至少与另外 2 个控制点通视；加密网必须按照一级 GPS 测量精度施测，其精度也应保证最弱相邻点点位中误差小于 ± 10mm。

（3）控制网点应安全、稳定，在使用过程中应进行定期或不定期检查，若控制点不稳定，应立即进行局部或全面复测。加密网两次复测的时间间隔不应超过 3 个月。

（4）宽阔水域隧道工程的高程控制网应采用全隧道统一的高程基准。对首级网点、首级加密网点和全隧道贯通测量，应采用不低于国家二等水准测量的精度进行联测；对一级和二级加密网点，应采用不低于国家三等水准测量的精度进行联测。

4. 沉管隧道施工时应做好下列工作

（1）隧道设置的三角网或导线网，应定期对其基准点和水准点进行校核。

（2）岸上水准点、中线点应根据隧道平纵面、隧道长度等定期进行复核，隧道内控制点应根据施工进度设置在衔接段隧道，并定期对其进行校核。

（3）对隧道工程的测量桩点必须稳定、可靠，且通视良好。水准点应设置在不易损坏处，并加以妥善保护。

（4）其测量仪器与工具在使用前应认真地检校，保证仪器具的技术状态符合使用要求，使用光电测距仪时，应按其使用规定要求操作。

序号 2　项目 控制测量

审核人		交接人		接受交底人	

工程名称		施工单位		编号	
序号	项目	沉管隧道施工与竣工测量的主要内容			

序号 **3** 项目 **对接测量**

（1）在沉管施工中，对接测量控制过程应按下列步骤进行：

1）在江（河）两岸分别架设一台全站仪，主要观测管节两测量塔轴线、标高；

2）在沉放对接过程中两台全站仪相互校核，确保测量所提供的数据准确性；

3）在测量过程中，管节对接测量应保证岸上全站仪在对接施工中持续取得测量数据并与水下潜水员所测数据相互验证；

4）对接测量过程应由水下工作配合，配合工作内容包括潜水员反馈数据或水下摄像机反映管节相对位置。

（2）近岸测量应通过2个以上全站仪观测管节测量塔，参见图4.3-1所示，确定管节轴线和标高。管节沉放、姿态调整过程中，应由2个以上的测量站持续观测测量塔，分析相关数据，潜水员配合测量检查。

（3）管节水力压接完成后，应进行包括管节轴线、里程、横倾及管节标高等内容的管内测量，利用测量数据指导下一管节对接过程中的姿态，并检查是否符合设计要求。

图4.3-1　在沉管施工中观测管节测量塔

（4）管节对接轴线和标高允许误差应符合表4.3-6中的规定。

管节对接轴线和标高允许误差　　　　　　　　　表 4.3-6

检查项目	轴线允许误差	高程允许误差	第一道止水带检查
管节接管错位	±20mm	±20mm	对水下的录像检查压接情况
管节绝对误差	±50mm	520mm	管节量测第一道止水带压缩量

（5）对管节尾部定位点的轴线、里程和标高进行测量，管节对接完成后可通过检查管内两侧连通管水位高度或管内测倾仪等数据判定管节横倾。

（6）对接后如果对接管管节存在高程偏差及横倾，须采取措施（如利用管节两个垂直千斤顶）进行调整消除横倾。通过管内高程及横倾观测数据进行管节调整，直至达到要求为止。在调整过程中应持续测量。

（7）宽阔水域沉管管节对接宜采用GPS实时动态测量系统，见图4.3-2，宜配合采用超声波探测（图4.3-3）装置。水深大、水流急的水域，宜采用超声波探测装置自动测量管节端面之间的相互距离、水平和垂直偏移、管节倾斜等。

审核人		交接人		接受交底人	

工程名称		施工单位		编号	
序号	项目	沉管隧道施工与竣工测量的主要内容			
3	对接测量	 图 4.3-2　GPS 实时动态测量 （8）一般管节对接采用 GPS-RTK 实时动态测量系统测量、超声波探测装置的应用，可减小现场施工人员的作业强度，减少施工风险，降低作业成本。 图 4.3-3　超声波探测装置 （9）检测结果通过计算机处理后显示出图像。作为监控管节沉放对接的根据。最后对接时，还需潜水员多次的检查，确认位置正确，保证沉放安全、成功。 （10）管节对接控制测量必须符合下列规定： 1）应重点监控坞内管节的几何测量、衔接段测量、对接测量和贯通测量等阶段； 2）应符合《工程测量规范》GB 50026—2016 的规定			
4	竣工测量	（1）隧道工程完工后，应配合竣工验收进行竣工测量，包括隧道轴线、里程、路面标高和覆盖层顶标高等。 （2）隧道竣工后应提交贯通测量技术成果书、贯通误差的实测成果和说明，净空断面测量和永久轴线点、水准点的实测成果及示意图。 （3）在竣工测量后，应在各管节侧墙设置永久观测点，各管节管头、管尾侧墙各设两个，并应在隧道边墙上画出标志，做好观测点移交工作。			
审核人		交接人		接受交底人	

4.4 干坞施工技术交底

沉管隧道干坞施工技术交底 表 4-4

工程名称		施工单位		编号	
序号	项目	干坞施工技术交底的主要内容			
1	概述	1. 概述 （1）干坞是预制混凝土管段的场所，管段需要在干坞内完成预制、存放、舾装后，然后起浮、拖运、沉放以及对接。干坞尽管是临时工程，但由于规模大、工程费用高、对工期影响大，受到场地、通航等条件的制约。干坞方案的比选在沉管隧道设计中具有举足轻重的作用，甚至会影响到沉管法修建隧道方案的成败。 （2）因此，合理选择好干坞尤为重要，干坞根据其规模，可以分为： 1）小型干坞，每次预制 1～2 节管段； 2）中型干坞，每次预制 3～5 节管段； 3）大型干坞，每次预制 6 节及 6 节以上管段。 （3）干坞按照是否移动分为固定干坞和移动干坞： 1）固定干坞按照是否利用隧道轴线暗埋段基坑又分为轴线干坞与独立干坞。进行标准化、流水作业式管段生产的固定干坞称为工厂化干坞，厄勒海峡、港珠澳管节预制采用了工厂化干坞。采用工厂化干坞的特点是有利于集约生产，并且节约用地。 2）移动干坞是利用移动干坞作为管节预制平台，选择合适的码头作为管节预制的施工后场地，管节预制完成后可根据水深由移动干坞托运至隧址附近的下潜港池，管节在下潜港池内完成试漏后与移动干坞脱离并绞移至隧道附近的寄放区，在寄放区内完成二次舾装后，再绞移至隧址沉放、对接。 （4）依据是否利用隧道轴线暗埋段基坑可分为独立干坞和轴线干坞。 1）独立干坞是在隧道轴线以外选择合适的位置建造干坞。上海外环沉管隧道、佛山东平沉管隧道以及南昌红谷沉管隧道采用的是独立干坞。独立干坞优点是岸上段结构、管节制作以及基槽开挖等关键性的工序都可以实现并行作业，从而可以最大限度地节省工期。独立干坞缺点是因单独选址来进行深大基坑开挖支护，且施工干坞口岸壁保护结构，导致工程造价高。 2）轴线干坞是将干坞布置在隧道轴线岸上段主体结构位置，广州洲头咀沉管隧道、珠江沉管隧道、生物岛大学城隧道工程、宁波常洪沉管隧道、宁波甬江沉管隧道采用的是轴线干坞。 （5）轴线干坞具有以下优点： ① 将干坞与隧道岸上段相结合，减少了工场地的占用，同时岸上段和干坞共用了一部分基坑开挖和支护，可以减少一部分工程费用； ② 管节从坞山拖出后，直接沿隧道纵向浮运，减少了航道疏浚费用。 轴线干坞具有以下缺点： ① 由于干坞和岸上段主体结构位置相重合，沉管管节与岸上段无法并行作业，会导致工期增加；				
审核人		交接人		接受交底人	

工程名称		施工单位		编号	
序号	项目	干坞施工技术交底的主要内容			
1	概述	② 该方案管节沉放只能从一端往另一端进行，与两端往中间对称沉放方案相比，将增加管节的沉放工期； ③ 采用水下接头时，轴线干坞需要修建管节寄放区来存放预制管节，增加浮运航道疏浚及寄放区建设费用。 2. 干坞设计、施工应符合下列规定 干坞可采用固定干坞或移动干坞两种形式，固定干坞可分为独立干坞和轴线干坞，施工质量应满足设计及国家现行有关规范的要求。 3. 固定干坞选址应符合下列原则 （1）宜距隧道位置较近，且具备管节浮运至沉放位置的航道条件。干坞附近宜具备寄放若干节预制好的管节水域。 （2）应具备适合建造干坞的工程、水文地质条件。交通运输应方便，并且应具有良好的外部施工条件。 （3）干坞规模应满足隧道施工总体流程和总的工期要求，特别应具有可重复利用或再使用的价值。 （4）干坞选址距隧道位置较近及具备浮运条件，主要方便管节浮运和缩短运距。干坞场地地基承载力和沉降应满足设计要求，否则应采取加固措施，同时要有利于干坞挡土围（或放坡）及防渗工程实施。尽量缩短工期和降低造价。 4. 一般情况下，应根据下列具体因素确定固定干坞规模 （1）管节长度、宽度、高度，预制管节数量。 （2）管节端部间距、管节侧面间距、管节端部到干坞两端及两侧的净距。 （3）坞内管节预制设备（包括吊装设备、模板、模板支撑系统等）。 5. 坞内、外车辆运输路线，管节出坞水位，预制管节的附属设施。 （1）干坞规模应根据沉管隧道长度或管节数量、管节长度和断面尺寸、坞址条件、管节施工流程、施工工艺、施工工期等因素综合确定。预制管节的附属设施包括干坞顶部道路、粗细骨料等材料堆放场地（包括遮阳设施）、水泥仓库，混凝土搅拌站，混凝土输送设备，码头，钢筋加工场地，起吊设备，施工用电设备，管节在干坞内起浮后的系泊设备。 （2）除应根据上述内容来确定固定干坞因素外，尚应根据下列具体因素确定移动干坞规模：移动干坞吨位、结构刚度，移动干坞靠泊的码头，航道水深的条件，隧址附近下潜的港池等。			
2	固定干坞	1. 固定干坞的技术特点 （1）干坞是沉管管段的预制及储存场地，管段需要在坞内进行预制、存放、舾装，然后拖运、就位、沉放； （2）对于沉管隧道工程来说，干坞在整个工程中起着举足轻重的作用。隧道干坞工程设计一般为放坡开挖基坑，属于超深、超大型基坑； （3）干坞虽为临时工程，但暴露时间比较长，干坞的施工过程及使用过程长，且经历几次的进、放水过程，其间还要经历台风、大潮汛的影响，这对建造在岸边软土地层中较大规模的工程来说，是一个严峻的考验；			
审核人		交接人		接受交底人	

工程名称		施工单位		编号	
序号	项目	\multicolumn{4}{c} 干坞施工技术交底的主要内容			
2	固定干坞	（4）为保证隧道干坞的施工和使用的安全性，必须保证干坞边坡的整体稳定、抗倾覆稳定、抗滑移稳定等安全要求，同时还要将干坞基底的隆起和变形控制在规定的范围之内，以满足管段的制作和舾装要求； （5）沉管隧道的干坞工程作为管段浇筑的场所具有占地面积大、暴露时间长等特点，并且在整个沉管工程的过程中需经历开挖、充水、再排水的复杂过程，其中涉及土体的卸荷、扰动、浸润、水压力变化、渗流力作用、孔隙水升降等一系列的复杂作用，其力学特性变化很大，使边坡稳定性分析非常复杂。 2. 干坞施工的主要原则 干坞在施工中必须遵循下列原则： （1）干坞坞底高程应依据出坞水位、管节高度、管节浮起时的干舷高度、管节浮起时底部到坞底的最小安全距离、干坞底部基础厚度等因素确定。 （2）干坞基坑开挖与支护应符合《建筑基坑支护技术规程》JGJ 120—2012 与《建筑深基坑工程施工安全技术规范》JGJ 311—2013 的规定。 （3）干坞坞底地基处理应符合《建筑地基处理技术规范》JGJ 79—2012 的规定。 （4）干坞基坑监测应符合《建筑基坑工程监测技术规范》GB 50497—2009 的规定。 （5）干坞坞底应满足承载力、变形和管节起浮的要求。 （6）干坞坞底施工应符合下列规定： 1）土质基底最后 300mm 厚土体应分区、分块人工修挖，以减轻机械挖土对基底土体的扰动，影响坞底土体的承载力； 2）坞底地基承载力、变形不满足要求时，应进行复合地基处理； 3）岩质基底应采用冲击破碎开挖法或静态破碎法； 4）采用静态破碎法时应按设计要求布孔、钻孔、装破碎药剂、破碎、装渣提升，钻孔与出土应平行作业，减少相互干扰； 5）倒滤层施工应保持盲管沟通并与基底排水明沟连通，以确保积水及时排除； 6）封闭层与起浮层应严格控制其平整度； 7）坞底采取井点降水时，应使坞底土层中水分充分排干，土体固结，再进行垫层施工； 8）对于坞底预制管节基底与道路基底的级配碎石层，最好宜同时安排施工，级配碎石层密实度应满足设计要求；干坞范围内道路施工应符合《城镇道路工程施工与质量验收规范》CJJ 1—2008 规定； 9）坞底管节预制区基底混凝土施工应在坞底道路完成后进行。其配合比必须满足设计要求，施工与验收应符合《城镇道路工程施工与质量验收规范》CJJ 1—2008； （7）干坞坞底应设排水沟并满足设计要求；干坞坞门可采用钢筋混凝土沉箱式坞门、钢板插拔坞门、钢管桩坞门、围堰等形式。 （8）对于钢筋混凝土沉箱式坞门施工应符合《港口及航道护岸工程设计与施工规范》JTJ 300—2000。 （9）钢板插拔坞门施工应符合现行《板桩码头设计与施工规范》JTS 167-3—2009 规定。
审核人		交接人		接受交底人	

工程名称			施工单位		编号	
序号	项目		干坞施工技术交底的主要内容			
2	固定干坞	（10）钢管桩坞门施工应符合下列规定： 1）钢管桩正式施工前应进行槽段的试验施工。槽段开挖的垂直度、宽度、深度应满足钢管桩安装的要求； 2）锁口钢管桩加工制作应在专业工厂内进行，锁口与钢管桩焊接牢固。每根钢管桩的锁口孔进行畅通试验，锁口应平顺、光滑、不易变形； 3）钢管桩吊装就位位置准确、垂直，相邻钢管桩阴阳锁口相互契合，锁口渗漏水量符合有关规定；钢管桩混凝土采用水下导管法灌注，水下混凝土浇筑应连续、不间断； 4）钢管桩应考虑尽量重复利用，水下切割及拔除应满足相关规定。 （11）围堰工程施工应符合下列规定： 1）水中临时围堰应编制专项施工方案，必要时应对方案组织专家论证，并取得海事、港口、航道等主管部门的同意； 2）围堰工程应符合如下规定： ① 围堰堰体及坑底在最大洪水位、最低水位、抽水等情况下均保持其稳定性。在围堰内抽下水后，围堰内的总渗水量应满足施工作业条件要求； ② 围堰的顶面高程应高出施工期间可能出现的最高水位（包括浪高）0.5～0.7m； ③ 围堰的外形和尺寸应考虑减少对河道泄洪、通航、导流的影响。对河流断面被压缩后流速增大导致水流对围堰本身和河床的集中冲刷，应有防护措施； ④ 围堰应便于施工、维护及拆除。材质及施工、维护作业应符合河道水质、生态环境保护的要求。围堰拆除应清除遗留物，恢复至原航道水深并对水域进行硬式扫床。 3）模袋围堰应符合下列规定： ① 模袋尺寸、填筑量应根据围堰尺寸、吊装难易度、现场水文地质条件等合理选定； ② 模袋铺设时上下袋体应错缝铺设，堰体填筑宜预留沉降量和断面富余度； ③ 模袋围堰内抽水应缓慢渐进，保证围堰稳定，并对围堰的水平位移及沉降进行监测； ④ 模袋围堰迎水坡应有覆压土工膜或模袋混凝土等防冲刷措施；宜采用抛石压脚等稳固措施； ⑤ 临时围堰拆除应满足经济、安全、环保的要求。 4）水下浇筑混凝土连续墙围堰施工应符合下列要求： ① 浇筑前应对作业面进行清理； ② 水下模板及其支撑应具有足够的承载能力、刚度和稳定性； ③ 由潜水员协助完成钢筋、钢筋网等安装施工作业。 ④ 水下混凝土应采用钢导管水下灌注法； ⑤ 当水下混凝土强度达到设计强度的50%后，方可进行水下模板的拆除工作； ⑥ 水下混凝土墙临时围堰采取水下爆破拆除时，应根据现场实际情况采用微差抛掷爆破或静态爆破。 5）水深3.0m以内、流速1.5m/s以内时，可考虑采用土袋围堰； 6）竹笼、木笼、铅丝笼及钢笼围堰适合于水深4.0m以内的情况，各种笼体的制作应坚固；围堰的层数、高度宜根据水深、流速等因素确定，宽度宜为水深的1.0～1.5倍。				
审核人			交接人		接受交底人	

工程名称		施工单位		编号	
序号	项目	干坞施工技术交底的主要内容			

<table>
<tr><td rowspan="1">2</td><td rowspan="1">固定干坞</td><td>

（12）堤岸恢复及护岸施工应符合下列规定：

1）沉管隧道的基槽开挖、爆破对堤岸的稳定性有较大影响时应采取措施降低影响。

2）应根据设计文件及相关主管部门的要求复建、新建、改建护岸结构。护岸拆除与重建应符合下列规定：

① 应选择安全、经济、环保、扰动小的施工方法；

② 破除堤岸前，应进行预支护或加固处理；

③ 恢复护岸应注意与原岸壁有效衔接，确保结构牢固。

3）应根据设计的文件、沉管隧道的施工组织及现场的条件，制定临时护岸与永久护岸的施工方案；

4）护岸工程施工应符合水利、港口、堤防工程等有关国家现行规范标准的规定。

（13）干坞内放（注）、排水速度和深度应严格按照设计要求实施。

（14）在坞口封闭阶段，干坞防汛体系应独立；坞口敞开阶段，与施工区域外的原河堤防汛墙形成共同防汛体系；工程结束后，恢复原防汛墙，以确保坞内施工安全和防汛墙外陆地的防汛安全。施工期间应对江（河、湖、海）堤岸和附属建构筑物、管线等进行监测。

3．坞底处理

（1）坞底处理包括管节预制区和坞底道路区2部分，坞底为土层时，管节预制区基底处理一般分4层，包括底基层、倒滤层、封闭层及起浮层；坞底道路区基底处理比较简单，包括底基稳定倒滤层及钢筋混凝土路面层。坞底为岩层时，管节预制区和坞底道路区可依据设计要求一并实施。固定干坞坞底处理应符合表4.4-1规定。

固定干坞坞底控制标准　　　　　　　　　表 4.4-1

序号	基本项目	固定干坞坞底控制值	检验方法
1	承载能力	满足设计要求	承载力试验
2	平整度	≤3mm	3m靠尺
3	标高	±10mm	水准仪
4	差异沉降	≤1%、≤1b，且≤20mm	水准仪

注：b——管节宽度。

4．坞门

坞口结构形式有很多种，主要从经济、合理、便捷等方面进行设计，传统的坞门分为横拉门、卧倒门、人字门、浮坞门4种。坞门结构应有必要的强度和刚度，应满足门体水密和关闭密合的要求，应保证使用时工作的机动性和可靠性。

（1）坞门顶层甲板上应有通道，以保证物品和行人跨过船闸。坞门的结构和密合性对支座接触长度上的水密性有重要影响。常用于干坞坞口形式主要有：钢筋混凝土沉箱式坞门、钢板插拔式坞门、钢管桩坞门等形式。

（2）横拉门是由直交的水平桁架、铅垂桁架和面板组成的透空式空间结构。横拉门最常见的形式是直角平行六面体。按横拉门的构造特点，可分为承重骨架一侧有面板的挡板式坞门和骨架与面板完全封闭的箱式坞门。横拉门的特点是一侧坞门中必须设置门室，开坞门时将坞门存放在门室内。横拉门刚度大，能适应大跨度情况，但用钢量大，要求坞首设门盒，增加工程造价，在干船坞中采用不多。

</td></tr>
</table>

审核人		交接人		接受交底人	

工程名称		施工单位		编号	
序号	项目	干坞施工技术交底的主要内容			
2	固定干坞	（3）卧倒门是一种支承在两个铰支座上面绕水平轴旋转的钢制坞门。坞门开启时系平卧在坞口前水底上的坑中，而在关闭时，当坞内抽干以后，则在静水压力作用下紧压在坞首门墩和坞槛上。这种坞门在宽坞口的现代化干船坞中被广泛采用。它制造简单、启闭操作需要的时间不长，能够增加船坞的有效长度，因而相应地降低了建筑物的总造价。 （4）人字门水密性差，在干船坞中很少采用，多用在水利设施上，作为船闸，使用在三峡大坝上，作为通航所用的船闸。 1）浮箱式坞门又简称浮坞门，在目前的船坞中使用较广，浮坞门是个浮箱形闸门，当关闭船坞的进口时将它沉放到规定的位置，以闸门立柱紧靠门框和坞槛上。为了打开船坞，从浮箱里抽水以后，坞门浮起而被拖到一旁； 2）原始的浮箱式浮门，所有的压载舱全部用水做压载。在中段和上段的左右均各设有平衡水舱这是因为浮箱的浮力甚大，必须在中段和上段安排四个平衡水舱的水重超过浮门最大的浮力，如图 4.4-1 所示，这种浮箱式坞门制作简单，操作方便，不占船坞的有效长度。缺点为水舱多，开关时抽水量多，水泵与电动机比较大，浮沉速度慢； 图 4.4-1　原始的浮箱式浮门　　　　图 4.4-2　潮汐舱浮箱式浮门 3）浮箱式浮门的上段可以采用溢流舱（潮汐）如图 4.4-2 所示，已达到溢流舱内的水重与浮力相抵消。在设计时确定闸门的轻载吃水线。要三个水舱尚未装满时就可使闸门下沉； 4）当坞门淹没到上甲板顶时，即利用溢流舱充满水时，其全重超过浮力 5~10t。此时，闸门就可安全地工作而不发生振动。 （5）坞门的典型 1）港珠澳大桥坞属于钢筋混凝土沉箱式坞门。这种方式常用于多节管段预制的干坞。主要原理是把坞门做成空腔式的钢筋混凝土沉箱结构，坞门关闭时，把沉箱注满水下沉，坞门打开时，沉箱内水排出，然后浮出水面。特点是能重复利用，施工造价高，每次管段出坞后，需要进行沉箱防水的检查与维修； 2）钢板插拔门坞口常用于多管段预制的干坞。此结构实际施工中应用比较少，因为风险性高，一是受水流速度的影响，打开与关闭不易；二是钢板插板门较大，处于水中，易锈蚀。但此种结构最大优点是制作与施工简单，采用钢结构一次性焊接完成，并整体安装到位；				
审核人		交接人		接受交底人	

141

工程名称		施工单位		编号	
序号	项目	干坞施工技术交底的主要内容			
2	固定干坞	3）钢管桩坞门结构在轴线内干坞及一次性浮运沉放的干坞应用普遍。主要原理是利用干坞的岸壁保护结构与锁口钢管桩连接，共同组成干坞的坞口围护结构，同时在钢管桩外侧进行止水帷幕施工，大大提高了坞口的防渗水功能。此种结构特点是施工简单、风险性低、造价低廉、但不能重复利用，拆除比较困难。 （6）坞口锁口钢管桩施工 主要采用液压抓斗机械成槽，主要包括：导墙施工、成槽施工、钢管桩安装、混凝土灌注、泥浆固化等施工工序。 1）导墙施工 根据施工区域地质情况，导墙做成现浇钢筋混凝土结构，导墙内侧加宽100mm，即采用宽1300mm，厚300mm，顶标高2.5m，导墙结构如图4.4-3所示； 图 4.4-3 导墙结构示意图 2）成槽施工 ①挖槽：钢管桩墙成槽采用液压抓斗成槽机施工。首先进行场地平整，碾压密实，软弱地基进行换填。挖槽施工中，泥浆由泥浆池注入开挖槽段，边开挖边注入，保持泥浆液面距离导墙面0.2m左右，并高于地下水位1m以上。清槽过程中，采用泵吸反循环，泥浆由循环池泵入槽内； ②成槽注意事项：成槽过程中，由专人指挥；控制好抓斗垂直度，在10m以上浅部位应注意抓斗的垂直度以及抓斗升降速度，不宜过快，抓斗的方向应经常调换180°并密切注意泥浆面的变化；当接近槽底设计标高时，放慢挖槽速度，仔细测量槽深，防止超挖和欠挖； ③清槽：抓挖达到设计标高后，采用自槽段一端往另一端铲挖扫孔，每次移动约0.5m扫孔后静置0.5h进行检测，沉渣厚度≤10cm，并用超声波测壁仪在槽内左、中、右3个位置分别扫描槽壁，最大凸出量或凹进量与槽壁深度之比即为槽壁垂直度，结果取3个数值平均数； 3）钢管桩制作与吊装： ①钢管桩制作：钢管桩分为 A、B、C 三种型号带锁口，其主钢管直径为1190mm钢管，两侧设锁口钢管，A 型钢管桩55根，B、C 型钢管桩各两根；A、B、C 型钢管如图4.4-4所示； 图 4.4-4 钢管桩结构断面
审核人		交接人		接受交底人	

工程名称		施工单位		编号	
序号	项目	干坞施工技术交底的主要内容			

<table>
<tr><td rowspan="1">2</td><td rowspan="1">固定干坞</td><td>

② 钢管桩吊装：起吊点设置：钢管桩吊点通过试吊确定。预设 2 组 5 个起吊点，分别在钢管的两端 0.5m、10.5m 处各设置 2 个起吊点，中间 26.65m，36.65m，46.65m 处设 3 个起吊点，起吊点段环向帮焊 30mm 厚钢板以加固补强，如图 4.4-5 所示；

图 4.4-5　钢管桩吊点布置示意图（单位：m）

试吊：吊装前在钢管桩的中部用红色油漆标出中心位置，用作经纬仪定位。主机起吊钢管顶、中上部，副机起吊钢管中下部，使钢管缓慢调离制作平台。当钢管桩调离工作平台时，及时检查钢丝绳的受力情况及吊点位置是否存在焊缝脱焊情况。钢管桩吊起与地面成 45°时，观察钢管桩的变形情况，并检查钢丝绳，保证作业安全。主、副机在同步行走时，钢管的一端升高直至垂直，副机停止起吊，主机继续起吊和回转，慢慢撤除副机吊钩，直至把钢管桩吊直后，将副机脱钩，最后由主机将钢管桩缓慢移至槽段边缘；

4）钢管桩安装入槽：

① 准备工作：现场配备 40t 液压振动锤。因为在吊装过程中，如果槽内有砂层等障碍物阻碍钢管桩的正常安装，可采用钢管桩四周设置安全钢丝绳，保护其垂直度，后由主机反复吊起 30～40cm 做贯入动作，如果失败，可用 40t 锤锤击，使钢管桩慢慢下入槽内，达到设计标高。为保证起吊时索具的安全，吊装钢管桩时应设置吊耳，吊耳应通过钢管桩中心的铅垂线。为避免吊起的钢管桩自由摆动，应在钢管桩的上部设置牵引溜绳，以便固定钢管桩及调整其入槽姿态；

② 安装入槽：吊装采用 250t 和 150t 履带式起重机进行作业。钢管桩吊起后由 250t 起重机送入槽内，如图 4.4-6 所示。钢管桩主要靠自重入槽，最终在桩头（1±0.2m）以静压方法压入，当钢管桩底距基础位置 40～100mm 时，可在整桩底与基础两基线达到准确位置，指挥起重机下降就位，并临时将钢管桩固定，达到安全位置才能摘除吊钩；

图 4.4-6　履带式起重机吊装示意图
（a）双机施工；（b）单机施工

③ 施工中重点注意的是钢管桩之间相邻锁口必须从上而下插入，扣紧连接并使咬口中心线处于同一直线上；其中 B 型钢管中的 Q235 构件，插入其后施工岸壁保护结构地下连续墙内；

</td></tr>
</table>

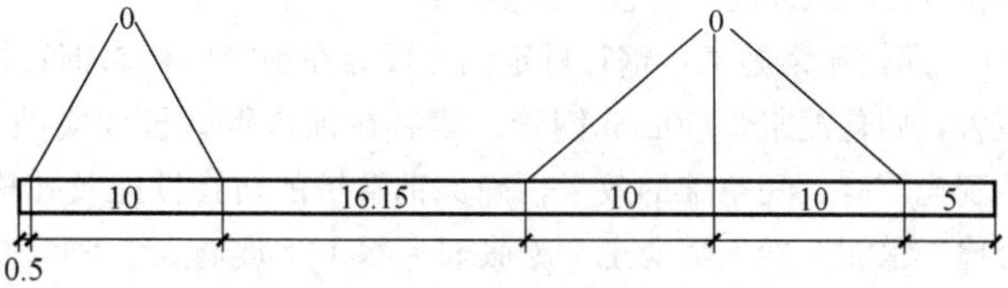

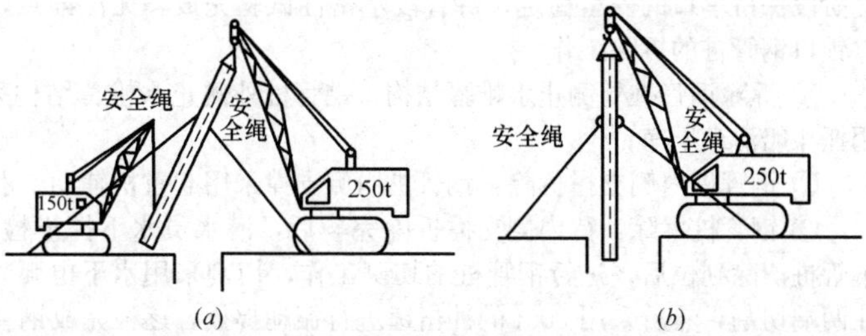

审核人		交接人		接受交底人	

工程名称		施工单位		编号	
序号	项目	干坞施工技术交底的主要内容			

| 2 | 固定干坞 | 5）钢管桩内灌注混凝土与桩帽施工：
钢管桩固定到位后，在钢管内灌注 C20 素混凝土，灌注标高为－23.12～－48.2m。灌注采用导管法。钢管桩桩帽采用 10mm 厚钢板，直径 1190mm，并在钢管桩的外侧焊接 10mm 钢板，钢板尺寸符合设计要求；
6）固化泥浆施工：钢管桩定位完成后在钢管桩相邻钢管接头部位，将其插入固化泥浆注浆管，固化泥浆管 50mm 钢管，然后在锁口钢管桩间空隙里回填碎石，灌注固化泥浆，以达到充填碎石间空隙的效果，确保钢管桩的防渗性能及孔槽的稳定性。固化泥浆材料及配合比，水泥∶砂∶膨润土∶膨胀剂∶水∶水玻璃为 1∶1∶0.18∶0.1∶0.9∶0.08，固化泥浆技术性能指标为灌注后 3h 的无侧限抗压强度 $q_u \geqslant 0.6 \sim 0.8$MPa，渗透系数 $K_h \leqslant 1 \times 10^{-8}$m/s。固化泥浆管平面布置如图 4.4-7 所示。

接头远端的注浆管(若需要)
接头两侧的注浆管
图 4.4-7　固化泥浆管平面布置示意图

7）其施工步骤如下：首先将注浆管插入槽内，保证接缝严密不漏浆；然后注浆由底部开始缓慢注浆，注浆时观察压力表的读数，初始压力定为 1～1.5MPa。随着深度减小，压力逐渐减小；然后注浆液由顶部冒出时，即表示注浆完成，继续灌注 3～5min 即可。结束注浆，注浆结束后关闭进浆阀门，最终形成具有一定强度的隔水帷幕。
8）管段浮运沉放阶段坞口钢管桩拆除
沉管管段在干坞内预制完成，并进行第 1 次舾装后，在干坞内进行管段的水密性试验，此阶段保持坞口的安全稳定，待管段水密性试验完成，无渗漏点，干坞内起浮后再进行坞口锁口钢管桩的拆除工作：
①拆除钢管桩外侧止水帷幕结构：钢管桩外侧止水帷幕结构采用钻孔机打碎，然后采用抓斗船清理干净；
②钢管桩内侧支撑拆除：钢管桩内侧支撑采用起重机辅助，潜水员水下切割完成；
③钢管桩拆除：待内侧支撑拆除完毕后，潜水员水下探摸检查以确定是否清除到位。钢管桩清除到位后，进行钢管桩的切割工作，切割采用水下电弧切割法，从钢管桩的中间往两端切割，然后采用 200t 的冲击锤进行振动提拔，逐根完成钢管桩的切拔工作。
9）干坞内放排水
干坞内放排水应该严格按照设计要求实施，主要保障干坞的安全以及管节能正常起浮和浮运。坞内排水系统分为坡面排水系统和坞底排水系统。坡面排水系统由坡面排水孔、坡顶纵向排水沟、二级平台排水沟、坡面横向连接沟及集水井组成；坞底排水系统由横向盲沟管、坞底排水沟及集水井组成。 |

审核人		交接人		接受交底人	

工程名称		施工单位		编号	
序号	项目	干坞施工技术交底的主要内容			
3	移动干坞	1. 技术特点 　　移动干坞方案是沉管隧道建设中的一个创举，和固定干坞方案比，它具有以下几方面的优点。 　　(1) 省去了固定干坞本身的建造时间（一般的固定干坞都需要半年左右的建造工期），一开工就可以直接进行管段的预制，有利于节省工期。 　　(2) 在半潜驳上进行管段的预制，可以大大节省岸上施工场地的占用，尤其当施工场地紧张时更具优势。 　　(3) 管段预制完成后，可以通过半潜驳运载管段到隧道附近，由于半潜驳的吃水深度比管段小，可以大大节省航道的疏浚费用，有利于降低工程造价。 　　2. 适用范围 　　移动干坞方案是采用大吨位半潜驳来替代固定干坞，以其作为管节预制、运输及出运平台，适用于缩短工期，节约用地情况。沉管隧道是否选用半潜驳制作沉管，须注意以下因素： 　　(1) 设备的适用性：沉管隧道最长的有 200m，最宽的超过 45m，由此是否选用半潜驳工艺与沉管结构尺寸有关，这也成了半潜驳工艺的一大局限性。 　　(2) 方案的经济性：沉管管节采用半潜驳预制是与固定干坞、轴线干坞综合经济、工期比较后确定的。以广州仑头生物岛沉管隧道工程为例，隧道轴线地质较差、轴线干坞处理费用较高，有四节管段，轴线干坞顶制工期太长，是最先被否定的方案。固定干坞则是城市隧道建设中，周围场地征地拆迁难以决定的。工程原计划在生物岛上作固定干坞，但场地问题无法解决。但如果周围有场地，无须征地拆迁，预制沉管管节就不一定比半潜驳贵。 　　(3) 工期的适用性：在半潜驳上预制沉管，与现有半潜驳数量和预制管节数关系密切。广州仑头生物岛沉管隧道工程 4 节沉管，采用两条半潜驳预制，每节沉管预制 5 个月，总工期 10 个月。如沉管管节数量太多，则预制时间太长，对工期影响将太大，就不能选用半潜驳预制沉管。 　　3. 移动干坞的工艺原理 　　概述： 　　1) 移动干坞方案就是修建或租用大型半潜驳作为可移动式干坞，在移动干坞上完成管段的预制作业，然后利用拖轮将半潜驳拖运到隧道附近已建好的港池内下潜，实现管段与驳船的分离，再将管段浮运到隧道位置完成沉放安装工作； 　　2) 而半潜驳则是一种有动力或无动力的驳船，船身内有进水、排水系统，通过抽水进入船身可以下潜一半甚至部分坐地，使船上的物品缓慢下潜入水，并浮离驳船。驳船再进行舱内抽水，船身上浮拖走； 　　3) 对预制构件的要求：用半潜驳预制沉管，是由半潜驳预制或拖运安装码头沉箱的工艺借鉴引用而来。这类构件有以下特点： 　　① 构件均为水下或水中结构，安装时不离开水； 　　② 构件均设有空腔结构，使其在水下能提供巨大的浮力，以使构件自浮或使其在水下或水中的重量减小到起重设备的能力范围内。			
审核人		交接人		接受交底人	

工程名称		施工单位		编号	
序号	项目	干坞施工技术交底的主要内容			

		4) 对预制用驳船要求：

3 | 移动干坞 |

4) 对预制用驳船要求：

① 由于沉管的重量和几何尺寸，预制用驳船必须满足以下要求：驳船具有下潜的功能，下潜的深度可以使沉管浮起；驳船的有效使用面积满足构件预制对场地大小的要求；驳船的载重量满足构件的重量要求；驳船的强度和刚度满足预制构件要求；在预制、拖航、下潜等全过程驳船的稳定性都必须满足要求；

② 预制过程中船舶的变形计算及控制：船舶甲板的变形特点：半潜驳作为管节预制平台，预制过程中甲板跟陆上地基一样，承受荷载后会产生沉降变形，不同的是甲板的变形会一次完成；而且船舶的变形可以根据预定方案，通过船舶本身的压载系统对船舶荷载进行调配，使船舶变形最小；

③ 变形计算：一般都是采用弹性梁模拟船舶受力，其变形量可以用近似公式计算即变形量 $y=\beta M_{min} l^2/EI$。其值应比实际偏大，因为计算时只考虑船舶的纵向受力构件，未考虑船舶横向构件对纵向构件刚度的提高。如建立有限元模型计算，其变形量会更精确；

④ 半潜驳甲板变形对管节预制质量的影响和控制：甲板变形，一方面会直接引起管节预制成形偏差，另一方面也会引起其测量基准系统的控制精度，实际上半潜驳甲板的刚度是非常大的，承重后的变形量是非常有限的，因此对管节外形的直接影响也是非常有限的。从理论上来说，甲板的微小变形都会影响建立在半潜驳上的测量基准系统的精度，从而引起管节预制成形偏差，但后者的影响完全可以通过重建测量基准面的措施来得到修正消除；

⑤ 根据以前完成的工程实例，无论是以该工程的类似的沉箱结构预制。还是一般的钢筋混凝土构件预制，其外形尺寸均能得到有限控制，误差完全满足设计和规范的要求。

5) 预制停泊的码头：在半潜驳上预制沉管还必须有一个供驳船靠泊的码头，可以是租用现有的码头，也可以建造一个临时的码头。码头的水深满足半潜驳在预制过程中的最大吃水要求，码头到隧址的航道满足拖航要求，码头的后方必须有足够的施工材料、设施场地，租用或新建临时码头主要由经济性决定。半潜驳预制沉管管节预制基地施工平面布置图，见图 4.4-8 所示。

4. 施工工艺流程及操作要求

施工工艺流程如图 4.4-9 所示。其施工中的具体操作要求如下：

(1) 半潜驳上测量系统的建立

根据工程四节预制管段的长度，采用广州打捞局的半潜驳："重任 1601、1602"两艘船均进行了改造，在半潜驳的甲板面初步定位。定位时要充分考虑模板厚度、脚手架、工作通道、钢筋和模板临时堆放等因素，与技术主管驳船船长以及有关人员共同研究确定管段制作位置。建立船舶受力变形分析系统和测量监控系统，根据管节预制计划，计算各阶段的船舶变形，编制调配计划及测量控制计划；

(2) 找甲板的平行面：在甲板管段预制中间位置烧焊一个 1.2m 高，能架设经纬仪的三脚架，编号为 0 点；

1) 在岸上把经纬仪架好调平，把竖直度盘调置 90°并锁紧竖直度盘和水平度盘。经纬仪找好与大地水准面以后把经纬仪搬到船上 0 点测量架上置镜，找仪器与甲板平行面。先量出经纬仪横轴到甲板面的高度，然后在驳船四个角位置上焊一支钢筋垂直甲板并支撑固定好。在垂直钢筋 1.4m 高做油漆或其他明显标记，开始测定甲板的平行面；

审核人		交接人		接受交底人	

工程名称		施工单位		编号	
序号	项目	干坞施工技术交底的主要内容			
3	移动干坞				

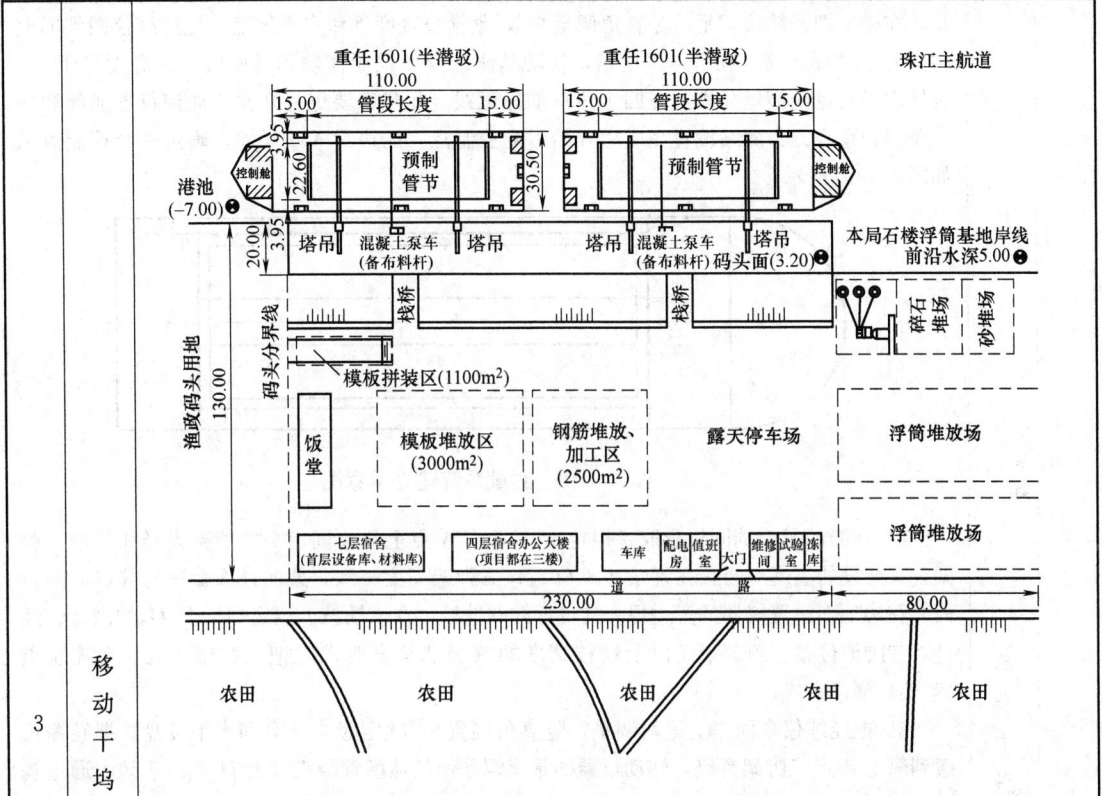

图 4.4-8　半潜驳预制沉管管节预制基地施工平面布置图

2）其主要方法：松开经纬仪水平度盘，通过转动仪器基座螺丝使经纬仪的横丝分别对准四个角钢筋 1.4m 高的位置上。但由于驳船长期装载大型构件造成甲板的凹凸不平，所以仪器的横丝不可能与四个角钢筋 1.4m 标记都重合，因此只要找到四个角高度最接近的时候，就可认为经纬仪当前所测定的高度面与甲板面是平行面，也是管段制作的始算面；

3）这个平行面确定以后，即把船上四个角钢筋 1.4m 高的标记去掉，以目前仪器的横丝为准做上新的标记。并量取仪器横轴到基座底部的高度。

（3）半潜驳上测量控制点施测

1）预制管段在甲板的具体位置确定后，甲板的平行面也已经测定，开始引测控制点。其方法

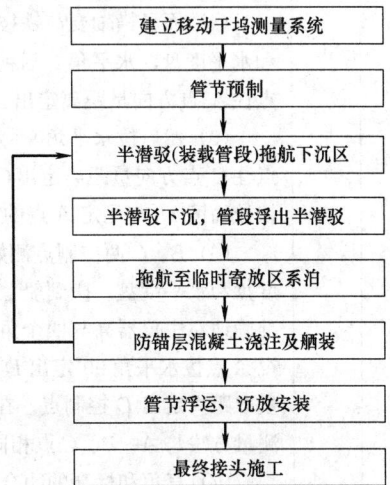

图 4.4-9　半潜驳预制沉管管节与管节运输沉放施工流程图

审核人		交接人		接受交底人	

工程名称		施工单位		编号	
序号	项目	干坞施工技术交底的主要内容			

<table>
<tr><td>3</td><td>移动干坞</td><td>

是，在岸上把经纬仪调平，竖直角调至 90°，紧锁竖直度盘和水平度盘，把经纬仪搬到船上中间 O 点测站置镜，松开水平度盘，转动基座螺丝使仪器横轴到基座底部的高度等于 H。旋转水平度盘使横丝分别对齐四个角钢筋标记线。此步骤要重复几次才能使仪器横丝和四个角标记重合。当测站设置完成后开始引测控制点。船边量入 a 尺寸，确定一个控制点 A 如图 4.4-10 所示； 

图 4.4-10　测量系统建立示意图

2）在船的另一端同样量取 a 拟定出 A' 并在 A 点上烧焊固定一个能架设经纬仪的三脚架，其架设的高度应与正在置站（即 O 站）三脚架高度一致，架的顶面要平行仪器的平行面并在架顶面设置仪器的旁边焊一支可拆卸的铁枝，在该铁枝上测定并标上 H_a 的高度。经过对三脚架位置、顶部平面以及铁枝高度的测定都符合要求时把三脚架焊死，A 控制点（测架）测设完成；

3）把经纬仪拿回岸上重新调平，竖直角调置 90° 锁定竖直度盘和水平度盘。把经纬仪搬到船上 A 点三脚架置镜，转动仪器的基座螺丝使仪器横轴与铁枝上 H_a 高度一致。通过基座螺丝的慢慢调校和仪器在三脚架顶微调，使经纬仪对中器对准甲板上 A 点，横丝对齐四个角钢筋标记。

（4）而且横轴要与铁枝上 H_a 高度一致。这三个条件都满足以后，经纬仪松开竖直度盘和水平度盘，水平角 0° 后视甲板面 A' 点。在 A 点到 A' 两点间弹出墨线，用标准钢尺从 A 点往 A' 点方向量距离定出 B 点。

（5）然后拨水平角 90° 定出 C' 点。并在 A 至 C' 两点间弹出墨线，一般用标准钢尺从 A 点往 C' 点方向量距离定出 C 点。随后在 B、C 两控制点点焊三脚架，架的位置在顶部平面，铁枝高度 H_a 与测定 A 点的方法相同。

（6）B、C 两控制点测好后，再把经纬仪拿到岸上重新调平，竖直角调置 90° 锁定竖直度盘和水平度盘。搬到船上 B 点三脚架上置镜，通过转动基座螺丝，位置微调，使对中器准确地对中仪器高与四个角标高线一致。B 站设置完成后，松开水平度盘和竖直度盘。后视 A 点拨水平角 90° 定出 D' 点，分别在 B 点到 D' 点弹出墨线，并从 B 点往 D' 点方向用钢尺量取距离定出 D 控制点。在 D 点烧焊一个三脚架，架的位置、顶部平面、铁枝高度 H_A 的测量方法与 A、B、C 点相同，可见图 4.4-15 所示。

（7）直角和标高的闭合测量与调整

1）由于控制点 A、B、C、D 点的测量方法是拉钢尺定出的，存在着一些误差，因此 A、B、C、D 并不是真正意义上直角闭合长方形，而必须进行闭合差调整；

</td></tr>
</table>

审核人		交接人		接受交底人	

工程名称		施工单位		编号	
序号	项目	干坞施工技术交底的主要内容			

序号 3，项目 移动干坞

2) 其方法是先把经纬仪置于 A 站，经过对中整平等调校，后视 B 点，拨水平角 $90°$ 重新测定 C 点，得出新点 C_1 点，把仪器置于 C_1 点后视 A 点拨水平角 $90°$ 测定 D 点得新点 D_1 点。仪器置于 D_1 点后视 C_1 点拨水平角 $90°$ 测定 B 点得新点 B_1 点，把仪器置 B_1 点后视 D_1 点重新测定 A 点得 A_1 点。A 点到 A_1 点闭合差测定以后，把闭合差分配到角 C_1、D_1、B_1 各点上；

3) 调整后得新点 C_2、D_2、B_2，然后重复以上测设步骤分别置镜于 A、C_2、D_2、B_2 再闭合到 A 点。在角度进行闭合调整的同时，A、B、C、D 角的标高线同样要进行闭合调整。一定要把角度，标高都调至闭合为止。角度和标高经过多次调整闭合后，就是说管段制作时的主要控制点得到确定；

4) 当 A、B、C、D 主要控制点测定以后，为了管段各部位施工的准确性，将设置一些校核点并做好定期校核工作，确保关键部位测量数据的准确性。同时为了施工方便，如方便管内预埋件、预留孔洞、管内标高、壁托定位施工以及管内测量点引测等。适当增加控制点 E、F、G、H，以便提高施工效率，其测定办法与 A、B、C、D 相同。

（8）半潜驳上水准测量与定线测量

1) 水准测量及台坐标高的确定：

① 在船上进行水准测量要比岸上困难。主要是仪器与甲板平行面测定的困难。在船上水准测量应先将经纬仪在岸上调平，竖直度盘调平 $90°$，并锁紧竖直度盘和水平度盘，搬到船上任意一个控制点上安置，根据测量部位而定，转动经纬仪基座螺丝使仪器高度等于 H_a 并与两相邻直角标记线重合，经慢慢调校满足上述要求后，仪器与甲板的平行面确定；

② 我们把这个平面作为整个管段建筑物标高的始算基准面。台坐标高的确定，先把凹凸不平的甲板进行测量，测出甲板最高点，以最高点提高 $20mm$ 作为台坐理论顶面标高，并用素混凝土找平，等混凝土凝固后方可进行管段制作等其他工序。

2) 船上的定线测量：

① 当 A、B、C、D 等控制点测定后，预制管段的测量放线不再困难。实施和操作方法与水准测量方法相似。在岸上把经纬仪调平，将竖直度盘调置 $90°$，把竖直度盘和水平度盘锁紧。仪器搬到船上控制点上置镜（根据放样部位而确定）转动基座螺丝使仪器高等于 H。并与两相邻直角标高度线重合，而且仪器对中要准确对中，经调校满足以上三个条件后经纬仪设置完成。此时可松开竖直度盘和水平度盘。后视前方控制点锁定水平度盘即可进行定线；

② 在半潜驳上预制沉管，由于驳船在水面上的动态平衡，铅垂线就不能使用，整个沉管结构的尺寸控制是以驳船上独立的测量体系进行控制的。在隧道沉管预制前，按沉管所需场地四周布四个固定观点，将经纬仪对应的观测点用钢板、钢支架焊死在甲板上。浇筑地台混凝土形成基准面。结构施工过程中，通过这些基准点进行结构横向、竖向的控制。

3) 钢端壳端封板的定位测量：

① 钢端壳端封板在管段制作过程中是至关重要的工序，因其制作精度高，施工难度大，焊接过程中容易产生变形。如何使端封板的精度符合要求是测量定位放线的关键；

② 根据设计院提供管段端面与垂直夹角和管的高度，计算其端壳上、下端最大差值，如 E_1 管最大差值等于 $\tan 1.4146° \times 8700mm = 215mm$。其设计端面为上、下差 $215mm$ 一个斜面。我们把这个设计端面往外平移 $50mm$ 作为端封板的控制面，见图 4.4-11 所示；

审核人		交接人		接受交底人	

工程名称		施工单位		编号	
序号	项目	干坞施工技术交底的主要内容			

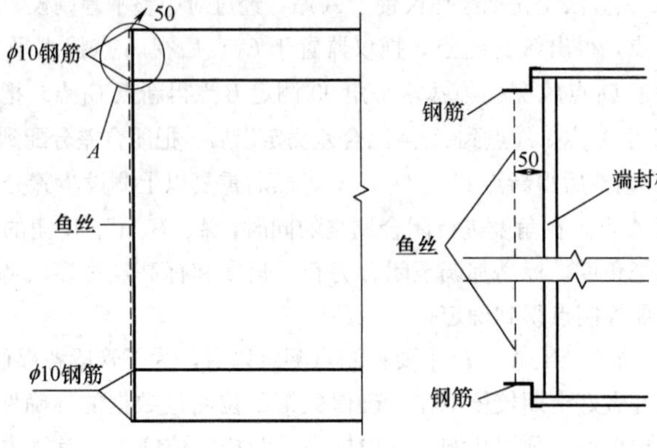

图 4.4-11　钢端壳侧面示意图（A 的放大图）

③ 其测定的方法是在钢端壳上下位置共点焊 φ10 长约 200mm 12 支钢筋，具体详见图 4.4-12。用仪器和直尺测定平移面在钢筋上的准确位置，并用钢锯做上记号。在进行焊接端板前，必须把控制点重新检查校核一遍，再次测定复核钢筋所标定的位置。准确无误后方可进行端封板的焊接，在实施烧焊时，所有钢筋标记都拉上网丝。确保端封板的平整度，竖直面坡度以及具体位置的准确性。

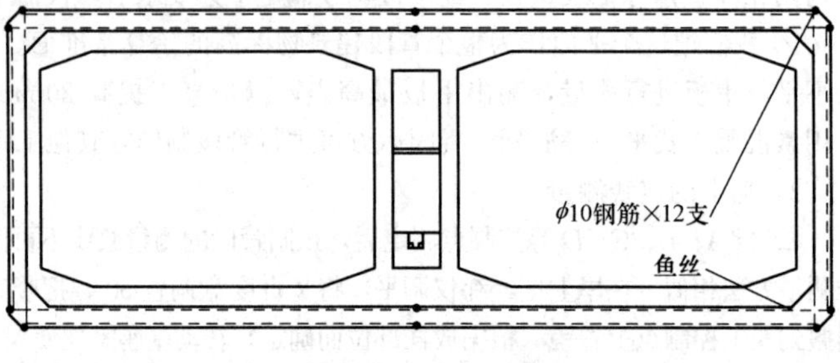

序号 3　项目 移动干坞

图 4.4-12　钢端壳正面及测量控制示意图

4）沉放控制点测量：

① 管内控制点的引测：当沉管段即将制作完成时，在管内两端水密门的对应通道上（靠近水密门位置但不能影响施工人员进出水密门）头尾各做一个测量点，其测定方法是：把经纬置于 E 站整平，对中后视 F 点，分别在管内引测两个测量点，并测定两点的里程和标高。当沉管沉放对接完成后，将根据该控制点测定沉管安装后的轴线、里程、标高等偏差。为预防水箱渗水或其他杂物阻挡造成测量困难或不能测量时，在管的另一孔对应的位置上同样做两个测量点，作为备用，确保安装后测量工作的顺利进行；

② 管顶控制点引测：管段预制完成后，在管的顶面中轴线靠两端壳以及管的中间位置引测三个控制点，并测定里程、标高等数据。压重层施工时注意保护好控制点，当测量塔装上以后，把里程、标高、坐标等测量数据引测至测量塔棱镜上，以便进行沉放安装测量工作。

审核人		交接人		接受交底人	

工程名称			施工单位		编号	
序号	项目		干坞施工技术交底的主要内容			
3	移动干坞	（9）管节预制（参见本章的4.5内容）。 （10）移动干坞预制沉管管节的拖航及沉放 移动干坞的拖航、下潜、管节浮离、管节拖出、管节寄放定位这一工艺流程是移动干坞工法最为特殊和非常独立的部分，涉及航运及水流、天气与风力、海事、船舶操作等系列与固定干坞差异较大的地方。 1）管节运输的特点及难点：管节是分别在两艘大型半潜驳甲板面预制的，预制点在广州打捞局小洲码头基地。管节预制完成后按施工计划拖往仑头海安装现场，半潜驳下潜，管节系泊浮出半潜驳，进行安装。小洲码头基地距管节沉放处约11海里，施工前改造好的半潜驳。管节拖航运输需要解决的问题如下： ① 半潜驳的拖航稳定性及结构强度管节重量约达1480t，管段在半潜驳甲板上制作完成后，半潜驳是否具有足够的稳定性以及其结构强度是否满足要求，这是管节能否拖航的前提之一； ② 拖航航道：半潜驳装载管节后，吃水深约7.0m。管节预制点至仑头海管节沉放处拖航路线航道的深度及宽度是否足够，这是管节能否运输的关键条件； ③ 半潜驳下潜过程浮态控制：能否控制半潜驳在下潜过程中出现的横倾，是管节能否安全、顺利浮出半潜驳的关键点及难点。 2）保证管节安全运输及管节安全浮出半潜驳的措施和对策： 该工程选用"重任1501"及"重任1601"作为移动钢浮坞。须对半潜驳的各种工况下的稳定性及强度做详细的校核计算，校核结果显示对两艘半潜驳船尾两侧加上两个平衡浮箱即可满足其下潜横向稳定性及强度要求； 管节预制变点至仑头的拖航航道水深都能满足管节的拖航水深要求。但从进入小洲水道后，航道变窄。为保证管节拖航过程的安全及顺利、须采取以下措施： 对管节拖航路线航道做详细的复核，对局部浅点区要进行开挖。在管节拖航时，申请港监部门安排警戒船沿途警戒；申请港监部门在管节进入现场水道后，对航道进行临时管制。 3）制定半潜驳下沉的详尽施工程序，并对每一施工步骤的船舶稳定性进行校核计算，根据计算结果采取应对措施。 （11）管槽开挖及航道疏浚 进生物岛隧道工程沉埋管段，水下挖泥工程主要包括沉管段基槽挖泥、管段预制拖运航道疏浚、沉放坑开挖等。该工程总挖泥量约为230000m³，其中管槽挖泥方量约为130000m³、沉放坑、寄放池及航道疏浚量约为100000m³。 1）半替驳下潜港池的选定： 管段预制完成后，就将半潜驳由预制码头拖航到预定的地方下潜卸船。选择的下潜点的水深不超过半潜驳的最大潜深，同时还必须满足构件卸船的要求。对该工程而言，要求下潜港池：水深 $h_w \geqslant$ 半潜驳型深7.6m+沉管浮出时吃水8.3m+浮出现隙0.4m=16.3m，水位按高潮水位计；下潜港池的底面尺寸为150m长、50m宽。 ① 施工方案根据工程的特点，水下挖泥分两个阶段进行，第一阶段采用两组4m抓斗船组，进行管槽表层土开挖，也即是粗挖；第二阶段再投入一组8m³抓斗船组及一套抽淤设备，进行深水开挖成槽或清淤；					
审核人			交接人		接受交底人	

工程名称		施工单位		编号	
序号	项目	干坞施工技术交底的主要内容			
3	移动干坞	② 开挖分区分层：管槽开挖采用平面上分段分区、立面上分层的开挖方法，根据设计图纸具体情况，每区按 10m×10m 的方格网分块施工；开挖时立面上分层逐次加深施工，原则上每层不超过 2m； ③ 施工总体安排：第一阶段投入两组 4m³ 抓斗船组，主要进行管槽表层以及沉放坑表层开挖，完成总工程量的 2/3 左右；第二阶段再投入一组 8m³ 抓斗船组，进行管槽最后的成槽，先期进场的 4m³ 抓斗船组主要完成临时航道的疏浚及沉放坑开挖； ④ 主要施工船舶：工程采用 2 艘 4m³ 及 1 艘 8m³ 抓斗式挖泥船，分别为"粤禺工6401"、"禺粤工 6409"及"浚嵘"，每条抓斗挖泥船备 2～3 条 250～500m³ 自航开体泥驳。 　2）挖泥施工方法： ① 基槽粗挖：第一阶段采用两艘 4m³ 挖泥船分别由河道中间向两岸开挖。为防止基槽底部回淤，基槽边坡 1：3，从基槽底部起 6m 处设置 1 个 2.5m 宽平台。粗挖时分层进行，分层厚度 2m 左右，第一阶段挖到距离基槽设计底标高 6m 平台处，再由第二阶段进场的8m³ 抓斗挖到离槽底设计高程 lm 左右，完成管槽的粗挖工作，进入精挖阶段，如图 4.4-13所示； 图 4.4-13　沉管隧道水下基槽开挖示意图 ② 精挖和清淤：沉管施工再进行最后一层的精挖和清淤。精挖前重新测量基槽回淤情况，根据基槽变化情况按照 10m×10m 的方格网分块精挖施工。挖泥作业时，根据每格土质和泥层厚度，确定下斗的间距，并考虑水流情况，避免漏斗、叠斗。每斗进行水深自检，完成一个方格后，再依次移至下一个方格； ③ 河道疏浚及沉放坑开挖：根据移动干坞方案的总体要求，管节运输包括在半潜驳上拖航，从小洲基地到隧道现场附近的沉放坑，以及从沉放坑到管轴线安装的浮运，这两段航道的水深要求不同。从小洲基地至隧道现场航道轴线水深均能满足要求，局部河道较狭窄或有浅点的部位可根据实际情况进行局部疏浚，而浮运航道水深要求比较深； ④ 浮运航道宽 60m，按照最低海水位 3.6m、沉管段高度 8.55m，设计疏浚控制高程－5.4m，水深在 10m 以内，河道内基本为淤泥层～砂层，边坡按 1：7 开挖。本着宁低勿高的原则疏浚河道，采用 4m³ 抓斗式挖泥船进行疏浚； ⑤ 在施工现场需设置 50m×150m×16m 的沉放坑，用作半潜驳下潜区域，水深较深，开挖方法可参考管槽开挖方法； ⑥ 开挖泥土运输及抛卸：所挖泥土自航泥驳运至指定的抛泥区抛卸。其具体基槽开挖的施工方法参见本章 4.8 的内容。			
审核人		交接人		接受交底人	

工程名称			施工单位		编号	
序号	项目		干坞施工技术交底的主要内容			

序号 3　项目：移动干坞

（12）半潜驳拖运、下潜及浮出沉管管段：

1）概况：采用半潜驳预制的沉管管节在广州打捞局基地码头—小洲基地码头进行管段预制施工，废码头与仑头隧道位置距离 10.5 海里，必须采用拖轮拖到隧道旁事先开挖好的下潜寄放区，并等隧道两侧的岸上段工程完工后，再进行沉管的沉放对接，因此半潜驳的拖运、下潜及浮出管段必需按计划顺利进行，才能保证每条半潜驳可以顺利预制两条沉管管段；

2）总体施工流程及顺序：管节运输沉放施工流程，见图 4.4-9 所示；

其运输沉放顺序如下：该工程江中段共有 4 节管段，从仑头往生物岛依次为 E_1、E_2、E_3、E_4；管节安装时，最终接头采用水中接头施工方案，管节运输浮运就位顺序：$E_1 \rightarrow E_2 \rightarrow E_4 \rightarrow E_3$，沉放安装顺序：$E_1 \rightarrow E_2 \rightarrow E_4 \rightarrow E_3$；

3）管节运输：对航道的疏浚，其管段拖航线路为：广州打捞局小洲基地码头海心沙水道新造水道铁桩水道新洲水道官洲水道。管段拖航运输时，航道水深要求为 7.0m。根据最新海图显示，拖航线路的沿途水深绝大部分能满足拖航要求，在进入新洲水道后航道变窄，航道有个别浅点情况，需要进行详细探测并根据结果作必要的航道疏浚；

4）半潜驳拖航：管节由半潜驳装载拖航运输，采用 3 条拖轮拖带半潜驳到现场，小洲基地码头到仑头海隧道址拖航线路长约 10.5 海里，拖航时间约 3.5h。拖航如图 4.4-14 所示；

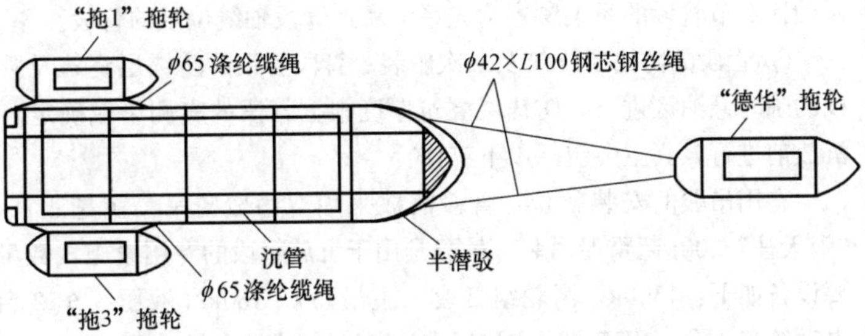

图 4.4-14　拖航过程的平面示意图

5）半潜驳下沉，管段浮出半潜驳：

① 图 4.4-15 所示为下潜沉放坑示意图，在距隧道轴线下游约 700m 的仑头海中开挖个寄放土坑，供半潜驳下沉使用。土坑开挖尺寸：长×宽×深＝150m×50m×15m（本处指底面的平面尺寸，深度为零水位以下 15m），开挖总方量约为 70000m³；

② 下潜起浮的程序：半潜驳装载管节下潜起浮过程中，必要时可采取起重船等辅助船舶助浮设计要求进行管节水密试验。下潜起浮步骤如下：拖带半潜驳在预定下沉位置抛锚定位，管段的绞拉及定位驳船就位有缆风绳；同时应系带好所有缆风绳；选择在当日最低潮，半潜驳艉端压水下沉坐落在河床面上；继续对半潜驳进行压水，使其艏端逐渐下沉；待潮水涨至管段底部离半潜驳甲板高度约 400mm 时，启动绞拉管段的工程驳船上的卷扬机，将管段缓慢地绞移出半潜驳；

6）管段拖航至临时系泊区系泊、寄放：

审核人		交接人		接受交底人	

工程名称		施工单位		编号	
序号	项目	干坞施工技术交底的主要内容			

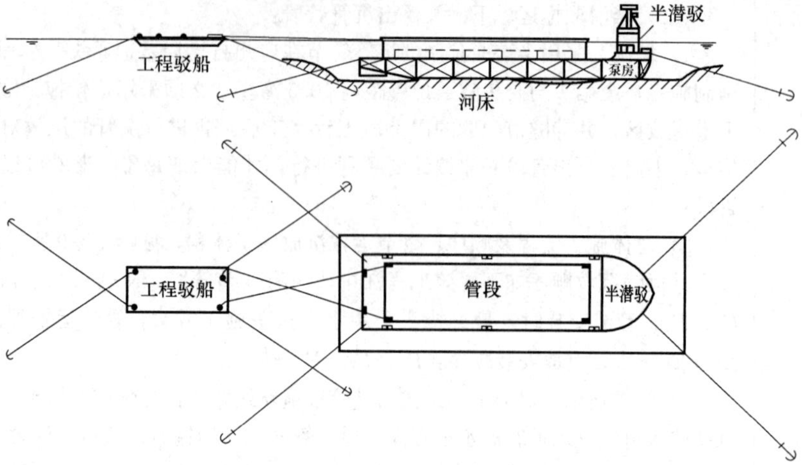

图 4.4-15 半潜驳在沉放坑就位下潜的示意图

3	移动干坞

① 临时寄放区：选择在距隧道轴线下游约 350m 处的区域作为管段的临时寄放区。在寄放区布设有 150t 的系泊锚块，寄放区可系泊、寄放 2 节管段，管段纵向布置；

② 管段的拖航及系泊放：管段移出半潜驳后，用拖轮把管段拖航至系泊区系泊寄放。系泊区 2 节管段的系泊顺序为先系泊靠近管段轴线位置的管段。

③ 管段的防锚层浇筑及二次舾装；管段管顶的防锚层浇筑及管段的一次舾装工作在管段的临时系泊区进行，防锚层浇筑厚度根据管段的实测干舷确定。管段的二次舾装在管段沉放前进行，其主要包括以下工作：

专用吊驳的安装就位：管段沉放采用双吊驳骑吊吊沉施工法，吊驳的安装就位采用"南天柱"300t 起重船吊装。吊驳是用于沉放管段的专用设施，数量 2 只。每只吊驳上的主要设备如下：1500kN 滑轮组 2 套（主吊码）、150kN 液压绞车 2 台（配套主吊码）、30kN 电动绞车 4 台（用于吊驳定位）、300kVA 柜式发电机 1 台；

测量控制塔及人孔的安装：测量控制塔与人孔连接在一起安装，用起重船进行测量塔及人孔的安装就位。每节管段设 2 个测量控制塔，测量控制塔采用桁架结构形式，塔顶主要布置管段纵横向调节绞车。测量控制塔的平面尺寸为 5.5m×4.5m，高度为 12.5m。每个测量控制塔上均配备 3 台 100kN 液压绞车，其中 2 台用于管段横向调位，1 台用于管段纵向调位。管段首部的测量控制塔上还配备了 1 套供拉合千斤顶使用的液压站，1 个供指挥管段沉放对接用的控制室（仅 A 塔有布置）；

拉合装置：包括两个行程为 1.2m 的 2000kN 拉合千斤顶及配套设施；

纵、横调节系统：4 个固定式 1000kN 五轮滑车组，4 个移动式 1000kN 五轮滑车组，2 组 100kN 单滑轮（每组 2 个），2 个横调缆导缆针上，2 个横调缆导向滑轮；

其他舾装件：主要包括 4 个 2000kN 千斤顶拉合座，4 个 1500kN 的管段吊点。

7) 寄放区系泊系统设置：

审核人		交接人		接受交底人	

工程名称		施工单位		编号	
序号	项目	干坞施工技术交底的主要内容			

<table>
<tr><td rowspan="2">3</td><td rowspan="2">移动干坞</td><td colspan="4">

① 管段沉放安装时要能准确定位必须依靠可靠的定位系泊系统抵抗水流作用力。由于管段安装定位时主要承受横向水流力，而纵向水流作用力相对较小，因此采用四点系泊系统进行定位，锚块的抛设主要考虑抵抗横向水流作用力。

② 系泊系统的设计及施工：锚块的设计主要采用吸附式重力锚块，锚块为方形，中间为空腔结构：外形尺寸 5.5m×5.5m×3.5m，重量为 150t，采用钢筋混凝土结构。锚缆选型：主锚缆（横调）用 φ71mm×65m，金属绳芯钢丝绳，破断负荷 3000kN，数量共 4 条。施工：在管段浮运安装之前，在管段沉放区的预定位置，利用起重船进行重力锚块的设置，每节管段设置 4 个重力锚块。当沉放安装一节管段后，将已安装管段首部的两个重力锚块利用起重船吊移至下一节管段尾部预定区域进行抛设，而已安装管段尾部的两个重力锚块作为下一节管段首部系泊定位锚块；

8) 管段在寄放区系泊：当管段进入沉放区的预定位置后，先将迎流侧的系泊缆带上管面与五轮滑车组连接，并将系泊缆收紧。然后将背流侧的系泊缆带上管面与五轮滑车组连接，并利用在测量控制塔上设置的绞车，将系泊缆收紧系泊。

5. 材料与设备

主要施工船舶及机械设备见表 4.4-2 所列。
</td></tr>
<tr><td colspan="4">

半潜驳拖航、下潜、浮运和寄放主要船舶和设备　　　**表 4.4-2**

序号	设备名称	型号或规格	单位	数量	备　注
1	重任 1601 半潜驳	16000t	艘	1	运输平台
2	重任 1501 半潜驳	15000t	艘	1	运输平台
3	德华拖轮	2600HP	艘	1	拖　航
4	穗救拖 1	1682HP	艘	1	拖　航
5	穗救拖 3	1682HP	艘	1	拖　航
6	重任 103 工程船	1000t	艘	1	潜水母航
7	南天马起重船	300t	艘	1	沉放辅助船舶
8	灌砂工作船	1000t	艘	1	管段基础处理
9	工程方驳	L1400XB6m	艘	1	—

6. 质量控制

移动干坞制作沉管管节、浮运、寄存以及沉放对接管节执行的规范有：

(1)《工程测量规范》GB 50026—2007；

(2)《混凝土结构工程施工质量验收规范》GB 50204—2015；

(3)《钢结构工程施工质量验收规范》GB 50205—2001；

(4)《地下工程防水技术规范》GB 50108—2008；

(5)《地下防水工程质量验收规范》GB 50208—2008；
</td></tr>
</table>

审核人		交接人		接受交底人	

工程名称			施工单位		编号	
序号	项目		干坞施工技术交底的主要内容			
3	移动干坞	（6）《爆破安全规程》GB 6722—2014； （7）《给水排水管道工程施工及验收规范》GB 50268—2008； （8）《空气潜水安全要求》GB 26123—2010； （9）《空气潜水减压技术要求》GB 12521—2008； （10）《水运工程爆破技术规范》JTS 204—2008； （11）《疏浚与吹填工程施工规范》JTS 207—2012； （12）《公路勘测规范》JTG C 10—2007。 7. 安全措施 （1）拖航前的准备工作： 1）对沉箱必须稳妥加固。加固方案必须根据航运的有关规定进行详细计算与设计，并征得验船师和拖轮船长的同意； 2）起拖地点的水域务必具备足够的水深，确保拖轮的安全操纵； 3）驳船必须准备主拖缆及连接拖力点的拖航索具，主要包括：龙须缆、三角板、过桥缆及卸扣、同收缆及其绞车等设备、应急拖带索具等； 4）驳船应配备夜航信号灯，并应配备相应的光敏开关，控制舷灯的启闭。提供给该舷灯的电源或气体应足够维持整个航次使用； 5）驳船必须配置适宜的菱形球两个，一个菱形球悬挂驳船较高的显眼处（另一个菱形球是作为备用）； 6）驳船的压载抽水系统应保持良好的可用状态。以备在遭遇台风或其他紧急情况时应急使用； 7）驳船务必做好其内部封舱工作，确保船体水密，所有设备应适当加固，门窗、通风筒等应水密加固； 8）驳船调整前后吃水差应不小于 0.5m； 9）如果驳船上留有值守人员，应配备相应的生活、通信和救生设备等； 10）拖航准备工作应经有验船师检验，出具《检验报告》，并取得《适拖证书人》。 （2）拖航过程中的安全措施： 1）开航前，拖轮船长召集相关各方召开协调会； 2）应申请海事巡逻艇清道及维护拖航秩序，拖航前应发布《航行通告》； 3）拖轮制定的《航行计划》必须得到安监部门的审核认可； 4）拖航指挥关系：起拖航行及解拖均由拖轮船长指挥决定；驳船如果有人留守，则拖轮和驳船之间的联络方式、频道、时间及内容由双方商定。联络情况记入双方《航海日志》；在拖航过程中，拖轮船长是第一责任人，负责指挥整个拖航。船长必须恪尽职守，采取一切合理措施确保拖航安全； 5）气象保障：拖轮船长，确定在有 3 天好天气的预报情况下接拖开航；整个航次中风浪不大于 5 级；在航行途中，拖轮船长密切注意大气变化，收集整理气象资料，掌握台风等灾害性天气，科学分析预测，必要时修改航线，以便拖航正常；				
审核人			交接人		接受交底人	

工程名称		施工单位		编号	
序号	项目	干坞施工技术交底的主要内容			
3	移动干坞	6）同时，主管单位也密切关注天气和海况，在船队遭遇恶劣天气时，对拖轮给予必要指导，建议船舶采取合理应变措施； 7）拖航过程中，如发生主拖缆断缆事故，拖轮立即起用驳船上应急拖航索具接拖控制驳船。拖轮根据具体情况重新制作琵琶头接拖主拖缆，或更换主拖缆重新接拖； 8）在拖航过程中，拖轮必须按照航行规则谨慎驾驶，安全拖带，确保各种机器设备正常运转，定时检查拖航索具和驳船，并把检查情况详细记入《航海日志》； 9）在航行途中，如果出现拖轮自身难以克服的困难，或由于拖轮机器故障不能继续航程时，可根据具体情况更换相应性能和功率的拖轮，来完成本航次。 （3）下潜操作及安全措施： 1）卸船前的准备工作：选定作业点，制订卸船作业时驳船压载程序，确保不出现由于沉管浮游稳定性不足所带来的风险； 2）下潜卸船的安全措施主要有：关注天气与海况，选定3天好天气为正式下潜作业时段；作业时现场风力小于5级，涌浪不高于1m；作业过程中，沉管应始终具有足够的稳定性；拖轮在现场守护待命；各方现场作业人员和负责人保持通信联络；申请主管当局调派巡逻艇到现场维护。 （4）吊装作业安全规程： 1）作业前的准备工作：作业前应召开班前会，由船长或起重长讲解当天作业内容及安全注意事项，并核对好全船各岗位的通信联络工具，以保持作业时步调一致； 2）指挥者应了解作业方案和浮吊的工作性能，督促、检查作业的准备工作； 3）根据作业区域水深和风浪情况，按《稳定性报告书》调整好船的纵倾及吃水，避免搁浅或因稳定性不足而造成事故，应在起重作业前把测水记录提交审查； 4）控制台操作人员须熟悉控制台各开关、仪表的作用及安全规则，才能熟悉操作。发现异常情况，应立即报告，安排检修排除。布好定位锚，并遵照避碰规则规定显示信号； 5）检查调整吊杆角度。使之适合负荷要求（吊杆角度是指杆在水平方向的入角，若船有纵倾，应对角度指示仪所示角度进行修正）。检查变幅索、吊索及其与滑轮、滑轮组的接触部位，确认技术状态正常； 6）检查绞车电气控制柜触点，确认其接触处于良好状态。对绞车运转部位及滑轮组、吊钩转环等处加足润滑油，保证灵活转动； 7）起吊前需进行负荷状态下的试车和钢索升降运动，证实其处于正常的技术状态后方能作业。合上变幅绞车棘轮，调好电子秤"零位"，确认使用绞车的风机运行指示灯已亮。 （5）施工作业时注意事项： 1）选择电机运行方式时，先按"紧急"按钮停电后，再转换并按"控制电源"按钮进行操作。操纵控制器变挡时，应注意电流表基本稳定后，再从1~8挡逐挡转换； 2）绞车房应有专人值班，监视排缆情况。当钢缆运动到缆筒两端时，应及时正确地操纵排缆器协助排缆； 3）起落吊件时，变速应顺序缓慢进行，避免骤然急速起吊和在快速下降中突然停止；			
审核人		交接人		接受交底人	

工程名称		施工单位		编号	
序号	项目	干坞施工技术交底的主要内容			
3	移动干坞	此外，应特别注意避免斜拉吊件； 　　4）作业高度接近吊钩，上止点和吊杆变副时，应派专人观察吊钩动滑轮组和定滑轮组的距离，避免两滑轮组相碰而造成事故；满索和空索指示灯亮、蝉鸣器响时，要注意将操纵控制器推向"零挡"； 　　5）操作注意电流表指示数值，无指示或指示超过额定时，立即停止操作并报告指挥者，待查明原因和采取措施后，方可继续作业； 　　6）移船时统一指挥各锚缆的松紧，各绞车操作不得自作主张随意收放锚缆； 　　7）吊索穿好后，起重指挥应认真检查有无重叠挤压、偏位等情况，如有上述情况，则应重新调整后方能起吊； 　　8）在航道附近施工时应缓慢，并注意其他船只干扰。 　　（6）不宜起重作业的各种因素：当出现下列情况之一时，应停止起重作业： 　　1）起吊设备固定或活动零部件的最大磨损或腐蚀超过原尺寸的10%，或发生裂纹、显著变形时； 　　2）吊货钩钩尖部分的仰长度超过原有间距的15%时； 　　3）吊货索、变幅索在8倍直径长度范围内，断丝根数超过总根数的10%或表面钢丝磨损、腐蚀达钢丝直径的40%以上时； 　　4）钢索结构已严重破坏，钢索直径减小超过7%时，活动部件不能正常转动时； 　　5）滑轮边缘折断或裂纹，轴或耳环弯曲或吊钩转环显著变形时； 　　6）吊机制动装置的制动衬垫有显著磨损，在摩擦表面上开始显露固定衬垫的铆钉时； 　　7）试机或作业中发现有异常响声时； 　　8）风速大于13.8m/s或浪高于1.5m时（如果作业现场受长涌影响，则起重作业条件应视船的摇摆情况酌定）； 　　9）吊件重量超过浮吊额定负荷或距离超出浮吊跨度时；更换变幅带索、吊货索、吊钩、滑轮组等部件后，未经试吊合格时。 　　（7）浮吊调迁安全规程 　　浮吊调迁起航前，应开好航前会统一安排拖航中的各项工作，特别是通信联络工作一定要检查落实； 　　1）迁前应根据《稳定性报告书》调好压载，以保证船有足够的稳定性。如在调迁时需在甲板上装载重物，则应重新核算船的稳定性； 　　2）如满足时方可装载，同时应对所装物件作切实可靠的固定，以防风浪中移位而危及船的安全，在航行前将测水记录提交船长备查； 　　3）迁前应降低吊杆至55″的位置，然后合上变幅绞车的棘轮并对吊钩（吊具）进行切实可靠的固定。固定工作由船（驳）长指挥进行，并经由船长检查确认后方可起航。			
审核人		交接人		接受交底人	

4.5 管节制作施工技术交底

沉管隧道的管节制作施工技术交底 表 4-5

工程名称			施工单位			编号	
序号	项目	管节制作施工技术交底的主要内容					
1	概述	(1) 沉管管节通常是在位于隧道轴线附近，预先开挖完成的干坞内提前预制而成，其结构形式主要有三种：钢壳管节、混凝土管节和钢壳＋混凝土的"三明治"结构形式管节。 1) 钢壳管节：是沉管隧道管节制作技术的最早起源，在早期得到广泛的应用。其制作工艺就是先预制钢壳，然后将钢壳滑行下水，接着在水中处于悬浮状态下浇筑混凝土，该制作工艺在美国应用较多，最有代表性的工程包括波士顿下水道工程、中国香港地铁隧道（尖沙咀—湾仔段）等； 2) 混凝土管节：自 20 世纪 40 年代创立以来，以其在防水性能以及材料制备上的许多优势，逐步取代钢壳管节成为目前最为广泛的沉管管节制作方式，其管节在临时干坞中预制而成后往干坞内灌水使其浮起，然后拖运至隧址位置沉放。其代表性工程包括我国香港地区的西区隧道、厄勒海峡隧道、釜山-臣济隧道以及目前港珠澳大桥岛隧工程； 3) 钢壳＋混凝土的"三明治"结构形式管节：是日本在以上两种管节结构制作基础上融合所形成的一种新的管节形式，其主要应用于日本沉管隧道建设中，代表性的工程包括大阪南港隧道、川崎-隧道、冲绳隧道以及土耳其博斯普鲁斯隧道。 (2) 就隧道规模上来讲，钢壳管节的规模适用于 2 车道，对于多车道隧道而言不经济，而混凝土管节和钢壳＋混凝土"三明治"结构管节，隧道规模一般能做到 4 车道或者更大。 (3) 就应用的范围而言，国内目前主要采用混凝土管节，接下来重点讨论混凝土管节的制作方式。此外，沉管隧道管节长度一般为 100～150m，通常由若干节段组成，标准段的各段之间的连接形式有刚性连接和柔性连接两种。 (4) 国内绝大多数项目采用钢筋全通的刚性连接方式。柔性连接施工期间通过张拉纵向临时预应力索将各节段连接成一个整体，以厄勒海峡隧道、釜山巨济隧道为代表，国内主要是已建通车的港珠澳大桥岛隧工程。无论设计采用何种方式，每一节段的施工方式是相同的。 (5) 管节预制应符合下列原则： 1) 应根据管节设计长度与现场条件选择合适的施工段长度，管节制作前必须针对工程具体特点开展相关工作试验； 2) 管节制作所使用材料、制品等的品种、规格和材质应符合设计要求。管节制作的钢筋、混凝土和模板应满足《混凝土结构工程施工质量验收规范》GB 50204—2015 有关规定； 3) 以管节自防水为基础，施工缝防水为重点，必要时在重点部位进行防水处理，形成完整的防水体系； 4) 管节防水施工应符合《地下防水工程质量验收规范》GB 50208—2011 有关规定； 5) 管节制作施工时预留的金属构件及预埋件施工应满足《钢结构工程施工质量验收规范》GB 50205—2001 的规定； 6) 施工单位应结合实际工程编制管节制作专项施工方案，并通过评审。					
审核人			交接人			接受交底人	

159

工程名称			施工单位		编号	
序号	项目		管节制作施工技术交底的主要内容			
2	管节预制场地设置	1. 干坞构造： 　　矩形钢筋混凝土预制管段一般在干坞中制作。作为项临时性工程，干坞不同于造船工业中用的船坞。船坞的周边有永久的钢筋混凝土坞墙或钢管桩围堰，而临时干坞一般采用简单的、有或没有护坡的天然土坡（个别情况下才用钢板桩围堰）。 　　(1) 坞址与规模：坞址一般选择在设计轴线上或设计轴线外。规模可选择一次完成管段制作的大规模干坞或分次完成管段制作的小规模干坞，坞址和规模的选择确定通常需结合工程的实际情况进行方案比选，最佳方案通常也是最经济的。 　　(2) 深度：干坞的深度，应确保管段制作完成后能顺利进行安装工作并浮运出坞。设计深度按下式确定： 　　　　设计深度＝管段吃水深度－出坞水位＋富裕水深 　　(3) 边坡：干坞边坡的确定要进行抗滑稳定性的验算。为保证边坡的稳定安全，一般多设井点系统降水，并进行护坡处理。在分批预制管段的小型临时干坞中，要特别注意干坞抽水时的边坡稳定性问题。 　　(4) 坞底：浇筑管节时作用干坞底上的附加荷载并不大，几万吨重的大型管段作用在坞底上的压力不超过 8090kPa，小于坞底的初始应力，地基强度不成问题。因此坞底通常只是在砂层上铺设一层 23～30m 厚的无筋混凝土或钢筋混凝土，亦可不用混凝土层而仅铺一层 1～2.5m 厚的砂土。另外在砂土层的面上再铺设一层 20～30cm 厚的砾石或碎石以防止砂土乱移，并保证坞内灌水时管段能顺利浮起。在采用混凝土底板时，亦要在管段底铺设一层砾石或碎石，以防管段起浮时被"吸住"。 　　(5) 坞首和坞门：在全部管段同一批制作的大型干坞中，可用土围堰或钢板桩围堰作坞首，管段出坞时，局部拆除坞首围堰就可将管段拖运出坞，在分批制作管段的中、小型干坞中，常用双排钢板桩围堰坞首，而用一段单排钢板桩作坞门。每次拖运管段出坞时，将此段单排钢板桩临时拔除。即可将管段拉出。若干坞考虑多次利用，则可采用浮箱式坞门。 　　2. 干坞内主要机具设备 　　临时干坞的机具设备与普通土建工程所需设备相近，其中包括混凝土搅拌站、水平运输车辆、起重设备和钢筋成型设备等。 　　(1) 混凝土搅拌站的生产能力或设备规模，通常按照施工组织设计要求而定，其供应量以能连续供应浇筑一节段（长约 20m 左右）所需混凝土为准。 　　(2) 干坞中的起重设备，通常为轨行门式起重机或塔式起重机。若干坞规模是一次制作所有管段，则轨行门式起重机较为常用；若干坞规模是分批制作管段，坞内需反复进水排水，则轨行门式起重机需反复拆装，反而不如塔式起重机一次安装方便。 　　(3) 在施工过程中，起重对象主要是模板、钢筋、混凝土料和橡胶止水带等，所以对起重能力的要求不高，通常是 50～75kN。对塔式起重机要求跨度应比管段宽度大 7～8m，净高应比管段高度高出 4m 以上。 　　(4) 临时干坞中的水平运输，常常采用电瓶车或卡车。电瓶车轨道一般直接铺在坞底上，而卡车运输道路则沿边坡延伸到坞底。 　　(5) 在临时干坞中拖运设备，一般采用普通的绞车。在坞内灌水、管段浮起、坞门开启之后，用安装在干坞周边坡顶上的绞车把管段缓缓拖运出坞，再由坞外的拖轮将出坞的管段拖到临时系泊地或管段舾装码头。				
审核人			交接人		接受交底人	

工程名称		施工单位		编号	
序号	项目	管节制作施工技术交底的主要内容			

序号 3　项目 混凝土管节的制作

1. 综述

(1) 混凝土管节是在干坞内预先制作管节的基本工艺,与陆地上的大型钢筋混凝土构件的制作工艺相类似。但是由于沉管施工的特殊性,预制的管节采用浮运沉设的施工方式,而且最终是埋设在河底水中,因此对预制管节的对称均匀性和水密性要求特别高。

(2) 管节预制时需考虑其对称性,因为对称性的控制是确保其在浮运时有足够干舷的有效措施,一般是干舷一管节在浮运时,为了保证稳定,必须使管顶面露出水面,其露出高度称为干舷,具有一定干舷的管节,遇到风浪发生倾侧后,会自动产生一个反倾力矩,使管节恢复平衡。

(3) 矩形管节在浮运时的干舷一般只有 10～15cm,仅占其全高的 1.2%～2% 左右。如果容量变化幅度稍大(超过 1% 以上),管节常会浮不起米,故需严格把控管节钢筋绑扎的质量,避免出现重量失衡;同时在浇筑混凝土的全过程中实行严密控制,控制混凝土的密度及均匀性。

(4) 此外,如果管节板、壁厚度局部偏差较大,或前后、左右的混凝土密度不均匀,管节就会倾斜,因此需采用大刚度的模板,模板的制作与安装必须达到以毫米计的高精度要求。

2. 管节预制流程

通常的管节预制分为钢筋及预埋件安装、模板处理、混凝土施工等步骤。管节的预制工艺流程如图 4.5-1 所示。

3. 钢筋工程

(1) 钢筋加工:钢筋下料成型是由切断机和弯曲机完成钢筋的下料成型。管节内外墙体竖向钢筋分两段下料成型,现场绑扎时搭接,横向钢筋一次下料成型;管节底板钢筋一次下料成型,凡大于原材料长度的钢筋均采用焊接或机械挤压式方法接长。

(2) 钢筋堆放及运输:

1) 钢筋堆放:钢筋堆放场地与钢筋加工场相邻,原材料按不同规格分批堆存并设有标牌,成品钢筋按绑扎顺序分类存放并设标牌,钢筋存放用石条支垫,高于场内地坪 30cm;

2) 成品钢筋运输:用平板车运输,塔吊或汽车吊机配合装运及安装绑扎;

3) 钢筋绑扎施工:管节钢筋笼属于超大尺度空间结构,其绑扎的进度和质量直接关系到管节的施工进度与质量。由于管节钢筋笼绑扎精度要求高,作业强度大,在施工中需特别注意钢筋重力密度控制以及成型钢筋落料、连接和保护层的控制。为确保施工进度和质量,通常可采用如下措施:

① 钢筋在配料车间统一加工,移动塔吊配合绑扎,采用移动式绑扎定位架施工;

② 主钢筋连接可以采用机械直螺纹接头连接工艺;可以使用定位筋形成骨架定位,以确保钢筋连接牢固,定位准确;

③ 保护层垫块可以采用标准模具专业生产,以提高其质量以及加工效率;

④ 设置防雨设施,确保钢筋加工可以连续作业。

4) 钢筋绑扎过程中应注意事项如下:

① 由于管节墙体高度较高,第二段墙体钢筋绑扎前,应先用 φ48mm 钢管脚手架。搭设临时工作平台,待绑扎工作完成后,拆除脚手架。

审核人		交接人		接受交底人	

工程名称		施工单位	编号	
序号	项目	管节制作施工技术交底的主要内容		
3	混凝土管节的制作	图 4.5-1 管节预制施工流程图		

② 绑扎墙体钢筋时，为保证钢筋骨架稳定，绑扎钢筋时采取临时钢管固定成型，并增加绑扎结点和支撑点，必要时结点采用焊接。

③ 临时钢管在钢筋骨架形成并稳定后，并在施工完毕后进行拆除。

④ 钢筋保护层混凝土垫块厚度应严格按设计计规定制作，其强度及密度均要高于管节本体混凝土强度。

⑤ 绑扎钢筋的钢丝头不得伸入混凝土保护层内，全部向内折。

⑥ 钢筋弯钩的搭接点要沿管节轴线方向交错布置。

4. 模板工程

(1) 管节制作的模板工程应符合下列规定：

1) 应制定专项施工技术方案，并符合下列规定：

审核人		交接人		接受交底人	

162

工程名称		施工单位		编号	
序号	项目	管节制作施工技术交底的主要内容			

3	混凝土管节的制作	① 模板设计应满足管节结构几何尺寸要求； ② 宜选用定型钢模板，支撑体系应根据管节几何尺寸与干坞形式等因素确定； ③ 模板和支架的强度、刚度、稳定性应满足钢筋混凝土结构及施工的各项荷载要求；模板安装精度应满足管节预制要求； ④ 管节侧堵的内外侧模板及支撑系统应设计为相对独立的支模系统，外墙模板不宜采用通长对拉螺栓固定。 2）模板安装应符合下列规定： ① 模板及支撑的材料及结构必须符合施工技术方案和模板设计的要求，模板及支撑安装必须稳固、牢靠。 ② 管节模板体系应根据其结构形式确定，宜采用模块化移动式支架模板体系。 ③ 在浇筑混凝土前应对模板工程进行验收。 3）模板拆除应符合下列规定： a. 管节混凝土强度应满足设计及现行标准规范相关的规定； b. 有利于管节结构养护及温差控制的前提下，管节预制的支架、模扳拆除应遵循"先支后拆、后支先拆"的原则； c. 管节预制的非承重侧模板应在混凝土强度能保证结构棱角不损坏时方可拆除，且混凝土拆模时的强度不得低于 2.5MPa，承重底模板拆除时应根据混凝土的强度，以及结构受力按顺序进行拆除； 模板拆除后应及时清理、维修，按编号分类保管，模板面层涂刷隔离剂。 （2）管节模板设计原则 1）模板必须有足够的刚度，保证管节的外形几何尺寸误差不超过设计和施工规范规定的范围。 2）模板安装要便于机械化施工，对于移动干坞还要满足在特定的、浮动的半潜驳上的作业环境要求。 3）选择模板体系时，应充分考虑模板的体系可能对管节的混凝土防渗性能所带来的负面影响。 （3）管节模板体系的选择 1）根据模板设计原则，可以对全钢模台车体系、拼装对拉模板体系、外框大模板与内钢模台车结合体系三种模板体系进行了分析比较； 2）全钢模台车虽然具有刚度大、安装速度快的优点，但其造价相当高、行走空间要求较大，而且内外模尚需设置穿墙对拉螺栓，否则其费用更高； 3）对于该工程预制构件数量较少，而且管节防水防渗性能及耐久性性能要求较高的构件来说，其性价比较低；对拉螺栓体系模板，虽然可以避免全钢模台车的缺点，成本也较低，但设置穿墙对拉螺栓本身就会给管段结构留下隐患； 4）因此放弃了对拉螺栓拼装模板体系，而选择外模采用框架整体大模板及内模采用隧道模体系（即内钢模台车），内外模各自独立，外墙模板不设穿墙对拉螺栓，这样可以完全消除前两种体系因设穿墙对拉螺栓留下的任何隐患。这样的模板体系费用稍高，但便于操作、工效高、质量有保证。 （4）管节模板分段分层

审核人		交接人		接受交底人	

工程名称		施工单位		编号	
序号	项目	管节制作施工技术交底的主要内容			

| 3 | 混凝土管节的制作 | 　根据管节断面的特点及管节分段分层预制的总体方案，管节模板以一个施工分段作为设计单元；
　1）以广州仑头生物岛沉管隧道管节模板设计单元。长度以 E1 管为例，为 17.30m，每段模板的总高为 8.65m（比管节总高多 10cm），分两层设计，底层高为 2.2m，沉管底板厚为 1.15m，倒角高为 0.5m，墙体高为 0.55m；
　2）顶层高为 6.45m，其中顶板厚为 1.1m，其倒角高为 0.5m，墙体高为 4.85m。
　（5）模板结构
　1）管节的内外模板均采用钢模板，端模板采用木模板；钢模板分块尺寸根据模板体系、分段分层的具体情况及起重能力决定；
　2）钢模板的结构层组成，面板采用 4～6mm 钢板，加强肋为 6.5 号槽钢，间距为 330mm，模板布置示意如图 4.5-2 所示。

图 4.5-2　沉管管节模板布置图

　（6）底层模板设计
　1）管节台座（底模）：半潜驳甲板承受荷载 9t/m，因此，无须加固处理，只在甲板面上浇筑一层 5～10cm 的混凝土整平层，作为管节预制台座。
　2）为防止产生真空吸力影响起浮，台座上预留纵横时距为 1m 的贯通沟槽，沟宽为 4cm，深为 2cm，并采用砂填平，满铺一层纤维板作为隔离层，以减少混凝土管节与台座的粘结力。管节台座平面尺寸与管节底板相同，半潜驳甲板上找平层断面示意如图 4.5-3 所示。
　3）底层侧模：侧模采用以墙包底的形式，采用大块钢框整体钢模，其高度为 2.20m，内侧模与倒角模连成一整体。底层模板立面上只有一层。
　4）支撑固定系统：底层外侧模支撑系统与顶层外墙侧模相同，通过钢框、钢立柱、对拉钢缆及连接

图 4.5-3　半潜驳甲板上找平层断面示意图 |

审核人		交接人		接受交底人	

工程名称		施工单位		编号	
序号	项目	管节制作施工技术交底的主要内容			
3	混凝土管节的制作	底座与半潜驳甲板形成一个整体，不设穿墙对拉螺栓，以利管节防水，内模通过型钢及调节丝杆对顶固定。 （7）顶层模板设计 管节顶层模板分为两种模板体系设计，一种是固定式的墙体外侧模，另一种是移动式内模板体系，即内钢模台车，两种体系各自独立： 1）墙体顶层外侧模：管节墙体顶层外侧模，总高为 6.45m，分段长度为 5.33m，立面上分 2 层，上层高度均为 3.0m，下层高度为 3.45m； 2）顶层内模：顶层内模包括内侧模、顶板底模及倒角模。内侧模及倒角模通过压梁及液压调节支撑系统与内模台车架上固定，顶板底模则由通过分布梁及主梁支撑于台车架上；侧模与倒角模、倒角模与顶板底模之间设置转动钢铰装置；隔墙侧模则设置对拉螺栓。内侧模高度 4.85m，倒角模高度为 0.50m，立面上只分一层，分块长度则与外侧模相同，均为 5.767m； 3）内隔墙模板：内隔墙侧模及顶模结构、分块与内侧墙相同，由于内隔墙不直接与水面接触，因此可设置防渗对拉螺栓，与内模台车连成一个整体； 4）外侧模支撑固定体系： ① 墙体外侧支撑固定体系包括整体钢模板传力系统、调节系统及固定系统。传力系统包括压梁、立柱及钢框架，由型钢加工。钢立柱支承于半潜驳甲板的连接底座板上，由预埋螺栓连接或焊接固定； ② 调节系统设置在钢模与钢框架之间，采用调节丝杆，用于调整外模的位置；固定系统包括连接底座板及柱顶对拉钢索，不使用穿墙对拉螺栓，以利管节防水。外模支撑固定体系如图 4.5-4 所示； 图 4.5-4　外模支撑固定体系 ③ 内模支撑固定体系：内模支撑固定体系主要以移动车架为主，其他部件包括传力梁、液压调节装置、台车连接桁架、行走系统及调整千斤顶等； ④ 内侧模及倒角模通过压梁及液压调节支撑系统与内模台架固定，顶板底模则由通过分布梁及主梁支承于台车架上；侧模与倒角模、倒角模与顶板底模之间设置转动钢铰装置；内隔墙侧模则设置对拉螺栓；调整千斤顶是调整顶板底模位置及承重，支承于管节底板上；				
审核人		交接人		接受交底人	

工程名称		施工单位		编号	
序号	项目	管节制作施工技术交底的主要内容			

3	混凝土管节的制作	⑤ 考虑到半潜驳上的作业条件及起重能力，移动车架分为 10 台小台车（双孔计），通过连接桁架拼装成一套内模支撑固定体系。 （8）模板加工、安装、调整 沉管管节所采用的模板需要确保在大体积混凝土浇筑压力下产生不必要的变形，从而导致管节各部分密度变化，增加浮运沉放施工风险，所以，模板必须采用大刚度定型模板，同时制作与安装精度须达到毫米级精度要求。 1）各部分模板可采用如下形式： ① 底模：底模台座可由碎石地基加钢筋混凝土横梁构成，上铺竹胶板，以利于管节脱底起浮； ② 侧模：内模可采用穿入式移动模架，全液压驱动，整体拼装、脱模、移动； ③ 中隔墙侧模：设置相应对拉装置，确保隔墙浇筑表面顺直、光滑。 2）模板构件加工：所有模板及制结构件均按分块尺寸在工厂加工，行走系统及液压调整装置向厂家订购，然后运输到现场拼装；加工时应严格按照有关施工规范进行操作，其加工误差应满足设计及规范要求； 3）底层模板安装及调整：底层模板安装只有一层，高度为 2.20m，安装时用经纬仪配合调节丝杆进行微调，以控制侧面及隔墙的宽度、垂直度及厂中心线位置。如图 4.5-5 所示； 图 4.5-5 底板内模安装示意图 1—I22 型钢；2—调节丝杆；3—外钢模板；4—支撑钢管；5—混凝土垫块；6—连接底座； 7—企口方木；8—对拉螺栓；9—对拉钢缆；10—型钢立柱； 11—I25 钢框架；12—I25 连接立柱 4）顶层模板安装及调整： ① 外侧模板安装及调整：底层外侧模不拆，直接安装顶层模板，一次安装到顶。安装时用吊车拼装、每块模板之间采用螺栓连接，缝间用橡胶带垫实，以防漏浆，安装时用经纬仪配合调节丝杆进行微调，以控制侧墙及隔墙的宽度、垂直度及中心线位置； ② 内模板体系安装及调整：内模是移动式整体模板，分台车及模板两大部分，在半潜驳上拼装形成一套浇筑段内模；模板按分块尺寸、台车架按小单元长度在工厂加工，运到现场由吊车配合安装成整体；安装时首先拼装台车，然后将内模安装在台车架上； ③ 内侧模可通过液压调节装置调整左右位置，其高程及顶板底模高程可通过型钢柱脚千斤顶进行调整；电缆廊侧模可通过穿过内隔墙的对拉螺栓进行调整。

审核人		交接人		接受交底人	

工程名称		施工单位		编号	
序号	项目	管节制作施工技术交底的主要内容			

3	混凝土管节的制作	5）模板安装的测量控制：半潜驳上预制管节，除了测量的基准点和测量平面必须刚性固定在船舶上以外，其他与陆地测量一样。陆地上测量的铅垂度和水平度的概念，在船舶上测量时，则通过与测量平面的平行度和垂直度来解决。管节的台座找平、底板放样以及墙体模板安装垂直度均可按此基准面进行控制和验收检查； 6）模板安装要求：模板及其支撑体系安装须符合下列规定： ① 保证工程结构和构件各部分形状尺寸和相互位置的正确； ② 具有足够的承载能力、刚度和稳定性，能可靠地承受现浇混凝土的自重和侧压，以及在施工过程中所产生的荷载。模板连接处的接缝垫橡胶条，以保证接缝密实不漏浆； ③ 模板与混凝土的接触面须涂隔离剂，模板验收重点控制刚度、垂直度、平整度，特别注意外模板的正确性。模板的安装质量（安装成型的各项偏差）应满足设计和规范的规定； 7）内模台车的退出及拆除：管节混凝土全部浇筑完成，并达到养护强度后，台车依次退出管节外拆除吊走。拆除时首先将钢模与台车分开，用吊机吊走内模，然后将台车逐台分开拆除，用吊车吊走，进行保养及维修，准备下一管节的预制。 5. 混凝土工程 （1）管节浇筑形式选择 1）根据工程需求、设计内容、防水要求、使用寿命以及造价考虑等诸多因素，通常管节浇筑可分为分段浇筑与整体浇筑两种浇筑方式，管节浇筑方式对比如表 4.5-1 所示。

管节浇筑方式对比　　　　　　　　　　　　　　表 4.5-1

类型	示意图	施工技术说明
分段浇筑方式之一	钢板止水带　　纵向施工缝	（1）底模施工； （2）底板施工； （3）侧墙、中隔墙施工：待底板混凝土强度达到 70% 以上进行侧墙、中隔墙浇筑； （4）顶板施工：待侧墙、中隔墙混凝土强度达到 70% 以上进行浇筑。混凝土浇筑后，一般养护 3d，强度能达 70% 以上。因此，该方案将会在侧墙上产生两道冷凝缝需要处理
分段浇筑方式之二	钢板止水带　　纵向施工缝	（1）底模施工； （2）底板施工； （3）中隔墙施工：待底板混凝土强度达到 70% 以上进行中隔墙浇筑； （4）顶板、侧墙施工：待中隔墙混凝土强度达到 70% 以上进行顶板和侧墙浇筑。混凝土浇筑后，一般养护 3d，强度能达 70% 以上。因此该方式将会在侧墙与底板结合处产生冷凝缝需要处理

审核人		交接人		接受交底人	

工程名称		施工单位		编号	
序号	项目	管节制作施工技术交底的主要内容			

续表

类型	示意图	施工技术说明
全断面浇筑方式		全断面浇筑:采用较为先进的模板系统和合理的分层浇筑方式,利用模板底板混凝土浇筑后的初凝强度,完成管节的全断面一次性浇筑。不会产生任何纵向冷凝缝等,对结构的防水性能与耐久性能都十分有利。该浇筑方式在港珠澳工程中已经得到应用,技术先进、可靠

2) 对于分段浇筑以及全断面一次性浇筑两种浇筑方案,需结合工程特点,从管节防水、使用寿命、施工难度、施工工期、设备需求等方面进行比较,选择最适合的方式。

3) 混凝土浇筑前首先应确定每节段浇筑混凝土的用量、每小时的浇筑速度,单节段全断面一次浇筑完成所需的时间,控制好混凝土的坍落度,避免形成人为的冷凝缝。

4) 管节混凝土浇筑可以采取如下措施以确保施工进度,具体措施如下:

① 采用水冷骨料、加冰等综合温控方案,控制混凝土入模温度;

② 设置移动遮雨棚,保证施工连续;

③ 采用养护棚全部覆盖浇筑节段,提供恒温养护环境;

④ 混凝土振捣以插入式振捣为主,附着式振捣为辅。分层布料,严控自由下料高度,避免发生混凝土离析;

⑤ 控制总浇筑时间,层层浇筑间隔不超过半小时;

(2) 混凝土配合比的设计

管段混凝土兼备大体积及薄壁多孔箱型混凝土构件的特性,而且不同部位的混凝土性能要求又各不相同。因此配合比设计,不仅要满足其抗压强度及抗裂性能、耐久性能等要求,而且要针对其使用部位的特殊要求,进行配合比设计。

1) 管节混凝土配合比设计应遵循下列原则

① 满足设计要求:抗渗等级 S10、强度等级 C35、混凝土重力密度 2360kg/m³;

② 采用低水化热水泥并控制用量:在满足强度要求的前提下,掺加优质粉煤灰（Ⅱ级以上）和粒化高炉渣微粉等活性粉料,控制水泥用量不超过 300kg/m³,并尽量使用低水化热水泥;

③ 添加外加剂,控制水灰比:掺入高缓凝减水剂延缓初凝时间;水灰比控制在 0.45 以下,最大不超过 0.50,以增加结构混凝土的自防水能力;

④ 掺入适量的外加剂比如 UEA 微膨胀剂、微纤维阻裂剂等,以减少混凝土表面裂缝的产生,对于管节顶板混凝土考虑掺加微纤维,后浇带混凝土可考虑掺加微膨胀复合防水剂;

⑤ 满足施工要求:混凝土坍落度 120～160cm (泵送)。

审核人		交接人		接受交底人	

序号栏:3 项目栏:混凝土管节的制作

工程名称		施工单位		编号	
序号	项目	管节制作施工技术交底的主要内容			

| | | 2) 混凝土配合比设计：混凝土配合比的试验研究由试验室负责。在试验论证时，根据管节混凝土的特性以及对其耐久性等的要求，除进行常规项目的试验外，尚应专门进行水泥水化热、水泥干缩、混凝土干缩、混凝土温升等一系列项目的试验研究。下面是经过初步试配的管节混凝土配合比、采用材料及其试验结果： |

① 原材料

水泥：广州水泥有限公司生产的五羊牌，PⅡ52.5；

粉煤灰：沙角电厂的Ⅱ级粉煤灰；

矿渣粉：韶钢华欣公司的 S95 矿渣粉；

减水剂：昌特公司的 FDN-2；

骨料：粗骨料采用级配连续、粒径 5～25mm 的番禺产碎石；细骨料采用细度模量为 2.4～2.8；

② 配合比及结果如表 4.5-2 所示。

混凝土配合比及试验结果   表 4.5-2

抗压强度（MPa）	抗渗标号 S	水胶比 W/C	含砂率（%）	配合比或各种材料用量（kg/m³）							坍落度（cm）
				水泥	水	粉煤灰	矿渣	砂	石	外加剂	
45.3	10	0.41	41	1	0.63	0.38	0.14	2.91	4.18	1.9	8～12
				286	160	97	36	745	1074	7.39	

（3）管节施工分段分层及顺序

1) 管节施工分段分层：管节外形巨大，兼备大体积及薄壁多孔箱型混凝土构件的特性。为防止或尽量减少管节混凝土表面裂缝，管节预制时纵向应分段施工，并设置后浇带，每段混凝土分两次浇筑，根据理论估算和以往工程实践经验，结合管节长度和分段可能性，进行分段分层；

2) 分段分层浇筑顺序：

① 管节混凝土分段分层及浇筑顺序：预制管节混凝土分两层浇筑。施工缝设在侧墙加强角上方约 45cm 处；以 E3 管节为例，底层分 4 段浇筑，不设后浇带；顶层分 4 小段，设后浇带浇筑顺序如图 4.5-6 所示；

② 管节底层与顶层混凝土浇筑间隔时间：两浇筑部位的间隔时间以温度差不超过 20℃ 为期限，间隔时间一般不超过 10d；

为避免先浇混凝土因收缩不充分而产生收缩裂缝，可采用后浇带混凝土滞后浇筑的方法，来控制此类裂缝的产生，滞后时间不小于 15d，且经过观测，沉降基本稳定，即连续 7d 的沉降小于 2mm/d。

（4）混凝土浇筑生产运输

1) 混凝土生产：为保证管节混凝土的入模温度达到要求，现场与广州建强混凝土有限公司合作，采用混凝土搅拌车运送到现场；

2) 对混凝土的运输，垂直运输采用混凝土泵车，负责输送及布料入模；混凝土泵车型号为 XY5500THI-56，最大垂直布料高度达 55.6m，最大水平距离达 51.6m，混凝土运输能

审核人		交接人		接受交底人	

工程名称		施工单位		编号	
序号	项目	管节制作施工技术交底的主要内容			

<table>
<tr><td rowspan="2">3</td><td rowspan="2">混凝土管节的制作</td><td colspan="4">力超过 60m/h，可以满足管节混凝土浇筑工艺要求；</td></tr>
</table>

力超过 60m/h，可以满足管节混凝土浇筑工艺要求；

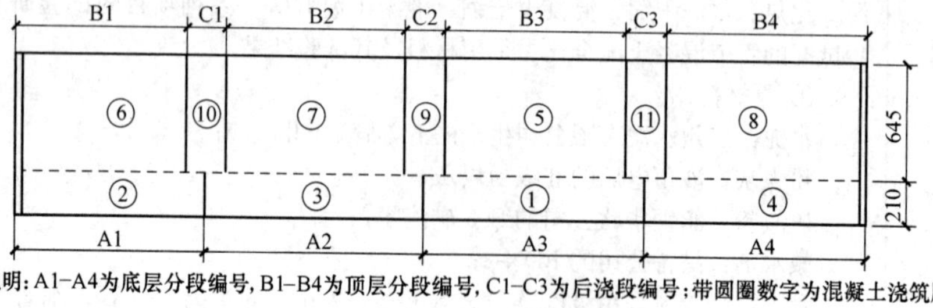

说明：A1~A4为底层分段编号，B1~B4为顶层分段编号，C1~C3为后浇段编号；带圆圈数字为混凝土浇筑顺序。

图 4.5-6　管节浇筑顺序示意图

（5）混凝土浇筑工艺

1）混凝土下料高度控制：混凝土下料倾落高度不能大于 2m 否则混凝土会产生离析。管节顶层混凝土一次浇筑高度为 6m，超过 2m。但由于管节的墙体宽度较大（外墙为 90cm，内隔墙为 45cm），因此，布料杆可直接插入墙体下料，不用采取特封措施来满足混凝土倾落高度不超过 2m 的规定；

2）混凝土浇筑分层：管节混凝土浇筑时，自上而下分层均匀上升浇筑，每层高度 35～50cm，上下层混凝土间隔时间不得超过初凝时间。对于管节底板，由于其平面尺寸较大，厚度达 1.15m，浇筑时应采用台阶法推进，如图 4.5-7 所示；

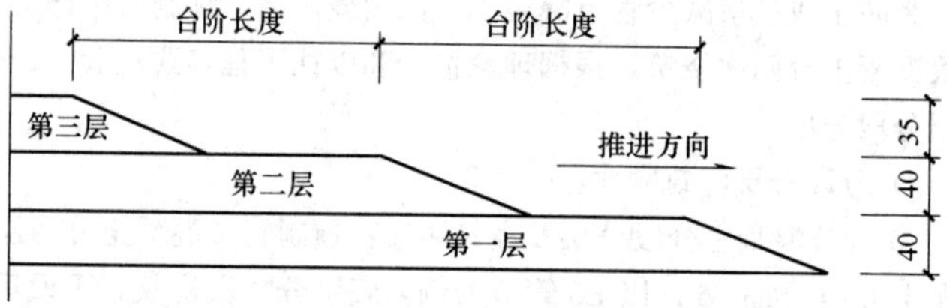

图 4.5-7　底板浇筑顺序示意图

3）浇筑顺序及方向：浇筑底层（底板）混凝土时，应先浇中间，后浇左右两侧，从前往后推进；浇筑顶层（墙体）混凝土时，应先浇筑中间底部后浇筑两侧底部，逐层升高。浇筑顺序及方向如图 4.5-8 所示；

4）浇筑速度：一般以混凝土初凝时间 2.5h（准确时间以试验为准）及底板混凝土台阶宽度为 1/3 施工段长度、推进长度为管节总宽的一半计算，其混凝土供应最大速度为 27m³/h 左右，管节墙体混凝土浇筑速度，从减少模板及其支撑承受的侧压力方面考虑，以每小时上升一层（每层厚度按 50cm 计算，其混凝土供应速度为 24m³/h 左右；

审核人		交接人		接受交底人	

工程名称		施工单位		编号	
序号	项目	管节制作施工技术交底的主要内容			
3	混凝土管节的制作	 图 4.5-8　底板浇筑顺序示意图 　　5）混凝土振捣：采用加长型插入式振捣棒振捣，振捣时应与混凝土浇筑分层相适应，分层分区振捣；振捣方法是快速插入，缓慢提起，每次振动时间约 45s，振动点按梅花形布置，间距为 0.3m 左右，不能漏、不能欠振，也不能过振； 　　（6）混凝土养护 　　1）对于管节这样大体积箱型钢筋混凝土结构，混凝土浇筑后的养护是一项重要工作，而后浇带混凝土由于掺加微膨胀复合防水剂，其养护更是严格，要求必须蓄水养护不少于 14d，因此，应采取有效养护措施来保证混凝土质量； 　　2）对于底板及顶板应在初凝后（一般为 12～18h）立即进行养护，如天气热或干燥时应提前进行养护；同时在清除泌水并二次抹平收浆后，在周边砌砖墙，进行满堂式蓄水养护，并加盖草袋或麻袋防晒。对于墙体混凝土在未拆模板时，应立即淋水养护，拆模后应在墙体侧面加挂双层草袋、麻袋或密封薄膜保温保湿，并在顶板上铺设带有小孔的塑料软管，与顶板蓄水池形成"水帘式"自动喷淋养护；养护时间不少于 14d。 　　（7）混凝土的冷却工艺及测温措施 　　1）设置冷却系统的目的和必要性 　　① 由于管段混凝土先浇筑底板，后浇筑外侧墙和顶板，则底板与外侧墙接触处以及外表面会因温差产生温度应力过大或固结后的收缩约束力过大而产生裂缝，因此，管节侧墙是钢筋混凝土沉管温控防裂的重要部位，而采用埋设冷却水管是控制侧墙混凝土内外温差的主要措施之一； 　　② 埋设冷却水管的目的不仅是降低墙体混凝土内部温度峰值，也是使侧墙与底板之间获得一渐变的温度曲线，以减少墙体与底板的温差及温度应力的约束，同时加大了混凝土早期的温降幅度，利用混凝土龄期弹性模量小、由温差引起的温度应力也小及龄期短的混凝土应力松弛小的特点，使混凝土在各龄期的温度应力均小于相应龄期的抗拉强度。 　　2）侧墙冷却系统的布置 　　管段侧墙混凝土自动冷却循环系统由预埋在侧墙混凝土内的冷却水管、闸阀、测温热电
审核人		交接人		接受交底人	

工程名称		施工单位		编号	
序号	项目	管节制作施工技术交底的主要内容			

| 3 | 混凝土管节的制作 | 偶、冷却系统、冷水箱、暖水箱等组成，管段两外侧墙各一套；
　　① 冷却水管双排布置、从底部向上按不等距布置，最底下一根水管与浇筑接合面相距 5m，以上按间距 0.5m、0.7m、0.9m、1.0m、1.2m 布置，共 6 根，顶部约 2m 不埋设冷却水管；
　　② 冷却水管采用外径 30mm、内径 27mm 的无缝钢管或镀锌钢管；
　　③ 测温装置采用热电偶测温器，埋设在浇筑段中心点，间距为 1.0～1.5m，其中最下部测温点离底管约 3cm；另外设普通水银温度计若干个，各个循环水箱配一个，侧墙出水管口配一个。如图 4.5-9 和图 4.5-10 所示。

图 4.5-9　侧墙冷却水管布置示意图

图 4.5-10　管墙冷却水管布置现场照片图

　　3）冷却循环水温控制要点：
　　① 水温：冷却水是通过加冰或冷冻机将水冷却到混凝土入仓温度（28℃）低至 15～18℃ 的范围内；
　　② 通水时间：待侧墙顶部混凝土浇筑完毕后 5h（接近初凝时间），而底部混凝土温度开始上升时才放冷却水；
　　③ 通水流量或流速：初始为 0.5m³/min，一般为墙体水管容积的 7 倍左右； |

审核人		交接人		接受交底人	

工程名称		施工单位		编号	
序号	项目	管节制作施工技术交底的主要内容			

<table>
<tr>
<td rowspan="1">3</td>
<td rowspan="1">混凝土管节的制作</td>
<td colspan="4">

④ 流量调整：当温度开始下降时，应适当减少水量，当温度上升时，适当加大通水流量；

⑤ 记录：通水时查看温度计初始温度，并做好记录，以后每2h记录一次；

⑥ 停止冷却时间：待侧墙温度降至45℃时或混凝土温度峰值与气候温差值为15℃时为控制值，当温度持续5～6d下降，无回升时方可停止通水，如果停止通水后，温度再回升，需要重新通水冷却。约6d左右即可停止通水；

⑦ 冷却水通水循环控制是一项技术性强、精度要求高的过程，采用华南理工材料学院研制的自动控制系统、该系统通过电脑联动，自动测温、自动记录、自动控制通水，并输出混凝土温度变化全过程及温度变化曲线图等资料；

⑧ 管内灌浆：停止通水后，应立即对墙体进行灌浆，主要是防止管内冷却过快而产生收缩裂缝。

4）管段施工缝处理

管节预制时纵向分成若干小段及后浇段，设置多条横向施工缝，另外，每个施工小段均设置一条水平施工缝，为提高施工缝的质量，应采取如下措施：

① 浇筑混凝土时，在施工缝混凝土结合面，埋入镀锌钢板止水带；对于横向施工缝，除埋入镀锌钢板止水带外，再埋一道缓膨型遇水膨胀止水条；

② 一般情况下，在水平施工缝混凝土结合面设置齿槽；

③ 一次振捣：先浇筑的侧墙顶部和后浇带结合缝处，应采用两次振捣，以防止和减少混凝土松顶和收缩裂缝；

④ 混凝土结合面处理：管节施工缝表面大、钢筋多，如果采用常规方法处理，耗时费工，处理效果不理想。为了保证新旧混凝土结合界面的质量，对于水平施工缝，可采取在施工缝混凝土表面喷淋缓凝剂，待本体混凝土凝固后用水冲洗的措施，可以有效清除施工缝表面及钢筋浮浆，得到较好结合面，对于垂直（横向）施工缝，可采取在施工缝界面安装"鸡仔模"来得到良好的结合界面；同时在浇筑新混凝土之前，再详细检查并用人工修整凿毛，然后用高压水枪冲洗干净；

⑤ 在新浇混凝土前，结合面上均匀涂刷层界面剂，以加强新旧混凝土接触面的粘结力。

6. 防水工程

(1) 管节制作的防水工程应符合下列规定

1）管节混凝土可通过调整配合比、掺加外加剂或掺和料等措施配制而成，其抗渗等级应满足设计要求。

2）施工缝应符合下列要求：

① 施工缝止水带和防水材料的尺寸、规格、性能指标、埋设位置应符合设计要求；

② 竖向施工缝浇筑混凝土前，应将其表面清理干净，检查止水带是否完好，均匀涂刷混凝土界面剂，并及时浇筑混凝土；

③ 在对水平施工缝浇筑混凝土前，应将其表面浮浆和杂物清除，先均匀涂刷混凝土界面剂，再铺设水泥砂浆，并及时浇筑混凝土；

④ 中埋式止水带、密封胶、遇水膨胀条等安装施工应符合现行相关标准规定。

3）外包防水施工应符合下列要求：

</td>
</tr>
</table>

审核人		交接人		接受交底人	

工程名称		施工单位		编号	
序号	项目	管节制作施工技术交底的主要内容			

序号 3，项目：混凝土管节的制作

① 外包防水材料的性能指标应符合设计要求和现行相关标准规定；

② 管节底板采用防水钢板时，其厚度及焊缝等级应符合设计要求。施工过程中应采取防止钢板变形的措施，允许变形量不大于 20mm；

③ 喷涂型防水涂料时，喷涂型防水涂料应具备完整的出厂质量合格证明书；喷涂型防水涂料技术性能指标应符合现行相关标准要求；与喷涂型防水涂料配套使用的底涂料、涂料修补材料、层间处理剂的施工要求、性能指标及基面处理要求应符合现行相关标准规定；喷涂型防水涂料的质量应符合现行相关标准要求；

④ 管节结构与端钢壳、端封墙、防水底钢板、管节顶部入孔、垂直千斤顶等交界部位的防水应做加强处理；

⑤ 施工过程中应采取成品保护措施，不得损坏防水层。

（2）管节外防水

管节外防水层包括底板卷材与侧墙、底板涂料防水层两种，底板卷材防水在管节底层预制时起施工，而侧墙、顶板涂料防水层待管节混凝土全部浇筑完成，并养护 30d 后进行。防水涂料施工应按下列步骤进行：

1）管节外表面处理：施工中，去除污物油腻，凿去凸出部分混凝土，填平凹坑，用高压水冲洗干净；

2）涂刷"底料"以增强防水涂膜与混凝土表面的粘结力；

3）两组分混合均匀，用刮板刮涂料于混凝土基面上，涂刷应 2～3 道完成，待上一道涂料干燥成膜后，再涂刷第二道涂料；

4）当涂料施工完毕后，再在防水层上粉刷一层 12mm 厚的水泥砂浆，主要用于保护管节外防水涂层。

7. 混凝土管节舾装件

为配合混凝土管节浮运、沉放和对接需要，在预制混凝土管节上须设置相关预埋件和金属构件。主要由端钢壳、GINA 橡胶止水带、端封门、系缆桩、测量塔、沉放导向托架以及沉放吊索孔等，如图 4.5-11 所示。

（1）端钢壳

1）端钢壳设计

端钢壳即是为安装止水带而设置的钢部件。它位于管节两端面，沿侧墙和顶、底板的端面成环状布置，由焊接工字型钢、面板和加筋板组成。根据每节管节不同设计纵坡，来确定其端钢壳面板与每节管节纵轴线之间不同的夹角，以此来控制管节沉放时的轴线误差，确保管节的成功对接，它的制作、安装精度是保证各管节间止水效果的关键。

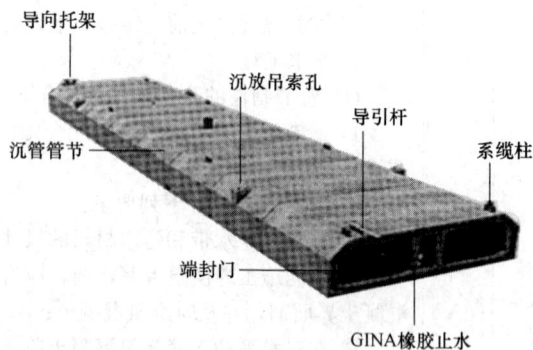

图 4.5-11　管节舾装件

端钢壳的功能主要有：

① 作为 GINA 橡胶止水带和 OMEGA 橡胶止水带安装的基础面；

审核人		交接人		接受交底人	

工程名称		施工单位		编号	
序号	项目	管节制作施工技术交底的主要内容			
3	混凝土管节的制作	② 由端钢壳面板与管节纵轴线间角度的变化来拟合隧道纵坡的变化； ③ 在管节沉放水力压接过程中，将自南端整个断面上承受的强大水压力通过端钢壳传递到相邻管节上。 2）钢端壳的加工及安装方案：钢端壳主要由端板和连接骨架组成，施工方案是：端板和连接骨架应分开加工及安装，连接骨架（包括锚固钢筋）及端板在工厂整体加工，分段运输，现场拼装；管节两端浇筑段混凝土浇筑前，在胎架上安装连接骨架，初步调坡并与管节钢筋连接；管节混凝土全部浇筑，并观察稳定后，进行第二次精确调坡，安装端板，并在形成的空腔内进行压力灌浆（高强水泥砂浆）； 3）钢端壳分段：钢端壳分段考虑各种因素，钢端壳划分为 6 个分段，在钢结构预制完成后，对主体尺寸严格检验，在现场进行自由状态下预拼装，符合设计要求和技术规范的要求后，方能吊装，钢端板分段示意图如图 4.5-12 所示。 4）钢端壳制作工艺： ① 配料：根据设计图纸的形状及尺寸，并考虑加工制作过程中的误差，装配需要的公差、间隙及反变形值，同时还要考虑到焊接、火焰矫正等过程中的收缩量，经过计算得出精确尺寸后进行放样； 放样应做到合理使用钢材，最大限度地利用原材料，在放样时精心安排工料图形，先大后小并经过多次调整，使每张钢板达到最高的利用程度为止。放样后要进行核对，确认无误后才开始分离切割； 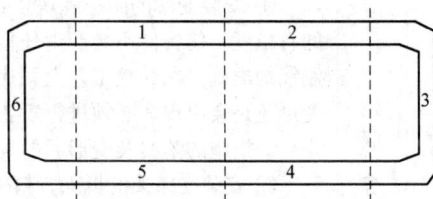 图 4.5-12　钢端壳分段示意图 ② 切割：首先要点燃割炬，随即调整火焰，在切割前先预热钢板的边缘线，同时打开切割氧气阀门，如果预热的红点在气流中被吹掉，此时应加大切割的氧气阀门，当氧化铁渣随气流一起飞出时，证明已割透，应移动割炬逐渐向前切割，割嘴与切割前进的反方向呈倾斜 20°～30°角，并距离工件 9mm 左右； ③ 坡口加工，对坡口加工是金属结构制造中的重要工序，直接关系到焊接的质量，钢端壳制作中的坡口加工主要靠手工气割和半自动气割机来完成。坡口加工操作的要领是如何正确掌握好坡口的角度和平整度； ④ 半成品焊接：钢端壳平面尺很大，而本身刚度小，在工厂加工成品时，要控制其变形是相当困难的，且做成成品后的就位安装更加困难。因此，钢端壳只能分段焊接，制作半成品后再运到现场进行组装。半成品的焊接应在专门制作的平台上进行，平台又是作为制作的基准线，制作时用 L50×50×5 角钢点焊连接平台和工件作为临时支撑，焊接均采用手工电弧焊； ⑤ 变形控制及校正：厂内加工制作时，变形控制主要靠增设平台与工件之间的临时支撑，或用加压板固定工件来控制变形，以及改进施焊程序，如采用收缩量大的焊缝，采用大功率火焰纠正。梁板纠正合格后再点焊端面的钢筋，钢筋是分布在一个平面上的，焊接后变形非常大，采用多把焊枪大功率火焰，差不多达到整体消除应力的程度。半成品制造的精度：平整度≯0.5mm/m。 5）钢端壳安装
审核人		交接人		接受交底人	

工程名称		施工单位		编号	
序号	项目	管节制作施工技术交底的主要内容			
3	混凝土管节的制作	① 安装顺序：安装支撑胎架→分段安装连接骨架并初步调坡浇筑管节（两端部分段）→混凝土安装端板及精确调坡检测→安装误差拆除支撑胎架。 ② 安装支撑胎架：支撑胎架除了支撑钢端壳外，同时提供安装钢端壳的操作平台，并能夹紧钢端壳半成品部件，使半成品固定在正确的位置上，安装支撑架还要抵抗浇筑混凝土时的侧向推力； ③ 端壳的安装：在半成品钢构件上划有中线、基准线等控制线，并在安装支撑架上也相应地标出控制线，安装时应根据这些基准线确定各半成品的位置。当半成品件各自对号入座时，需设置必要的临时支撑点，使其固定在支撑架上，同时在支撑架上设置楔块及调节螺栓来进行安装时的微调，然后复查其中心线——对角线及端斜面等各个控制参数，当误差符合有关规范规定及设计要求时，用设置在安装支撑架上的对顶螺栓进行夹紧，最后施焊连接，焊接时用间断跳焊来防止变形； ④ 安装变形的防止和矫正：防止变形的主要措施是设置临时支撑点来限制构件在空间的自由度，使构件不会产生任何方向的位移，还要增设夹具，加密夹点，并要保证测量控制线的准确性在焊接工艺上采用间断焊缝，并控制每次焊缝的长度及间断的距离等。但是变形还是会出现，必须进行矫正，矫正的方法有手工矫正、火焰矫正和机械矫正。随着防止变形措施的落实及变形后的校正，误差的控制都能取得满意的效果； ⑤ 安装支撑架的拆除，精确调坡并安装好端板后，应拆除支撑胎架，先除去临时支撑点及夹具，使支撑架与钢端壳分离。同时要对钢端壳进行全面的量测，并记录好各种数据，以便提供沉管管节安装对接时的参数； ⑥ 钢端壳安装精度：平整度≯0.5mm，整体的平整度在±1.5mm；在端钢壳安装的过程中必须注意以下事项： a. 端钢壳焊接过程中，应严格控制焊接变形。在管节制作过程中，设置适当的临时支撑，以确保端钢壳不变形； b. 端钢壳安装后要仔细检查其所有表面，不得有杂物或油污附着； c. 端钢壳面板焊接前应做好清洁工作，防止杂物留在隔腔内； d. 面板焊接后应用软木塞临时封住灌浆孔和排气孔，防止杂物进入或堵塞孔口，腔内有积水时不得实施注浆； e. 在端钢壳面板焊接完成以后，对工字形钢和面板之间的间隙进行灌浆，灌浆应采用高强度、无收缩、易流动及低泌水率（不超过2%）的材料； f. 灌浆顺序从下至上，从中间到两边，分步对称缓慢均匀进行。灌浆过程中每一隔腔的注浆应待其相应的排气孔持续出浆后方可封闭排气孔； g. 注浆过程应做好记录，对每一隔腔实际注浆量和理论体积应逐一比较，如发现有出入时应找原因并采取措施，保证注浆的密实度。 （2）GINA止水带安装 1）GINA止水带安装前的准备工作 ① GINA止水带吊装准备：GINA止水带的展开检查和安装都需要较大的作业场地，所以安装前要进行场地清理。场地除了要求平整外，一切与安装无关的设备、材料和其他杂物要预先清出场外，清理范围在管端头前20m×管节宽度； 安装前要对接头部位进行清洁，特别是GINA带及压块的安装面，要仔细除去混凝土施工留下的泥浆和油污、铁锈等。			
审核人		交接人		接受交底人	

工程名称			施工单位		编号	
序号	项目		管节制作施工技术交底的主要内容			

<table>
<tr><td rowspan="2">3</td><td rowspan="2">混凝土管节的制作</td><td colspan="5">
② GINA 止水带吊具准备：安装 GINA 止水带的吊具包括 1 条钢结构吊梁及保护水块、手动葫芦、钢丝绳吊索、柔软的麻绳或尼龙绳及保护木块等。GINA 止水带由厂家制成矩形环闭式形状。为整体吊装 GINA 止水带，需制作 1 条钢结构的专用吊梁，梁长 25m，梁下部每隔 1.5m 焊 1 个小吊耳，穿麻绳与 GINA 止水带捆绑点相连。GINA 止水带的上下边每隔 1.5m 设一捆绑点，互相错开，捆绑点处加保护木块。在吊梁的两端焊吊耳各装一个手拉葫芦，用于调整 GINA 止水带的侧边位置。吊梁的制作可在现场管段钢筋混凝土封门前进行。GINA 止水带吊具及保护块如图 4.5-13 所示。

图 4.5-13　GINA 止水带吊具及保护块示意图

2）GINA 止水带压块试装：

止水带压块加工好后要预先进行试装，以便纠正个别压块的螺孔与钢端壳上螺孔不配合的问题。压块试装后，对所有压块按顺序编号，以方便重新安装。安装 GINA 止水带之前，将钢端壳上、下边（包括转角处）的上压块拆下，下压块拆松并拉出一段距离，形成一定角度；竖向两侧则拆下外侧压块，内侧压块放松；下折角上边 1.5m 范围内的两侧压块全部拆除；

3）GINA 止水带安装

① GINA 止水带的展开及标识：根据生产厂家的要求，在 GINA 止水带的运输、安装过程中，要避免对 GINA 止水带造成任何损伤，因此，在施工中应严格按要求进行作业、GINA 止水带的搬运、摆放及绑扎过程中，不允许有拖、拉 GINA 止水带的现象，并尽可能以人工进行操作，杜绝野蛮施工；

GINA 止水带运到施工现场后，以人工方式搬到钢封门前方的空地上按其自然状态展开，尖肋朝上，分别在钢端壳及 GINA 止水带的上、下两边丈量出中点，并用油漆做好标识；仔细测量辨认 GINA 止水带的转角，同样用油漆做好标识；

② G1NA 止水带的安装：使用两台吊机（塔吊）配合整体起吊 GINA 止水带。为使吊机在起吊作业中，能方便地配合作业，尽量将吊机并排布置在正对管节端封门的前方。吊起 GINA 止水带时，用人手配合适当挪动 GINA 止水带，特别避免出现拖、拉 GINA 止水带的现象，如图 4.5-14 所示。端钢壳安装完毕后，可进行 GINA 橡胶止水带的安装，安装时可利用混凝土预制时所使用的吊车进行吊装；

③ GINA 止水带就位：首先在管节安装 GINA 止水带的端面，每 10 个螺栓孔设定一个
</td></tr>
</table>

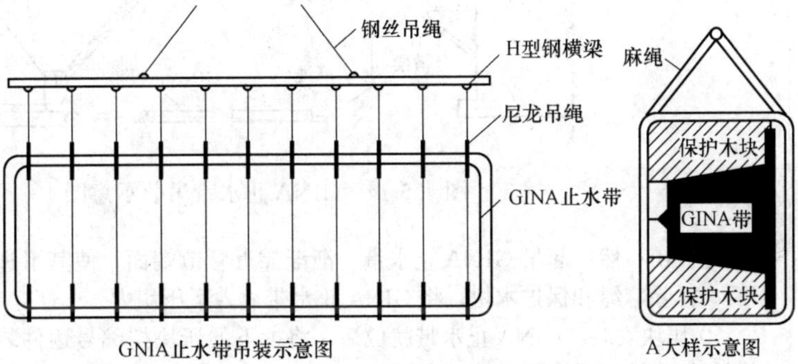

审核人			交接人		接受交底人	

工程名称		施工单位			编号	
序号	项目	管节制作施工技术交底的主要内容				

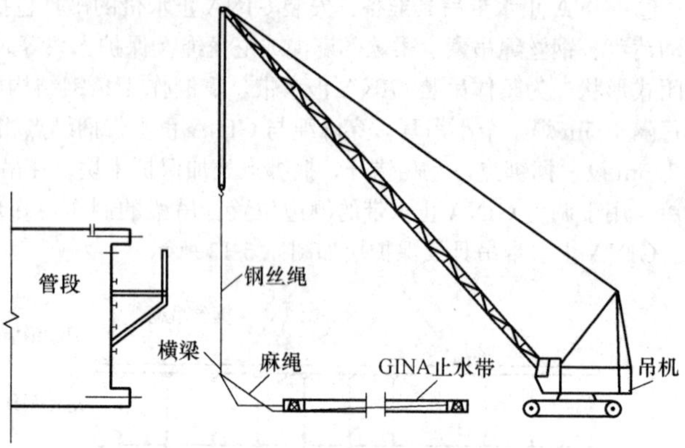

图 4.5-14　GINA 止水带吊装示意图

临时定位销；然后起吊 G1NA 止水带，渐渐靠近管节端面，使其滑进定位销，检查准确无误后，拆除麻绳和保护木块，将 GINA 止水带放入下压块内；

④ 压块安装：GINA 止水带就位后，将拆下的压块按编号逐件装上，上紧螺栓时应使用测扭矩套筒扳手，按设计要求上紧压块。上、下两边上紧螺栓的顺序以中点及折角处开始对称进行，两竖边则由下往上紧螺栓。对止水带安装完毕后要进行仔细的检查；

4）GINA 止水带保护罩安装

为避免在管段浮运时对 GINA 止水带造成损伤，要在管段上部安装 GINA 止水带保护罩。为保证每段保护罩的准确就位，保护罩支脚应在施工现场配装。

（3）端封门

1）一般端封门设置在管节的两端，是管节浮运沉放过程中的临时设施，其作用是使管节成为密封的箱体，从而满足管节浮运沉放的要求。管节浇筑完成，模板拆除后，为了便于水中浮运，需在管节接头端和尾端各安装一个端封门闭管节；

2）管节在整个浮运沉放过程中都要保证端封门的水密性，以确保浮运沉放的安全。端封门可用木材、钢材或钢筋混凝土制成。木质封门多用于早期的沉管隧道中，例如美国的波谢隧道（于 1928 年建成）是采用木材封门，以后就逐渐改用钢板封门和钢筋混凝土封门。采用钢筋混凝土封门的好处是变形小，易于防渗漏，但拆除时比较麻烦。而钢封门在运用防水涂料解决了密封问题后，它的安装、拆除，均比钢筋混凝土封门方便得多。

3）目前较多的采用可拆卸式钢端门，在端封门上设进排水管、给水管和出入人孔。进排水阀一般在下面，进气管设在上面，人员出入孔设置防水密闭门，如图 4.5-15 所示；

4）仑头生物岛沉管隧道工程端封采用钢筋混凝土结构，墙厚 20cm，为承受巨大的水压力，在钢筋混凝土端封门内侧，设置 H 型钢立柱，间距为 700mm，作为制筋混凝土端封门的承力骨架，H 型钢由钢筋混凝土枕梁及钢牛腿支撑；

5）端封门可用常规方法施工，但从施工安排上考虑，不能与管节主体混凝土一起施工，因此，对于后浇垂直薄壁墙体混凝土浇筑，特别是保证墙顶接缝部位质量，有一定的困难，施工时应采取一些特殊措施来保证端封门混凝土浇筑质量：

① 配制特殊混凝土：可考虑掺加微膨胀剂配制微膨胀混凝土；

序号栏：3　项目栏：混凝土管节的制作

审核人		交接人		接受交底人	

工程名称		施工单位		编号	
序号	项目	管节制作施工技术交底的主要内容			

<table>
<tr><td rowspan="1">3</td><td rowspan="1">混凝土管节的制作</td><td>

图 4.5-15　端封门设置形式

② 埋置灌浆管：浇筑混凝土时预埋灌浆管，压力灌浆填充连接界面；

③ 端封门模扳可采用大块胶合板，支撑体系尽量不采用对拉螺栓体系；

④ 端封门模板应设置灌注混凝土入料孔及振捣孔；

⑤ 为保证 H 型钢与混凝土端封门密贴，混凝土端封门表面平整度＜5mm；

⑥ 预埋入孔密封盖板螺栓，预留入孔、进气管及给水、排水管；

⑦ 混凝土端封门施工后，设墙后 H 型钢立柱，安装时应保证 H 型钢与混凝土端封门表面、支撑牛腿及枕梁表面间紧密贴合。

6）端封门施工要点：

① 需在底板及顶板混凝土施工时预埋枕梁及钢牛腿，用以固定竖向型钢；

② 分块面板位置设置在型钢处，面板安装螺杆需拧紧，确保面板与门框间的止水条可靠止水；在端封门上设置有入孔及给水、排水管、电缆孔等孔位，施工时要注意预留孔的设置，并确保定位准确；

③ 端封门施工完后，出坞前必须进行管节压力试水检查，确定端封门是否渗漏。

（4）内隔墙剪力键

垂直剪力键设置在管节两端及陆上段接头处，其主要功用为管节沉放后，抵抗因垂直方向移动所产生的剪力。管外墙为钢结构，中间隔墙为钢筋混凝土结构；外墙剪力键及内隔墙下剪均在管段沉放及接头处理完毕后，最后安装或浇筑；内隔墙的上剪及中剪在管段制作时，一起浇筑制作，并作为鼻托梁结构的承力结构；管段预制时应注意剪力键预埋件的安装位置要准确。

（5）垂直千斤顶

垂直千斤顶在沉埋管沉放接合时作为调整管段高程用，使管节沉放调整到预定位置。每个管节设置两个，在管节预制时将钢柜、钢棒、套管及防水设施等一并装入；在拖航时再组装油压系统。其施工要点如下：

1）千斤顶由人孔入管内，管内运输使用水平台车，运输中应考虑加装碰撞保护措施；

2）安装顺序：测量定位→装入液压缸→安装法兰→修正接触面→锁紧螺栓；

3）校正：目的在于确定钢棒中心能与千斤顶中心一致，千斤顶在运动时方向与钢棒运动方向完全相同时为最佳状态。偏差时加垫片进行修正；

4）试压：千斤顶与油压泵组连接后须经过试压程序以检查其各部接头及压缸是否有漏油现象；

</td></tr>
</table>

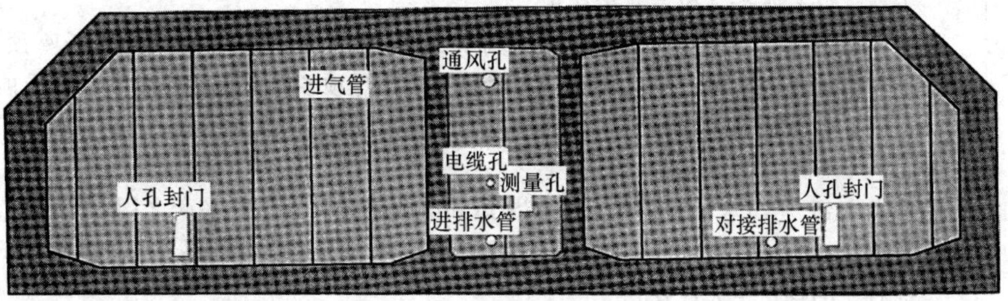

审核人		交接人		接受交底人	

工程名称		施工单位		编号	
序号	项目	管节制作施工技术交底的主要内容			

| 3 | 混凝土管节的制作 | (6) 水平（拉台）千斤顶
　　水平千斤顶安装在沉埋管两端顶面上。在管节预制时将千斤顶托座预先安装固定，当管节拖航沉放到预定标高时，再吊装安装千斤顶于托座上，利用水平千斤顶拉紧管节使 GINA 止水带初步接台而产生止水效果，然后再继续其他接合作业。
　　(7) 压载水箱：
　　1) 压舱水箱在管段系泊、拖运和沉放时间调查整段平衡之用，在管段沉降时提供足够的负浮力，管段沉放就位后提供足够的抗浮安全系数。压载水箱的设计对于管节在沉放过程中的稳定至关重要；
　　2) 压载水箱设置在管节左右两孔的外侧，标准管节每孔横向设 1 排、纵向设 8 个邻接水舱单元；压载水箱为钢木结构，骨架由型钢组成，20mm 厚的木板为箱体，内衬 PC 薄膜隔水，支撑采用型钢及钢管支撑。在钢封门安装之前，先在管节内设置容纳压载水的容器，通常采用钢材或者木材等为压载水箱的结构材料；
　　3) 一个管节的压载系统可由多个压载水箱组成，这些水箱分布在管节内部，根据压载水量计算确定压载水箱布置。压载水箱系统般由压载水箱、主要给水管路、分支给水管路、水泵、阀门等构成。 |

| 4 | 检验标准 | 一般项目
　　(1) 管节预制平台采用钢筋混凝土结构形式时，应满足设计及施工规范要求，预制平台允许偏差应符合表 4.5-3 所示的规定。 |

预制平台允许偏差表　　　　表 4.5-3

序号	检查项目	允许偏差或允许值	检查数量		检验方法
			范围	数值	
1	分块长度(mm)	±10	每块底板	2 条	钢尺量
2	分块宽度(mm)	±10	每块底板	2 条	钢尺量
3	分块平整度(mm)	10	每块底板三分点处垂直两方向		2m 靠尺和楔形塞尺
4	分块面标标高(mm)	±10	每块底板每 5～10m 取一断同断面上测点间距 5m		水准仪测调和高程
5	相邻块面高差(mm)	5	相邻接缝处两侧，测两端和中间 3 处		水准仪测高程

　　(2) 检查数量和检验方法：按表 4.5-3 的规定检验。
　　(3) 原材料质量检验应符合下列规定。
　　主控项目：
　　1) 原材料的产品质量保证资料齐全，各项性能检验报告应符合国家相关标准的规定和设计要求；
　　2) 检查方法：检查产品质量合格证明书、各项性能检验报告和进场复验报告；
　　(4) 混凝土强度、抗渗性能应按《混凝土强度检验评定标准》GB/T 50107—2010 的规定分批检验评定并符合设计要求。

审核人		交接人		接受交底人	

工程名称		施工单位		编号	
序号	项目	管节制作施工技术交底的主要内容			

| 4 | 检验标准 | 1) 检查方法：检查混凝土浇筑记录，检查试块的抗压强度或抗渗试验等报告；
2) 检查数量：底板、侧墙、顶板或后浇带等部位的混凝土，每工作班不应少于1组，且每浇筑100m³混凝土为一验收批，抗压强度试块留置不应少于1组；每浇筑500m³混凝土及每后浇带为一验收批，抗渗试块留置不应少于1组；
3) 混凝土重力密度必须符合设计或施工规范要求；
检查数量：全数检查；
检验方法：检查混凝土试块重力密度检测报告，检查原材料质量保证资料、施工记录等；
4) 新拌混凝土坍落度、扩展度等工作性能应符合设计或施工规范要求：
检查数量：每一批次混凝土都应抽样检查；
检验方法：检查混凝土坍落度、扩展度等工作性能检测报告，检查原材料质量保证资料、施工记录等。
(5) 混凝土管节制作中的钢筋、模板、混凝土质量检验应符合下列规定：
1) 混凝土管节制作中的钢筋、模板、混凝土质量经验收合格：
检查方法：按国家有关规范的规定和设计要求进行检查。
2) 混凝土管节的外观质量不应有严重缺陷。
检查数量：全数；
检验方法：观察，对可见的裂缝用裂缝观察仪检测。
3) 端钢壳端面板加工焊接及焊条必须符合设计或施工规范要求，加工精度要求应符合表4.5-4的规定；

端钢壳面板制作及安装允许偏差　　　　　　表 4.5-4 |

序号	主控项目	允许偏差	检查数量	备 注
1	外包宽度(mm)	±10	—	—
2	外包宽度(mm)	±10	—	—
3	面板整体平整度(mm)	≤3	—	—
4	接触面平整度(mm)	≤3	每个端钢壳,沿长度方向每1m测一点	第一道止水带接触面每延米①
5	接触面平整度(mm)	≤3	每个端钢壳,沿长度方向每2m测一点	第二道止水带接触面每延米
6	横向垂直度(mm)	≤3	每个端钢壳,测两端,中间共3点	拟全面与设计面在管节左右外缘之差
7	竖向倾斜度(mm)	≤3	每个端钢壳,测两端,中间共8点	拟全面与设计面在管节左右外缘之差
8	墙面倾角(°)	按设计要求	—	—

① 测点原则沿第一道止水带安装轴线不大于2m一个点。

审核人		交接人		接受交底人	

工程名称			施工单位		编号	
序号	项目		管节制作施工技术交底的主要内容			

序号	项目	内容
4	检验标准	检查方法：全站仪、直尺。 （6）管节检漏要求 允许有偶见湿迹，不允许有线漏和滴漏。平均渗漏量满足设计或施工规范要求。如超过允许范围应按设计防水要求进行处理。 检查数量：逐节全数检查； 检验方法：坞内放水后进行检漏试验，条件允许时可进行预水压渗漏试验。 （7）混凝土管节的外观质量不应有一般缺陷，防水层结构符合设计要求； 检查数量：全数； 检验方法：观察混凝土外光内实，不允许有蜂窝、麻面、空洞等。 （8）管节制作几何尺寸精度及预埋件位置要求应符合表4.5-4的规定： 检查数量：逐节全数检查； 检验方法：坞内放水后进行检漏试验，条件允许时可进行预水压渗漏试验。 一般项目： （9）混凝土管节的外观质量不应有一般缺陷，防水层结构符合设计要求； 检查数量：全数； 检查数量：逐节全数检查； （10）管节制作几何尺寸精度及预埋件位置要求应符合表4.5-5的规定：

管节制作几何尺寸允许偏差　　　　　　　　　　表 4.5-5

序号	检验项目	允许偏差或允许值（mm）	检查数量		检查方法
			范围	点数	
1	管节外包宽度	±10	每节	4点	钢尺量
2	管节外包宽度	±5			钢尺量
3	顶、底板厚度	0～−5			钢尺量
4	外、内墙厚度	0～−10			钢尺量
5	管节内净高度	0～10			钢尺量
6	管节内净宽度	0～10			钢尺量
7	墙身平整度	10			2m靠尺量
8	墙身垂直度	10			2m靠尺量
9	管节长度	±30	每段	8点	全站仪或钢尺量

检查数量和检验方法：按表4.5-4的规定检验；

（11）保护层厚度符合设计要求：

检查数量：抽取每个施工段的侧墙，顶板进行检测，在每个抽取的构件上对6根外侧钢筋的保护层厚度进行检测，每根钢筋在有代表性的部位检测3点；不同部位混凝土的钢筋保护层厚度单个测点的偏差控制在0～+10mm范围；

审核人		交接人		接受交底人	

工程名称		施工单位		编号	
序号	项目	管节制作施工技术交底的主要内容			
4	检验标准	检验方法：参照《混凝土中钢筋检测技术规程》JGJ/T 152—2008 的规定进行，可根据结构保护层的厚度选择合适的检测方法。 （12）预埋件的质量检验应符合下列规定： 主控项目： 1）预埋件允许偏差应符合表 4.5-6 规定；			

预埋件定位允许偏差　　　　　　　　　　　　　　　　　　　　表 4.5-6

序号	检验项目	允许偏差或允许值 （mm）	检查数量		检查方法
			范围	点数	
1	预埋件中心位置(mm)	±10	每件	1	全站仪或钢尺量
2	预留孔(洞)中心位置(mm)	±10	每件	1	全站仪或钢尺量

注：检查中心线位置时，应沿纵、横两个方向测量，并取其中的较大值。

2）钢结构加工焊接的焊条必须符合设计或施工规范要求；

3）有受力要求的预埋件应进行拉力测试；

4）预埋件的外观质量不应有一般缺陷；

检查数量：全数；

检验方法：观察。

审核人		交接人		接受交底人	

4.6 基槽开挖与回填施工技术交底

基槽开挖与回填施工技术交底　　　　　　　　　　　　　　　　表 4-6-1

工程名称		施工单位		编号	
序号	项目	基槽开挖与回填施工技术交底的主要内容			
1	概述	1. 基槽开挖的规定与原则 基槽开挖主要有挖泥、爆破、凿岩等方法。挖泥适用于开挖土层或强风化岩层；水下爆破一般多采用钻孔爆破法。用于清除水下硬质岩层；凿岩作业适合于强风化至中风化页岩或砂岩的地质状况。 （1）基槽开挖 基槽开挖应遵循下述规定： 1）对于隧道沉管的基槽开挖施工前应进行现场调查，核实工地的地质、水文条件和周边环境情况，以及江（河、湖、海）堤岸、闸门、围堰、管线、周边建（构）筑物、水下障碍物及其他设施的详细资料； 2）应根据航道宽度、深度、水流、通航船舶密度等资料编制交通疏解、警戒或封航专项方案并报航道管理主管部门审批；			
审核人		交接人		接受交底人	

工程名称		施工单位		编号	
序号	项目	基槽开挖与回填施工技术交底的主要内容			
1	概述	3) 水上作业应申请办理水上施工许可证，并应与海事、航道、海洋、渔业、水利、港口等管理部门及航运、码头等相关单位沟通协商； 4) 基槽开挖施工前应编制专项施工方案并通过评审； 5) 应根据隧址工程地质、水文资料、河床与隧道纵横断面设计文件、生态资料等确定合理的基槽断面和开挖形式，选择可靠的开挖设备； 6) 基槽开挖过程中应对基槽开挖形成的边坡、基底冲刷和回淤进行全程监测、根据监测结果调整施工方案； 7) 基槽边坡顶部严禁堆置开挖的淤泥和土石方。土质基槽底面以上 2m 至河床顶面为粗挖部分，剩余部分为精挖部分。基槽开挖过程中，应对地质情况与勘察报告复核； 8) 根据工程设计、施工方法、工程水文地质条件、应对临近建（构）筑物、管线等采取保护措施。应对基槽影响范围内管线、建（构）筑物等进行监控测量； 9) 施工人员、设备、装置应满足施工要求； 10) 爆破施工应符合现行国家标准《爆破安全规程》GB 6722 及行业标准《水运工程爆破技术规范》JTS 204 等有关规定，编制专项爆破施工方案。专项爆破施工方案应经公安、港口等管理部门的批准。 (2) 基槽工开挖船机及配套设备选型 基槽开挖船机及配套设备选型应综合考虑下列因素： 1) 岩土的性质、类别和有关技术指标； 2) 施工区及航道的水深、流速、流向和风浪等自然条件； 3) 工期、工程量大小、土岩层厚度、开挖范围、开挖深度、排泥选择位置、凿岩器具等施工要求；施工区通航、环保的要求和其他环境条件； 4) 设备供应情况，基槽开挖泥土的处置方式、运距和卸泥区水深等情况。 (3) 选择设备与施工人员 选择设备与施工人员应满足下列要求： 1) 施工设备、主要做好配套设备和辅助系统安装完成后，应经试运行及安全性检验，合格后方可作业； 2) 操作人员应经过培训，掌握设备操作要领，熟悉施工方法、各项技术参数，考试合格后方可上岗；施工设备以及辅助系统应满足施工技术要求和安全、文明施工要求； 3) 采用起重设备或垂直运输系统时，应符合下列规定： ① 起重设备必须经过起重荷载计算，使用前应按有关规定进行检查验收，合格后方可使用，并且严禁超负荷使用； ② 所有设备、装置在使用中应按规定定期检查、维修和保养； (4) 船机选择 船机选择应符合下列规定： 1) 挖泥船机选择应满足《疏浚与吹填工程施工规范》JTS—207 要求； 2) 水下钻孔爆破船机选择应满足《水运工程爆破技术规范》JTS—204 要求。 (5) 回填覆盖可根据回填材料种类、水文、气象条件等采用开底驳、挖掘机或装载机配合的驳船、皮带船等。 (6) 沉管隧道在浚挖基槽前，应根据河床泥沙以及水流速度等情况确定基槽的形状、

审核人		交接人		接受交底人	

工程名称		施工单位		编号	
序号	项目	基槽开挖与回填施工技术交底的主要内容			
1	概述	浚挖方法及基槽边坡稳定性。基槽开挖应遵循"先粗挖、后精挖、分层开挖、严禁欠挖"的原则，基槽边坡顶部严禁堆置开挖的淤泥和土石方。 （7）常用的挖泥船有耙吸、链吸、链斗、抓斗、铲斗和射流等形式，选用时应结合当地情况尽量使用技术成熟、生产效率高、费用低的浚挖方式。隧道施工时还应密切关注基槽淤泥的沉积问题，应采取必要的防范和清淤措施。 　　2. 基槽开挖专项方案 　　水下基槽开挖应编制专门水下挖泥施工方案，水下爆破施工方案，水下凿岩施工方案。各基槽开挖专项方案应包括下列主要内容： 　　（1）水下挖泥施工方案 　　1）工程地质、水文、气象、航道、航运、环境等条件； 　　2）施工布置原则及顺序；施工工艺流程；施工船机与辅助施工设备； 　　3）挖泥方法及质量控制措施；泥土处置方案及环保部门许可卸泥区； 　　4）施工组织计划；清淤方案；回淤检测与监测方法； 　　5）施工期间的航道交通组织方案、安全、环保措施与应急方案。 　　（2）水下凿岩施工方案 　　1）凿岩工法选用；地质条件、周围环境；凿岩施工原则，试凿区域，施工方法及顺序； 　　2）凿岩施工方法（施工流程、抛锚移船、测量定位，凿岩参数）；凿岩工效分析，凿岩质量控制措施； 　　3）岩土处置方案及环保部门许可卸土区；检测与监测方法；安全、环保措施与应急方案。 　　（3）水下爆破施工方案 　　1）工程地质、水文、气象、环境等条件；施工区划分、施工顺序等；施工设备； 　　2）施工流程、爆破参数等；礁石处置方案及环保部门许可卸石区； 　　3）检测与监测方法；安全、环保措施与应急方案。 　　（4）水下开挖应符合下列原则： 　　1）整个施工区域宜分块、分层组织施工； 　　2）开挖应满足总进度计划要求； 　　3）靠近江（河、湖、海）岸应防护后施工； 　　4）按照图纸要求控制基槽底标高和宽度，并对基槽施工期间的回淤进行清理； 　　5）应减少对周边建（构）筑物、船舶的影响并采取必要措施。 　　（5）水下开挖应符合下列规定： 　　1）施工前宜选择合适区域进行试挖试验，以获取各种施工参数； 　　2）挖泥施工应符合下列规定： 　　①施工前应对施工区进行江（河、湖、海）床测量； 　　②施工时宜根据施工区的平面形状分段、分条、分层、顺水流施工； 　　③应采用 GPS-RTK 定位系统及电子图形显示系统进行挖泥船实时定位，符合设计开挖平面精度要求； 　　④施工过程中应采用测深仪或测深水砣校核挖泥标高，控制挖深。			
审核人		交接人		接受交底人	

工程名称		施工单位			编号	
序号	项目	基槽开挖与回填施工技术交底的主要内容				

| 1 | 概述 | (6) 水下凿岩应符合下列规定：
1) 应结合勘察报告与水深测量确定需要凿岩作业的范围；
2) 宜采用顺水流布设凿岩船，对施工区域划分具体船位，进行分段、分条、分层施工；
3) 凿岩船对分块区域凿击完成以后，应安排抓斗船配备驳船清礁、运输，宜按挖宽进行分条清礁；
4) 应根据清礁效果及水深检测结果调整凿岩船凿岩参数（包括调整凿岩棒类型及凿击点孔网参数）；
5) 凿岩应按照凿岩布点间距开凿；应根据凿岩棒的形状、岩质等调整条与条之间和前进步长之间的搭接距离；
6) 应采用硬扫床或多波束检测已施工区域的水深情况。
(7) 水下爆破应符合下列规定：
1) 爆破前宜采用水下声呐技术掌握水下地形、地貌及其他情况；
2) 水下爆破应根据江（河、湖、海）段水流流速、流向、水深、岩壁、拟炸岩层厚度及周边环境，选择爆破工艺，确定爆破参数；
3) 爆破时应沿基槽纵向分段组织爆破，每段施工时宜采用适宜宽度、分条、分层爆破；
4) 当使用钻机船，一般采用 GPS-RTK 定位技术，且实测孔位与设计孔位点的平面偏差宜控制在 0.2m 以内；
5) 浅点清除、大块石的二次爆破等可采用水下裸露爆破。
(8) 水下清礁应符合下列规定：
1) 清礁应按宽度分条进行；
2) 清礁完成后，应安排船舶进行硬扫床或多波束检测。 |

| 2 | 基槽开挖测量 | 1. 平面与高程控制
(1) 平面控制系统
1) 工程水下挖泥采用 DGPS 定位，投入使用的挖泥船舶均配有 DGPS 定位系统。该设备是法国 SERCEI 公司生产的 NDS20CM-LR 差分台，其实时动态差分定位精度为 1～3m，控制半径（海面）500km，数据链频率为 1.6～2.4MHz 和 2.4～3.2MHz 双频发射；
2) 挖泥船配备的 DGPS 定位系统与调度室的楼顶的一台 DGPS 差分参考台配套使用，差分参考台使用法国 SERCEL 公司生产的 NDS-200SR 差分台。其实时动态差分定位精度为 1～3m，控制半径（海面）250km，数据链频率为 1.6～2.4MHz。
(2) 定位系统精度的检测
1) 零基线检测：在 DGPS 差分参考台基准点上，安装参考台 GPS 接收天线及 DGPS 接收机 GPS 天线，DGPS 接收机 RS-232 口与计算机相连，接收并采用 XYPLOT 软件记录信号 24h，与基准点的已知坐标进行比较，误差达 1～3m 的要求；
2) 基线检测：在离差分参考台 50～80km 范围内的施工区中的已知点上安装 DGPS 接收天线，用 XYPILOT 软件记录定位信号 24h，与已知坐标进行比较，误差应符合 1～3m 的要求；
3) 为保证 DGPS 系统工作正常，随时了解卫星状态及差分信号质量，在隧道现场建立 |

| 审核人 | | 交接人 | | | 接受交底人 | |

工程名称		施工单位		编号	
序号	项目	基槽开挖与回填施工技术交底的主要内容			
2	基槽开挖测量	GPS 差分监控台，24h 实时监控。 （3）高程控制系统 　　该工程深度基准面采用城建高程：施工前，按设计提供的水准点，通过现场观测潮位变化数据后。设立满足施工要求的临时验潮站，为挖泥船和测量提供实时潮位。 　　2. 挖泥船施工定位及挖深控制 　　（1）平面位置控制 　　1）采用 DGPS 进行导航定位。挖泥船安装 DGPS 定位仪，并与装有《疏浚工程电子图形控制系统》软件的计算机联合使用； 　　2）挖泥船上的 DGPS 在接收卫星信号的同时也接收安装在陆地平面控制点上的 DGPS 基准台的差分信号，从而测得准确的挖泥位置坐标，并通过计算机以图形的形式实时显示出挖泥船在设计疏浚区的相对位置； 　　3）同时，还可在计算机的屏幕上显示挖泥区不同标高的泥面。 　　（2）挖泥深度控制 　　通过挖泥船的挖深显示仪，可知道实时的相对挖泥深度。潮位变化通过人工验潮观测后报送到挖泥船上，挖泥船据此调整下斗深度。 　　3. 施工测量 　　为了及时掌握工程进度和施工质量，需要对施工区定期检测。 　　（1）测量要求 　　1）测图比例：航道 1：1000。 　　2）技术要求：满足施工图纸和《水运工程测量规范》JTS 131 的要求。 　　3）出图坐标：以设计提供的水深图为依据出过程检测图。 　　4）施工前，必须对施工基线的测量控制点、水准点进行交接复核，依此测设施工基线和施工水准点； 　　5）施工基线、施工水准点和定位标点的设置及其测量误差满足《水运工程混凝土施工规范》JT S202 的要求。 　　（2）测量设备配置 　　水深测量拟用机动舢板船作为测量船，测量船上的设备配置如下： 　　1）DGPS-NR108 接收机一台； 　　2）IT-448 回声测深仪（频率 208kHz）一台； 　　3）计算机以及《水深测量自动化成图系统》一套。			
3	水下挖泥施工	水下挖泥施工是指利用挖泥船在水下进行施工作业。挖泥船可以按照水力式和机械式分类如图 4.6-1 所示。 　　（1）耙吸、绞吸、链斗、抓斗、铲斗和射流。 　　（2）用水上挖机、吸砂船、抓斗式挖泥船、链斗式挖泥船。 　　1. 耙吸式挖泥 　　（1）技术特点 　　耙吸式挖泥船具有如下优点： 　　1）具有良好的航海性能； 　　2）具有自航、自挖、自载和自卸的能力；			
审核人			交接人		接受交底人

工程名称		施工单位		编号	
序号	项目	基槽开挖与回填施工技术交底的主要内容			
3	水下挖泥施工	3) 在挖混作业中处于船舶航行状态、不占用大量水域或封锁航道； 4) 耙吸式挖泥船主要技术参数有舱容、挖深、航速、装机功率等。其时间利用率计算应考虑如下客观因素：强风及其风向情况、风浪波高、浓雾、水流、冰凌、潮汐、施工干扰等。 （2）适用范围 耙吸式挖泥船机动灵活，效率高、抗风浪力强，适宜在沿海港口、宽阔的江面和船舶锚地作业，在风浪大又无掩护的滨海和河口地区，宜选用自航式耙吸挖泥船。适应于松散和低于黏土硬度的土质作业。特别适合于水域开阔的海港和河口港较长距离的航道施工。 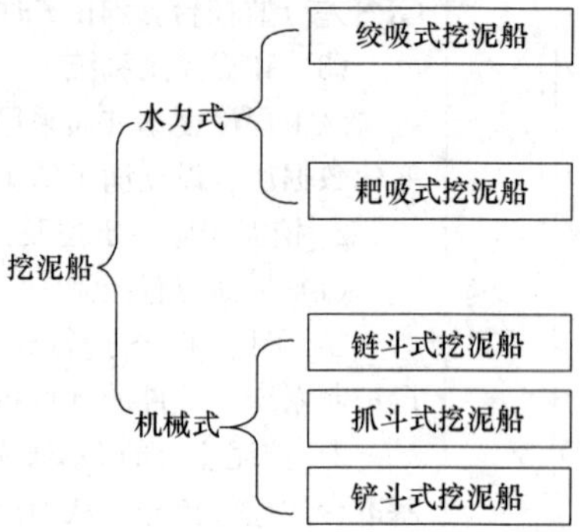 （3）工艺原理 1) 耙吸式挖泥船是吸扬式中的一种。它是一种边走边挖，其挖泥、装泥和卸泥等全部工作都由自身来完成的挖泥船； 2) 耙吸船用疏浚装舱法开挖航道，满舱后，驶向倾倒区，在倾倒区内把船舱的疏浚土卸入水中，然后返回挖槽，重复上一轮的工作，挖泥时，耙吸式挖泥船把耙放置在要疏浚的港池、航道上，船往前开，耙就把泥耙起来，像牛犁田一样； 3) 耙上装有吸管，船上强有力的吸混泵把耙起的泥连同水一起吸入它的泥舱中。在泥舱中，泥往下沉淀，水溢出泥舱，这样连续不断的耙吸，直到泥舱中装满了泥。然后开到卸泥区去卸泥； 4) 耙吸式挖泥船通过置于船体两舷或尾部的耙头吸入泥浆，以边吸泥、边航行的方式工作。耙吸式挖泥船有单耙或对耙，分别布置于船中或两侧； 5) 耙吸式挖泥船是真正把所有挖泥设备集于一身的挖泥船，它主要设备由泥耙、泥泵、闸阀、管道系统和泥舱组成。泥耙主要由耙头及吸泥管组成，就其安装的位置不同可分为尾耙、中耙、边耙和混合耙等4种； 6) 耙头是直接挖土的设备，由挖泥船上的起落吊架和泥耙起落机操纵。泥泵是一种低水头、大流量的离心泵，一般每一泥船只设一台泥泵，双边耙挖泥船设两台泥泵，泥泵之间必要时可以串联。泥舱设在挖泥船的中前部—其容积可用溢流门控制流口的高度来调节，溢出上部低浓度的泥浆，以增加泥舱山的装载量； 7) 耙吸式挖泥船一般都用其泥舱容量来表明规格大小，一般舱容为 $725 \sim 1130 \mathrm{m}^3$。最小的耙吸船能在水深 3m 左右条件下施工。最大耙吸船挖深可达 $3 \sim 35 \mathrm{m}$ 以上，这种耙吸船属于海船，可在风浪相当大的海上挖泥、航行及抛泥； 8) 这种船多在船艉装有横向推进器，操纵性能都比较好；施工时不用锚或缆索定泊，对航行干扰小，因此非常适用于在港口或通航的河道，运河中施工。耙吸挖泥船的缺点是土质硬时挖不动； 9) 在疏浚中带有大量水分的泥沙一起运往抛泥区，因此影响产量。耙吸式挖泥船在基建性疏浚和维护性疏浚中都可使用，但不能在范围狭窄的水域施工。			

图 4.6-1 挖泥船的分类

审核人		交接人		接受交底人	

工程名称		施工单位		编号	
序号	项目	基槽开挖与回填施工技术交底的主要内容			

3	水下挖泥施工	(4) 施工工艺流程及操作要求 　1) 自航耙吸式挖泥船的施工方法一般有三种：即：装舱施工法、旁通（边抛）施工法、吹填施工法； 　2) 装舱（装舱溢流）施工法指挖泥船进入指定的开挖段内，将耙管放到水下水平状态后启动泵机，根据当时潮位将耙头下放到泥面，将耙管内的清水和低浓度泥浆直接排出舷外，待泥浆浓度正常后再打开进舱闸阀装舱；当泥舱装满后仍继续泵吸泥浆进舱，使泥舱上层低浓度泥浆通过溢流筒溢出； 　3) 采取这一施工方法必须对溢流时间加以控制，根据不同土质控制不同溢流时间，以尽可能使泥舱装载量达到最大，然后停泵起耙，把泥沙运到指定抛泥区抛卸； 　4) 旁通（又称边抛）施工法：根据挖泥船机械装备不同，旁通施工有两种情况；一种是将吸上泥浆，不经过本船泥舱，直接就近从船旁排出入水；另一种称为"边抛"，是将吸上泥浆，经过船上特设边抛管输送到离开船舷一定距离的管口再吐入水中； 　5) 我国现有耙吸式挖泥船所设抛管伸出舷外长度为 20～100m，可以按照需要将管口转动到任何一舷侧与船的纵向中心线成 0～90°交角位置； 　6) 旁通（边抛）施工的优点在于节省装舱施工必须往返航行抛泥的时间，从而得以增加挖泥的时间。它适用于开挖宽阔水域的航道和紧急情况下要求突击性局部增深的疏浚。同时，因施工时，船舶处于轻载状况，吃水较小有利于在水深受限制的区段施工； 　7) 吹填施工法：有些耙吸式挖泥船具有吹填设备，可用于吹填施工，但耙吸式挖泥船的泥泵多数扬程不高，即使用 2 台泥泵加以串联，往往仍难以胜任管线的吹填工程； 　8) 至于因土质不同，吹填淤泥粉土时，吹距相对可以长些，吹填沙质土时，吹距只能短。遇有挖吹结合，其条件适合耙吸式挖泥船施工的工程，或者所挖泥沙必须独立进行抛、吹兼行的工程，或采砂区较远，海面状况不适用其他类型挖泥船作业的工程，均可适用耙吸式挖泥船从事吹填； 　9) 用耙吸式挖泥船进行吹填施工，其经济性往往比不上绞吸挖泥船，也不如链斗挖泥船配合吹泥船的施工，其是在特定条件下的选择。因此，在综合经济效益比较外，必要时，应从特定效果来论定； 　10) 吹填施工方式有三种： 　① 接岸管吹泥：耙吸式挖泥船载泥航行靠泊吹填用码头或浮趸就位，将船上吹泥管和顶设岸管卡接妥，这需要有专用的排管快速接头，以适应挖泥船吃水与潮汐水位涨落变化，潮流异向影响，能使岸管作垂直、水平适度移动的自动俯仰、伸缩、摆动的调节装置； 　② 系泊浮筒接水上管吹泥：国外有些耙吸式挖泥船，在船首设有吹填管接头。吹填时，将自浮水上排泥管的接头吊起，与船上的接头连接完毕，就能进行吹填。自浮排泥管的另一端则与岸管相连； 　③ 喷射吹泥：它不需要另接岸管或水上管。只在船首排泥管头上接装一节渐缩管，最终形成小口径的管段缩节。吹填时，泥浆朝船前斜向上方喷出，喷射距离约 30～50m； 　11) 耙吸式挖泥应根据工程具体情况采用分段、分条、分层等工艺施工。如果遇到下列情况时，则要进行分段施工： 　① 挖槽长度大于挖泥船挖满一泥仓内疏浚上所需的挖泥长度时，按挖泥船的性能、土质挖掘的难易程度、挖泥航速和混凝土的装舱效果进行分段； 　② 挖泥船施工受水深限制时，根据水位变化情况进行分段；

审核人		交接人		接受交底人	

工程名称		施工单位		编号	
序号	项目	基槽开挖与回填施工技术交底的主要内容			

3	水 下 挖 泥 施 工	③ 挖槽尺度不一、泥层厚度差距较大或工期要求不同时，按设计尺度、泥层厚度或工期要求进行分段；分段施工能避免或降低航向及其他施工干扰时，根据商定的避让办法进行； 　下列情况分条施工； 　① 挖槽宽度较大的航道、港池按挖泥船性能进行分条； 　② 同一地段多艘挖泥船同时进行施工时，根据挖泥船航行需要和性能，按安全合理的原则进行分条； 　③ 同一挖槽横断面上泥层厚度或开挖难易程度差距较大时，按泥层厚度进行分条； 　④ 部分挖槽需要先行增深时，按工期进行分条。 　下列情况宜分层施工： 　① 疏浚泥层厚度大或各区段泥层厚度差距较大时，挖泥船的性能和泥层厚度进行分层； 　② 当挖泥船最大挖深在高水位达不到挖深时要求时，或在低水位不能满足装载吃水要求时，应根据水位变化进行分层，高水位挖上层，低水位挖下层； 　③ 当工程需要分期达到不同深度时，按分期的深度要求进行分层。 　根据开挖的土质选择航速，对淤泥、淤泥质土和松散的砂，对地航速宜采用2～3海里；对黏土和中密以上的砂土，对地航速宜采用3～4海里；应根据土质和耙深，调节波浪补偿器的压力，以保持耙头对地有合适的压力。对软土，耙头对地压力宜小一些，对密实（较硬）土质就宜大一些。 　（5）主要设备 　耙吸式挖泥船的分类方法 　1）按功能分类： 　耙吸挖泥船按照功能可分为维护性挖泥船、基建性挖泥船、砾石挖泥船、多功能挖泥船； 　① 维护性挖泥船特点：通常尺寸较小，机动性强，设计挖泥密度通常较低（约1.3 t/m³）。通常采用泥门卸泥，吹填的功能不是很重要； 　② 基建性挖泥船特点：挖泥船尺寸较大，机动不足，设计挖掘密度较高（约1.7 t/m³），吹填功能比较重要； 　③ 砾石挖泥船特点：设计挖掘密度高（约2.1t/m³），采用干卸方式排砾石上岸，一般没有泥门装置、通常配有水下泵； 　④ 多功能挖泥船特点：通常为中等尺寸，机动性较强。设计挖掘密度约1.5t/m³，一般采用泥门抛泥和吹填方式进行卸泥。 　2）按船舶尺度分类： 　① 小型挖泥船：用于港口航道的加深和海岸的维护，一般舱容小于4500m³； 　② 中型挖泥船：用于港口航道的加深和海岸的维护，一般舱容为4500～8000m³； 　③ 大型挖泥船：用于港口航道的加深、海岸维护和吹填工程，一般舱容为8000～17000m³； 　④ 特大型挖泥船：用于吹填工程，舱容为17000～33000m³； 　⑤ 巨型挖泥船：用于吹填工程，舱容大于34000m³。 　3）按驱动形式分类：

审核人		交接人		接受交底人	

工程名称		施工单位		编号	
序号	项目	基槽开挖与回填施工技术交底的主要内容			

<table>
<tr><td rowspan="1">3</td><td rowspan="1">水下挖泥施工</td><td>

① 螺旋桨和泥泵独立驱动：螺旋桨和泥泵采用柴油机独立驱动，传动效率高，不存在因发电机、电缆、电机造成的功率损失，各设备之间不存在相互影响，泥泵转速和螺旋桨转速可独立控制，但总装机功率大，船舶初期投资成本高，设备占用空间大，维修养护工作最大，如图 4.6-2 所示；

图 4.6-2　螺旋桨和泥泵独立驱动耙吸式挖泥船

② 一拖二驱动：由柴油机驱动可变距螺旋桨和轴带发电机，柴油机始终工作在额定转速，由发电机向电动机供电，驱动泥泵、冲水泵和液压系统，轴带发电机可独立向整个电力系统供电，机舱位于船艉，泥泵布置在船艏，可安装长耙臂，实现大挖深。泥泵可通过变频电机实现无级调速。由于能量转换环节较多，整个系统存在 $10\% \sim 15\%$ 的能量损失，如图 4.6-3 所示；

图 4.6-3　一拖二驱动耙吸式挖泥船

③ 一拖三驱动：由柴油机同时驱动螺旋桨，泥泵和轴带发电机。设备配置数量少，总装机功率小、柴油机功率利用率高，航行时可获得较大的功率。可通过改变泥泵齿轮箱的挡位来改变泥泵转速。多种设备由同一柴油机驱动相互影响大，如图 4.6-4 所示：

圈 4.6-4　一拖三驱动耙吸式挖泥船

</td></tr>
</table>

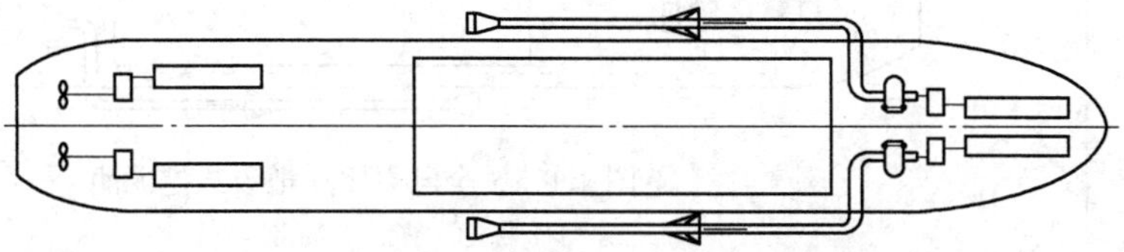

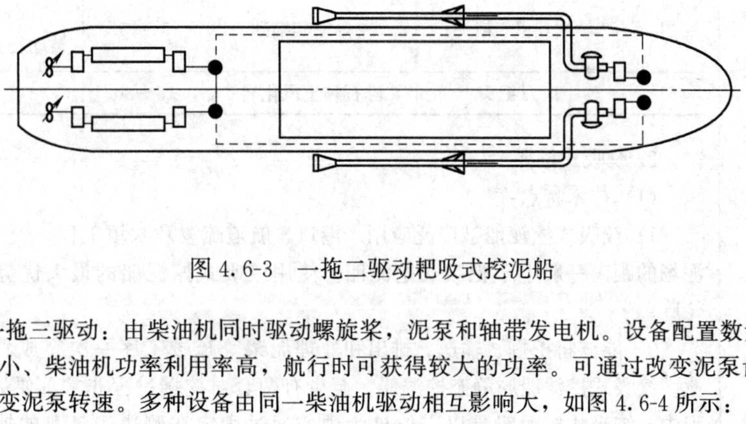

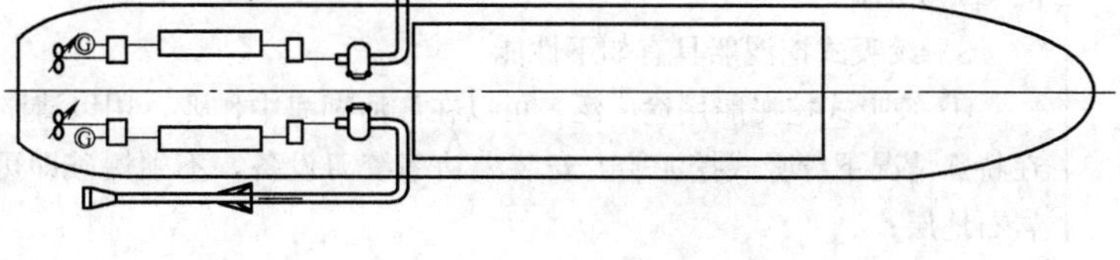

审核人		交接人		接受交底人	

191

工程名称		施工单位		编号	
序号	项目	基槽开挖与回填施工技术交底的主要内容			

④ 全电力驱动：该系统由柴油机驱动发电机、螺旋桨、泥泵等设备均由电机驱动。系统采用高效的发电机和电动机。如图 4.6-5 所示。

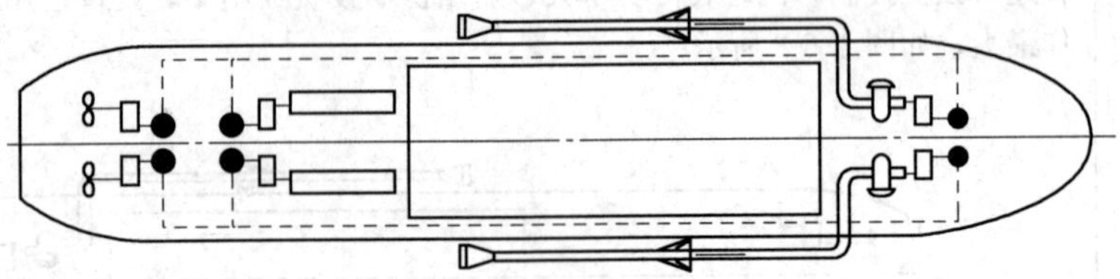

图 4.6-5　全电力驱动耙吸式挖泥船

(6) 耙吸式挖泥船各类耙头

耙吸式挖泥船各类耙头适应的土质见表 4.6-1 所列。

耙吸式挖泥船各类耙头适应的土质表　　　　表 4.6-1

序号	耙头形式	适宜挖掘土质	N 值	主要说明
1	"安布罗斯"耙头	松散砂土	1～5	适应范围较广
2	"加利福尼亚"耙头	松散和中等密实砂土	5～15	加切削齿与加装高压冲水，破土地力大
3	"IHC"被动耙头	淤泥	1～5	荷兰标准耙头
4	"文丘里"耙头	中等密实细砂	5～15	有高压冲水时效率比"IHC"被动耙头约高 1/3
5	滚刀耙头	砾石黏土风化岩	15～30	—

2. 绞吸式挖泥

(1) 技术特点：

1) 绞吸式挖泥船被广泛应用于港口、航道疏浚及吹填工程。绞吸式挖泥船从挖泥到排泥场的距离一般小于耙吸式挖泥船。使用绞吸式挖泥船的最大优势是能获得准确的挖掘轮廓。

2) 能够将挖掘、输送、排出和处理泥浆等疏竣工序一次完成，能够在施工中连续作业。绞吸式挖泥船属静态挖泥船。至少有两套对挖掘过程非常重要的锚缆系统。在吸泥过程中，绞吸式挖泥船是以定位桩为中心通过固定在侧边绞盘上的辅缆按圆弧形旋转，如图 4.6-6 所示。

3) 绞吸式挖泥船具有如下性能：

① 绞吸式挖泥船用途广泛，可以在江河湖海中作业，用以清淤、航道挖掘、吹填造地。在特殊情况下绞吸式挖泥船上安装大功率绞刀设备，不须爆破即可挖掘玄武岩和石灰石等岩石地层；

② 绞吸式挖泥船工作效率高、产量大、泵距远。大型的绞吸式挖泥船每小时流量可达几千立方米；把泥沙或碎岩物料依靠强大动力通过泥泵和排泥管线，泵送出千米之外；

审核人		交接人		接受交底人	

工程名称		施工单位		编号	
序号	项目	基槽开挖与回填施工技术交底的主要内容			

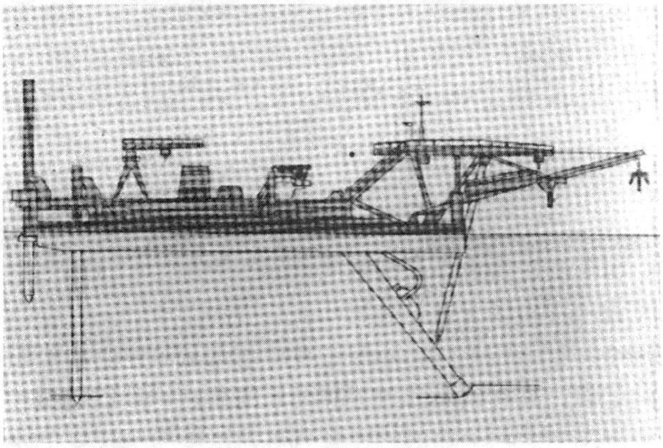

图 4.6-6　绞吸式挖泥船施工照片图

③ 绞吸式挖泥船操作简单，易于控制。挖泥船依靠船艉的台车使钢桩定位和步进利用绞刀臂架两侧钢缆与固定于挖槽两侧的锚，靠绞车牵引，两厢摆动绞切泥沙物料，在一定的控制摆角下工作，将绞动的物料，经过输泥管泵到堆积场。挖混船的步进是由两根桩交替运动，迈步向前；

④ 大型绞吸式挖泥船带有自航系统，迁移时可以自航到位。中小型挖泥船多为无自航系统，靠拖船拖行。中小型挖泥船可设计建造成组装式，通过陆路运输到现场，经组装后即可使用；

⑤ 绞吸式挖泥船经济性好。物料的挖掘和输送一次性完成，不需要其他船舶配合，几次搬运。相对工程成本较低；

⑥ 主要技术参数有：标称生产率、总装机功率、泥泵功率、绞刀功率、吸排泥管径、挖深、排距等。其中主要的挖泥设备是：绞刀、泥泵；增加挖泥深度，提高挖泥能力的技术措施有：将泥泵安装在船体尽可能低的位置、在绞刀架上安装潜水泵；

绞吸式挖泥船生产率包括挖掘生产率和泥泵管路，吸输生产率，以两者中取其较小者代表其生产率。挖掘生产率主要与挖掘的土质、绞刀功率、横移绞车功率等因素有关。

（2）适用范围

1）适用工程：适于港口、河道、湖泊的疏浚工程，特别适合于吹填造地工程；

2）适用土质：适于挖掘砂、砂质黏土、砾石、黏性土等。

（3）工艺原理

1）绞吸式挖泥船是目前在疏渡汉工程中运用较广泛的一种船舶、它是利用吸水管前端围绕吸水管装设旋转绞刀装置，将河底泥沙进行切割和搅动，再经吸泥管将绞起的泥沙物料，借助强大的泵力，输送到泥沙物料堆积场，它的挖泥、运泥、卸泥等工作过程，可以一次连续完成，它是一种效率高、成本较低的挖泥船，是良好的水下挖掘机械，如图 4.6-7 所示；

2）绞吸式挖泥船是水力式挖泥船中较普遍的一种。其工作过程是：根据土质安装绞刀→绞松泥沙→泥泵吸泥（沙）→排泥管输泥到抛泥区；

3）绞吸式挖泥船的基本施工方法是横挖法。而横挖法有钢桩定位横挖法和锚缆定位横

审核人		交接人		接受交底人	

序号：3　项目：水下挖泥施工

工程名称		施工单位		编号	
序号	项目	基槽开挖与回填施工技术交底的主要内容			

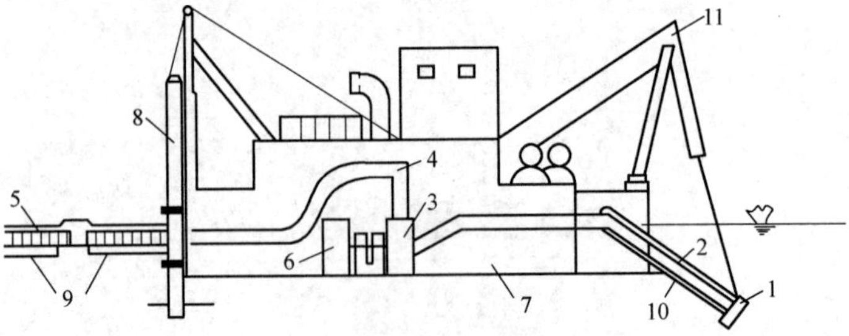

图 4.6-7 绞吸式挖泥船示意图

1—绞刀头；2—吸泥管；3—泥泵；4—船上排泥管；5—水上排泥管；
6—主机；7—船体；8—船桩；9—浮筒；10—绞刀桥；11—绞刀桥吊架

水下挖泥施工

挖法。其中钢桩定位横挖法即利用两根钢桩轮流交替插入河底，作为摆动中心，并利用绞刀桥前部的左、右摆动缆（龙须缆）的交替收放，使船体来回摆动，进行挖泥；

4）当绞刀摆至挖槽右（左）的边缘时，放下左（右）钢桩升起右（左）钢桩，同时放松右（左）边缆收紧左（右）边缆，使绞刀往左（右）摆回。这时船体向前移动一距离，称前移距；

5）采用这种定位方法，由于绞刀挖泥时船体有两个摆动中心，使绞刀的挖泥轨迹重叠和遗漏。这对硬土挖槽是不适合的；

6）为了克服上述方法的缺点，可采用主副桩法（也称单桩前移法），即以一根钢桩为主桩（视驾驶员的习惯而定），始终对准挖槽中心线，作为横挖的摆动中心，而以另一根钢桩作为副桩为前移换桩之用；

7）因为只有一个挖泥摆动中心，所以绞刀挖泥轨迹互相平行，只要钢桩的前移距离保持适当，就可避免超挖和漏挖。为了准确地控制换桩位量，须在挖槽中心线左右两侧各增设一对视线标。是以右钢桩为主桩，以左钢桩为副桩，阴影线为换用副桩后，船体绕副桩摆动时绞刀前移的轨迹，空白线为船体绕主桩摆动时绞刀挖泥的轨迹。

（4）施工工艺流程及操作要求

绞吸式挖泥船采用横挖法施工是利用一根钢桩或主（艉）锚为摆动中心，左右边锚配合控制横移和前移挖泥。按其采用定位装置不同，分为对称钢桩横挖法、定位台车横挖法、三缆定位横挖法、锚缆横挖法等。

开工展布是挖泥船挖泥开工前的准备工作，包括定船位、抛锚、架接水上、水下及岸上排泥管线等。开工展布应遵循下述原则：

1）应平行槽轴线布船，并根据设备配置、施工现场条件和土质情况综合考虑安全、质量要求和生产率等因素确定船舶挖泥定位方法；

2）进点前在导航图上标示或用导标、浮标等在现场指示施工起点位置并备妥排泥管线；

3）进船方向以逆流为宜；

4）采用铜桩定位施工时，挖混船到达挖槽起点附近，拖轮减速、停车、待对低船速消除后下放根钢桩定住船位，抛设横移锚，不得在挖泥船行进中下放钢桩；

审核人		交接人		接受交底人	

工程名称		施工单位		编号	
序号	项目	基槽开挖与回填施工技术交底的主要内容			

3	水下挖泥施工	5）采用锚缆横挖法施工时，先抛设上游锚，或将绞刀架下放至泥面定住船位，再抛设其他锚缆，内河逆流施工则先抛设上游艏锚； 6）当采用三缆定位施工时，挖泥船接近定位点时下放桥梁或抛设艉锚控制船位，而后艉锚抛设必须在挖槽中线上，当采用五锚五缆施工左右两边锚对称抛设于挖槽两侧，两边缆夹角在90°～150°之间； 7）钢柱定位施工时，锚位及移锚间距视土质和水流情况确定，在一般情况下，施工中横移缆与挖泥船中线夹角不小于45°；连接并调整排泥管线，水上管线无死弯； 8）挖泥作业前校正船位，确认挖泥船定位中心在挖槽轴线上且绞刀处于挖槽起点位置。 （5）绞吸式挖泥船采用横挖法施工分段、分条、分层、顺流（逆流）挖泥宜遵照下述规定： 1）绞吸式挖泥船下列情况宜分段施工： ① 挖槽长度大于挖泥船水上管线的有效长度时，根据挖泥船和水上管线所能开挖的长度进行分段； ② 挖槽边线为折线时，按边线拐点进行分段； ③ 挖槽规格或工期要求不同时，按挖槽规格变化和工期要求分段； ④ 选择的施工方法和工艺参数因施工区土质变化相差较大时，按土质进行分段； ⑤ 分段施工能避免或降低航行及其他施工干扰时，根据协商办法进行分段。 2）绞吸式挖泥船下列情况宜分条施工： 挖槽宽度大于绞吸挖泥船的最大挖宽时，应进行分条开挖。绞吸挖泥船的最大挖宽一般不宜超过船长的1.1～2倍，采用一缆横挖法施工时，分条宽度由船的长度和摆动角确定，摆动角宜选用70°～90°，最大（挖泥）宽度不宜大于船长的4倍； 3）绞吸式挖泥船下列情况宜分层施工： ① 疏浚区泥层厚度很厚时应分层施工； ② 当工程对边坡的质量要求较高时； ③ 当合同要求分期达到设计深度时； ④ 当挖泥船的最大深度在高潮时达不到设计深度，或在低潮时疏浚区的水深小于挖泥船的吃水或最小挖深时。 综合上述，我们应考虑下述内容分层：分层挖泥的厚度根据挖泥船性能、开挖的土质和采用的操作方法确定，淤泥类土和松散沙宜取绞刀直径的1.5～2.5倍，软黏土和密实砂为绞刀直径的1.0～2.0倍，硬黏土为绞刀直径的0.75～1.0倍，软岩石为绞刀直径的0.3～0.75倍；分层的上层宜较厚，最后一层应较薄；依据土质情况和挖掘设备尺度确定分层厚度；根据挖泥船吃水的最小挖深与潮水的涨落分层。 4）顺流、逆流施工选择应根据以下情况选择：在内河施工采用钢桩定位时，宜采用顺流施工；采用锚缆横挖法时，宜采用逆流施工。当流速较大的情况下，可采用顺流施工，并以尾锚以策安全； 5）对不同土质的操作方法： ① 开挖硬质黏土操作方法：硬黏土含水量低，粘结力大，绞刀转动为顺时针方向，在向右横移时产生"滚刀"现象，除了适当控制左锚机制动压力外，同时要适当降低绞刀转速、横移速度，减少前移距，必要时要加大绞刀架下放深度（以不搁绞刀架为原则）；

审核人		交接人		接受交底人	

工程名称		施工单位		编号	
序号	项目	基槽开挖与回填施工技术交底的主要内容			

<table>
<tr><td rowspan="2">3</td><td rowspan="2">水
下
挖
泥
施
工</td><td>

②开挖砂土操作方法：砂土主要特点是颗粒粗，为防止堵塞吸口和排泥管，开挖泥层厚度及前移距都不宜过大，操作时应根据真空表、压力表情况保持适当浓度。当发现有堵管迹象时，停止横移，提高绞刀架吹清水。停车或突然因故停车恢复开车时，必须打清水疏通管道。开挖松散砂土时，绞刀可采用低速，根据吸泥口吸距和砂层厚度采用定点、定吸操作方法；

③开挖可塑性或硬塑性黏土操作方法：土块易嵌入刀片间粘住，使绞刀转速降低乃至失去绞切功能，应每隔一段时间将绞刀抬出水面（吸泥口仍保持在水面下）清除堵塞物。也可在绞刀头安装高压冲水设备冲洗；

④开挖淤泥、流沙操作方法：以最佳泥浆浓度来控制真空表、压力表进行操作。如泥层薄可加大前移距和横移速度，也可以不用绞刀或采用定点、定吸方法。

（6）绞吸式挖泥船主要设备

绞刀主要类型有：开式绞刀、闭式绞刀、齿式绞刀、冲水绞刀、斗轮式绞刀、立式绞刀等。绞吸挖泥船各类绞刀适用土质，其刀刃与刀齿按照图4.6-8与图4.6-9来选择。

(a) (b)

(c) (d)

图4.6-8 绞刀刀刃类型示意图
(a) 牛面刃（各种土）；(b) 齿形刃（黏性土）；
(c) 锯齿刃（硬土）；(d) 接台刃（硬土）

绞吸式挖泥船与传统的挖泥船相比，通过更大直径的绞刀进行挖泥工作使用，下挖深度更大，并且在效率上能够提高30%以上。

3. 链斗式挖泥

（1）技术特点：

1）链斗式挖泥船（图4.6-10）对土质的适应能力强，能挖掘除岩石以外的各种土壤，对挖掘爆破后的碎岩石也较其他种挖泥船有效。挖后水底比较平整，适用于海港和河港码头泊泊位、滩地、水工建筑物基槽等规格要求较严的工程；

2）链斗式挖泥船多数为非机动船，挖泥时，一连串链斗在斗桥的滚筒上连续运转，同时靠收放前后左右的锚缆使船体前移或横移来完成；

</td></tr>
</table>

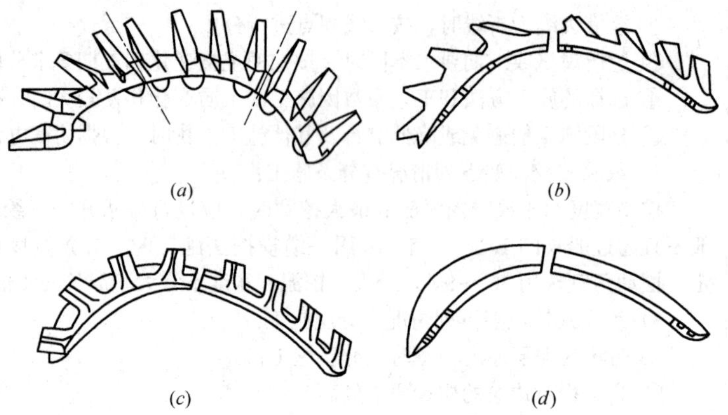

审核人		交接人		接受交底人	

工程名称		施工单位		编号	
序号	项目	基槽开挖与回填施工技术交底的主要内容			

<table>
<tr><td rowspan="10">3</td><td rowspan="10">水
下
挖
泥
施
工</td><td colspan="4">

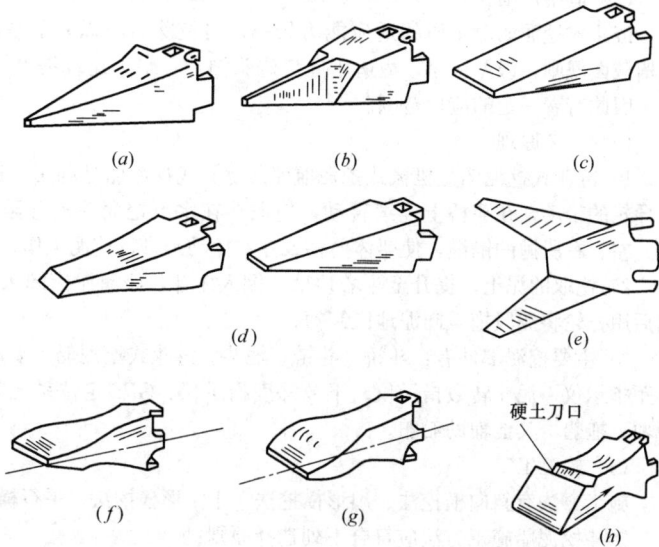

图 4.6-9　绞刀齿类型示意图

（*a*）尖嘴型（硬土和黏土）；（*b*）不规则尖嘴型（软土）；（*c*）宽横刃型（砂和软黏土）；

（*d*）窄横刃型（硬质砂土）；（*e*）破坏齿型；（*f*）中心线上横刃加宽型（黏土）；

（*g*）低于中心线加宽型 A（黏土）；（*h*）低于中心线加宽型 B（黏土）

图 4.6-10　链斗式挖泥船

　　3）链斗式挖泥船进行作业时，需抛艏锚、艉锚及横移边锚，所占水域面积甚大，影响其他船舶航行。施工过程中需要拖船、泥驳等辅助船舶较多，而且作业时噪声很大，这是它的缺点；

　　4）链斗挖船均采用可变速装置，使之在挖泥作业中改变不同的斗速和切削力，以适应挖掘各种不同土质。衡量该船技术性能的主要参数有：标称生产率、斗容、挖深等。链斗挖泥船适于在风浪小、流速小、能见度好的开阔水域施工。

</td></tr>
</table>

审核人		交接人		接受交底人	

工程名称			施工单位		编号	
序号	项目	基槽开挖与回填施工技术交底的主要内容				
3	水下挖泥施工	（2）适用范围 　　链斗式挖泥船对土质的适应能力较强，可挖除岩石以外的各种泥土，且挖掘能力强，挖槽截面规则，误差极小，最适用港口码头泊位，水工建筑物等规格是要求较严的工程施工，因此有着一定的应用范围。 　　（3）工艺原理 　　1）链斗式挖泥船是机械式挖泥航船。链斗式挖泥船是利用一连串带有挖斗的斗链，借上导轮的带动，在斗桥上连续转动，使泥斗在水下挖泥并提升至水面以上，同时收放前、后、左、右所抛的锚缆，使船体前移或左右摆动来进行挖泥工作； 　　2）挖取的泥土，提升至斗塔顶部，倒入泥井，经溜泥槽卸入停靠在挖泥船旁的泥驳，然后用托轮将泥驳拖至卸泥地区卸掉； 　　3）主要挖泥部件有：斗桥、斗链、泥斗。链斗式挖泥船主要疏竣仪器的配置包括：前移距指示仪、泥斗转数指示仪、下放深度指示仪、GPS定位系统等。辅助船舶的选配包括泥驳、拖船、其他辅助船舶。 　　（4）施工工艺 　　施工方法有斜向横挖法、扇形横挖法、十字形横挖法、平行横挖法等： 　　链斗挖泥船施工方法应符合下列选择原则： 　　① 挖泥船不受挖槽宽度和边缘水深限制时，应采用斜向横挖法施工； 　　② 挖槽狭窄，挖槽边缘水深小于挖泥船吃水时，宜采用扇形横挖法施工； 　　③ 挖槽边缘水深小于挖泥船吃水时，挖槽宽度小于挖泥船长度时宜采用十字形横挖法； 　　④ 施工区水流流速较大时可采用平行横挖法施工； 　　1）斜向横挖法：如图4.6-11所示。是最常用的挖泥方法，适用于挖泥船不受挖槽宽度和边缘水深限制的情况，优点是水流对船身产生横向压力，有利于船身横移，也有利于泥斗充泥；挖边缘的规格较准。在横移挖掘过程中，挖泥船船身与挖槽纵向中线成较小角度，只有在挖到边线换边过程中才摆正船位； 图4.6-11　斜向横挖法示意图 　　2）扇形横挖法如（图4.6-12）：即挖泥船船首横移而船尾基本不动的横挖法。此法适用于挖槽边线水深小于挖泥船吃水深度，挖槽较窄，即挖槽宽度约等于挖泥船总长度的情况；
审核人			交接人		接受交底人	

工程名称		施工单位		编号	
序号	项目	基槽开挖与回填施工技术交底的主要内容			

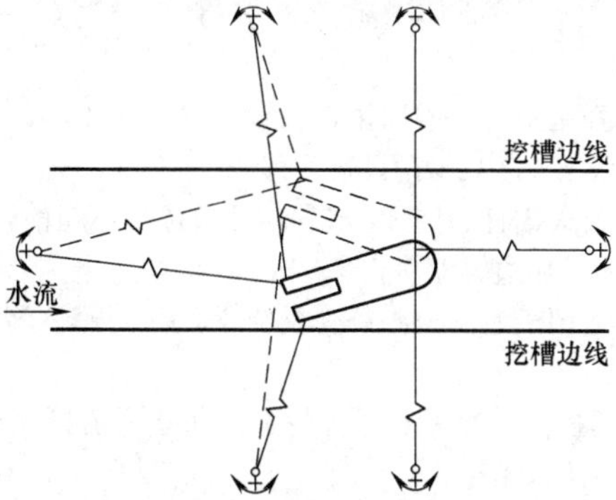

图 4.6-12　扇形横挖法示意图 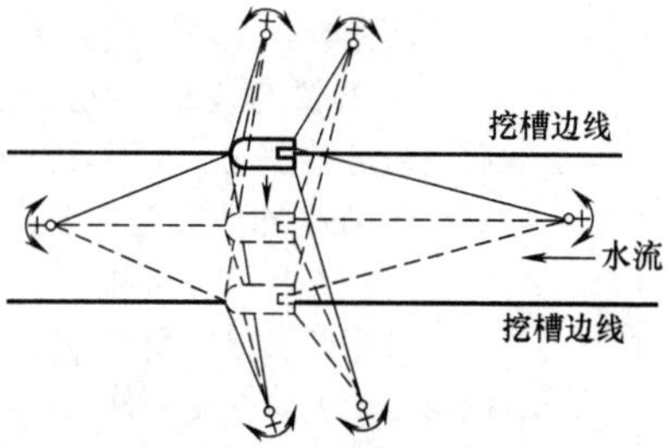　　　　图 4.6-13　半行横挖法示意图

3）平行横挖法：如图 4.6-13 所示，即挖泥船船身平行于挖槽中线而横移。适用于施工区水流流速较大时的情况。缺点是泥斗充泥量小，横移吃力。平行横挖法已很少采用，但是在逆流流速较大的工况下可以采用；

4）十字形横挖法：即横挖时挖泥船中部基本在原地转动，船首向一侧横移，而船尾向另一侧横移。此法通用于挖槽狭窄，宽度小于挖泥船的长度，挖槽两边是浅滩或狭小港池等的情况；

总之，不论采用何种方式进行挖泥，挖泥船的斗链运转速度、横移速度和前移距三者必须正确配合，以使泥斗达到最大充泥量。斗链运转速度以每分钟泥斗露出水面的个数计算。影响运转速度的因素是土壤的种类，它直接影响到泥斗充泥、倒净程度，因此，在抗切力大的硬质土和附着力很大的黏土施工时，需降低运转速度；在松软薄层土壤上施工时，则可用较大的运转速度。

（5）工艺要求：

链斗式挖泥船可采用分条、分段、分层等施工工艺。

1）下列情况宜分段施工：

① 挖槽长度大于挖满一舱泥所需的长度应分段；

② 挖泥、航行、调头受水深限制时需分段；

③ 施工时需要避让航行船舶要分段；

④ 挖槽深度不一、工期要求不同需分段；

2）下列情况宜分条施工：

① 挖槽宽度超过挖泥船的最大挖宽或挖槽内泥层厚度相差较大时，进行分条；

② 分条的宽度视主锚缆的抛设长度而定，150m³/h 链斗船挖宽宜控制在 30～35m，500m³/h 链斗船挖宽宜控制在 60～100m，700m³/h 链斗船挖宽宜控制在 80～120m；

③ 浅水区施工时，分条的最小宽度要满足挖泥船作业和泥驳的靠泊需要。

3）下列情况宜分层施工：①泥层较厚；②深度不够。

4）分层施工时应注意的事项：

① 分层厚度一般采用斗高的 1～2 倍；

② 链斗挖泥船宜采用逆流施工。链斗船作业时，一搬布设 6 个锚，锚的抛设应满足下

审核人		交接人		接受交底人	

工程名称		施工单位			编号	
序号	项目	基槽开挖与回填施工技术交底的主要内容				
3	水下挖泥施工	列要求：主锚的抛设位置在挖槽中心线上，宜偏于泥层厚的一侧，或主流一侧，主锚抛设长度一般为400～900m。 ③ 尾锚抛设顺流施工时，应加强尾锚，并增加抛设长度；逆流施工时，尾锚可就近抛设或不抛设，抛设长度宜为100～200m（已减少抛设长度）； ④ 边锚的抛设在逆流施工时，前边锚宜超前20°左右，后边锚可不超前，不设尾锚时，后边锚可抛设成八字形，顺流施工时，后边锚滞后15°； ⑤ 泥驳作业应符合下述原则：适用于逆流挖泥；绞驳换驳适用于顺流挖泥水域较窄。 （6）主要设备与部件 吊艄换驳适用于顺流挖泥；夹绑换驳：专配靠驳拖轮；适用于逆流挖泥时施工链斗式挖泥船，主要挖泥部件有：斗桥、斗链、泥斗。 4. 抓斗挖泥 （1）技术特点 其主要优点：进备简单，（挖泥机械的）磨损部件少、（船舶的）造价低廉。抓斗挖泥船一般以抓斗斗容来衡量其生产能力的大小。 （2）适用范围 抓斗式挖泥船主要用于挖取黏土、淤泥、卵石，宜抓取细砂、粉砂。 （3）工艺原理 抓斗挖泥船是机械式挖泥船，利用旋转式挖泥机的吊杆及钢索来悬挂泥斗。在抓斗本身重量的作用下，放入海底抓取泥土。然后开动斗索绞车，吊斗索即通过吊杆顶端的滑轮，将抓斗关闭、升起、再转动挖泥机到预定点（或泥驳）将泥卸掉。挖泥机又转回挖掘地点，进行挖泥，如此循环作业如图4.6-14所示。 图4.6-14　大型水上抓斗船循环作业照片 （4）施工工艺： 1）定位：抓斗挖泥船靠抛锚定位、并以收放锚缆纵向移动。在潮汐影响的河段，挖泥船可在船首抛3只锚、船尾抛两只锚。当流速较大时，船尾也可抛3只锚。在不受潮汐影响的河流段施工，当流速较大又是逆流开挖时，可在船尾抛3只锚、船首抛8只锚； 2）施工操作：抓斗挖泥船多采用顺流开挖，分条分段的施工方法。因逆流开挖时抓斗容易被水流冲入船底，提起时碰撞船身而造成事故。所以，要注意如下事项： ① 挖泥船的一次挖宽，取决于吊杆伸出的幅度，当水流湍急时挖宽可等于船宽；

审核人		交接人		接受交底人	

工程名称		施工单位			编号	
序号	项目	基槽开挖与回填施工技术交底的主要内容				

| 3 | 水下挖泥施工 | ② 每两个抓斗挖坑之间的重叠量约为抓斗宽度的1/3~2/3；
③ 抓斗一次挖泥厚度，由抓斗开口宽度和土质决定，因抓斗的挖泥深度不易控制，挖一次不能满足所需挖深时，可挖第2层、第3层直至符合要求为止；但需要防止超深过多；
④ 抓斗切割的泥土达到最大充泥量（即正好满斗时）链斗式挖泥船，为使每一抓斗的切割量等于最大充泥量，可采用增加抓斗重量或控制抓斗，开口宽度等措施来达到；
⑤ 抓斗式挖泥船可分段、分条、分层施工并应满足下列要求：
  a. 挖槽长度超过挖泥船一次抛锚所能开挖的长度时应分段施工；分段施工的长度取决于定位边缆长度和水流流向，顺流施工取艏边缆起始长度的75%，逆流施工取艏边缆起始长度的60%；
  b. 挖槽宽度大于挖泥船的最大挖宽时，应分条施工；分条最大宽度不应超过挖泥船抓斗吊机有效工作半径的1~2倍；流速大的深水挖槽施工时，分条宽度不应大于挖泥船的船宽，在浅水区施工时，分条最小宽度应满足挖泥船作业与泥驳绑靠的水域要求；
  c. 疏浚区泥层厚度超过抓斗一次能开挖的厚度，或受水位影响需乘潮汐施工时，分层施工；分层厚度根据上质、抓斗斗高及张斗宽度等因素确定。
⑥ 抓斗类型（图4.6-15）的选择应根据疏浚土的特性选用，并应遵循下列原则：

(a)   (b)   (c)
图4.6-15 抓斗类型
(a) 板式抓斗；(b) 半齿式抓斗；(c) 全齿式抓斗

  a. 淤泥土软塑黏土、松散砂选用斗容较大的轻型平口抓斗；
  b. 可塑黏土、中等密实砂选用中型抓斗；
  c. 硬塑黏土、密实砂、中等密实碎石选用重型全齿抓斗；
  d. 风化岩、密实碎石选用超重型抓斗。
（5）主要设备及部件
抓斗挖泥的主要设备和部件包括：挖泥船和抓斗。
5. 铲扬式挖泥
（1）技术特点
铲扬式挖泥船是一种非自航的单斗式挖泥船，铲斗容量一般为2~4m³，大的有8~10m³，通常备有轻、重不同类型的铲斗，以挖掘不同性质的土壤或石质。铲扬式挖泥船一般用定位桩定位施工，在流速较大的区域以锚缆配合，其施工方法一般采用顺流分条横挖法，在流速小的区域，也可以采用逆流横挖法。 |

审核人		交接人		接受交底人	

工程名称			施工单位		编号	
序号	项目	基槽开挖与回填施工技术交底的主要内容				

| 3 | 水
下
挖
泥
施
工 | （2）适用范围
　　铲扬式挖泥船适宜于挖掘珊瑚礁、卵石、砾石、重黏土、粗砂及胶结紧密的混合物，并适用于清除围堰和水下障碍物等，是目前挖掘硬质土壤最强的挖泥船。
　　（3）工艺原理
　　铲扬式挖泥船是一种非自航单斗挖泥船，其工作原理与正向铲挖土机类似，它利用吊杆及斗柄将铲斗伸入水底，推压斗柄拉紧钢缆，使铲斗切入土中进行挖掘，而后将铲斗提出水面，经回旋装置转至卸泥处或驳船上卸泥。
　　（4）施工工艺：
　　1）定位：根据设置好的纵横向导标及施工时的风向、风力及水流状况进行定位。铲扬式挖泥船有桩定位、桩配合锚定位及锚缆定位等三种施工方法：
　　① 桩定位施工。挖泥船到达施工地点后，准确而迅速地对准纵横向导标，放下定位桩，然后利用铲斗及前（后）桩校正船位。最后将两前桩放下，固定船位，抬升船体进行挖掘作业，如图 4.6-16 所示；

图 4.6-16　桩定位施工示意图
1—船首桩；2—船尾桩；3—铲斗；4—斗柄；5—斗柄齿条；
6—吊杆；7—旋转台

　　② 桩配合锚定位施工。在风大流急处，单独用定位桩不容易做到准确定位时，可视流速和流向的具体情况，抛 2~3 只锚与桩配合共同稳固船位；
　　③ 锚缆定位。即不用钢桩，将 3 个桩起升，抛锚 5 只固定船位，进行施工。此法适用于挖掘碎石作业。
　　2）开挖方法：
　　① 分条分层开挖。当挖槽宽度超过挖泥船最大挖宽时可分条开挖，分条宽度稍大于船宽，条与条之间保证有一定的重叠量。分层的厚度，当使用背度挖掘法时，一般为斗高的 1.8~2.0 倍；水平挖掘法时，以斗梁滑轮不插入泥土为原则，一般层厚为 2.0m 左右，挖石质和硬土时应适当减小；
　　② 背度挖掘法。转盘式固定吊杆挖泥船常有背度装置，在铲斗下放后，用背度绳尽量将铲斗向后拉向船体，造成一个背度角 θ（一般 $\theta = 13°~15°$），利用船体的重量推压铲斗，切入河底进行挖掘，如图 4.6-17 所示。此法适用于挖掘较厚土层，层厚可达 3~5m； |

审核人		交接人		接受交底人	

工程名称		施工单位		编号	
序号	项目	基槽开挖与回填施工技术交底的主要内容			
3	水下挖泥施工	 图 4.6-17 背度挖掘法示意图 1—船体；2—前桩；3—背度绳；4—吊杆；5—斗柄；6—铲斗 *l*—前移距；*L*—切割长度 ③ 水平挖掘法。全（半）旋转台式挖泥船的吊杆可以俯、仰，吊杆和铲斗的起升可以联动和分动，其水平切削力较大。在铲斗切削过程中，随时注意推压铲斗，以使铲斗轨迹保持水平，挖掘厚度不宜太大，一般 2m 以上即需要分层开挖。此法对于挖掘爆破后的碎石层较好，挖掘过的底面较平整。一般超挖为 0.3～0.5m。 6. 铲斗式挖泥 （1）技术特点 铲斗式挖泥船如图 4.6-18 所示，一般都为非机动单斗式，铲斗的容量为 2～4m³，大型的可达 8m³ 以上。它可以集中全部功率在一个铲斗上，进行特硬挖掘。铲斗式挖泥船还可装置重锤进行碎石施工。 图 4.6-18 铲斗式挖泥船施工示意图 （2）适应范围：铲斗式挖泥船主要用于挖掘珊瑚礁、卵石、砾石、石块、重黏土和石质土壤，也适用于其他挖泥船不能承担的特殊挖掘任务，如清理围堰、拆毁旧堤，打捞沉物和清除水下障碍物等。				
审核人		交接人		接受交底人	

工程名称		施工单位		编号	
序号	项目	基槽开挖与回填施工技术交底的主要内容			

| 3 | 水下挖泥施工 | （3）工艺原理：铲斗式挖泥船是利用吊杆及斗柄将铲斗伸入水中，插入河底、海底进行挖掘，然后由绞车牵引将铲斗连同斗柄、吊杆一起提升，吊出水面，至适当高度，由旋回装置转至卸泥或泥驳上，拉开斗底将泥卸掉，再反转至挖泥地点。如此循环作业。
（4）施工工艺：
1）挖槽宽度超过铲斗挖泥船一次所能开挖的宽度时应分条施工，分条宽度应根据当时挖深条件下铲斗的回转半径和回转角确定，挖硬土时回转角宜适当减小挖软土时宜适当增大；
2）泥层厚度过大时应分层开挖，分层厚度应根据斗高和挖掘的土质确定，挖软土分层宜厚，挖硬土分层宜薄，分层厚度不超过 1.8～2.0 倍斗高；
3）铲斗挖泥船采用纵挖法时应符合下列要求：
① 坚硬土质和风化岩，宜配备小容量带齿铲斗，并采用挖掘与提升铲斗同步挖掘法施工；
② 软质土及平整度要求高的工程宜配备大容量铲斗，并采用挖掘制动、提升铲土挖掘法施工；
③ 挖掘不同土质的抬船高度、回转角、铲斗回转角进量及铲斗前移距等施工参数应通过试挖确定；
④ 正铲挖泥船宜位于已开挖区域顺挖槽前进挖泥，反铲挖泥船宜位于未开挖区域顺挖槽后退开挖。 | | | |

| 4 | 基槽成槽质量检验 | （1）基槽开挖施工质量控制
1）施工中，挖泥船根据电子图形显示系统的指示进行施工，做到分条分段开挖，条与条的搭接宽度按 2m 控制；为达到疏浚区槽底平整，边坡为 1：7，拟开挖深度按超深 0.3m，每边超宽 2m 控制。为了避免出现浅点，基槽验收采用水下刮刀等辅助验收手段来保证基槽开挖质量，水下刮刀辅助验收方法如图 4.6-19 所示。
2）基槽底宽度一般为管节最大外侧宽度加上两侧预留量，每侧预留量一般在 1.5m 左右，如采用管节外喷砂基础处理时，预留量可适当加大。基槽底部标高应为隧道结构底部标高减去基础处理所需要的高度，并应考虑水力学因素（潮汐、淤积、冲刷等）的影响。基槽底部的精度一般为 500mm，＋0mm，具体指标宜根据工程重要性及环境条件等综合确定。
（2）基槽成槽质量检验
基槽成槽质量检验应符合表 4.6-2 规定。 | | | |

基槽开挖相关检测项目及标准　　　　　　　　　　表 4.6-2

序号	检测项目	允许偏差（mm）	备 注	频 次	检测方法	检测设备
1	轴 线	±500	分段开挖分段测量	多波束声呐系统探测、密度检测仪检测；每 5～10m 测试断面，每2～5m 一个测点	高度水深测量精度	GPS-RTK 系统、全站仪、双频测深仪、多波束水下测量系统、水下声呐扫测设备
2	边坡坡率	不陡于设计要求	阶梯式开挖			
3	槽底宽度	0，+2500	分段开挖分段测量			
4	槽底标高	-500，+0	不允许有点浅			

注：表中"＋"表示向上或向外，"—"表示向下或向内。

审核人		交接人		接受交底人	

工程名称		施工单位		编号	
序号	项目	基槽开挖与回填施工技术交底的主要内容			
4	基槽成槽质量检验	说明：1. 基槽验收时，定位船船艉布八字锚横向布置于要验收的基槽位置，定位船沿基槽纵向移位，每次移位 6m，而方驳沿定位船横向移动，发现割刀搁底或有障碍物阻物时，安排潜水员探模，以确认障碍物情况。　2. 方驳刮刀的入水绳长度根据基槽的设计标准及当时的潮位高而确定。　　　图 4.6-19　水下刮刀辅助验收方法示意图			
5	基槽清淤质量验收	1. 基槽清淤应符合下列规定：　（1）垫层施工前及管节沉放之前，应检查基槽底有无回淤，基槽底回淤沉积物重力密度大于 11.0kN/m³，且厚度大于 0.3m 时需要清淤，清淤宜分层实施。　（2）基槽清淤应根据淤泥工程量、流动特点、周边情况等因素匹配相应的清淤设备。　（3）应编制专项清淤方案并在实施前进行技术交底。　（4）基槽回淤检测及清除应符合表 4.6-3 的规定。　　基槽回淤厚度清除标准对于垫层先铺法施工采用港珠澳大桥沉管清淤指标，要求回淤厚度大于 10cm 时，应该清淤；而对于垫层后填法施工采用《重力式码头设计与施工规范》JTS 167-2-2009 的规定，回淤厚度达到 30cm，必须清淤。			
审核人		交接人		接受交底人	

| 工程名称 | | 施工单位 | | 编号 | |

| 序号 | 项目 | 基槽开挖与回填施工技术交底的主要内容 | | | |

回淤检测及清除标准   表 4.6-3

序号	检测时机	淤泥清除标准	检测频率	检测方法
1	基槽精挖后块石夯平前	当隧道基槽底含水率小于150%；或者密度大于1.26g/cm³的回淤沉积物厚大于10cm	块石夯平前7d测量一次	采用双频测探仪、淤泥密度仪进行测试或潜水员探摸、取样
2	块石夯平前碎石整平前	密度大于1.26g/cm³的回淤沉积物厚大于10cm；或者密度大于1.15g/cm³的回淤沉积物厚大于10cm	碎石整平前15d、7d各一次	
3	碎石整平后管节沉放前	密度大于1.26g/cm³的回淤沉积物厚超过4cm或者密度大于1.15g/cm³的回淤沉积物厚超过10cm	管节沉放前每2~5d一次	
4	垫层施工前及管节沉放前	密度大于1.1g/cm³的回淤沉积物厚超过30cm	管节沉放前每2~5d一次	

2. 吸砂（泥）船舶清淤

以某市东外环路常洪越江隧道基槽清淤施工为例，介绍基槽清淤。

（1）方案设计与选择

针对清淤工程的要求，在方案设计上提出了三个方案，这三个方案的共同点是利用现有设备进行经济、有效的改装后，能适合清淤工程需要，但又不太影响设备原有功能，清淤结束后能使设备很快恢复原貌。

1）方案一：采用980m³/h绞吸式挖泥船改装。优点：该吸泥船排量大，施工效率高，移船移位灵活，定深、定位较方便。缺点：需进行锚机改造和绞刀架吸泥管的加长，成本高，改装时间长；

2）方案二：采用1800m³自航耙吸式挖泥船改装。优点：该船吸泥排量大，有现成的定位、定深装置。自航船进出比较灵活机动。缺点：受现场条件限制，不能航行施工，为控制船位，要加装锚机，深水吸泥；

3）方案三：采用吸泥船改装。优点：船小移动灵活，不用布锚施工，对航行干扰小。缺点：吸泥排量不够，无法满足清淤施工强度要求。

通过反复比较论证。认为方案一改造成本大、时间长，对船原有结构及船貌影响大，不宜采用。最后选择了改进后的方案二，即由4m³抓斗船航扬401轮与1800m³自航耙吸船航浚1006轮联合船组的方案，抓斗船抛锚作定位船，耙吸船靠泊在抓斗船边上，清淤吸泥由航浚1006轮进行，深度由航浚1006控制，平面位置由航扬401轮控制移动。

（2）清淤工艺研究

1）平面控制：

① 航浚1006轮上原装有DGPS定位仪，精度优于2.0m，但该精度不能适合工程要求。为使工程质量有保证，经论证给联合船组安装了一套带有两个GPS-RTK接收无线的定位

| 审核人 | | 交接人 | | 接受交底人 | |

工程名称		施工单位		编号	
序号	项目	基槽开挖与回填施工技术交底的主要内容			
5	基槽清淤质量验收	系统（该系统标称精度优于 2cm）； 　　② 两个（GPSRTK 接收无线，一个安装在耙管吸口位置正上方，另一个安装在耙管中点的上方位置，由这两个点准确地定出耙管和吸口位置。并以这两个点为原点按比例画上航扬 40I 轮与航浚 1006 轮的船形，以便在显示器上直观地显示船位； 　　③ 定位系统共安放 3 台显示器，一台放在航浚 1006 轮操纵室，便于航浚 1006 轮对船位、耙头吸口位置的了解与掌握，以命令 401 轮是否移动或调整船位； 　　④另两台安放在航扬 401 轮，一台在会议室，给项目工程师等人员观察控制施工用，还有一台安放在 401 轮锚机上方，便于移船进点时指导 401 轮绞锚工作。施工时由 1006 轮上主机系统向 401 轮实时传输图像及数据，保证 3 台显示器同步； 　　⑤ 施工前，先将基槽位置及槽内每根桩位输入定位系统后，定位仪 3 台显示器就能同时显示出挖槽形状、桩位、耙头吸口位置、船位以及耙头吸口的纵向、横向偏移距离等施工时，据此来控制吸口位置，就可准确地定位、定点进行清淤吸泥。 　　2）深度控制： 　　① 因航浚 1006 轮原吸泥管长仅 22.5m，改装时拆除该轮原挖泥耙头，经过受力计算后，接了一根长 10m、直径 100mm 吸泥管，这样航浚 1006 轮吸泥管全长可达 28.5m，最大吸泥深度可达 23.0m，能满足工程要求； 　　② 利用航浚 1006 轮的耙臂深度指示仪，通过计算与实测校核，制定了一张原耙头深度与清淤吸口深度关系对应表，这样清淤深度就能由航浚 1006 通过起放耙管来控制了，为提高清淤效率，经过计算及实地试验在吸管末端口又安装一个长 2.0m、高 0.4m、扩口宽为 1.25m 的 V 字形扩散口作为吸泥耙头，并将该船原有的高压冲水管引到吸口，高压冲水设 7 只喷嘴，3 只朝下冲，以提高吸口破土能力； 　　③ 另外 4 只朝耙头吸口两侧水平方向冲，在吸口后端两侧各装 2 只，以增加吸淤泥流动性，从而扩大吸口的吸泥范围； 　　④ 受现场航行条件限制，清淤施工时船位安排垂直基槽进行，因清淤基槽底宽仅 30m，而耙管长，吸口深度又大，边移船边清淤吸泥，吸泥管安全难保证，因而根据回淤泥有一定的流动性的特点，施工采用分丝定点吸泥的方法，吸完一个点再向前进一个点，进点距离为 5.0m，分丝的宽度，即以每排桩间距为施工丝； 　　⑤ 施工时，平面位置移动由航浚 1006 轮指挥，航扬 401 轮通过绞锚缆来完成，吸口深度由 1006 轮耙臂深度指示仪显示控制。 　　（3）工艺流程及操作要求： 　　1）清淤船组进点就位前，应先将清淤范围、位置及基槽内每根桩基的桩位输入到船上定位系统中； 　　2）清淤施工时，航扬 401 轮在定位系统到指定基槽位置抛锚布置，锚位的布置必须保证 401 轮能顺基槽方向来回移动，移动范围大于 150m（即节管段的清淤范围）；然后航浚 1006 轮再靠泊到 401 轮舷侧，401 轮及航浚 1006 轮上均有定位仪显示器，显示船位、桩位和耙管位置。移船时，还可显示耙管吸口的移动距离和位置； 　　3）以基槽内桩基排桩为界，将基槽垂直轴线分成若干丝，耙管吸口垂直基槽轴线分层分丝吸泥，吸泥时除第一层外，开启高压冲水施工，用高压冲水的目的有两个：一是底部浮泥有黏性，还少量含沙，用高压冲水可提高吸泥效率，二是运用高压冲水的横向喷射，扩大吸口吸泥范围，以保持吸口与桩基的安全距离（≥1.0m）；			
审核人		交接人		接受交底人	

工程名称		施工单位		编号	
序号	项目	基槽开挖与回填施工技术交底的主要内容			
5	基槽清淤质量验收	4) 施工采用定点吸泥，吸完一个点后，由航浚1006轮通知401轮移船，401轮在定位仪指导下，移船进点，进点距离为5.0m，待船位稳定后，航浚1006轮就可下放耙头吸口继续吸泥。每次移船进点、换丝，航浚1006轮均详细记录吸口位置、起始与吸完时吸口深度，以便于施工员了解施工情况及进度； 5) 因基槽内浮泥层较厚，第一遍施工采用分层施工法，第一层控制每个点吸泥半小时左右，这样控制的原因是开始施工时槽内浮泥层厚，吸泥浓度高；吸泥时如不控制时间，施工中发现可以不改变吸口深度，连续吸泥5～10h，并且能保持较好泥浆浓度，这样还利于提高整体施工效率； 6) 施工的经验是，因槽内回淤总是不间断的，所以清淤需在整个施工管段范围内来回进行，只有提高每个点清淤吸泥频率，才能达到施工目的； 7) 第二层必须一直吸到设计标高时，才能进点，这样的方法，实践证明有利于施工的进度。第二遍开始后的清淤，就不必分层，每个点一次性吸到设计标高止。第二遍清吸时以吸口下放到或稍微超过设计标高后，当出泥口泥浆重力密度小于1.02～1.03t/m³时。作为移船进点的依据； 8) 施工控制上主要是抓好航浚1006轮操耙手这一关，吸泥时，吸口要不断上下升降（特别是吸口接近设计标高时），才能保持较好泥浆浓度，以提高清淤效率，若操耙手责任心不强，常使吸口吸空，打清水，施工进度就难保证； 9) 施工中加强检测，因清淤质量要求桩顶以上水体重力密度小于1.01t/m³，因此，检测采用频率为超声波回声测深仪，该类仪器特点是波束碰到浮泥层就反射，穿透力很弱； 10) 清淤施工时在每节管段范围内吸完一遍检测一次，直到测深仪能测到设计标高为止，表明清淤已能达到质量要求。一般在一个沉管范围内，清淤施工船需进行3～4遍清吸才能清干净所有浮泥，使桩顶露出泥面，使桩顶以上水体重力密度达到管段沉放的要求。			
6	基槽回填覆盖施工	(1) 技术特点 1) 管节回填可分为锁定回填、一般回填和覆盖回填。回填应符合两侧对称、纵向分段、断面分层原则，接顺序进行并满足设计要求； 2) 覆盖回填也叫护顶回填或护面回填；锁定回填与覆盖回填之间的回填统称为一般回填。锁定回填非常关键。锁定回填的时机、要求在判定已沉管节的对接达到了设计要求后尽快实施，确保已沉管节在横向的稳定，锁定回填必须按设计要求在沉管两侧对称、均匀地沿管节纵轴向进行； 3) 因为锁定回填时，安装船已经按安装工序要求撤离，管节的横向稳定是靠管节的负浮力对基础面的静摩擦力或垂直千斤顶对临时支座面产生的静摩擦力，考虑到基础沉降的均匀性，此时管节的负浮力不可能太大，静摩擦力也就不可能太大，如果管节两侧的回填差异太大，就有可能造成管节两侧的压力差太大而造成管节的横移； 4) 管节侧面回填及顶部覆盖应分层、对称均匀进行，防止管节两侧因受力不均产生侧移。锁定回填施工过程中两侧回填高差不超过1m，一般回填施工过程中两侧回填高差不宜超过2m。全面回填工作不应影响相邻管节施工。采用喷砂法基础处理或采用临时支座时，应在管节基础处理完毕、落到基床上再回填。采用灌浆法基础处理时，宜先对管节两侧回填。 (2) 适用范围			
审核人		交接人		接受交底人	

工程名称		施工单位		编号	
序号	项目	基槽开挖与回填施工技术交底的主要内容			

| 6 | 基槽回填覆盖施工 | 　1）锁定回填适用于管节对接完成后必须按设计要求进行管节内加载，直至达到设计抗浮系数要求、管节精调且管内控制测量完成后，先铺法时，应立即锁定回填；后填法则应立即在管节尾部两侧进行锁定回填，待垫层施工完成后，全面锁定回填；

　2）一般回填适用于锁定回填与覆盖回填之间的回填。覆盖回填适用于一般回填完成后对沉管顶部的保护回填。

　（3）工艺原理
　1）锁定回填应符合下列规定：
　① 锁定回填应对称、均匀沿管节两侧分层进行，回填范围、厚度等均应满足设计要求；
　② 锁定回填的坡脚位置应结合基础处理形式在纵向上给下一沉放管节端部留有足够的安全距离；
　③ 应配置专用工程船舶进行深水水域的回填施工，抛填应采取对隧道结构外防水体系影响较小的工艺。
　2）管段锁定抛石：管段沉放并对接就位后，应立即进行两侧锁定回填，固定管段位置。一般在管段两侧锁定抛石，采取碎石棱体；
　3）一般回填应符合下列规定：
　①一般回填应对称、均匀沿隧道两侧和管节方向分层、分段进行，回填范围、回填厚度、回填坡度等均应满足设计要求，施工过程中两侧回填高差不得超过设计要求；
　② 对于回填的坡脚位置，在纵向上应给下一沉放管节端部留有足够安全距离，安全距离宜为管节长度的1/3，且不少于20m。
　4）覆盖回填应符合下列规定：
　① 回填材料、回填厚度应符合设计要求；
　② 回填材料应分层、分段铺设，回填范围、厚度、坡度、顶面高程等均应满足设计要求；
　③ 应根据设计要求、施工能力、潮位和波浪影响，确定施工工艺；
　④ 覆盖回填完毕后，应采用多波束探测声呐对覆盖层区域至少10m外的范围进行探测。
　5）以某沉管隧道回填为例：
　① 纵向分段：该工程沉管段线全长340m，沿隧道两侧边线，以首节管开始自定为桩号（0+000）布置桩位。管外回填施工共分4个作业区段，即每段管为一段，分别为E1、E2、E3和E4段；
　② 断面分层：由于管外回填断面分层清晰，施工程序较少，工期及质量容易保证，但是为了便于加强回填工程的施工组织，将断面分层进行施工，并根据回填料不同，采用不同的工艺来回填；
　③ 回填顺序：回填时根据管段沉放进度，从东到西依次从E1向E4分段回填；每段回填时，对称管段依次从底层向上回填。
　（4）施工工艺：
　1）装配导管：用方驳装配碎石槽和导管，由皮带运砂船送级配砾石到方驳上，装载机在方驳上倒运至石槽导管，利用砂石船的皮带机直接卸入驳船上的石槽料斗，如图4.6-20所示，为基槽两侧砾石回填设备布置示意图。其用途：第一层次——管节两侧底层的砾石回填。 | | | |

| 审核人 | | 交接人 | | 接受交底人 | |

工程名称		施工单位		编号	
序号	项目	基槽开挖与回填施工技术交底的主要内容			
6	基槽回填覆盖施工	图 4-6-20　基槽两侧砾石回填设备布置示意图 　　2）送砂船：自航式皮带运砂船在指定位置抛锚进行定点、定区域抛填，完成一个区域后，通过绞车移船，进行下个区域施工，如图 4-6-21 所示，为船料回填设备布置示意图。 图 4-6-21　船料回填设备布置示意图 　　3）自抛石民船：民船"三自"（自装、自航、自卸）在该工程中，可以发挥其灵活机动的特点，珠江三角洲地区有大量的民船常年从事运石、抛石施工，民船抛石是比较常见的施工工艺，所以，利用民船进行砂石供应可以满足整体施工要求。规格：仓容 80～160m³。用途：第三层回填，用片石保护层等分层回填，如图 4.6-22 所示。 　　（5）材料与设备 　　1）回填材料、品种与质量应满足设计要求，不应含对隧道防水性能产生危害的材料，并进行相关的测试和取样。管节两侧、底层回填料宜采用砾石；管节顶层回填料宜采用原开挖砂土或海砂，管顶防锚保护层回填料宜采用片石；回填料为 25kg 以内的块石，并有一定的级配，使保护层有较高的密实度，回填至原河床面。回填指标应符合设计要求。采用砂、砾石、原开挖砂土作为回填料主要避免伤及管节外防水及管节结构；				
审核人		交接人		接受交底人	

工程名称		施工单位		编号	
序号	项目	基槽开挖与回填施工技术交底的主要内容			

| 6 | 基槽回填覆盖施工 | 图 4.6-22 保护层回填设备布置示意图

2）回填设备包括方驳、装载机、皮带机、"三自"（自装、自航、自卸）运砂船。抓斗式挖泥船，在回填施工过程中属备用船只，如第三层有超抛超过设计及规范要求并且可能影响航道正常使用，则使用抓斗抓除超抛部分。

（6）质量控制
1）施工测量，回填工程测量关键是水下的测量控制，抛填前根据施工控制网绘制完成平面控制和高程控制系统。水下抛填测量采用测量船测深仪与常规测量方法相结合方案。通过 GPS、水准仪和测深仪完成平面测量定位和水深测量；
2）回填前在待抛相同断面后侧设立抛石浮导标，施工中严格控制抛石范围，回填时适时用测深仪测量回填高程，由于测深仪受涌浪的影响较大，故测深仪只用于粗抛控制手段，在需要精细测量的部位用潜水员配合水准仪进行测量。 |

图中抛石民船、一般回填、砾石等标注

| 7 | 回填覆盖质量检验 | 管节回填覆盖应符合下列规定：
（1）回填覆盖断面平均轮廓线不小于设计断面，且满足通航要求；
（2）回填断面平均坡度不小于设计坡度；
（3）回填覆盖检验应符合表 4.6-4 规定。 |

回填覆盖层检测项目及标准　　　　表 4.6-4

序号	回填的主要材料		允许偏差	检测频次,方法及设备
1	覆盖层顶轮廓线（或外边线）标高	10～100kg	±400mm	GPS-RTK 系统
2		100～200kg	±500mm	全 站 仪
3		300～500kg	±700mm	双频测深仪
4	一般回填顶轮廓线（或外边线）标高	10～100kg	±400mm	潮位观测仪
5		碎石	±300mm	多波束水下测量系统
6		砂砾	±100mm	水下声呐扫测设备

注：1. 表中负值为向下或向内。
2. 当采用 5～300kg 开山石代替 10～100kg 块石时，允许偏差为±500mm。
3. 两侧锁定回填高差不大于 1m；当锁定回填与一般回填石料不得侵入一般回填层。
4. 覆盖层顶宽不小于设计宽度，护面层坡度不陡于设计坡率。

| 审核人 | | 交接人 | | 接受交底人 | |

4.7 管节安装施工技术交底

沉管管节安装施工技术交底

表 4-7

工程名称		施工单位		编号	
序号	项目	沉管管节安装施工技术交底的主要内容			
1	概述	1. 管节安装 管节安装应符合下列规定： （1）管节安装可分为舾装、浮运、管节寄放、沉放与对接，其中浮运、沉放与对接应分别编制专项施工方案和监测方案，并经过评审。 （2）应根据航道宽度、深度、水流、通航船舶密度等资料编制水上交通疏解、警戒或封航专项方案，并报航道管理主管部门审批。 2. 管节浮运 管节浮运应符合下列规定： （1）管节浮运前应收集相关水域水文及气象等资料。应对潮位、水深、水流速度、水重度、悬浮指数、风速等进行监测与计算。为了保证管节浮运、沉放、对接顺利进行，施工前必须收集有关的资料，其中包括： 1）管节沉放期间的天气预报：天气（晴天、阴天或雨天）、风向、风力、风速、温度、相对湿度等； 2）水文资料：历史最高水位、最低水位以及推算的设计基准期内最高潮位、最低潮位； 3）水流流速：涨急最大断面流速、最小断面流速、平均断面流速以及落急最大断面流速、最小断面流速、平均断面流速； 4）涨急平均流向； 5）隧址处水的重力密度。 （2）管节浮运应尽量选择在风平浪静的气象条件下，以降低波浪对管节浮运的影响。浮运前在管节两端设置端封墙，向其中注入一定量的水进行调平，并安装必要的附属设施，包括系缆柱、缆绳导轮等。 （3）浮运前，应核对浮运航道沿线水下地形、地质资料和水文资料，清除浮运路线上可能损害管节的障碍物。 （4）管节出坞、浮运应根据隧址处工程、水文地质条件、水文条件、水下、地形、气象、航道、管节结构和环境保护等条件，合理选择浮运船机和作业设备。 （5）浮运前应进行管节的稳定性验算，满足竖向力平衡和力矩平衡两个条件。 （6）管节浮力与自重（含舾装件）的比值称为抗浮系数。管节下沉前的抗浮系数小于1，即管节在浮运及下沉前是靠自身的浮力浮于水面的，管节是"自浮"的，但是也有些工程的管节在浮运时抗浮系数大于1（例如港珠澳大桥），是靠安装船吊住浮于水面，即管节是"吊浮"的。但是浮运过程中，必须满足竖向力平衡和力矩、平衡两个条件。 （7）管节浮运前干舷值应在 100～250mm 之间。 （8）应根据管节浮运需要克服的惯性力和水阻力，计算确定拖曳设备数量及功率配置。 （9）浮运航道水深应符合下列规定： 1）管节浮运航道控制水深（设计最低通航水位）不小于管节高度－干舷高度＋安全距离；			
审核人		交接人		接受交底人	

工程名称			施工单位		编号	
序号	项目		沉管管节安装施工技术交底的主要内容			
1	概述	2）采用移动干坞预制管节时，移动干坞浮运航道控制水深（设计最低通航水位）不小于移动干坞浮运管节最大吃水深度＋安全距离； 3）采用移动干坞预制管节时，下潜港池控制水深不小于管节高度－干舷高度＋管船距离＋船台高度＋安全距离； 4）管节浮运过程中底板与河床安全距离应不小于 0.5m； 5）管节浮运航道及下潜港池水深不满足上述要求或航道宽度不满足要求时，应按现行行业标准《疏浚与吹填工程施工规范》JTS 207 的有关规定执行，完成浮运航道疏浚作业。 （10）管节起浮前应对管节内部及外部的各项设施进行检查，及时排除故障。管节内部的设施包括水泵、闸阀、压舱水箱、管路系统、垂直千斤顶、油压系统、通信联络系统、测量定位系统及远程监测系统等。管节外部的设施包括止水带、管面舾装件等。 （11）在管节进行浮运前，必须对浮运航道进行水深的测量，硬底基础尚应进行硬扫床或多波束检查。 （12）管节浮运、系泊前应进行稳定性及系缆系统受力计算和整体数模分析。必要时可开展物模试验，进行数据校核。 （13）浮运阶段宜满足下列条件： 1）水流平均流速不大于 11.0m/s； 2）水面风速不大于 10m/s； 3）浪高小于 0.5m。 （14）浮运阶段不满足上述（11）条件时，宜作专题研究。 3. 管节寄放 管节寄放区应符合下列规定： （1）宜选择水深足够、风浪小、水流缓的非通航水域。 （2）应布置可靠的系泊系统。 4. 管节沉放对接 管节沉放对接应符合下列规定： （1）管节沉放对接可分为管节浮运就位、管节下沉、千斤顶拉合、水力压接 4 个工序。 管节对接过程包括以下步骤： 1）当管节前端与暗埋段（或已沉管节）距离 5m，轴线位置正对时，则停止调整并把缆绳收紧。随后向管内压载水箱注水，当注水重量大于管节浮力时管节会慢慢下沉，测量员对管节进行观测．并报告给指挥员指挥吊缆，将管节缓慢放沉。然后将管节的纵向调至设计坡度，同时调整管节轴线，管节慢慢往前移； 2）当管节前端距已沉管节（或暗埋段）2m，沉管底部与已沉管节（或暗埋段）顶面高度为 1m 时，潜水员下水检查两管间距和高度是否与测量员所测数据吻合，如果不吻合，则测量员应对有关数据计算复核，检查仪器数据输入或操作过程是否有误。潜水员继续测量相关尺寸，直至测量结果与潜水员测量尺寸吻合为止。之后重复上一个动作，管节继续下沉和前移并调整轴线； 3）当管节前端与已沉管节（或暗埋段）之间还有 1.5m 时，沉管底离基槽面高度还有 1m 时，潜水员检查接头情况，并清除接头垃圾杂物； 4）清除完毕后，总指挥根据测量员所测数据继续指挥管节慢慢前移，测量员不断对管节的里程、轴线、标高进行观测；

审核人		交接人		接受交底人	

工程名称		施工单位		编号	
序号	项目	沉管管节安装施工技术交底的主要内容			

| 1 | 概述 | 5）当管节 GINA 止水带与已沉管节（或暗埋段）距离 400mm、高 300mm 时，潜水员应检查管端之间距离、高度、两侧以及管尾垂直千斤顶与垫块位置、高度，检查无问题之后，指挥员指挥吊船吊缆同时下降，使管头鼻托接触和管尾垂直千斤顶搁在支承垫块上，随即安装两个拉合千斤顶，检查 GINA 止水带，测量员、潜水员密切监测管节变化，拉合千斤顶开始拉合达到初步止水。随即结合腔排水进行水力压接，直至压接完成。
（2）管节沉放宜满足表 4.7-1 的要求。 |

管节沉放时自然条件要求　　　　　　表 4.7-1

基本项目	风 速	水密度	浪 高	流 速	能见度
主要要求	≤10m/s	按设计要求	≤0.5m	≤1.0m/s	≥100m

（3）自然条件不满足表 4.7-1 条件时，应作专题研究并制定特定技术措施。

（4）沉放前，应对管节基础标高及支座平面位置与标高进行复测，采用先铺法时应对基槽碎石基础顶面淤泥清除。

（5）沉放前，应清除 GINA 止水带四周及对接端面上的杂物，并探摸检查 GINA 止水带，应稳固、无偏位、无破损。

（6）管节沉放前应对管节内部的各项设施进行检查，及时排除故障。

（7）管节沉放过程中压载水箱加载宜分次进行：

1）管节下沉阶段，抗浮系数不小于 1.01；

2）水力压接之后水密门开启前，抗浮系数不小于 1.02；

3）稳定压载阶段，抗浮系数不小于 1.05。

（8）管节沉放后对接前应再次对止水带、端钢壳、导向装置等进行检查。

（9）沉管法隧道：

1）管节先在干坞内预制成密封的钢筋混凝土隧道，然后坞内灌水起浮，浮运到选定位置寄放，当管节沉放位置的基槽检验完成后，利用工程驳船将管节绞移浮运至沉放区，首先安装管节的纵横调节系统；使沉管在沉放区系泊定位；

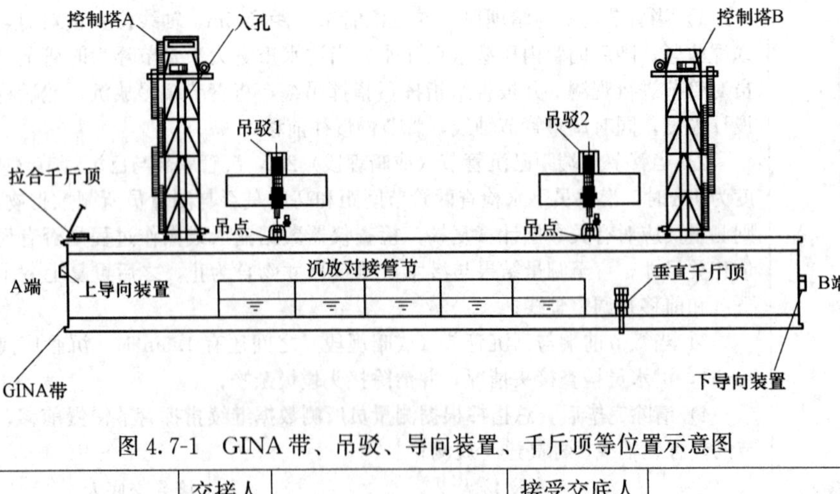

图 4.7-1　GINA 带、吊驳、导向装置、千斤顶等位置示意图

审核人		交接人		接受交底人	

工程名称		施工单位		编号	
序号	项目	沉管管节安装施工技术交底的主要内容			
1	概述	2）然后在沉管面上吊装控制塔 A 和控制塔 B（尽量选择在寄放区完成）；随后安装吊驳 1 和吊驳 2 并与管节面上的四个吊点连接（尽量选择在寄放区完成），待命沉放对接； 3）规定管节头部为 A 端，管节尾部为 B 端，GINA 橡胶止水带安装于管节 A 端钢端壳。如图 4.7-1、图 4.7-2 所示。 图 4.7-2　纵横调节系统布置示意图			
2	舾装施工	1. 概述 管节舾装应分两次进行，且应符合下列规定： （1）在管节试漏、起浮前完成管节的一次舾装，主要包括： 1）GINA 橡胶止水带； 2）鼻托及导向装置； 3）端封墙的制作与安装； 4）压载系统； 5）系缆桩； 6）管面预埋件； 7）通风、照明及用电控制系统； 8）垂直千斤顶； 9）灌砂管等。			
审核人		交接人		接受交底人	

工程名称			施工单位		编号	
序号	项目		沉管管节安装施工技术交底的主要内容			
2	舾装施工		（2）在管节起浮后、沉放前进行管节二次舾装，主要包括：控制塔、人孔、水平拉台座和拉合千斤顶、吊点和吊驳、纵横调节系统（固定五轮滑车、活动五轮滑车、固定单轮滑车、导缆钳、活动双轮滑车）。舾装部件位置示意图如图4.7-3所示。 图 4.7-3　舾装部件位置示意图（一） （a）管节浮运舾装部件位置；（b）管节定位舾装部件位置；			
审核人			交接人		接受交底人	

工程名称		施工单位		编号	
序号	项目	沉管管节安装施工技术交底的主要内容			

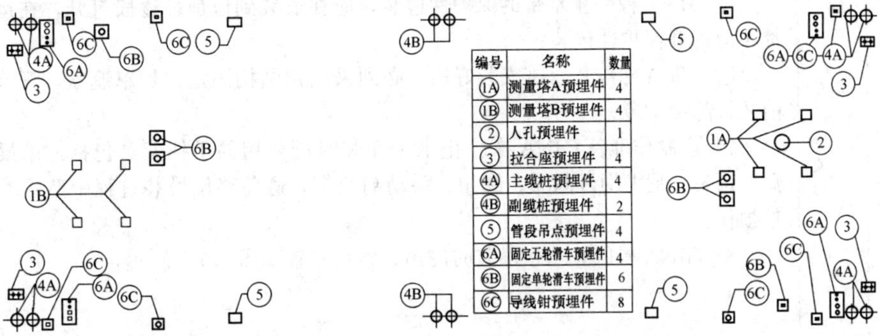

编号	名称	数量
①A	测量塔A预埋件	4
①B	测量塔B预埋件	4
②	人孔预埋件	1
③	拉合座预埋件	4
④A	主缆桩预埋件	4
④B	副缆桩预埋件	2
⑤	管段吊点预埋件	4
⑥A	固定五轮滑车预埋件	4
⑥B	固定单轮滑车预埋件	6
⑥C	导线钳预埋件	8

说明：
1. 图中所标的预埋件的尺寸均标至预埋件的形心，定位时首先定出预埋件的形心。
2. 管段沉放采用双浮驳吊沉法，施工单位可根据自己的施工技术对舾装设备布置做适当的调整。

图 4.7-3 舾装部件位置示意图（二）
(c) 管节顶板面舾装部件位置

2. 一次舾装部分

（1）GINA 橡胶止水带安装

1）柔性接头，一般采用水压接法来形成初始密封，即采用 GINA 橡胶止水带来作为第一道防水；

2）GINA 橡胶止水带为满足管节对接后达到对接口止水目的而设置的一条橡胶带，设计使用寿命为 100 年。GINA 橡胶止水带的横断面形状，如图 4.7-4 所示；

3）GINA 橡胶止水带安装于管节 A 端钢端壳上，安装前应将 GINA 橡胶止水带安装端面打磨平整，槽孔处清理干净，即钢端壳验收合格；

4）GINA 橡胶止水带安装压板和固定垫块时应进行配备编号；

5）GINA 橡胶止水带安装场地的要求：GINA橡胶止水带现场摆开及安装用的场地必须清理干净，地面不能有外露的钢板、钢筋等硬质物，以免损坏 GINA 橡胶止水带，地面应较平整，有足够的宽度和长度，以便于起吊安装操作；

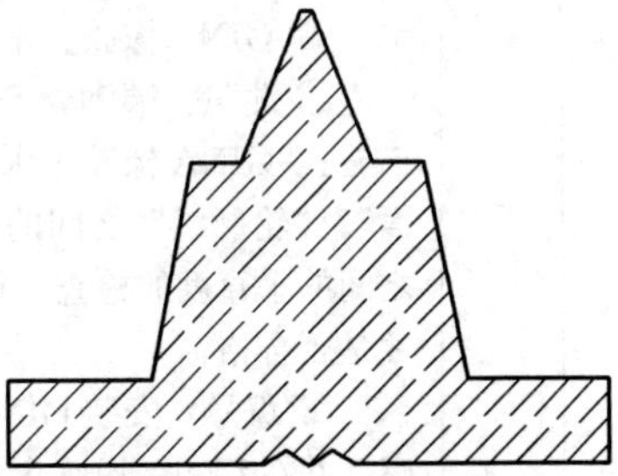

6）GINA 橡胶止水带保护：

① GINA 橡胶止水带安装前 4 周，应有足够的宽度和长度，现场将按照设计平摊摆开，以便消除运输、储藏造成的变形和内应力；

图 4.7-4 GINA 橡胶止水带横断面图

② GINA 橡胶止水带在现场平摊摆开后应用合适物品覆盖，以避免阳光直晒和外物入侵损坏。GINA 橡胶止水带的整个操作过程中，都应注意避免各种油类的污染；

审核人		交接人		接受交底人	

工程名称		施工单位		编号	
序号	项目	沉管管节安装施工技术交底的主要内容			

<table>
<tr><td rowspan="1">2</td><td>舾

装

施

工</td><td>

③ GINA橡胶止水带的保护性包装，应在安装到位前才逐段打开，在运输现场摆开时都不应拆开保护性包装；

④ GINA橡胶止水带安装好后，必须采用钢结构固定保护罩遮盖，管节浮运到位沉放前才拆除保护罩。

7) 应制作准备GINA橡胶止水带安装时所要用的吊挂索具包括：吊梁、保护套或水盒、吊带、尼龙绳及软布、卸扣、手动葫芦等，避免移位吊装过程中造成GINA橡胶止水带损伤；

8) GINA橡胶止水带吊装时的吊、索具布置如图4.7-5所示； 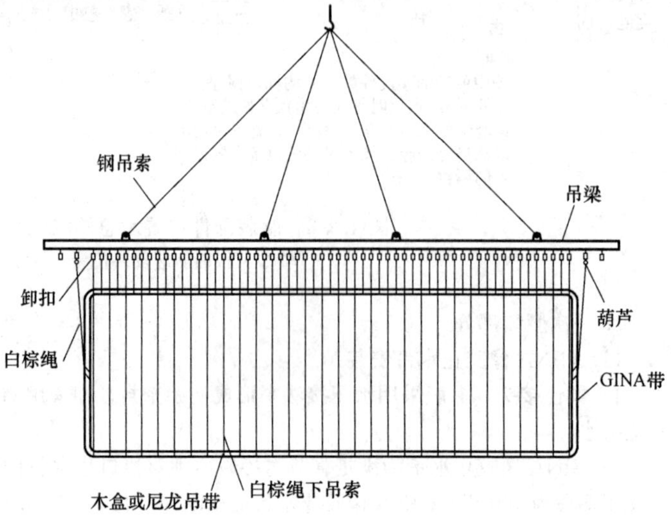

图4.7-5　止水带吊装时的吊、索具布置图

9) GINA橡胶止水带安装前的准备工作；

① 测量：端钢壳安装面的坡度和平整度是否符合设计要求，若不符合要求，必须采取措施；"GINA橡胶止水带位置环形中线"、"端钢壳内环平面"、"安装Ω带位置钢板环形面"、"轮廓线"之间的相对位置是否符合设计要求；端钢壳平面上的水平轴线与管节轴线之间的垂直度的检查。检查GINA橡胶止水带总长度及各段长度是否与设计相符，断面尺寸是否合格；

② 编号：安装GINA橡胶止水带的各个钢压板及固定垫块（底座）做好编号，对号入座，并在GINA橡胶止水带就位前进行一次预安装，螺孔及螺母的内螺纹应做好保护，为了避免用错压块，应当在GINA橡胶止水带安装前才将对应的压板拆下后再进行安装；

③ 脚手架准备：在GINA橡胶止水带吊装前，可安装辅助结构，该结构由一些支架和可动臂的金属支撑组成，用它把GINA橡胶止水带放到端钢壳端面上，这些可动臂可水平、竖向移动；

a. 最下面GINA橡胶止水带安装可站在地面上作业；

b. 两边竖直GINA橡胶止水带安装可利用活动脚手架；

</td></tr>
</table>

审核人		交接人		接受交底人	

工程名称		施工单位		编号	
序号	项目	沉管管节安装施工技术交底的主要内容			
2	舾装施工	c. 最上面 GINA 橡胶止水带安装可利用事先准备好的活动脚手架移动到位后，站在上面进行作业； d. 起吊 GINA 橡胶止水带前，用木盒软布与尼龙绳绑好，相邻吊点之间距离为 1～1.5m，吊点处配以泡沫保护，以防 GINA 橡胶止水带软弱处（鼻脊等处）受损，吊装过程中 GINA 橡胶止水带应保持原有平面形状与尺寸； ④ 在 GINA 橡胶止水带的运送、施工过程中，特别是起吊就位过程中，必须小心、仔细，GINA 橡胶止水带的任何部位决不能受拉扯，以防永久变形； ⑤ 套筒扳手、测力扳手及各种辅助扳手的准备，套筒扳手两套，梅花扳手、开口扳手、活动扳手各 6 把。由于下边 GINA 橡胶止水带离地面高度很小，安装位置受到限制，因此，套筒扳手应配有一个加长曲柄。 10）GINA 橡胶止水带安装操作步骤及说明： ① 将装有 GINA 橡胶止水带的木箱运抵安装现场，必须用人工移至搬运出来到吊机附近位置并展开； ② 吊梁制作，进场放置在 GINA 橡胶止水带的前面； ③ 将手动葫芦、吊索、吊带、软布、木盒等按设计位置绑扎好。吊索应预先量好，GINA 橡胶止水带上用柔软的布匹绑扎，套上木盒，然后与吊索连接，两边与手动葫芦连接； ④ 吊机进场； ⑤ 将起吊钢索挂上吊钩，吊机仰臂起吊，GINA 橡胶止水带的上边完全离地后，所有上悬挂索应受力均匀，对受力不均匀的应重新调整吊索长度； ⑥ 继续起吊，并通过手动葫芦调整 GINA 橡胶止水带两竖直边的吊挂长度，避免吊带过长引起 GINA 橡胶止水带两竖直边过分受拉变形； ⑦ 继续起吊，直至下边 GINA 橡胶止水带完全离地后，检查下边的吊索，是否受力均匀，对不均匀的吊索进行调整； ⑧ 然后吊机移动，将 GINA 橡胶止水带吊往靠近管节 A 端端头处安装位置； ⑨ 按照安装顺序进行。 11）GINA 橡胶止水带安装顺序：安装 GINA 橡胶止水带时，先对各转角处进行定位，注意转角处的端钢壳与转角处 GINA 橡胶止水带的一致性，接着固定竖直方向的 GINA 橡胶止水带直至全长。GINA 橡胶止水带固定时，应对称地、均匀地分阶段紧固螺栓，直至达到设计值为止，固定转角处 GINA 橡胶止水带时应尤为小心。建议用下列顺序安装 GINA 橡胶止水带，如图 4.7-6 所示： ① 安装下边 GINA 橡胶止水带的 2 个转角； ② 从两边向中间逐段安装下边 GINA 橡胶止水带； ③ 安装上边 GINA 橡胶止水带的 2 个转角； ④ 从两边向中间逐段安装上边 GINA 橡胶止水带； ⑤ 从下向上安装两竖直 GINA 橡胶止水带。 12）GINA 橡胶止水带安装后直至拉合前的任何时候，任何部分不能受到其他物体的撞击； 13）现场安装人员约需 25 人，包括 1 名吊车司机，1 名队长，1 名技术指导，22 名安装工。安装分为 2 个安装小组，听从队长统一指挥，配备对讲机 5 台，队长、吊车司机、技术指导、两个组长各 1 台；			
审核人		交接人		接受交底人	

工程名称		施工单位		编号	
序号	项目	沉管管节安装施工技术交底的主要内容			

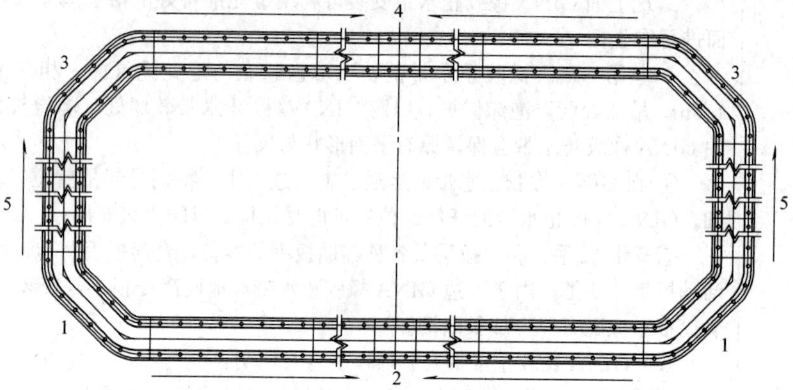

图 4.7-6　GINA 橡胶止水带安装顺序

14）所有进入现场的人员必须戴好安全帽，穿着合适的工作服和工作鞋，所有安装工必须佩戴安全带，离地作业时，必须将安全带系扣在牢固的物体上；

15）GINA 橡胶止水带安装后应牢固、平整、严密，位置误差应满足精度要求；GINA 橡胶止水带起吊前应对起吊设备进行试车与安全检查；GINA 橡胶止水带安装在管节端面钢端壳上，通过螺栓压板夹紧其两侧翼缘进行固定，螺栓初拧、终拧扭矩应符合设计要求。

（2）鼻托及导向装置安装

1）鼻托和导向装置既是管节沉放对接定位设施，它一般被放置在管节对接端的隔墙上。有"边墙布置鼻托导向装置"和"中墙布置鼻托导向装置"两种形式，如在边墙布置则有两套，左右边墙对称布置，如果在中墙布置就只有一套。每套由上下鼻托导向装置组成，上鼻托导向装置设置在准备沉放对接的管节上，而下鼻托导向装置设置在已沉放好的管节（或岸上段对接管节端头）；

2）管节 A 端采用鼻托导向装置对接定位精度高，上、下鼻托导向装置悬臂较小，受力状况好，而管节 B 端则需配置两套垂直支撑千斤顶及相应的两块临时支座；

3）管节沉放对接完成，在基础处理完成后，此时要拆除管节 A 端的导向装置，管节 B 端垂直千斤顶回收，让管节坐在砂基础上；

4）鼻托既是导向装置的基础结构，鼻托为钢筋混凝土制作，导向装置为钢结构，导向装置安装在鼻托上面；

5）鼻托和导向装置分为：上鼻托、上导向装置、下鼻托、下导向装置。鼻托及导向装置设置于管节 A 端和 B 端中部或者两侧：

① 管节 A 端安装上鼻托及上导向装置示意图，如图 4.7-7 所示；

② 管节 B 端安装下鼻托及下导向装置示意图，如图 4.7-8 所示；

6）上下导向装置安装精度，轴线误差±1mm，高程误差±1mm（预抬高值根据实际情况由设计给出）。

（3）端封墙的制作与安装

1）端封墙可分为钢筋混凝土端封墙和钢端封墙两种形式。如图 4.7-9 和图 4.7-10 所示；

2）端封墙，其功能是使管节成为密封的箱体，从而能使管节浮在水中进行浮运作业，

审核人		交接人		接受交底人	

工程名称		施工单位		编号	
序号	项目	沉管管节安装施工技术交底的主要内容			

| 2 | 舾装施工 | 图 4.7-7 上鼻托及上导向装置示意图 图 4.7-8 下鼻托及下导向装置示意图 |

| 审核人 | | 交接人 | | 接受交底人 | |

221

工程名称			施工单位		编号	
序号	项目	沉管管节安装施工技术交底的主要内容				

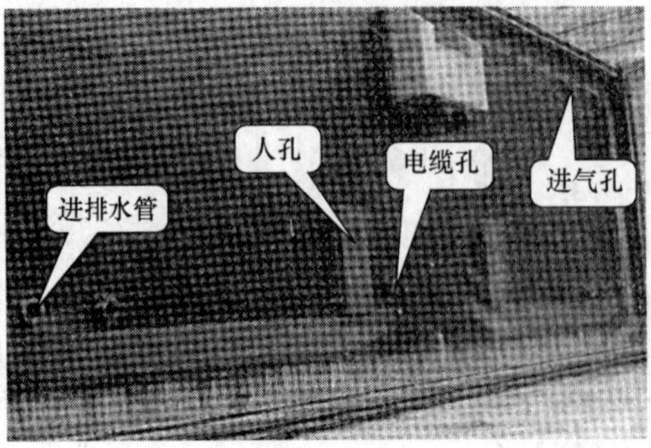

图4.7-9 钢筋混凝土端封墙及各类孔 　　　图4.7-10 钢端封墙及各类孔

或水箱灌水后使管节沉放至基槽内，然后进行管节对接施工，而专门设立的这道沉管密封结构墙，属于施工过程的临时设施；

3）端封墙的设计参数主要是管节沉放就位后的水深，为确保管节的水密性要求，端封墙与管节两端焊接为一体；

4）端封墙制作安装后不改变或不削弱结构的强度、刚度及受力状态，所有技术参数必须满足设计要求；

5）端封墙上设置有：人孔（水密门）、进排水管、进气孔、电缆孔等设施设备，应能满足管节浮运沉放对接要求。如图4.7-11所示；

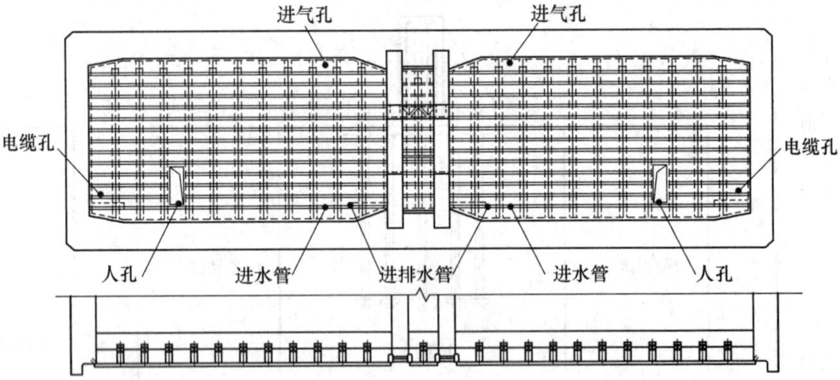

图4.7-11 端封墙结构示意图

① 人孔（水密门）——人和物的通道，为钢结构制作；

② 进排水管——管内水箱加排压载水管路口，为钢结构制作；

③ 进气孔——管节对接时为水压接面设置的进排气通路口，为钢结构制作；

④ 电缆孔——管内临时用电的电缆通道口，为钢结构制作。

（4）压载系统

1）压载水箱：

① 压载水箱设计：压载水箱是安装在管节内的施工用临时设施，管节预制好后，根据

项目栏（竖排）：舣 装 施 工

审核人		交接人		接受交底人	

工程名称		施工单位		编号	
序号	项目	沉管管节安装施工技术交底的主要内容			

| 2 | 舾装施工工 | 计算往压载水箱内注入适度水量，使管节起浮时保持纵向、横向平衡，并调节干舷高度，管节浮运至沉放位置，注入足够水量，满足 1.02 抗浮系数，使管节顺利沉放、定位、对接。对接完成后，再注入适量水，使管节保持有 1.05 抗浮系数，以确保后续施工过程的安全。沉管隧道接头处理、管内等主体工程完工后，逐步置换水箱，用底部混凝土压重层代替，最后在混凝土压重层上进行路面工程作业；

②压载水箱的布置：压载水箱为纵向布置，压载水箱的进排水系统一般均和管节间隔舱的进、排水泵结合。如图 4.7-12 所示；

图 4.7-12　隧道压载系统平面布置图

③压载水箱容量的确定，河（海）水密度是确定压载水箱容量的主要因素。压载水箱容量应包括：管节浮运时保持15cm干舷高度所需水量、管节沉放过程中保持1.02抗浮系数所需的水量、管节沉放后施工期间保证抗浮系数到达1.05时所需水量；

④压载水箱的制作和安装：压载水箱面积大，整块制作安装有许多困难，因此，采取先制成片块，然后现场组装的办法，但管节内空间狭窄，要注意现场焊接组装的施工质量和安全；

⑤压载水箱安装完毕后要进行试漏，采取隔舱试漏法，试漏应包括压载水箱本体、阀门及管道系统。

2）进排水系统：
①进排水系统是为管节浮运、沉放、对接及压载-专门设立的一套临时系统；
②进排水系统由进排水管路、水泵电机及控制箱组成；
③水泵电机及控制箱：抽排水机电力设备，根据隧道沉管的水下安装深度，由设计给出水泵参数和电机参数；
④进排水管路：钢结构管路为管节浮运、沉放对接面设置的可抽水和可排水循环管路系统；
⑤进排水管路安装完毕后要进行试漏，按照水管管道试漏标准进行，试漏应包括过渡水箱、各种阀门及管道系统。

(5) 系缆桩
1）系缆桩是为管节系泊、浮运而专门设立的锚固牵引点，系缆桩设置在管节的前部、中部和尾部；
2）双柱系缆桩设置在管节的管面，主缆桩4套分别在管节的前部和尾部，副缆桩2套 |

| 审核人 | | 交接人 | | 接受交底人 | |

工程名称		施工单位		编号	
序号	项目	沉管管节安装施工技术交底的主要内容			
2	舾装施工	在管节的中部； 　3）主、副缆桩受力应满足设计要求； 　4）系缆桩的设计满足管节系泊、浮运要求，系缆桩的材料为钢结构。 　（6）管面预埋件 　1）管面预埋件是为管节坞内起浮、浮运、寄放、沉放对接而专门设立的一套钢构件预埋系统； 　2）管节管面预埋件包括：系缆桩预埋件、控制塔预埋件、人孔预埋件、水平拉合座预埋件、吊点预埋件、导缆钳预埋件、固定单轮滑车预埋件、固定五轮滑车预埋件； 　3）管面预埋件按照设计要求制作并准确定位安装； 　4）每套预埋件连接螺杆间距、连接孔间距、螺杆对角线间距的中对中尺寸误差为±1mm； 　5）每一预埋件间距的中对中尺寸误差为±3mm。 　（7）通风、照明及用电控制系统 　1）为了安全施工，管节内还需要设置一些临时设施，包括施工临时通风系统：风机、风管（风管通过人孔井进入）。动力照明配电系统，由工程船舶提供动力照明电源，供电电缆通过人孔井接入，管内设置配电箱，对动力、照明进行配电，施工用临时照明等； 　2）配置管内照明及用电控制系统是为管节起浮、浮运、沉放对接提供管内临时照明和管内设备提供用电接口； 　3）沉管起浮、浮运、沉放对接的临时设备供电及临时照明用电量按照管内设备负荷大小要求给予2倍的配置。 　（8）垂直千斤顶 　1）为了管节的精确定位，管节B端安装微调用的垂直千斤顶，其活塞杆通过密封装置伸入管节底部，液压站设在管节内，安装在管节侧墙内壁位置； 　2）垂直千斤顶是为管节尾部高程（标高）调节而设立的一套机电设备； 　3）每节管节2套垂直千斤顶，分别设置在管内尾部左右边墙位置，离管节B端的距离由设计根据管节尺寸确定； 　4）垂直千斤顶为管节沉放对接尾部支撑点和管节到位对接完成后调节尾部高程； 　5）设计确定垂直千斤顶大小规格； 　6）设计确定垂直千斤顶预埋件及受力构件使用材料，一般为高强度材料。 　（9）灌砂管 　1）管节水下对接安装完成后，通过灌砂管对管节底部基础空间进行灌砂作业； 　2）灌砂管按照设计要求埋设于沉管边墙和中墙，贯穿管节的管间和管底； 　3）灌砂管的材料为PVC管，抗压强度满足设计要求； 　4）灌砂管进口和出口的材料为钢结构制作。 　3. 二次舾装部分 　（1）控制塔 　1）由钢结构制作组成的控制塔（图4.7-13、图4.7-14）是管节浮运、沉放对接时的一套专用设备，分为控制塔A并安装在管节的A端和控制塔B并安装在管节的B端，如图4.7-13所示；
审核人		交接人		接受交底人	

工程名称		施工单位		编号	
序号	项目	沉管管节安装施工技术交底的主要内容			

2）控制塔 A 和控制塔 B 的设计制作高度尺寸根据沉管节在水下的安装深度由设计确定；

3）控制塔 A 和控制塔 B 上安装测量仪器，满足管节浮运、沉放对接安装时的控制测量要求；

4）控制塔 A 顶部平台上安装沉管沉放对接时管节 A 端纵横调节卷扬机及控制系统，控制塔 B 顶部平台上安装沉管放对接时管节 B 端纵横调节卷扬机及控制系统。

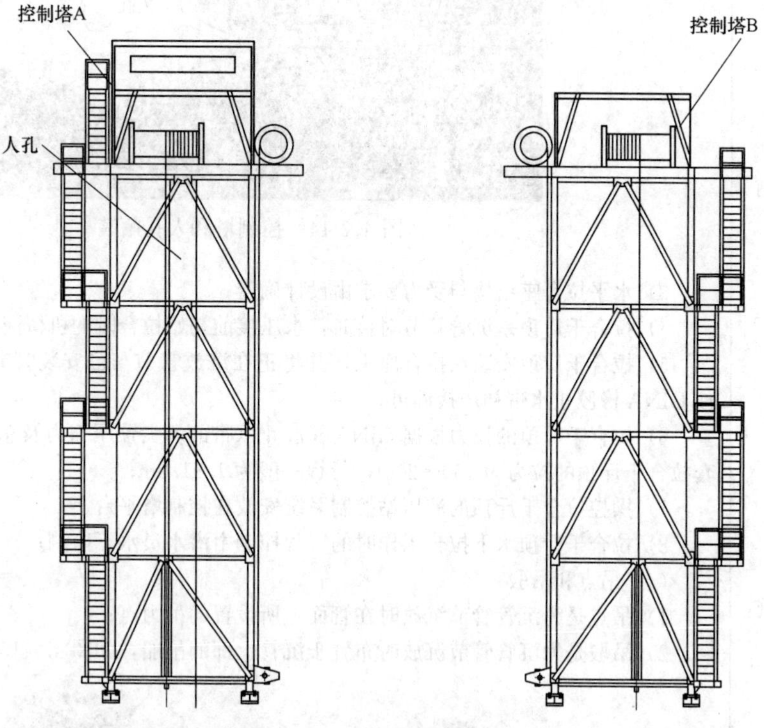

图 4.7-13 控制塔结构示意图

5）控制塔 A 上安装人孔井，满足沉管浮运沉放时设备及人员进出沉管内的要求；

6）控制塔 A 顶部平台上安装沉管沉放对接时的水平拉合千斤顶控制系统；

7）控制塔 A 顶部平台上层为管节浮运、沉放对接控制指挥室。

（2）人孔

1）人孔（图 4.7-14）的设置是满足沉管管节浮运、沉放对接时人和设备可以通过人孔进入管节内；

2）人孔由钢材制作，通过管顶的人孔预埋件安装在控制塔的中部，人孔腰身用螺旋扣钢缆与控制塔主材连接并收紧固定。

（3）水平拉合座和拉合千斤顶

1）水平拉合座是为安装拉合千斤顶而设置的钢结构构件；

2）水平拉合座设置在沉管管节 A 端 2 套和沉管管节 B 端 2 套；

序号 2 项目：舾装施工

审核人		交接人		接受交底人	

225

工程名称			施工单位		编号	
序号	项目		沉管管节安装施工技术交底的主要内容			

图 4.7-14　控制塔和人孔舾装

3）水平拉合座结构与受力要求由设计确定；

4）拉合千斤顶是沉管管节对接时，水压接前初始拉合时的机械液压设备。

5）拉合千斤顶安装在拉合座上，并将正在沉放管节与已安装管节连接起来进行拉合，使 GINA 橡胶止水带初压接即可；

6）拉合千斤顶的拉力根据 GINA 橡胶止水带的鼻尖预压缩力及总长度来确定，一般每套拉合千斤顶的拉力为 150～200t，行程一般为 1～1.2m；

7）操控拉合千斤顶的液压站控制系统安放在控制塔平台上；

8）拉合千斤顶水下拉合工作时的行程控制由潜水员水下监测；

（4）吊点和吊驳

1）吊点是为沉管管节沉放时在管面上所设置的吊力点；

2）吊驳是为沉管管节沉放时布置于沉管上部的吊船，如图 4.7-15 所示；

图 4.7-15　吊驳舾装照片图

3）吊点 4 套设置在沉管管面，为两艘吊驳提供与沉管的连接点；

4）吊点结构与受力要求由设计确定；吊驳结构与受力要求由设计确定；管节沉放时由吊驳提供吊力。

（5）纵横调节系统

审核人		交接人		接受交底人	

工程名称		施工单位		编号	
序号	项目	沉管管节安装施工技术交底的主要内容			

序号	项目	沉管管节安装施工技术交底的主要内容
2	舾装施工	1）纵横调节系统布置于管面，沉管沉放对接过程中管节的横向微调节和纵向微调节，调节误差范围可控制在 10mm 以内； 2）纵横调节系统包括有：固定五轮滑车、活动五轮滑车、固定单轮滑车、导缆钳、活动双轮滑车； 3）固定五轮滑车和活动五轮滑车组成五轮滑车组与导缆钳、固定单轮滑车等系统可对管节进行横向微调； 4）固定单轮滑车、活动双轮滑车、导缆钳等系统可对管节进行纵向微调； 5）五轮滑车组（图 4.7-16）结构与受力要求由设计确定； 6）固定单轮滑午（图 4.7-17）结构与受力要求由设计确定； 图 4.7-16　五轮滑车舾装　　　　图 4.7-17　单滑车舾装 7）导缆钳（图 4.7-18）结构与受力要求由设计确定； 8）活动双轮滑车（图 4.7-19）结构与受力要求由设计确定。 图 4.7-18　导缆钳舾装　　　　图 4.7-19　活动双轮滑车舾装
3	浮运施工	1. 浮运前准备工作 　　管节浮运前，首先应做好管节浮运基槽检查，牵引绞车、地锚、钢缆等检查；其次，要对预定浮运日期前后 7～10d 的气象做出预报，估算浮运作业时的最大风速，一般应小于10m/s；再次，要进行浮运日水文的调查，浮运时间宜选在上午，水文调查包括水密度、水温、水流速度、两次高潮位的时间及潮高、两次低潮位的时间及潮高。最后，向港务及港监部门申请浮运作业时间。 　　（1）应对舾装设施进行下列检查工作： 　　1）管面舾装埋件的埋设位置准确，灌砂口用盖板临时封盖； 　　2）管面的系缆桩、导向滑轮、牵引钢缆布置完成； 　　3）岸侧的地锚、导向滑轮、牵引钢缆、卷扬机布置完成；

审核人		交接人		接受交底人	

工程名称		施工单位		编号	
序号	项目	沉管管节安装施工技术交底的主要内容			

| 3 | 浮运施工 | 4) 临时支撑垂直千斤顶推杆回收平齐管底，并对垂直千斤顶系统调试完毕；
5) GINA 橡胶止水带安装端面和对接端面钢端壳的检查完成；
6) GINA 橡胶止水带完好并按照设计预紧力安装完成，保护罩可靠；
7) 鼻托及导向装置安装位置准确；
8) 管节内无渗漏，两端临时封门及进气阀门、泄水孔及开关完好；
9) 压载系统配置完成，压载水箱试漏及水箱内水尺制作，压载管路及闸阀试压、排气管安装完成，压载水泵试运转正常；
10) 管内电路照明和通风管设置到位；
11) 水密门及端封墙试漏，H 型钢必须与上部牛腿下部枕梁紧贴。
12) 沉管浮运线路经过硬扫床，满足沉管浮运要求。
(2) 管节起浮前应对主体结构混凝土、端封墙、压载水箱等部位进行水密性检漏，检漏结果应符合设计要求，如发现渗漏，应立即采取有效封堵止水措施。
(3) 管节检漏应符合下列规定：
1) 检漏作业应于浮运前在干坞内进行，检漏过程中管节不得起浮；
2) 检漏应分步，每一步静止浸水时间不宜少于 24h；
3) 检漏水位最终淹没管节顶面高度不宜小于 0.5m。
(4) 应在干坞内进行试浮，测量管节干舷高度，并应根据管节顶部舾装设备重量及二次舾装后干舷值要求制定防锚层或压重层浇筑高度，防锚层或压重层浇筑应分块对称施工。
(5) 拖运船队施工前应做下列准备工作：浮运船与管节连接系缆可靠；浮运管节指挥协调系统可靠；水上安全船舶和交通艇的检查；浮运、沉放施工与航运安全管理部门协调配合工作就绪。
(6) 浮运船队编组应符合下列规定：牵引就位，严密监视管节的干舷高度，确定是否需要助浮以便及时采取助浮设备；浮运航行的安全措施落实；沉放驳船各项设备的检查调试完好；各施工人员分工明确，关键部位设岗值班；编组船舶通信联络正常；调整定位船组与管节方位的绞车缆索连接可靠，各种锚位受力安全。
(7) 浮运前应在施工区域设置浮标记号，并做好交通安全疏导工作。
2. 浮运的几种方法
沉管隧道管节常用浮运方案有拖轮浮运、拖轮拖运移动干坞、绞车拖运与拖轮顶推、岸控绞车和驳船绞车拖运等。
(1) 拖轮浮运管节方案即管节预制完成后，采用 A 拖轮对管节提供浮运主动力，另用四艘拖轮作为提供顶潮力和控制管节运动方向。该方案的优点是易于操作控制，长距离浮运不受风力影响，移动干坞占用时间少。但是拖轮和管节占用航道水域较宽，管节拖运速度较慢， | | | | |

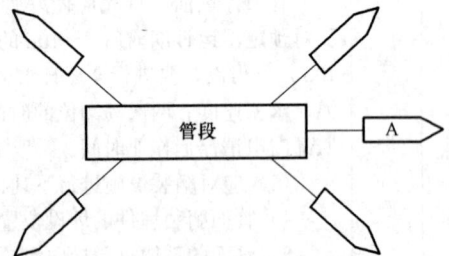

图 4.7-20 浮运形式示意图

审核人		交接人		接受交底人	

工程名称		施工单位		编号	
序号	项目	沉管管节安装施工技术交底的主要内容			

拖航受水流影响因素大。浮运形式如图 4.7-20 所示。

（2）拖轮拖运移动干坞方案即管节预制完成后，仍然装载在移动干坞上，采用 A 拖轮对移动干坞提供浮运主动力，另用两艘拖轮分别在移动干坞两侧与移动干坞连接在一起提供转向动力及前进助力，再用一艘尾拖作为备用拖轮兼调节管节运动方向。该方案的优点是移动干坞在航行过程中吃水深度小于管节吃水深度约 3.0m，对航道深度的要求低，浮运过程中水流不会对管节产生影响，浮运速度快，航道占用时间短；但该方案操作复杂，受风力影响大。如图 4.7-21 所示。

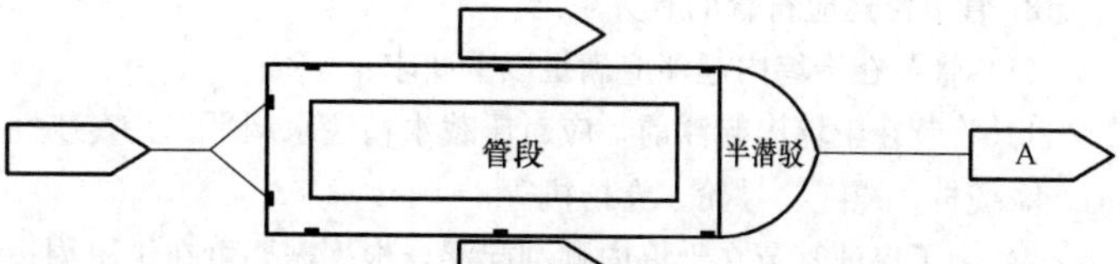

图 4.7-21　拖轮拖运移动干坞（半潜驳）示意图

（3）绞车拖运与拖轮顶推管节方案，即在管节前方下锚一艘方驳，其上安装一艘液压绞车作为管节前进的主动力，管节尾部两艘方驳安装绞车作为管节的制动力，管节两侧在浮运时用三艘拖轮顶槽协助施工。该方案对于短距离浮运施工速度快，占用航道时间短，施工中淤泥不会卷入基槽，工序交替简单；若用于长距离作业，力驳和管节下锚次数多，管节浮运速度慢，占用航道时间长。拖运方式如图 4.7-22 所示。

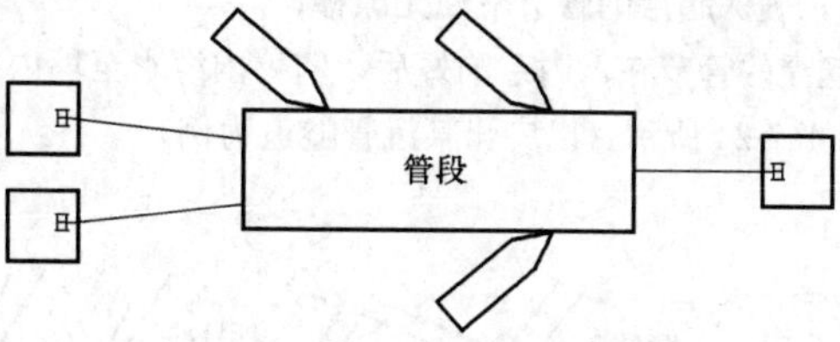

图 4.7-22　绞车拖运、拖轮顶推管节示意图

（4）岸控绞车和工作驳船绞车拖运方案即对于轴线干坞等临近基槽预制管节的情况，可以直接采用岸控绞车和水中工作驳船绞车拖运管节。例如，宁波常洪隧道管节即采用此方法，如图 4.7-23 所示。

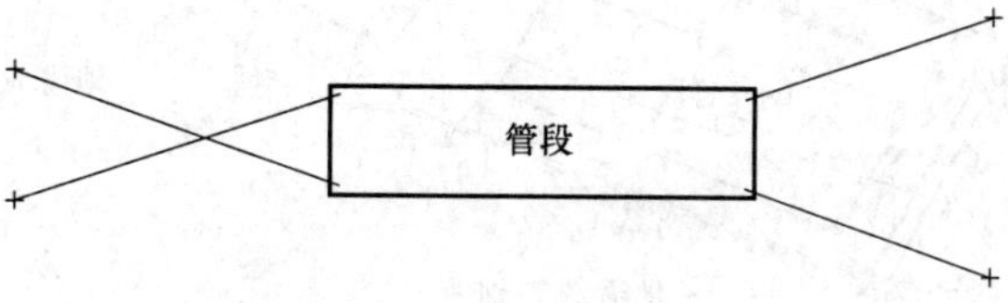

图 4.7-23　岸上定锚绞车浮运管节示意图

审核人		交接人		接受交底人	

工程名称		施工单位		编号	
序号	项目	沉管管节安装施工技术交底的主要内容			

3　浮运施工

（5）以上 4 种方案可以综合使用：

1）沉管管节浮运的全过程都处于动态中，浮运必须实施全过程的监控量测，其主要目的是使管节在浮运过程中不致偏离航线，造成搁浅或影响水域内其他船舶的正常作业；

2）沉管隧道的各管节长度可能不尽相同，浮运过程中，为确保管节安全，必要时，应预先进行管节浮运演练，以验证浮运方案的可靠性；

3）当浮运的航程较远时，导航设施及通信设施体系有可能需受转换，要注意确保导航及通信体系转换过程中，不会出现定位及通信盲点，保证系统的连续性。

3. 管节浮运应符合的有关规定

（1）管节在干坞内起浮应满足以下要求：

1）管节在干坞内起浮前，应对压载水箱注水调平，并安装好必要的附属设施，包括地锚、系缆桩、缆绳、导轮、卷扬机等；

2）为了保证管节在干坞内顺利起浮，根据需要可在干坞周边设置系缆桩及必要的系缆绞车，一般在管节起浮过程中都用这种系缆系统来稳定管节，由于管节起浮时系缆系统将承受较大的冲击力，故起浮后要重新检查系缆系统；

3）为了使管节起浮就必须排除压载水箱中部分水量，此时可把压载水箱分为若干个排水区。一边持续观察每个排水区水位，一边用阀门来控制排水量，从而保证管节慢慢安全地起浮，对于多管节一起预制的干坞，管节的起浮按出坞浮运顺序一节一节起浮；

4）由于管节内温、湿度都很高，可能会降低排水泵等电器设备的稳定性，因此事先要进行试运行；管节起浮后一侧可利用干坞的系缆桩系泊，另一侧可利用尚未起浮的管节系缆桩系泊，确保起浮的管节平稳无漂移；

5）起浮的管节在坞内系泊好后，向坞内灌水至坞内外水位一致后，打开坞门或破除坞堤。如图 4.7-24 所示（以广州某沉管隧道为例）。

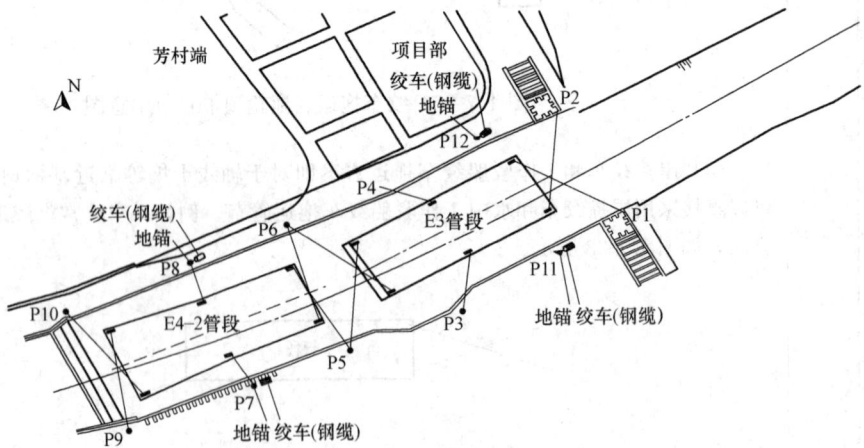

图 4.7-24　广州某隧道沉管干部坞系泊平面图

审核人		交接人		接受交底人	

工程名称		施工单位		编号	
序号	项目	沉管管节安装施工技术交底的主要内容			
3	浮运施工	（2）管节出坞应符合下列规定： 1）管节可通过绞车系泊缆绳系统牵引出坞，出坞作业应选在高平潮前半小时进行； 2）管节移出坞口时的船舶及锚固定位牵引系统，如图 4.7-25 所示； 图 4.7-25　广州某隧道 E3 管节移出坞口图 3）管节移出坞口外时的船舶及锚固定位牵引系统，如图 4.7-26 所示； （3）管节的浮运方式应根据干坞形式、航道条件、浮运距离、水文和气象等因素综合选定。 （4）在管节检漏起浮后，宜在干坞内进行短时间系泊，应确保管节在系泊过程中各系泊缆牢固可靠，各系泊缆长度满足潮水涨退过程并留有富余度。 （5）控制塔上指挥系统设备应正常可靠，指挥信号能通畅下达终端各部位，监测、测量手段齐全。 （6）管节起浮抽干压载水箱的剩余水后，马上测取初始干舷值，通过管面防锚层的浇筑来调节干舷值，浮运时的干舷应不小于 150mm，一般不大于 300mm。 （7）管节起浮、浮运过程中，应对管节姿态进行实时监控，确保管节状态稳定安全。			
审核人		交接人		接受交底人	

工程名称		施工单位		编号	
序号	项目	沉管管节安装施工技术交底的主要内容			
3	浮运施工	 图 4.7-26　广州某隧道 E3 管节移出坞口外图			
4	临时寄泊	（1）临时寄泊应符合下列规定： 1）管节浮运寄放前应按照《疏浚与吹填工程施工规范》JT S 207—2012 规定疏浚寄放区，并满足管节系泊水深要求； 2）管节寄放可采用漂浮寄放或坐底寄放； 3）管节寄放宜采用 4 点系泊系统进行定位； 4）管节水流力应按照《港口工程载荷规范》JTS 144-1—2010 计算。必要时，宜通过模拟试验取得； 5）主、副锚缆（横调）破断负荷不应小于设计值并检验； 6）系泊锚块宜采用吸附式钢筋混凝土结构重力锚块，应能抵抗横向水流作用力； 7）单个寄放管节应布设不少于 2 个重力块，满足管节寄放时的安全、警示要求； 8）为保证管节寄放时的安全，在管节面分别设置光闪警示灯及四周设置安全标志，以提示过往船舶提前做好避让措施，保证管节寄放的安全，如图 4.7-27～图 4.7-29 所示。			
审核人		交接人		接受交底人	

工程名称		施工单位		编号	
序号	项目	沉管管节安装施工技术交底的主要内容			
4	临时寄泊				

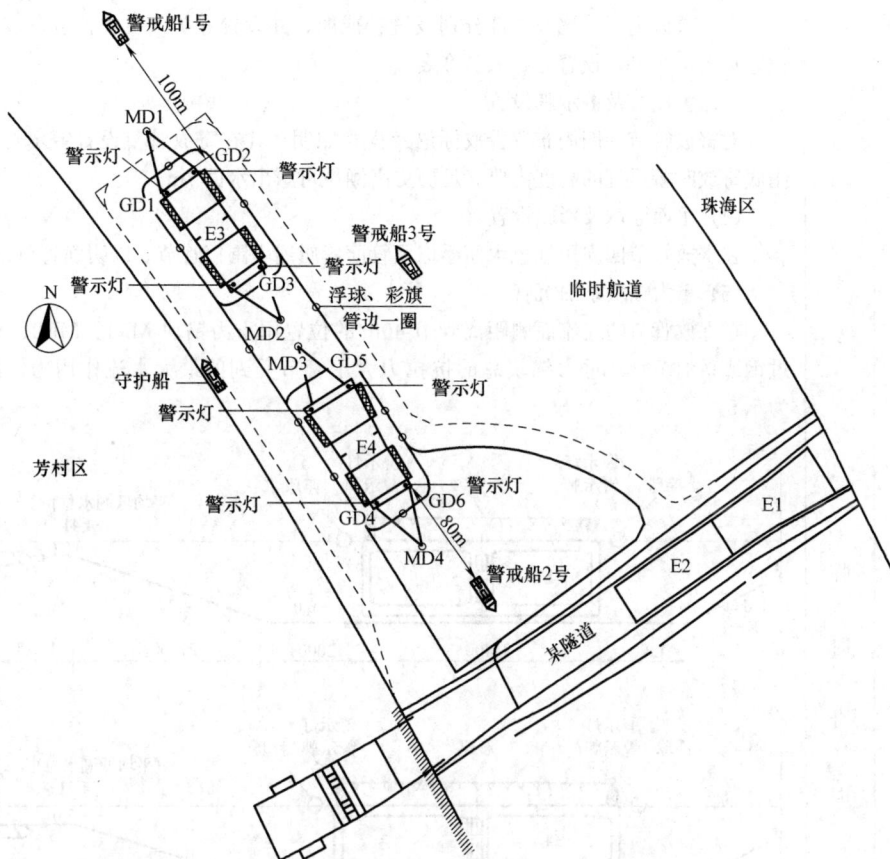

图 4.7-27 广州某隧道管节寄放守护平面布置图

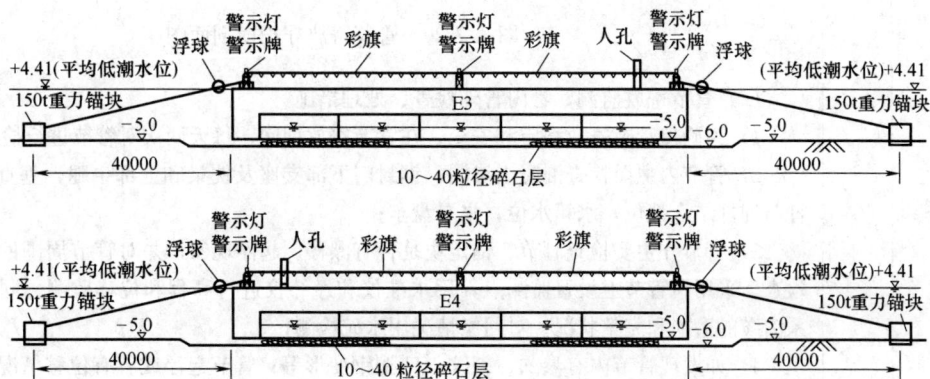

图 4.7-28 管节寄放守护纵剖面图

审核人		交接人		接受交底人	

工程名称		施工单位		编号	
序号	项目	沉管管节安装施工技术交底的主要内容			

| 4 | 临时寄泊 | （2）船舶及人员设置
在寄放区上下头尾及中部分别设置警戒船，并设置守护人员，管节寄放守护平面布置位置见图 4.7-28。设置守护人员 2 名。
（3）警戒灯及警示牌设置
对寄放管节的四周布置警戒标语及夜光照明。并在寄放管节设置警示灯和警示牌，如座底寄放时警示灯的高度需要满足历史高潮位可露出水面 1m。
（4）水面浮球及彩旗设置
在寄放管节四周用红色水面浮球及管面彩旗连串围挡管节。以明确管节寄放守护范围。
（5）重力锚块系泊沉管
在寄放管节的迎流面侧距离管节 40m 的位置用重力锚块 MD1、MD2、MD3、MD4 通过钢缆系泊沉管；重力锚块总的抗拉力大于管节受到的最大水流作用力，满足安全系数为 1.5。

图 4.7-29　管节寄放守护横剖面图

（6）管节寄放监测，管内管外检查、处理措施
1）为确保管节寄放稳定和安全，在管节寄放期间，每天两次对管节进行检查；
2）管节内主要检查混凝土渗漏，钢封门下部支座及枕梁和上部牛腿，垂直千斤顶支撑杆与埋件结合部位，水箱水位，水泵盘车；
3）管节外主要检查管节、锚定块是否有漂移、起浮现象，并对管节周围回淤现象进行检查。采用在管节上设置监测点，用水准仪和经纬仪进行高程和位移监测。同时定时检查系泊缆的磨损和完整状况。对回淤情况用水砣检测；
4）如发现管节内有渗漏、裂纹、H 型钢变形等；管节起浮或者有位移情况，应立即向监理、设计报告，研究解决方法。现场应急处理；
① 混凝土渗漏轻微时进行注浆补救；水箱漏水时应重新补焊； | | | | |

| 审核人 | | 交接人 | | 接受交底人 | |

続表

工程名称		施工单位		编号	
序号	项目	沉管管节安装施工技术交底的主要内容			
4	临时寄泊	② 如出现 H 型钢严重变形、封门破损、管节位移等问题应马上通知所有人员立刻撤离管节，警戒船舶守候，过往船只避让； 5）管节寄放监测点如图 4.7-27 所示，GD1、GD2、GD3、GD4、GD5、GD6 为管节安全监测点。			
5	沉放施工	1. 概述 　　管节沉放方法主要有两种：即吊沉法和拉沉法。其拉沉法利用预先设在沟槽的地垄，通过架设在管节上面的卷扬机牵拉扣在地垄上的钢丝绳，将管节缓缓拉入水中。该方法具有不需要方驳等沉放船舶的特点，在隧道工程中有一定的应用，如荷兰埃河隧道、法国马赛港隧道。但是拉沉法水底桩墩设置费用较高，尤其是施工水深较大，管节数量较多，因此，现在沉管隧道施工时已经极少采用此方法。吊沉法包括浮箱吊沉法、起重船吊沉法、船组杠沉法和自升式平台吊沉法等。 　　（1）浮箱吊沉法：在管节顶板上方设置多组浮箱，在浮箱上设置起吊卷扬机，利用管节上的定位索控制坐标，通过逐渐向管节内压载，使管节逐渐下沉到预定位置的方法。上海外环沉管隧道与宁波常洪隧道管节沉放采用浮箱吊沉法。改进后的浮箱沉吊法，用 2 个大浮箱或改装驳船取代了 4 只小浮箱，沉放稳定性和起重能力有所增加，是目前中大型沉管隧道管节沉放的主要方法，如图 4.7-30 所示。 图 4.7-30　浮箱吊沉法示意图 　　（2）起重船吊沉法（浮吊法）：管节浮运到位后，利用 2～4 艘起重船提吊管节顶面预设的吊点，起吊管节，同时通过逐渐向管节内压载，使管节逐渐下沉到预定位置的方法，如图 4.7-31 所示。起重船吊沉法常用在规模较小、管节较轻的沉管隧道，如荷兰 Botlek 隧道、广州珠江隧道等。 　　（3）船组杠沉法：将组钢梁的两端担在两只船体上构成一个船组，沿管节设置一个或多个船组，起吊卷扬机安装在杠棒上，船组和管节定位卷扬机安装在船体上，利用定位索控制坐标，通过逐渐向管节内压载，使管节逐渐下沉到预定位置的方法，如图 4.7-32 所示。船组。杠沉法按照船组数可分为四方驳抬吊法和双驳抬吊法。四方驳抬吊法多用于规模较小的沉管隧道，如第二座汉普顿公路桥式隧道等，双驳抬吊法又分为杠沉法和骑吊沉法，如图 4.7-33 所示，其稳定性较好，适合规模较大、管节数量较多、施工水深较大、水文环			
审核人		交接人		接受交底人	

235

工程名称		施工单位		编号	
序号	项目	沉管管节安装施工技术交底的主要内容			
5	沉放施工	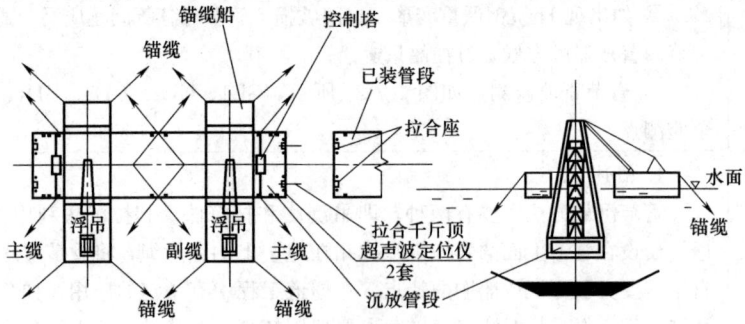 图 4.7-31 起重船吊沉法示意图 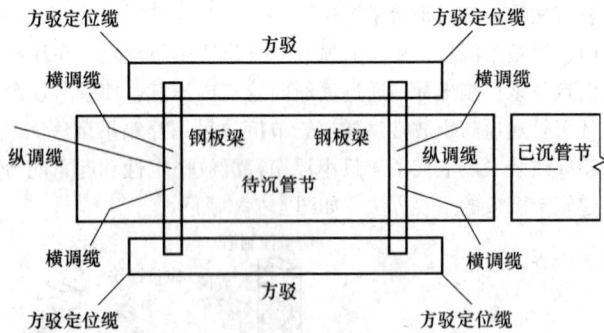 图 4.7-32 船组（双驳）杠沉法示意图 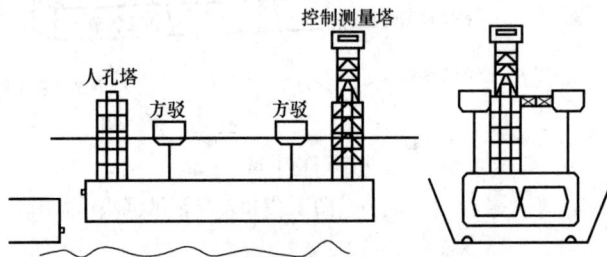 图 4.7-33 双浮驳骑吊法示意图 境恶劣的沉管隧道，该方法在国外应用较多，如日本多摩川、川崎航道沉管隧道，美国旧金山巴特沉管隧道等。 （4）自升式平台吊沉法：自升式平台由平台（船体）和 4 根柱脚组成。依靠平台浮移到位后，柱脚依靠千斤顶下压至河床以下，平台沿柱脚升出水面，通过逐渐向管节内压载，利用平台上的起吊设备使管节逐渐下沉到预定位置的方法，图 4.7-34 所示。施工完成后，落下平台到水面、利用平台的浮力拔出柱脚的方法。由于升降平台法沉放管节稳定性好，受风浪水流等的影响较小，且不需要管节锚碇系统，其占用的作业水域较小，因此，在交通繁忙的水域得到了广泛的应用，但是由于设备成本高，因此，该方法适用于水深大、施			
审核人		交接人		接受交底人	

工程名称		施工单位		编号	
序号	项目	沉管管节安装施工技术交底的主要内容			

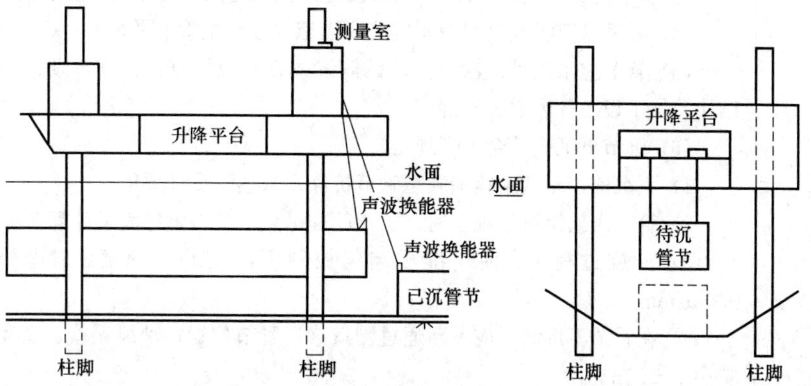

图 4.7-34　自升式平台吊沉法示意图

工水域小且水文条件恶劣的沉管隧道；如日本京叶线台场沉管隧道、中国香港地铁沉管隧道等。

　　2. 沉放前做好以下准备工作

　　(1) 应做好管节沉放基槽检查，安装基槽通过硬扫满足要求，还有牵引绞车、地锚、钢缆等检查，以便满足要求。

　　(2) 要对预定沉放日期前后 7～10d 的气象做出预报，估算沉放作业时最大风速，一般应小于 10m/s。

　　(3) 进行沉放日水文调查，沉放时间宜选在早晨开始，水文调查包括水密度、水温、水流速度；向港务及港监部门申请沉放作业时间。

　　(4) 沉放管节的吊点液压绞车同步调试，缆索连接可靠。

　　(5) 垂直千斤顶支撑垫块安装完成，顶标高符合设计要求。沉管沉放位置的重力锚块安装完成。测量控制塔及人孔安装、测量标志可靠，纵横调节绞车操作系统调试正常。

　　(6) 水平拉合千斤顶及泵站就位调试，垂直千斤顶就位调试。

　　(7) 管面舾装件安装，五轮滑车、单轮滑车、导缆钳、双轮滑车、吊点。

　　(8) 纵横调节系统缆连接，横调钢缆和纵调钢缆直径尺寸满足设计要求。吊驳安装与吊点连接。

　　(9) 进排水口封板解除、排气管畅通。拆除 GINA 止水带保护罩，水下检查 GINA 止水带。

　　3. 沉放应符合下列规定

　　(1) 管节沉放前应在作业水域设置标记，在航道范围内，必须设置临时航标并进行航道管制。

　　(2) 管节沉放前应对基槽或基础垫层回淤情况、临时支撑位置偏差进行检查，发现回淤或偏差超出规定，应采取措施修正。

　　(3) 管节沉放定位应符合下列规定：

　　1) 管节浮运至对接位置水域后，应对管节进行安装轴线、平面位置、姿态定位复核；

审核人		交接人		接受交底人	

工程名称		施工单位		编号	
序号	项目	沉管管节安装施工技术交底的主要内容			
5	沉放施工	2）管节定位宜使用 GPS 和全站仪进行精确定位，确保安装管节轴线与设计轴线一致。 （4）异型管节沉放过程中，应采取措施保证异型管节平衡。 （5）管节应采用吊沉法下沉，具体沉放方式应根据江（河、湖、海）水域环境、管节结构、施工设备等因素综合确定。 （6）管节下沉应符合下列规定： 1）下沉前，压载水箱加载至管节抗浮系数达到设计要求； 2）管节由船组沉放施工时，工作船起吊点上的钢索应满足计算要求； 3）沉放过程中，使用沉放装置控制下沉安装的速度。管节下沉速度不宜大于 0.5m/min； 4）在管节下沉时，应不断通过测量修正管节位置；轴线误差、高程误差、里程误差均应小于±20mm； 5）当管节开始沉放时，利用沉放设备将管节纵向坡度调整到接近隧道设计坡度。当管节底距基槽面 2～2.5m 时，应马上停止沉放，并利用沉放设备将管节纵向坡度精确调整到隧道设计坡度。应利用调节缆初步调整对接误差，确保待沉管节的前端距已沉管节尾端的水平距离 2～2.5m； 6）下沉管节前端与已沉管节尾端相距 1.5m，管节底离基槽面 1m 时，潜水员应检查接头情况，并清除接头垃圾杂物； 7）管节在沉放过程中，要注意管节底面下的河（海）水的重力密度，将随着管底与基槽间隙的减少而逐渐地加大，尤其是在泥沙含量较高的江、河中更为明显，需及时调整负浮力或采取其他措施，保证管节能继续下沉就位。 4. 管节沉放 （1）管节概况：对于广州某隧道，采用沉管法隧道作业施工，江中沉管节全长 340m，共分 4 节管节及一段水中接头，管节名称及长度：E1：85m；E2：85m；E3：79.5m；E4-1：3.5m；E4-2：85m。管节名称及宽度：E1：39.36～31.4m（44.445m 渐变段）；E2：31.4m；E3：31.4m；E4-1：31.4m；E4-2：37.82～31.4m（41.734m 渐变段）。管节高 9.68m，管节对接采用水力压接法，从两侧岸上段向中间沉放，最终接头设在水下 E4-1 与 E4-2 管节之间，采用水下管内浇筑形成，长度为 2m。管节纵断面如图 4.7-35 所示。 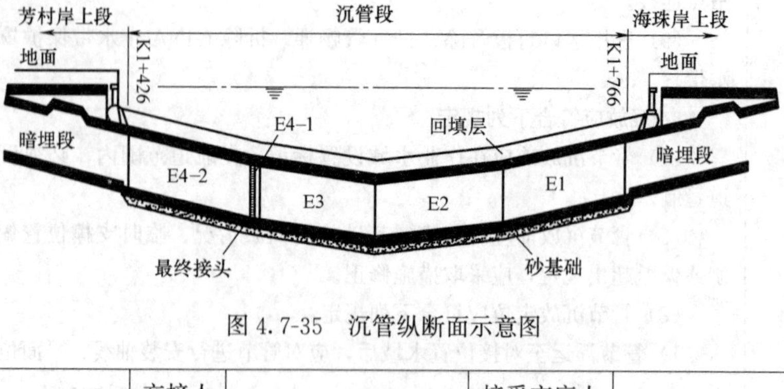			

图 4.7-35 沉管纵断面示意图

审核人		交接人		接受交底人	

工程名称		施工单位		编号	
序号	项目	沉管管节安装施工技术交底的主要内容			

| 5 | 沉放施工 | (2) 管节沉放：管节先在干坞内预制成密封的钢筋混凝土隧道沉管，浮运到选定位置寄放，当管节沉放位置的基槽检验完成后，利用工程驳船将管节绞移至沉放区，在沉管面上吊装控制塔A和控制塔B（尽量选择在寄放区完成）；然后安装管节的纵横调节系统；使沉管在沉放区系泊定位，随后安装吊驳1和吊驳2并与管节面上的4个吊点连接，待命沉放对接。如图4.7-36所示。 |

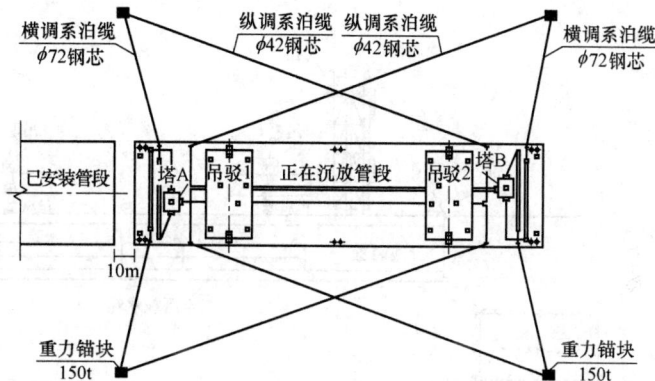

图 4.7-36　管节沉放地区系泊及沉放调节系统构造图

1) 施工流程：

① 管节沉放对接前必须完成的工作有：支撑垫块安装；沉放区系泊系统设置；管节二次舾装；管节浮运至沉放区。当管节沉放对接后，紧跟着进行管节基础处理以及管节锁定、回填，之后是接头处理和管内施工等分项工程；

② 管节沉放对接施工工艺流程，如图4.7-37所示。

2) 支撑垫块的作用、安装施工及安装位置：

① 作用支撑垫块的设置为满足管节尾部B端高程调节和管节水力压接时垂直千斤顶推杆在承受半负荷的情况下能顺利滑动的支撑点；

② 施工支撑垫块施工包括垫块基坑开挖及清淤、整平架安装、碎石基础整平、垫块安装、垫块位置及垫块顶面标高的测量验收。支承垫块设计尺寸：

6.0m×5.0m×1.4m

每节管节支承垫块设置2个，共8个，必须满足设计要求；

③ 位置支撑垫块的安装具体位置、顶面

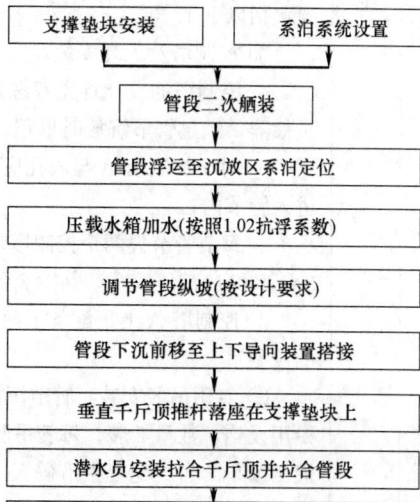

图 4.7-37　管节沉放对接施工工艺流程图

| 审核人 | | 交接人 | | 接受交底人 | |

工程名称		施工单位		编号	
序号	项目	沉管管节安装施工技术交底的主要内容			
5	沉放施工	标高应满足设计要求。如图 4.7-38 所示。 3) 沉放区系泊系统设置 　　管节沉放安装时要能准确定位，必须依赖可靠的定位系泊系统抵抗最大水流作用力。由于管节安装定位时主要承受横向水流力，而纵向水流作用力相对较小，因此采用 4 点系泊系统进行定位。150t 重力锚块的抛设考虑抵抗横向最大水流作用力，参见图 4.7-36 所示。 图 4.7-38　管节沉放区定位及压载水箱均匀压水 　　4) 管节二次舾装：管节的部分二次舾装工作在管节的临时系泊区进行，于管节绞移浮运前完成（特殊情况也可在沉放区完成），各设备的安装位置如图 4.7-38 所示。二次舾装主要包括以下工作： 　　① 控制塔及人孔安装： 　　a. 控制塔的设计首先考虑工况为台风吹袭时，第二种工况为测量时；控制塔上安装测量仪器，满足管节沉放时里程、高程、轴线三大要素的控制测量； 　　b. 对于控制塔 A 与人孔应当连接在一起安装，沉管沉放时管内施工控制人员通过人孔进入管节内； 　　c. 每节管节设两个控制塔，塔顶主要布置管节纵横向调节绞车。每个控制塔上均配备 3 台 100kN 液压绞车，其中 2 台用于管节横向调位，1 台用于管节纵向调位； 　　d. 控制塔 A 上还配备了两套供拉合千斤顶使用的液压站；一个供指挥管节沉放对接用的控制室。 　　② 专用吊驳安装：管节沉放采用双浮驳骑吊沉放的施工方法，吊驳是用于沉放管节的专用设施，数量 2 艘。每艘吊驳上的主要设备如下：1500kN 滑轮组 2 套（主吊码）、150kN 液压绞车 2 台（配套主吊码）、30kN 电动绞车 4 台（用于浮驳定位）、150kN 电子秤 2 台（监测主吊码负荷）、300kVA 柜式发电机 1 台。 　　③ 拉合千斤顶：拉合装置工作时可满足管节初始压接。两个行程为 1.2m 的 1500kN 拉合千斤顶、高压油管及液压站。				
审核人		交接人		接受交底人	

工程名称		施工单位		编号	
序号	项目	沉管管节安装施工技术交底的主要内容			

| 5 | 沉放施工 | ④ 垂直千斤顶：垂直千斤顶是管节尾部的支撑点，控制调节管尾部的高程值。两个行程为 0.25m 的 5000kN 垂直千斤顶、高压油管及液压站。

⑤ 纵横调节系统：纵横调节系统包括五轮滑车、单轮滑车、双轮滑车、导缆钳安装调节、负责管节的纵横微调。

5）管节浮运到沉放区：管节从临时系泊区采用浮运至沉放区，管节浮运选择在高平潮时进行，水流速度应满足要求。慢慢绞移管节出临时系泊区（或寄放区），到达管节沉放基槽开挖位置，绞移、旋转管节，使其完全进入开挖基槽内，其轴线对准设计沉放轴线，沿设计轴线绞移管节至沉放位置，距对接点约 6～10m 时停止。

6）管节沉放对接安装：管节在沉放区安装系泊和纵横调节系统至其沉放安装状态，沿设计轴线绞移管节至沉放位置，距对接点 6m 停止，并选择恰当时机，进行沉放对接。管节沉放则采用双浮驳骑吊沉放的施工方法，管节压载沉放时吊驳的吊力满足设计要求，取抗浮安全系数为 1.01～1.02 倍。

① 安装管节的系泊和纵、横调节系统：

a. 对于纵、横调节系统可满足管节沉放对接时的横向和纵向微调节，达到毫米级的误差范围要求；

b. 用锚艇将 4 条横向调节系泊缆带上管节，通过导缆钳后连接至管面的 4 个横向调节动滑车组；纵向调节系泊缆带上管节，通过导缆钳后连接至管面的纵向调节动滑车组，通过测量控制塔上的绞车收紧各滑车组，并将管节定位于设计安装轴线上。管节的系泊系统完成后，连接吊驳与沉管面上的 4 个吊点；

② 管节沉放：

a. 在测量定位系统的严格监控及潜水员水下检测配合下，操作管节的吊驳及管节的纵、横调节系统，将管节逐级进行沉放，并适时调整管节的纵坡。注意，在沉放过程中不断保持沉管端面的垂直度；

b. 管节沉放过程每个步骤的工艺流程，如图 4.7-39～图 4.7-43 所示。

图 4.7-39　水箱压水至抗浮系数满足 1.01～1.02 |

| 审核人 | | 交接人 | | 接受交底人 | |

工程名称		施工单位			编号	
序号	项目	沉管管节安装施工技术交底的主要内容				

<table>
<tr><td rowspan="3">5</td><td rowspan="3">沉
放
施
工</td><td>

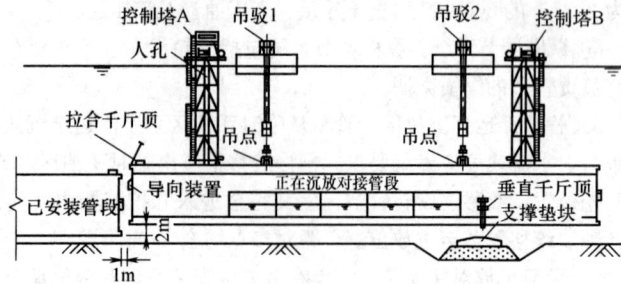

图 4.7-40　距已安装管节 1m、距（基础）到位 2m

③ 沉放过程中要注意：

a. 压载水箱均匀压水至抗浮系数满足 1.01～1.02；

b. 管节前移至距已安装管节 1m，并距沉管节离到位 2m；

c. 继续下沉和前移管节至鼻托搭接 0.2m；

d. 垂直千斤顶落座支撑垫块并利用拉合千斤顶拉合；水下检查 GINA 橡胶止水带，压接状态是否良好，达到初步止水后进行水压接。

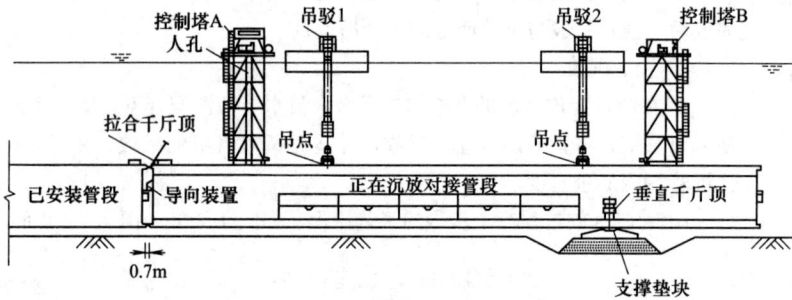

图 4.7-41　距已安装管节 0.7m、鼻托搭接 0.2m

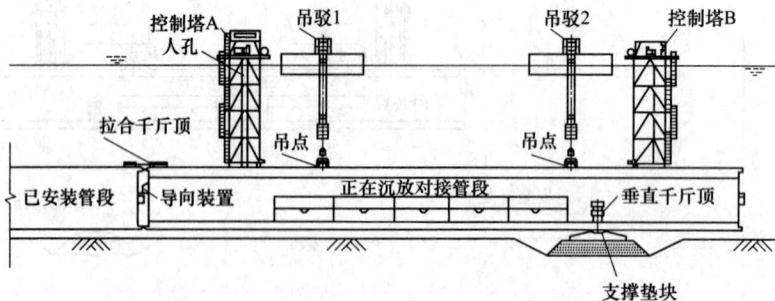

图 4.7-42　垂直千斤顶落座、拉合千斤顶拉合

</td></tr>
</table>

审核人		交接人			接受交底人	

工程名称		施工单位		编号	
序号	项目	沉管管节安装施工技术交底的主要内容			

5	沉放施工	图 4.7-43 潜水检查初压接后进行水压接

6	对接施工	(1) 管节之间水下对接采用水力压接方式。 (2) 当管节向已沉管节靠拢后，由潜水员检查对接端钢壳与已沉管节端钢壳相对位置是否符合要求。后填法沉管施工时，还应检查管节 B 端垂直千斤顶在临时垫块支座上的位置。 (3) 后填法沉管施工，垂直千斤顶调整管节纵坡应符合下列规定： 1) 垂直千斤顶顶力和行程应满足设计要求； 2) 垂直千斤顶调整管节纵坡应实时监测垂直千斤顶的顶力变化和管节垂直位移。 (4) 初步对接步骤： 1) 当管节底部离设计标高为 0.5m 时，进行管节的初步对接； 2) 将管节绞前距对接面 0.6～0.7m 位置，在测量系统的严格监控下，调整管节的轴线偏差，潜水员检查 GINA 橡胶止水带及对接端面是否有附着物或损坏，清除杂物，并详细检查测量两条管节的相对位置，报告给控制室； 3) 沉放管节至设计标高，使其首部鼻托上的上部导向装置与已装管节尾部（暗埋段）端面鼻托上的下部导向装置结合； 4) 伸出垂直千斤顶的推杆，使管节尾部通过垂直千斤顶支撑在临时支撑垫块上，微调管节纵坡，满足设计要求。并承受半负荷；测量系统及潜水员检查报告； 5) 拉合千斤顶拉台应符合下列规定： ① 拉台前检查第一道 GINA 橡胶止水带是否松动、偏位、破损； ② 测量端钢壳间的距离是否符合要求； ③ 拉合装置搭接后，测量拉合千斤顶行程； ④ 拉合过程中，应检查压力传感器压力； ⑤ 待沉管节上设置的拉合千斤顶将管节拉紧已沉管节，使管节端部第一道 GINA 橡胶止水带初步压缩并达到止水效果； ⑥ 千斤顶拉合对第一道 GINA 橡胶止水带压缩量宜不小于 20mm。 潜水员安装拉合千斤顶装置，并将高压油管接到控制塔 A 绞车平台上的液压控制站；操作拉合千斤顶的控制站，进行管节拉合作业，使 GINA 橡胶止水带初步预压。对接拉合速度应不大于 5cm/min。当两端面相距 210mm 时（即 GINA 橡胶止水带尖刚与管节 B 端接

审核人		交接人		接受交底人	

工程名称		施工单位		编号	
序号	项目	沉管管节安装施工技术交底的主要内容			
6	对接施工	触预压）对管节进行精细微调，直至满足设计的安装精度要求，再继续拉合到初步止水工况。潜水员检查初步止水没有问题后，进行水压压接。如图 4.7-44 所示。 图 4.7-44　管节对接构造示意图 （5）水力压接 1）水力压接应符合下列规定： ① 压接过程控制排水速率； ② 结合腔内排水完成后，水下测量第一道 GINA 橡胶止水带压缩量，判断是否满足设计要求。在结合腔内检查管节安装情况； ③ 开启已沉管节端封墙上的水密门，在结合腔内检查管节安装定位情况； ④ 开启安装管节对接端端封墙上的水密门，进行管节内的施工控制测量以及贯通测量； 2）水力压接：是两条管节封门之间通过 GINA 橡胶止水带形成一个相对水密空间之后，将端封门之间的水排出去，利用压差、管节尾部的水压力将正在安装管节向已安装管节方向压接； 3）具体操作：在拉合千斤顶拉合管节完成后，潜水员全面检查 GINA 橡胶止水带的压接情况，并测量两条管节之间的距离，所有的实际情况与设计要求相符合后，进行放水压接作业，在安装管节内，打开端封门上预先设置的排气阀和排水阀门，将端封门之间的水（接头水）排到安装管节的水箱内。在排水总阀前安装压力表，当表压下降，开动排水水泵，抽掉接头水，即两管节间隔舱中的水，形成负压，压接速度不小于 2cm/min； 4）在整个放水压接过程中，潜水员在水下不断测量两条管节之间的距离，随着放水的进行，距离越来越小，当所测距离与设计大致符合时，放水压接完成。如图 4.7-44 所示； 5）管节水力压接结束后应进行下列工作： ① 根据实测的水底最大的水容重，加压载至管节的抗浮安全系数为 1.05； ② 后填法沉管施工时，缓缓放松浮箱上吊力和使整个管节受力由前端鼻托和后端两个垂直千斤顶三点支撑。加载开始到基础垫层处理工作结束期间，应实时检测垂直千斤顶的顶力变化，确保垂直千斤顶受力均匀； ③ 封闭人孔； ④ 舾装件水下拆除。			
审核人		交接人		接受交底人	

工程名称		施工单位		编号	
序号	项目	沉管管节安装施工技术交底的主要内容			

6	对接施工	（6）检测 管节沉放对接完成后，先将管节封门上的水密门打开，同时接通岸上段的电力、通风系统，从已装管节内引线到沉放管节，利用测量仪器进行准确测量，主要是检测沉放管节的轴线偏差及调整管节尾部标高。管节安装对接控制标准，轴线偏差±35mm、高程偏差±35mm。 （7）管节稳定压载 管节对接完成，经测量验收复核无误后，在管内操作压载系统往压载水箱增加压载水，进行管节稳定压载。按设计要求，压载量至管节的抗浮安全系数为1.05。

7	检验标准	1. 管节沉放检验应符合下列规定 （1）管节对接前应进行潜水探摸检查，主要检查管节第一道止水带是否偏位、脱落、破损和端钢壳表面附着物是否满足对接要求。 （2）管节初步对接止水后应潜水探摸检查，主要检盘第一道止水带初步止水情况，检查有无异物，是否满足止水要求。 （3）管节沉放对接的每节允许偏差和检验方法须按照表4.7-2进行，在江（河、湖、海）中对接接头施工对应的累计闭合误差应在后续逐个管节施工中加以消除或减少，以保证管节全线吻合贯通。

管节沉放允许偏差、检验数量和方法　　　　表4.7-2

序号	实际测量项目		允许偏差（mm）	检验单元	检查频率	检验方法
1	对接接头偏移	水平方向	20	第一节管节 （逐节检查）	2点/段	全站仪测量
		垂直方向	20			
2	节管轴线偏差	水平方向	50		2点/段	
		垂直方向	50			

2. 检查验收

沉管法隧道浮运沉放安装工程关键节点检查验收汇总于表4.7-3。根据工程特点，按照设计文件及相关资料，结合施工单位的施工技术水平、人员、机械、船机设备等资源条件，在明确现场施工关键节点的前提下，针对沉管法隧道浮运沉放安装各关键节点，根据现行国家和行业有关设计、施工标准和规范，制定如下相应的要求。

（1）施工过程概述及标准

1）步骤一：浮运过程（图4.7-36）；

① 沉管状态：水平距已安装沉管（或暗埋段）约6～10m，浮于水面；

② 检查目的：控制沉管姿态和运动轨迹处于安全状态；

③ 检查项目：横倾值、纵倾值及轴线偏差；

④ 检查方法：全站仪测量测塔上棱镜坐标与设计值偏差；

审核人		交接人		接受交底人	

工程名称		施工单位		编号	
序号	项目	沉管管节安装施工技术交底的主要内容			
7	检验标准	⑤允许偏差：管节绕其形心的横向摆角小于 2°，管节纵向摆角相对管节沉放就位倾角小于 1°，轴线偏差小于 2m。 2) 步骤二：系泊定位压载，管节逐步前移、逐级下沉（图 4.7-40）： ① 沉管状态：至水平距已安装管节（或暗埋段）1m，标高距管节设计水平面 2m； ② 检查目的：控制沉管姿态； ③ 检查项目：横倾值、纵倾值及轴线偏差； ④ 检查方法：全站仪测量测塔上棱镜与设计值偏差； ⑤ 允许偏差：在进行下一步动作前不允许轴线偏差、横倾及纵倾。 3) 步骤三：继续前移下沉，并且前移至鼻托搭接，垂直千斤顶落座在支承垫块上（图 4.7-41）。 ① 沉符状态：管间距 0.7m，与已安装符节（或睛埋段）处同一水平面； ② 检查目的：控制沉管姿态，确保鼻托搭接、千斤顶落座； ③ 检查项目：横倾值、纵倾值及轴线偏差； ④ 检查方法：全站仪测量测塔上棱镜与设计值偏差，连通器检查； ⑤ 允许偏差：在进行下一步动作前不允许轴线偏差、横倾及纵倾。 4) 步骤四：安装拉合千斤顶，拉台管节，如图 4.7-43 所示： ① 沉管状态：管间距 0.2～0.7m（GINA 橡胶止水带贴住钢端壳）； ②检查目的：调整管节轴线、标高； ③ 检查项目：横倾值、纵倾值及轴线偏差；管间杂物排除，管节间相对位置； ④ 检盘方法：潜水员检查 GINA 橡胶止水带状况，清除杂物，并详细检查测量两条管节的相对位置； ⑤允许偏差：G1NA 橡胶止水带之间无杂物，管节之间无错开现象，轴线无偏差。 5) 步骤五：初步止水后，进行抽水，完成水压接，见图 4.7-44 所示： ① 沉管状态：管间距 0.2m 至压接完成（GINA 橡胶止水带压接变形）； ② 检查目的：压接前调整管节轴线、标高，压接后检查管节位置是否满足设计要求； ③ 检查项目：管节标高、轴线偏差及 GINA 橡胶止水带压接态； ④ 检查方法：潜水员探摸检查 GINA 橡胶止水带压接状态是否满足设计要求，管节沉放对接完成后，先将管节封门上的水密门打开，从已装管节内引线到沉放管节，利用测量仪器进行准确测量，主要是检测沉放管节的轴线偏差及调整管节尾部标高； ⑤ 允许偏差：平面轴线偏差小于±50mm，竖向高程偏差 50mm。 (2) 沉管浮运安装过程检查项目列表（必须按步骤进行） 沉管浮运安装过程中，必须检查的项目，如表 4.7-3 所列：
审核人		交接人		接受交底人	

工程名称				施工单位			编号	
序号	项目		沉管管节安装施工技术交底的主要内容					

沉管浮运安装过程检查项目列表　　　　　　　表4.7-3

序号	项目	序号	管节姿态	工作内容/检查目的	检查项目	检查方法/允许误差	浮运安装示意图
7	检验标准	1	水平距已安装沉管(或暗埋段)约5m,浮于水面	浮运、系泊定位/控制沉管姿态和运动轨迹处于安全状态	横倾	全站仪/横向摆角小于2°	见图4.7-36
					纵倾	全站仪/倾角小于1°	
					轴线	全站仪/轴线偏差小于2m	
		2	至水平距已安装管节(或暗埋段)2m,标高距管节设计水平面2m	压载,管节逐步前移,逐级下沉/控制沉管姿态	横倾	连通管/0	见图4.7-40
					纵倾	全站仪/0	
					轴线	全站仪/0	
		3	管节距0.7m,与已安装管节(或暗埋段)处同一水平	前移下沉和前移至鼻托搭接,垂直千斤顶落座在支撑垫块上/控制沉管姿态,确保鼻托搭接、千斤顶落座	横倾	连通管/0	见图4.7-41
					纵倾	全站仪/0	
					轴线	全站仪/0	
					时程	全站仪配合探摸	
		4	管间距0.7m→距0.2m(GINA贴住钢端壳)	安装拉合千斤顶,拉合管节/调整管节轴线、标高	横倾值、纵倾值及轴线偏差	全站仪(连通管)/0	见图4.7-42
					管节间杂物排除	潜水员检查/GINA带之间无杂物	
					管节间相对位置	潜水员检查/管节之间无错开现象	

审核人		交接人		接受交底人	

247

工程名称		施工单位			编号	
序号	项目	沉管管节安装施工技术交底的主要内容				

		序号	管节姿态	工作内容/检查目的	检查项目	检查方法/允许误差	浮运安装示意图
7	检验标准	5	管间距 0.2m 至压接完成（GINA 带压接变形）	压载,管节逐步前移、逐级下沉/控制沉管姿态	管节标高	全站仪/高程偏差＜±50mm	见图 4.7-43
					轴线偏差	轴线偏差＜±50mm	
					GINA 带压接	潜水员检查/满足设计要求	

审核人		交接人		接受交底人	

5 模板、拱架与支架

5.1 一般规定

模板、拱架及支架的一般规定 表 5-1

工程名称		施工单位		编号	
序号	项目	模板、拱架及支架的一般规定内容			
1	概述	（1）就地浇筑是传统施工中最古老的方法之一，因为施工过程中所需用大量的模板、拱架与支架，所以，过去只在一些小型跨径的桥梁或交通不便的边远地区采用。 （2）但是，随着桥梁结构形式的发展，出现了许多变宽桥、弯桥等复杂的预应力混凝土结构，又因为20世纪90年代大量应用钢构件和万能杆件，在其他施工方法比较困难或经过比较施工方便、费用较低时，就地浇筑的施工方法也在大、中型桥梁中广泛应用。其中的简支箱梁、连续箱梁，大多采用就地浇筑施工，都要应用大量的模板、拱架与支架。 （3）特别是在支架上砌筑施工多应用于石拱桥、混凝土预制块等圬工拱桥、钢筋混凝土拱桥的施工中。			
2	质量要求	（1）具有足够的稳定性，刚度和强度，能可靠地承受施工过程中可能产生的各项荷载，保证工程构筑物的设计形状，尺寸以及各部分相互之间位置的正确性。 （2）模板、拱架及支架制作简单，便于拆卸，施工时便于钢筋绑扎、安装、混凝土的浇筑和养护等要求。 （3）模板板面应平整，接缝严密，不漏浆。 （4）宜采用大块组合钢模板或大模板，提高混凝土的外观质量。 （5）利用地面直接承受荷载时，对地面应做处理，以免因养护水或雨水使地面表层变软下沉，使支架上部新浇筑的混凝土下垂变形。一般情况经过碾压的一步灰土，考虑地面承载力可在20～50MPa之间。			
3	材料要求	（1）制作木模板及支架所用的木材，可根据实际情况采用，一般以针叶树为主。主要为松木及杉木，但扭曲十分厉害的木材，脆性的木材和过分潮湿而容易引起变形的木材，不得使用。 1）制作承受全部允许应力的结构杆件，或需要进行仔细加工的杆件，应使用质量良好的木材。制作承受应力较小或不需计算应力的杆件，其木材品质等级可稍降低； 2）制作需要紧密联结的结构（拱架、支架）时，其杆件木材湿度不得大于23%；制作模板用的木材，湿度不得大于25%；木桩以及其他结构用木材的湿度可不加限制。 （2）为防止木模板发生挠曲，其木板宽度以不超过10cm为适宜。大梁、横梁或拱梁等的木模底板，如需用整块木板时，其宽度可不受限制。木板厚度一般为1.5～5cm，混凝土构件重要部位模板厚度应不小于2.5cm，厚度2cm以下的模板可在非外露面或非重要部位使用。			
审核人		交接人		接受交底人	

工程名称		施工单位		编号	
序号	项目	模板、拱架及支架的一般规定内容			
3	材料要求	（3）金属模板及其固定配件用的钢材，应根据模板设计采用。制作木结构的钢材配件，或木模的金属构件，可使用无号钢，但需经冷弯试验合格（绕直径与钢构厚度相等的芯棒冷弯180°）。对金属模板及拆装式的金属配件，应设法防锈。在与混凝土接触的板面上涂刷润滑油，在其他表面涂刷防锈漆。 （4）模板、支架和拱架可采用钢材、胶合板、塑料和其他符合设计要求的材料制作。钢材可采用现行国家标准《碳素结构钢》GB/T 700 中的标准制作。			
4	其他要求	（1）重复使用的模板、支架和拱架应经常检查、维修。 （2）模板应能承受如风力等各种侧向倾覆力，并有足够的抗倾覆稳定性。 （3）木模板、塑料模板及木质支撑材料的工作场地与存放场地，均应选择远离易燃物（如油库及锅炉、伙房等），其距离应符合消防要求规定，同时还应设置消防设施。			
审核人		交接人		接受交底人	

5.2 支架与拱架的制作施工技术交底

支架与拱架的制作施工技术交底 表 5-2

工程名称		施工单位		编号	
序号	项目	支架与拱架的制作安装施工技术交底内容			
1	支架	图 5.2-1 所示为常用支架的主要构造示意图。它的主要类型有如下三种： （1）立柱式支架：图 5.2-1（a）、（b）所示为立柱式支架，主要由排架和纵梁等构件组成。其中排架由枕木或桩、立柱和盖梁组成。一般排架间距为 4m，桩的入土深度按施工设计要求设置，但是不能低于 3m。当水深大于 3m 时，桩要采用拉杆加强，还需要在纵梁下布置卸落设备。立柱式支架的特点是构造简单，主要采用于城市高架桥或不通航道以及桥墩不高的小跨径桥梁施工： ① 立柱式支架还可以采用直径为 ϕ48mm、壁厚 3mm 的钢管搭设，水中支架需要事先设置基础、排架桩，钢管支架在排架上设置；在城市里现浇桥，一般在平整路基上铺设碎石层或砂砾石层，在其上浇筑混凝土作为支架的基础，钢管排架纵、横向密排，下设槽钢支承钢管，钢管间距是根据高架桥的高度及现浇梁的自重、施工荷载的大小而定，一般为 0.4~0.8m； ② 钢管主要由扣件接长或者搭接，上端采用可调节的槽形顶托固定纵、横木龙骨，形成立柱式支出架；搭设钢管支架要设置纵、横向水平杆加劲，高架桥较高时还需要加剪刀撑，水平加劲杆与剪刀撑均需要扣件与立柱钢管连成整体。排架顶标高应适当考虑设置预拱度； ③ 方塔式重力支撑脚手架是一种轻型支架，生要采用焊接钢管制成的方塔，上下均有可调底座和顶托，其高度可由标准架组拼调整，方搭间用连接杆连成整体。通过测试，每个单元搭架子安全承载力约 180kN；该支架装拆方便，用钢量少，通常可在高度在 5m 以下的支架子上使用。塔架需要架设水平加劲及剪刀加劲杆，但是，对高桥和重载桥不适宜。			
审核人		交接人		接受交底人	

工程名称		施工单位		编号	
序号	项目	支架与拱架的制作安装施工技术交底内容			

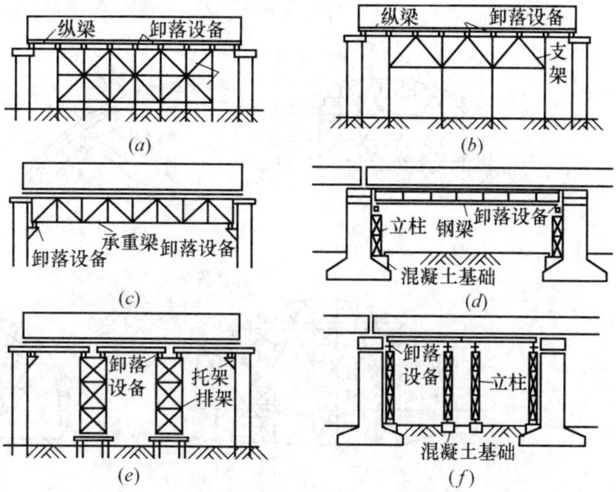

图 5.2-1　常用支架的主要构造示意图

（2）梁式支架：根据高架桥的跨径不同，梁可采用工字钢、钢钣梁或钢桁梁，如图 5.2-1（c）、（d）所示。一般工字钢用于跨径小于 10m。钢钣梁用于跨径小于 20m，钢桁梁用于跨径大于 20m 的情况。梁可以支撑在墩旁支柱上，也可支撑在桥墩上预留的托架或支撑在桥墩处的横梁上。

（3）梁-柱式支架：当桥梁较高、跨径较大或须在支架下设孔通航或排洪时，可采用梁-柱式支架，如图 5.2-1（e）、图 5.2-1（f）所示。梁支撑在桥墩台以及临时支柱或临时墩上，形成多跨的梁-柱式支架。

拱架按结构分为支柱式、撑架式、扇形、桁式拱架、组合式拱架等；按材料不同可分为木拱架、钢拱架、竹拱架和土牛拱胎。木拱架的加工、制作简单，架设方便，但耗材较多，在当前已应用不多。目前采用最多的是钢、木混合拱架，以减少木材用量。钢拱架多用常备构件拼装，虽一次投资大，但可多次周转使用，宜在多跨拱桥中选用。

（1）支柱式木拱架：如图 5.2-2（a）所示，其支间间距小，结构简单且稳定性好，适应于城市高架桥、干岸河滩和流速小、不受洪水威胁、不通航的河道上使用。

（2）撑架式木拱架：如图 5.2-2（b）所示，其构造较为复杂，但支点间距可较大，对于较大跨径且桥墩较高时，可节省木材并可适应通航。

（3）扇形拱架：如图 5.2-2（c）所示。它是从桥中的一个基础上设置斜杆，并用横木联成整体的扇形，用以支撑砌筑的施工荷载。扇形拱架比撑架式拱架更加复杂，但支点间距可以比撑架式拱架更大些，特别适宜在拱度很大时采用该方法。

（4）钢-木组合拱架：如图 5.2-2（d）所示。它是在木支架上用钢梁代替木斜梁，可以加大支架的间距，减少材料用量。在钢梁上可设置变高的横木形成拱度，并用以支撑模板。

（5）也有用钢桁梁或贝雷梁与钢管脚手架组拼的拱架，它是在钢桁梁形成的平台上搭设立柱式钢管组成。如贵州省建造的跨径 40m 双曲拱桥，广东省建造的清远北江大桥，为跨径 3×45m+8×70m+4×45m，全长 1058m 的钢架拱桥，均采用这种类型的钢组合拱架。

审核人		交接人		接受交底人	

工程名称		施工单位		编号	
序号	项目	支架与拱架的制作安装施工技术交底内容			

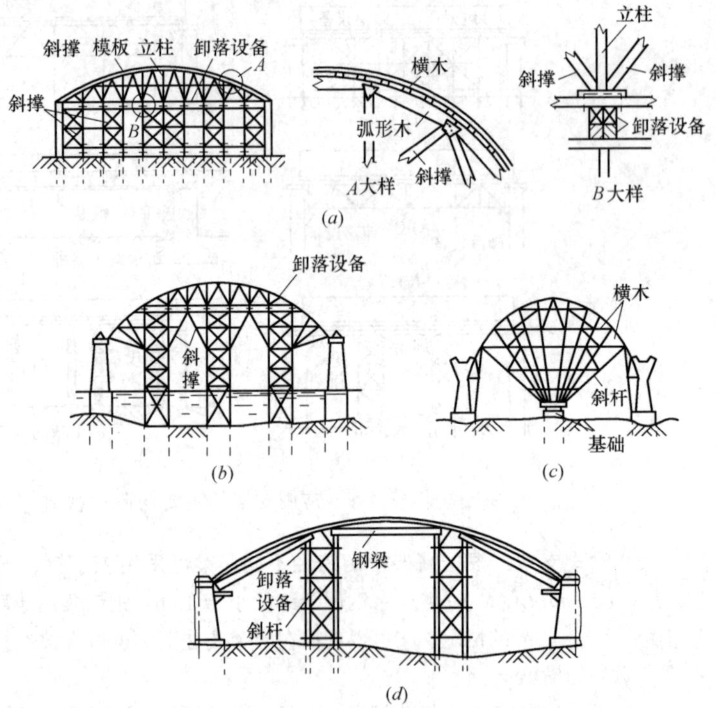

图 5.2-2　常用木、钢木拱架构造示意图

（6）钢桁式拱架：通常采用常备拼装式桁架拼装成拱形拱架，即拱架由标准节段、拱顶段、拱脚段和连接杆等以钢销或螺栓连接而成。为使拱架能适应施工荷载产生的变形，一般拱架采用三铰拱。拱架在横向可由若干组拱片组成，每组的拱片数及组数依桥梁跨径、荷载大小和桥宽而定，各组间可用横向联结系联成整体。

（7）桁式钢拱架也可用装配式公路钢桥桁架节段拼装组成或用万能杆件拼装组成。

拱架对应序号2。

支架与拱架的要求（序号3）：

（1）支架、拱架虽然是临时结构，但它要承受大部分恒载，为保证结构位置和尺寸的准确，因此必须有足够的强度、刚度和稳定性。支架、模板等受力要明确，计算图式应简单、明了。为了减少变形，构件应主要选用受压或受拉形式，并减少构件接缝数量。

（2）在河道中施工的支架，要充分考虑洪水和漂流物以及通过船只（队）的影响，要有足够的安全措施；同时在安排施工进度时，尽量避免在高水位情况下施工。

（3）支架、拱架在受荷后会产生变形与挠度，在安装前要有充分的估计和计算，并在安装时设置预拱度，使就地浇筑的桥跨结构线形符合设计要求。

（4）为了减少施工现场的安装和拆卸工作，便于周转使用，支架与拱架应尽量做成装配式组件或块件。

审核人		交接人		接受交底人	

工程名称			施工单位		编号	
序号	项目		支架与拱架的制作安装施工技术交底内容			
3	支架与拱架的要求		（5）具有必需的强度、刚度和稳定性，能可靠地承受施工过程中可能产生的各项荷载，保证结构物各部形状、尺寸准确。 （6）支架、拱架与模板的刚度的变形限值要求： ① 结构表面外露的模板，挠度为模板构件跨度的 1/400； ② 结构表面隐蔽的模板，挠度为模板构件跨度的 1/250； ③ 拱架、支架受载后挠曲的杆件（盖梁、纵梁），其弹性挠度为相应结构自由跨度的 1/400； ④ 钢模板的面板变形为 1.5mm； ⑤ 钢模板的钢棱、柱箍变形为 3.0mm。			
4	支架与拱架的安装要点		（1）确定预留拱度时应考虑如下因素： ① 在施工过程中，拱架和支架所要承受的各种载荷而引起的弹性变形； ② 超静定结构由于混凝土的收缩、徐变及温度变化而引起的挠度； ③ 承受推力的墩台，因为墩台的水平位移所引起的拱圈挠度； ④ 由于结构重力所引起梁或搭圈的弹性挠度，以及 1/2 的汽车荷载引起梁或拱圈的弹性挠度； ⑤ 受载后因为杆件接头的挤压和卸落设备压缩而产生的非弹性变形； ⑥ 拱架和支架基础在受载后的非弹性沉陷。 （2）木拱架与木支架的制造：先应尽可能减长杆件接头，两相邻立柱的连接接头必须设在不同的水平面上。对于主压力杆的纵向连接，应使用对接法，并采用木夹板或铁夹板夹紧。对于次要的构件的连接，可以采用搭接法连接。对于木架和木支架的连接，力求简单扼要，但要安全可靠。 （3）安装前，必须进行认真检查工作。首先对拱架、支架安装前，必须认真地对拱的立柱和拱架的支承而进行详细的检查，准确调整拱架支承面和顶部标高，并进行复测跨度，确认无误后才可以进行安装施工。安装时，要注意各片拱架在同一节点处的标高一致，以便拼装平联杆件。在风力较大的地区，应注意设置风缆绳。 （4）拱架与支架的稳定、坚固要求与防护措施如下： ① 施工安装时，支架立柱必须安装在有足够承载能力的地基上，立柱底端应设置垫木，主要是用来分布和传送压力，并保证浇筑混凝土后不发生超容许的沉降量； ② 对于构造物的模板，其支架不应与施工用的脚手架和便桥相连接，以免施工振动时影响浇筑混凝土的质量。船只或汽车通行孔的两边支架应加设护桩，夜间应用灯光标明行驶方向，施工中易受漂流物冲撞的河中支架应设坚固设备。 （5）在安装拱架时，先应考虑到拱架和支架的便于拆卸，因此，应根据结构形式、承受的荷载大小及需要的卸落量，在拱架和支架适当部位设置相应的木楔、木马、砂筒或千斤顶等落模设备。			
审核人			交接人		接受交底人	

5.3 模板的制作施工技术交底

模板的制作施工技术交底 表 5-3

工程名称		施工单位		编号	
序号	项目	模板的制作施工技术交底内容			
1	概述	就地浇筑的模板常用木模和钢模。对预制安装构件，除钢、木模外，也可采用钢木结合模板、土模和钢筋混凝土模型板等。模板形式的选择主要取决于高架桥跨结构的数量和模板材料的供应。当建造单跨或 n 跨不同桥跨结构，一般采用木模；当有 n 跨同样的桥跨结构时，为了提高经济效益、降低成本，可采用大型模板块件组装或用钢模。实践表明：模板工程的造价与上部结构主要工程造价的比值，在工程数量和模板周转次数相同的情况下，木模为4%～10%；钢筋混凝土模板为3%～4%；钢模为2%～3%。			
2	木模	钢筋混凝土肋式桥跨结构的木模如图 5.3-1 所示，它主要由横向内框架、外框架和模板组成： （1）框架由竖向的和水平的以及斜向的方木或木条用钉或螺栓结合而成。框架间距一般取用0.7～1.0m，模板厚可选用40～50mm，在梁肋的模板之间设置穿过混凝土撑块的螺栓，一方面可减小新浇筑混凝土的侧压力对框架立柱产生的弯矩，同时也保证梁肋的施工尺寸符合设计规定。 （2）木模包括胶合板木模，可制成整体定型的大型块件，它可按结构要求预先制作，然后在支架上用连接件迅速拼装。例如，广州市 26.7km 的内环路是由95%的高架桥和11座立交桥组成，在建设过程中，其大部分工程均采用的是胶合板木模。 （3）模板制造宜选用机械化方法，以保证模板形状的正确和尺寸的精度。模板制作尺寸与设计要求的偏差、表面局部不平整度、板间缝隙宽度和安装偏差均应符合有关规定。 图 5.3-1 木模板的主要构造			
审核人		交接人		接受交底人	

工程名称		施工单位		编号	
序号	项目	模板的制作施工技术交底内容			

3	钢模	（1）钢模大都做成大型块件，一般长3～8m，由钢板和加劲骨架焊接组成。通常钢板厚取用4～8mm。骨架由水平肋和竖向肋形成，肋由钢板或角钢做成，肋距500～800mm。大型钢模块件之间用螺栓或销连接。 （2）在梁的下部，常集中布置受力钢筋或预应力索筋，必要时可在钢模板上开设天窗，以便浇筑或振实混凝土，如图5.3-2所示。多次周转使用的钢模，在使用前可用化学方法或机械方法清扫，在浇筑混凝土前，在模板内壁要涂润滑油或废机油，以利于脱模。 图5.3-2 钢模板的主要构造				

		模板构造、安装简图		简要说明	
4	桥墩、台模板的构造	方柱间隔浇筑法模板	 图5.3-3 方柱间隔浇筑法模板示意图		（1）在浇筑混凝土时，每隔一桩空开一桩浇筑第一批桩。 （2）等到混凝土的强度已达到设计强度的30%后，方可拆除模板。 （3）第二批桩则是利用已浇筑的桩作侧模，再浇筑混凝土。

审核人		交接人		接受交底人	

工程名称			施工单位		编号	
序号	项目		模板的制作施工技术交底内容			
4	桥墩、台模板的构造	桥台模板	 图 5.3-4　桥台模板示意图	（1）当在现场进行就地浇筑混凝土桥台时，必须按其设计要求进行。 （2）首先是放样定位，并以此轴线为准，清理基坑，进行基坑的浇筑作业。 （3）然后在基础上支设模板。 （4）支设模板可以为整体式的，也可以随浇筑混凝土高度分段进行接高，便于施工。	
		桥墩柱整体式模板	 图 5.3-5　桥墩柱整体式模板示意图	1—竖带立木；2—横带木；3—弧形肋木；4—模板；5—钢箍；6—钢拉杆；7—临时加固内撑；8—临时加固横撑木	
		桥墩墩帽整体式模板	 图 5.3-6　桥墩墩帽整体式模板示意图	1—钢筋混凝土桩；2—木梁；3—螺栓；4—横梁；5—衬木；6—角撑；7—拉杆；8—肋木；9—模板	
		空心板梁内模	 图 5.3-7　空心板梁内模示意图	（1）该方法多采用充气胶囊作为空心板梁的内模。 （2）其胶囊可以单独使用，也可以与外套胶囊组合使用。 （3）使用时必须充气成型，所需要的气压是根据混凝土侧压力与胶囊内径的大小而定。	
审核人			交接人		接受交底人	

工程名称			施工单位		编号	
序号	项目		模板的制作施工技术交底内容			

4	桥墩、台模板的构造	T形梁模板	图 5.3-8　T形梁模板示意图	（1）为了更加便于安装，可将梁模制成两侧拼板与底板三部分。 （2）面板用 50mm 厚的木板，为便于脱模，其表面加钉镀锌薄钢板。 （3）面板直接装钉在用槽钢与角钢制成的框架上。 （4）两侧拼板上、下采用拉杆连接。

5	模板安装施工要点	（1）木模的制造：桥梁施工所使用的木模板可在工厂或放现场制作加工，木模与混凝土的表面要求平整、光滑，多次使用的木模板应在内侧，加钉薄钢板，以利于重复使用；木模的接缝可为平缝、搭接缝或企口缝。当采用平缝时，应注意防止漏浆，常在接缝处加钉绒布或薄钢板嵌条；木模的转角处，为便于拼装可做成斜角。 （2）钢模的选用：桥上所用的钢模板宜采用标准化、系列化和通用化的组合模板；所有组合钢模板的设计和施工应符合国家标准《组合钢模板技术规范》GB/T 50214—2013 的有关规定；经加工制成的钢模板及其配件必须在检验合格后才能在施工中使用。 （3）隔离剂的使用：为了防止混凝土浇筑、保养及拆模后，其表面粘着无数的混凝土颗粒，所有模板在浇筑混凝土前，必须在模板内侧涂刷隔离剂，外露面、混凝土模板的隔离剂与非外露面应采用同一品种，不得使用易粘在混凝土上或使混凝土变色的涂料。 （4）侧模板的安装要求：侧模板的安装，应考虑防止模板的移位和突出。基础模板可在模板外侧设置支撑固定，墩、台、梁的侧模可设拉杆固定。浇筑在混凝土中的拉杆，应按要求采取相应的措施（如需拔出时，可在混凝土浇筑后不久转动拉杆或在拉杆外加设套管，待拆模时抽出拉杆等）。对小型结构物，可使用金属线代替拉杆（不予抽出）。 （5）充气胶囊式内模要求：胶囊在使用前应经检查，不得漏气；使用中有专人检查钢丝头，钢丝头应弯向内侧；每次使用后，应将其表面水泥浆清洗干净，妥善保存，防止日晒，并不得接触油、酸、碱等有害物质。从开始浇筑混凝土到胶囊放气时止，其充气压力应保持稳定；浇筑混凝土时，为防止胶囊上浮或偏位，应用定位箍筋与外模联系加以固定；胶囊的放气时间应经试验确定，以混凝土强度达到能保持构件不变形为宜。 （6）滑升模板的要求： ① 滑升模板要有足够的强度、刚度和稳定性，每段模板高度，一般为 1.0～1.2m，滑升模板的支承杆及提升设备，应能保证模板竖直均衡上升。为此，宜采用液压千斤顶同步提升，其提升速度以 10～30cm/h 为宜。如用其他提升设备，必须采取相应措施，以防发生模板倾斜； ② 滑升模板组装时，应使各部尺寸的精度符合设计要求，组装完毕后需经全面检查试验合格，方能进行浇筑；滑升模板施工应连续进行，如因故中断，在中断前应将混凝土浇筑平，中断期间模板每隔适当时间略提升一次，直至混凝土不与模板粘住为止。

审核人			交接人		接受交底人	

工程名称		施工单位		编号	
序号	项目	模板的制作施工技术交底内容			
5	模板安装施工要点	（7）其他要求： ① 模板与钢筋安装的配合：模板与钢筋安放要协调进行，妨碍绑扎钢筋的部分模板应待钢筋安装完毕后，再起先补全； ② 模板要与脚手架互不联系：模板要与脚手架除整体设计外，两者之间不能联系，这样可避免在脚手架运送和储存材料及工人操作时引起模板变形； ③ 预埋件或预留孔必须准确无误：为了很好地防止浇筑混凝土过程中的移位，必须固定好预埋件和预留孔洞尺寸，并做到安装牢靠； ④ 纵向预拱度的位置要求：当结构自重和汽车荷载（不计冲击力）产生的预拱度超过跨径的 1/600 时，钢筋混凝土梁、板的底模板设置的预拱度值应等于结构自重和 1/2 汽车荷载（不计冲击力）所产生的拱度。纵向预拱度可做成抛物线或圆曲线； ⑤ 所有模板检查合格后浇筑混凝土：模板安装完毕，必须经检验合格后，方可浇筑混凝土。检验内容包括平面位置、顶部标高、节点联系以及纵向稳定性检查，浇筑时，发现模板有超过允许偏差变形值的可能时，必须及时给予纠正。			
审核人		交接人		接受交底人	

5.4　支架、拱架与模板的拆卸施工技术交底

支架、拱架与模板的拆卸施工技术交底　　　　表 5-4

工程名称		施工单位		编号	
序号	项目	支架、拱架与模板的拆卸施工技术交底内容			
1	承重木板与支架拆除	（1）钢筋混凝土结构的承重模板、拱架和支架，应在混凝土强度能承受其自重力及其他可能的叠加荷载时，方可拆除。 （2）一般跨径等于及小于 3m 的板和拱达到设计强度的 50%，跨径大于 3m 的板、梁、拱达到设计强度的 70% 时，方可拆除。如设计上对拆除承重模板、拱架、支架另有规定，应按照设计规定执行。 （3）混凝土达到 50%、70%、100% 设计强度所需时间可参考本表"拆除承重模板的估计期限"中的数值；但对重要构件，其强度必须通过试验确定。			
2	非承重木板拆除	（1）应在混凝土强度能保证其表面及棱角不因拆除模板而受损坏时方可拆除。 （2）一般当混凝土抗压强度达到 2.5MPa 时可拆除侧模板，混凝土强度达到 2.5MPa 所需时间参见本表"拆除非承重模板的估计期限"中的有关数据。 （3）桥墩、台模板宜在其上部结构施工前拆除。拆除模板、卸落拱架和支架时，不允许用猛力敲打和强扭等粗暴的方法进行。			
3	拆卸程序	（1）在卸落前应在卸架设备上划好每次卸落量的标记。 （2）满布式拱架卸落时，可从拱顶向拱角依次循环卸落；拱式拱架可在两支座处同时卸落。			
审核人		交接人		接受交底人	

工程名称		施工单位		编号	
序号	项目	支架、拱架与模板的拆卸施工技术交底内容			

| 3 | 拆卸程序 | (3) 简支梁、连续梁宜从跨中向两支座依次循环卸落；悬臂梁应先卸挂梁及悬臂的支架，再卸无铰跨内的支架。
(4) 多孔拱桥卸架时，若桥墩允许承受单孔施工荷载，可单孔卸落，否则应多孔同时卸落，或连续孔分阶段卸落。
(5) 卸落拱架时，应设专人用仪器观测拱圈挠度和墩台变化情况，并做好详细记录。 |

拆除承重模板估计期限　表 5.4-1

达到设计（%）	水泥		拆模期限(d)及硬化时昼夜平均温度(℃)						
	品种	强度等级	+5	+10	+15	+20	+20	+30	+35
50	硅酸盐水泥	52.5	6.5	5	4.2	3	3	2.5	2
	矿渣水泥	42.5	17	13	9.5	6	4	3	2.5
	矿渣水泥	32.5	18	15	12	8	6.5	5	3.8
100	硅酸盐水泥	52.5	41	36	32	28	19	15	13
	矿渣水泥	42.5	56	47	39	28	26	19	17
	矿渣水泥	32.5	62	51	41	28	25	22	18

注：1. 本表按 C20 级以上一般混凝土考虑。
　　2. 火山灰水泥、粉煤灰水泥可参照表中矿渣水泥考虑。
　　3. 如若火山灰水泥等级小于或等于 42.5 的，拆模期限应酌情给予延长。
　　4. 采用干硬性、低流动性或掺有外加剂的混凝土时，拆模期限可通过试验确定。

（序号 4：拆除承重模板估计期限）

拆除非承重模板估计期限　表 5.4-2

混凝土强度（MPa）	水泥品种及强度等级	混凝土强度达 2.5MPa 所需时间(h)及硬化时昼夜平均温度(℃)						
		+5	+10	+15	+20	+25	+30	+35
20	32.5 级矿渣水泥	23	16	13	10	9	8	7
40	42.5 级矿渣水泥	22	10	9	7	6	5	5
	52.5 级普通水泥	15	11	9	8	6	5	4
	52.5 级硅酸盐水泥	14	9	7	6	4	4	4

注：1. 本表的拆模期是按照混凝土强度达到 2.5MPa 的时间考虑。
　　2. 如若采用火山灰水泥、粉煤灰水泥时，一般参照矿渣水泥考虑。
　　3. 如果混凝土强度小于或等于 C15 时，拆模时间可酌情给予延长等。

（序号 5：拆除非承重模板估计期限）

审核人		交接人		接受交底人	

5.5 质量检验

模板、拱架及支架制作与安装的允许偏差　　　　表 5-5

工程名称		施工单位		编号	
序号	项目	模板、拱架及支架制作与安装的允许偏差内容			

序号	项目				
1 模板、拱架及支架制作与安装的允许偏差	模板、拱架及支架制作的允许偏差	**模板制作的允许偏差**　　　表 5.5-1			

模板制作的允许偏差　　　表 5.5-1

基本内容			允许偏差(mm)
木模板制作要求	模板的长度		±5
	不刨光模板相邻两板表面高低差		3
	刨光模板相邻两板表面高低差		1
	平板模板表面最大的局部不平	刨光模板	3
	(用 2m 直尺检测)	不刨光模板	5
	拼全板中木板间的缝隙宽度		2
	拱架、支架尺寸		±5
	榫槽嵌接紧密度		2
钢模板制作要求	外形尺寸	长和宽	0.1
		肋	5
	面板端偏斜		0.5
	连接配件(螺栓、卡子等的孔眼位置)	孔中心与板面的间距	±0.3
		板端孔中心与板面的间距	0,−0.5
		沿板长、宽方向的孔	±0.5
	板面局部不平(采用 300mm 长平尺检测)		1.0
	板面和板侧挠度		±1.0

模板、拱架及支架安装的允许偏差　　　表 5.5-2

基本内容		允许偏差(mm)
模板标高	基础	±15
	柱、墙和梁	±10
	墩台	±10
模板内部尺寸	上部构件的所有构件	+5,−0
	基础	±30
	墩台	±20
轴线偏位	基础	±15
	柱和梁	±8
	梁	±10
	墩台	±10
装配式构件支承面的标高		+2,−5
模板相邻两板表面高低差		2
模板表面平整(采用 2m 直尺检测)		5
预埋中心线位置		3
预留孔洞中心线位置		10
预留孔洞截面内部尺寸		+10,−0
拱架与支架	纵轴的平面位置	跨度的 1/1000 或 30
	曲线形拱架的标高(包括建筑拱度在内)	+20,−10

审核人		交接人		接受交底人	

工程名称		施工单位		编号	
序号	项目	模板、拱架及支架制作与安装的允许偏差内容			

<table>
<tr><td rowspan="40">2</td><td rowspan="40">钢框胶合板与液压滑动模板构件制作允许偏差</td><td colspan="4" style="text-align:left">钢框胶合板模板制作允许偏差   表 5.5-3</td></tr>
</table>

钢框胶合板模板制作允许偏差   表 5.5-3

基本内容			允许偏差(mm)
外形尺寸(mm)		长度	−1.0
		宽度	−1.0
		厚(高度)	±0.50
		对角线	1.50
连接孔眼		沿板长度的孔中心距	±0.60
		沿板宽度的孔中心距	±0.50
		孔中心与板面的间距	±0.30
		累计	±1.0
		孔眼直径	±0.30
板面平整度			1/1000
边板平直度			1/1000
板面与边框成直角			−0.30
板面与边框局部间隙			1.0
边框高于板面			0~0.50
埋头螺栓与板面距			±0.30

液压滑动模板构件制作的允许偏差   表 5.5-4

基本内容			允许偏差(mm)
钢模板		表面平整度	1
		长度	2
		宽度	2
		侧面平整度	2
		连接孔位置	0.5
围圈		长度	5
	弯曲	≤3m	2
	长度	≥3m	4
		连接孔位置	0.5
提升架		高度	3
		宽度	3
		围圈支托位置	3
		连接孔位置	0.50
支撑杆		弯曲	≤2L/1000
		直径	0.50
		丝扣接头	0.25

注:1. 本表是根据中华人民共和国行业标准《公路桥涵施工技术规范》JTG/T F50—2011;

    2. 拼合模板已经考虑木板干燥后,在拼合板中发生缝隙的可能性,所以,要求对于 2mm 以下的缝隙在浇筑前可采用浇湿模板,使其密合。

审核人		交接人		接受交底人	

6 钢 筋 工 程

6.1 钢筋的冷拉和冷拔施工技术交底

钢筋的冷拉和冷拔施工技术交底　　　　　　　　表 6-1

工程名称			施工单位			编号	
序号	项目		钢筋的冷拉和冷拔施工技术交底内容				
1 冷拉施工	冷拉要求	城市桥梁施工中常采用冷拉钢筋,而冷拉钢筋可采用热轧钢筋加工制成,经冷拉后的钢筋其力学性能应符合表 6.1-1 的规定。经冷弯实验后的钢筋不得有裂纹和起皮现象。冷拉 HPB235 级钢筋可用作混凝土结构中的受拉钢筋,冷拉 HRB335、HRB400、RRB400 级钢筋可用作预应力混凝土结构中的预应力钢筋。				

冷拉钢筋的力学性能　　　　　　　　表 6.1-1

序号	钢筋级别	钢筋直径 (mm)	屈服强度 (MPa)	抗拉强度 (MPa)	伸长率 δ_{10} (%)	冷弯	
			不少于			弯曲角度	弯曲直径
1	HPB235	≤12	280	370	11	180°	3d
2	HRB335	≤25	450	510	10	90°	3d
		28~40	430	490	10	90°	4d
3	HRB400	8~40	500	570	8	90°	5d
4	RRH400	10~28	700	835	6	90°	5d

注:1. d 为钢筋直径 (mm)。
　　2. 表中冷拉钢筋的屈服强度值,系现行国家标准《混凝土结构设计规范》(2015 年版) GB 50010—2010 中冷拉强度标准值。
　　3. 钢筋直径大于 25mm 的冷拉 HRB400、RRB400 级钢筋,冷拉弯曲直径应增加 $1d$。

冷拉方法	钢筋进行冷拉可采用控制应力或控制冷拉率的方法,对分不清炉、批号的热轧钢筋进行冷拉时,不应采用控制冷拉率的方法。 (1)当采用控制应力法冷拉钢筋时,其控制应力值及控制应力下的最大冷拉率,应符合表 6.1-2 的规定。冷拉时应量测钢筋的伸长值,并计算冷拉率,当其值超过表 6.1-2 中的规定时,应对钢筋的力学性能重新进行检验。

冷拉控制应力及最大冷拉率　　　　　　　　表 6.1-2

序号	钢筋级别	钢筋直径(mm)	冷拉控制应力(MPa)	最大冷拉率(%)
1	HPB235	≤12	280	10.0
2	HRB335	≤25	450	5.5
		28~40	430	
3	HRB400	8~40	500	5.0
4	RRH400	10~28	700	4.0

审核人		交接人		接受交底人	

工程名称		施工单位		编号	
序号	项目	钢筋的冷拉和冷拔施工技术交底内容			

1 冷 拉 施 工	冷拉方法	（2）当采用控制冷拉率方法冷拉钢筋时，冷拉率必须先做试验，由试验的结果来确定。对于不同炉、不同批的钢筋，都应分别测定其冷拉率。测定同一炉批钢筋的冷拉率，其试样不应少于 4 个，并取其平均值作为该批钢筋冷拉率控制值。测定冷拉率时钢筋的应力值，应符合表 6.1-3 的规定。

冷拉控制应力及最大冷拉率　　　　　表 6.1-3

序号	钢筋级别	钢筋直径（mm）	冷拉应力（MPa）
1	HPB235	≤12	310
2	HRB335	≤25	480
		28～40	460
3	HRB400	8～40	530
4	RRH400	10～28	730

注：当钢筋平均冷拉率低于 1% 时，仍按 1% 进行冷拉。

用冷拉调直钢筋时，冷拉率控制值为：HPB235 级钢筋＜2%；HRB335～RRB400 级钢筋＜1%。冷拉多根连接的钢筋，冷拉率可以按总长计，但冷拉后的每根钢筋的冷拉率，应符合表 6.1-2 的规定。不同伸长率的钢筋宜分开放置，以便于编束时挑选钢筋。

冷拉操作要求	（1）在具体施工中，冷拉的速度不宜过快，应力增加速度也应控制在每秒 5MPa。当到达控制应力时就要稍停时间。一般为 1～2min 后，再放松钢筋。 （2）钢筋接头焊接，应在冷拉前进行，在冷拉过程中，若发生接头部位断裂，可以将热影响区切除后再焊，再冷拉，但同一接头仅能焊接两次。 （3）对使用的测力计应经常维护，定期校验。
流程	钢筋冷拉的工艺流程是：钢筋上盘→放圈→切断→夹紧夹具→冷拉开始→观察控制值→停止冷拉→放松夹具→捆扎堆放。
冷拉操作要点	冷拉长度测量可用标尺，测力计可用电子秤或附有油表的液压千斤顶或弹簧测力计。测力计一般宜设置在张拉端定滑轮组处，若设置在固定端时，应设防护装置，以免钢筋断裂时损坏测力计。为安全起见，冷拉时钢筋应缓缓拉伸，缓缓放松，并应防止斜拉，正对钢筋两端不允许站人，冷拉过程中，工作人员不得随意跨越钢筋，并认真做好如下工作： （1）对钢筋的炉号、原材料的质量进行检查，不同炉号的钢筋分别进行冷拉，不得混杂。 （2）冷拉前，应对设备，特别是测力计进行校验和复核，并做好记录以确保冷拉质量。 （3）钢筋应先拉直（约为冷拉应力的 10%），然后量其长度再行冷拉。 （4）冷拉时，为使钢筋变形充分发展，冷拉速度不宜快，一般以 0.5～1m/min 为宜，当达到规定的控制应力（或冷拉长度）后，须稍停（约 1～2min），待钢筋变形充分发展后，再放松钢筋，冷拉结束。钢筋在负温下进行冷拉时，其温度不宜低于 −20℃，如采用控制应力方法时，冷拉控制应力应较常温提高 30MPa；采用控制冷拉率方法时，冷拉率与常温相同。

审核人		交接人		接受交底人	

工程名称		施工单位		编号	
序号	项目	钢筋的冷拉和冷拔施工技术交底内容			

序号	项目		内容
1 冷 拉 施 工	冷拉操作要点		（5）钢筋伸长的起点应以钢筋发生初应力时为准。如无仪表观测时，可观测钢筋表面的浮锈或氧化皮，以开始剥落时起计。钢筋时效可采用自然时效，冷拉后宜在常温（15～20℃）下放置一段时间，一般是在7～14d后再使用。 （6）钢筋冷拉后应防止雨淋、水湿，因钢筋冷拉后性质尚未稳定，遇水易变脆，且易生锈。
	成品检查验收		（1）应分批进行验收，每批由不大于20t的同级别，同直径冷拉钢筋组成。 （2）钢筋表面不得有裂纹局部缩颈，当用作预应力筋时，应逐根检查。 （3）从每批冷拉钢筋中抽出两根钢筋，在每根钢筋上，截取两个试样，分别作拉力和冷弯试验，当有一项试验结果不符合规定时，应另取双倍数量试样重做各项试验，当仍有一个试样不合格时，则该批冷拉钢筋为不合格品。 （4）同时应注意：计算冷拉钢筋的屈服强度和抗拉强度，应采用冷拉前的截面面积。拉力试验包括抗拉强度、屈服强度和伸长率三项试验项目。

| 2
冷
拔
施
工 | 冷拔要求 | | 当冷拔低碳钢丝时，采用 $\phi6\sim\phi8$ HPB235 热轧盘条拔制，其力学性能应符合表 6.1-4 的要求，其中甲级可用作预应力筋，乙级可用于焊接网，焊接骨架，箍筋和构造钢筋。

冷拉低碳钢比的力学性能 表 6.1-4 |

钢丝级别	钢丝直径（mm）	抗拉强度（MPa）		伸长率 δ_{100}（%）	180°反复弯曲（次数）
		I	II		
甲级	5	650	600	3.0	4
	4	700	650	2.5	4
乙级	1～5	550		2.0	4

	工艺流程		（1）冷拔施工的工艺流程：轧头→剥壳→通过润滑剂盒→进入拔丝模孔。 （2）轧头在轧头机上进行，目的是将钢筋端头轧细，以便穿过拔丝模孔。剥壳是通过3～6个上下排列的辊子，以除去钢筋表面坚硬的渣壳。润滑剂常用石灰、动植物油、肥皂、白蜡和水按一定比例制成。
	冷拔操作要点		（1）冷拔前应对原材料进行必要的检验，必须符合 HPB235 级钢标准的 Q235 钢盘圆，对钢号不明或无出厂证明的钢材，应取样检验。遇截面不规整的扁圆、带刺、过硬、潮湿的钢筋，不得用于拔制，以免损坏拔丝模和影响质量。 （2）钢筋冷拔前必须经轧头和除锈处理。除锈装置可以利用拔丝机卷筒和盘条转架，其中设 3～6 个单向错开或上下交错排列的带槽剥壳轮，钢筋经上下左右反复弯曲，即可除锈。亦可使用与钢筋直径基本相同的废拔丝模以机械方法除锈。 （3）为方便钢筋穿过丝模，钢筋头要轧细一段（约长 150～200mm），轧压至直径比拔丝模孔小 0.5～0.8mm，以便顺利穿过模孔。为减少轧头次数，可用对焊方法将钢筋连接，但应将焊缝处的凸缝用砂轮锉平磨滑，以保护设备及拉丝模。 （4）在操作前，应按常规对设备进行检查和空载运转一次。安装拔丝模时，要分清正反面，安装后应将固定螺栓拧紧。

审核人		交接人		接受交底人	

工程名称			施工单位		编号	
序号	项目	钢筋的冷拉和冷拔施工技术交底内容				
2 冷 拔 施 工	冷拔操作要点	（5）为减少拔丝力和拔丝模孔损耗，抽拔时须涂以润滑剂，一般在拔丝模前安装一个润滑剂盒，使钢筋黏滞润滑剂进入拔丝模。润滑剂的配方为：动物油（羊油或牛油）：肥皂：石蜡：生石灰：水＝(0.15～0.20)：(1.6～3.0)：1：2：2。 （6）拔线速度宜控制在 50～70m/min。钢筋连拔不宜超过三次，如需再拔，应对钢筋消除内应力，采用低温（600～800℃）退火处理使钢筋变软。加热后取出埋入砂中，使其缓冷，冷却速度应控制在 150℃/h 以内。 （7）冷拔低碳钢丝一般要经过多次冷拔才能达到预定的总缩率。每次冷拔的压缩率不宜过大，否则易将钢丝拔断，并易损坏拔丝模。一般前、后道钢丝直径之比以 1.15：1 为宜。 （8）钢筋冷拔次数不宜过多，否则易使钢丝变脆。 （9）拔丝的成品，应随时检查砂孔、沟痕、夹皮等缺陷，以便随时更换拔丝模或调整转速。				
	质量要求	（1）影响钢筋冷拔质量的主要因素为原材料质量和冷拔总压缩率（B）。为了稳定冷拔低碳钢丝的质量，要求原材料按钢厂、钢号、直径分别堆放和使用。甲级冷拔低碳钢丝应采用符合 HB235 热轧钢筋标准的圆盘条拔制。 （2）总压缩是指由盘条拔至成品钢丝的横截面总缩减率，总压缩率越大，抗拉强度提高越多，但塑性降低也越多，因此必须控制总压缩率。				
	冷拔钢丝的检查和验收	冷拔低碳钢丝的检查和验收： （1）逐盘检查外观，钢丝表面不得有裂纹和机械损伤。 （2）甲级钢丝的力学性能应逐盘检，即从每盘钢丝上任一端头，截去不少于 500mm 后再截取两个试样，分别作拉力和 180°反复弯曲试验，按其抗拉强度确定该盘钢丝的组别。 （3）乙级钢丝的力学性能可以分批抽样检验，以同一直径钢丝 5t 为一批，从中任选三盘，每盘截取两个试样，分别作拉力和反复弯曲试验。如有一个试样不合格，应在未取过试样的钢丝盘中，另选六盘，每盘取两个试样，再作各项试验，如仍有一个试样不合格，则应对这批钢丝逐盘检验，合格者方可使用。				
审核人			交接人		接受交底人	

6.2 钢筋加工施工技术交底

钢筋加工施工技术交底　　　　　　　　　　表 6-2

工程名称			施工单位		编号	
序号	项目	钢筋加工施工技术交底内容				
1	加工准备	（1）操作班组应熟悉设计图纸，了解设计意图，根据图纸情况放实样。钢筋结构复杂的工程需作模型，以免错误。 （2）核对图纸，计算下料长度。 （3）钢筋加工应设专门场地，并根据场地情况作出周密布置，尽量减少场内搬运。				
审核人			交接人		接受交底人	

工程名称			施工单位		编号	
序号	项目		钢筋加工施工技术交底内容			

2 钢 筋 调 直 和 除 锈	调直和除锈要求	(1) 钢筋的表面应洁净,使用前应将表面油渍、漆皮、鳞锈等清除干净。 (2) 钢筋应平直,无局部弯折。 (3) 采用冷拉方法调直钢筋时,HPB235级钢筋的冷拉率不宜大于2%,HRB335、HRB400牌号钢筋的冷拉率不宜大于1%。 (4) 成卷的钢筋或弯曲的钢筋,均应在使用前进行调直;钢筋的调直工作,是在调直机上调直的,应注意不得使钢筋受损伤,调直后如发现被擦伤的表面伤痕超过钢筋截面的5%时,该段钢筋不得使用。
	钢筋调直施工	施工中,对钢筋调直可分为人工调直和机械调直,其调直要求具体如下: (1) 对局部曲折、弯曲或成盘的钢筋应加以调直。钢筋调直普遍使用慢速卷扬机拉直和用调直机调直,在缺乏调直设备时,粗钩筋可采用弯曲机、平直锤或用卡盘、扳手、锤击矫直;细钢筋可用绞盘(磨)拉直或用导车轮、蛇形管调直装置来调直。 (2) 采用钢筋调直机调直冷拔低碳钢丝和细钢筋时,要根据钢筋的直径选用调直模和传送辊,并要恰当掌握调直模的偏移量和压紧程度。 (3) 用卷扬机拉直钢筋时,应注意控制冷拉率:HPB235级钢筋不宜大于4%;HRB335、HRB400级钢筋及不准采用冷拉钢筋的结构,不宜大于1%。用调直机调直钢丝和用锤击法平直粗钢筋时,表面伤痕不应使截面积减少5%以上。 (4) 调直后的钢筋应平直,无局部曲折;冷拔低碳钢丝表面不得有明显擦伤。应当注意:冷拔低碳钢丝经调直机调直后,其抗拉强度一般要降低10%～15%,使用前要加强检查,按调直后的抗拉强度选用。 (5) 已调直的钢筋应按级别、直径、长短、根数分扎成若干小扎,分区堆放整齐。 在工程中钢筋的表面应洁净,以保证钢筋与混凝土之间的握裹力。钢筋上的油漆、漆污和用锤敲击时能剥落的乳皮、铁锈等应在使用前清除干净。如带有颗粒状或片状老锈的钢筋不得使用。 (1) 钢筋除锈有如下方法: ① 手工除锈,即用钢丝刷、砂轮等工具除锈;钢筋冷拉或钢丝调直过程中除锈; ② 机械方法除锈,采用电动除锈机;喷砂或酸洗除锈等。 (2) 对大量的钢筋除锈,可通过钢筋冷拉或钢筋调直机调直过程中完成;少量的钢筋除锈可采用电动除锈机或喷砂方法;钢筋局部除锈可采取人工用钢丝刷或砂轮等方法进行。亦可将钢筋通过砂箱往返搓动除锈。 (3) 电动除锈的圆盘钢丝刷有成品供应(也可用废钢丝绳头拆开编成)直径20～30cm,厚5～15cm,转速1000r/min,电动机功率为1.0～1.5kW。 (4) 如除锈后钢筋表面有严重的麻坑、斑点等已伤蚀表面时,应降级使用或剔除不用,带有蜂窝状锈迹的钢丝不得使用。

审核人		交接人		接受交底人	

工程名称		施工单位		编号	
序号	项目	钢筋加工施工技术交底内容			

序号	项目	钢筋加工施工技术交底内容
3 钢筋配料、下料及切断施工	配料与下料作业	（1）钢筋裁切前，可先将同直径不同长度的各种编号钢筋按顺序填制配料表，再按表列各种钢筋的长度及数量配料，使钢筋的断头废料尽量减少；下料前应认真核对钢筋规格、级别及加工数量，防止差错；下料后必须挂牌注明所用部位、型号、级别，并应分别堆放。 （2）钢筋应按需要长度下料，在计算钢筋需要长度时，应考虑下述各点：即钢筋弯曲时的伸长率（扣减）、钢筋弯钩的加长（增加）、钢筋弯起的加长（增加）。 （3）钢筋经弯曲后均延伸长度，其伸长率与弯曲角度和钢筋直径有关，计算钢筋延伸长度时可参见表 6.2-1 所列。

钢筋伸长率表　　　　　表 6.2-1

序号	弯曲角度	延伸长度	说　明
1	45°	钢筋直径的 2/3	当使用 ϕ22 钢筋弯成 45°时，其延伸长度为 14.6mm
2	90°	钢筋直径的 1 倍	当使用 ϕ22 钢筋弯成 90°时，其延伸长度为 22mm
3	180°	钢筋直径的 1.5 倍	当使用 ϕ22 钢筋弯成 180°时，其延伸长度为 33mm

（4）钢筋下料前，应将同直径同钢号不同长度的各种钢筋按设计编号顺序，填写配料表，再根据调直后的钢筋长度统一配料，以减少钢筋短头或减少焊接量。

（5）配料时应注意同一断面内的接头数量，不得超过下列规定：

1）对绑扎接头，在受拉区光圆钢筋接头不得超过总面积的 25%，螺纹钢筋不得超过 50%，在钢筋弯曲及弯矩最大处不得有接头；

2）对于电弧焊及对头焊的接头，在同一断面内接头不得超过总面积的 50%，在弯曲处不允许有焊口。

钢筋切断作业

（1）钢筋切断是将已调直的钢筋剪切成所需要的长度，分为机械切断和人工切断两种。机械切断常用钢筋切断机，操作时要保证断料正确，钢筋与切断机口要垂直，并严格执行操作规程，确保操作者的安全。

（2）在切断过程中，如发现钢筋有劈裂、缩头或严重的弯头，必须切除。手工切断常采用手动切断机（用于直径 16mm 以下的钢筋）、克子（又称踏扣，用于直径 6～32mm 的钢筋）、断线钳（用于钢丝）等几种工具。切断操作控制要点：

1）钢筋切断应合理统筹配料，将相同规格钢筋根据不同长短搭配，统筹排料；一般先断长料，后断短料，以减少短头、接头和损耗。避免用短尺量长料，以免产生累积误差；切断操作时应在工作台上标出尺寸刻度并设置控制断料尺寸用的挡板；

2）向切断机送料时应将钢筋摆直，避免弯成弧形，操作者应将钢筋握紧，并应在冲动刀片向后退时送进钢筋。切断长 300mm 以下钢筋时，应将钢筋套在钢管内送料，防止发生事故；

3）切断投料时，应在冲切刀片退离固定刀片时进行；

4）操作中，如发现钢筋硬度异常（过硬或过软）与钢筋级别不相称时，应考虑对该批钢筋进一步检验。热处理预应力钢筋切料时，只允许用切断机或氧乙炔割断，不得用电弧切割；

5）切断后的钢筋断口不得有玛瑅形或起弯等现象；钢筋长度偏差不应大于±10mm。

审核人		交接人		接受交底人	

工程名称		施工单位		编号	
序号	项目	钢筋加工施工技术交底内容			

钢筋弯曲是将已调直，切断的钢筋弯曲成所需要的形状。

钢筋的弯曲成型方法有手工弯曲和机械弯曲两种。手工弯曲成型设备简单、成型正确；机械弯曲成型可减轻劳动强度、提高工效，但操作时要注意安全。

（1）弯折钢筋的弯曲部分，应弯成规定的曲线，圆弧半径约为钢筋直径的 15 倍，弯起的位置和角度，应符合设计图纸的具体规定，见图 6.2-1 所示。

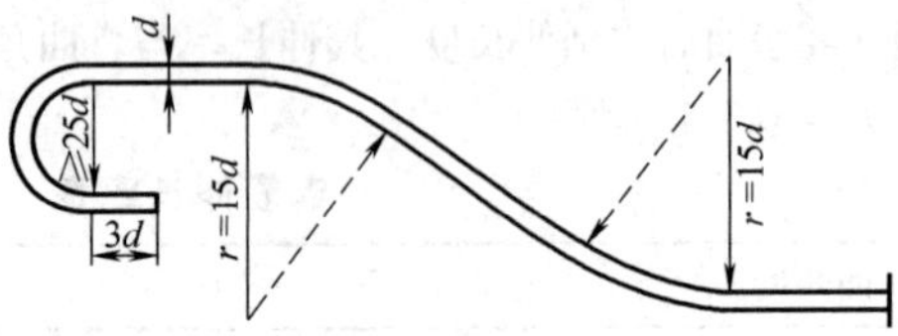

图 6.2-1　钢筋弯折与弯钩示意图

（2）弯起两端的直线段长度和弯钩，应按设计图纸进行加工，如图纸上没有注明时，则应按照下列规定处理：

① 在受拉范围内，直线段长度应不小于钢筋直径的 10 倍，见图 6.2-2（a）；

② 在受拉范围内，直线段长度应不小于钢筋直径的 20 倍，见图 6.2-2（b）；

③ 在高度超过 1m 的构件中，弯起两端可不用直线段，但在钢筋的末端仍须有弯钩，见图 6.2-2（c）；

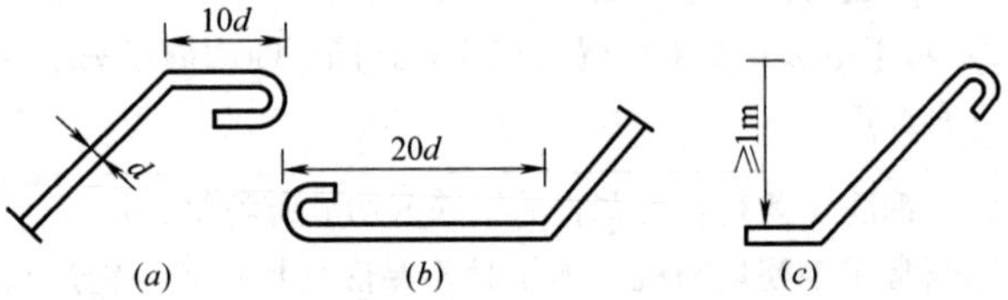

图 6.2-2　弯折钢筋的直线段和弯钩示意图

④ 热轧螺纹钢筋的末端应具有直线段，可不用弯钩，其直线段的长度，于受压部分为钢筋直径的 15 倍，于受拉部分为钢筋直径的 20 倍。

（3）弯曲某种编号的第一根钢筋时，应反复调整至完全符合设计的尺寸和形状，作为样板，以此检查以后弯成的钢筋成品。

（4）弯制钢筋时，一般应用冷弯，不得加热。弯曲时，应缓缓进行，避免弯曲处发生裂痕。同一类型的弯折钢筋，如钢筋直径不同时，成型后应分别堆放；如弯好的钢筋须两根扎结或焊接成型时，应将两根钢筋捆在一起。

（5）钢筋的弯制和末端的弯钩应符合设计要求，如设计无规定时，应符合表 6.2-2 的规定。

（6）钢筋末端的弯钩根据用途和加工方法不同，应按下列规定进行：

① 凡直径在 12mm 以上的受拉钢筋须弯成半圆形，其钩端平直部分应与钢筋平行；

② 凡直径在 12mm 以下的钢筋，可弯成 45° 斜弯钩形；柱中的受压钢筋，可弯成直钩形；

序号项目：4 钢筋弯曲　钢筋弯曲的规定

审核人		交接人		接受交底人	

工程名称		施工单位		编号	
序号	项目	钢筋加工施工技术交底内容			

受力主钢筋制作和末端弯钩形状　　　　表 6.2-2

<table>
<tr><td rowspan="9">4
钢
筋
弯
曲</td><td rowspan="9">钢
筋
弯
曲
的
规
定</td><td>弯曲部分</td><td>弯曲角度</td><td>形状示意图</td><td>钢筋种类</td><td>弯曲直径(D)</td><td>平直部分长度</td></tr>
<tr><td rowspan="5">末端弯钩</td><td>180°</td><td></td><td>HPB235</td><td>≥2.5d</td><td>≥3d</td></tr>
<tr><td rowspan="2">135°</td><td></td><td>HRB335</td><td>φ8～φ25≥4d</td><td rowspan="2">≥5d</td></tr>
<tr><td></td><td>HRB400</td><td>φ28～φ40≥5d</td></tr>
<tr><td rowspan="2">90°</td><td></td><td>HRB335</td><td>φ8～φ25≥4d</td><td rowspan="2">≥1d</td></tr>
<tr><td></td><td>HRB400</td><td>φ28～φ40≥5d</td></tr>
<tr><td>中间弯钩</td><td>90°以下</td><td></td><td>各类</td><td>≥20d</td><td>—</td></tr>
</table>

注：环氧树脂涂层钢筋当进行弯曲加工时，对直径 d 不大于 20mm 的钢筋，其弯曲直径不应小于 4d；对直径 d 大于 20mm 的钢筋，其弯曲直径不小于 6d。

③ 所有弯钩的内直径不得小于钢筋直径的 2.5 倍，弯钩平直部分的长度应为钢筋直径的 3 倍；

④ 用 HPB235 级钢筋或冷拔低碳钢丝制作的箍筋，其末端应作弯钩，弯钩的弯曲直径应大于受力钢筋的直径，且不小于箍筋直径的 2.5 倍。弯钩的平直部分，一般结构不应小于箍筋直径的 5 倍；有抗震要求的结构不应小于箍筋直径的 10 倍；

⑤ 混凝土结构中属于以下几种情况的钢筋，末端可不做弯钩：热轧规律变形钢筋、焊接骨架和焊接网中的光面钢筋、梁柱中的附加钢筋及梁的架立钢筋、板的分布钢筋。

审核人		交接人		接受交底人	

工程名称			施工单位			编号	
序号	项目		钢筋加工施工技术交底内容				

序号	项目	内容
4	钢筋弯曲操作要点	（1）钢筋弯曲均应在常温下进行，严禁将钢筋加热后再弯曲。 （2）钢筋弯曲机使用时，应根据被弯曲钢筋的直径及弯心直径，选用相应规格的心轴。 （3）手工弯曲直径12mm以下细筋时可用手摇扳子，弯曲粗钢筋可用铁板扳柱和横口扳手。 （4）弯曲粗钢筋及形状比较复杂的钢筋（如弯起钢筋、牛腿钢筋）时，必须在钢筋弯曲前，根据钢筋料牌上标明的尺寸，用石笔将各弯曲点位置画出。 （5）画线时应根据不同的弯曲角度扣除弯曲调整值，其扣法是从相邻两段长度中各扣一半。钢筋端部带半圆弯钩时，该段长度画线时增加 $0.5d$（d 为钢筋直径），画线工作宜在工作台上从钢筋中线开始向两边进行，不宜用短尺接量，以免产生误差积累。 （6）弯曲细钢筋（如架立钢筋、分布钢筋、箍筋）时，可以不画线，而在工作台上按各段尺寸要求，钉上若干标志，按标志进行操作。 （7）钢筋在弯曲机上成型时，心轴直径应为钢筋直径的2.5倍，成型轴宜加偏心轴套，以适应不同直径的钢筋弯曲需要。 （8）第一根钢筋弯曲成型后应与配料表进行复核，符合要求后再成批加工；对于复杂的弯曲钢筋，如预制柱牛腿、屋架节点等宜先弯一根，经过试组装后，方可成批弯制。成型后的钢筋要求形状正确，平面上没有凹曲现象，在弯曲弯处不得有裂纹。 （9）曲线形钢筋成型，可在原钢筋弯曲机的工作盘中央，加装一个推进钢筋用的十字架和钢套，另在工作盘四个孔内插上顶弯钢筋用的短轴与成型钢套和中央钢套相切，在插座板上加工挡轴圆套，插座板上挡轴钢套尺寸可根据钢筋曲线形状选用。 （10）螺旋形钢筋成型，小直径可用手摇滚筒成型，较粗（$\phi16\sim\phi30$）钢筋可在钢筋弯曲机的工作盘上安设一个型钢制成的加工圆盘，圆盘外直径相当于需加工螺栓筋（或圆箍筋）的内径，插孔相当于弯曲机板柱间距，使用时将钢筋一端固定，即可按一般钢筋弯曲加工方法弯成所需螺旋形钢筋。
5	钢筋加工质量标准	（1）钢筋直径、钢号符合设计要求。 （2）钢筋无裂纹、断伤和刻痕。 （3）加工钢筋的允许偏差不得大于表6.2-3规定数值。

钢筋加工允许偏差表   表 6.2-3

序号	主要项目		允许偏差（mm）
1	冷拉率		不得大于设计规定
2	受力钢筋成型长度		$+5，-10$
3	弯起钢筋	弯起点位置	±20
		弯起高度	$0，-1$
4	箍筋尺寸		$0，-3$
5	钢筋总长		$+5，-10$

审核人		交接人		接受交底人	

6.3 钢筋的焊接与绑扎施工技术交底

钢筋的焊接与绑扎施工技术交底				表 6-3	
工程名称		施工单位		编号	
序号	项目	钢筋的焊接与绑扎施工技术交底内容			
1 概 述	连 接 方 法 的 选 择	（1）直径大于 16mm 的热轧钢筋接头应采用电焊，并以采用闪光接触对焊为宜，只有当确实不能实行接触对焊时，方可采用电弧焊。 （2）直径等于或小于 16mm 的热轧钢筋接头，可采用电焊焊接或绑扎搭接；但轴心受拉部件（如拉杆）中的钢筋接头无论直径大小都应采用焊接，不得采用绑扎接头。 （3）冷拔钢丝的接头，只能采用绑扎接头，不允许采用电焊法。冷拉钢筋的闪光接触对焊或电弧焊，应在冷拉前进行；但若不利用其冷拉强度时也可在冷拉后进行。			
	钢 筋 连 接 要 求	（1）轴心受拉和小偏心受拉杆件中的钢筋接头不宜绑接，普通混凝土中直径大于 25mm 的钢筋，宜采用焊接。 （2）钢筋的纵向焊接应采用闪光对焊（HRB500 钢筋必须采用闪光对焊）。当缺乏闪光对焊条件时，可采用电弧焊、电渣压力焊、气压焊。钢筋的交叉连接，无电阻点焊机时，可采用手工电弧焊。各种预埋件 T 形接头钢筋与钢板的焊接，也可采用预埋件钢筋电弧压力焊。电渣压力只适用于竖向钢筋的连接，不能用作水平钢筋和斜筋的连接。钢筋焊接的接头形式、焊接方法、适用范围应符合现行《钢筋焊接及验收规程》JGJ 18—2012 的规定。 （3）钢筋焊接前，必须根据施工条件进行试焊，合格后方可正式施焊。焊工必须持考试合格证上岗。钢筋接头采用搭接或帮条电弧焊时，宜采用双面焊缝，采用双面焊缝困难时，可采用单面焊缝。 （4）钢筋接头采用搭接电弧焊时，其两钢筋搭接端部应预先折向一侧，使两接合钢筋轴线一致。并且其两接头双面焊缝的长度不应小于 5d，单面焊缝的长度不应小于 10d（d 为钢筋直径）。当钢筋接头采用帮条电弧焊时，绑条应采用与主筋同级别的钢筋，其总截面面积不应小于被焊钢筋的截面面积。帮条长度，如果采用双面焊缝不应小于 5d，如用单面焊缝不应小于 10d（d 为钢筋直径）。 （5）凡施焊的各种钢筋、钢板均应有材质证明书或试验报告单。焊条、焊剂应有合格证，各种焊接材料的性能应符合现行《钢筋焊接及验收规程》JGJ 18—2012 的规定。各种焊接材料应分类存放和妥善管理，并应采取防止腐蚀、受潮变质的措施。 （6）电渣压力焊、气压焊、预埋件钢筋埋弧压力焊的技术规定、以及电弧焊中的坡口焊、窄间隙焊、熔槽帮条焊和钢筋与钢板焊接的技术规定可以参照现行《钢筋焊接及验收规程》JGJ 18—2012 的规定执行。 （7）受力钢筋焊接或者绑扎接头应设置在内力较小处，并错开布置，对于绑扎接头，两接头间距离不小于 1.3 倍搭接长度。对于焊接接头，在接头长度区段内，同一根钢筋不得有两个接头，一般配置在接头长度区段内的受力钢筋，其接头的截面面积占总截面面积的百分率应符合表 6.3-1 的规定。对于绑扎接头，其接头的截面面积占总截面面积的百分率，也应符合表 6.3-1 的规定。 （8）电弧焊接和绑扎接头与钢筋弯曲处的距离不应小于 10 倍钢筋直径。			
审核人		交接人		接受交底人	

工程名称		施工单位		编号	
序号	项目	钢筋的焊接与绑扎施工技术交底内容			

<table>
<tr><td rowspan="30">1 概 述</td><td rowspan="20">钢 筋 连 接 要 求</td><td colspan="4">

（9）焊接时，对施焊场地应有适当的防风、雨、雪、严寒设施。冬期施焊时应按冬期施工的要求进行，低于－20℃时，不得施焊。

（10）受拉钢筋绑扎接头的搭接长度，应符合表 6.3-2 的规定；受压钢筋绑扎接头的搭接长度，应取受拉钢筋绑扎接头搭接长度的 0.7 倍。

</td></tr>
</table>

接头长度区段内受力钢筋接头面积的最大百分率 　　表 6.3-1

序号	接头形式	钢筋接头面积的最大百分率（%）	
		受拉区	受压区
1	主钢筋绑扎接头	25	50
2	主钢筋焊接接头	50	不限制

注：1. 长度区段内是指 35d（d 为钢筋直径）长度范围内，但不得小于 500mm，绑扎接头长度区段是指 1.3 倍搭接长度。在同一根钢筋上应尽量少设接头。装配式构件连接处的受力钢筋焊接接头可不受此限制。
2. 绑扎接头中钢筋的横向净距不应小于钢筋直径且不应小于 25mm。
3. 环氧树脂涂层钢筋绑扎搭接长度，对受拉钢筋应至少为涂层钢筋锚固长度的 1.5 倍且不小于 375mm；对受压钢筋为无涂层钢筋锚固长度的 1.0 倍且不小于 250mm。

受拉钢筋绑扎接头的搭接长度 　　表 6.3-2

序号	钢筋类型		混凝土强度等级		
			C20	C25	高于 C25
1	HPB235 钢筋		35d	30d	25d
2	月牙纹	HRB335 牌号钢筋	45d	40d	35d
		HRB400 牌号钢筋	55d	50d	45d

注：1. 当带肋钢筋直径 d 不大于 25mm 时，其受拉钢筋的搭接长度应按表中值减少 5d 采用；当带肋钢筋直径 d 大于 25mm 时，其受拉钢筋的搭接长度应按表中值增加 5d 采用。
2. 当混凝土在凝固过程中受力钢筋易受扰动时，其搭接长度宜适当增加。
3. 在任何情况下，纵向受拉钢筋的搭接长度不应小于 300mm；受压钢筋的搭接长度不应小于 200mm。
4. 当混凝土强度等级低于 C20 时，HPB235、HRB335 牌号钢筋的搭接长度应按表中 C20 的数值相应增加 10d；HRB500 钢筋不宜采用。
5. 对有抗震要求的受力钢筋的搭接长度，当抗震烈度为 7 度（及以上）时应增加 5d。
6. 两根不同直径的钢筋的搭接长度，以较细的钢筋直径计算。

（11）受拉区内 HPB235 牌号钢筋绑扎接头的末端应做弯钩，HRB335、HRB400 牌号钢筋的绑扎接头末端可不做弯钩。直径等于和小于 12mm 的受压 HPB235 钢筋的末端，可不做弯钩，但搭接长度不应小于钢筋直径的 30 倍。钢筋搭接处，应在中心和两端用钢丝扎牢。

<table>
<tr><td rowspan="10">影 响 焊 接 质 量 因 素</td><td colspan="4">

（1）钢筋的焊接质量与钢材的可焊性、焊接工艺有关。可焊性与含碳量、合金元素的数量有关，含碳、锰数量增加，则可焊性差；而含适量的钛可改善可焊性。焊接工艺（焊接参数与操作水平）亦影响焊接质量，即使可焊性差的钢材，若焊接工艺合宜，也可获得良好的焊接质量。

（2）当环境温度低于－5℃，即为钢筋低温焊接，此时应调整焊接工艺参数，使焊缝和热影响区缓慢冷却。风力超过 4 级时，应有挡风措施。环境温度低于－20℃时不得进行焊接。

（3）因此，所有焊接材料都应有质量出厂检验证书，操作人员应有相应的资质操作证才能上岗。

</td></tr>
</table>

审核人		交接人		接受交底人	

工程名称		施工单位		编号	
序号	项目	钢筋的焊接与绑扎施工技术交底内容			

2 钢 筋 闪 光 对 焊	概述	（1）钢筋闪光对焊是将两钢筋安放成对接形式，利用电阻热使接触点金属熔化，产生强烈飞溅，形成闪光，迅速施加顶锻力完成的一种压焊方法。 （2）钢筋对焊具有效率高、操作方便、节约钢材、质量高、接头受力性能好等优点。 （3）适用直径 10～40mm 的 HPB235、HRB335 和 HRB400 热轧钢筋、直径 10～25mm 的 RRB400 热轧钢筋以及直径 10～25mm 的余热处理 HRB400 钢筋的焊接。
	工艺要求	（1）一般热轧圆钢筋采用无预热连续闪光对焊，若因对焊机功率不足，则大直筋以及规律变形钢筋可用预热连续闪光对焊法焊接。 （2）每次改变钢筋的类别、直径或调换焊工时，为了保证对焊接头质量，焊工应检查既定的焊接参数并预先焊接两个试件。将试件绕芯棒弯曲至 90°作冷弯试验。冷弯试验时焊接点应位于弯曲的中心；试件经冷弯后，外侧的横向裂缝宽度不超过 0.15mm 时，才能按既定的焊接参数正式工作。直径大于 25mm 的钢筋作冷弯试验时，芯棒直径应增加 $1d_0$。如试焊结果试件质量不合格，即应调整焊机重做试验。 （3）对焊钢筋的焊接端部应先裁切平整，使端面与钢筋轴线相垂直，两根对焊钢筋的焊接端面平行。在焊接端面 15～20cm 范围内的一段钢筋，施焊前应清除油腻、污垢、铁屑、腐锈等，使钢筋表面能与焊机的夹具密切接触。 （4）将钢筋放在对焊机夹具上时，两根钢筋的中心线必须调整对齐在同一直线上。在两电极之间留出的钢筋不宜过长，一般为钢筋直径的 0.5～2.0 倍；两根钢筋的钢种、形状和规格相同时留出的长度可相等；不同钢种、规格的钢筋焊接时，则具有高电阻的钢筋所留长度应较短，使钢筋端部的加热温度基本一致。焊接螺纹钢筋时，两端螺纹凸起部分对齐。
	焊接方法	（1）连续闪光焊。采用连续闪光焊时，先闭合电源，然后使两钢筋端面轻微接触，形成闪光。闪光一旦开始，应徐徐移动钢筋，形成连续闪光过程。待钢筋烧化到规定的长度后，以适当的压力迅速进行顶锻，使两根钢筋焊牢。连续闪光焊所能焊接的最大钢筋直径应随着焊接机容量的降低和钢筋级别的提高而减小。 （2）预热闪光焊。预热闪光焊是在连续闪光焊前增加一次预热过程，以达到均匀加热的目的。采用这种焊接工艺时，先闭合电源，然后使两钢筋端面交替地接触和分开，这时钢筋端面的间隙中即发出断续的闪光，而形成预热过程。当钢筋烧化到规定的预热留量后，随即进行连续闪光和顶锻，使钢筋焊牢。 （3）闪光-预热-闪光焊是在预热闪光焊前加一次闪光过程，目的是使不平整的钢筋端面烧化平整，使预热均匀。这种焊接工艺的焊接过程是首先连续闪光，使钢筋端部闪平，然后断续闪光，进行预热，接着连续闪光，最后进行顶锻，以完成整个焊接过程。
	操作要点	（1）钢筋闪光对焊时，应选择调伸长度、烧化留量、顶锻留量以及变压器级等焊接参数。连续闪光焊时的留量应包括烧化留量、有电顶锻留量和无电顶锻留量。闪光-预热闪光焊时的留量应包括：一次烧化留量、预热留量、二次烧化留量、有电顶锻留量和无电顶锻留量。 （2）调伸长度应根据钢筋级别和直径选择；烧化留量应根据焊接工艺选择；顶锻留量应根据钢筋级别和直径选择。 （3）变压器级数应根据钢筋级别和直径、焊机容量以及焊接工艺等选择。

审核人		交接人		接受交底人	

工程名称		施工单位		编号	
序号	项目	钢筋的焊接与绑扎施工技术交底内容			
2 钢筋闪光对焊	钢筋的低温对焊	（1）当钢筋在环境温度低于−5℃的条件下进行对焊时，则属于低温对焊。在低温条件下焊接时，焊件冷却快，容易产生淬硬现象，内应力也将增大，使接头力学性能降低，给焊接带来不利的因素。 （2）因此在低温条件下焊接时，应掌握好冷却速度。为使加热均匀，增大焊件受热区域，宜采用预热闪光焊或闪光-预热-闪光焊。 （3）其焊接参数与常温相比：调伸长度应增加 10%～20%；变压器级数降低一级或二级；烧化过程中期的速度适当减慢；预热时的接触压力适当提高，预热间歇时间适当延长。			
	焊后通电热处理	（1）RRB400 型号的钢筋，其焊接性差的钢筋对氧化、淬火及过热较敏感，易产生氧化缺陷和脆性组织。 （2）为改善焊接质量，可采用焊后通过电热处理的方法对焊接接头进行一次退火或高温回火处理，以达到消除热影响区产生的脆性组织，改善塑性的目的。 （3）通电热处理应待接头稍冷却后进行，过早会使加热不均匀，近焊缝区容易遭受过热。热处理温度与焊接温度有关，焊接温度较低者宜采用较低的热处理温度，反之宜采用较高的热处理温度。 （4）热处理时采用脉冲通电，其频率主要与钢筋直径和电流大小有关，钢筋较细时采用高值，钢筋较粗时采用低值。 （5）在进行通电热处理时，一般在对焊机上进行，其过程：当焊接完毕后，待接头冷却至 300℃（钢筋呈暗黑色）以下时，松开夹具，将电极钳口调到最大距离，把焊好的接头放在两钳口间的中心位置，重新夹紧钢筋，采用较低的变压器级数，对接头进行脉冲式通电加热（频率以 0.51s 次为宜）。 （6）当加热到 750～850℃（钢筋呈橘红色）时，通电结束，然后让接头在空气中自然冷却。			
	质 量 检 验	（1）批量规定。在同一台班内，由同一焊工按同一焊接参数完成的 300 个同类型（指钢筋级别和直径均相同的接头）接头作为 1 批。一周内连续焊接时可以连续计算，一周内累计不足 300 个接头时，也按 1 批计算。 （2）外观检查。每批抽查 10% 的接头，并不得少于 10 个。 （3）焊接等长的预应力钢筋时，生产时可按同等条件制作模拟试件。 （4）螺钉端杆接头可只做拉伸试验。 ① 接头处不得有横向裂纹； ② 与电极接触处的钢筋表面，对 HPB235 钢筋、HRB335、HRB400 钢筋，不得有明显烧伤；对 HRB500 钢筋不得有烧伤；低温对焊时，对 HRB335、HRB400、HRB500 钢筋，不得有烧伤； ③ 接头处的弯折不得大于 4°，接头处的钢筋轴线偏移不得大于 0.1 倍的钢筋直径，同时不得大于 2mm。当有一个接头不符合要求时，应对全部接头进行检查，剔出不合格品。不合格接头切除重焊后，可再次提交验收。 （5）力学性能试验包括拉伸试验和弯曲试验。应从每批成品中切取 6 个试件，3 个进行拉伸试验，3 个进行弯曲试验。试验结果应符合下列要求：			
审核人		交接人		接受交底人	

工程名称		施工单位		编号	
序号	项目	钢筋的焊接与绑扎施工技术交底内容			

<table>
<tr><td rowspan="2">2
钢
筋
闪
光
对
焊</td><td rowspan="2">质
量
检
验</td><td colspan="4">

① 3个热轧钢筋接头试件的抗拉强度均不得小于该级别钢筋规定的抗拉强度；余热处理Ⅲ级钢筋接头试件的抗拉强度均不得小于 HRB400 钢筋的抗拉强度；

② 应至少有2个试件断于焊缝之外，并呈延性断裂。当试验结果有1个试件的抗拉强度小于上述规定值，或有2个试件在焊缝或热影响区发生脆性断裂时，应再取6个试件进行复验，复验结果，当仍有1个试件的抗拉强度小于规定值时，或有3个试件断于焊缝或热影响区，呈脆性断裂，应确认该批接头为不合格品；

③ 预应力钢筋与螺钉端杆闪光对焊接头拉伸试验结果，3个试件应全部断于焊缝之外，呈延性断裂。当试验结果有1个试件在焊缝或热影响区发生脆性断裂时，应从成品中再切取3个试件进行复验，复验结果，当仍有1个试件在焊缝或热影响区发生脆性断裂时，应确认该批接头为不合格品；

④ 模拟试件的试验结果不符合要求时，应从成品中再切取试件进行复验，其数量和要求应与初始试验时相同；

⑤ 闪光对焊接头弯曲试验时，应将受压面的金属毛刺和镦粗变形部分消除，且与母材的外表齐平；

⑥ 弯曲试验可在万能试验机、手动或电动液压弯曲试验器上进行，焊缝应处于弯曲中心点，弯心直径和弯曲角应符合表 6.3-3 的规定，当弯至 90°，至少有2个试件不得发生破断；

⑦ 当试验结果有2个试件发生破断时，应再取6个试件进行复验，复验结果，当仍有3个试件发生破断，应确认该批接头为不合格品。

闪光对焊接头弯曲试验指标　　　　表 6.3-3
</td></tr>
<tr>
<td>

钢筋级别	弯心直径	弯曲角度(°)	钢筋级别	弯心直径	弯曲角度(°)
HPB235	2d	90	HRB400	5d	90
HPB335	4d	90	HRB500	7d	90

注：1. d 为钢筋直径（mm）。
　　2. 直径大于28mm 的钢筋对焊接头，弯曲试验时弯心直径应增加1倍钢筋直径。
</td>
</tr>
<tr><td>3
钢
筋
电
弧
焊</td><td>焊
条
的
选
用
与
检
验</td><td colspan="4">

钢筋电弧焊是以焊条为一极，钢筋为另一极，利用焊接电流通过产生的电弧进行焊接的一种熔焊方法。钢筋电弧焊包括帮条焊、搭接焊、熔槽帮条焊、坡口焊、窄间缝焊、钢筋与钢板搭接焊、预埋件电弧焊等七种形式。

(1) 选用焊条时应符合如下要求：即：焊条药皮的类型应与母材化学成分相近；焊条的强度等级与母材力学性能相近，或作焊接接头试验，其结果应符合结构的技术要求。

(2) 进行焊条的施焊工艺试验应符合如下要求：即：电弧稳定，燃烧均匀，金属和熔渣飞溅少；焊药熔化均匀，熔渣的黏度及流动性适当；焊药不掉块，不成盖层，焊缝成型良好。脱渣性好，熔渣易于敲去；焊缝无气孔、夹渣、裂纹等缺陷。

(3) 当采用碱性低氢型焊条焊接时，必须注意以下几点：

① 施焊前应将焊条在250℃温度下，烘1～2h；

② 焊前必须清除焊件上的铁锈、油污、水分等杂质；
</td></tr>
</table>

审核人		交接人		接受交底人	

| 工程名称 | | 施工单位 | | 编号 | |

| 序号 | 项目 | 钢筋的焊接与绑扎施工技术交底内容 |

| 3 钢筋电弧焊 | 焊条的选用与检验 | ③ 用直流电源时，一般均用反极性接法，即焊条接正极。焊接电流不宜太大，一般为同规格酸性焊条的90％。
（4）焊条选用应符合设计要求，重要结构中钢筋的焊接，应采用低氢型碱性焊条，并应按说明书的要求进行烘焙后使用。
（5）电弧焊焊接电流是影响接头质量和焊接效率的主要因素，焊接电流必须选用得当。焊接电流应根据焊条牌号和直径，以及焊接位置和接头形式等决定。施工时可参考表6.3-4选择焊条直径和焊接电流。 |

焊条直径和焊接电流选择　　　　　　　　表 6.3-4

搭接焊、帮条焊				坡口焊			
焊接位置	钢筋直径（mm）	焊条直径（mm）	焊接电流（A）	焊接位置	钢筋直径（mm）	焊条直径（mm）	焊接电流（A）
平焊	10～12	3.2	90～130	平焊	16～20	3.2	140～170
	14～22	4	130～180		22～25	4	170～190
	25～32	5	180～230		28～32	5	190～220
	36～40	5	190～240		32～40	5	200～230
立焊	10～12	3.2	80～110	立焊	16～20	3.2	120～150
	14～22	4	110～150		22～25	4	150～180
	25～32	4	120～170		28～32	4	180～200
	36～40	5	170～220		32～40	5	190～210

（6）每批电焊条应有出厂合格证。除检验焊条表面是否有气眼、偏心、是否光滑细腻及有无机械损伤、裂纹、脱皮等现象外，并应进行药皮强度和抗裂性检查。

① 检查药皮强度时，可将焊条举1m高，水平跌落到光滑铁板上，如药皮无脱落现象，即证明焊条药皮强度质量好；

② 低碳钢电焊条抗裂性的简易检查方法是用手将焊条弯曲，如刚性很大，说明焊芯内含碳较高，焊接时容易发生裂纹。

（7）电弧焊接接头时，首先不得使用受潮变质，得而后不得药皮脱落的焊条。使用前可用下列方法鉴别和处理：

① 将焊条数根放在手掌内互相滚击，如发生清脆的金属声，即为干燥的焊条，若有低沉的沙沙声，则为受潮的焊条；

② 将焊条在焊接回路中短路数秒钟，如药皮表面有水蒸气产生，则为受潮的焊条；

③ 检查焊条焊芯上是否有锈痕；对于厚皮焊条，缓慢弯曲至120°，如有大块涂料脱落或涂料表面毫无裂纹，皆为受潮焊条。干燥焊条轻弯后有小的脆裂声，弯至120°在药皮受张力的一面即有小裂口出现；

④ 施焊时如药皮成块脱落，或产生多量水汽而有爆裂现象，说明电焊条受潮。

（8）焊条受潮后的处理措施：由于严重受潮，药皮脱落者，应报废；已受潮但不很严重者可烘干使用。焊接时如未发现有成块脱落现象和焊缝表面气孔，则说明焊接质量基本上可以保证。

| 审核人 | | 交接人 | | 接受交底人 | |

工程名称		施工单位		编号	
序号	项目	钢筋的焊接与绑扎施工技术交底内容			

<table>
<tr><td rowspan="5">3
钢
筋
电
弧
焊</td><td rowspan="2">帮条焊焊接要点</td><td>

（1）帮条焊适于直径为 10～40mm 的 HPB235、HRB335、HRB400 级钢筋，其直径为 10～25mm 的预热处理钢筋。

（2）帮条焊宜采用双面焊，见图 6.3-1 (a)。如条件所限，不能进行双面焊时，也可采用单面焊，见图 6.3-1 (b)。 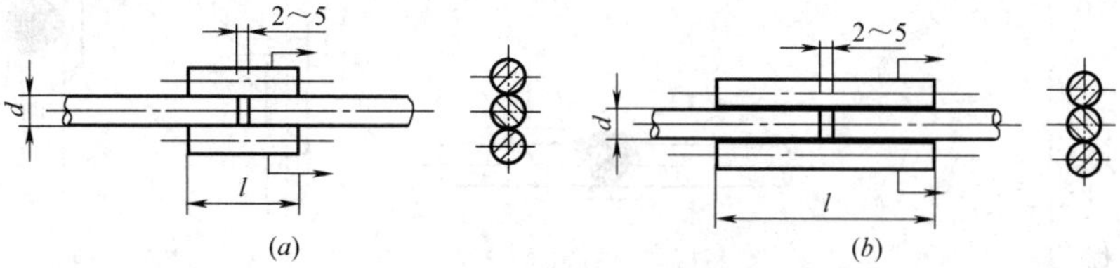

图 6.3-1　钢筋帮条焊接头

(a) 双面焊；(b) 单面焊

d—钢筋直径；l—帮条长度

（3）一般情况下，帮条宜采用与主筋同级别、同直径的钢筋来制作，如若帮条直径与主筋相同时，帮条钢筋的级别可比主筋低一个级别；当帮条级别与主筋相同时，帮条直径可比主筋小一个规格。

（4）钢筋帮条接头的焊缝厚度及宽度要求同搭接焊。当帮条焊时，其两主筋端面的间隙最好在 2～5mm 范围内；帮条与主筋之间应用四点定位焊固定，定位焊缝与帮条端部的距离应大于或等于 20mm。
</td></tr>
</table>

	搭接焊焊接要点	（1）钢筋搭接焊可用于 $\phi10\sim\phi40$ 的热轧光圆及带肋钢筋、$\phi10\sim\phi25$ 预热处理钢筋。焊接时宜采用双面焊，不能进行双面焊时，也可采用单面焊搭接。长度应与帮条长度相同。 （2）钢筋搭接接头的焊缝厚度 h 应不小于 0.3 倍主筋直径；焊缝宽度不小于 0.7 倍主筋直径。焊接前，钢筋宜预弯，以保证两钢筋的轴线在一条直线上，使接头受力性能良好。 （3）HPB235 级钢筋的接头长度不小于 4 倍钢筋直径，HRB335 级钢筋的搭接长度不小于 5 倍钢筋直径，焊缝宽度 b 不小于 0.5 倍钢筋直径，焊缝厚度 h 不小于 0.35 倍钢筋直径。
	熔槽帮条焊焊接要点	（1）钢筋熔槽帮条焊接头适用于直径 $d{\geqslant}20mm$ 钢筋的现场安装焊接。焊接时，应加边长为 40～60mm 的角钢作垫板模。此角钢除作垫板模用外，还起帮条作用。角钢边长宜为 40～60mm，长度宜为 80～100mm。 （2）钢筋端头应加工平整，两钢筋端面的间隙应为 10～16mm。 （3）从接缝处垫板引弧后应连续旋焊，并应使钢筋端部熔合。在焊接过程中应停焊清渣一次。焊平后，再进行焊缝余高焊接，其高度不得大于 3mm。钢筋与角钢垫板之间，应加焊侧面焊缝 1～3 层，焊缝应饱满，表面应平整。
	坡口焊焊接要点	（1）坡口焊适用于装配式框架结构安装时的柱间节点或梁与柱的节点焊接。 （2）钢筋坡口焊时坡口面应平顺。凹凸不平度不得超过 1.5mm，切口边缘不得有裂纹和较大的钝边、缺棱。 （3）钢筋坡口平焊时，V 形坡口角度为 55°～65°，见图 6.3-2 (a)；坡口立焊时，坡口角度为 40°～55°。下钢筋为 0°～10°，上钢筋为 35°～45°，见图 6.3-2 (b)。

审核人		交接人		接受交底人	

工程名称		施工单位		编号	
序号	项目	钢筋的焊接与绑扎施工技术交底内容			

<table>
<tr><td rowspan="3">3
钢
筋
电
弧
焊</td><td>坡口焊焊接要点</td><td>

图 6.3-2 钢筋坡口焊接头

(a) 平焊；(b) 立焊

（4）钢垫板长度为 40～60mm，厚度为 4～6mm。平焊时，钢垫板宽度为钢筋直径加 10mm；立焊时，其宽度应等于钢筋直径。

（5）钢筋根部间隙，平焊时，为 4～6mm；立焊时，为 3～5mm。最大间隙均不宜超过 10mm。坡口焊时，焊缝根部、坡口端面以及钢筋与钢板之间均应熔合；焊接过程中应经常清渣；钢筋与钢垫板之间应加焊 2～3 层侧面焊缝；焊缝的宽度应大于 V 形坡口的边缘 2～3mm，焊缝余高不得大于 3mm，并宜平缓过渡至钢筋表面。

</td></tr>
<tr><td>窄间隙焊焊接要点</td><td>

（1）窄间隙焊具有焊前准备简单、焊接操作难度较小、焊接质量好、生产率高、焊接成本低、受力性能好的特点。它适用于直径 16mm 及 16mm 以上 HPB235、HRB335、HRB400 钢筋的现场水平连接，但不适用于经预热处理过的 HRB400 钢筋。

（2）窄间隙焊接时，钢筋应置于钢模中，并留出一定间隙，用焊条连续焊接，熔化金属端面并用熔敷金属填充间隙，形成接头。从焊缝根部引弧后应连续进行焊接，左、右来回运弧，在钢筋端面处电弧应少许停留，并使熔合；当焊至端面间隙的 4/5 高度后，焊缝应逐渐加宽；焊缝余高不得大于 3mm，且应平缓过渡至钢筋表面。

</td></tr>
<tr><td>焊接质量检验</td><td>

（1）批量规定：以 300 个同类型接头为 1 批，不足 300 个时仍作为 1 批。

（2）外观检查：应在接头清渣后逐个进行目测或量测，检查结果应符合下列要求：

① 焊缝表面平整，不得有较大的凹陷、焊瘤；

② 接头处不得有裂纹；

③ 咬边深度，气孔、夹渣的数量和大小以及接头偏差，不得超过表 6.3-5 所规定的数值；

④ 坡口焊及熔槽帮条焊接头，其焊缝加强高度不大于 3mm。外观检查不合格的接头，经修整或补强后，可再次提交二次验收。

（3）强度检验试验：从成品中每批切取 3 个接头做拉伸试验，试验结果应符合下列要求：

① 3 个热轧钢筋接头试件的抗拉强度均不得低于该级别钢筋的规定抗拉强度值，余热处理Ⅲ级钢筋接头试件抗拉强度均不得小于 HRB400 钢筋规定的抗拉强度；

</td></tr>
</table>

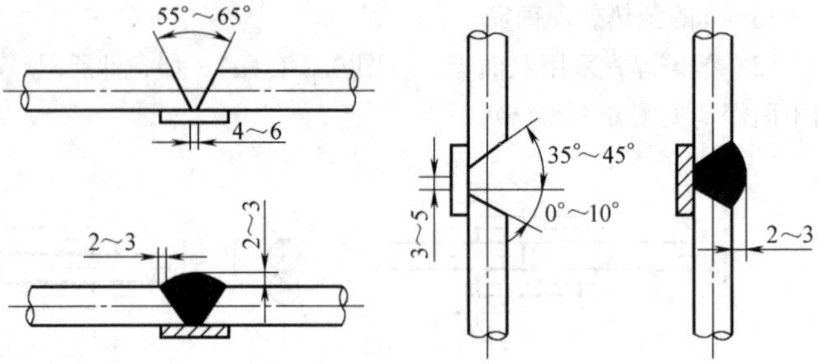

审核人		交接人		接受交底人	

| 工程名称 | | 施工单位 | | 编号 | |

序号	项目	钢筋的焊接与绑扎施工技术交底内容

钢筋电弧焊接头尺寸偏差及缺陷允许值 表 6.3-5

序号	主要名称		单位	接头形式		
				帮条焊	搭接焊	坡口焊及熔槽帮条焊
1	帮条沿接头中心线的纵向偏移		mm	0.5d	0.5d	0.5d
2	接头处弯折		°	4	4	4
3	接头处钢筋轴线的偏移		mm	0.1d	0.1d	0.1d
				3	3	3
4	焊缝厚度		mm	+0.05d / 0	+0.05d / 0	—
5	焊缝宽度		mm	+0.1d / 0	+0.1d / 0	—
6	焊缝长度		mm	0.5d	0.5d	—
7	横向咬边深度		mm	0.5	0.5	0.5
8	在长 2d 的焊缝表面上	数量	个	2	2	—
		面积	mm²	6	6	—
9	在全部焊缝上	数量	个	—	—	2
		面积	mm²	—	—	6

注：1. d 为钢筋直径（mm）。

2. 低温焊接接头的咬边深度不得大于 0.2mm。

② 至少有 2 个试件呈塑性断裂，3 个试件均断于焊缝之外；

③ 当检验结果有 1 个试件的抗拉强度低于规定指标或有 2 个试件发生脆性断裂时，应取双倍数量的试件进行复验，复验结果若仍有 1 个试件的抗拉强度低于规定指标，或有 1 个试件断于焊缝或有 3 个试件呈脆性断裂时，则该批接头即为不合格品；

④ 模拟试件数量和要求应与从成品中切取时相同，当模拟试件试验结果不符合要求时，复验应再从成品中切取，其数量和要求应与开始试验时相同。

序号 3 项目：钢筋电弧焊 **焊接质量检验**

序号 4 项目：钢筋电阻点焊 **基本要求**

（1）钢筋骨架或钢筋网中交叉钢筋的焊接宜采用电阻点焊，其所适用的钢筋直径和种类为直径 6～15mm 的热轧 HPB235、HRB335 钢筋，直径 3～5mm 的冷拔低碳钢丝和直径 4～12mm 的冷轧带肋钢筋。

（2）采用点焊的焊接骨架和焊接网片的焊点应符合设计要求。设计未作规定时，可按下列要求进行焊接。

① 当焊接骨架为受力钢筋时，所有相交点均须焊接；

② 当焊接网片的受力钢筋为工级或冷拉 I 级钢筋并只有一个方向受力时，两端边缘的两根锚固横向钢筋的相交点必须焊接；若网片为两向受力，则四周边缘的两根钢筋相交点均应焊接；其余相交点可间隔焊接；

③ 当焊接网片的受力筋为冷拔低碳钢丝，另一方向的钢丝间距小于 100mm 时，除两端边缘的两根锚固横向钢丝相交点必须全部焊接外，中间部分焊点距离可增大至 250mm；

| 审核人 | | 交接人 | | 接受交底人 | |

工程名称		施工单位		编号	
序号	项目	钢筋的焊接与绑扎施工技术交底内容			

序号	项目	钢筋的焊接与绑扎施工技术交底内容
4 钢 筋 电 阻 点 焊	基本要求	④ 当焊接不同直径的钢筋，其较小钢筋的直径小于 10mm 时，大小钢筋直径之比，不宜大于 3；若较小钢筋的直径为 12mm 或 14mm 时，大小钢筋直径之比不宜大于 2； ⑤ 焊接网的长度、宽度和骨架长度的允许偏差为±10mm。焊接骨架的高度允许偏差为±5mm。网眼尺寸及箍筋间距允许偏差为±10mm。
	操作要点	（1）点焊时，将已除锈污的钢筋交叉点放入点焊机的两电极间，使钢筋通电发热至一定温度后，加压使焊点金属焊牢。焊点应该有一定的压入深度，对于热轧钢筋压入深度为较小钢筋直径的 30%～45%；点焊冷拔低碳钢丝时，压入深度为较小钢丝直径的 30%～35%。 （2）采用点焊代替绑扎可提高工效、节约劳动力，成品刚性好，便于运输。钢筋点焊参数主要有：通电时间、电流强度、电极压力及焊点压力深度等。应根据钢筋级别、直径及焊机性能合理选择。 （3）点焊时，部分电流会通过已焊好的各点而形成闭合电路，这样将使通过焊点的电流减小，这种现象叫电流的分流现象。分流会使焊点强度降低。分流大小随通路的增加而增加，随焊点距离的增加而减少。个别情况下分流可达焊点电流的 40%以上。为消除这种有害影响，施焊时应合理考虑施焊顺序或适当延长通电时间或增大电流。在焊接钢筋交叉角小于 30°的钢筋网或骨架时，也需增大电流或延长时间。
	焊接质量检验	（1）焊接骨架和焊接网片应按下列规定进行质量检验： ① 外观检查应按同一类型制品分批抽验，一般制品每批抽查 5%；梁柱、骨架等重要制品每批抽查 10%；均不得少于 3 件。 ② 强度检验时，试件应从每批成品中切取。切取过试件的制品，应补焊同级别、同直径的钢筋，其每边的搭接长度应符合规定。当所切取试件的尺寸不能满足试验要求或受力钢筋直径大于 8mm 时，可在生产过程中焊接试验用网片，从中切取试件，试件尺寸见图 6.3-3 所示。 图 6.3-3 钢筋焊接试验试件（单位：mm） （a）焊接网片试验简图；（b）钢筋焊点抗剪试件；（c）钢筋焊点拉伸试件 ③ 热轧钢筋焊点应做抗剪试验，试件为 3 件；冷拔低碳钢丝焊点，除做抗剪试验外，还应对较小钢丝做抗拉伸试验，试件各为 3 件。
审核人		交接人		接受交底人	

工程名称		施工单位		编号	
序号	项目	钢筋的焊接与绑扎施工技术交底内容			

<table>
<tr><td rowspan="1">4

钢
筋
电
阻
点
焊</td><td rowspan="1">焊
接
质
量
检
验</td><td>

④ 焊接制品由几种钢筋组合时，每种组合均做强度试验。

⑤ 凡是钢筋级别、直径及尺寸均相同的焊接制品，即为同一类型制品，每200件为1批。

（2）焊接骨架和焊接网片的外观质量检查，应符合下列要求：

① 焊点处熔化金属均匀。在热轧钢筋点焊时，压入深度为较小钢筋直径的30%～45%；冷拔低碳钢丝点焊时，压入深度为较小钢丝直径的30%～35%；

② 焊点无脱落、漏焊、裂纹、多孔性缺陷及明显的烧伤现象；

③ 焊接骨架的长度、宽度的允许偏差见行业标准《公路工程质量检验评定标准 第一册 土建工程》JTG F80/1—2017。当外观检查结果不符合上述要求时，则逐件检查，并剔出不合格品。对不合格品经整修后，可再次提交验收；

④ 试验结果，如1个试件达不到上述要求，则取双倍数量的试件进行复验，复验结果，若仍有1个试件不能达到上述要求，则该批制品即为不合格品。对于不合格品，经采取加固处理后，可再次提交验收；

⑤ 当模拟试件试验结果达不到规定要求，复验试件应从成品中切取，试件数量和要求应与初始试验时相同。焊接网片的质量验收内容和标准应符合现行《钢筋焊接及验收规程》JGJ 18—2012 的规定。

（3）焊点的抗剪试验结果应符合表6.3-6规定的数值。拉伸试验结果不得小于冷拔低碳钢丝乙级规定的抗压强度。

</td></tr>
</table>

钢筋焊点抗剪指标（N） 表6.3-6

序号	钢筋级别	较小一根钢筋直径								
		3	4	5	6	6.5	8	10	12	14
1	HPB235	—	—	—	6640	7800	11810	18460	26580	36170
2	HRB335	—	—	—	—	—	16840	26310	37890	51560
3	冷拔低碳钢丝	2530	4490	7020	—	—	—	—	—	—

5 钢 筋 电 渣 压 力 焊	概 述	（1）焊接过程： 钢筋电渣压力焊具有电弧焊、电渣焊和压力焊的特点。其焊接过程可分四个阶段：引弧过程→电弧过程→电渣过程→顶压过程。其中电弧和电渣两过程对焊接质量有重要的影响，故应根据待焊钢筋直径的大小，合理选择焊接参数见图6.3-4所示。

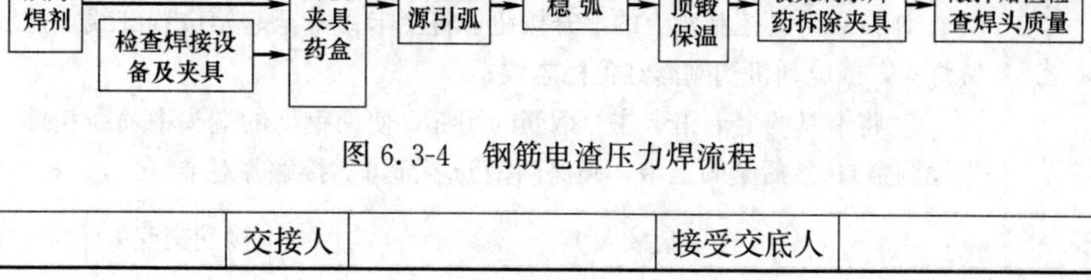

图6.3-4 钢筋电渣压力焊流程

审核人		交接人		接受交底人	

工程名称		施工单位		编号	
序号	项目	钢筋的焊接与绑扎施工技术交底内容			
5 钢 筋 电 渣 压 力 焊	概 述	(2) 操作要求： ① 施工时，钢筋焊接的端头要直，端面要平，以避免影响接头的成型。焊接前必须将上下钢筋端面及钢筋与电极块接触部位的铁锈、污物清除干净； ② 焊剂使用前，须经250℃左右烘焙2h，以免发生气孔和夹渣。钢丝圈用12/14号钢丝弯成，钢丝上的锈迹应全部清除干净，有镀锌层的钢丝应先经火烧后再清除干净； ③ 上下钢筋夹好后，应保持钢丝圈的高度（即两钢筋端部的距离）为5～10mm。上下钢筋要对正夹紧，焊接过程中严禁扳动钢筋，以保证钢筋自由向下，正常落下； ④ 下钢筋与焊剂桶斜底板间的缝隙，必须用石棉布等填塞好，以防焊剂泄漏，破坏渣池； ⑤ 为了引弧和保持电渣过程稳定，要求电源电压保持在380V以上，次级空载电压达到80V左右。正式施焊前，应先做试焊，确定焊接参数后才能进行焊接施工； ⑥ 钢筋种类、规格变换或焊机维修后，均需进行焊接前试验。负温焊接（气温在−5℃左右）时，应根据钢筋直径的不同，延长焊接通电时间1～3s，适当增大焊接电流；搭设挡风设置和延时打掉渣壳，雪天不施焊等。			
	焊 前 准 备	(1) 焊剂应筛净并烘干（在250℃温度下加温2h）。 (2) 按焊机接线图连接好电缆和导线，确保所用导线截面合适和连接可靠。 (3) 根据所焊钢筋的直径，选定焊接参数的数值，用焊机控制箱面板上的拨动手轮预置过程Ⅰ和Ⅱ的时间数值，调节好电焊机的限制电流。 (4) 焊机控制箱面板上"自动—手动"选择开关，置于"自动"电渣焊位置，并选择好"竖向横向"焊接开关。 (5) 给焊机控制箱加电，控制箱面板上电压表指示为电源电压（电压指示不受控制箱上电源开关的控制）。 (6) 接通焊机控制箱面板上的电源开关，自动焊指示灯亮，过程Ⅰ和过程Ⅱ时间数码管均指示"0"。			
	一 般 规 定	(1) 电渣压力焊适用于现浇钢筋混凝土结构中竖向或斜向（倾斜度在4∶1范围内）钢筋的连接。 (2) 电渣压力焊焊机容量应根据所焊钢筋直径选定。 (3) 焊接夹具应具有足够刚度，在最大允许荷载下应移动灵活，操作便利，电压表、时间显示器应配备齐全。			
	焊 接 工 艺	(1) 装卡： 1) 竖向焊接钢筋装卡。将卡具的下卡钳可靠地卡紧在下钢筋的端部，钢筋的端头应高出卡钳上端面50～60mm。 ① 按压卡具控制盒上的上升按钮，将上卡钳升至起始位置红线，控制盒上绿色起始位置灯亮，或电动机构刚露红色标志线； ② 将卡具的上卡钳卡住上钢筋的端部，使两钢筋的端头中筋线相接（必要时可再作适当地调整）；然后紧固上卡，确保两钢筋端部可靠接触并对准。			
审核人		交接人		接受交底人	

工程名称			施工单位		编号	
序号	项目					

工程名称		施工单位		编号	
序号	项目	钢筋的焊接与绑扎施工技术交底内容			
5 钢 筋 电 渣 压 力 焊	焊 接 工 艺	2）横向焊接钢筋装卡： ① 将卡具的下卡钳顶丝松开两圈。卸掉端盖，取下卡钳，然后插入横焊卡具的立管内，拧紧侧面顶丝； ② 将被焊的横向钢筋分别夹紧在横焊工装左、右夹头内。铜模两端钢筋包一层石棉布防漏并使钢筋两端位置在铜模中间，并预留间隙。被焊横向钢筋直径 $\phi25$ 预留间隙为 8mm；$\phi28$ 预留间隙为 14mm；$\phi32$ 预留间隙为 25mm（可用附件标尺测量）； ③ 按压手控盒上的上升按钮，将卡具上卡钳上升至红线起始位置后再上升 15mm（用附件标尺测量），夹紧同样材料、直径的填料钢筋（直径可近似横向钢筋），并使填料钢筋端面紧压在横焊钢筋上，确保上下钢筋可靠接触。 （2）装填焊剂：固定焊剂盒，塞紧石棉布防止焊剂外漏。用焊剂收集铲均匀地将焊剂装入焊剂盒，可用铁片（附件标尺）捣紧钢筋周围的焊剂。 （3）钢筋焊接： 1）将两把焊钳分别卡在上下钢筋或竖一横钢筋上； 2）把手控盒插在卡具控制盒插座内； 3）确认准备无误后，按压手控制盒上的启动按钮，焊接过程即自动进行，竖向焊接完成后自动停机，横向焊接完成后，卡具自动提升至上限位置，用手按压应急按钮停机。横焊结束后应松开一端螺钉，以减少收缩应力； 4）停机后，拔下控制盒，拿下焊钳，即可与另一卡具连机使用。 （4）卡具拆卸：停机后保温 3min（横向焊接保温 5min），打开焊接盒回收焊剂。冬期施工还应适当延长保温时间。按卡具装卡的相反顺序，拆下卡具。待焊接头完全冷却后轻轻地敲打焊包，渣壳即可脱落，一个焊头的焊接过程全部结束。
	操 作 要 点	（1）钢筋焊接的端头要直、端面宜平。上下钢筋要对准，焊接过程中不能晃动钢筋。 （2）焊接设备外壳要接地，焊接人员要穿绝缘鞋和戴绝缘手套。 （3）正式焊前应进行试焊，并将试件进行试拉合格后才可正式施工。 （4）焊完后应回收焊药、清除焊渣。 （5）低温焊接时，通电时间应适当增加 1~3s，增大电流量（要有挡风设施，雨雪天不能焊），停歇时间要长些，拆除卡具后焊壳应稍迟一些敲掉，让接头有一段保温时间。 （6）接头焊接完毕后应停歇至少 30s 后，方可卸下焊接夹具，清除熔渣。 （7）焊接接头外观质量检查。电渣压力焊焊接接头四周应焊包均匀，凸出钢筋表面的高度至少有 4mm，不得有裂纹；钢筋与电极接触处，表面无明显烧伤或缺陷；接头处钢筋轴线的偏移不得超过 0.1 倍钢筋直径，同时不得大于 2mm；接头处的弯折角不得大于 4°。 （8）对外观检查不合格的接头，应切除重焊。
	焊 接 质 量 检 验	（1）接头质量检查：电渣压力焊接头应逐个进行外观检查。做力学性能试验时，从每批接头中随机切取 3 个试件做拉伸试验。 ① 在一般构筑物中，以 300 个同级别钢筋接头作为 1 批； ② 在现浇钢筋混凝土结构中，每一施工区段中以 300 个同级别钢筋接头作为 1 批，不足 300 个接头仍作为 1 批。
审核人			交接人	接受交底人	

工程名称			施工单位		编号	
序号	项目		钢筋的焊接与绑扎施工技术交底内容			
5 钢筋电渣压力焊	焊接质量检验	（2）外观检查质量要求：电渣压力焊接头外观检查结果应符合下列要求： ① 接头焊毕，应停歇适当时间，才可回收焊剂和卸下焊接夹具。敲去渣壳，四周焊包应较均匀，凸出钢筋表面的高度至少4mm，确保焊接质量； ② 电极与钢筋接触处，无明显的烧伤缺陷； ③ 接头处的弯折角不大于4°； ④ 接头处的轴线偏移不超过0.1倍钢筋直径，同时不大于2mm； ⑤ 外观检查不合格的接头应切除重焊，或采取补强措施。 （3）拉伸试验质量要求：电渣压力焊接头拉伸试验结果，3个试件的抗拉强度均不得低于该级别钢筋规定的抗拉强度值。当试验结果有1个试件的抗拉强度低于规定指标，应取6个试件进行复验，复验结果，若仍有1个试件的抗拉强度低于规定指标，该批接头为不合格品。			
6 钢筋气压焊	工艺要求	钢筋气压焊是采用氧乙炔火焰或其他火焰对两钢筋对接处加热，使其达到塑性状态或熔化状态后，加压完成的一种压焊方法，适用于焊接直径14～40mm的热轧光圆不带筋钢筋。 （1）施工前应对现场有关人员和操作工人进行钢筋气压焊的技术培训。培训的重点是焊接原理、工艺参数的选用、操作方法、接头检验方法、不合格接头产生的原因和防治措施等。对磨削、装卸等辅助作业工人，亦需了解有关规定和要求。焊工必须经考核并发给合格证后方准进行操作。 （2）在正式焊接前，对所有需作焊接的钢筋，应截取试件，进行试验。试件应切取6根，3根作弯曲试验，3根作拉伸试验，并按试验合格所确定的工艺参数进行施焊。 （3）竖向压接钢筋时，应先搭好脚手架。对钢筋气压焊设备和安全技术措施进行仔细检查，以确保正常使用。 （4）钢筋端面应切平，切割时要考虑钢筋接头的压缩量，一般为 $0.6\sim1.0d$。断面应与钢筋的轴线相垂直，端面周边毛刺应去掉。钢筋端部若有弯折或扭曲应矫正或切除。切割钢筋应用砂轮锯，不宜用切断机。 （5）清除压接面上的锈、油污、水泥等附着物，并打磨见新面，使其露出金属光泽，不得有氧化现象。压接端头清除的长度一般为50～100mm。 （6）钢筋的压接接头应布置在数根钢筋的直线区段内，不得在弯曲段内布置接头。有多根钢筋压接时，接头位置应错开。 （7）当两钢筋安装于夹具上时，应夹紧并加压顶紧。两钢筋轴线要对正，并对钢筋轴向施加 5～10MPa 初压力。钢筋之间的缝隙不得大于 3mm，压接面要求见图 6.3-5 所示。 图 6.3-5　钢筋气压焊压接面要求			

审核人		交接人		接受交底人	

工程名称		施工单位		编号	
序号	项目	钢筋的焊接与绑扎施工技术交底内容			

6 钢 筋 气 压 焊	施 工 要 点	(1) 钢筋气压焊的开始阶段宜采用碳化焰（还原焰），对准两钢筋接缝处集中加热，并使其淡白色羽状内焰包住缝隙或伸入缝隙内，并始终不离开接缝，以防止压焊面产生氧化。待接缝处钢筋红黄色，当压力表针大幅度下降时，随即对钢筋施加顶锻压力（初期压力），直到焊口缝隙完全闭合。要注意的是：碳化火焰内焰应呈淡白色，若呈黄色说明乙炔过多，必须适当减少乙炔量。不得使用碳化焰外焰加热，严禁用氧化过剩的氧化焰加热。一般初期加压时机要适宜，宁早勿晚，升降要平稳。 (2) 在确认两钢筋的缝隙完全粘合后，应改用中性焰，在压焊面中心 1～2 倍钢筋直径的长度范围内，均匀摆动往返加热。摆幅由小到大，摆速逐渐加大，以使其迅速达到合适的压接温度（1150～1300℃）。 (3) 当钢筋表面变成白炽色，氧化物变成芝麻粒大小的灰白色球状物，继而聚集成泡沫状并开始随加热器的摆动方向移动时，则可边加热边加压，先慢后快，达到 30～40N/mm²，使接缝处隆起的直径为 1.4～1.6 倍母材直径、变形长度为母材直径 1.2～1.5 倍的鼓包。 (4) 操作时，要掌握好变换火焰的时机，尽快由碳化焰调整为所需的中性焰；要掌握好火焰功率。火焰功率主要取决于氧—乙炔流量，过大容易引起过烧现象，偏小会延长压接时间，还易造成接合面"夹生"现象。对于各种不同直径钢筋采用的火焰功率大小，主要靠经验确定。 (5) 接头处两根钢筋轴线弯折不得大于 4°。 (6) 压接后，当钢筋火红消失，即温度为 600～650℃ 时，才能解除压接器上的卡具。过早取下容易产生弯曲变形。 (7) 在加热过程中，如果火焰突然中断，发生在钢筋接缝已完全闭合以后，则可继续加热加压，直至完成全部压接过程；如果火焰突然中断发生在钢筋接缝完全闭合以前，则应切掉接头部分，重新压接。
	焊 接 质 量 检 验	(1) 接头质量检查：气压焊接头应逐个进行外观检查。当进行力学性能试验时，应从每批接头中随机切取 3 个接头做拉伸试验。在梁、板的水平钢筋连接中，应另外切取 3 个接头做弯曲试验，并且应按下列规定抽取试件：以 300 个接头作为 1 批，不足 300 个接头仍作为 1 批。 (2) 外观检查质量要求：气压焊接头外观检查结果应符合下列要求： ① 偏心量 e 不得大于钢筋直径的 0.15 倍，同时不得大于 4mm，见图 6.3-6（a）所示。当不同直径钢筋相焊接时，按较小钢筋直径计算。当超过限量时，应切除重焊； ② 两钢筋轴线弯折角不得大于 4°，当超过限量时，应重新加热矫正； ③ 镦粗直径 d_c 不得小于钢筋直径的 1.4 倍，见图 6.3-6（b）。当小于此限量时，应重新加热镦粗； ④ 镦粗长度 L_c 不得小于钢筋直径的 1.2 倍，且凸起部分平缓圆滑，见图 6.3-6（c）。当小于此限量时，应重新加热镦长； ⑤ 压焊面偏移 d_h 不得大于钢筋直径的 0.2 倍，见图 6.3-6（d）。 (3) 拉伸试验质量要求：气压焊接接头拉伸试验结果，3 个试件的抗拉强度均不得低于该级别钢筋规定的抗拉强度值，并断于压焊面之外，呈延性断裂。若有 1 个试件不符合要

审核人		交接人		接受交底人	

工程名称		施工单位			编号	
序号	项目	钢筋的焊接与绑扎施工技术交底内容				

| 6
钢
筋
气
压
焊 | 焊
接
质
量
检
验 | 图 6.3-6 钢筋气压焊接头外观质量图解
(a) 偏心量；(b) 镦粗直径；(c) 镦粗长度；(d) 压焊面偏移

求时，应切取 6 个试件进行复验，复验结果，若仍有 1 个试件不符合要求，该批接头为不合格品。
　（4）弯曲试验质量要求：气压焊接头弯曲试验时，应将试件受压面的凸起部分除去，与钢筋外表面齐平。
　（5）弯曲试验可在万能试验机、手动或电动液压弯曲试验器上进行，压焊面应处在弯曲中心点，弯至 90°，3 个试件均不得在压焊面发生破断。
　（6）当试验结果有 1 个试件不符合要求，应切取 6 个试件进行复验，复验结果，若仍有 1 个试件不符合要求，该批接头为不合格品。 |

| 7
钢
筋
绑
扎
接
头 | 一
般
要
求 | （1）在普通混凝土结构中钢筋绑扎接头的搭接长度，不得小于表 6.3-7 规定的数值。
　（2）绑扎接头的搭接长度，除符合表 6.3-7 的要求外，在受拉区内不得小于 250mm，在受压区内不得小于 200mm。
混凝土结构中钢筋绑扎接头的最小搭接长度　　　　表 6.3-7 |

序号	钢筋级别	受拉区	受压区
1	HPB235 钢筋、冷拉 I 级钢筋	$30d_0$	$20d_0$
2	HRB335 钢筋	$35d_0$	$25d_0$
3	HRB400 级钢筋	$40d_0$	$30d_0$
4	冷拔低碳钢丝	250mm	200mm

注：d_0 为钢筋直径（mm）。

　（3）受拉区内的圆钢筋绑扎接头的末端应做弯钩；螺纹钢筋的绑扎接头末端可不做弯钩。

　（4）直径为 12mm 及小于 12mm 的受压圆钢筋的末端，以及轴心受压构件中任意直径的纵向钢筋的末端，可不做弯钩，但钢筋搭接时的搭接长度不应小于 $30d_0$。

审核人		交接人		接受交底人	

工程名称		施工单位		编号	
序号	项目	钢筋的焊接与绑扎施工技术交底内容			
7 钢筋绑扎接头	一般要求	(5) 绑扎接头在同一截面的接头截面积，受拉区不得超过总截面积的 25%，受压区不超过 50%。凡两个绑扎接头的间距在钢筋直径的 30 倍以内及 50cm 内的为在同一截面。 (6) 如在施工中，分别不清受拉或受压区时，搭接长度均应按受拉区的规定办理。 (7) 绑扎时应在钢筋搭接处的两端和中间至少 3 处用钢丝扎紧，不得有滑动和移位情况。绑扎接头与钢筋弯曲处相距不得小于 $10d_0$，也不宜位于最大弯矩处。 (8) 配置在构件非同一截面中的接头，其中距不得小于搭接长度。			
	施工要点	(1) 钢筋搭接处，交叉点都应在中心和两端用钢丝扎牢。 (2) 焊接骨架和焊接网采用绑扎连接时，应符合下列规定： 1) 焊接骨架的焊接网的搭接接头，不宜位于构件的最大弯矩处； 2) 焊接网在非受力方向的搭接长度，不宜小于 100mm； 3) 当受拉焊接骨架和焊接网在受力钢筋方向的搭接长度，应符合设计规定；受压焊接骨架和焊接网在受力钢筋方向的搭接长度，可取受拉焊接骨架和焊接网在受力钢筋方向的搭接长度的 0.7 倍。 (3) 在绑扎骨架中非焊接的搭接接头长度范围内，当搭接钢筋为受拉时，其箍筋的间距不应大于 $5d$，且不应大于 100mm。当搭接钢筋为受压时，其箍筋间距不应大于 $10d$，且不应大于 200mm（d 为受力钢筋中的最小直径）。 (4) 钢筋绑扎用的钢丝，可采用 20～22 号钢丝（火烧丝）或镀锌钢丝（铅丝），其中 22 号钢丝只用于绑扎直径 12mm 以下的钢筋。 (5) 控制混凝土保护层应采用水泥砂浆垫块或塑料卡。水泥砂浆垫块的厚度应等于保护层厚度。垫块的平面尺寸：当保护层厚度等于或小于 20mm 时为 30mm×30mm；大于 20mm 时为 50mm×50mm。当在垂直方向使用垫块时，可在垫块中埋入 20 号钢丝。			
审核人		交接人		接受交底人	

6.4 质量标准与检验

钢筋加工、焊接及安装的质量标准　　　　　　　　表 6-4

工程名称		施工单位		编号	
序号	项目	钢筋加工、焊接及安装的质量标准内容			
1	加工钢筋的偏差	加工钢筋的偏差： 加工钢筋的偏差不得超过表 6.4-1 的规定。 **加工钢筋的允许偏差**　　　　表 6.4-1 <table><tr><td>序号</td><td>主要项目</td><td>允许偏差(mm)</td></tr><tr><td>1</td><td>受力钢筋顺长度方向加工后的全长</td><td>±10</td></tr><tr><td>2</td><td>弯起钢筋各部分尺寸</td><td>±20</td></tr><tr><td>3</td><td>箍筋、螺旋筋各部尺寸</td><td>±5</td></tr></table>			
审核人		交接人		接受交底人	

工程名称		施工单位		编号	
序号	项目	钢筋加工、焊接及安装的质量标准内容			

2	焊接钢筋验收和允许偏差	焊接钢筋的验收和允许偏差如下： (1) 焊接钢筋的质量验收内容和标准应按国家规定执行。 (2) 焊接钢筋网和焊接骨架的偏差不得超过表 6.4-2 的规定。

焊接网及焊接骨架的允许偏差   表 6.4-2

序号	主要项目	允许偏差(mm)	序号	主要项目	允许偏差(mm)
1	网的长度、宽度	±10	4	骨架的宽度及高度	±5
2	网眼的尺寸	±10	5	骨架的长度	±10
3	网眼的对角线差	±10	6	箍筋间距	0，-20

安装钢筋的允许偏差：
(1) 钢筋的级别、直径、根数和间距均应符合设计要求；
(2) 绑扎或焊接的钢筋网和钢筋骨架不得有变形、松脱和开焊；
(3) 钢筋位置的偏差不得超过表 6.4-3 的规定。

钢筋位置允许偏差   表 6.4-3

序号	主要检查项目			允许偏差(mm)
1	受力钢筋间距		两排以上排距	±5
		同排	梁、板、拱肋	±10
			基础、锚碇、墩台、柱	±20
			灌注桩	±20
2	箍筋、横向水平钢筋、螺旋筋间距			0，-20
3	钢筋骨架尺寸		长	±10
			宽、高或直径	±5
4	弯起钢筋位置			±20
5	保护层厚度		柱、梁、拱肋	±5
			基础、锚碇、墩台	±10
			板	±3

(项目：安装钢筋的允许偏差，序号 3)

审核人		交接人		接受交底人	

7 混凝土工程

7.1 概 述

混凝土的一般规定 表 7-1

工程名称		施工单位		编号	
序号	项目		混凝土的一般规定内容		
1	一般规定		（1）本章适用于桥梁混凝土施工的一般要求，有特殊要求混凝土可按有关规定实施。对桥梁工程所用水泥都应具有强度高、收缩性小、耐磨性强、抗冻性能好，其物理、化学成分必须符合国家有关标准的规定。 （2）混凝土强度等级采用符号 C 与立方体抗压强度标准值（单位：MPa）表示。 （3）立方体抗压强度标准值系指按标准方法制作和养护的边长为150mm 的立方体试件，在 28d 时，用标准试验方法测得的抗压强度总体分布中的一个值，强度低于该值的百分率不得超过 5%。 （4）混凝土抗压强度系指标准尺寸试件在温度为 20±3℃ 及相对湿度不低于 90% 的环境中养护 28d 做抗压试验时，所得抗压强度测定值（单位：MPa）。 （5）在进行混凝土强度试配和质量评定时取其保证率为 95%。 （6）桥梁工程所使用的水泥在进场时，应有产品合格证及化验单。并对品种、等级、包装、数量、出厂日期等进行全面检查验收；不同等级、厂牌、品种、出厂日期的水泥，不得混合堆放，严禁混合使用。出厂期超过三个月或受潮的水泥，必须经过试验，按其试验结果决定正常使用或降级使用。 （7）当采用非标准尺寸试件做抗压强度试验时，其抗压强度值应按表 7.1-1 所列系数进行换算。		

混凝土试件抗压强度换算系数 表 7.1-1

序号	骨料最大粒径(mm)	试件尺寸(cm)	换算系数
1	50	20×20×20	1.05
2	40	15×15×15	1.00
3	30	10×10×10	0.95

（8）拌制混凝土所使用的各种材料及拌合物的质量应经过检验，试验方法应符合国家现行有关标准的规定。

（9）为使混凝土在保证质量的前提下降低成本，本着节约原材料，提高和易性，可根据具体条件适当掺用外加剂、磨细的掺合料、在混凝土中加片石等技术措施，但必须经过试验，并经主管技术部门批准。

审核人		交接人		接受交底人	

7.2 水　泥

水泥的分类、选用、性能、范围及质量验收　　表 7-2

工程名称		施工单位			编号	
序号	项目	水泥的分类、选用、性能、范围及质量验收内容				

水泥的类别与主要用途　　表 7.2-1

类别	品种名称举例	主要用途
通用水泥	硅酸盐水泥、普通硅酸盐水泥、矿渣硅酸盐水泥、火山灰质硅酸盐水泥、粉煤灰硅酸盐水泥、复合硅酸盐水泥等	主要用于道路、桥梁、房屋建筑等土木工程
专用水泥	油井水泥、砌筑水泥、型砂水泥等	用于某种专用工程
特性水泥	快硬硅酸盐水泥、水工水泥、抗硫酸盐水泥、膨胀水泥、自应力水泥、铝酸盐水泥、中热硅酸盐水泥、高铝水泥、特快硬调凝铝酸水泥、特快硬矾土水泥、硫铝酸早强水泥、中低热水泥等	主要用于对某些混凝土性能有特殊性要求的工程

序号 1　项目：水泥的分类

序号 2　项目：水泥的选用

（1）在选择所使用的水泥时，应该特别注意水泥的性能对混凝土结构强度、耐久性能和使用条件是否有不利的影响。所选用的水泥应能使所配制的混凝土强度能达到要求，以收缩小、和易性好、能节约水泥为基本原则。

（2）水泥应符合现行国家标准，并附有生产厂家的"水泥品质试验报告"等合格证明文件。水泥进场后，应按其品种、强度、证明文件以及出厂时间等情况分批进行检查验收。为快速鉴定水泥的现有强度，也可以采用促凝压蒸法进行复核验收。

（3）如若是袋装水泥，在运输和储存时应该特别注意防止受潮湿面影响质量。

（4）散装水泥的储存，一般都应尽可能采用水泥罐或者散装水泥仓库。

（5）桥梁施工中，对所有水泥如若受潮或者存放的时间超过 3 个月时，应该重新取样检验，并按其复核结果使用。

序号 3　项目：常用水泥强度等级

常用水泥强度等级　　表 7.2-2

水泥品种	强度等级	抗压强度（MPa）	
		3d	28d
矿渣硅酸盐水泥 火山灰质硅酸盐水泥 煤粉灰硅酸盐水泥	32.5	10.0	32.5
	32.5R	15.0	32.5
	42.5	15.0	42.5
	42.5R	19.0	42.5
	52.5	23.0	52.5
《通用硅酸盐水泥》GB 175—2007	32.5	11.0	32.5
	32.5R	16.0	32.5
	42.5	16.0	42.5
	42.5R	16.0	42.5
	52.5	22.0	52.5
	52.5R	26.0	52.5
《通用硅酸盐水泥》GB 175—2007	42.5	17.0	42.5
	42.5R	22.0	42.5
	52.5	23.0	42.5
	52.5R	27.0	52.5
	62.5	28.0	62.5
	62.5R	32.0	62.5

审核人		交接人		接受交底人	

工程名称		施工单位		编号	
序号	项目	水泥的分类、选用、性能、范围及质量验收内容			

<table>
<tr><td colspan="6" style="text-align:center">通用水泥的特性和适应范围   表7.2-3</td></tr>
</table>

水泥种类	主要特性		适应范围	
	优点	缺点	适用于	不适用于
硅酸盐水泥	(1)强度等级高; (2)快硬、早强; (3)抗冻性好,耐磨性和不透水性强	(1)水化热高; (2)抗水性差; (3)耐水性差	(1)配制高强度等级混凝土; (2)先张预应力制品; (3)道路、低温下施工的工程	(1)大体积混凝土; (2)地下工程; (3)受化学侵蚀工程
普通水泥	(1)早期强度增进率略有减少; (2)抗冻性、耐磨性稍许下降; (3)低温凝结时间有所延长; (4)抗硫酸盐侵蚀能力有所增强		(1)适应性较强,如无特殊要求的工程; (2)配制强度等级较高的混凝土; (3)不适用于大体积的混凝土工程; (4)不适用于受化不侵蚀作用的工程	
矿渣水泥	(1)水化热低,抗硫酸盐侵蚀性好; (2)蒸汽养护有较好的效果; (3)耐热性能较普通水泥高	(1)早期强度低,后期强度增大; (2)保水性能差;抗冻性能差; (3)干缩性大	(1)地面、地下、水中各钢筋混凝土结构工程; (2)配制耐热混凝土,配制建筑砂浆; (3)蒸汽养护的构件工程	(1)需要早强和受冻融循环,干湿交替的工程; (2)严寒地区并在水位升降范围内的混凝土; (3)有耐磨工程
火山灰水泥	(1)保水性好; (2)水化热较低; (3)抗硫酸盐侵蚀性能强; (4)掺抗性较好	(1)早期强度低,后期强度增大; (2)需水性大,干缩性大	(1)地下、水下各种混凝土工程; (2)有抗渗要求的工程和工民建工程; (3)蒸汽养护构件	(1)需要早强和受冻融循环,干湿交替的工程; (2)有耐磨性要求的工程
粉煤灰水泥	(1)水化热较低; (2)抗硫酸盐侵蚀性能好; (3)后期强度增长较快; (4)保水性能好	(1)早期强度增进率比矿渣水泥还低; (2)其余同火山灰水泥	(1)大体积混凝土工程和地下工程; (2)蒸汽养护构件; (3)一般混凝土工程; (4)配制建筑砂浆	(1)对早期强度要求高的工程; (2)低温环境中施工而无保温措施的工程; (3)有抗碳化要求的工程
复合水泥	(1)早期强度要求较高; (2)和易性较好,易于成型、捣实	(1)需水性大; (2)耐久性不及普通水泥混凝土	(1)一般适应于混凝土工程; (2)配置砌筑、粉刷用的砂浆	耐腐蚀工程

审核人		交接人		接受交底人	

工程名称			施工单位		编号	
序号	项目		水泥的分类、选用、性能、范围及质量验收内容			

5	对通用水泥的选用规定		**对通用水泥的选用规定**		表7.2-4	
			混凝土工程特点及所处环保境	优先选用	可以选用	不得使用
		环境条件	在普通气候环境中的混凝土	普通水泥	矿渣水泥、火山灰水泥、粉煤灰水泥	—
			在干燥环境中的混凝土	普通水泥	矿渣水泥	火山灰水泥、粉煤灰水泥
			在高温环境中或永远处在水下的混凝土	矿渣水泥	普通水泥、火山灰水泥、粉煤灰水泥	—
			严寒地区的露天混凝土,寒冷地区处在水位升降范围内的混凝土	普通水泥	矿渣水泥	火山灰水泥、粉煤灰水泥
			严寒地区处在水位升降范围内的混凝土	普通水泥	—	矿渣水泥、火山灰水泥、粉煤灰水泥
			受侵蚀性环境水或侵蚀性气体的混凝土	根据侵蚀性介质的种类、浓度等具体条件按专门(或设计)规定选用		
		工程特点	厚大体积的混凝土	粉煤灰水泥矿渣水泥	普通水泥、火山灰水泥	硅酸盐水泥、快硬硅酸盐水泥
			要求快硬的混凝土	快硬硅酸盐水泥硅酸盐水泥	普通水泥	矿渣水泥、火山灰水泥、粉煤灰水泥
			高强混凝土	硅酸盐水泥	普通硅酸盐水泥矿渣硅酸盐水泥	火山灰水泥、粉煤灰水泥
			在抗渗要求的混凝土	普通水泥火山灰水泥	—	不宜用矿渣水泥
			有耐磨性要求的混凝土	硅酸盐水泥普通水泥	矿渣水泥	火山灰水泥粉煤灰水泥
			一般混凝土和砌筑、粉刷所用砂浆	—	复合水泥	—

6	通用水泥的技术性能		**硅酸盐水泥的主要技术性能**		表7.2-5	
		序号	主要项目	技术指标		
		1	不溶物	I型硅酸盐水泥,不大于 II型硅酸盐水泥,不大于	0.75% 1.50%	
		2	氧化镁	不大于 如果水泥经压蒸试验合格,不大于	5.00% 6.00%	
		3	三氧化硫	不大于	3.50%	
		4	烧失量	I型硅酸盐水泥,不大于 II型硅酸盐水泥,不大于	3.00% 3.50%	
		5	细度	比表面积大于	$300m^3/kg$	
		6	凝结时间	初凝不早于 终凝不迟于	45min 6.5h	
		7	安定性	用沸煮法试验	必须合格	
		8	碱	水泥中碱含量按 $Na_2O+0.658K_2O$ 计算值表示,若使用活性骨料,用户要求提供低碱水泥时,水泥中碱含量不得大于 0.60%,或由供需双方商定		

审核人		交接人		接受交底人	

工程名称		施工单位		编号	
序号	项目	水泥的分类、选用、性能、范围及质量验收内容			

| 7 | 水泥质量评定与验收 | (1) 质量评定：
1) 检验批确定：水泥进入施工现场的质量检验，主要根据相应产品技术标准和试验方法标准进行。试样的采集应按如下规定进行：
① 对同一水泥厂同期出厂的同品种、同强度等级、同一出厂编号的为一批。但散装水泥一批的总量不得超过 200t；
② 试样应具有代表性。对散装水泥，应随机地从不少于 3 个车罐中，各取等量水泥；对于袋装水泥，应随机地从不少于 20 袋中，各取等量水泥。将所取水泥混拌均匀后，再从中称取不少于 12kg 水泥作为检验试样；
2) 检验项目：对于常用硅酸盐系水泥的检验项目主要有：细度、标准稠度用水量、凝结时间、安定性、抗折强度、抗压强度等；
3) 检验结果评定：
① 不合格水泥的评定：凡细度、凝结时间、不溶物和烧失量中，有一项不符合《通用硅酸盐水泥》GB 175—2007 规定，或混合材料掺加量超过最大限量、强度低于商品强度等级的指标时，为不合格品。水泥包装标志中水泥品种、强度等级、生产单位和出厂编号不全的属不合格产品；
② 废品水泥的评定：凡氧化镁、三氧化硫、初凝时间和安定性中任一项不符合《通用硅酸盐水泥》GB 175—2007 规定时，均为废品。
(2) 质量控制：
1) 水泥的检验结果如不符合标准规定时，应停止使用，及时向水泥供应单位查明情况，确定处理方案；
2) 对进场的每批水泥，视存放情况，应重新采集试样复验，检验安定性和强度，若有要求时，尚应检验其他性能；
(3) 验收：水泥进场后，应进行验收工作，验收的主要内容如下：
1) 检查、核对水泥生产厂的质量证明书；
2) 水泥的品种、强度等级和数量应符合"销售合同"的要求；
3) 检验水泥外观质量：
① 水泥品种鉴别：通过观察水泥的颜色来区分水泥的品种，详见表 7.2-6 所列； |

表 7.2-6

通用水泥的品种（颜色）鉴别

序号	水泥品种	颜色	序号	水泥品种	颜色
1	通用硅酸盐水泥	灰绿色	3	粉煤灰水泥	灰黑色
2	矿渣水泥	灰绿色	4	火山灰水泥	淡红或淡绿色

② 水泥包装检验：应注意核对包装袋上的工厂名称、生产许可证编号、水泥品种、强度等级、混合料名称、出厂日期等内容。常用水泥包装标志见表 7.2-7 所列。

表 7.2-7

常用水泥包装标志

序号	水泥品种	包装标志
1	硅酸盐水泥 普通水泥	(1)普通水泥掺火山灰质材料的，在包装袋上标有"掺火山灰"字样。 (2)包装袋两面印有水泥名称、强度等级等，印刷颜色为红色
2	矿渣水泥 火山灰水泥 粉煤灰水泥	(1)掺火山灰质混合材料的矿渣水泥，在包装上标有"掺火山灰"字样。 (2)包装袋两面印有水泥名称、强度等级等。矿渣水泥的印刷颜色为绿色，火山灰水泥和粉煤灰水泥的印刷颜色为黑色

审核人		交接人		接受交底人	

工程名称		施工单位		编号	
序号	项目	水泥的分类、选用、性能、范围及质量验收内容			
7	水泥质量评定与验收	4）水泥数量检验：一般袋装水泥，每袋净重 50kg，且不得少于标志质量的 98%，随机抽取 20 袋，其总质量不得少于 1000kg。 5）水泥受潮程度的鉴别与处理： ① 水泥受潮：水泥中的活性矿物与空气中的水分、二氧化碳发生水化反应，使水泥变质的现象，称为水泥受潮（也称水泥风化）。受潮后的水泥，凝结迟缓、强度也逐渐降低，会影响正常使用； ②水泥受潮程度与处理：由于保管不当，水泥受潮程度的鉴别与处理方法，见表 7.2-8 所列。			

水泥受潮程度的鉴别与处理方法　　　　　　　　　　　　　表 7.2-8

序号	受潮情况	处理方法	使用方法
1	有粉块、用手可捏成粉末	将粉块压碎	经试验后，根据实际强度使用
2	部分结成硬块	将硬块筛除、粉块压碎	经试验后，根据实际强度使用。用于受力较小的部位，强度要求不高的工程，或用于配制砂浆
3	大部分结成硬块	将硬块粉碎磨细	不作为水泥使用，可掺入新水泥中作混合物材料使用，但必须小于 25%

| 8 | 水泥的储存 | （1）散装水泥的储存：散装水泥宜在仓罐中储存，不同品种和强度等级的水泥不得混仓，并应定期清仓。散装水泥在库内储存时，水泥库的地面和外墙内侧应进行防潮处理。

（2）袋装水泥的储存：

① 库房内储存：库房地面应有防潮措施。库内应保持干燥，防止雨露侵入。堆放时，应按品种、强度等级、出厂编号、到货先后或使用顺序排列成垛。堆垛高度以不超过 12 袋为宜。堆垛应至少离开四周墙壁 20cm，各垛之间应留置宽度不小于 70cm 的通道；

② 露天堆放：当限于条件，水泥露天堆放时，应在距地面不小于 30cm 垫板上堆放，垫板下不得积水。水泥堆垛必须用布覆盖严密，防止雨露侵入水泥受潮。

（3）储存期限：

① 水泥储存期过长，其活性将会降低。一般储存 3 个月以上的水泥，强度约降低 10%～20%；6 个月约降低 15%～30%；1 年后约降低 25%～40%。对已进场的每批水泥，视在场存放情况，应重新采集试样复验其强度和安定性；

② 存放期超过 3 个月的通用水泥和存放期超过 1 个月的快硬水泥，使用前必须复验，并按复验结果使用。 | | | |

| 审核人 | | 交接人 | | 接受交底人 | |

7.3 细 骨 料

细骨料的分类、性能及选用　　　　　　　　　　表 7.3

工程名称		施工单位		编号	
序号	项目	细骨料的分类、性能及选用内容			

序号	项目	细骨料的分类、性能及选用内容
1	砂的分类	配制城市桥梁所需混凝土的用砂可分为：天然砂、人工砂和混合砂三大类型： （1）天然砂：主要由自然风化、水流搬运和分选、堆积形成的、粒径小于4.75mm的岩石颗粒，但不包括软质岩、风化岩石的颗粒。天然砂按产源又分为河砂、湖砂、山砂和淡化海砂。 （2）人工砂：经除土处理的机械砂、混合砂的统称。机械砂是由机械破碎、筛分制成的粒径小于4.75mm的岩石颗粒，但不包括软质岩、风化岩石的颗粒。 （3）混合砂：混合砂是由机械砂和天然砂混合制成的砂：砂的物理性质包括表观密度、堆积密度、空隙率和含水率等指标。砂的细度模数指标是按粗砂、中砂、细砂不同而要求不一样，具体情况见表7.3-1所示： **砂的分类**　　　　　　　　表 7.3-1 <table><tr><td>砂组</td><td>粗砂</td><td>中砂</td><td>细砂</td></tr><tr><td>细度模数</td><td>3.7～3.1</td><td>3.0～2.3</td><td>2.2～1.6</td></tr></table> 注：细度模数主要反映全部颗粒的粗细程度，不完全反映颗粒的级配情况，混凝土配置时应同时考虑砂的细度模数和级配情况。
2	细骨料选用	城市桥梁施工中所采用混凝土的细骨料，应努力采用级配良好、质地坚硬、硬粒洁净、粒径小于5mm的河砂，如附近难以取得河砂时，也可采用山砂或用硬质岩石加工的机制细砂。一般情况下，细骨料不宜采用海砂，在不得不采用海砂时，其氯离子的含量对于钢筋混凝土应符合现行国家的规定。细骨料的试验可按现行《公路工程集料试验规程》JTG E 42—2005执行。
3	砂的坚固性能	当对河砂、海砂或机制砂的坚固性有怀疑时，应用硫酸钠进行坚固性试验，试验时循环5次，砂的总质量损失应符合表7.3-2内的规定。 **砂的坚固性能**　　　　　　　　表 7.3-2 <table><tr><td>混凝土所处的环境条件</td><td>循环后的质量损失（%）</td></tr><tr><td>在寒冷地区室外使用，经常处于潮湿或干燥交替状态下的混凝土</td><td>8</td></tr><tr><td>在其他条件下使用的混凝土</td><td>12</td></tr></table> 注：1.寒冷地区系指最寒冷月份的月平均温度为0～−10℃且日平均温度5℃的天数不超过145d的地区。 2.对同一产源的砂，在类似的气候条件下使用已有可靠经验时，可不做坚固性检验。 3.对于有抗疲劳、耐磨、抗冲击要求的混凝土用砂，或有腐蚀介质作用或经常处于水位变化区的地下结构混凝土用砂，其循环后的质量损失率应小于8%。
4	砂中杂质的含量	砂中杂质的含量应通过试验测定，其最大含量不超过表7.3-3内的规定。 **砂中杂质的含量**　　　　　　　　表 7.3-3 <table><tr><td>基本内容</td><td>≥C30的混凝土</td><td><C30的混凝土</td></tr><tr><td>含泥量（%）</td><td>≤3</td><td>≤5</td></tr><tr><td>其中泥块含量（%）</td><td>≤1.0</td><td>≤2.0</td></tr><tr><td>云母含量（%）</td><td colspan="2"><2</td></tr><tr><td>轻物质含量</td><td colspan="2"><1</td></tr><tr><td>硫化物及硫酸盐折算为SO₃（%）</td><td colspan="2"><1</td></tr><tr><td>有机质含量（用比色法试验）</td><td colspan="2">颜色不应深于标准色，如深于标准色，应以水泥砂浆进行抗压强度对比试验，加以复核</td></tr></table> 注：1.对于抗冻、抗渗或其他特殊要求的混凝土用砂，总含泥量应不大于3%，其中泥块含量应不大于1.0%，云母含量不应超过1%。 2.对有机质含量进行复核时，用原状砂配制的水泥砂浆抗压强度不低于用洗除有机质的砂所配制的砂浆的95%时为合格。砂中如含有颗粒状态的硫酸盐或硫化物，则要进行混凝土耐久性试验，满足要求时方能使用。

审核人		交接人		接受交底人	

7.4 粗 骨 料

粗骨料的分类、性能、要求及注意事项 表 7.4

工程名称			施工单位			编号	
序号	项目		粗骨料的分类、性能、要求及注意事项内容				
1	检验		城市桥梁所用混凝土的粗骨料，应采用坚硬的卵石或碎石。应按产地、类别、加工方法和规格等不同情况，分批进行检验，机械集中生产时，每批不宜超过 400m³；人工分散生产时，每批不宜超过 200m³；粗骨料的试验可按现行《公路工程集料试验规程》JTG E42—2005 执行。				

粗骨料的技术要求 表 7.4-1

序号	主要指标　强度等级	混凝土强度等级			
		C55～C40	≤C35	≤C30	＜C20
1	石料压碎指标值(%)	≤12	≤16	—	—
	针片状颗粒含量(%)	—	—	≤15	≤25
2	含泥量(按质量计算)(%)	—	—	≤1.0	≤2.0
3	泥块含量(按质量计算)(%)	—	—	≤0.5	≤0.7
4	小于 2.5mm 的颗粒含量(按质量计算)(%)	≤5	≤5	≤5	≤5

注：1. 对于混凝土强度等级为 C60 及以上时应进行岩石抗压强度检验，岩石的抗压强度与混凝土强度等级之比对于大于或等于 C30 的混凝土，不应小于 2，其他不应小于 1.5，且火成岩强度不能低于 80MPa，变质岩不得低于 60MPa，水成岩不得低于 30MPa。岩石的抗压强度试验可按现行《公路工程石料试验规程》JTG E41—2005 执行。

2. 混凝土强度在 C10 及以下时，针片状颗粒最大含量可为 40%。

项目2：粗骨料的技术要求

要求（3）：

（1）对于粗骨料的颗粒级配，一般可采用连续级配或者是连续级配与单粒级配合使用。在特殊的情况下，通过试验证明混凝土无离析现象。

（2）卵石中有机质含量：颜色不应深于标准色，如深于标准色，则应配制混凝土进行强度试验，其抗压强度应不低于 95%。

卵石与碎石的颗粒级配 表 7.4-2

级配	公称粒级(mm)	方筛孔(mm)									
		2.36	4.75	9.50	16.0	19.0	26.5	31.5	37.5	53	63
连续粒级	5～10		80～100	0～15	0						
	5～16	95～100	85～100	30～60	0～10	0					
	5～20	98～100	90～100	40～80	—	0～10	0				
	5～25	95～100	90～100	—	30～70	—	0～5	0			
	5～31.5	95～100	90～100	70～90	—	15～45	—	0～5			
	5～40	95～100	95～100	70～90	—	30～65			0～5	0	
单粒粒级	10～20		95～100	85～100	—	0～15	0				
	16～31.5		95～100	—	85～100	—	—	0～10	0	0	
	20～40			95～100	—	18～100	—	—	0～10		
	31.5～63			95～100	—	—	75～100	45～75		0～10	0
	40～80				95～100	—			70～100	30～60	0～10

审核人		交接人		接受交底人	

工程名称		施工单位		编号	
序号	项目	粗骨料的分类、性能、要求及注意事项内容			
5	最大粒径	粗骨料最大粒径应按混凝土结构情况及施工方法选取，但最大粒径不得超过最小边尺寸的1/4和钢筋最小净距的3/4；在两层或多层密布钢筋结构中，不得超过钢筋最小净距的1/2，同时最大粒径不得超过100mm。用混凝土泵送混凝土时的粗骨料最大粒径，除应符合上述规定外，对碎石不宜超过输送管径的1/3；对于卵石不宜超过输送管径的1/2.5，同时应符合混凝土泵制造厂的规定。			
6	注意事项	（1）施工前应对所用的碎石或卵石必须进行碱活性检验，在条件许可的情况下，尽可能避免采用有碱活性反应的骨料。 （2）具体试验方法可参考《公路工程集料试验规程》JTG E42—2005进行。 （3）骨料在采集、生产、运输与储存过程中，严禁混入影响混凝土功能的杂质。 （4）骨料在存放时必须按品种规格、分别堆放，不得混杂乱放。在装卸与储存时，应采取有效措施，使骨料颗粒级配均匀，并保持骨料的干净。			
审核人		交接人		接受交底人	

7.5 外 加 剂

外加剂的类型、要求、性能及适应范围　　　　表 7.5

工程名称		施工单位		编号	
序号	项目	外加剂的类型、要求、性能及适应范围内容			
1	类型	**外加剂的类型**　　　　表 7.5-1 <table><tr><td>序号</td><td>技术性能</td><td>主要种类</td></tr><tr><td>1</td><td>改善混凝土流动性</td><td>减水剂、引气剂、泵送剂</td></tr><tr><td>2</td><td>调节凝结时间</td><td>缓凝剂、速凝剂、早强剂</td></tr><tr><td>3</td><td>改善混凝土耐久性</td><td>引气机、防水剂、阻锈剂</td></tr><tr><td>4</td><td>改善其他性能</td><td>加气剂、膨胀剂、防冻剂、防水剂、泵送剂、着色剂</td></tr></table>			
2	一般要求	（1）应根据外加剂的特点，结合使用目的，通过技术、经济比较来确定外加剂的使用品种。如果使用一种以上的外加剂，必须经过配比设计，并按要求加入到混凝土拌合物中。在外加剂的品种确定后，掺量应根据使用要求、施工条件、混凝土原材料的变化进行配合。 （2）城市桥梁上所采用的外加剂，必须是经过有关部门检验并附有检验合格证明的产品，其质量应符合现行《混凝土外加剂》GB 8076—2008 的规定，使用前应复验其效果，使用时应符合产品说明及本规范关于混凝土配合比、拌制、浇筑等各项规定以及外加剂标准中的有关规定。不同品种的外加剂应分别存储，做好标记，在运输与存储时不得混入杂物和遭受污染。 （3）混合材料包括粉煤灰、火山灰质材料、粒化高炉矿渣等，应由生产单位专门加工，进行生产检验并出具生产合格证书，其技术条件应分别符合现行《用于水泥和混凝土中的粉煤灰》GB/T 1596—2017、《用于水泥中的火山灰质混合料》GB/T 2847—2005、《用于水泥中的粒化高炉矿渣》GB/T 203—2008 等标准的规定。使用单位对生产质量有怀疑时，应对其质量进行复查。 （4）混合材料在运输与存储中，应有明显标志，严禁与水泥等其他粉状材料混淆。			
审核人		交接人		接受交底人	

工程名称			施工单位		编号	
序号	项目		外加剂的类型、要求、性能及适用范围内容			

外加剂的功能与适应范围　　　　表 7.5-2

序号	类型	主要功能	适用范围
1	普通减水剂	(1)在保证混凝土工作性能和强度不变的条件下,可有效地节约水泥用量; (2)在保证混凝土工作性能和水泥用量不变的条件下,可以减少其用水量,达到提高混凝土的质量目的; (3)在保持混凝土用水量及水泥用量不变的条件下,可增大混凝土流动性	(1)用于日最低气温 5℃ 以上的混凝土施工的工程; (2)各种预制及现浇混凝土、钢筋混凝土、预应力混凝土; (3)高架桥上的大模板施工、滑模施工、大体积混凝土、泵送混凝土及流动性混凝土; (4)可用于防水混凝土
2	高效能减水剂	(1)在保证混凝土工作性能和水泥用量不变的条件下,可大幅度减少用水量,减水率大于12%,制备早强、高强混凝土; (2)在保持混凝土用水量及水泥用量不变的条件下,可增大混凝土流动性,制备大流动性混凝土	(1)用于日最低气温 5℃ 以上的混凝土施工; (2)用于钢筋密集、空间窄小及混凝土不易振捣的部位; (3)凡普通减水剂适用于范围,高效减水剂都能适用; (4)制备早强、高强混凝土,以及流动性混凝土
3	早强减水剂	(1)缩短混凝土的热蒸养时间; (2)加速自然养护混凝土的硬化,提高早期强度	(1)用于日最低气温 -3℃ 以上的自然气温,正负交替的亚寒区的混凝土施工; (2)用于蒸养混凝土、早强混凝土
4	引气减水剂	(1)改善混凝土拌合物的工作性,减少混凝土泌水离析; (2)提高硬化混凝土的抗冻性; (3)提高混凝土的抗渗性	(1)有抗冻融耐久性要求的混凝土; (2)骨料质量差以及轻骨料混凝土; (3)用于水工混凝土和泵送混凝土; (4)改善混凝土的抹光性
5	缓凝减水剂	降低混凝土热峰值及推迟热峰出现的时间	(1)大体积混凝土; (2)夏季和炎热地区的混凝土施工; (3)用于最低气温 5℃ 以上的混凝土施工; (4)预拌混凝土、泵送混凝土及滑模施工
6	抗冻剂	在负温条件下,使拌合物中仍有液相自由水,以保证水泥水化使用混凝土达到预期强度	有抗冻要求的混凝土拌合物
7	防水剂	能起防水、抗冻作用	有防水、抗冻要求的混凝土
8	阻锈剂	防止钢筋混凝土中的钢筋锈蚀	有阻锈要求的钢筋混凝土

序号 3　项目 外加剂的功能与适应范围

审核人		交接人		接受交底人	

工程名称		施工单位		编号	
序号	项目	外加剂的类型、要求、性能及适用范围内容			

		常用复合早强剂的成分与剂量 表 7.5-3		

类型	外加剂成分	常用剂量(以水泥质量计)(%)
复合早强	三乙醇胺＋氯化钠	(0.03～0.05)＋0.5
	三乙醇胺＋氯化钠＋亚硝酸钠	0.05＋(0.03～0.05)＋(1～2)
	硝酸钠＋亚硝酸钠＋氯化钠＋氯化钙	(1～1.5)＋(1～3)＋(0.3～0.5)＋(0.3～0.5)
	硝酸钠＋氯化钠	(0.5～1.5)＋(0.3～0.5)
	硝酸钠＋亚硝酸钠	(0.5～1.5)＋1.0
	硝酸钠＋三乙醇胺	(0.5～1.5)＋0.05
	硝酸钠＋二水石膏＋三乙醇胺	(1.0～1.5)＋2＋0.05
	亚硝酸钠＋二水石膏＋三乙醇胺	1.0＋2＋0.05

掺早强剂混凝土的技术性能 表 7.5-4

试验项目		一等品	合格品	试验项目		一等品	合格品
减水率(%)≥		—	—	抗压强度比(%)不少于	1d	130	125
泌水率(%)≤		100			3d	130	120
含气量(%)≤					7d	110	105
凝结时间差(min)	初凝	−90～90①			28d	100	95
	终凝			收缩率比,%,28d		135	
				相对耐久性能指标,%,200 次,不大于		—	
				对钢筋锈蚀作用		说明对钢筋有无危害	

注：① 要求提前 90min 至超时 90min。

减水剂主要化学成分、作用及用途 表 7.5-5

名称	主要化学成分	作用与用途
水质素系	主要成分为木质素磺酸盐或其衍生物,属于天然高分子化合物,目前国内研究及应用较多的有：M 型、木钠、CH、JM、－Ⅱ等	具有减水、增强、加气、缓凝等综合效果,可用于一般工程
磺化煤焦油系	以芳香族磺酸盐甲栓醛合物为主要成分。目前国内品种多达 20 余种,一般常用的有：NF、NNO、FDN-SF、AN3000、JN、HN、CU、CRS、SM 等	作用同上,但减水增强等效果均优于木质素系,属高效减水剂。适用于高强或超高强混凝土,高程泵送、超长距离泵送混凝土

掺减水剂混凝土的技术性能 表 7.5-6

试验项目		减水剂的品种										
		普通减水剂		高效减水剂		早强减水剂		缓凝高效减水剂		缓凝减水剂		加气减水剂	
		一等品	合格品	一等品	合格品	一等品	合格品	一等品	合格品	一等品	合格品	一等品	合格品
减水率(%),不少于		8	5	12	10	8	5	12	10	8	5	12	10
泌水率(%),不少于		95	100	90	95	95	100	100		100		70	80
含气量(%),≤		3.0	4.0	3.0	4.0	3.0	4.0	＜4.5		＜5.5		＜3.0	
凝结时间差(min)	初凝	−90～120		−90～120		−90～90		90		90		−90～120	
	终凝												
抗压强度比(%)不少于	1d	—	—	140	130	140	130	—		—		—	
	3d	115	110	130	120	130	120	125	120	100		115	110
	7d	115	110	125	115	115	110	125	115	110		110	
	28d	110	105	120	105	105	100	120	110	110		100	
收缩率比,%,28d		135		135		135		135		135		135	
对钢筋锈蚀作用		说明对钢筋有无危害											

审核人		交接人		接受交底人	

| 工程名称 | | 施工单位 | | 编号 | |

| 序号 | 项目 | 外加剂的类型、要求、性能及适用范围内容 | | | |

| 6 | 膨胀剂的掺量及适用范围 | | | | |

常用膨胀剂及其掺量　　　　表 7.5-7

序号	膨胀混凝土种类	膨胀剂名称	掺量 C_X(%)
1	补偿收缩混凝土(砂浆)	明矾石膨胀剂	13～17
		硫铝酸钙膨胀剂	8～10
		氧化钙膨胀剂	3～5
		氧化钙—硫酸钙复合膨胀剂	8～12
2	填充用膨胀混凝土(砂浆)	明矾石膨胀剂	10～13
		硫铝酸钙膨胀剂	8～10
		氧化钙膨胀剂	3～5
		氧化钙—硫酸钙复合膨胀剂	8～10
3	自应力混凝土(砂浆)	硫铝酸钙膨胀剂	15～25
		氧化钙—硫酸复合膨胀剂	15～25

膨胀剂的使用目的和适应范围　　　　表 7.5-8

膨胀剂类别	膨胀混凝土(砂浆)		
	种类	使用目的	适用范围
硫铝酸钙类、氧化钙类、氧化钙-硫铝酸钙类、氧化镁类	补偿收缩混凝土(砂浆)	减少混凝土(砂浆)干缩裂缝、提高抗裂性和抗渗性	屋面防水、地下防水、基础后浇缝、混凝土构件补强、防水堵漏、预添骨料混凝土以及钢筋混凝土、预应力混凝土
	填充用膨胀混凝土(砂浆)	提高机械设备和构件的安装质量,加快安装速度	机械设备的底座灌浆、地脚螺丝的固定、梁柱接头的浇筑、管道接头的填充和堵漏
	自应力混凝土(砂浆)	提高抗裂及抗渗性	用于常温下使用的自应力混凝土压力管

| 审核人 | | 交接人 | | 接受交底人 | |

7.6　掺合料与水

掺合料、水的技术性能与拌合物质含量限值　　　　表 7-6

| 工程名称 | | 施工单位 | | 编号 | |

| 序号 | 项目 | 掺合料、水的技术性能与拌合物质含量限值内容 | | | |

| 1 | 掺合料 | 概述 | 为了改善混凝土的性质、节约水泥、降低成本,可在混凝土中掺入适量的矿物材料,称为混凝土的掺合料。工程中常用的掺合料品种有粉煤灰、高钙粉煤灰、粒化高炉矿渣粉等。 | | |
| | | 粉煤灰 | 粉煤灰按品质分为Ⅰ、Ⅱ、Ⅲ三个等级。Ⅰ级粉煤灰适用钢筋混凝土和跨度小于 6m 的预应力混凝土;Ⅱ级粉煤灰适用钢筋混凝土和无筋混凝土;Ⅲ级粉煤灰适用无筋混凝土。见表 7.6-1 所列。 | | |

| 审核人 | | 交接人 | | 接受交底人 | |

工程名称		施工单位		编号	
序号	项目	掺合料、水的技术性能与拌合物质含量限值内容			

<table>
<tr><td rowspan="40">1

掺

合

料</td><td rowspan="9">粉
煤
灰</td><td colspan="5" align="right">粉煤灰主要技术性能   表 7.6-1</td></tr>
</table>

粉煤灰主要技术性能 表 7.6-1

技术性能指标		级别		
		Ⅰ级	Ⅱ级	Ⅲ级
细度(0.045mm方孔筛筛余)(%)	不大于	12	20	45
需水量比(%)	不大于	95	105	115
烧失量(%)	不大于	5	8	15
含水量(%)	不大于	1	1	不规定
三氧化硫(%)	不大于	3	3	3

高钙粉煤灰按其品质分为Ⅰ、Ⅱ两个等级。高钙粉煤灰的技术指标见表7.6-2所列。

高钙粉煤灰主要技术性能 表 7.6-2

序号	技术性能指标		级别	
			Ⅰ级	Ⅱ级
1	细度(45μm筛余)	(%)	12	20
2	游离氧化钙	(%)	3.0	2.5
3	体积安定性	(mm)	5	5
4	烧失量	(%)	5	8
5	需水量比	(%)	95	100
6	三氧化硫	(%)	3	3
7	含水率	(%)	1	1

粒化高炉矿渣粉（简称矿渣粉），是将符合要求的粒化高炉矿渣经干燥、粉磨（或添加少量石膏一起粉磨），达到相当细度且符合相应活性指标的粉末。分为S105、S95、S75三个等级，其技术性能应符合表7.6-3所列。

粒化高炉矿渣粉主要技术性能 表 7.6-3

序号	主要项目		级别		
			S105	S95	S75
1	密度(g/cm³)	不小于	2.8		
2	比表面积(m²/kg)	不小于	350		
3	活性指数(%)不小于	7d	95	75	55①
		28d	105	95	76
4	流动度比(%)	不小于	85	90	95
5	含水量(%)	不小于	1.0		
6	三氧化硫(%)	不小于	4.0		
7	氯离子①(%)	不小于	0.02		
8	烧失量②(%)	不小于	3.0		

① 可根据用户要求协商提高。
② 选择性指标。当用户要求时，供货方应提供矿渣粉的离子和烧失量数据。

审核人		交接人		接受交底人	

工程名称		施工单位		编号	
序号	项目	掺合料、水的技术性能与拌合物质含量限值内容			
2 水	拌合物质含量限值	混凝土拌和用水，按水源可分为饮用水、地表水、地下水、淡化海水，以及经过适当处理或处置后的工业废水，混凝土拌和水中各物质含量应符合表7.6-4所列。			

拌合物质含量限值　　　　　　　　表 7.6-4

序号	项目	预应力混凝土	钢筋混凝土	素混凝土
1	pH 值（mg/L）	＞4	＞4	＞4
2	不溶物（mg/L）	＜200	＜2000	＜5000
3	可溶物（mg/L）	＜200	＜5000	＜10000
4	氯化物（以 Cl^- 计）（mg/L）	＜500	＜1200	＜3500
5	硫酸盐（以 SO_4^{2-} 计）（mg/L）	＜600	＜2700	＜2700
6	硫化物（以 S^{2-} 计）（mg/L）	＜100	—	—

审核人		交接人		接受交底人	

7.7　水泥混凝土的配合比

水泥混凝土的配合比　　　　　　　　表 7-7

工程名称		施工单位		编号	
序号	项目	水泥混凝土的配合比内容			

混凝土浇筑入模时的坍落度　　　　　表 7.7-1

序号	构筑物的结构类型	坍落度（mm）
1	小型预制块及便于浇筑振动的结构	0～20
2	桥涵基础、墩台等无筋或少筋的结构	10～30
3	普通配筋率的钢筋混凝土结构	30～50
4	配筋较密、断面较小的钢筋混凝土结构	50～70
5	配筋极密，断面高而窄的钢筋混凝土结构	70～90

注：1. 水下混凝土、泵送混凝土的坍落度，另见有关章节的要求，用人工捣实时，坍落度宜增加20～30mm。
2. 当工程需要获得较大的坍落度时，可在不改变混凝土的水灰比，不影响混凝土的质量的情况下，适当掺加外加剂。

用量（序号2）：城市桥梁所使用的最大水泥用量（包括代替部分水泥的混合材料）不宜超过500kg/m³，大体积混凝土不宜超过 350kg/m³。

混凝土的最大水灰比和最小水泥用量　　　表 7.7-2

序号	混凝土结构所处环境	无筋混凝土		钢筋混凝土	
		最大水灰比	最小水泥用量 （kg/m³）	最大水灰比	最小水泥用量 （kg/m³）
1	温暖地区或寒冷地区，无侵蚀物质影响，与土直接接触	0.60	250	0.55	275
2	严寒地区使用除冰盐的桥涵	0.55	275	0.50	300
3	受侵蚀性物质影响	0.45	300	0.40	325

注：1. 本表中的水灰比是指水与水泥（包括外掺混合材料）用量的比值。
2. 本表中的最小水泥用量，包括外掺混合材料。当采用人工捣实混凝土时，水泥用量应增加25kg/m³。当掺用外加剂且能有效地改善混凝土和易性时，水泥用量可减少 25kg/m³。
3. 严寒地区是指最冷月平均气温不高于−10℃且日平均温度不高于 5℃的天数≥145d 的地区。

审核人		交接人		接受交底人	

工程名称		施工单位		编号	
序号	项目	水泥混凝土的配合比内容			
4	外加剂掺入时的使用要点	城市桥梁的钢筋混凝土施工中，对外加剂的掺入量的使用要点如下： （1）在钢筋混凝土中不得掺用氯化钙、氯化钠等氯盐。 （2）位于温暖或严寒地区、无侵蚀性物质影响及与土直接接触的钢筋混凝土构件，混凝土中的氯离子含量不宜超过水泥用量的 0.30%；位于严寒和海水区域、受侵蚀环境和使用除冰盐的桥梁，其离子含量不宜超过水泥用量的 0.15%。从各种组成材料引入的氯离子含量，如若大于上述的数值时，应该采取有效的防锈措施（比如掺入阻锈剂、增加保护层厚度、提高混凝土密实性等）。当采用洁净水和无氯骨料时，氯离子含量可主要以外加剂或混合材料的氯离子含量控制。 （3）无筋混凝土的氯化钙和氯化钠掺量，以干质量计，不得超过水泥用量的 3%。 （4）掺入加气剂的混凝土的含气量最适宜为 3.5%～5.5%。 （5）对由外加剂带入混凝土的碱含量应进行严格控制。每立方米混凝土的总含碱量，在高架桥上使用时不得大于 3.0kg/m³。			
5	混合料掺量	粉煤灰、火山灰及粒化高炉矿渣等混合材料作为水泥代替材料或混凝土拌合物的填充材料掺于硅酸盐水泥、普通水泥或其他水泥配制的混凝土拌合物中时，其掺量应通过试验确定，用于代替部分水泥时的掺量不应大于现行国家标准《通用硅酸盐水泥》GB 175—2007 的规定。			
6	泵送混凝土配合比	城市桥梁上所使用的混凝土，一般采用混凝土搅拌输送车和泵送混凝土浇筑，在正常情况下，必须符合以下要求。 （1）砂效率宜为 40%～50%。 （2）最小水泥用量 280～300kg/m³（输送管径 100～150mm）。 （3）混凝土拌合物的坍落度宜为 80～180mm。 （4）泵送混凝土中，宜掺入适量的外加剂或混合材料。			
7	配合比	城市桥梁上所使用的混凝土配合比的确定，主要是通过设计和试配确定配合比，应填写试配报告单，提交施工监理或有关方面批准。混凝土配合比使用过程中，应根据混凝土质量的动态信息，及时进行调整与报批。			
8	混凝土配制强度等级的计算公式	（1）城市桥梁施工过程中所采用的混凝土的配制强度 C_P 可以根据强度标准差的历史平均水平按如下公式计算来决定： $$C_P = C + 1.645\sigma$$ 式中　σ——混凝土强度标准差； 　　　C——混凝土设计强度等级。 （2）有关混凝土强度方面的解释： ①"同一种品种混凝土"是指混凝土强度相同且生产工艺和配合比基本相同的混凝土； ②对于预拌混凝土厂和预制混凝土构件厂，统计周期可取为 1 个月；对现场拌制混凝土的施工单位，统计周期可根据实际情况确定，但不宜超过 3 个月；			
审核人		交接人		接受交底人	

工程名称		施工单位			编号	
序号	项目	水泥混凝土的配合比内容				

| 8 | 混凝土配制强度等级的计算公式 | ③ 当混凝土强度为 C20 或 C25 时，如计算得到＜2.5MPa，取 2.5MPa；当混凝土强度高于 C25 时，如计算得到的＜3.0MPa，取 3.0MPa。
（3）当施工单位不具有近期同一品种混凝土强度资料时，其混凝土强度标准差 σ 可按表 7.7-3 选取：

σ 值（MPa）　　　　　表 7.7-3 |

σ 值（MPa）　　表 7.7-3

混凝土设计强度等级	低于 C20	C20～C35	高于 C35
混凝土强度标准差 σ	4.0	5.0	6.0

注：在施工中如若采用本表时，施工企业可以根据具体的实际情况，对 σ 值作适当的调整。

每立方米水泥混凝土配合比参考用料　　表 7.7-4

混凝土强度等级（MPa）	骨料最大粒径（mm）	强度等级 42.5 水泥（kg）	黄砂（中粗）（kg）	碎石（5～15）（kg）	碎石（5～15）（kg）	碎石（5～15）（kg）	水（m³）
40	15	598	563	1130	—	—	0.4
	25	530	594	358	835	—	0.44
	38	503	608	—	366	854	0.4
35	15	538	582	1171	—	—	0.4
	25	477	612	369	862	—	0.4
	38	452	624	—	376	878	0.4
30	15	463	608	1223	—	—	0.4
	25	410	634	383	893	—	0.4
	38	389	645	—	389	908	0.4
25	15	405	647	1243	—	—	0.4
	25	359	672	387	904	—	0.4
	38	331	686	—	397	924	0.4
20	15	346	650	1248	—	—	0.4
	25	307	672	387	904	—	0.4
	38	284	685	—	396	923	0.4
15	15	289	670	1288	—	—	0.4
	25	257	690	398	928	—	0.4
	38	236	702	—	405	946	0.4

序号 9　水泥混凝土配合比参考用料

审核人		交接人		接受交底人	

8 桥梁下部结构

8.1 概　述

桥墩、台的类型及适用条件

表 8-1

工程名称		施工单位		编号	
序号	项目	桥墩、台的类型及适用条件内容			
1 桥墩类型及适应范围	按截面形状分类	（1）矩形桥墩：该桥墩具有圬工量少、施工方便的优点，所以广泛地应用于无水或量较小的旱桥、立交桥、高架桥和不受水流方向影响、不受流冰撞击且靠近岸边的桥墩以及基础建筑在岩层上、桥孔无压缩和不通航有水河流上的跨河桥梁。 （2）圆形桥墩：该桥墩主要适用于河流急弯，流向不固定和与水流斜交角等于或大于15°时的桥梁上。 （3）圆端形桥墩：圆端形桥墩只适用于与水流斜交角度小于15°时的桥梁上，其主要的缺点是施工较为困难。 （4）尖端形桥墩：该桥墩适用于与水流斜交角小于5°及河床不允许有严重冲刷的小跨径桥梁上，其缺点是施工稍为麻烦。 （5）空心薄壁桥墩与工字形桥墩：该两种桥墩主要适用于墩身高度较大及通航河道的一些大跨径桥梁，它比一般桥墩节省圬工，但施工较困难，需要进行经济、技术等方面的比较后择优选取用。			
	按桥墩构造分类	（1）实体式桥墩：又称重力式桥墩，如图8.1-1所示，主要依靠自动平衡外力来保证桥墩的稳定。适用于荷载较大的大、中型桥梁和城市高架桥或流冰、漂浮物较多的河流中。在砂石料方面的地区、小桥也往往采用它。其主要缺点是体积大、自重大，因此，要求地基土的承载能力较高。 此外，阻水的面积比较大，所以，宜配用钢筋混凝土悬臂式墩帽以减小墩身的长度、宽度，如图8.1-2所示。 图 8.1-1　实体式桥墩示意图 （尺寸单位：m） 图 8.1-2　钢筋混凝土悬臂式墩帽 实体墩示意图（尺寸单位：m）			
审核人		交接人		接受交底人	

305

工程名称		施工单位	编号
序号	项目	桥墩、台的类型及适用条件内容	

1 桥墩类型及适应范围	按桥墩构造分类	（2）刚构式桥墩：为了加大桥梁的跨径、减轻墩身自重和减少阻水面积，可采用各式刚构墩，如斜腿式桥墩（图 8.1-3）、"Y"形桥墩（图 8.1-4）、"V"形桥墩（图 8.1-5）等。 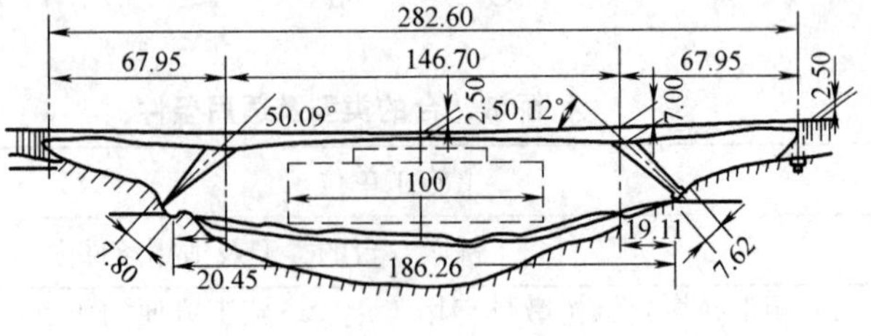

图 8.1-3　斜腿式桥墩示意图（尺寸单位：m）

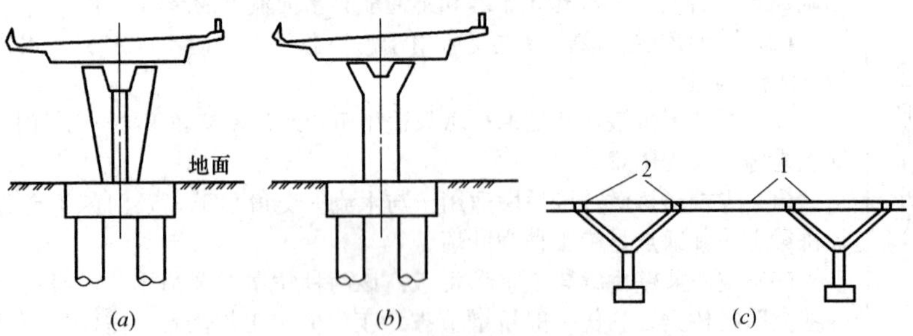

图 8.1-4　"Y"形桥墩示意图
1—预制梁；2—接头

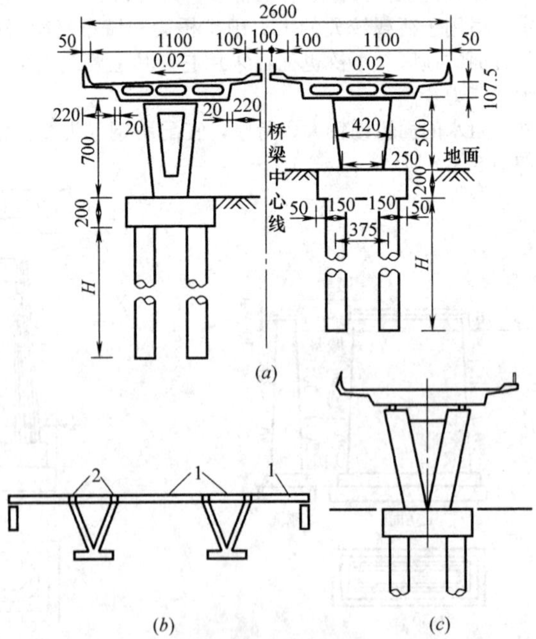

图 8.1-5　"V"形桥墩示意图（尺寸单位：cm）
1—预制梁；2—接头

审核人		交接人		接受交底人	

工程名称		施工单位		编号	
序号	项目	桥墩、台的类型及适用条件内容			

| 1 桥墩类型及适应范围 | 按桥墩构造分类 | （3）钢筋混凝土实体墙式墩与空心墩：为了减少实体墩对基底及地基的应力，可采用混凝土实体墙式墩（图 8.1-6）和钢筋混凝土空心墩（图 8.1-7）。实体墙式墩可以有效地节省圬工约 70%；空心墩更适用于高桥墩，但是据有关资料表明，在流速大并夹有大量泥砂的河流或可能有船、冰、漂浮物撞击的河流中不宜采用空心墩。

图 8.1-6　钢筋混凝土墙式墩　　图 8.1-7　钢筋混凝土空心墩（尺寸单位：m）

　　（4）桩（柱）式墩：该墩常为配合钻孔灌注桩而采用，一般用于桥跨径不大于 30m，墩身不高于 10m 的情况。桩柱式墩通常可分为：单排桩（柱）式、单根桩（柱）式、双桩（柱）式、多桩（柱）式、多排桩（柱）式。
　　（5）柔性排架墩：该墩是一种依靠支座摩阻力使桥梁上下部构成一个共同承受外力（主要指制动力、温度影响力等）和变形的整体，多用于桥墩高度在 6～7m 的多孔且跨径小于 16m 的梁式桥。当全桥孔数较多时，可设置几个刚性较大的墩，将全桥分成为若干联。
　　（6）轻型实体圆端型墩：适用于小跨径钢筋混凝土板桥，可采用石砌或者水泥混凝土现场灌注。 |
| 2 桥台类型与适用条件 | 按桥台的形式分类 | 　　（1）薄壁轻型桥台：常有的主要形式有悬臂式、扶壁式及箱式等，如图 8.1-8 所示。在一般情况下，悬臂式桥台的混凝土数量和用钢量较高，撑墙式与箱式的桥台模板用量较高。薄壁轻型桥台的优点与薄壁墩同。
　　另外尚有一种支撑梁轻型桥台。在条件许可的情况下、单跨或少跨的小跨径桥，可在轻型桥台之间或台与墩之间设置几根支撑梁，梁与台设置锚固栓钉，使上部结构与支撑梁共同支撑桥台以承受台后土压力。此时桥台与支撑梁及上部结构形成四铰框架。 |

审核人		交接人		接受交底人	

工程名称		施工单位		编号	
序号	项目	桥墩、台的类型及适用条件内容			

<table>
<tr><td rowspan="2">2
桥
台
类
型
与
适
用
条
件</td><td rowspan="2">按
桥
台
的
形
式
分
类</td><td>

图 8.1-8　薄壁轻型桥台示意图

（2）重力式桥台：该桥台主要靠自重来平衡台后的土压力，桥台本身多数由石砌、片石混凝土或混凝土等圬工材料建造，并用就地浇筑的方法施工。重力式桥台依据桥梁跨径、桥台高度及地形条件的不同情况而有多种形式，常用的类型有 U 形桥台，如图 8.1-9 所示，"八字式"和"一字式"桥台如图 8.1-10 所示。 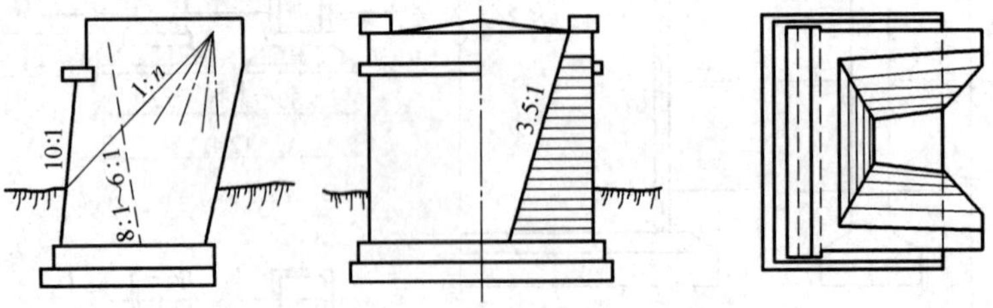

图 8.1-9　U 形桥台示意图 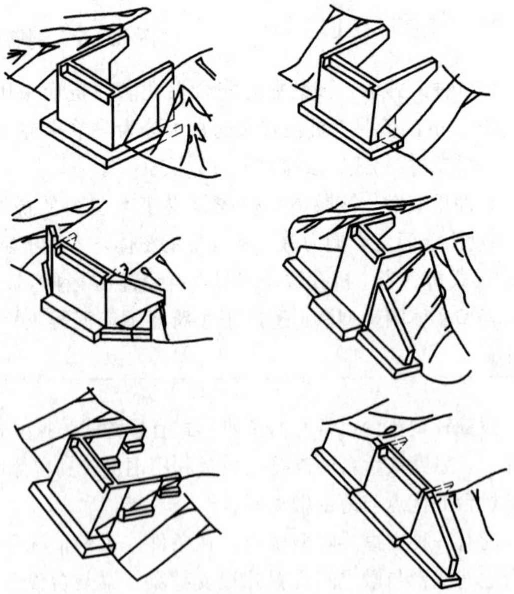

图 8.1-10　"八字式"和"一字式"桥台示意图

</td></tr>
</table>

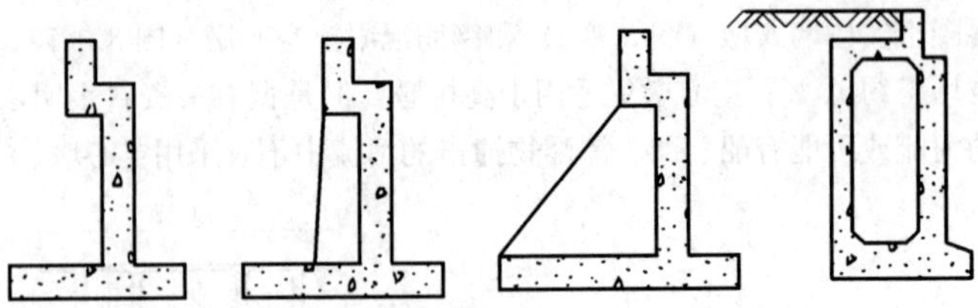

审核人		交接人		接受交底人	

工程名称		施工单位			编号	
序号	项目	桥墩、台的类型及适用条件内容				

| 2 桥 台 类 型 与 适 用 条 件 | 按 桥 台 的 形 式 分 类 | （3）埋置式桥台：如图 8.1-11 所示为埋置式桥台。一般是将台身埋置于台前溜坡内，不需要另设冀墙，仅由台帽两端耳墙与路堤衔接。根据地质地形等条件，埋置式桥台台身除由圬工材料修筑的重力式或将圬工台身挖成空心形式以节省圬工、减轻自重外，尚有由钢筋混凝土肋板或柱组成的框架桥台（如图 8.1-12 所示），该类桥台台帽和耳墙采用钢筋混凝土，台前溜坡伸入桥孔应有适当保护措施，以防冲毁，一般在台后填土高度小于 10m 的中等跨径的多跨桥梁中使用。

图 8.1-11　埋置式桥台示意图

图 8.1-12　钢筋混凝土肋板（柱）框架桥台示意图（尺寸单位：m）
（a）钢筋混凝土肋板式桥台；（b）钢筋混凝土双柱式桥台 |

| 审核人 | | 交接人 | | | 接受交底人 | |

工程名称		施工单位		编号	
序号	项目	桥墩、台的类型及适用条件内容			
2 桥台类型与适用条件	按桥台的形式分类	当跨径大而且台后填土高度超过 10m 以上时，常采用钢筋混凝土框架桥台，如图 8.1-13（a）所示，或者采用钢筋混凝土箱式桥台，如图 8.1-13（b）所示。 图 8.1-13　钢筋混凝土肋板框架及箱式桥台示意图（尺寸单位：cm）			
3 桥台形式的选择原则	因地制宜	（1）城市桥墩台形式选择应符合因地制宜、就地取材和便于施工、养护的原则，达到适用、安全、经济、与城市中周围环境协调、造型美观的目的。 （2）桥墩台设计与结构受力有关；与土质构造与地质条件有关；与水文、水利及河床性质有关。 （3）墩台经常受洪水、地震、上下部恒载与车辆荷载的动力作用，因此要使桥梁墩台置于稳定可靠的地基上。			
	结构符合要求	（1）桥梁上下部结构共同作用、互相影响，故应重视上下部结构的合理组合。桥梁上下部结构的某种情况下很难截然分开，特别是墩梁固接的预应力混凝土连续刚构桥，这就要求下部结构造型与上部构造及周围环境密切配合，使桥梁构造达到和谐、匀称。 （2）墩台的施工方法与构造型式有关，桥墩、薄壁直墩和无横隔板的空心墩采用滑动模板连续浇筑有较高的经济效益，而装配式桥墩常在带有横隔板的空心墩、"V"形墩、"Y"形墩等形式中都可以采用。 因此，选择墩台形式时还应从实际出发，尽量采用标准化、先进的施工工艺，以提高工程质量，加快施工速度，取得较好经济效益。			
审核人		交接人		接受交底人	

8.2 混凝土与混凝土墩台的施工技术交底

<table>
<tr><td colspan="3" align="center">混凝土与混凝土墩、台的施工技术交底</td><td align="right">表 8-2</td></tr>
<tr><td>工程名称</td><td></td><td>施工单位</td><td>编号</td></tr>
</table>

序号	项目	混凝土与混凝土墩、台的施工技术交底内容
1	桥墩台施工模板的种类与结构	（1）桥墩、台施工常用固定式模板，一般用木材或竹材制作，又称组合式模板。其各部件均在现场加工制作和安装。主要由立柱、肋木、壳板、撑木、拉杆（或钢）、枕梁与铁件等组成，圆端形墩固定式模板的构造见图 8.2-1 所示。 （2）根据墩、台外形的不同，模板可由竖直平面、斜平面、圆柱面和圆锥面等组成。立柱、肋木、拉杆和钢箍形成骨架。骨架的立柱安放在基础枕梁上，肋木固定在立柱上，木模壳板竖直布置在肋木上，立柱两端用钢拉杆连接，使模板具有足够的刚度。 图 8.2-1　圆端形墩固定式模板示意图 1—水平肋木；2—板；3—立柱；4—木拉条；5—拱肋木；6—安装柱；7—壳板；8—拉杆 （3）木壳板厚 30～50mm，宽 150～200mm。肋木一般用方木制作，间距由板厚及混凝土侧压力决定。立柱用圆木制作，两立柱间距为 0.7～1.2m。拉杆是 $\phi 12 \sim \phi 20$mm 圆钢。拱肋木与水平、竖直肋木之间也可用铁钉和螺旋栓连接。桥台的模板比桥墩复杂，多了背墙、耳墙等部位，但模板的基本构造仍如上述。更应注意肋木与立柱的连接，所有拉杆螺旋栓均应穿通到立柱。

审核人		交接人		接受交底人	

工程名称		施工单位		编号	
序号	项目	混凝土与混凝土墩、台的施工技术交底内容			
1 桥 墩 台 施 工 模 板 的 种 类 与 结 构	固定式模板	（4）固定式模板的主要优点是：整体性好，模板接缝少，适用性强，能根据高架桥墩、台形状进行制作和组装，不需要起重设备，运安装方便。其缺点是重复使用率较低，材料消耗量大，装拆、清理费时费工，很不经济，一般只用于中小规模的个别墩、台。			
	拼装式模板	拼装式模板是由各种尺寸的标准模板利用销钉连接并与拉杆、加劲构件等组成墩、台所需形状的模板。因为模板是在工厂加工制造而成，所以具有尺寸准确、体积小、质量小、拆装容易、运输方便等特点。它广泛用于桥墩或在同类墩、台较多时，待混凝土达到拆模强度后，就可以整块拆下，直接或略加修整就可以周转使用。拼装模板可用钢材或木材加工制作。钢模板可用 2.5～4mm 厚的薄钢板并以型钢为骨架，具有重复使用、拆装方便、节约材料、成本较低。			
	整 体 吊 装 模 板	（1）整体吊装模板的主要特点：安装时间较短，施工进度快，有利于提高施工质量；将拼装模板的高空作业改为平地操作，施工安全可靠；模板刚度大，可少设拉筋，节约钢材，并可利用模板外框架作简易脚手架；整体吊装模板的结构简单，拆除安装方便，并可以反复地进行重复使用；但是在施工时需要一套吊装设备。 （2）整体吊装模板是将桥墩、台模板组成一个整体，在地面拼装后吊装就位。组装的方法：根据墩台高度分层支模和灌注混凝土，每层的高度应根据墩台的尺寸和模板数量以及灌注混凝土的能力而定，一般为 3～5m。用起重机吊起大块板扇，按分层高度安装好第一层模板，其组装方法与低墩、台组装模板的方法相同。模板安装完后在灌注第一层混凝土时，应在墩、台身内预埋支承螺栓，以支撑第二层模板和安装脚手架。 （3）对于圆形、方形柱式墩，可根据施工现场的吊装能力，分节组装成整体模板，以加快施工进度，减轻劳动强度和保证施工安全。整体模板的高度应视吊装能力并结合分段高度而定，一般为 2～4m。为了确保整体模板具有足够的刚度和强度，吊装前应进行强度验算和加固，以防在吊装时变形。整体圆形柱模板和方形柱模板的结构如图 8.2-2 所示。 图 8.2-2　整体形柱模板和方形柱模板的结构示意图 1、6—模板；2—柱箍；3—定位销；4—卡具；5—夹具臂；7—横肋；8—连接销子；9—可调螺丝			
审核人		交接人		接受交底人	

工程名称		施工单位		编号	
序号	项目	混凝土与混凝土墩、台的施工技术交底内容			

<table>
<tr><td rowspan="... ">2</td><td rowspan="... ">混凝土的运送与钢筋混凝土墩台施工要点</td><td colspan="4">

（1）对混凝土运输的要求：对高墩台施工时，其混凝土从搅拌处至浇筑地点的运输过程中，应采取措施使混凝土保持均匀性和规定的坍落度，不出现漏浆、失水、离析等现象，否则须在浇筑前进行二次搅拌。当混凝土拌合物运距较近时，可采用无搅拌器的运输工具运输；当运距较远时，宜用搅拌运输车运输。混凝土从搅拌机中卸出后到浇筑地点的连续时间不应大于表 8.2-1 中的规定值。

</td></tr>
</table>

混凝土拌合物运输时间限制（min）　　　　　　　　　表 8.2-1

序号	气温（℃）	无搅拌设备运输（min）	有搅拌设备运输（min）
1	20～30	30	60
2	10～19	45	75
3	5～9	60	90

（2）水平运输与垂直运输：

① 无搅拌器的设备运，见表 8.2-2 所列；

桥墩、台的混凝土水平运输设施　　　　　　　　　表 8.2-2

序号	设备名称	通过宽度（m）	容积范围（m³）	运输距离（m）
1	单、双轮手推车	1.9～1.8	0.6～0.8	30～50
2	FC-1 机动翻斗车	2.0～2.2	0.4	100～300
3	CA40 解放牌自卸汽车	3.5～4.0	2.4	500～2000
4	电动送料车	1.6～2.0	0.5,1.0,2.0	30～50
5	混凝土吊斗	1.4～1.5	0.5～1.0	100～300

　　如若混凝土数量大，灌注振捣速度快时，可采用混凝土泵和皮带运输机。皮带运输机的运输带转动速度应不大于 1.2m/s。其最大倾斜角：当混凝土坍落度小于 4cm 时，向上传送为 18°，向下传送为 12°；当坍落度为 4～8cm 时，则分别为 15°和 10°。

　　② 混凝土输送车：在桥墩、台的施工过程中，一般需要能在运输途中进行搅拌的运输车，常在混凝土泵车的配合下进行浇筑，多用于运距较远或工点分散且混凝土数量较大的工程，可防止运输时间较长情况下混凝土粘结和离析。

混凝土及钢筋混凝土墩台施工要点

　　（1）桥墩台施工前应在基础顶面放出墩、台中线和墩、台内、外轮廓线的准确位置。

　　（2）现浇混凝土墩、台钢筋的绑扎应和混凝土的灌注配合进行。在配置垂直方向的钢筋时应有不同的长度，以便同一断面上下的钢筋接头能符合《公路桥涵施工技术规范》JTG/T F50—2011 的有关规定。水平钢筋的接头也应内外、上下互相错开。钢筋保护层的净厚度，应符合设计规范要求。

　　（3）浇筑混凝土的质量应从准备工作、拌合材料、操作技术和灌后养护这四方面加以控制。滑模浇筑应选用低流动度的或半干硬性的混凝土拌合料，分层分段对称浇筑，并应同时浇完一层。各段的浇筑应到距模板上缘 10～15cm 处为止。采用插入式振捣器时，应插入下层混凝土 5～10cm。要防止千斤顶和油管在混凝土和钢筋上漏油。浇筑混凝土要连续操作，如因故中途停止，应按施工缝处理。

　　（4）施工中应注意掌握混凝土的浇筑速度。混凝土的配制、输送及灌筑速度应符合：

$$V \geqslant Ah/t$$

审核人		交接人		接受交底人	

工程名称		施工单位		编号	
序号	项目	混凝土与混凝土墩、台的施工技术交底内容			

混凝土与混凝土墩、台的施工技术交底内容

序号：2

项目：混凝土的运送与钢筋混凝土墩台施工要点 / 混凝土及钢筋混凝土墩台施工要点

式中 V——混凝土配制、输送及浇筑的容许最小速度，m^3/h；

A——浇筑的面积，m^2；

h——浇筑层的厚度，m；

t——所用水泥的初凝时间，h。

混凝土浇筑层的厚度 h，应根据使用的振捣方法而定，若墩台截面积不大时，混凝土应连续一次浇筑完成，以保证其整体性。

（5）对于大体积混凝土应参照下述方法控制混凝土水化热温度：

① 采用改善骨料级配、降低水灰比、掺入混合料、掺入外加剂、掺入片石等方法减少水泥的使用量；采用水化热低的大坝水泥、矿渣水泥、粉煤灰水泥或低强度等级水泥；

② 尽可能地减小浇筑层的厚度，达到加快混凝土散热速度的目的；

③ 所采用的混凝土用料应尽量避免日光暴晒，以降低用料的初始温度。

（6）在混凝土浇筑施工过程中，应随时观察所设置的预埋螺栓、预留孔、预埋支座的位置是否移动，若发现移动时必须应及时校正。浇筑过程中还应注意模板、支架的情况，如有变形或沉陷时应立即校对，并进行及时的加固。

（7）对于高大的桥台，若台身后仰，本身自重力偏心较大，为平衡台身偏心，施工时应随同填筑台身四周路堤上方同步砌筑或浇筑台身，防止桥台后倾或向前滑移。在未经填土的台身施工高度一般不宜超过4m，以免偏心所引起基底不均匀地沉陷。

（8）对于"V"形、"Y"形和"X"形桥墩的施工方法与桥梁的结构体系有密切关系。通常对这类高架桥可分为"V"形墩结构、锚跨结构和挂孔部分三个施工阶段。其中"V"形墩是高架桥的施工重点，它由两个斜腿和其顶部主梁组成倒三角形结构。现以某高架桥"V"形墩施工为例以说明，如图8.2-3所示。

① 斜腿内的高强钢丝束、锚具与高频焊管连成一体并和第1节劲性骨架一起安装在墩座及斜腿位置处，灌注墩座混凝土。如图8.2-3（a）所示；

② 装平衡架、角钢拉杆及第2节劲性骨架，见图8.2-3（b）；

③ 分两段对称灌注斜腿混凝土。见图8.2-3（c）；

④ 张拉临时斜腿预应力拉杆，并拆除角钢拉杆及部分平衡架构件。见图8.2-3（d）；

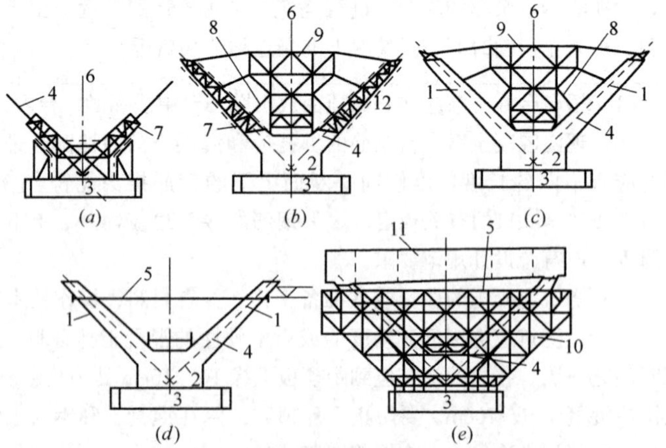

图 8.2-3 高架桥"V"形墩施工程序

1—斜腿；2—墩座；3—承台；4—高频焊管、钢丝束；5—预应力拉杆；6—墩中心线；
7—劲性钢架（第1节）；8—角钢拉杆；9—平衡架；10—膺架；11—梁体；12—劲性钢架（第2节）

审核人		交接人		接受交底人	

工程名称		施工单位		编号	
序号	项目	混凝土与混凝土墩、台的施工技术交底内容			

2 混凝土的运送与钢筋混凝土墩台施工要点	混凝土及钢筋混凝土墩台施工要点	⑤ 在施工安装"V"形腿间墩旁膺架时，灌注主梁0号节段混凝土，张拉斜腿及主梁钢丝束或粗钢筋； ⑥ 最后拆除临时预应力拉杆及墩旁膺架，使其形成"V"形结构。具体结构可见图8.2-3（e）所示。 （9）斜腿内采用劲性骨架和斜腿顶部采用临时预应力拉杆的作用：吊挂斜腿模板及其他施工荷载；在结构中替代部分主筋及箍筋；可减少施工时的斜腿截面内力。 （10）为保证施工中结构自身的稳定性和刚度，将两侧劲性骨架用刚拉杆连接在平衡架上。两斜腿间主梁的施工，是在膺架上分三段灌注，其大部分重力由膺架承受并传至基础上，只有在"V"形墩顶主梁合拢时，合拢段有1/3重力由斜腿承受。
	片石混凝土砌体墩台的施工要点	当采用片石混凝土浇筑高架桥的墩、台时，混凝土中允许填充粒径大于150mm的石块，并且应遵守下列规定： （1）所填充石块的数量不宜超过桥墩混凝土结构体的25%。 （2）应选用无裂纹、无夹层和未煅烧过的并具有抗冻性的石块。 （3）石块的抗压强度应符合《公路桥涵施工技术规范》JTG/T F50—2011的有关规定，与对碎石、卵石的要求相同。石块在使用前必须仔细地进行清扫，并用水冲洗干净。 （4）所有的石块应埋入新灌注的捣石的混凝土中一半以上。对受拉区混凝土不宜埋放石块，当气温低于0℃时，应停止埋石块。 （5）石块在混凝土中应分布均匀，两石块间的净距不应小于100mm，以便捣实其间的混凝土。石块距表面（包括侧面与顶面）的距离不得小于150mm，具有抗冻要求的表面不得小于300mm，并不得与钢筋接触和碰撞预埋件。当采用片石混凝土砌体时，石块含量可增加到到砌体体积的50%～60%，石块净距可减为40～60mm，其他要求与片石混凝土相同。
	装配式桥墩的施工	（1）砌块式墩台施工： 砌块式墩台的施工大体上与石砌墩台相同，只预制砌块的形式因墩台形状不同而有很多变化。例如1975年建成的兰溪大桥，主桥墩身系采用预制的素混凝土壳块分层砌筑而成。壳块按平面形状分为Ⅱ型和Ⅰ型两大类，再按其砌筑位置和具体尺寸又分为5种型号，每种块件等高，均为35mm，块件单元重力为900～1200N，每砌三层为一段落。该桥采用预制砌块建造桥墩，不仅节约混凝土数量约26%，节省木材50m³和大量铁件，而且砌缝整齐，外貌美观，更主要的是加快了施工速度。图8.2-4所示为预制块件与空腹墩施工示意图。 （a）　　　　　　　　　　　　　（b） 图8.2-4　兰溪大桥预制砌块墩身施工示意图 （a）空腹墩壳块；（b）空腹墩砌筑过程

| 审核人 | | 交接人 | | 接受交底人 | |

工程名称		施工单位		编号	
序号	项目	混凝土与混凝土墩、台的施工技术交底内容			
2 混凝土的运送与钢筋混凝土墩台施工要点	装配式桥墩的施工	(2) 柱式墩施工： 　　装配式柱式墩的施工工序为预制构件、安装连接与混凝土填缝养护等。其中拼装接头是关键工序，既要牢固、安全，又要结构简单便于施工。常用的拼装接头方法有： 　　1) 承插式接头：将预制构件插入相应的预留孔内，插入长度一般为 1.2～1.5 倍的构件宽度，底部铺设厚度为 20mm 的砂浆，四周以半干硬性混凝土填充，此法用于立柱与基础的接头连接； 　　2) 钢筋锚固接头：构件上预留钢筋或型钢，插入另一构件的预留槽内，或将钢筋相互焊接，再灌注半干硬性混凝土，多用于立柱与钉帽处的连接； 　　3) 焊接接头：将预埋在构件中的铁件与另一构件的预埋铁件用电焊连接，外部再用混凝土封闭。这种接头易于调整误差，多用于水平连接杆与主柱的连接； 　　4) 扣环式接头：相互连接的构件按预定位置预埋环式钢筋，安装时柱脚先坐落在承台的柱芯上，上下环式钢筋相互错接，扣环间插入 U 形短钢筋焊牢，四周再绑扎钢筋一圈，立模浇筑外围接头混凝土。要求上下扣环预埋位置正确，施工较为复杂； 　　5) 法兰盘接头：在相连接构件两端安装法兰盘，连接时用法兰盘连接，要求法兰盘预埋位置必须与构件垂直。接头处可不用混凝土封闭； 　　6) 采用装配式柱式墩台施工时的注意事项： 　　① 墩台柱构件与基础顶面预留杯形基座应编号，并检查各个墩、台高度和基坐标高是否符合设计要求；基杯口四周与柱边的空隙不得小于 20mm； 　　② 墩台柱吊入基杯内就位时，应在纵横方向测量，使柱身竖直度或倾斜度以及平面位置均符合设计要求；对重大、细长的墩柱，需用风缆或撑木固定，方可摘除吊钩； 　　③ 在墩台柱顶安装盖梁前，应先检查盖梁口预留槽眼位置是否符合设计要求，否则先修凿； 　　④ 柱身与盖梁（钉帽）安装完毕并检查符合要求后，可在基杯空隙与盖梁槽眼处灌筑稀砂浆，待其硬化后，撤除楔子、支撑或风缆，再在楔子孔中灌填砂浆。 　　7) 在基础或承台上安装预制混凝土管节、环圈做墩台的外模时，为使混凝土基础与墩台连接牢固，应由基础或承台中伸出钢筋插入管节、环圈中间的现浇混凝土内，插入钢筋的数量和锚固长度应按设计规定或通过计算决定。 　　(3) 后张法预应力混凝土装配墩施工： 　　1) 装配式预应力钢筋混凝土墩分为基础、实体墩身和装配墩身三大部分。装配墩身由基本构件、隔板、顶板及钉帽四种不同形状的构件组成，用高强钢丝穿入预留的上下贯通的孔道内，张拉锚固而成（图 8.2-5）； 　　2) 实体墩身是装配墩身与基础的连接段，其作用是锚固预应力钢筋，调节装配墩身高度及抵御洪水时漂流物的冲击等； 　　3) 装配式预应力桥墩施工流程主要分成施工准备、构件预制及墩身装配三方面。全过程贯穿着质量检查工作： 　　① 实体墩身灌注时要按装配构件孔道的相对位置，预留张拉孔道及工作孔； 　　② 构件装配的水平拼装缝采用 M35 水泥砂浆，砂浆厚度为 15mm，便于调整构件水平标高，不使误差积累；
审核人		交接人		接受交底人	

316

工程名称		施工单位		编号	
序号	项目	混凝土与混凝土墩、台的施工技术交底内容			
2	混凝土的运送与钢筋混凝土墩台施工要点	装配式桥墩的施工	③ 安装构件的操作要领是：平、稳、准、实、通五大关键，即起吊要平、构件顶面要平、内外壁砂浆接缝要抹平；起吊、降落、松钩要稳；构件尺寸要准、孔道位置要准、中线准及预埋配件位置准；接缝砂浆要密实；构件孔道要畅通； ④ 张拉预应力的钢丝束分两种，一种是直径为 5mm 的高强度钢丝，用锥形锚具；另一种用 7φ4mm 钢绞线，用 JM12-6 型锚具，采用一次张拉工艺。 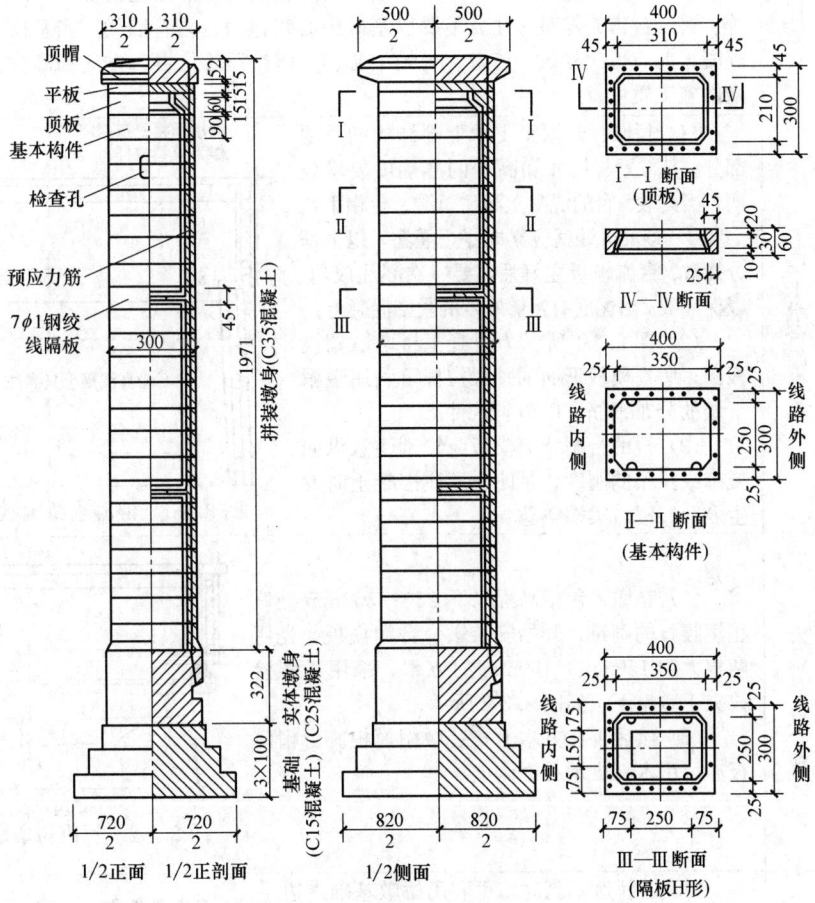 图 8.2-5 装配式预应力混凝土墩构造图（尺寸单位：cm） 4）张拉位置可以在钉帽上张拉，亦可在实体墩身下张拉，一般多在钉帽上张拉，孔道压浆前先用高压水冲洗； 5）采用纯水泥浆，为减少水泥浆的收缩及泌水性能，可掺入水为水泥重量（0.8～1.0)/10000 的矿粉。压浆最好由下而上压注，压浆分初压与复压，初压后，约停 1h，待砂浆初凝即进行复压，复压压力可取为 0.8～1.0MPa，初压压力可小一点。压浆时，构件上的砂浆接缝全部湿润，说明接缝砂浆空隙中压入了水泥浆，起到了密实接缝的作用。实体墩身的封锚采用与墩身同强度的混凝土，同时要采用防水措施。钉帽上的封锚采用钢筋网罩焊在垫板上，单个或多个连在一起，然后用混凝土封锚。			
审核人		交接人		接受交底人	

8.3 桥墩、台帽施工技术交底

桥墩、台帽施工技术交底 表8-3

工程名称			施工单位		编号	
序号	项目	桥墩、台帽施工技术交底内容				
1	概述	放样要求	桥墩、台帽混凝土灌注至或者砌至离墩、台帽下缘大约300～500mm高度时，即测量出墩、台纵横中心轴线，并开始竖立墩、帽模板，安装锚栓孔或安装预埋支座垫板，绑钢筋等。桥台台帽放样时应注意不要以基础中心线作为台帽背墙线。当基模板立好后，在灌注混凝土前应再次复核，使墩、台帽中心、支座垫石等位置、方向和高程不出差错，确保桥墩的施工质量。			
2	桥墩、台帽模板施工	混凝土墩台帽模板	（1）桥墩、台帽系支承上部结构的重要部分，其位置、尺寸和高程的准确度要求较严，当其墩、台的混凝土灌注至墩、台帽下约为300～500mm处就应立即停止灌注，以上部分待墩、台帽模板立好后，要一次灌注成功，以保证墩、台帽底有足够厚度的紧密混凝土。 （2）图8.3-1所示为混凝土桥墩墩帽模板图，墩帽模板下面的一根拉杆可利用墩帽下层的分布钢筋，以节省铁件。 （3）桥的台帽背墙模板应特别注意纵向支撑或拉条的刚度，是防止灌注混凝土时发生鼓肚，侵占梁端空隙。	 图8.3-1 混凝土桥墩墩帽模板示意图		
		石砌墩台帽模板	（1）在墩、台帽高程以下250～300mm处停止填腹石的砌筑，开始安装墩、台帽模板。先用两根大约150mm×150mm的方木，采用长螺栓拉夹于墩帽下，如图8.3-2所示。 （2）然后再在方木上安装墩帽模板。台帽模板亦可用木料支承在锥体上。	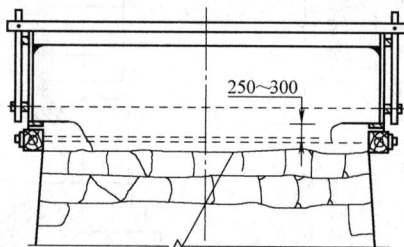 图8.3-2 石砌桥墩墩帽模板示意图		
		悬臂墩帽	（1）若桥墩不高时，可利用桥墩基础襟边竖支架，在悬出的支架上力模，如图8.3-3（a）所示。如桥墩较高时，可预先在墩身上部预埋螺栓2～3排，以锚定牛腿支架、承托模板，如图8.3-3（b）所示。 （2）模板的安装程序为：在支架上先安装好底模板；墩上绑扎或整体吊放墩帽钢筋；竖立侧面模板；装横挡螺栓、横向支撑、拉杆和斜撑。 （3）悬臂墩帽混凝土应由墩中部向悬臂顺序浇筑。帽高在50cm以上时，应分层浇筑，使模板受力较均匀，并便于混凝土振捣密实。	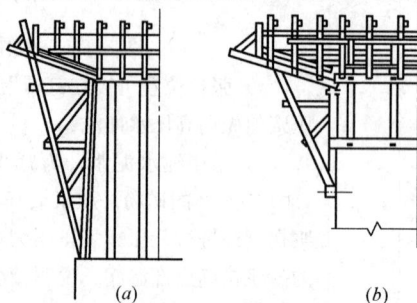 图8.3-3 悬臂墩帽模板示意图		
审核人			交接人		接受交底人	

工程名称		施工单位		编号	
序号	项目	桥墩、台帽施工技术交底内容			

2 桥墩、台帽模板施工	桩柱墩墩帽	（1）对于桩柱墩帽又称为盖梁，除装配式的以外，需要现场立模浇筑。盖梁圬工体积小，有条件利用钢筋混凝土桩柱本身作模板支撑。 （2）其主要方法是采用两根木梁将整排桩柱用螺栓相对夹紧，然后在其上铺横梁，横梁间衬以方木，调节间距，也可用螺栓隔桩柱成对夹紧，在横梁上直接安装底模板。 （3）而两侧模板借助于横梁、上拉杆和一对三角撑所组成的方框架来固定。所有框架榫眼及角撑均预先制好，安装时只用木楔尖紧框构四周，就能迅速而准确地使模板定位，如图 8.3-4 所示。这种模板装拆方便，有利于重复使用。 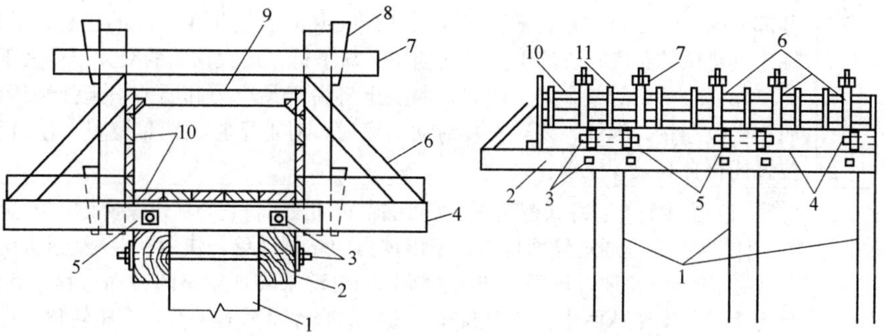

图 8.3-4　桩柱墩墩帽整体式模板示意图

1—钢筋混凝土桩柱；2—木梁；3—螺栓；4—横梁；5—衬木；6—角撑；
7—拉杆；8—木楔；9—内撑；10—模板；11—肋木

3 桥墩、台帽的安装施工	钢筋网预埋件的内容	（1）桥墩、台帽支座处一般均布设 1～3 层钢筋网。当墩、台帽为素混凝土或虽为配筋混凝土，但对钢筋网未设置架立钢筋时，施工中应根据各层钢筋网的高程安排墩、台帽混凝土的浇筑程序。为了保证各层钢筋网位置正确，必须在两侧模板上画线，并加设固定钢筋网的架立钢筋和定位钢筋，以避免振捣混凝土时钢筋网发生其位移。 （2）桥墩、台的预埋件一般有以下几种内容： 1）支座预埋件：主要包括钢板支座的下锚栓及下垫板、切线式支座的下锚栓及下座板、摆柱式支座的锚栓及垫板、盆式橡胶支座的固定锚栓等； 2）防振锚栓；装配式墩、台帽的吊环； 3）供运营阶段使用的扶手、检查平台和护栏等； 4）供观测用的标尺、防振挡块的预埋钢筋等。
	板式橡胶支座的安装	（1）安装前应将墩、台支座支垫处和梁底面清洗干净，去除油垢，用水灰比不大于 0.5 的 1∶3 水泥砂浆仔细抹平，使其顶面标高符合设计的要求。 （2）对应的支座安装，应尽可能安排接近年平均气温的季节里进行，主要是减少由于温差变化过大而引起的剪切变形。 （3）梁、板安放施工时，必须细致稳妥，使其梁、板就位准确且与支座紧密地粘贴在一起，勿使支座产生剪切变形。 （4）就位不准时，必须吊起重放，不得使用撬杠来移动梁、板。 （5）当墩台的两端标高不同时，应顺桥向或横桥向有坡度时，支座安装必须严格按照设计规定的有关技术要求执行。 （6）支座周围应设排水坡，防止积水，并注意及时清除支座附近的尘土、油脂与污垢等。

审核人		交接人		接受交底人	

工程名称			施工单位		编号	
序号	项目		桥墩、台帽施工技术交底内容			

序号	项目	桥墩、台帽施工技术交底内容
3 桥墩、台帽的安装施工	盆式橡胶支座的安装	（1）安装前应将支座的各相对滑移面和其他部分用丙酮或酒精擦拭干净。 （2）支座的顶板和底板可用焊接或锚固螺栓拴接在梁体底面和墩台顶面的预埋钢板上，采用焊接时，应防止烧坏混凝土而采用必要的有效措施。 （3）安装锚固螺栓时，其外露螺杆的高度不得大于螺母的厚度；上下支座安装顺序，宜先将上座板固定在梁上，然后根据其位置确定底盆在墩台的位置，最后予以固定。 （4）安装支座的标高符合设计要求，平面纵横两个方向应水平，支座承压小于5000kN时，其四角高差不得大于1mm；支座承压大于5000kN时，不得大于2mm。 （5）安装固定支座时，其上下各个部件纵轴线必须对正；安装纵向活动支座时，上下各部件纵轴线必须对正，横轴线应根据安装时的温度与年平均的最高、最低温差，由计算确定其错位的距离；支座上下导向挡块必须平行，最大偏差的交叉不得大于5′。 （6）在桥梁的整个施工期间，混凝土将由于预应力和温差引起弹性压缩、徐变和伸缩而产生位移量，因此，要在安装活动支座时，对上下板预留偏移量，使桥梁建成后的支座位置能符合其设计要求。
	球式钢支座的特点与安装	（1）主要特点：球式钢支座受力可靠，转动灵活，它与盆式橡胶支座相比，具有如下特点： ① 球型支座通过球面传力，不出现力的缩颈现象，作用在混凝土上的反力比较均匀； ② 球型支座通过球面聚四氟乙烯板的滑动来实现支座的转动过程，其转动力矩小，而且力矩只与支座球面半径及聚四氟乙烯板的摩擦系数有关，与支座转角大小无关； ③ 支座各转向性能一致，适应于宽的城市桥梁、曲线桥； ④ 支座不用橡胶承压，不存在橡胶老化对支座转动性能的影响，特别适应于低温地区。 （2）安装要求： 1）采用球型支座时，桥梁梁体及桥墩、台支承部位混凝土强度不得低于32.5MPa； 2）支座与梁体及墩、台采用预埋螺栓连接，必要时也可采用预埋钢板焊接连接，但将支座与梁体及墩、台预埋钢板焊接时，要防止支座钢体过热，以避免烧坏硅脂及聚四氟乙烯板； 3）支座安装标高应符合设计要求，要保证支座支承平面的水平及平整，支座支撑面四角高差不得大于1mm； 4）支座进场后，应检查装箱清单，包括配件清单、支座产品合格证、支座安装养护细则等； 5）支座安装时应注意以下事项： ① 支座中心线应与主梁中心线平行；活动支座上、下支座板顺桥方向的中心线应重合，其交角不得大于5′； ② 支座安装时不得松动上、下支座连接板，以防止支座发生过大转角而倾覆，该连接在梁体安装完成后应予拆除，以防约束梁体的正常转动； ③ 拆除上、下支座连接板后，应及时安装DX及ZX活动支座的橡胶防尘罩；现浇混凝土梁在梁体注成整体后，在施工梁体预应力前拆除连接板； ④ 支座在安装围板前，应用棉丝将不锈钢滑动表面仔细擦净，主要是防止灰尘侵入聚四氟乙烯板表面； 6）支座应每年定期进行一次检查及养护工作，其主要内容包括：检查支座锚栓有无剪断，支座橡胶密封圈有无龟裂、老化；检查支座相对位移值是否均匀；清除支座附近的杂物及灰尘，松动锚栓螺母一次，清洗上油，以避免螺母锈死，然后紧固；校核并定点检查支座高度变化，以便校核支座内四氟乙烯板的磨耗情况，超过3mm时，应拆换橡胶密封圈。
审核人			交接人		接受交底人	

工程名称		施工单位		编号	
序号	项目	桥墩、台帽施工技术交底内容			

序号 3　桥墩、台帽的安装施工

项目　预留锚栓孔的安装

（1）桥墩、台帽的预留锚栓孔必须在安装墩、台帽模板时，安装好锚栓预留锚栓孔模板，在绑扎钢筋时注意将预留孔位置留出。

（2）一般来说，预留锚栓孔应该是下大上小，其模板可采用拼装式的，图8.3-5所示为锚栓孔模板的示意图。

（3）模板安装施工中，其顶面可比支座垫石顶面约5mm，以便于石顶面的抹平。带弯钩的锚栓的安装时应考虑其弯钩的方向。

（4）为了便于安装锚栓后灌实锚栓孔，可在每一锚栓孔模板的外侧上部用三角木块预留进浆槽。

（5）锚栓孔模板可在支座垫石模板上放线定位。支座垫石混凝土强度达2.5MPa时即可拆除锚栓孔模板。

（6）当上部梁板为现浇整体结构时，墩、台帽上的预留锚栓可直接浇筑在墩、台帽中，并按设计尺寸留出外露部分。

（7）有的钢支座，例如切线支座（又称为弧形支座）的下摆不用垫板焊接，而采用在墩、台内埋螺栓的方式。

（8）为了确保螺栓位置与支座的孔眼准确密合，浇筑墩、台帽混凝土时，预留出100～200mm的锚栓孔，待支座及锚栓安装就位后，再灌浆锚栓孔封固。

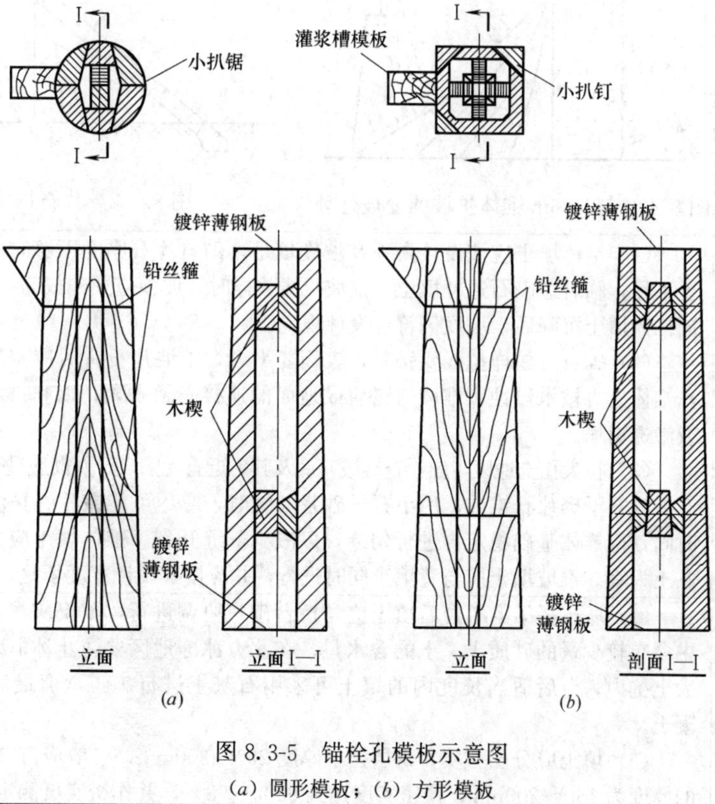

图8.3-5　锚栓孔模板示意图
(a) 圆形模板；(b) 方形模板

审核人		交接人		接受交底人	

8.4 桥台附属工程施工技术交底

工程名称		施工单位		编号	
序号	项目	桥台附属工程施工技术交底内容			
1 桥台翼墙与锥坡施工	翼墙与锥坡的作用	(1) 翼墙、锥坡是用来连接桥台和路堤的防护建筑物，它的主要作用是稳固路堤，防止水流的冲刷翼墙设于桥台两侧，在平面上形成"八"字，立面上为一变高度的直线墙，其坡度变化与台后路堤边坡的坡度相适应。翼墙的竖直截面为梯形，翼墙顶设帽石。 (2) 翼墙一般为浆砌片石或浆砌块石结构。根据地基情况，翼墙基础采用浆砌片石或片石混凝土结构；锥坡一般为椭圆形曲线，锥体坡面沿长轴方向与路基边坡相同，一般为 1：1.5，沿短轴方向为 1：1，锥体坡顶与路基外侧边沿同高。 (3) 当台后填土高度大于 6m，路堤边坡采用变坡时，锥坡也应作相应变坡处理，以相配合，见图 8.4-1 所示。锥坡内部用砂土或卵砾石填筑夯实，表面用片石干砌或浆砌，一般砌筑厚度为 200～350mm。坡脚以下根据地基情况及流速大小设置基础，或将坡脚伸入地面以下一段，并适当加厚趾部，如图 8.4-2 所示。 (4) 在不受水流冲刷影响的地方，锥坡可以考虑采用铺盖草皮或干砌片石网格代替满铺的片石铺砌，也可以将锥坡的下段用片石满铺，但上段铺草皮，以节约圬工数量。 图 8.4-1 H≥6m 锥体护坡的变坡处理　　图 8.4-2 片石护坡及基础处理			
	锥坡施工要点	(1) 锥体填土应按设计高程及坡度填足，砌筑片石厚度不够时再将土挖去，不允许填土不足，临时边砌石边补填土。锥坡拉线放样时，坡顶应预先放高约 20～40mm，使锥坡随同锥体填土沉降后，坡度仍符合设计规定。 (2) 砌石时放样拉线要张紧，表面要平顺，锥坡片石背后应按规定做碎石倒滤层，防止锥体土方被水侵蚀；锥坡与路肩或地面的连接必须平顺，以利排水，避免砌体背后冲刷或渗透坍塌。 (3) 在大孔土地区，应检查锥坡基底及其附近有无陷穴，并彻底进行处理，保证锥坡稳定。 (4) 干砌片石锥坡，用小石子砂浆勾缝时，应尽可能在片石护坡砌筑完成后间隔一段时间，待锥体基础稳定再进行勾缝，以减少灰缝开裂。锥体填土应分层夯实，填料一般为黏土为宜。锥坡填土应与背填土同时进行，并应按其设计宽度填足。			
2 台后填土与搭板施工	台后填筑土要求	(1) 城市桥梁的桥台后填土应与桥台砌筑协调进行，填土应尽量选用渗水土，如黏土中含有较少量的砂质土。土的含水量，在北方冰冻地区要防止冰胀。如遇软土地基，为增大土抗力，台后适当长度内的填土可采用石灰土进行施工，但最后的表面均采用水泥混凝土。 (2) 填土应分层夯实，每层松土厚度 200～300mm，一般应夯 2～3 遍才可以，夯实后的厚度为 150～200mm，使密实度达到 90%～98%，并作密实度测定。			
审核人		交接人		接受交底人	

工程名称		施工单位		编号	
序号	项目	桥台附属工程施工技术交底内容			

序号	项目	内容
2 台后填土与搭板施工	台后填筑土要求	（3）在靠近台背处的填土打夯较为困难时，可采用木棍、拍板打紧捣实，与路堤的搭接处宜挖成台阶形进行施工。 （4）石砌圬工桥台台背与土接触面应涂抹两道热沥青或用石灰三合土，水泥砂浆胶泥做不透层作为后台防水处理。 （5）拱桥台后填土必须与拱圈施工的程序相配合，使拱的推力与后台土侧压力保持一定平衡。一般要求拱桥台背填土可在主拱圈安装或砌筑以前完成。梁式桥的轻型桥台台后填土，应在桥面完成后，在两侧平衡地进行。 （6）台背填土顺路线方向长度，一般应自台身起，底面不小于桥台高度加 2m，顶面不小于 2m；拱桥台背填土长度一般不应小于台高的 3~4 倍。
	台后搭板施工要点	（1）在桥梁的起始或终止的台后设置搭板是解决台后错台跳车的重要施工措施，它的主要效果与搭板之下的路堤压缩程度和搭板长度有密切关系。桥头搭板应设置一个较大的纵坡，则搭板纵坡基本符合 10%~15%，以保证在台后长度方向上的沉降分布均匀，逐渐减小。 （2）搭板的末端顶面应与路基顶面平齐，其搭板前端顶面应留有路面面层的厚度。 （3）对台后填土应有严格的压实要求，首先清理基坑，使其尺寸符合要求。 （4）在对基底进行压实中，一般采用小型手推式振动打夯机压实，并用环刀法测定压实度。 （5）基底之上填筑并压实岩渣，其最大粒径不得大于 120mm，含泥量也不得大于 8%。压实后的干密度不得低于 2t/m³。 （6）对上述填筑台后路堤材料有困难时，至少应选用透水性良好的砂性土，或掺用 40%~70% 的砂石料。分层厚度 200~300mm，压实度不得小于 95%。靠近后墙部位可用小型打夯机施工，也可填筑块片石及级配砂砾石，用振动器振实。用透水性材料填筑时，应以干容重控制施工质量，其表面采用水泥混凝土。 （7）在台背填筑施工前，应在土基上或某一合适高度上设置泄水管或盲沟，并注意将泄水管及盲沟引出路基之外。钢筋混凝土箱形通道的搭板可水平设置，但其上应留出路面面层的厚度。路堤填筑的施工要求与台后搭板相同。
3 泄水盲沟与导流建筑物的施工	台后泄水盲沟施工	（1）地下水较小时，泄水盲沟以片石、碎石或卵石等透水材料砌筑，按坡度设置。沟底用黏土夯实，盲沟应建在下游方向，出口处应高出水位 20mm。平时无水的干河沟应高出地面 3mm。 （2）如若桥台在挖方内，横向无法排水时，泄水盲沟在平面上可在下游方向的锥体填土内折向台前端排水，在平面上将形成"L"形。 （3）地下水较大时，一般采用盲沟施工，盲沟施工时应注意下列事项： ① 盲沟所用各类填料应洁净、无杂质，含泥量应小于 2%； ② 各层填料要求层次分明，填筑密实压紧；盲沟应分段分层施工，当日下管填料要一次完成； ③ 盲沟滤管一般采用无砂混凝土管或有孔混凝土管，也可用短节混凝土管代替，但应在接头处留 10~20mm 的间隙，供地下水渗入； ④ 盲沟滤管管底应用混凝土浇筑，并与滤管密贴，纵坡应均匀，无反向坡；管节应逐节检查，不合格者不得使用；管道安装完毕后，应将管内砂浆残渣、杂物清除干净，防止阻塞。

审核人		交接人		接受交底人	

工程名称		施工单位		编号	
序号	项目	桥台附属工程施工技术交底内容			
3 泄水盲沟与导流建筑物的施工	导流建筑物的施工	（1）在城市桥梁的施工过程中，导流建筑物应和路基、桥涵工程综合考虑施工，主要以避免在导流建筑物范围内取土、弃土而破坏排水系统。砌筑采用石料的抗压强度不得低于20MPa。 （2）导流建筑物的填土应达到最大干密度的90%以上，坡面砌石按照锥体护坡要求办理。如若采用漂石时，应采用栽砌法铺砌；如若采用混凝土板护面，板间砌缝为10～20mm，并用沥青麻筋填塞。抛石防护宜在枯水季节施工，其石块按大小不同规格掺杂抛投，但是，其底部及迎水面适宜采用较大的石块。			
审核人		交接人		接受交底人	

9 预应力混凝土工程

9.1 概　述

预应力混凝土工程施工的基本要求　　　　　　　　　　　表 9-1

工程名称		施工单位		编号	
序号	项目	预应力混凝土工程施工的基本要求内容			
	一般要求	(1) 根据《城镇道路工程施工与质量验收规范》CJJ 1—2008 和《公路桥涵施工技术规范》JTG/T F50—2011 的有关规程，桥梁上所使用的预应力混凝土结构施工，是一种特殊的施工技术。必须以规程和规范为标准，对于预应力混凝土的模板和非预应力钢筋混凝土等一般工程施工，可以参照这两个规程与规范的有关章节执行。 (2) 在桥梁施工中，对预应力混凝土施加预应力张拉时，应特别注意加强安全防护措施。冷拉或张拉预应力钢材时，应由专人负责指挥；千斤顶对面严禁站人，操作时严禁用手摸脚踩及碰撞预应力钢材。 (3)《城镇道路工程施工与质量验收规范》CJJ 1—2008 的先张法预应力施工，系根据长线台座方法施工及预应力钢绞线和三楔片式夹具工艺特点制定。后张法预应力体系，系根据锥形锚具、镦头、轧丝锚及群锚体系等锚具的施工工艺特点制定的。施工中除应遵守本规程的各项规定外，还应遵守国标中的有关规定。 (4) 在量测预应力钢材的伸长值及拧紧螺母时，应停止开动千斤顶或卷扬机；预应力钢材的夹具应有足够的夹固能力。 (5) 采用卷扬机冷拉钢筋时，必须采取有效措施，避免钢筋拉断而回弹伤人。			
1	概述	预应力混凝土常用钢材的要求	(1) 预应力钢绞线进场时应逐盘检查其外观和直径尺寸，观察其表面不得带有降低钢绞线与混凝土粘结力的润滑剂、油渍等物质，允许有轻微的浮锈，但不得锈蚀成肉眼可见的麻坑。并在每 10t 内任选 15% 盘不同炉号的钢绞线，自每盘任一端截取一个试件作性能试验。 (2) 试验结果如若有一根试件未达到标准，则该盘钢绞线不得使用，再从未检验的其余盘中，取出双倍数量的试件进行复验，如仍有一根试件不合格，则未抽验的其余各盘应逐盘检验，合格者使用，不合格者不得使用。 (3) 测量钢绞线的直径偏差和捻距，应采用精度为 0.05mm 的卡尺量测，钢绞线的捻距为钢绞线公称直径的 12～16 倍。另外钢绞线内不得有折断、横裂和相互交叉的钢丝。每根钢绞线中的钢丝不得带有任何形式的电焊接头。 (4) 预应力钢丝在进行力学性能试验时，最好采用以不超过钢丝拉力 3 倍的试验机进行，取样时应于每盘钢丝中取试件 3 根，每根长度为 360mm，钢绞线应采取单丝试验与整股试验两种试验形式。 (5) 预应力钢筋进场时，应有出厂合格证明书，使用前应对进厂钢筋进行物理力学性能和化学成分分析试验，并应按不同品种、不同规格分堆存放。 (6) 高强钢丝在使用前应重新进行物理力学的鉴定，一般以每 3t 为一批，分批验收，验收时抽 10% 的线盘来取样，进行抗拉规定屈服点、伸长率及弯折次数试验。 (7) 取样时不得少于 3 盘，试验结果即使有一根试件未达到标准要求，应从未取过样品的余下盘中选取，按第一次抽取数量的两倍试件进行复试，复试结果如仍有一根试件未达到要求标准，则应逐盘取样试验，合格者才可开盘使用。 (8) 粗钢筋一般多采用 II、III 级钢冷拉，或 IV 级钢冷拉，冷拉时应采用应力和伸长值双控制，并以应力控制为主；钢筋冷拉外观不得有裂纹、鳞片或断裂等现象。计算冷拉钢筋的屈服强度时采用冷拉前的公称截面面积。
审核人		交接人		接受交底人	

工程名称		施工单位		编号	
序号	项目	预应力混凝土工程施工的基本要求内容			
2 预应力钢筋混凝土	注意事项	预应力钢筋混凝土构件的混凝土操作工艺除应符合对普通混凝土的要求外，所用混凝土强度等级一般大于 C30，应符合高强度等级混凝土的操作要求，同时应注意以下几点： （1）配制高强度等级的混凝土所采用的水泥必须符合设计要求。 （2）细骨料中泥土杂物含量按其质量不得大于 2%；粗骨料针片状含量应小于 10%。 （3）粗骨料中含泥量、石粉及杂物按质量计不大于 1%，并在拌合前要水洗。 （4）粗骨料的孔隙率不宜超过 40%。 （5）水泥用量如无特殊要求，每立方米混凝土用量应小于 500kg。 （6）配制混凝土时，不得掺用对钢筋有侵蚀性的盐类为早强剂。 （7）在配制混凝土拌合物时，水泥及外掺剂的用量应准确到 ±1%。粗骨料、细骨料的用量应准确到 ±2%，所用之衡器应定期检查校正。			
	质量检验	（1）对工程质量的检验，除一般混凝土、钢筋混凝土工程的应有项目外，还应进行钢筋冷拉、预应力钢材编束、孔道预留、施加预应力、孔道压浆等项目的施工检验，以及预应力钢材张拉机具、锚夹具的质量检验。 （2）预应力混凝土预制梁、箱形拱位置等外开拓尺寸与允许偏差见本章后面的有关内容。			
审核人		交接人		接受交底人	

9.2 预应力钢材施工技术交底

预应力钢材施工技术交底   表 9-2

工程名称		施工单位		编号	
序号	项目	预应力钢材施工技术交底内容			
1 预应力钢材的下料与制作要求	预应力钢材下料	（1）预应力钢材下料长度：预应力钢材的下料长度应通过计算来确定。计算时应考虑到高架桥的结构或台座的长度、锚夹具的长度、千斤顶的长度、焊接接头的长度或镦头的预留量、冷拉伸长值、弹性回缩值、张拉伸长值和外露长度等各种因素。 （2）当采用钢丝束镦头锚具时，同一束钢丝下料长度的相对差值，当钢丝长度小于或等于 20m 时不宜大于 1/3000；当钢丝长度＞20m 时，不宜大于 1/5000。 （3）当预应力钢材的长度为 6m 及＜6m 先张构件的钢丝成组张拉时，其下料的长度相对差值不得大于 2mm。高强钢丝、钢绞线、冷拉钢筋的切断工具宜用切断机或砂轮切割机等。 （4）钢绞线下料时所采用的砂轮锯片应为增强型，以防锯片碎裂飞出伤人，要求切口平齐，无毛刺，切口两侧采用 20 号钢丝将钢绞线绑扎，以避免切断后钢绞线散股。 （5）当高强钢丝下料后，在自由平放下，任何 1m 长范围内弯曲矢高不得大于 5mm，否则应调直。钢绞线及钢丝下料后，两端与锚具接触部位应清除油渍、锈痕及杂物，防止在张拉时滑丝。 （6）对不同锚具形式，钢丝下料长度及钢绞线的下料长度如下： ① 锥形锚具采用三作用千斤顶张拉时，其下料长度为： 双向张拉（两端均用三作用千斤顶张拉）时其下料长度为： <div align="center">管道长度＋2×600mm</div>			
审核人		交接人		接受交底人	

工程名称		施工单位		编号	
序号	项目	预应力钢材施工技术交底内容			

<table>
<tr><td rowspan="2">1</td><td rowspan="2">预应力钢材下料</td><td>

单向张拉（一端用三作用千斤顶张拉，另一端采用镦头锚）时其下料长度为：

管道长度＋150mm＋600mm

  ② 钢绞线采用群锚体系，其下料长度等于孔道的净长加上构件两端的预留长度。固定端的预留长度可根据固定端使用的锚具不同而预留不同的长度，一是采用与张拉端相同的锚头，其预留长度为锚板的厚度再加 30mm；二是采用埋入式固定锚具，是由带梨形自锚头的一段钢绞线、螺旋筋、灌浆口和金属波纹管等部分组成。

  ③ 张拉端是由锚板、夹片、锚下垫板、螺旋筋等几部分组成，锚板外留长度为 840mm。如两端张拉，则为实量管道长度加 1680mm；高强钢丝采用镦头锚具时，下料长度根据不同情况，按图 9.2-1 所示下列方法计算：

  两端张拉时的下料长度 A：

$$A = L + 2B + H_1 + 2\delta - H - \Delta A$$

  一端张拉时的下料长度 A：

$$A = L + 2B + 0.5H_1 - 0.5H - \Delta A + 2\delta$$

式中 L——管道长度，mm；

   B——为锚板厚度，mm；

   H_1——为锚头螺头螺母高度，mm；

   H——墩头的高度，mm；

   δ——钢丝镦头的预留量，约 9mm；

   ΔA——为按孔道长度计算的钢丝伸长量，mm。

  （7）高强钢绞线下料后，应按其长度值及钢绞线根数编号平直地堆放在工作台上，并需要有防雨及防露水的措施，工作台距地面应有一定的高度。

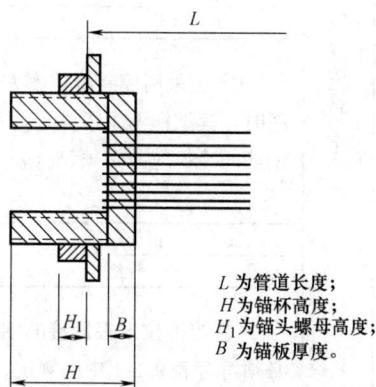

L 为管道长度；
H 为锚杯高度；
H_1 为锚头螺母高度；
B 为锚板厚度。

图 9.2-1 镦关锚具下料长度示意图

</td></tr>
<tr><td>

（1）对预应力筋镦粗头的要求：

  ① 预应力筋镦头锚固时，对于高强钢宜采用液压冷镦；

  ② 对于预应力冷拔低碳钢丝，可采用冷冲镦粗；

  ③ 对于预应力钢筋，宜采用电热镦粗，但Ⅳ级钢筋镦粗后应进行电热处理；

  ④ 冷拉钢筋端头的镦粗及热处理工作，应在钢筋冷拉之前进行，否则应对镦头逐个进行张拉检查，检查时的控制应力不小于钢筋冷拉的控制应力。

（2）对冷拉钢筋接头的要求：

  ① 对预应力钢筋采用对焊接头时，除设计上另有规定外，一般将接头设置在受力较小的地方；

  ② 在结构受拉区以及在相当于预应力筋直径 30 倍长度的区段范围内，对焊接头的预应力筋截面面积不得超过该区段预应力筋总截面面积的 25% 左右；

  ③ 冷拉钢筋的接头，应在钢筋冷拉前采用一次闪光顶锻法进行对焊，在焊后还应进行热处理，以提高焊接质量；

  ④ 钢筋焊接后其轴线偏差不得大于钢筋直径的 1/10 左右，一般不得大于 2mm，轴线曲折的角度不得超过 4°。采用后张法的钢筋，焊接后应除去表面毛刺。

</td></tr>
</table>

注：第二行项目标题为"预应力钢材制作要求"，左侧纵向标题为"预应力钢材的下料与制作要求"。

审核人		交接人		接受交底人	

工程名称		施工单位		编号	
序号	项目	预应力钢材施工技术交底内容			

序号	项目	预应力钢材施工技术交底内容
1 预应力钢材的下料与制作要求	预应力钢材制作要求	（3）预应力筋的冷拔要求： ① 当预应力筋采用冷拔低碳钢丝时，一般采用6～8mm的Ⅰ级热轧钢筋盘条拔制； ② 拔丝模孔为盘条原直径的0.85～0.9，拔制次数一般情况下不超过3次，如若超过3次时应将拔丝退火处理； ③ 一般拉拔总压缩率控制在60%～80%，其平均拔丝速度应为50～70m/min； ④ 冷拔后所达到的直径应进行检验，以便确定其组别和力学性能。 （4）预应力筋的冷拉要求： ① 当采用控制应力方法冷拉钢筋时，其冷拉控制应力下的最大冷拉率，应符合表9.2-1的要求。冷拉时应检查钢筋的冷拉率，当超过表中的规定时，必须进行力学性能试验； **预应力筋冷拉控制应力及最大冷拉率**　表9.2-1 {{TABLE1}} ② 当采用控制冷拉率方法冷拉钢筋时，冷拉率必须由试验确定。测得同炉批钢筋冷拉率时，其试样不少于4个，并取其平均值作为该批钢筋实际采用的冷拉率。测定冷拉率时钢筋的冷拉应力必须符合表9.2-2的要求； **测定冷拉率时钢筋的冷拉应力**　表9.2-2 {{TABLE2}} ③ 当冷拉多根连接的钢筋时，其冷拉率可按其总长计算，但冷拉后每根钢筋的冷拉率必须符合表9.2-1中的规定； ④ 在操作施工中，钢筋的冷拉速度不得过快，一般控制在5mm/s左右。冷拉至规定的控制应力后，应停置1～2min再放松；冷拉后，如若有条件的情况下，可进行时效处理。并按冷拉率大小分组堆放，以备编束时选用； ⑤ 当采用控制应力方法进行冷拉钢筋时，对所使用的测力计应经常进行校验，并对冷拉钢筋的施工作业过程做好记录。
	预应力钢绞线成束	（1）高强钢丝或钢绞线编束时，应在平直的工作台上进行，钢丝或钢绞线必须保持平行，不得打卷或缠绕。根据设计图纸要求的丝（根）数摆好，用20号钢丝在距离两端部200mm及1000mm各编一道帘子，然后卷起，每隔1500～2000mm用钢丝绑一扣，绑时应保持高强钢丝或钢绞线直顺无交叉现象，已绑好的束中不得有单根钢丝或钢绞线凸出情况，每束必须要有一端钢丝或钢绞线切口齐整，以便于穿束。 （2）利用群锚体系中XM锚具张拉高强钢丝时，其成束过程应分两步进行，第一步采用7根高强钢丝为一组，用梳板及缠绕机先将7根高强钢丝用20号钢丝按螺距为50mm螺线缠扎成一组，第二步按设计要求的组数编成一束，仍按上述成束步骤进行施工。 （3）已编好的钢丝束应采用铝牌或白铁牌标明钢丝的编号、束的长度，用钢丝牢固的拴于束的两端，并存放整齐。钢丝束及钢绞线束下料、成束的施工进度安排应与张拉进度相互配合，不得将下完料或未下完料的半成品存放时间过长，以避免错乱或生锈、遭污染等。

表9.2-1

钢筋级别	钢筋直径(mm)	冷拉控制应力(MPa)	最大冷拉率(MPa)
Ⅳ级	10～28	700	4.0

表9.2-2

钢筋级别	钢筋直径(mm)	冷拉应力(MPa)
Ⅳ级	10～28	730

审核人		交接人		接受交底人	

工程名称		施工单位		编号	
序号	项目	预应力钢材施工技术交底内容			

| 1 预应力钢材的下料与制作要求 | 预应力锚具的检验 | （1）锚具和夹具（包括联接器）的类型必须符合设计要求和预应力筋的需要。采用预应力筋与夹具组合件进行张拉试验时，锚固能力不得低于预应力筋标准抗拉强度的90%，锚固时，预应力筋内缩量不得超过锚夹具设计规定的限值。

（2）锚夹具进场时应有产品合格证明书，同时应按下列要求进行复验：

① 对锚夹具外观和尺寸检验，主要是从每批中抽取5%进行，锚夹具不得有裂纹、伤痕，尺寸不得超过允许偏差，检查结果如有一套不合格，则另取原试件数量的双倍数量重做检查，如若仍有一套不合格，则应逐套检查，合格者才允许使用，否则应予报废；

② 锥形锚的锚塞和群锚体系的锚板与夹片均要从每批抽样5%的零部件作硬度检验，在进行硬度检验时，每个零件测试三点，其硬度平均值在设计要求范围内，并且三点中任一点的硬度值不得大于或等于设计要求范围3洛氏硬度单位；如若有一个零件硬度值不合格，则另取原试件，且为原试件数量的双倍量的试件重作试验；如仍有一个零件不合格，则应逐个检查，合格者方可使用；

③ 外观尺寸和硬度检验合格后，从两批量生产中抽取三套锚具进行锚固能力的试验，试验时将锚具装在预应力筋的两端，在无粘结状态下置于试验机上或试验台上进行；如有一套不符合要求，则另取原试件，其数量为双倍量的试件重作试验，如仍有一套不合格，则该批锚具或夹具视为不合格，不得使用。另外，材料和同一生产厂的锚夹具，以200套为一批；不足200套者以200套计算。

（3）锥形锚具由锚圈、锚塞组成，其具体规格尺寸及硬度等应符合以下要求：

① 锚圈用45号钢制成。分18丝和24丝两种，18丝锚圈外径 $\phi100mm$，高50mm，小孔孔径为39.5mm，锥角为5°；24丝锚圈外径 $\phi15mm$，高53mm，孔孔径为47.7mm，锥角为5°；锚塞用45号钢制成，18丝锚塞高55mm，小头外径 $\phi39.7mm$，锥角均为5°；

② 锚塞经过热处理后，其硬度必须达到HRC55～58，检验时，是在距小头边缘3～4mm进行硬度试验；锚塞加工尺寸必须严格控制，锚圈的大孔、小孔及锚塞的大头、小头只允许同时出现正误差或负误差（即锚圈与锚塞二者的锥度必须相同）；

③ 锚具在使用前必须采用柴油或煤油进行清洗，不宜使用汽油，以防锚具锈蚀影响锚具效果。

（4）群锚体系主要部件由夹片、锚板及喇叭管组成，其中喇叭管由铸铁铸造，根据每束钢绞线不同根数，确定其规格与各部位尺寸，浇筑构筑物时预埋于梁端张拉部位。 |

审核人		交接人		接受交底人	

工程名称			施工单位		编号	
序号	项目		预应力钢材施工技术交底内容			
2 金属波纹管	波纹管质量及检验	（1）金属波纹管一般用 0.3～0.6mm 镀锌或不镀锌的带钢卷制作而成。为了保证管的质量，最好在混凝土浇筑施工现场卷制，成型的波纹管有一定的刚度，在沿长度方向须有一定的挠曲线，以便于曲线钢丝束管道的布置。 （2）对于长的钢丝束或连续配筋的钢丝束管道，在接长时可用旋入式套管连接，即在两段管子之间用长为 400mm，比原管道略粗一些同样螺距的套管做连接接头，两端管道波纹管各旋入套管内 200mm，在套管两端最好用热塑管封口或用塑料胶带紧密缠绕若干层，以防止混凝土内的水与灰浆渗入管道内，造成管道堵塞。 （3）结构物布置的曲线预应力钢丝束，其上下起伏高差大于 600mm 时，在每处起伏最高点应装排气管，灌浆时可以使管道顶部的空气排出。对于水平的长预应力管道，每隔12m 左右也应放置一处排气管。排气管一方面排出管内空气，同时还可作为灌浆质量的检查管。 （4）作为预应力管道的波纹管直径，为了便于灌预应力混凝土浆，一般孔道面积应大于钢丝束截面面积 1.5 倍。 （5）波纹管的检验：波纹管质量及检验： ① 首先取样进行检验，试验要满足两个基本要求，一是在外力作用下有抵抗变形的能力；二是在混凝土浇筑过程中，水泥浆不会渗入管内； ② 波纹管要逐根进行检验，表面不得有砂眼，咬口必须牢固，不得有松散现象。现场简便方法是两人用手将波纹管提起、上下晃动，不松散也没有咔咔的响声，说明波纹管咬口牢固； ③ 波纹管表面要清洁，不得有杂质、锈蚀等现象。			
	波纹管的安装工艺	（1）绑扎钢筋时应按钢丝束的坐标架好管道筋，用电弧焊将管道筋焊在钢筋骨架的结构筋上。 （2）经检验管道筋焊接位置准确而牢固时，按位置穿入波纹管，用钢丝将波纹管牢固地扎于管道筋上，切不可用电弧焊焊接。 （3）在锥形锚头中，波纹管与构件端头钢板相交时，波纹管应穿过端头钢板外露 200～300mm，在构件混凝土浇筑完并达到一定强度后，将多余的波纹管锯去。 （4）在群锚体系中，由于有喇叭管，波纹管端部在浇筑混凝土前，先将喇叭管与波纹管连接牢固，如有连接器，亦须同样处理，并缠以防水胶条或抹以素浆再浇筑混凝土。 （5）为了便于穿钢丝束，在条件允许情况下，在浇筑混凝土前，先将钢丝束或钢绞线束穿入管道内，此时应仔细检查波纹管在穿束过程中有无碰破地方，如有必须先做好防水措施，才能浇筑混凝土，在浇筑完混凝土后，应及时用高压水冲洗管道。 （6）在浇筑混凝土后，使用振捣器时，应防止振捣器直接接触波纹管，以防止将波纹管损坏。			
审核人			交接人		接受交底人	

9.3 预应力机械施工技术交底

预应力机械的操作施工技术交底　　　　表 9-3

工程名称		施工单位		编号	
序号	项目	预应力机械的操作施工技术交底内容			

序号	项目	预应力机械的操作施工技术交底内容
1	预应力千斤顶	YL60型液压千斤顶

1 预应力千斤顶 — YL60型液压千斤顶

(1) 概述：拉杆式 YL60 型预应力千斤顶，主要用于后张法、先张法或后张自锚工艺中，张拉选用螺杆锚具或夹具、镦头锚具或夹具的单根粗钢筋、钢筋束或碳素钢丝束等。

(2) YL 型液压千斤顶的构造：由撑脚、张拉头、连接头、油缸、拉杆、活塞、端盖等组成。

(3) YL60 型千斤顶的操作注意事项：使用 YL60 型千斤顶时，除遵守操作工艺有关规定外，还应注意下列几点：

1) YL60 型千斤顶采用优质矿物油，油内不含水酸及其混合物。油液应严格保持清洁，经常精细过滤，定期更换。

2) 在双路进油带载荷回程时，如 B 路泄漏过多，流量过小或回程缸内混入空气，则可能在短暂时间内出现拉杆尚未回程、锚固发生松动、钢筋继续受拉等现象。此时应采用下列措施之一：

① 加大 B 路有效流量，排净回程空气；

② 完成锚固后，A 路卸荷，然后双路进油回程；

③ 完成锚固后，A 路关闭，然后 B 路进油回程。

3) 回程保护可采用调整泵上安全阀的最高限制压力给予解决。如采用 ZB4-500 型电动油泵，一种办法是同时调整 A、B 路安全阀的溢流压力稍高于实际张拉油压；另一种办法是取去 B 路止回阀的钢球，只调 B 路安全阀的溢流压力不超过 15MPa。

4) 在使用该千斤顶中如出球铁活塞或拉杆锡青铜衬套滑动面有划毛现象，不严重者经修复仍可使用，严重者则需更换新件，无须整机报废。

5) 千斤顶及配套的油泵、油管等外露部分应经常保持清洁，防止泥砂污物混入或锈蚀。闲置不用时，应放置室内并加罩防尘。

YCW型系列千斤顶

(1) YCW 型系列千斤顶的构造：如图 9.3-1 所示，主要由前端盖 1、油缸 2、穿心套 3、活塞 4 组成。它的油缸 2、前后端盖和穿心套 3 构成"不动体"，而活塞为"运动体"，当"不动体"和"运动体"配上不同的附件，"运动体"向外移动时，即可进行张拉。所以 YCW 型千斤顶具有连续递进的重复张拉性能；

(2) YCW 型千斤顶的使用方法：如若应用于张拉 OVM、QM 型锚具时，其使用方法如下：

1) 工作锚具、千斤顶、工具锚安装好后，即可开始进行张拉；

2) 将 B 路截止阀（回油阀）打开，A 路截止阀关闭即可启动油泵电机，向张拉缸供油进行张拉。同时调节节流阀，以控制油压高低和张拉速度；

3) 在活塞外伸时，工具锚夹片可自行夹紧钢绞线。工作锚上的夹片此时因受限位板的支托，只可被带出一些而不会推出很多；

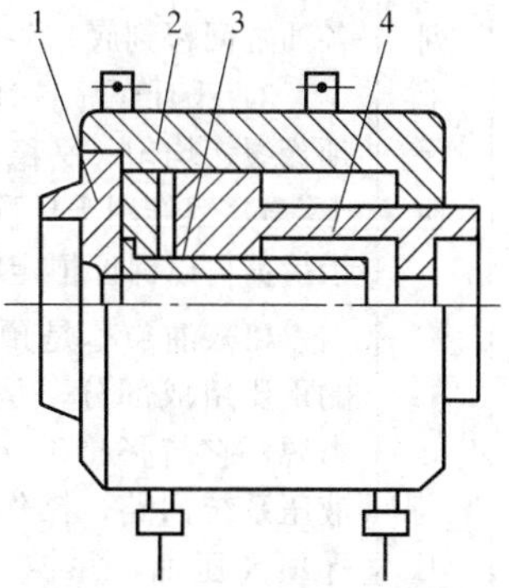

图 9.3-1　YCW 型系列千斤顶的构造

1—前端盖；2—油缸；
3—穿心套；4—活塞

审核人		交接人		接受交底人	

工程名称		施工单位		编号	
序号	项目	预应力机械的操作施工技术交底内容			

1	预应力千斤顶	YCW型系列千斤顶	4）当活塞行程还余 10～20mm 时，即应停止 A 路供油，此时可将节流阀回旋，同时流回截止阀，A 路压力降至零点。由于钢绞线束的回缩，活塞被拉回若干毫米，这时工作锚的夹片被带入锚板内而自行夹紧。 （3）YCW 型千斤顶的操作注意事项：在使用时，除应遵守施工操作规程外，还应注意下列事项： 1）为保证张拉力的准确性，应定期对张拉设备系统（包括千斤顶、油泵、压力表、胶管）进行"油压值—输出力"的标定。标定工作宜在压力试验机上进行，以千斤顶的主动工作状态为准，分级记录，取三次测量的平均值，制成图表或绘出曲线，作为张拉时的依据。当发生下列几种情况时，应对液压系统进行重新标定： ① 千斤顶经过拆卸修理；千斤顶久置后重新使用； ② 压力表受到碰撞、出现失灵现象、更换了新的压力表； ③ 张拉过程中，预应力筋突然发生成束破断。 2）千斤顶应采用优质矿物油，油内不含水及混合物，在常温下不分解不变质。油液要保持清洁，定期更换，一般采用机械油或液压油，冬季用 10 号机油、夏季用 20 号或 30 号机油为宜。 3）油管和千斤顶油嘴连接时，接口部位应清洁、擦拭干净。严格防止砂粒、灰尘进入千斤顶，同时尽量减少拆装次数。新油管第一次使用时切勿直接和千斤顶油嘴连接，应预先清洗或经油泵输出的油液冲洗干净后才可使用。卸下油管后，千斤顶及油泵的油嘴应加防止螺帽，以防止污泥混入，闲置不用的油管也应用堵头封住接头。 4）油管在使用前应检查有无裂纹，接头是否牢靠，接头螺纹的规格是否一致。以防止在使用中发生意外事故。
		YZ85型系列千斤顶	（1）概述：YZ85 型液压千斤顶属于锥锚式千斤顶，主要适用于张拉选用钢质锥形锚具的高强钢丝束。 （2）锥锚式液压千斤顶使用要点： 1）千斤顶不允许在任何情况下超载和超过行程范围使用； 2）千斤顶在使用时要保证活塞外露部分的洁净，随时清除灰尘和杂物。使用后，要将各油缸回程到底，并保证进、出口的清洁，有条件的要加封闭，妥善保管； 3）千斤顶张拉计压时，应观察千斤顶位置是否偏斜，必要时应回油调整。进油升压必须徐缓、均匀、平稳，回油降压时应缓慢松开回油阀，并使各油缸回程到底； 4）双作用千斤顶在张拉过程中，应使顶压油缸全部回油。在顶压过程中，张拉油缸应予持荷，以保证恒定的张拉力，待顶压锚固完成时，张拉缸再回油。
2	油泵车	工作原理	（1）油泵车是预应力张拉设备的重要组成部分，是实施张拉的动力源，它与张拉千斤顶配合，构成液压系统回路，操作油泵车供给千斤顶高压油，并控制千斤顶动作，实现张拉预应力筋的目的。 （2）预应力张拉设备的工作原理如图 9.3-2 所示。一般油泵车都由高压油泵、油箱、控制阀、溢流阀、压力表、液压管路、支撑件、电动机等构成。 图 9.3-2　预应力张拉设备工作简图 1—油箱；2—滤油器；3—电动机；4—油泵；5—油压表； 6—换向阀；7—截止阀；8—溢流阀；9—高压软管；10—千斤顶

审核人		交接人		接受交底人	

工程名称		施工单位		编号	
序号	项目	预应力机械的操作施工技术交底内容			

3 卷管机的施工	概述	（1）后张法预应力混凝土构件，必须留有穿过钢丝束或钢绞线的预留孔道，采用接缝质量好、耐压、抗渗、生产效率高的、壁厚在 0.25～0.5mm 范围内的波纹管。而这种波纹管是在施工现场，采用专门卷管机来卷制而成的。 （2）现在国外发达国家已经生产出系列的卷管机，整体结构紧凑、体积小、质量轻、能自动切割。国内 20 世纪 80 年代中期以后开始研制卷管机，目前也能生产十几个品种规格的产品，但国产机的速度还较低，也不能调速和自动切割。 （3）卷管机根据波纹管成形的不同进行分类。目前国内大致有两种：一种是心轴式，另一种是环圈式。前者用螺旋导向环绕在心轴上的波纹带随主轴转动，经接缝工具压花、压紧而使波纹管成形；后者是波纹带经环圈内圈与接缝工具成形，接缝不经压花而只是压紧。心轴式卷管机较多，在其压波纹装置中改变滚轮的形状，可以卷制单波、双波和多波形的波纹管。单波纹、双波纹圆形管应用广泛，扁形管用于薄壁预应力工程。 （4）其施工程序是，将钢带盘装在钢带盘支架上，通过导向润滑装置，经压波纹装置碾压成形，再将成形的钢带环绕于成管机构的心轴上，调整折边、滚花及压紧轮，启动电动机带动心轴和滚花，压紧轮转动，钢带边转边成管，并在支撑槽内向前移动，按照所需长度进行切割。
	卷管机的组成	卷管机主要由钢带盘支架、导向润滑装置、压波纹装置、成管装置、切割装置、传动系统、冷却系统、电器控制系统、机体和辅助装置（波纹管支架、点焊机）等部件所组成，如图 9.3-3 所示。 图 9.3-3　卷管机构成示意图 1—切割装置；2—传动系统；3—成管机构；4—电器控制系统； 5—导向润滑装置；6—钢带盘支架；7—辅助装置；8—机体；9—压波纹装置
	卷管机的使用技术	（1）卷管机的调整： 1）钢带的送进：在钢带送进之前，先把钢带装好放在钢带盘内后，将钢带盘放在钢带盘支架上，并能自动转动，谨防生锈和弄脏，如钢带表面有锈，应放入润滑油中浸泡，直到脱锈为止。钢带送进按以下步骤进行：①用手推钢带穿过润滑油槽和侧边导向；②用送进

审核人		交接人		接受交底人	

工程名称			施工单位		编号	
序号	项目		预应力机械的操作施工技术交底内容			

| 3 卷管机的施工 | 卷管机的使用技术 | 手把拉钢带穿过整个压波纹装置；③控制波纹的形状，用在侧边导向上的螺钉以得到正确的间隙；④用调整螺钉调整每对滚轮之间的距离，并使每对滚轮的 4 个调整螺钉的紧固力相同；

2）钢带方向的调整：由于每种管径波纹管和螺旋角不同，因而卷管之前，都应对钢带方向进行调整。具体做法是：先查出相应的管螺旋角后，对压波纹装置做前后移动和转动，只要钢带方向与波纹钢带导向一致即可；

3）接缝工具的调整：折边装置在钢带绕卷心模后进行调整，为得到正确的位置，折边轮必须用榔头慢慢敲入直到折边轮与钢带接触成 40°时为止。调整角与波纹钢带导向的方向应一致。顶针装置在钢带绕卷后进行调整，顶针折边角应在 1°～4°范围内，防止顶针和钢带的波纹接触，以免波纹管表面划伤。滚花装置与压紧装置，其调整角度和调整要求类似。齿轮之间要有自由啮合间隙，滚花轮与心模之间有接触间隙，以保证齿轮能自由啮合，相互之间有冲击力，防止小轴弯曲和可能发生的折断，同时使得波纹管接缝处有足够深的花纹，确保接缝的可靠性；

4）螺距的调整：每次调整后，启动卷管机试卷 400mm 左右长的波纹管后，停机进行测量，如果螺距达不到要求，应进行调整：螺距变大，将滚花装置朝着立板方向往里拉；若是过小，则往离开立板方向往外推。

（2）卷管机的操作：

操作前须对整机的装配、成管中心部分的选配、电路的连接、润滑油液面、冷却润滑液面及齿轮减速器的润滑油进行检查。检查主心轴的旋转方向，正确的方向是：朝着立板看时主心轴按反时针转动，电动机按顺时针转动。操作步骤如下：

1）安装所需要的成管中心部分器件，将钢带送入压波纹装置；

2）调整钢带方向，确定压波纹装置的位置；调整顶针装置；调整折边装置；

3）调整滚花装置和压紧装置时，可以采用调整手把拧滚花轮和压紧轮，使滚花轮靠着心模推压接缝，并有花纹，用压紧轮压紧，然后再使劲拧紧滚花轮和压紧轮手柄螺杆上的锁紧螺母；

4）按下电动油泵开关，启动卷筒机，卷到 400mm 长管子停机；

5）启动切割机，切下这段管子。测量螺距并按上面 2）、3）进行认真的调整；

6）启动卷管机，分别取 1000mm、5000mm 的管子后停机、切割、调整；

7）管子符合要求后，继续启动卷筒机，卷到所需长度的管，再停机、切割；

8）当钢带使用完毕时，应及时进行停机，并将新换上来的钢带与原钢带点焊连接，启动卷筒机继续工作。

（3）卷管机的检查：波纹管按照有关标准必须进行各项检查。一般应符合以下条件：

1）目视检查：仅在接缝上有滚花纹，没有顶针的划伤，与套管能旋接；

2）接缝检查：当两人各持管的一端往外拉时，听不见杂音，接缝处的材料不应发生折断（接缝必须拉开）。

（4）卷管机的维护和维修：

1）本设备常在野外施工现场，工作条件恶劣，因此，应特别加强清洁与维护工作；

2）卷管机的压波纹装置中的滚轮、齿轮成管中心部分的齿轮，应注意定时去除其污垢，防止这些部位锈蚀。对于运动件，如齿轮轴承等应及时加注润滑油、润滑脂； |

审核人		交接人		接受交底人	

工程名称		施工单位		编号	
序号	项目	预应力机械的操作施工技术交底内容			
3 卷管机施工	卷管机的使用技术	3）保持减速箱、冷却润滑油箱和钢管润滑油槽中的冷却润滑液不冻结，在冬期施工过程中应加防冻剂； 4）对于易损件，如滚花轮、滚轮，一旦磨损，应及时更新； 5）定期对油路和电路进行检查，出现故障及时排除；各紧固件如有松动，应及时紧固； 6）对于外构件，如主电机、切割电机、电动油泵、减速箱，维护和维修见有关产品说明书。			
4 穿索机的施工	概述	（1）穿索机是为在后张法预应力混凝土施工中将单根预应力钢绞线穿入混凝土构件预留孔道，再按设计要求将钢绞线截断成适当长度的设备。预应力构件往往根据不同的受力需要而有不同的结构形式，预留孔道的大小和长短也多种多样，孔道还常常有平弯和竖弯，孔道的成孔可能是金属波纹管，也可能是橡胶抽拔管，施工现场的环境和条件一般都比较恶劣。因此，人工穿索往往会遇到许多困难和麻烦，有时甚至无法完成。采用穿索机穿引钢绞线，会大大加快施工进度、施工质量，并减轻劳动强度。 （2）穿索机分类： 1）按驱动方式分类：根据其驱动方式的不同，可分为液压式穿索机和机械式穿索机； 2）按动力传动及工作装置分类：可分为分体式穿索机和整体式穿索机。分体式穿索机的动力传动与工作装置是各自独立的机构，如液压穿索机即为此种类型； 3）按对钢绞线传递方式分类：穿索机根据对钢绞线的不同传递方式可分为双滚轮直接挤压推进式和双滚轮-链条传递式。			
	穿索机的使用技术	（1）穿索机的使用： 1）穿索机应由专门的操作人员使用、维护和管理。机器使用前，先固定在预应力梁端部相应位置；有导向软管时，可将机器放在预应力梁附近的位置固定，导向软管的长度一般不大于6m。将连接架固定在孔道四周的构造钢筋上； 2）对于液压穿索机，应将液压的高压软管快速接头连接到穿索机的接头座上。工作前，先启动电动机，液压泵和液压马达无负荷运转2～3min。松开压紧的顶紧螺杆，将压紧轮组抬高后，使钢绞线顺链上凹槽穿出，再放回压紧轮组，给压紧一定的压紧力； 3）在钢绞线端戴一个钢制子弹头状的钢绞线帽，以减少穿索时的钢绞线端部散乱。当一根细钢绞线穿够长度后，用手提砂轮机切断，即可进行下一根穿索工作。液压穿索机的工作示意见图9.3-4所示； 图9.3-4 液压穿索机的安装布置示意图			
审核人		交接人		接受交底人	

工程名称		施工单位		编号	
序号	项目	预应力机械的操作施工技术交底内容			

序号	项目	内容
4 穿索机的施工	穿索机的使用技术	4) 在穿索长度较大时，应配备两支无线电步话机，便于在较长的预应力梁两端的工作人员联系使用；由于预应力梁的孔道成孔形状复杂，往往还存在平弯和竖弯，使穿索阻力增加。因此，在较长的孔道（长度超过 70m 时），孔道横截面与钢束（所穿钢绞线的总根数）横截面之比不应小于 2.5。在实际穿索工作中，梁上预留孔道的孔径可以选择规范的孔径略大。 (2) 穿索机的维护：穿索机一般为露天作业，每班均应检查一次、彻底清除上滚轮、链板上的油垢或污物，防止其工作时污染钢绞线；仔细检查液压系统有无渗漏现象；按照使用说明书在机器的各润滑点加注润滑脂。上滚轮的加脂量应适当，以免油脂过多时而漏出。
5 预应力锚具的施工	概述	(1) 预应力锚具是使混凝土结构或构件产生预应力的重要元件，它置于构件中承受着长期荷载。 (2) 与整个预应力张拉技术和设备一样，预应力锚具出现在国外 20 世纪 30 年代，经过几十年的发展，已经成为多系列多品种的工业产品，能够满足各种结构预应力筋的需要，并且向着增大单束预应力筋的张拉力，提高锚具可靠性和灵活性方向发展。 (3) 群锚体系在国际上采用最为广泛，著名的有 VSL 体系，Freyssinet 公司 K 体系等。国外 VSL 群锚体系是瑞士鲁辛公司于 1985 年研制成功，用于预应力后张法的施工中。锚具及连接器的种类及型号如下：张拉端锚具：E 型、EC 型；固定端锚具：P 型、PC 型、H 型、L 型、U 型。
	分类	用于钢丝束的镦头锚具： 钢丝束镦头锚具是利用钢丝的镦粗头来锚固预应力钢丝的一种支承式锚具。这种锚具加工简单、张拉方便、锚固可靠、成本低廉，可节约两端伸出的预应力钢丝。它可分为： 1) 张拉端镦头锚具：张拉端镦头锚具按照其构造不同可分为锚杯型、锚环型和锚板型 3 种锚具： ① 锚杯型镦头锚具：锚杯型镦头锚具由锚环与螺母组成，锚孔布置在锚杯的底部，灌浆孔或排气孔设在杯底的中部。锚具张拉前，锚杯缩在预留孔道内，张拉时利用工具或拉杆拧在锚杯的内螺纹上，将钢丝束拉出来用螺母固定。其结构简图如图 9.3-5 所示； 图 9.3-5　锚杯型镦头锚具结构图 1—钢丝；2—锚杯；3—螺母 ② 锚环型镦头锚具：锚环型镦头锚具由锚环与螺母组成，这种锚具与锚杯型锚具不同点是锚孔置在锚环上，且内螺纹穿通，以便孔道灌浆，主要用于小吨位钢丝束。结构如图 9.3-6 所示； ③ 锚板型镦头锚具：锚板型镦头锚具由带外螺纹的锚板，半圆环绕片组成。张拉前，锚板位于构件端头。张拉时，利用工具式连接拧在锚板的外螺纹上，将钢丝束拉出来，用半圆环垫片固定，这种锚具主要用于短束。结构如图 9.3-7 所示。 2) 固定端镦头锚具：固定端镦头锚具是具有镦头锚板和带锚芯的锚板两种类型： ① 镦头锚板：镦头锚板是最简单而常用的锚具。结构如图 9.3-8 所示； ② 带锚芯的锚板：带锚芯的镦头锚板又称活动锚板分为锚心与螺母两部分，以便镦头穿束。

审核人		交接人		接受交底人	

工程名称		施工单位		编号	
序号	项目	预应力机械的操作施工技术交底内容			
5 预应力锚具的施工	分类	 图 9.3-6 锚环型号镦头锚具 1—钢丝；2—螺母；3—锚环	图 9.3-7 锚板型镦头锚具 1—钢丝；2—半圆环垫；3—带螺纹的锚板		图 9.3-8 固定端墩头锚具 1—钢丝；2—锚板
6 镦头机与压花机的施工	镦头机	对于预应力高强钢丝束镦头，一般采用液压镦头器进行镦头。LD 系列镦头器是一种预应力工程专用设备，除了可在各种后张法预应力工程中制作高强度钢丝束镦头外，还可以为普遍应用在各预制厂的先张制品工艺中，能广泛适用于桥梁（包括立交桥、高架梁）、民用建筑等预应力工程。附设的切筋器还可以剪切一定范围直径的高强钢筋，做到了一机两用。LD 系列镦头器有 LD10 型与 LD20 型两种，其中 LD10 型应用于 $\phi5$ 钢丝镦头、LD20 型用于 $\phi7$ 钢丝镦头。 （1）镦头器的构造：镦头器主要由外壳、内外两个油缸、内外两个活塞、锚环、夹片、镦头模和顺序阀等组成。在附设切筋器中，由动力座、刀片、刀架等零部件组成，如图 9.3-9 所示。 图 9.3-9 LD 系列镦头器构造图 1—油嘴；2—壳体；3—顺序阀；4—O 型密封圈；5—回油阀；6，7—XY 型密封圈；8—镦头活塞回程弹簧；9—夹紧活塞回程弹簧；10—镦头活塞；11—夹紧活塞；12—镦头模；13—锚环；14—夹片张开弹簧；15—夹片；16—夹片回程弹簧			
审核人		交接人		接受交底人	

工程名称		施工单位		编号	
序号	项目	预应力机械的操作施工技术交底内容			

序号	项目		内容
6 镦头机与压花机的施工	镦头机		（2）工作原理： 1）钢丝插入墩头器，开启液压泵，外缸进油，在钢丝未被夹紧前，外缸处于低压状态，其顺序阀不开启，内缸不充油，此时，内外活塞连成整体，徐徐向前推移，随之逐渐调整钢丝在夹片与墩头模之间的距离，并使其适合预墩头成形所需要的长度。同时，经外活塞推动其夹片逐渐收拢，直至贴紧钢丝；夹片贴紧钢丝后，外缸逐渐升压，钢丝随之被逐步夹紧，到设计所要求； 2）卸去液压油的压力，并依靠有关回程弹簧使各部件进行复位，取出钢丝，完成一次墩头； 3）该镦头器构造特点是：进出油路合一，内外液压缸连通一次进油，同时完成调整钢丝镦锻长度、夹紧钢丝、镦头三个动作。此外本机附有切筋器，可一机二用。其工作过程是：将欲切断的钢丝放在两刀片之间，切筋器进油，动刀座1运动，直至切断钢丝，立即回油，动刀座就回复原位。
	压花机		压花机的工作原理，见图9.3-10所示。钢绞线从机架的凹凸处放入，并用夹具夹紧，然后起动液压千斤顶加工，即可形成梨形散花头。柳州建筑机械厂产品型号为YH3型。最大推力为350kN，行程为70mm。 图9.3-10　压花机工作原理 1—钢绞线；2—夹具；3—机架；4—散花头；5—千斤顶
7 预应力孔道压浆和压浆设备	水泥浆的技术条件		一般情况下，有粘结预应力筋的后张法预应力混凝土构件，在预应力筋张拉完毕后，均须向孔道内压满水泥浆，以保证预应力筋不锈蚀并与构件混凝土联成整体。压浆工作宜在张拉完毕后尽早进行，对于预应力混凝土构件，在张拉完毕10h左右，观察预应力筋和锚具稳定后，即可进行孔道压浆工作。 （1）水泥浆的强度：水泥浆的强度（70.7mm×70.7mm×70.7mm立方体试块28d龄期的强度）等级应以M××表示，如强度为30MPa时，写作M30。 （2）水泥的泌水率和膨胀率的试验方法： 1）试验容器用有机玻璃制成，带有密封盖，直径100mm，高120mm。置放于稳定的平面上； 2）试验方法。往容器内填灌水泥浆约100mm深，测量填灌高度并记录下来，然后盖严。置放3h和24h后量测其离析水面和水泥浆膨胀面，然后按下列公式计算其泌水率及膨胀率： 图9.3-11　水泥浆泌水率和膨胀率试验 1—水面；2—水泥浆面；3—最初填灌的水泥浆面 $$泌水量=\frac{100(a_2-a_3)}{a_1}(\%)$$ $$膨胀率=\frac{100(a_3-a_1)}{a_1}(\%)$$ 式中 a_1、a_2、a_3 见图9.3-11所示。 （3）水泥浆稠度的测定采用1725mL漏斗试验，水泥浆倾入漏斗的高度以触及点测规下端为止，水泥浆从漏斗底自由流出的时间（s），即水泥浆的稠度。一般来说，水泥浆稠度宜控制在14～18s之间。

审核人		交接人		接受交底人	

工程名称		施工单位		编号	
序号	项目	预应力机械的操作施工技术交底内容			

| 7 | 预应力孔道压浆和压浆设备 | 压浆设备 | 目前预应力孔道压浆都是用电动柱塞压浆机，且配有搅拌机，使灰浆搅拌均匀，压浆时必须连续进行，配用降压分配器后，可以得到不同的灰浆压力，且可同时向几个孔道内压浆。

下面介绍 2NB6-32 型立式双缸压浆机的技术性能、结构及操作程序：

1）技术性能与结构：2NB6-32 型立式双缸压浆机是往复式柱塞泵，其技术性能如下：①压力为 3.2MPa；②电动机功率为 11kW；③流量为 6m³/h；④电动机转速为 1400r/min；⑤进浆管内径为 51mm；⑥排浆管内径：32mm；⑦外形尺寸为（长×宽×高）2820mm×850mm×1381mm；

2）2NB6-32 立式压浆机的组成：2NB6-32 立式压浆机主要由泵体和搅拌筒两大部分组成，分别用螺栓安装在底架上。泵体由传动机构、连杆活塞、阀门、安全阀和压力表等组成。搅拌桶分上桶、下桶，主要由传动机构、上桶支撑和刮板等组成；

3）压浆机使用操作程序：压浆机尽量安装在压浆孔道的旁边，以减少管道损失，其程序是：

① 将搅拌筒的皮带拨叉拨到空转位置；

② 启动电动机，皮带轮应与指示箭头方向一致。电动机皮带轮逆时针方向转动；

③ 电动机启动后，应空转片刻，待运转正常平稳后，方可向上搅拌桶内加水泥搅拌；

④ 当搅拌均匀后，打开上搅拌桶放浆闸阀，把上桶水泥浆通过过滤网流到下搅拌桶，通过压浆泵体而压出；

⑤ 上桶水泥浆放完后，关闭放浆闸阀。在上桶内按配合比加水和水泥，再搅拌一桶水泥浆待用。这样就能连续不断地向压浆泵体供浆；

⑥ 每次压浆完毕后，应采用有压力的清水冲洗管道。同时将泵体各盖板打开，用清水冲洗干净后，阀座部分要上防锈油。冬季停泵时，必须将泵体及管路中的积水放净，防止冻裂。 |

| 8 | 张拉设备的校验 | 用长柱压力试验机校验 | 液压千斤顶的作用力一般采用液压表测定和控制。液压表上的指示读数为液压缸内的单位液压。为正确控制张拉力，一般均用校验标定的方法测定液压千斤顶的实际作用力与液压表读数的关系。校验时，应将千斤顶及配套使用的液压泵、液压表一起配套进行。校验仪器常采用长柱压力试验机。压力试验机的精度不得低于±2%。校验时，应采用被动校验法，即在校验时用千斤顶顶住试验机，这样活塞运行方向、摩擦阻力的方向与实际工作时相同，校验比较准确。用长柱压力试验机校验的步骤如下：

（1）千斤顶就位：

1）校千斤顶时，如图 9.3-12（a）所示，将千斤顶放在试验机台面上，千斤顶活塞面或撑套与试验机压板紧密接触，并使千斤顶与试验机的受力中心线重合； | 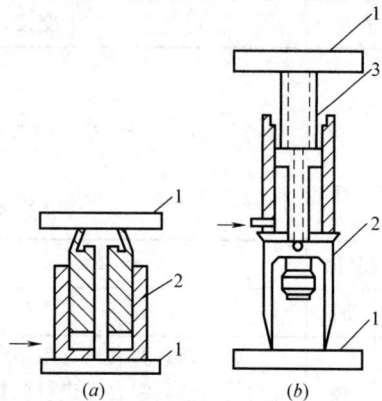

图 9.3-12 采用压力式试验机校验千斤顶
（a）校验穿心式千斤顶；（b）校验拉杆式千斤顶
1—试验机上下压板；2—拉伸机；3—无缝钢管 |

| 审核人 | | 交接人 | | 接受交底人 | |

工程名称			施工单位		编号	
序号	项目		预应力机械的操作施工技术交底内容			
8 张拉设备的校验	用长柱压力试验机校验	2）校验拉杆式千斤顶时，如图 9.3-12 (b)，先将千斤顶的活塞杆推出，取下封尾板，在缸体内放入一根厚壁无缝钢管，然后将千斤顶两脚向下立于试验机的中心部位。放好后，调整试验机，使钢管的上端与试验机上压板接紧，下端与缸体内活塞面接紧，并对准缸体中心线。 （2）校验千斤顶： 1）首先开动液压泵，使千斤顶进油，从而达到活塞杆上升，顶住试验机上压板。在千斤顶试验机的平缓增加负载的过程中，自零位到达最大吨位，将试验机被动标定结果，逐点标定到千斤顶的液压表上； 2）标定点应均匀地分布在整个测量范围内，且不得少于 5 点。各标点应重复标定 3 次，取平均值，并且只测读进程，不测读回程。			
	用标准测力计校验	（1）对于测力计的校验，一般在有条件的情况下，直接采用具有足够吨位的标准测力计（例如水银压力计、测力环、弹簧拉力计等）来校验液压千斤顶，其准确程度高，是一种简单可靠的方法。 （2）校验时的装置如图 9.3-13 所示，校验时，开动液压泵、千斤顶进油，活塞杆推出，顶住测力计。当测力计达到一定吨位 T_1 时，就能立即读出千斤顶液压表相应读数 P_1，同样方法可得 T_2、P_2、T_3、P_3；此时的 T_1、T_2、T_3 为相应的液压表读数，P_1、P_2、P_3 为当时的实际作用力。 将测得各值，绘成曲线，实际在使用过程中，可由此曲线找出要求的 T 值和相应的 P 值。	 图 9.3-13　标准测力 计校千斤顶的装置 1—标准测力计；2—千斤顶；3—框架			
审核人			交接人		接受交底人	

9.4　施加预应力施工技术交底

施加预应力施工技术交底　　　　　　　　　　　　　表 9-4

工程名称			施工单位		编号	
序号	项目		施加预应力的施工技术交底内容			
1 一般要求	预应力锚具的检验	（1）锚具和夹具（包括联轴器）的类型必须符合设计要求和预应力筋的需要。采用预应力筋与锚具组合件进行张拉试验时，锚固能力不得低于预应力筋标准抗拉强度的 90％，锚固时，预应力筋内缩量不得超过锚夹设计规定的限值。 （2）锚夹具进场时应有合格证明书，同时应按下列规定进行复验： 1）对锚具外观和尺寸检验，应从每批中抽取 5％进行，锚夹具不得有裂纹、伤痕，尺寸不得超过允许偏差，检查结果如有一套不合格，则另取原试件数量的双倍数量重新做检查，如仍有一套不合格则应逐套检查，合格者才许使用，否则应予报废。锥形锚具及群锚锚具的锚板，还应抽样作探伤检查；			
审核人			交接人		接受交底人	

工程名称		施工单位		编号	
序号	项目	施加预应力的施工技术交底内容			

序号	项目	施加预应力的施工技术交底内容
1 一般要求	预应力锚具的检验	2）锥形锚的锚塞和群锚体系的锚板与夹片均应从每批中抽样 5%的零件作硬度检验。进行硬度检验时，每个零件测试三点，其硬度平均值应在设计要求范围内，且三点中任一点的硬度不应大于或小于设计要求范围 3 个洛氏硬度单位，如有一个零件硬度值不合格，则另取原试件数量的双倍数量重新做试验，如仍有一个不合格，则应逐个检验，合格者才可使用； 3）外观尺寸和硬度合格后，从两批中抽取三套锚具进行锚固能力的试验，试验时将锚具装在预应力筋的两端，在无粘结状态下置于试验机上或试验台上进行，如有一套不符合要求，则另取原试件数量的双倍数量锚具重新做试验，如仍有一个不合格则该批锚具或夹具为不合格产品，不得使用。
	锥形锚的规格尺寸要求	锥形锚的具体规格尺寸及硬度等应符合以下要求： （1）锚圈用 45 号钢制成，分 18 丝与 24 丝两种，18 丝锚圈的外径 ϕ100mm，高 50mm，小孔孔径为 39.5mm，锥角 5°；24 丝锚圈的外径 ϕ115mm，高 53mm，小孔孔径为 47.7mm，锥角 5°。 （2）锚塞采用 45 号钢制成，18 丝锚塞高 55mm，小头外径 ϕ31.5mm；24 丝锚塞高 58mm，小头外径 ϕ39.7mm，锥角均为 5°。 （3）锚塞经热处理后，其硬度须达到 HRC55～58，检验时距小头边缘 3～4mm 进行硬度试验。 （4）锚具加工尺寸必须有严格控制，锚圈的大孔、小孔及锚塞的大头、小头只允许同时出现正误差或负误差。 （5）锚具在使用前必须采用柴油或煤油进行清洗，不得使用汽油清洗，以防锚具锈蚀而影响锚具的效果。
2 张拉应力的控制	一般规定	（1）张拉机具应与锚具配套使用，应在进场时进行检查和校验。千斤顶与压力表应配套校验，以确定张拉力与压力表读数之间的关系曲线，所用压力表的精度不宜低于 1.5 级；校验千斤顶用的试验机或测力计的精度不得低于±2%。校验时，千斤顶活塞的运行方向应与实际张拉工作状态一致，当采用试验机校验时，宜用千斤顶试验机的读数为准。 （2）张拉机具应由专人使用和管理，并应经常维护，定期校验。张拉机具长期不使用时，应在使用前全面进行校验。使用时的校验期限应视千斤顶情况确定，一般使用超过 6 个月或 200 次以及在千斤顶使用过程中出现不正常现象时，应重新校验。弹簧测力计的校验期限不宜超过 2 个月。 （3）预应力钢材的张拉方法和控制应力应符合设计要求。张拉时如需超张拉，在任何情况下其最大超张拉应力，当冷拉Ⅱ～Ⅳ级钢筋时，为其屈服点（标准强度 R_y^b）的 95%；当为矫直回火钢丝、热处理钢筋或钢绞线时，为其抗拉强度（标准强度 R_y^b）的 80%，当为冷拉钢丝时，为其抗拉强度的 75%。 （4）预应力钢材用应力控制方法张拉时，应以伸长值进行校核，实际伸长值与理论伸长值应控制在 6%以内，否则应暂停张拉，待查明原因并采取措施加以调整后，方可继续张拉。 （5）后张拉预应力钢材张拉时理论伸长值 ΔL（cm）的计算见下公式： $$\Delta L = P \cdot L / A_y \cdot E_g$$ 式中　P——预应力钢材平均张拉力，N； 　　　L——预应力钢材长度，cm； 　　　E_g——预应力钢材弹性模量，N/mm²； 　　　A_y——预应力钢材截面面积，mm²。

审核人		交接人		接受交底人	

工程名称		施工单位		编号	
序号	项目	施加预应力的施工技术交底内容			

2 张拉应力的控制	一般规定	（6）预应力钢材张拉前，应先调试到初应力 σ_0（一般可取张拉控制应力的 $10\%\sim25\%$ 左右），再开始张拉和测量伸长值。实际伸长值除量测的伸长值外，应加上初应力时的推算伸长值。对后张法，混凝土在张拉过程中产生的弹性压缩值一般可省略。 后张法预应力钢材张拉实际伸长值 ΔL 的计算方法可参照下式进行： $$\Delta L = \Delta L_1 + \Delta L_2$$ 式中　ΔL_1——从初应力至最大张拉应力间的实测伸长值，cm； 　　　ΔL_2——从初应力的推算伸长值，cm。 （7）必要时，应对锚圈口及孔道摩阻损失进行测定，张拉时予以调整。 （8）张拉时，应使千斤顶的张拉力作用线与预应力钢材的轴线重合一致。 （9）预应力钢材的锚固，应在张拉控制应力处于稳定状态下进行，锚固阶段张拉端预应力钢材的内缩量，不应大于设计规定或允许值。 （10）预应力钢材张拉及放松时，应填写施工记录。

	预应力钢材锚固与压缩量允许值	**锚具变形、预应力钢材回缩和接缝压缩允许值**　　表 9.4-1

序号	锚具、接缝类型		变形的形式	允许值 ΔL(mm)
1	带螺母的锚具		缝隙变形	1
2	钢丝束的镦头锚具		锚具变形	1
3	锥形锚具		预应力钢材回缩及锚具变形	6
4	夹片式锚具（应用于预应力钢绞线）		预应力钢材回缩及锚具变形	5
5	楔片式锚具	应用于预应力粗钢筋时	预应力钢材回缩、锚具变形	2
		应用于预应力钢绞线时	垫板压密	3
6	分块拼装的接缝隙	浇筑接缝	垫板压密	1
		干接缝	垫板压密	0.5
7	单根冷拔低碳素钢钢丝的锥形锚具		垫板压密	1
8	环氧树脂砂浆接缝隙		垫板压密	1
9	水泥砂浆接缝		垫板压密	1

3 先张法预应力张拉	一般规定	（1）先张法墩式台座结构应符合《公路桥涵施工技术规范》JTG/T F50—2011 要求：即承力座必须具有足够的强度和刚度，其抗倾覆系数不应小于 1.5，而抗滑移系数不应小于 1.3；横梁必须有足够的刚度，其受力挠度不应大于 2mm。 （2）张拉之前，必须对台前、横梁以及各项张拉设备进行仔细的检查，确保安全运转。对于长线台座上铺放的预应力钢材，应彻底清除污垢，防止沾污预应力钢材。 （3）当多根预应力钢材同时张拉时，在整个张拉过程中，其活动横梁应与固定横梁始终保持其平行。为了减小预应力钢材的松弛损失，采用超张拉方法进行张拉过程中，其张拉程序必须按照表 9.4-2 进行，断丝的限制按表 9.4-3。

审核人		交接人		接受交底人	

工程名称		施工单位		编号	
序号	项目	施加预应力的施工技术交底内容			

先张法预应力钢材张拉程序 表 9.4-2

序号	预应力钢材种类	张拉程序
1	钢筋	持荷 5min： $0 \longrightarrow$ 初应力 $\longrightarrow 105\sigma_k\% \longrightarrow 90\sigma_k\% \longrightarrow \sigma_k$（锚固）
2	钢绞线与钢丝	持荷 5min： $0 \longrightarrow$ 初应力 $\longrightarrow 105\sigma_k\% \longrightarrow 0 \longrightarrow \sigma_k$（锚固）

注：1. 表中 σ_k 为张拉时的控制应力值，包括预应力损失值。

2. 张拉钢筋时，为保证施工安全，应在超张拉放至 $90\sigma_k\%$ 时装设模板、配筋、预埋件等。

3. 多根预应力钢材同时张拉时，其初应力应一致。

（4）同时张拉多根钢筋时，应抽查钢筋的预应力值，其偏差绝对值不得大于或小于按一个构件全部钢筋预应力总值的 5%。张拉时，断丝数量不得超过表 9.4-3 的规定。

先张法预应力钢材断丝限制 表 9.4-3

序号	类型	检查的项目	控制数
1	钢绞线与钢丝	同一构件的断丝数量不得超过钢丝总数的	1%
2	钢筋	断筋	不允许

（1）预应力筋放张时的混凝土强度须符合设计规定，设计未规定时，不得低于设计的混凝土强度等级值的 75%。预应力筋放张顺序应符合设计要求，设计未规定时，应分阶段、对称、相互交错地放张。在力筋放张之前，应将限制位移的侧模、翼缘模板或内模拆除。

（2）多根整批预应力筋的放张，可采用砂箱法或千斤顶法。用砂箱放张时，放砂速度应均匀一致；用千斤顶放张时，放张宜分数次完成。单根钢筋采用拧松螺母的方法放张时，宜先两侧后中间，并不得一次将一根力筋松完。

（3）钢筋放张后，可用乙炔—氧气切割，但应采取措施防止烧坏钢筋端部。钢丝放张后，可用切割、锯断或剪断的方法切断；钢绞线放张后，可用砂轮锯切断。

（4）长线台座上预应力筋的切断顺序，应由放张端开始，逐次切向另一端。

审核人		交接人		接受交底人	

左侧纵列文字：
3 先张法预应力张拉
一般规定
预应力筋的放张

工程名称			施工单位		编号	
序号	项目		施加预应力的施工技术交底内容			

<table>
<tr><td colspan="2" style="text-align:center">预应力筋的放张法示意图</td><td>表 9.4-4</td></tr>
<tr><td>放张方法</td><td colspan="2">示　意　图</td></tr>
</table>

序号	项目	放张方法	示意图
3 先张法预应力张拉	预应力筋的放张法示意图	千斤顶先拉后张法	 图 9.4-1　千斤顶先拉后张法 1—夹具；2—横梁；3—千斤顶； 4—承力支架；5—构件；6—钢丝
		滑楔放张法	 图 9.4-2　滑楔放张法 1—横梁；2—承力板；3—螺杆；4—台座；5—钢楔块

4 后张法预应力张拉	一般要求	（1）预应力筋预留孔道尺寸与位置应正确，孔道应平顺，端部预埋钢垫板应垂直于孔道中心线。 （2）管道应采用定位钢筋固定安装，使其能牢固地置于模板内的设计位置，并在混凝土浇筑期间不产生位移，固定各种成孔管道用的定位钢筋的间距，对于钢管不宜大于 1m；对于波纹管不宜大于 0.8m，对于胶管不宜大于 0.5m；对于曲线管道宜适当加密。 （3）金属管道接头处的连接管宜采用大一个直径级别的同类管道，其长度宜为被连接管道内径的 5～7 倍，连接时应不使接头处产生角度变化及在混凝土浇筑期间发生管道的转动或移位，并应缠裹紧密，防止水泥浆的渗入。 （4）所有管道均应设压浆孔，还应在最高点设排气孔及需要时在最低点设排水孔，压浆管、排气管和排水管应是最小内径为 20mm 的标准管或适宜的塑料管，与管道之间的连接应采用金属或塑料结构扣件，长度应足以从管道引出结构物以外。 （5）管道在模板内安装完毕后，应将其端部盖好，防止水或其他杂物进入。

审核人		交接人		接受交底人	

工程名称		施工单位		编号	
序号	项目	施加预应力的施工技术交底内容			
4 后 张 法 预 应 力 张 拉	预应力筋的安装	（1）预应力筋可在浇筑混凝土之前或之后穿入管道，对于钢绞线，则可将一端钢束中的全部钢绞线编束后整体装入管道中，也可逐根将钢绞线穿入管道，穿束前应检查锚垫板和孔道，锚垫板位置应准确无误，其孔道内应畅通无阻，并无水或其他杂物等。 （2）预应力筋安装后的保护： ① 对于在混凝土浇筑及养护之前安装在管道中，但在下列规定时限内没有压浆的预应力筋，应采取防止锈蚀或其他防腐蚀的措施，直至压浆完毕。在不同暴露的条件下，未采取防腐蚀措施的预应力筋，在安装后至压浆时的允许间隔时间如下：如若空气湿度大于70％时，其允许的时间为7d；如若空气湿度在40％～70％时，其允许的时间为15d；如若空气湿度小于40％时，其允许的时间为20d； ② 当预应力筋安装在管道中后，管道端部开口应进行密封，主要是防止湿气进入管道内，如若采用蒸汽养护时，在养护完成之前不应安装预应力筋； ③ 在任何情况下，在安装有预应力筋的构件附近进行电焊时，对全部预应力筋和金属件均应采取保护措施，防止溅上焊渣或造成其他的损坏，如果出现这种情况时，必须妥善处理。 （3）对在混凝土浇筑之前所需要穿束的管道，在预应力筋安装完成后，应对其进行一次全面的检查，以便查出可能被破坏的管道，在混凝土浇筑之前，必须将管道上一切非有意留出的孔、开口或损坏之处进行修复，并认真检查预应力筋能否在管道内进行自由的滑动。			
	后张法预应力筋的张拉	（1）对于预应力筋在施加预应力之前，必须对构件进行仔细的检验，其外观和尺寸应符合质量标准要求，张拉时，其构件的混凝土强度应符合设计规定要求，如果设计没有规定时，其原则是质量的最低标准不应低于设计强度等级值的75％。 （2）预应力筋的张拉顺序应符合设计要求，当设计未规定时可采取分批、分阶段对称张拉。 （3）施工中应积极地使用能张拉多根钢绞线或钢丝的千斤顶同时对每一钢束中的全部预应力筋施加应力，但对扁平管道中不多于4根的钢绞线除外。 （4）预应力筋张拉端的设置应符合设计要求，当设计无具体规定时，应符合下述规定： ① 对曲线预应力筋或长度大于等于25m的直线预应力筋，最理想适宜于两端张拉；对长度小于25m的直线预应力筋，则可在一端进行张拉； ② 对于曲线配筋的精轧螺纹钢筋应在两端进行张拉施工，而对于直线配筋的则可以在一端进行张拉。当同一截面中有多束一端张拉的预应力筋时，张拉端适宜分别设置在构件的两端，预应力筋采用两端张拉时，可先在一端张拉锚固后，再在一端补足预应力值进行锚固。			
审核人		交接人		接受交底人	

工程名称			施工单位		编号	
序号	项目		施加预应力的施工技术交底内容			

<table>
<tbody>
<tr><td rowspan="12">4
后张法预应力张拉</td><td rowspan="5">后张法预应力筋断丝与滑移限制</td><td colspan="5" style="text-align:center">**后张法预应力筋断丝与滑移限制**   表 9.4-5</td></tr>
</tbody>
</table>

后张法预应力筋断丝与滑移限制　　表 9.4-5

类型	检 查 项 目	控制数
钢丝束和钢绞线束	每束钢丝断丝或滑丝	1 根
	每束钢绞线断丝或滑丝	1 根
	每个断面断丝线之和不得超过该断面钢丝总数的	1%
单根钢筋	断筋或滑移	不允许

注：1. 钢绞线断丝系指单根钢绞线内钢丝的断丝。
　　2. 超过表列控制数时，原则上应更换，当不能更换时，在允许的条件下，可采取补救措施。
　　3. 在满足设计上各阶段极限状态的要求前提下，提高其他束预应力值。

后张法预应力筋张拉程序　　表 9.4-6

序号	预应力筋		张拉程序
1	钢筋、钢筋束		$0 \rightarrow$ 初应力 $\rightarrow 1.05\sigma_{con}$（持荷载 2min）$\rightarrow \sigma_{con}$
2	钢绞线束	对于夹片式等具有自锚性能的锚具	普通松弛力筋 $0 \rightarrow$ 初应力 $\rightarrow 1.03\sigma_{con}$（锚固） 低级松弛力筋 $0 \rightarrow$ 初应力 $\rightarrow \sigma_{con}$（持荷载 2min 锚固）
		其他锚具	$0 \rightarrow$ 初应力 $\rightarrow 1.05\sigma_{con}$（持荷载 2min）$\rightarrow \sigma_{con}$（锚固）
3	精轧螺纹钢筋	直线配筋时	$0 \rightarrow$ 初应力 $\rightarrow 1.05\sigma_{con}$（持荷载 2min 锚固）
		曲线线筋时	$0 \rightarrow$ 初应力 $\rightarrow \sigma_{con}$（持荷载 2min 锚固）
4	钢丝束	对于夹片式等具有自锚性能的锚具	普通松弛力筋 $0 \rightarrow$ 初应力 $\rightarrow 1.03\sigma_{con}$（锚固） 低级松弛力筋 $0 \rightarrow$ 初应力 $\rightarrow \sigma_{con}$（持荷载 2min 锚固）
		其他锚具	$0 \rightarrow$ 初应力 $\rightarrow 1.05\sigma_{con}$（持荷载 2min）$\rightarrow 0 \rightarrow \sigma_{con}$（锚固）

注：1. 表中 σ_{con} 为张拉时的控制应力。
　　2. 当两端同时张拉时，两端的千斤顶升降压、画线、测伸长、插垫等工作都应基本一致。
　　3. 梁的竖向预应力筋可一次张拉到控制应力，然后，必须持荷 5min 后测伸长和锚固。

锚固后切割

（1）预应力筋在张拉控制应力达到稳定后才可锚固，因此，预应力筋锚固后的外露长度不得小于 30mm。

（2）锚具应用封端混凝土保护，当需要长期外露时，应采取防止锈蚀的有效措施。

（3）一般情况下，锚固完毕并经检验合格后，就可以用机器切割多余的预应力筋，严禁采用电弧焊切割，必须强调的是只能采用砂轮机进行切割。

5　电热张拉法

一般要求

（1）电热张拉法适用于预应力钢材为冷拉钢筋的一般构件；对于抗裂度要求较严的构件，不宜采用电热张拉法；用金属管道预留孔道的构件，不得采用电热张拉法。

（2）采用电热张拉法时，预应力钢材的电热温度不应超过 350℃，而反复电热的次数不得超过 3 次。

（3）使用的锚具应符合设计要求。如设计无规定，采用硫磺砂浆电张法时，两端均应采用螺丝端杆锚。当采用电热先张或预留孔道电热后张时，至少一端应为螺丝端杆锚，以便在电热时能准确控制其伸长值。

（4）进行电热张拉的预应力钢材应与其他钢筋进行绝缘处理。

审核人		交接人		接受交底人	

工程名称			施工单位		编号	
序号	项目		施加预应力的施工技术交底内容			
5 电热张拉法	设备要求	电热设备宜采用低压变压器或电焊机，并必须符合如下要求： （1）一次电压为 220～380V；二次电压为 30～65V，电压降必须保持在 2～3V/m。 （2）二次电流应满足钢筋中的电流浓度，即不宜小于下列数值：冷拉 II 级钢筋为 120A/cm²；冷拉 IV 级钢筋为 200A/cm²。				
	电热张拉施工	（1）电热张拉施工前应先拉直各预应力钢材，并使其松紧程度一致，以便建立相同的初应力（其值一般为 $10\sigma_k$ ‰），并作出测量标记。 （2）电热张拉预应力钢材的顺序，应按设计要求确定，一般情况下，要求分组对称张拉，防止构件产生偏心受压。 （3）锚固（拧紧螺母、插入垫板应用绝缘工具）应随着电热时钢筋的伸长进行，直至达到预定的伸长值后切除电源为止。 （4）电热张拉施工完毕，待钢筋冷却到常温后（一般需要 12h），将螺母与垫板焊牢；如若校核应力时，应在校核完毕后焊牢。 （5）螺母与垫板焊牢后，才可进行压浆，压浆的技术要求与后张法相同。采用硫磺砂浆电热张拉法时，不需要压浆。 （6）先张构件采用电热张拉法时，采取有效措施，防止钢筋的热量损失。 （7）采用电热张拉法施工时，应填写电热张拉施工记录。				
6 孔道压浆	一般要求	（1）当预应力钢材张拉完毕后，孔道应尽早压浆，一般情况下不得超过 14d。采用电热张拉时，孔道压浆应在预应力钢材冷却后进行。 （2）孔道压浆一般宜采用水泥浆，空隙大的孔道，水泥浆中可掺入适量的细砂。水泥浆的强度不得低于设计规定。水泥浆的技术要求应符合以下规定： ① 水泥宜采用硅酸盐或普通水泥；采用矿渣水泥时，应加强检验，防止材料性能不稳定。水泥的强度等级不得低于 42.5； ② 水灰比一般采用 0.40～0.45，掺入适量减水剂时，水灰比可减小到 0.35；水及减水剂须对预应力钢材无腐蚀作用；水泥浆的泌水率最大不得超过 4%。拌合后 3h 泌水率宜控制在 2%；24h 后泌水应全部被浆吸回； ③ 水泥浆中可掺入（通过实验）适量膨胀剂如铝粉等，铝粉的掺入量约为水泥用量的 0.01%。水泥浆掺入膨胀剂后的自由膨胀应小于 10%；水泥浆稠度宜控制在 14～18s 之间； ④ 外加剂宜采用具有低含水量、流动性好、最小渗出及膨胀性等特性的外加剂，它们应不得含有对预应力筋或水泥有害的化学物质。外加剂的用量应通过实验确定。				
	孔道压浆施工技术	（1）压浆施工前，必须对孔道进行清洁处理。对抽芯成型的混凝土空心孔道应冲洗干净并使孔壁完全湿润；对金属管道必要时也应冲洗，清除有害材料。 （2）对孔道内可能发生的油污等，一般可采用已知对预应力筋和管道无腐蚀作用的中性洗涤剂或皂液，再用清水进行稀释然后冲洗。冲洗完毕后，应使用不含油的压缩空气将孔道内的所有积水或杂物吹出。				
审核人			交接人		接受交底人	

工程名称			施工单位		编号	
序号	项目		施加预应力的施工技术交底内容			
6 孔道压浆	孔道压浆施工技术	(3) 水泥浆自拌制至压入孔道的延续时间，视气温情况而定，一般在 30～45min 范围内。水泥浆在使用前和压注过程中应连续搅拌。对于因延迟使用所致的流动度降低的水泥浆，不得通过加水来增加其流动度。 (4) 在压浆施工过程中，对曲线孔道和竖向孔道应从最低点的压浆孔压入，由最高点的排气孔排气和泌水。压浆的顺序应先压注下层孔道。 (5) 压浆施工时应缓慢、均匀地进行，不得中断，并应将所有最高点的排气孔依次一一放开和关闭，使孔道内排气畅通。对于较集中和邻近的孔道，应尽量先连续压浆完成，不能连续压浆时，其后压浆的孔道应在压浆前采用压力水冲洗通畅。 (6) 对于掺加了外加剂且泌水率较小的水泥浆，可以通过实验证明能达到孔道内饱满时，采用一次性压浆的方法；不掺加外加剂的水泥浆，可采用二次压浆法，两次压浆的间隔时间宜为 30～45min。 (7) 压浆应使用活塞式压浆泵，不得使用压缩空气。压浆的最大压力宜为 0.5～0.7MPa；当孔道较长或采用一次压浆时，最大压力宜为 1.0MPa。梁体竖向预应力筋孔道的压浆最大压力可控制在 0.3～0.4MPa。 (8) 在施工过程中，其压浆应达到孔道另一端饱满和出浆，并应使排气孔排出与规定稠度相同的水泥浆为止。为保证管道中充满灰浆，关闭出浆口后，应保持不得低于 0.5MPa 的一个稳压期，该稳压期不得小于 2min。 (9) 在压浆施工过程中，以及压浆后 48h 内，结构混凝土的温度不得低于 5℃，否则应采取保温措施。当气温高于 35℃时，压浆施工适宜在夜间进行作业。 (10) 压浆后应从检查孔抽查压浆的密实情况，如有不实，应及时处理和纠正。 (11) 压浆时，每一工作班应留取不少于 3 组的 70.7mm×70.7mm×70.7mm 立方体试件，标准养护的时间为 28d，检查其抗压强度，作为评定水泥浆质量的主要依据。 (12) 施工过程中，对需要封锚的锚具，压浆后应先将其周围冲洗干净，并对梁端混凝土凿毛，然后设置钢筋网浇筑封锚混凝土。 (13) 封锚混凝土的强度应符合其设计的规定，一般不得低于构件混凝土强度等级值的 80%。必须严格控制封锚后的梁体长度。长期外露的锚具，应采取防锈措施。 (14) 对于后张预制的构件，在管道压浆前不得安装就位，应在压浆强度达到设计要求后方可运输、移位及吊装等。			
7 无粘连预应力混凝土施工工艺	概述	(1) 无粘结预应力混凝土是指将预先加工好的无粘结预应力筋铺设在模板中，然后浇筑混凝土，并认真进行保养，待混凝土达到其设计强度后，就可以进行张拉锚固，这是一种靠锚具传力的预应力混凝土。 (2) 无粘结预应力筋是指施加预应力后沿全长与周围混凝土不粘连的预应力筋。它主要由预应力筋、涂料层、包裹层等组成，如图 9.4-3 所示。 (3) 无粘结预应力混凝土与有粘结预应力混凝土不同之处：不需预留孔道、不需要穿索，当预应力筋张拉完后，不需进行孔道灌浆作业。 (4) 由于无粘结对锚具质量及防护要求高，因此，只应用于预应力筋分散配置、外露的锚具且采用混凝土封口的结构。	图 9.4-3 无粘结预应力筋 1—塑料套管；2—油脂；3—钢绞线或钢丝束			
审核人			交接人		接受交底人	

工程名称			施工单位		编号	
序号	项目		施加预应力的施工技术交底内容			
7 无 粘 连 预 应 力 混 凝 土 施 工 工 艺	无 粘 结 筋 的 制 作 方 法		(1) 主要材料： 　1) 预应力筋：预应力筋可选择 7φ5 钢丝束、φ15 和 φ12 钢绞线，其抗拉强度为 1470～1860MPa。对于同一直径等级的无粘结筋，由于每米所耗材料基本相同，所以预应力钢材强度越高，无粘结筋相对而言经济性越好； 　2) 涂料：涂料的作用是使预应力筋与混凝土隔离、减少张拉时的摩擦阻力损失、防止预应力筋腐蚀等。所以，要求涂料具有较好的稳定性、韧性、不发脆、不流淌等，并能较好地黏附在钢筋上，对钢材和包裹层无腐蚀作用。同时润滑性能好、价格便宜、取材容易、使用方便等。常用的涂料主要有油脂、沥青等； 　3) 护套材料：护套材料的作用是保护油脂，并防止预应力钢材与混凝土粘结。因此，要求护套材料具有足够的强度，耐腐蚀性能强和防水性能好。常用的护套材料有塑料布和塑料管： 　① 塑料布：宜采用质地稍硬的材料，厚度为 0.17～0.2mm，宽度约 70mm，分两层交叉缠绕在预应力筋上，每层重叠一半，实为 4 层，总厚度为 0.7～0.8mm； 　② 塑料管：塑料管套在预应力筋上有两种作法：一是利用现有的塑料管，由于套入困难，已很少采用；二是采用聚乙烯或聚丙烯直接在预应力筋上挤出成管，广泛用于机械化生产。 (2) 生产制作工艺： 　无粘结预应力筋的生产工艺有两种：一是涂沥青缠塑料布，即由人工或简易机械完成，可用于大吨位钢绞线束，但加工麻烦，目前已较少采用。二是挤压涂层，即在预应力筋上将塑料套管挤出成型，机械化程度高，广泛用于单根钢绞线或 7φ5 钢丝束。 　挤压涂层工艺设备主要由放线盘、涂油装置、塑料挤出机、冷却槽、牵引机、收线盘等零部件组成，其工艺流程见图 9.4-4 所示。 图 9.4-4　无粘结预应力筋生产线 1—收线装置；2—牵引机；3—冷却槽；4—挤塑机头；5—涂油装置；6—梳子板；7—放线盘 　1) 上盘：采用钢丝束时，将七盘钢丝分别放在放线盘上，并注意找出原钢丝盘的收线头。然后将七盘钢丝头分别穿入梳子板孔内成束。采用钢绞线时，只需要一个放线盘就可以了，操作非常方便； 　2) 涂油：对于钢丝束，采用 7 根钢丝分开进入涂油机的分油器，最后在分油器的出口嘴处合股，这样保证每根钢丝均在油脂中经过，内外均有饱满的油脂，对于钢绞线，涂油更要饱满，以保证塑料包覆套管的表面能光圆。涂油是通过由空气压缩机输送压缩空气给油桶，并推动油桶内活塞向下，将黏度较大的油脂从下部出口处均匀压出，再通过压力管道进入分油器，压送油脂的气压与气温有关，冬季油脂的黏度略大，控制气压为 0.5～0.6MPa。夏季油脂的黏度较小，控制气压减少为 0.3MPa 左右；

审核人		交接人		接受交底人	

工程名称		施工单位		编号	
序号	项目	施加预应力的施工技术交底内容			

| 7 无粘连预应力混凝土施工工艺 | 无粘结筋的制作方法 | 3）包塑：预应力筋包塑用的工作主机，主要是根据所需的塑料挤出量确定。在一般情况下，无粘结筋的生产速度不要求过快，塑料挤出量不大于30kg/h时，可采用J-45型塑料挤出机，螺杆长径比以25∶1为宜。如果需要增大包塑的壁厚和加快生产速度，可采用J-65型塑料挤出机。塑料挤出机的机头是该工艺的关键部件，需要根据不同制品对象自行设计。机头的作用是使塑料由挤出机内的螺旋运动变为直线运动，产生必要的成型压力，使物料进一步塑化均匀，挤出的套管密实，并获得所需的截面形状。机头的构造有垂直式和直角式两种形式；

① 图9.4-5所示为直角式机头构造。塑料熔融物与预应力筋在机头中各走各的通道，互不相通，塑料层只在机头出口处直接在力筋上成型。由于塑料软化点与油脂滴点温度接近，所以在成型过程中须保证熔融物经过机头时油脂不流淌，以利于塑料成型。同时，还应保证成型塑料层与涂油力筋离开一定间隙，以便涂油力筋能在塑料套管内任意抽动，减少张拉摩擦阻力损失；

图9.4-5 直角式机头构造
1—预应力筋；2—加热圈；3—机头体；4—芯模；
5—冷却水槽；6—口模；7—塑料管

② 在挤塑机运行前，各部分都要预热。挤塑机机身有三个加热区，机头有两个加热区，总功率为11kW。预热时间要充分，一般为两个小时左右。挤塑机连续运行时，塑化的塑料经机头的芯模与口模，将塑料挤成管状，在口模外包覆在已涂油脂的钢丝束或钢绞线上，靠塑料管的热收缩包紧；

③ 塑料塑化的好坏是保证挤塑顺利的关键。各加热区的温度控制因季节气温不同而随时调整，以保证塑料缩化为原则。塑化程度凭操作工人的经验判定；

4）冷却：一般直接用水冷却。冷却水槽宜靠近挤塑机头的口模处，让热塑状态套管快速进入冷却水中结晶硬化，水槽内冷却水高度浸没整根无粘结筋为好；

5）收线：由牵引机与收线机同步转动完成。牵引机的牵引速度是一项重要的性能技术，必须与挤塑机螺杆的转速相匹配。牵引速度加快，为保证塑料管壁厚度，挤塑机的螺杆转动速度亦应加快。否则，必然是塑料管壁过薄，易破损。牵引速度过小，挤塑量过大，易在机头出口处堆积成疙瘩团。该工艺牵引速度为8～13m/min。

（3）质量检验： |

| 审核人 | | 交接人 | | 接受交底人 | |

工程名称			施工单位		编号	
序号	项目		施加预应力的施工技术交底内容			

序号	项目	施加预应力的施工技术交底内容
7 无粘连预应力混凝土施工工艺	无粘结筋的制作方法	1）质量要求：无粘结预应力筋的质量要求包括以下几个方面： ① 产品外观：油脂饱满均匀，不漏涂；护套圆整光滑，松紧恰当，破损率小于1‰； ② 油脂用量：对 ϕ15 或 7ϕ5 两者都不小于 0.5kg/10m，对于 ϕ12 不小于0.43kg/10m； ③ 管壁厚度：在正常环境下不小于 0.8mm，在腐蚀环境下不小于 1.2mm。 2）检验方法：除无粘结筋的外观采用目测外，每批随机抽样三根，每根长 1m，称出其产品质量后，用刀剖开塑料管，分别用柴油清洗掉油脂、并擦净，再分别用天平称出钢材与塑料管质量，然后用千分卡尺量取塑料管壁的平均厚度，再对照质量要求进行评定。 （4）运输堆放： ① 无粘结筋每盘质量为 1～1.5t，装卸运输时塑料表皮易擦破，应特别注意； ② 无粘结筋长途运输或铁路运输时，应采用麻袋片包装 1～2 层，吊点处宜用尼龙绳捆紧，并应轻装轻卸，严禁摔掷或在地上拖拉； ③ 无粘结筋露天堆放期间需覆盖防雨布，地面应加垫木板，不得与地面接触，严禁碰撞。 （5）用量计算：无粘结预应力筋的质量，应按产品质量计；无粘结筋需用量＝预应力钢材用量×1.08（对 ϕ15 或 7ϕ5）～1.09（对 ϕ12）。
	无粘结筋铺设工艺	（1）下料：无粘结筋的下料长度与预应力筋的形状、所采用的锚固体系及张拉设备有关。当采用夹片式锚具时，无粘结筋的下料长度＝埋入构件混凝土内的长度＋两端外露长度。两端外露的长度，实际上是根据张拉设备与张拉方法而异。例如采用 YC-20 型千斤顶时，其张拉端外露的长度为 600mm。如若采用 YCN-18 型前置内卡式千斤顶时，其张拉端外露的长度为 250～300mm。而固定端外露的长度为 100mm。 （2）铺设：无粘结筋的铺设工序一般在绑扎完成底筋后进行，主要内容： 1）无粘结筋的曲率，可采用垫铁马凳或其他构造措施控制； 2）铁马凳一般用大于或等于 ϕ12 钢筋焊接而成，按设计要求制作成不同高度，其设置间距不大于 2000mm，用钢丝与无粘结筋进行扎紧； 3）铺设双向配筋的无粘结筋时，应事先铺放标高低的无粘结筋，再铺设标高较高的无粘结筋，应尽量避免两个方向的无粘结筋相互穿插编结； 4）在进行绑扎无粘结筋时，应先在两端拉紧，同时从中间往两端绑扎定位。 （3）验收：在浇筑混凝土前应对无粘结筋进行检查验收，如各控制点的矢高、端头连杆外露尺寸是否合格；塑料保护套有无脱落和歪斜；固定端镦头与锚板是否粘紧；无粘结筋涂层有无破损等，合格后方可浇筑混凝土。

审核人		交接人		接受交底人	

工程名称		施工单位		编号	
序号	项目	施加预应力的施工技术交底内容			
7 无粘连预应力混凝土施工工艺	无粘结筋的张拉工艺	（1）无粘结筋一般采用小型千斤顶单根张拉，并用单孔锚具锚固。在张拉端无粘结筋成束布置时，也可采用大吨位千斤顶整束张拉，并用 JM 型锚具和群锚锚固。 （2）钢绞线无粘结筋的张拉端可采用夹片式锚具，埋入端宜采用压花式埋入锚具。采用压花锚头时，在与混凝土粘结长度范围以外要将油除净，否则张拉时会发生滑丝现象。钢丝束无粘结筋的张拉端和埋入端既可采用夹片锚具，也可采用镦头锚具。 （3）无粘结筋的长度大于 25m 时，宜采取两端张拉。成束无粘结筋正式张拉前，必须先用千斤顶往复抽动 1～2 次，以降低张拉摩擦损失。 （4）无粘结筋张拉完成后，应立即用防腐油或水泥浆通过锚具或其附件上的灌筑孔，将锚固部位张拉形成的空腔全部灌注密实，以防预应力筋发生局部锈蚀。 （5）无粘结筋的端部锚固区，必须进行密封防护措施，严防水汽进入锈蚀预应力筋，并要求防火。一般做法是：切去多余的无粘结筋（露出夹片外的长度应不小于 30mm），或将端头无粘结筋分散弯折后，浇筑混凝土封闭或外包钢筋混凝土，或用环氧砂浆堵封等。 （6）用混凝土做堵头封闭后，要防止产生收缩裂缝。当不能采用混凝土或灰浆做封闭保护时，预应力筋锚具要全部涂刷抗锈漆或油脂，并加其他保护措施，确保施工质量。			
审核人		交接人		接受交底人	

10 冬 期 施 工

10.1 一 般 规 定

冬期施工的一般规定   表 10-1

工程名称			施工单位		编号	
序号	项目		冬期施工的一般规定内容			
一般规定	气温规定		（1）桥梁施工现场的日平均气温连续 5d 低于 5℃ 开始到次年最后一阶段室外平均气温连续 5d 低于 5℃ 时止作为冬期施工的期限。在此期间进行的混凝土、钢筋混凝土、预应力钢筋张拉、预应力混凝土灌浆及砌体工程施工时，其用料及施工工艺等均按冬期施工规定进行。 （2）为了预防气温突然下降，避免工程遭受冻害，在冬期施工的前后期间，注意天气变化，及时采取防冻措施。			
	混凝土冬期施工的一般规定		（1）混凝土施工当温度具有下列情形之一时，应即按冬期施工条件办理： ① 工地室外昼夜平均气温低于 +5℃ 时； ② 室外最低气温低于 −3℃ 时； ③ 混凝土灌注之后，在开始养护前的温度低于 +5℃ 时。 （2）冬期条件下养护的混凝土，在冻结以前混凝土的强度不应低于设计强度的 40%，也不得低于 5.0MPa。 （3）冬期施工的混凝土结构，仅在混凝土达到 100% 的设计强度之后，才允许加置全部的设计荷载。 （4）在进入混凝土冬期施工之前须做好冬期施工准备： ① 根据任务需要及其他客观条件的要求，确定冬期施工的工程项目、工程数量、开竣工日期等； ② 根据工程性质，当地气象条件及具体施工条件等，通过必要的经济技术分析，确定混凝土的养护方法，混凝土的灌注温度及养护时间等等； ③ 准备足够的工程材料，防寒材料，燃料以及必要的机具、设备、仪器等等；冬期施工防寒保温用的材料及器具，应因地制宜，尽量采用当地的廉价材料，尽量利用现成的设备或物品。 （5）不允许在冻土上灌注基础。开挖基坑应分段进行，基坑在挖至设计标高以上 30～40cm 时，即行停止，待灌注基础混凝土以前，再挖去最后一层土，使每段挖完后能及时灌注基础混凝土。 （6）混凝土的冬期施工，必须特别注意检查材料质量。砂石材料应大堆存放，砂、石料中如有雪及冰屑，应完全除净。 （7）混凝土的一般灌注温度，对蓄热法养护混凝土，不低于 10℃；对蒸汽法养护不低于 5℃；对冷混凝土施工要求在 0℃ 以上。装配式结构构件接头部分的混凝土在遭受冻结前，应在适当的正温度条件下养护或加热养护至混凝土强度达到设计要求。 （8）在冬期条件下灌注混凝土，当利用水泥水化热不能满足要求时，应将水和砂石加热。原材料加热时应注意下列事项： ① 需要原材料加热时，首先应考虑水的加热。如水加热至规定最高温度，尚不能使搅拌的混凝土达到规定温度时，再考虑砂石骨料的加热，但在任何情况下严禁将水泥加热；			
审核人			交接人		接受交底人	

工程名称		施工单位		编号	
序号	项目		冬期施工的一般规定内容		

| 一般规定 | 混凝土冬期施工的一般规定 | ② 各种原材料的加热温度，应通过热工计算决定； ③ 为了防止水泥的假凝现象，水及骨料的加热最高温及搅拌完毕，混凝土出盘的最高温度，应符合表 10.1-1 的规定。 |

拌合水及骨料的最高温度 表 10.1-1

项次	主 要 项 目	拌合水（℃）	骨料（℃）
1	小于 52.5 强度等级的普通硅酸盐水泥，矿渣硅酸盐水泥	80	60
2	等于及大于 52.5 强度等级的硅酸盐水泥，普通硅酸盐水泥	60	40

注：水和骨料的加热可参用以下方法：

1. 水：在水中通蒸汽，或加火烧热。

2. 砂、石：一般用蒸汽加热或用火烧。用火烤时，应注意翻搅使加热均匀，其温度上升不宜过快。

（9）在冬季条件下搅拌混凝土时，可掺入定量的促凝剂，以促使混凝土强度的增长加快，并能降低混凝土内水溶液的冰点，提高混凝土的抗冻能力。常用的促凝剂有氯化钙、氯化钠。在不能使用氯盐的情况下，可用三乙醇胺复合剂或硫酸钠复合剂与蓄热法养护结合进行施工。

（10）用热材料拌制的混凝土，掺用氯盐（氯化钙、氯化钠或混合掺用）的数量应由试验确定，但混凝土的凝结速度不得超过其在运输和灌注时所需时间。

（11）在钢筋混凝土中，氯盐（按无水状态计算）的掺量不得超过水泥重量的 2%，亦不得超过 6kg/m³。在无筋混凝土中，氯盐的掺量不得超过水泥重量的 3%。但在下列情况下，不得在钢筋混凝土结构中掺氯盐：

① 在高湿度空气环境中使用的结构（排出大量蒸汽的车间、和经常处于空气相对湿度大于 80% 的房间以及有顶盖的钢筋混凝土蓄水池等）；

② 结构处于水位升降的部分；

③ 露天结构或经常受水淋湿的结构；

④ 具有外露钢筋、预埋件而无防护措施的结构；

⑤ 与含有酸碱或硫酸盐等的侵蚀性介质相接触的结构；

⑥ 使用过程中经常处于环境温度为 60℃ 以上的结构；

⑦ 使用冷拉和冷拔低碳钢丝的钢筋混凝土结构；

⑧ 薄壳、屋架、吊车梁、落锤或锻锤基础等结构；

⑨ 直接靠近直流电源的钢筋混凝土结构；

⑩ 在施工过程中直接靠近高压电源（发电站、变电所）的钢筋混凝土结构。

（12）掺用氯盐的混凝土，施工时应遵守下列规定：

① 应用硅酸盐水泥；

② 水泥比不得大于 0.65；

③ 掺入氯盐溶液时，必须始终保持氯盐溶液的浓度均匀一致；

④ 适当延长搅拌时间，注意搅拌均匀；

⑤ 必须振捣密实；

⑥ 不宜采用蒸汽养护。

| | 其他规定 | （1）计划冬期施工的工程，应预先做好冬期施工技术措施和各项准备。对各项设施和材料，应事先做好防雪、防冻等防护措施，对钢筋的冷拉和预应力张拉，还应专门制订安全措施。 （2）桥墩的地基，在施工时和完工后，均不得使其遭受冻结；因此，在基坑挖到设计标高、地基温度不得低于 5℃，并应即进行桥墩的钢筋混凝土浇筑施工，直至保温到回填土完成。 （3）冬期施工过程中，应特别注意加强防火、防冻、防燃气中毒等安全措施。 |

审核人		交接人		接受交底人	

10.2 混凝土冬期施工技术交底

混凝土及钢筋混凝土的冬期施工技术交底

表 10-2

工程名称		施工单位		编号	
序号	项目	混凝土及钢筋混凝土的冬期施工技术交底内容			
1	钢筋冷拉、焊接、张拉与灌浆	**钢筋冷拉与焊接**　冬季进行高架桥施工过程中，对钢筋的冷拉焊接，预应力筋张拉及灌浆等均按下述规定进行： （1）钢筋可在冬期进行冷拉，冷拉时的温度不宜低于−20℃；如果使用控制应力和冷拉力双控方法，冷拉控制应力可较常温时酌情提高，提高值应经实验确定，但不得超过30MPa；以冷拉率控制时，其冷拉率与常温相同。 （2）冬季焊接钢筋，一般宜在室内进行，不得已时可在室外进行；但在室外焊接时，其最低气温不得低于−20℃，并应有防风措施，同时还应采用措施，减少焊件温度降低的梯度和防止焊后的接头立即接触冰雪。			
		张拉与灌浆　（1）预应力混凝土在冬季张拉预应力筋时，应特别注意其安全；预应力钢筋张拉时的温度不得低于−15℃。 （2）钢筋的冷拉设备及预应力筋的张拉设备，应在高架桥实际施工时的环境温度条件下进行配套校验。仪表和工作油液，应根据实际使用的环境温度选用。 （3）当预应力钢筋混凝土构件本身温度低于+3℃时，不得进行孔道灌浆工序。同时必须保证灌浆过程中及灌浆后48h内，结构混凝土温度不得低于+5℃。			
2	混凝土的配制、搅拌与运送	**混凝土的配制**　（1）冬季配制混凝土时，应优先选用硅酸盐水泥、普通水泥或快硬水泥；水泥的强度等级不得低于42.5MPa，水灰比不应大于0.6；每立方米混凝土的水泥用量不得小于300kg。使用矿渣水泥时，宜优先考虑使用蒸汽养护，使用其他品种的水泥时，应注意其掺和材料对混凝土抗冻、抗渗等性能的影响。 （2）冬季浇筑混凝土，除预应力混凝土外，一般均可掺引气型减水剂、早强剂，以提高混凝土的抗冻性能。下列情况下不得在混凝土结构中掺加带有氯盐的外掺剂： ①在高度中使用的结构； ②结构处于水位升降的部分； ③具有外露钢筋、预埋件而无防护措施的结构； ④露天结构或经常受到水淋的结构； ⑤预应力钢筋混凝土结构。 （3）用于拌制混凝土的各项材料的温度，并满足混凝土拌合物搅拌后所需要的温度及混凝土入模温度。当材料的温度不能满足需要时，应首先考虑对拌和用水的加热，如仍不能满足需要时再考虑对骨料加热，水泥只能保温而不能加温。 （4）抖制混凝土用水加热温度低于60℃时，可按正常搅拌方式上料，如若水的加热温度超过60℃时，搅拌上料时应先上粗细骨料及水，再加水泥与增加剂。 （5）混凝土的搅拌温度（指混凝土从搅拌机中卸出时的温度），应根据热工计算规定，但对蓄热法养护混凝土不得低于10℃、对蒸汽法养护混凝土不得低于5℃、对冷混凝土施工要求在0℃以上；一般是在开工后再根据实测热量损失调整，或设法改善混凝土的运送、灌注条件以减少中途热量损失。			
审核人		交接人		接受交底人	

355

工程名称		施工单位		编号	
序号	项目	混凝土及钢筋混凝土的冬期施工技术交底内容			

| 2 混凝土的配制、搅拌与运送 | 混凝土的配制 | （6）对于拌合混凝土的砂石骨料和水在装入搅拌机时应保持正常温度，不得低于热工计算所需要的温度。水和骨料的最高允许温度应按本章的 10.1 中的"拌合水及骨料的最高温度"执行。水的加热温度一般宜超过混凝土拌合温度的 1.5～2 倍；砂石的加热温度则可接近拌合温度。

（7）对于混凝土的拌合时间，则应比常拌合的混凝土略长一些，一般可以延长 50% 左右。其混凝土拌合设备，特别注意防寒，一般在室内或临时性暖棚内进行搅拌为宜，并维持 +10～+15℃ 的环境条件。

（8）在冬季的桥梁施工中混凝土中掺用外加剂时，必须经过试验及复核方可采用。

（9）根据《公路桥涵施工技术规范》JTG/T F50—2011 的有关要求，城市桥梁冬期施工中混凝土出罐温度的估算：

$$t = \{(m_1 \times t_1 + m_2 \times t_2 + m_3 \times t_3) \times 0.2 + m_4 \times t_4\} / \{m_1 + m_1 + m_3 \times 0.2 + m_4\}$$

式中 m_1——每立方米混凝土水泥质量，kg；
　　　m_2——每立方米混凝土砂质量，kg；
　　　m_3——每立方米混凝碎石泥质量，kg；
　　　m_4——每立方米混凝土水质量，kg；
　　　t_1——水泥入罐温度，℃；
　　　t_2——砂子入罐温度，℃；
　　　t_3——碎石入罐温度，℃；
　　　t_4——水入罐温度，℃。

（10）砂石材料的预热：砂石材料预热可在混凝土搅拌站内进行，每次预热的材料数量按一次浇筑的混凝土量计算。预热的主要方法常采用蒸汽针法、地坑法、砂石加热装置等：

① 砂石加热装置：砂石加热装置是利用红外热风炉产生的热风作为热源，适应于高寒地区城市高架桥大规模混凝土冬期施工，其工艺流程如图 10.2-1 所示。砂石加热是采用对流方式在碎石热炉内进行热交换，排出的具有一定温度的气由高压风机引入砂加热炉，最后采用流化床形式加热砂；

② 蒸汽针法：在砂石料堆中插入蒸汽管直接进行加热，一般加热时间为 3d 左右；

③ 地坑法：在室内设置地坑，坑内铺设热管道，坑上堆放砂、石料等。 |

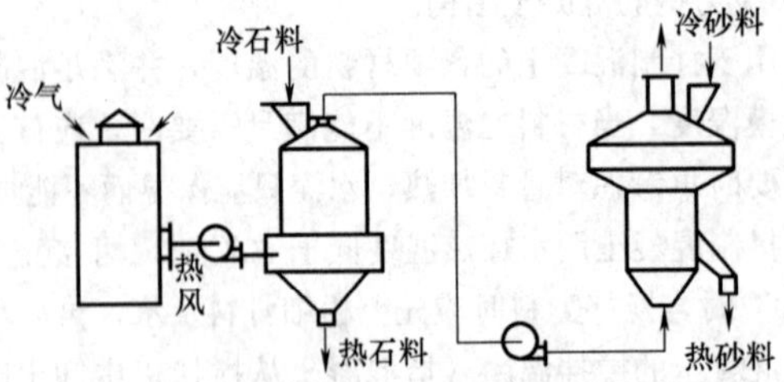

图 10.2-1　砂石加热装置工艺流程图

1—冷气；2—冷石料；3—冷砂料；4—热砂料；5—热石料；6—热风

审核人		交接人		接受交底人	

工程名称		施工单位		编号	
序号	项目	混凝土及钢筋混凝土的冬期施工技术交底内容			

<table>
<tr><td rowspan="2">3 混凝土浇筑与养护</td><td>混凝土运输</td><td>

（1）为了减少混凝土在运输过程中的热量损失，搅拌机应尽量靠近灌注地点，缩短运输距离。对运输线路及运输工具，宜视实际情况需要，进行适当保温防寒处理，必要时对运输线路进行修整，避免中途转运或中途受阻，以加速混凝土的运输。

（2）泵送混凝土：

① 桥梁在冬季进行混凝土施工中，一般情况下是由泵送混凝土。混凝土泵设放在搅拌站内，以保证输送泵在 10～15℃ 的环境下正常工作。远距离输送混凝土可采用几个泵联机作业接力泵送，接力泵送混凝土连接处的输送泵应注意保暖；

② 为了保证混凝土输送时的畅通，要控制适当的温度。当要求混凝土入模温度在 10℃ 左右时，出罐温度一般要控制在 13～18℃。如若输送泵管道太长（超过 400m），考虑到可能出现堵管现象进行处理而占用时间时，可适当提高温度，但不得超过 25℃；

（3）管道的布置及要求：

① 管道布置可利用城市江河面上结冰这一有利条件，架设在冰面上，管道用砂袋垫高，主要是防止冰面吸热；

② 为了减少混凝土输送过程中的热量损失或冻结，所有直接与冷空气接触的输送管道（直、弯管接头）都必须用特制的保温棉苫布包裹起来。为防止混凝土接触冷管而冻结，所以，这些对管道预先加热，但其预热温度不能超过 40℃，加热的方法，可采用蒸汽法进行，使管道温度与混凝土温度相同为宜。在输送混凝土前，打开最低段的接头，将放出冷却的积水，而后进行混凝土输送；

③ 城市高架桥在整个冬季气温较低的条件下施工，所输送的管夹子容易脱扣、断裂，所以尽量使用长管，少用弯管，减少夹子数量。当输送管超过 400m 时，须考虑堵管现象；

④ 在施工中一旦发生堵管时，处理时间不宜过长，一般不超过 20min，故应留有一定的备用管道。当因堵塞更换管节延误了时间而造成其管道内的混凝土温度降低至不能使用时，应先泵出该部分混凝土，并再次预热管节，并将管道接通。泵送结束时，必须排净管道内剩余的清洗用水。

</td></tr>
<tr><td>混凝土的浇筑</td><td>

（1）在灌注混凝土前，应对地基面、基础面、高架桥上的模板或原有旧混凝土的接合面，进行适当的清理。

（2）施工过程中，地基为冻胀性土时，在开始灌注混凝土前应保持有 +5℃ 以上的正温度（必要时应加热处理），以防止受冻。在非冻胀性土上灌注混凝土时，如若能符合下列各项要求可不必将土预先加热：土的湿度不超过 10%（按重量计）；混凝土的温度比基土的温度至少高 10℃；桥梁的施工过程中，对混凝土硬化的条件是，能保证其强度在冻结前达到设计强度的 40%，但不小于 5.0MPa 就可以了。

（3）在旧混凝土面或岩石基面上灌注混凝土时，应先将结构接头处的旧混凝土或岩基面加热处理，加热的深度不得小于 300mm，在新灌注的混凝土达到所要求的强度以前，应防止接头处的混凝土受冻。

（4）在灌注混凝土前，除应将模板及钢筋作适当处理外，并应将附着于其上面的冰雪层清除干净。条件允许时，可用蒸汽将模板钢筋及金属埋没部件等加热。

</td></tr>
</table>

审核人		交接人		接受交底人	

工程名称		施工单位		编号	
序号	项目	混凝土及钢筋混凝土的冬期施工技术交底内容			

| 3 混凝土浇筑与养护 | 混凝土的浇筑 | （5）在高架桥的施工过程中，如若采用人工加热养护的整体式结构，其灌注程序及结构中的施工缝位置，应能防止发生较大的温度应力，为此，混凝土的加热温度在+40℃以上时，应遵守下列规定：
① 支撑在已灌注完毕的厚大结构上的梁，应用钢板制成的垫板将梁与厚大结构隔开，使梁在加热时能有移动的可能；
② 如果不能按前所述方法进行灌注，而在计算中又未考虑到附加的温度应力时，梁的灌注与加热应分段进行，其间隔长度不应小于1/8跨度，也不得小于700mm；间断处应在已灌注的混凝土冷却至+15℃以下后，才可用混凝土填实并加热；
③ 与支座不作刚性连接的连续梁，应在长度不超过20m的段落上同时加热；
④ 多跨刚架的连续横梁，如刚架支柱的高度与横梁截面高度（在刚架面内）之比小于15时，应按类似于前面所规定的方法灌注并加热混凝土；
⑤ 当钢架跨度在8m及小于8m时，应每隔两个跨度留出间断处；当跨度大于8m时，每隔一个跨度留出间断处；
⑥ 与小跨度的大型横梁相连接的高柱，应按同一高度进行灌注和加热；否则应在柱子之间的横梁上留出间断处。
（6）分层灌注桥梁厚大的整体结构时，每层厚度不小于200mm，并应利用振捣器进行捣实。上下两层混凝土的灌注时间，应保证已灌注层混凝土的温度，在未被后一层覆盖前，不低于计算规定的灌注温度，也不得低于+5℃。
（7）预应力混凝土构件在进行灌注立缝和孔道灌注以前，灌注部位的混凝土须经预热，并宜采用热的水泥浆、砂浆和混凝土；拌制用的热水的温度不得超过60℃。
（8）在进行预应力混凝土构件的孔道灌浆时，应适当降低水泥浆的水灰比；灌浆后，应一次养护至设计强度的70%。
（9）以桥梁混凝土箱梁浇筑为实例，简要加以说明：
① 桥梁的箱梁浇筑是分段进行的，每段箱梁的底板、肋板、顶板分三次浇筑混凝土成型或底肋板一次、顶板一次的两次浇筑成型；
② 混凝土浇筑前，要对暖棚进行预热，始终保持棚内的最低温度不得低于10℃；
③ 要将模内杂物清理干净，用温水清洗。模板、钢筋、管道经过预热，表面温度达到5℃以上；
④ 每段混凝土都以厚度约600mm左右分层浇筑。采用插入式振捣器时，特别注意钢筋密集的底层、根部的振捣，避免管道碰损。
（10）冷接茬部位浇筑混凝土前的预热（以箱梁为例）：
① 在负温下旧混凝土接浇新混凝土时，如若预热不好，容易在接头处产生水膜，降低接头处混凝土的强度；
② 新旧混凝土接触面的温差过大时，温度应力的作用将会造成新混凝土开裂，所以对旧混凝土采取预热升温措施，一般可采用远红外线加热器和蒸汽排管加热，确保接头处混凝土温度不低于5℃，加热深度不小于300mm，而预热的长度可控制在1m左右；
③ 箱梁底板接茬部位加热之肋板、顶板困难，升温较缓慢，当外界最低气温低于-20℃%时，可在底板接茬部位预埋蒸汽管路； |

| 审核人 | | 交接人 | | 接受交底人 | |

工程名称		施工单位		编号	
序号	项目	混凝土及钢筋混凝土的冬期施工技术交底内容			

序号	项目	内容
3 混凝土浇筑与养护	混凝土的浇筑	④ 混凝土浇筑前 12h，如冷接茬部位升温缓慢，可向接茬部位直接喷蒸汽，加快升温速度； ⑤ 混凝土浇筑 12h 后再间断性通汽加热，并用人工控制通气量以避免混凝土过热造成开裂，温度计测量但温度不得超过 50℃为宜； ⑥ 箱梁底、肋板相交的交角区容易形成"冷桥"应引起特别注意； ⑦ 冷接茬部位预热时间与大气温度、天气情况、暖棚搭设质量、蒸汽供应等有很大关系； ⑧ 经桥梁施工实践表明，当棚内下方温度在 10℃左右时，预热时间为：当日平均气温低于−20℃时，应控制在 4d 以内为宜；当日平均气温低于−10℃时，应控制在 3d 以内为宜；当日平均气温低于−5℃时，应控制在 2d 以内为宜； ⑨ 当外界最低气温低于−20℃时，接茬部位应埋设测温元件，以监控预热质量。元件宜埋设在后段的前端底板部位； ⑩ 最低气温高于−20℃时，一般情况下可以设测温孔，并辅以肉眼观察。
	混凝土养护方法及选择	（1）冬季城市桥梁的施工中，对于混凝土的保养方法，必须合理地选择并根据技术经济比较和热工计算及施工具体条件来确定，一般优先采用蓄热法。当气温较低、结构表面系数较大、蓄热法不能适应强度增长速度的要求时，可根据具体情况，选择蒸汽加热、暖棚加热或电加热等方法进行。如若采用蓄热保温养护混凝土时，除应符合本手册第 6 章的有关规定外，并应遵守以下要点： ① 所采用的保温措施必须能保证混凝土在温度降至 0℃之前，获得应有的硬化强度，即在冻结以前混凝土的强度不得低于设计强度的 40%； 养护期间，如遇到气候骤然变坏（寒流或强风），则必须采取有效措施加强保温防护，以避免混凝土在获得应有强度之前遭受冻结； ② 城市桥梁冬期施工的模板，应尽可能拼装严密，为了避免吸湿性隔热材料遭受水气浸湿，宜在模板外面先铺一层油纸、水泥袋之类的物体，加以防护，然后铺设隔热材料； ③ 全部隔热防护层，必须按照热工计算规定做好，不得有遗漏之处； ④ 对厚大体积建筑物的隔角部分及棱形边部分，应加强养护，例如增加锯木灰等隔热层的层数，在结构物的迎风面，应视实际需要采取防风的有效措施； ⑤ 如若早已灌好的混凝土外表面或基础外表面遭受外界空气影响时，则应在与新灌注混凝土接合处约 1.5m 的范围内，进行防寒保温； ⑥ 对于外露的粗钢筋或其他铁件，应在约长 1m 左右的范围内，适当保温。 （2）混凝土灌注结束后，应立即进行保温防寒。在混凝土的外露面上，必须注意不得使新灌好的混凝土因铺盖保温层而被弄脏，不宜将锯木灰之类的隔热材料，直接铺放在新灌好的混凝土面上（可以采用沥青纸、油纸之类隔开）。 （3）当桥梁施工现场的外界气温低于+5℃时，或当加设保温层养护混凝土时，不应再向混凝土面上浇水养护。 （4）当采用电热法对城市桥梁上的混凝土进行养护时，就是采用电极法养护，其养护要点：

审核人		交接人		接受交底人	

工程名称		施工单位		编号	
序号	项目	混凝土及钢筋混凝土的冬期施工技术交底内容			

3 混凝土浇筑与养护	混凝土养护方法及选择	① 必须采用交流电，对于钢筋混凝土结构，一般情况下应将电压降至 50～110V 的范围内。对于无筋结构和钢筋用量不大于 50kg/m³ 的配筋结构，可采用电压为 120～220V 的电流加热；当电压 380V 时，必须将一个电极接通零线，使混凝土内的工作电压不通过 220V；当电压超过 380V 时，不得直接用于电热法；
		② 电热法的升、降温度与蒸汽加热法相同；
		③ 混凝土在电热养护时的最高温度不得超过以下数据，当矿渣水泥、火山灰水泥、煤灰水泥的强度等级为 32.5 时，其最高温度在 45～70℃；当硅酸盐水泥及普通水泥的强度等级为 42.5 时，其最高温度在 35～40℃；
		④ 加热时，混凝土的外露面（无模板覆盖的面），当加热混凝土强度达到设计强度的 50% 左右时，可停止加热。在加热过程中，应注意观测混凝土表面的温度，出现干燥现象时应停电，并用温水润湿其表面。
		（5）在冬期条件下灌注的混凝土，应尽可能先采用以保温覆盖为主的蓄热（保温）法进行养护。气温太低或因结构性质特殊不宜利用蓄热法养护时，方可考虑利用其他养护方法。如若在工厂（工场）进行大量的钢筋混凝土构件（预制梁）生产时，可采用蒸汽养护法。
		（6）为扩大蓄热法的施工范围，可采用下列有效措施：
		① 尽量利用未冻土壤热量：如地面以下的基础或其他混凝土部件均应尽可能利用土壤热量；
		② 采用化学外加剂和蓄热法结合，以加速混凝土的硬化；
		③ 采用高强度等级水泥和水化热高的矾土水泥；
		④ 将蓄热法和混凝土外部加热法，或与早期短时加热法合并使用，如锯末生石灰养护法等；
		⑤ 在条件许可的情况下，可以利用日光热能保温，如某一时期室外白天在＋温度、晚间在－温度，则白天有日照时，可将保温层打开晒太阳，晚上再将保温层盖严蓄热；
		（7）使用锯末白灰做保温材料时，应注意以下事项：
		① 生石灰与锯末的配合比及其发热性能，应通过试验决定，施工时必须严格按规定配合比使用。配合比应以重量配合，不得用体积比。配合后的发热量一般以 60～80℃ 为宜。生石灰小块粒径不得大于 10mm，根据经验介绍：水、锯末、生石灰的重量配合比以 1：1：0.7 较合适；
		② 应加强测温工作，特别是铺上锯末白灰后，第一天的测温工作应每隔 2h 进行一次，如发现温度过高，应采用降温措施，以防止着火。测温时如发现因保温材料失效的温度过低，应立即更换新的保温材料继续保温；
		③ 如一次锯末白灰保温尚不能使混凝土达到需要的强度时，可更换一次新的锯末白灰继续进行保温；
		④ 在使用锯末白灰保温时，灌注的混凝土在保温前的温度不得低于＋5℃；
		（8）蓄热法使用的保温材料，以传热系数较小，且价格低廉为合适。结合当地供应情况，一般宜用草帘、草垫、锯末、谷糠、炉渣等。保温材料应保持干燥，以保证保温性能。使用蓄热法施工应经过详细的热工计算。

审核人		交接人		接受交底人	

工程名称		施工单位		编号	
序号	项目	混凝土及钢筋混凝土的冬期施工技术交底内容			

<table>
<tr><td rowspan="2">3
混
凝
土
浇
筑
与
养
护</td><td>混
凝
土
养
护
方
法
及
选
择</td><td>

（9）高架桥的墩台及其基础施工过程中，当需要采用蓄热法养护施工时，一般宜视具体的气温情况、施工条件而适当确定具体的保温措施；一般情况下，可在模板外另用适当厚度的保温材料包覆。

（10）在工场预制混凝土成品砌块结构物时，或其他小型构件时，可考虑在适当深度的地槽中进行保温，并在地槽的顶上适当加以覆盖物，地槽侧壁必须支撑牢固，槽底排水设施也须进行适当的安排。

（11）如室外气温太低，高架桥某项混凝土结构又很集中的工程，或因结构性质特殊不宜利用蓄热法养护时可使用保险期限温材料，搭简易的暖棚，将整个建筑物或构件围盖住，并设法使棚内保持正常温度状态，但应尽可能避免采用大型暖棚进行冬期施工。

（12）暖棚的结构应尽量简单，根据暖棚内所需温度及加热方法，应利用当地出产而传热系数又小的材料，暖棚的容积，在不妨碍操作的条件下应尽量减小。暖棚应搭设严密，所有缝隙应仔细填塞堵严，入口和出口应有保温设施。

（13）暖棚内应根据施工具体条件选定热源，一般为火炉和蒸汽两种，并在暖棚内盛放一些水使空气潮湿。用火炉时必须配有足够的消防设备，并采取有效的防火防煤气的措施，指定专人日夜看管，注意使暖棚内的温度、湿度均匀，使温度保持在 10～20℃，直至混凝土达到所需要的强度为止。

（14）按照本表"混凝土养护方法及选择"已述的（4）和（8）所规定的方法进行养护，如若仍不可能在规定期内使混凝土达到足以拆模的强度时，方可采用蒸汽进行加热。

（15）在施工过程中，当采用蒸汽加热养护结构物时，要特别注意不得采用高强度等级水泥，并禁止使用矾土水泥。

（16）整体灌注的结构用蒸汽加热时，混凝土结构的升温速度不得大于下列数值：
① 表面系数在 6 及 6 以上的结构，每小时升温 15℃；
② 表面系数在 6 以下的结构，每小时升温 10℃；
③ 配筋稠密，连续长度较短（6～8m）的薄型结构，每小时升温 20℃。
注：上述"表面系数"是指结构的冷却表面（m²）与结构全部体积（m³）的比值。

（17）当采用蒸汽加热时，混凝土的温度不得超过 80℃：
① 整体灌注的结构在加热完毕后，混凝土的冷却速度不得超过每小时 10℃。在蒸汽加热时，应采用调节通入的蒸汽量的办法，以控制混凝土的冷却速度；
② 为了保证具有不同体积的结构各部分都能得到相同的冷却条件，对薄型结构，突出部分和其他容易冷却的部分，均应加热保温；

（18）当高架桥上的混凝土灌注完毕后，若采用蒸汽加热时，应使用饱和蒸汽。除遵守前面已述（16）的规定外，结构应均匀加热，并设法排除冷凝水和防止结冰。结构保温应严密，减少透风系数：
① 蒸汽加热时，所选用的锅炉能力应根据计算所需热量和锅炉安全备用系数决定。而锅炉的绝对压力，应选择不大于 0.15～0.17MPa 为宜。并应备有必要的压力表和流量表，以便控制蒸汽的压力和供应数量；

</td></tr>
</table>

审核人		交接人		接受交底人	

工程名称		施工单位			编号	
序号	项目	混凝土及钢筋混凝土的冬期施工技术交底内容				
3 混凝土浇筑与养护	混凝土养护方法及选择	② 所有的供气管路，均应做好保温，并防止漏气，以减少蒸汽的损耗。蒸汽加热过程中，不得中途停气，以防冻坏管子和阀门等设备； （19）当采用蒸汽套加热时，蒸汽套的结构应力求简单易装易拆，并保证严密不漏气。加热垂直结构用的蒸汽套，必须在垂直方向用隔板分为单独封闭段，每段不超过 3m，蒸汽从各段的下部通入。 （20）在任何情况下蒸汽套的体积应为最小，蒸汽套板与结构物模板的距离，对于垂直的结构，一般约为 100～150mm，其余结构与其底部模板的距离为 150～200mm。当在肋梁式构造中灌注混凝土时，不论在所灌注的结构底面，或上部混凝土板与蒸汽套的空间中，均应使蒸汽能够到达要求。 （21）当桥梁上的混凝土灌注完毕后，在各段蒸汽套上盖以严实的保温层。保温层宜铺在衬垫上，使与混凝土板间留有 100～150mm 的空隙，然后再通蒸汽。通入蒸汽套的气孔间距一般为 1.5～2m。 （22）采用蒸汽加热混凝土，开始通入蒸汽时，混凝土的温度不应低于 5～7℃。灌注混凝土的工作完成后，应立即通入蒸汽。 （23）当混凝土达到所需要的强度时，应将温度逐渐下降，待混凝土冷却至 +5～+7℃时，将蒸汽套除去。 （24）模板的拆除：高架桥上的混凝土，在冬期养护达到一定要求时，就要进行拆除模板的工作，其主要内容如下： ① 拆模时应有与结构同条件养护试件的试验证明所浇筑的混凝土已达到抗冻强度要求后，模板才可拆除； ② 加热养护结构的模板和保温层，在混凝土冷却到 5℃ 以后，才可拆除； ③ 当混凝土与外界气温相差大于 20℃ 时，拆除模板后的混凝土表面应加以覆盖，使其缓慢冷却。				
审核人		交接人			接受交底人	

10.3 砌体的冬期施工技术交底

砌体的冬期施工技术交底　　　　　　　　　　　　表 10-3

工程名称		施工单位			编号	
序号	项目	砌体的冬期施工技术交底内容				
砌体的冬期施工	施工材料	（1）砌块应干净、无水霜附着；砂中不得含有冰块或冻结团块。 （2）石灰膏不宜受冻，如有冻结应经融化并重新拌合后方可使用；但因受冻而脱水者不得使用。 （3）冬季砌筑砌体，可使用水泥砂浆或水泥石灰砂浆，不得使用石灰砂浆。 （4）施工过程中，其砂浆应随拌随用，搅拌时间应比常温时增加 0.5～1 倍，其稠度应比常温施工时适当加大。 （5）小石子与水泥、砂子及调节剂混凝土的配制和使用，应符合有关规定。				
审核人		交接人			接受交底人	

工程名称		施工单位		编号	
序号	项目	砌体的冬期施工技术交底内容			

<table>
<tr><td rowspan="2">砌
体
的
冬
期
施
工</td><td>保
温
法
的
砌
筑</td><td>

（1）砌体在暖棚中砌筑时，应符合下列规定：
① 砌块的温度应在 5℃ 以上；
② 砂子和水加温后拌制的砂浆，其温度不得低于 15℃，加温计算方法同混凝土；
③ 室内地面处的温度不得低于 5℃；
④ 砂浆的保温时间，应以达到其抗冻强度的时间为准；养护时应洒水，保持砌体湿润。
（2）冬期施工前后气温突然降低时，正在施工的砌体工程应采取下列措施：
① 用温水拌制砂浆，使砂浆温度不低于 20℃；
② 拌制砂浆速度与砌筑进度密切配合，随拌随用；
③ 砌完部分要立即采用保温材料覆盖。
（3）为加速砂浆硬化，缩短保温时间，可在水泥砂浆中掺加氧化钙等早强剂，其掺量宜通过试验确定或参考表 10.3-1 采用。

氧化钙掺量和砂浆相对强度　　　　　　　　表 10.3-1

序号	砂浆龄期(d)	氧化钙与水泥用量比		
		1％	2％	3％
1	1	180	210	240
2	2	160	200	230
3	3	140	170	190
4	5	130	150	160
5	7	120	130	140

注：以未加早强剂的同龄期砂浆强度为 100。

</td></tr>
<tr><td>抗
冻
砂
浆
砌
筑</td><td>

（1）氧化钠或氧化钙掺量超过早强用量的水泥砂浆或水泥混合砂浆，称为抗冻砂浆。
（2）抗冻砂浆在严寒地区（例如每年的 11 至次年的 3 月，我国的东北地区、西北地区）宜采用硅酸盐水泥或普通水泥，其他地区可采用矿渣水泥、火山灰水泥或粉煤灰水泥。抗冻砂浆应尽量用细度模数较大的砂。
（3）在城市桥梁的施工过程中，当一天中最低气温低于 -15℃ 时，承重砌体的砂浆强度等级，宜按常温施工时提高 1 级。
（4）抗冻砂浆使用时的温度不得低于 5℃。
（5）用抗冻砂浆砌筑的砌体，应在砌筑后加以覆盖保温，但不得浇水。
（6）抗冻砂浆的抗冻剂掺量，可通过试验确定或参考表 10.3-2 所列。

抗冻砂浆的抗冻剂掺量　　　　　　　　表 10.3-2

序号	砌后 7d 最低气温(℃)　抗冻剂类别	-5	-10	-15	-20
1	单盐氧化钠	6	10	-	-
2	单盐氧化钙	6	10	-	-
3	氧化钠＋氧化钙	3＋3	6＋4	8＋5	10＋5

注：1. 掺量按拌合水质量的百分数计。
　　2. 表中掺量可根据具体情况和强度增长速度要求，参照可靠经验或通过试验增减，不允许严重析盐的砌体，应采用较小掺量。
　　3. 本表系用于石砌体，当用于砖砌体时掺量可酌减。
　　4. 第 3 项为两种氯盐同时混合掺用。

（7）耐寒砂浆的拌合可在铁板或其他不渗水的平板上进行，先将水泥及砂进行干拌均匀，然后把预先算好的盐水慢慢加入，反复湿拌至均匀为止砂子和盐均不应加热。
（8）耐寒砂浆可放于不保温的但具有防雪设备的容器中运送。砌筑时石料表面不得有冰模或污垢。砌筑后的砌体须用草帘覆盖，防止风雪。但不得采用浇水养护的方法。

</td></tr>
</table>

审核人		交接人		接受交底人	

10.4 冬期施工的质量检查

冬期施工的质量检查 **表 10-4**

工程名称		施工单位		编号	
序号	项目	冬期施工的质量检查内容			
冬期施工质量检查	概述	桥梁上混凝土在冬期施工时,应按时检测水和骨料,混凝土出罐和入模检测构造物中央和四周的温度以及混凝土温度变化情况,使混凝土内外温差不超过 25℃,混凝土表面温度平均保持在 15℃左右,最低处不低于+5℃,降温速度不超过 1℃/h。尤其注意加强混凝土养护期的温度观测。			
	日常检查	(1) 观测水、砂、石和混凝土的温度。 (2) 观测混凝土硬化过程中的温度变化情况。 (3) 观测大气温度,暖棚内和蒸汽养护过程中的温度变化。 (4) 作补充试件并按要求测定强度。 (5) 有关试件和各项温度的记载、混凝土配合比及保温情况的资料等均应详细记入有关工程的日记中。 (6) 混凝土卸出搅拌机时的温度和实际灌注时的温度,每一工作班中至少需测量 2 次。			
	检测位置	(1) 用蓄热法养护时,在养护期间每昼夜 4 次。 (2) 用蒸汽法养护时,在升降温期间每小时 1 次,在恒温期间每两小时 1 次。 (3) 在浇筑后的混凝土上设测温孔,测温孔应设在温度容易发生变化的地方。如果混凝土厚度较大,一般均设测温孔,并按孔位要求分别埋设测温管。 (4) 测温孔的位置视需要而定,以每段 3m 左右长的箱梁为例,可在箱梁底板设 2 个,肋板每肋各 2 个,顶板箱顶反两翼板各 1 个。 (5) 底板测点控制底部、中部及顶部的温度;肋板测点控制内、外模板内表面之温差和厚部位深层混凝土的温度;顶板测点用于控制养护的温度。要求各部位的温度均接近,对结构有利。			
	检测方法	(1) 全部混凝土的测温孔均应编号,并标明在工程平面图上。 (2) 测量混凝土温度时,温度表应与冷空气隔离,以免影响测温的准确度,温度表插入测温孔内 3～4min。 (3) 正温度下养护的混凝土,应在温度条件最差的地方测量混凝土的温度。用蓄热法养护时,应在模板下 75～100mm 深的测温孔中测量,用蒸汽法养护时,应在深孔内测量。 (4) 在厚大结构中,应在表面孔及深孔内同时测量,并作比较。 (5) 在测温时,必须将温度计与外界气温隔绝,避免受冷空气的影响,温度计在孔内停留时间为 3min 以上。 (6) 设专人负责测温工作,若发现温度变化异常,立即向有关人员汇报,以便及时采取措施,避免发生质量事故。			
	强度检查	(1) 对每一组标准条件养护的试块,尚应再做 6 个补充试件与结构同样条件养护,其试验日期根据施工情况确定。 (2) 对混凝土强度的补充试件中,共有 3 个试件,应在混凝土温度降至 1～2℃时试验,其他 2 个作为备用试件,为了核对混凝土的相对强度,应在室内作标准养护试件,以决定 28d 的正常强度值。			
	仪器	外界气温和棚内气温均用自动温度记录仪观测,混凝土出罐入模温度用普通温度计测定。混凝土箱梁各观测点温度,用多头温度仪测试。			
审核人		交接人		接受交底人	

11 桥梁架设安装

11.1 概 述

<table>
<tr><td colspan="5" style="text-align:right">装配式桥梁架设的一般规定　　　　　　　　　表 11-1</td></tr>
<tr><td>工程名称</td><td></td><td>施工单位</td><td></td><td>编号</td><td></td></tr>
<tr><td>序号</td><td>项目</td><td colspan="4">装配式桥梁架设的一般规定内容</td></tr>
<tr><td>1</td><td>概述</td><td colspan="4">本章主要介绍装配式混凝土、钢筋混凝土和预应力混凝土桥梁所用的构件制作、移运、堆放和安装施工。其他的钢桥、吊桥、斜拉桥、拱桥等应按国家规范的有关章节规定执行。</td></tr>
<tr><td>2</td><td>安全要求</td><td colspan="4">（1）装配式桥梁构件在脱底模、移运、堆放、吊装等作业时，混凝土的强度不应低于设计所要求的吊装强度，一般不得低于强度设计的 70%。对孔道已压浆的预应力混凝土构件。对孔道水泥浆的强度不得低于设计要求，如设计无规定时，不应低于梁本身设计强度的 55%。
（2）在吊装桥梁的构件时，支承结构（指墩台、盖梁、拱座等）的强度应符合设计要求。支承结构和预埋件（指预留锚栓孔、锚栓、支座钢板等）的尺寸、标高及平面位置应符合设计要求。
（3）装配式桥梁构件大小、轻重、结构形式、梁跨长短等各有不同，其施工现场的条件也各有特点。但是，其吊装都属于高空作业，对构件的起吊、安装经常要与起重、移运等工作密切联系，所以，必须有特别注意采用有效的安全防腐剂措施，确保安全架设桥梁。</td></tr>
<tr><td>3</td><td>安装准备</td><td colspan="4">（1）桥梁的预制构件必须符合质量要求，因此，其构件运送到施工现场时必须是经过检验、并附有出厂合格证时予以验收，首先彻底地清除支座钢板上的铁锈、砂粒等杂物。
（2）检查支承结构的尺寸、标高、平面位置，认真检查桥墩、台支座与构件的尺寸。
（3）采用全站仪来校核桥墩、台盖梁和预埋件的位置，并在支承结构的预埋件（支座）上划出安装轴线与端线，以使构件能准确无误地就位。
（4）构件安装前须检查构件的外形、预埋件尺寸和位置，其允许偏差不得超过设计规定。</td></tr>
<tr><td>4</td><td>吊装设备</td><td colspan="4">（1）应用于桥梁吊装施工的所有起重、运输设备，在施工前必须进行一次检验，特别是起重吊装设备，必须经过施工前的试运行和荷载试验合格后，才可正式使用，在架设安装过程中，应由专人进行定期和不定期的检查，以确保架设安全。
（2）吊装施工中必须按照国家规范的手势信号、在统一指挥下进行吊装作业。吊运工具设备的使用技术要求，应参照起重吊装的有关规定执行。构件的安装设备，必须符合施工规范安全要求，同时应充分发挥起重设备的能力，做到架设方案经济合理。</td></tr>
<tr><td>5</td><td>安装顺序</td><td colspan="4">根据结构设计特点，考虑安装构件顺序的先后；对特殊安装方法，如预应力混凝土梁悬臂拼装法、连续梁顶推法、无支架架设法等，在制定施工组织设计或施工大调方案后，应报经上级组织审查批准执行。预制构件安装时，应注意上、下工序衔接。如果在安装构件时与设计所规定的条件不同，应及时联系设计单位，提出有效的措施，并应办理变更。</td></tr>
<tr><td>审核人</td><td></td><td>交接人</td><td></td><td>接受交底人</td><td></td></tr>
</table>

工程名称		施工单位		编号	
序号	项目	装配式桥梁架设的一般规定内容			
6	其他要求	(1) 构件安装就位完毕并经过检查校正符合要求后，才允许焊接或浇筑混凝土固定构件。分层、分段安装的构件继续安装时，须在先安装的构件固定和受力较大的接头混凝土达到设计要求的强度后，方可进行。如设计无规定时，应达到设计强度的 70% 后方可进行。 (2) 分段拼装梁的接头混凝土，其强度不应低于构件的设计标准，不承受内力的构件的接缝砂浆也应符合要求，需与其他混凝土或砌体结合的预制构件的砌筑面应按施工缝处理。 (3) 构件吊运安装时，必须遵守有关安全操作技术规程。构件安装完毕后的接头处钢筋和金属部件的焊接，必须经过仔细检查验收后，才可以进行混凝土或砂浆的灌注施工。 (4) 安装城市桥梁钢筋混凝土预制结构构件时，支承结构的混凝土强度，应符合安装构件所要求的强度。构件安装就位固定前应进行测量校正，符合设计院要求后，才允许焊接或浇筑接头混凝土，在焊接完毕后进行复核，并做好记录。			
审核人		交接人		接受交底人	

11.2 吊装机械设备施工技术交底

吊装机械设备的施工技术交底   表 11-2

工程名称		施工单位		编号	
序号	项目	吊装机械设备的施工技术交底内容			
1 卷扬机	概述	(1) 卷扬机的分类：卷扬机的种类很多，按动力装置不同可分为电动式、内燃式和手动式三种；按卷筒数量可分为单筒、双筒和三筒；按卷扬速度不同可分为快速型和慢速型。在高架桥的吊装施工中，应用最多的是电动单筒快速型卷扬机。 (2) 卷扬机是施工机械中最常用的、构造最简单的起重设备，它既可以单独使用，也可作为其他起重机械上的主要工作机构，如起重机中的起升机构、变幅机构等。卷扬机可以作为施工现场装饰工程所用高力架（篮）的动力装置，也可以为一些简易起重设备（独脚杆、人字杆等）的动力装置，将重物、材料、构件及机具等垂直运送到一定高度或水平运送到指定的地点。			
	卷扬机的选择与布置	(1) 卷扬机的选择： 1) 在高架桥的施工中，首先必须根据被吊装的混凝土构件重量来确定选择卷扬机，一般情况下，卷扬机的牵引力按其本身的 80%～90% 来考虑，这样既能确保施工安全，又可延长卷扬机的使用寿命； 2) 根据被吊装的构件的精密程度及安装难度来考虑。对于较精密的设备及其他构件，必须选择性能较好，速度较慢，同时足够的安全系数；如在地面拖运构件或其他物品时，卷扬机的选择就不必那样严格； 3) 根据被吊装构件的数量多少和起吊速度的需要来选择。如被吊装的构件多，往返次数频繁，就需要选择快速卷扬机，同时要操作灵活、刹车可靠；			
审核人		交接人		接受交底人	

工程名称		施工单位		编号	
序号	项目	吊装机械设备的施工技术交底内容			
1 卷扬机	卷扬机的选择与布置	4）根据移动卷扬机工作的难易程度及地锚的布置来选择。如卷扬机进入施工地点特别困难，要选择既能满足工作要求，又能使运输重量达到最低限度； 5）根据施工地点的电气条件进行选择卷扬机。如若施工地点无电源，同时卷扬机工作次数较少，就可以选择手动式卷扬机。 （2）卷扬机的布置：按如下步骤进行： ①卷扬机要布置在方便施工的地方；②卷扬机的布置还要考虑到施工现场的电源设施；③卷扬机布置的位置最好能让司机看到吊的全过程，或能看清指挥人员的信号；④卷扬机布置要考虑有足够的安全距离，一般为滚筒长度的20倍；⑤卷扬机的布置尽量少用导向滑子；⑥卷扬机的布置要考虑到操作人员的操作和安全；⑦卷扬机的布置要考虑到尽量减少和其他工作的交叉作业；⑧卷扬机布置要考虑到有利于布置地锚；⑨卷扬机的布置要考虑尽量减少起重工的拉绳等作业；⑩卷扬机的布置要考虑到一处设置多处使用的可能性。			
	卷扬机的操作注意事项	（1）开车前，须先检查卷扬机的装置是否牢固，转动部分及齿轮传动处是否有防护装置。 （2）电动卷扬机应该接地，注意检验卷扬机制动器的准确性及灵敏程度；电动卷扬机操纵者，在操作过程中，应遵守安全操作规程，必须戴胶皮手套和穿绝缘胶鞋进行操作工作。 （3）在施工中，应严密注意切勿使钢丝绳触及焊接的导电线或其他带有电源的导线，并同时防止钢丝绳扭结；电动卷扬机一般采用6×37+1（麻芯）的钢丝绳，钢丝绳与滑轮或卷扬机卷筒的直径关系，应满足有关要求。 （4）不允许使用被折断后连接起来的钢丝绳，以防事故的出现；供应电动卷扬机的电源线，应采用外包绝缘材料的绝缘导线。 （5）电动卷扬机断电后，应拆去导线，因为导线有可能仍然带电；应控制起吊混凝土构件的重量，坚决不得进行超负荷作业。			
2 汽车式起重机	特点与范围	（1）主要特点：汽车式起重机是指各工作机构全部装在通用或专用汽车底盘上的一种起重机。驾驶室有两个，即汽车的原有驾驶室，另外在回转平台上另设有操纵起重机作业的驾驶室。其特点是动作灵活、操作平稳、使用安全、操作轻便。 （2）适用范围：起重范围大，特别适用于流动性大、场所不固定的作业，某些较低高度的桥梁吊装也常应用到汽车起重机施工。其不足之处是车身较长，转变半径较大，工作时需要打出支脚，而且工作时只能在车的左、右和后方吊装作业，限制了工作范围。			
	分类	（1）按起重量大小可分为小型（小于20t）、中型（25～50t）、大型（55～80t）、特大型（85t以上）等三种。 （2）按臂架形式可分为桁架臂式和箱形伸缩臂式两种。前者是钢丝绳滑轮组变幅，后者是采用液压缸变幅。由于箱拱伸缩臂的各臂节平时可缩放在基本臂内，不会妨碍车辆高速行驶，工作时又可及时逐节外伸或改缩，因而在桥梁施工及处理交通事故等广泛应用。 （3）按传动形式不同可分为机械传动、电传动和液压传动三种。在现代轮式起重机上，广泛采用电传动和液压机械传动。			
审核人		交接人		接受交底人	

工程名称		施工单位		编号	
序号	项目	吊装机械设备的施工技术交底内容			
2	汽车式起重机	安全操作注意事项	（1）操作人员必须熟悉安全操作规程，各种指挥信号和机械技术性能，严禁超载作业。 （2）起重机作业场地必须坚实平整。作业时支腿要全部伸出，撑脚板下要垫方木及定位销的支腿要插好定位销。底盘为弹性悬挂的汽车起重机，放支腿前要先收紧稳定器。 （3）起重作业时，动臂回转范围内不准有障碍物，动臂最大仰角不准超过使用说明书的规定，无资料可查时，其最大仰角不准超过 78 度。 （4）作业时，起升、变幅、回转都要平稳操作，严禁猛起、猛落动臂。不准斜拉、斜吊。 （5）作业中若发现起重机倾斜、支脚变形等不正常现象时，应立即放下重物进行调整，绝对不准在负载状态下去调整支脚。 （6）起重机在架空电线（缆）下作业时，动臂最高点与架空线路要保持规定的安全距离。在高低压架空线路下方或一侧作业时起重臂、钢丝绳或被吊重物等与输电线路的垂直、水平安全距离均应不小于有关的规定。 （7）伸缩臂式汽车式起重机作业完毕，应将臂杆全部缩回，放在支架上，吊钩挂在保险杠的挂钩上，并将起重钢丝绳稍微拉紧。各种制动机构都要加保险固定，然后收回支脚，驾驶仓和机棚都要关门加锁。		
3	轮胎式起重机	概述	轮胎式起重机采用专门设计的轮胎底盘，轮距较宽，稳定性好，可前后左右四面作业，在平坦的地面上可不用支腿负载行驶。轮胎起重机广泛应用于建筑施工、市政工程施工、道路桥梁施工等工程的构件吊装、设备吊装作业。		
		分类	（1）按起重的重量大小可分为小型（20t 以下）、中型（25～50t）、大型（55～100t）和特大型（100t 以上）等 4 种。 （2）按传动方式可分为：机械传动——传动装置可靠，效率高，但机构复杂，操纵费力，调速性能差，现逐步被其他传动取代；电力传动——传动系统简单，布置方便，操作轻便，调速性能好，但电机体积大，成本高，不易获得动臂伸缩作用；液压传动——传动装置结构紧凑，传动平稳，操纵省力，液压元件尺寸小、重量轻，调速性能好，易于实现动臂伸缩动作；液力传动——传动装置可以根据负荷大小自动地改变输出的扭矩，因此，改善了内燃机的工作特性，防止了发动机过载，实现了无级调速，而且操纵简单，传动平稳。		
4	履带式起重机	概述	履带式起重机是一种多功能的施工机械，它具有重心低、接地面积大、行走转变半径小、能全回转且能带载行走等特点。因此，除适用工业与民用建筑、市政施工的起重作业外，只需要改换工作装置便成为土方、基础工程的挖掘机、钻孔机、打桩机、钻打双重作业机、地下连续墙的护壁挖掘等施工机械。此外，就起重作业来说，它能改装成履带型塔式起重机，在阴雨连绵的南方城市桥梁的吊装施工中，起到很好的作用，施工时既不用铺设道轨，也不必浇筑混凝土基础，所以能大大减少施工场地和施工费用。		
审核人		交接人		接受交底人	

工程名称			施工单位		编号	
序号	项目	吊装机械设备的施工技术交底内容				
4	履带式起重机	分类与发展	（1）履带式起重机的分类：按其传动方式的不同，可分为机械式、机械-液压式、气动式、电动式和全液压式，目前履带式起重机的传动方式均采用全液压式。 （2）履带式起重机的发展趋势： 1）重型化：随着建设工程规模不断扩大，工程施工及设备安装的最小吊装单元的尺寸和重量均越来越大，履带式起重机的起重能力、起升高度和幅度也势必相应增大。目前国内已生产有500t级的，国际上已生产1600t级的； 2）液压化：随着液压技术的发展，大型履带式起重机已全部采用全液压传动和操作的形式，自动化程度越来越高，并在不断地完善； 3）监控完善化：由于起吊的单件自重和高度越来越大，因此对起吊的安全性与可靠性提出了越来越严格的要求。履带式起重机对吊装物体的升降和臂架俯仰也采用了自动控制，并装有完善的起升高度、臂架角度及起重力矩等显示与限制装置； 4）一机多用：为了提高设备的适用性和利用率，除采用吊钩或抓斗的基本形式外，不定式可增加一些附件或更换个别部件，变成能适用多种用途的设备。			
5	龙门式起重机	概述	（1）龙门起重机也像其他类型起重机一样，在车站、码头、海洋工程、预制场及其桥梁施工工程等行业的露天场所，担负着生产、装卸、机电设备及大型构件安装等作业过程中的物料搬运任务，是企业生产经营活动中实现机械化和自动化的重要生产力。龙门起重机的使用也十分普遍，其使用数量略次于桥式起重机。近来其发展速度也很快，从型式上已由龙门起重机发展到抓斗龙门起重机、电磁龙门起重机、两用或三用龙门起重机。 （2）该机其特点是主梁、支脚、下横梁全部采用箱形结构，而小车架则采用板梁结构。外形美观大方、结构简洁。主梁与支脚、支脚与下横梁采用法兰螺栓连接，可靠性好，装拆方便。小车轨道呈偏轨形式布置在主梁上盖板上。驾驶室固定在主梁下方靠近支脚一侧的安装架上，视野开阔。随着龙门起重机跨度不同，各结构外形尺寸和自重有较大差异。			
		分类	（1）龙门起重机主要由金属结构（包括桥架、起重小车架、支脚、驾驶室）机构、电气与控制系统组成。龙门起重机的桥架支承在金属结构制成的支脚上，也称带腿的桥式起重机。 （2）龙门起重机根据主梁的形式不同可分为单梁式和双梁式两种；根据使用的动力不同可分为电动式、柴油机式、发电机式、柴油机-液压传动式四种；根据整机钢结构不同可分为桁架式和箱形两种结构；按行走机构不同又可以分为轮胎式和轨道运行式；根据支脚的形式不同可分为"八"字形、"C"形和"L"形等几种，也有在特殊情况下用的龙门起重机，只有一个支脚，另一端直接装钢轮，支承在厂房或轨道上。 （3）为了扩大龙门起重机的作业范围，桥架主梁常伸出于支脚之外，成悬臂结构，悬臂长度一般是桥架跨度的30%～40%。可以是双悬臂式或单悬臂式，这样，不仅可以对起重机和装卸工作有利，而且还能减小主梁的弯矩，减轻整机结构重量。			
审核人			交接人		接受交底人	

工程名称		施工单位		编号	
序号	项目	吊装机械设备的施工技术交底内容			

| 5 龙门式起重机 | 龙门式起重机安装程序 | JLQ30.5t型轨道式吊钩龙门起重机，是目前应用于预制场、桥梁较多的一种，通常较合理的安装程序如下：

（1）安装前的准备工作：
1）选择合适的起重机械。根据施工现场条件，合理选择吊装龙门起重机的起重机械。本例中选用4副双桅杆为主要起重设备，流动起重机配合作业；编制安装技术工艺；
2）轨道检验及标准。该机选用QU100型钢轨作运行轨道。要求控制以下指标：跨度及误差18000±4mm；轨道中心偏差≤2mm/m；钢轨接头间隙<2mm，轨道接头为倾斜45°的斜切口；接头处轨顶高差≤1mm；同一横截面内两侧轨道高差≤10mm；
3）组织施工队伍。对所有参加起重机安装施工的工人进行安装技术与安全知识培训；
4）检查、清洗、检验或修复运输到位的龙门起重机的结构或机件；
5）制作双桅杆起重机设备和支承胎架各4副；对安装现场进行画线。
（2）结构件、机电设备二次运输到现场；胎架定位：按画线位置，利用流动式起重机安装好支承门架的4个胎架，并定位固定，且要求胎架上平面度误差符合安装精度标准。
（3）组装主梁水平框架：利用流动式起重机先将2根主梁吊置于胎架上固定，摘钩后将上横梁起吊与主梁对位，并用螺栓连接为水平框架。
（4）安装双桅杆及起重机具：将滑车组及吊钩绕钢丝以后装于双桅杆上，由汽车起重机分别依此吊起4副双桅杆起重机按布置位置安装，并用缆风绳稳固。
（5）主梁水平框架提升及下横梁安装：检查双桅杆起重机及缆风绳、地锚、机具等，确认无误后，松开主梁与胎架的连接，超吊（提升）主梁水平框架到离地面有足够的高度，调整各台双桅杆起重机钢丝绳张紧程度。同步开动卷扬机，将主梁水平框架提升至稍高于下横梁安装所需高度后，卷扬机制动。汽车起重机吊入横梁于胎架上方，缓慢地将主梁水平筐架至下梁上方。
（6）小车桥架安装：小车桥架可分为两个步骤，即组装与吊装：小车桥架组装。将小车桥架的端梁、主梁运到主梁水平框架中间组装成小车总体，小车桥架吊装。
先将主梁水平框架提升到离地面有足够高度；用汽车起重机吊小车桥架，小车桥架在空间的位置位于主梁水平框架中央，并倾斜至主梁水平框架能够顺利下降到胎架上；再将小车桥架吊起来放置到小车运行轨道上，然后将小车桥架与主梁水平框架绑扎固定，不允许小车在轨道上滑动。
（7）吊装旋转小车及导向装置：起重机旋转小车的驱动、传动与支承。对上述各机构进行安装、检查与调整，保证组件符合安装技术要求。
（8）机器房及机电设备的安装；支脚吊装：首先提升主梁水平框架，再由汽车起重机将1条支脚吊装于主梁与下横梁之间连接。
（9）大车运行机构及台车安装：
1）组装。先将主动轮、从动轮、台车架、驱动传动系统组装成主动台车架、从动台车架。再用平衡梁将主、从动台车架连接成运行机构的台车组件。
2）吊装。首先拆去下横梁与胎架之间的连接，龙门桅杆起重机将龙门起重机整体同步提升至能够顺利安装运行台车的高度位置，制动卷扬机。并将4组台车组件推入龙门架下方各相应的画线位置，然后缓慢地下降龙门架组件，使下横梁与运行台车上的接头对位并能很好地连接。
（10）安装电缆卷筒、梯子平台、栏杆等；安装吊具系统及电液系统，拆去桅杆起重机及所有工具；拆除所有辅助施工装置，准备龙门起重机的交工验收。 |

审核人		交接人		接受交底人	

11.3 预制构件的移运、堆放与安装施工技术交底

预制构件的移运与堆放技术交底　　　　　　　　　表 11-3

工程名称			施工单位		编号	
序号	项目		预制构件的移运与堆放技术交底			
1 一般规定	混凝土强度		(1) 桥梁上所用的预制构件在移运、堆放时，混凝土的强度不得低于设计对吊装所要求的强度，如若无设计规定时，其构件不得低于设计强度标准值的70%。 (2) 对于预应力混凝土构件，其孔道所用水泥浆的强度不应低于设计要求。 (3) 如无设计规定时，应不得低于30MPa。			
	移运前的准备		(1) 构件拆模后应检查其外形的实际尺寸，伸出钢筋、吊环和各种预埋件的位置及构件混凝土的质量。 (2) 如构件尺寸误差超过允许限度，伸出钢筋、吊环的预埋件位置误差超过规定，或混凝土有裂缝、蜂窝、露筋、毛刺、鼓面、掉角、榫槽等缺陷时，应修补、处理，务必使构件形状正确，表面平整，确保安装时不致发生困难。 (3) 预制构件场内移运，遇有上下坡时，应将攀构件适当垫高，以防构件底面在坡度变换处着地搁断，场内的道木应铺平整、坚实，如有地基松软，则需要加固。 (4) 尖角、凸出或细长构件在移运、堆放时应用木板或相应的支架保护。 (5) 安装时需测量高程的构件在移运前应定好标尺，分段预制的组拼构件应注上号码。 (6) 吊移设备的选取：场内吊移工具选择是视构件尺寸、质量和设备条件，可选用A形小车、平板车、扒杆、龙门架、拖履、滚杠、聚四氟乙烯滑板、汽车吊、履带吊等设备。			
	吊运时的注意事项		(1) 构件移运时的起吊点位置，应按设计的规定布置。如设计无规定时，对上下面有相同配筋的等截面直杆构件的吊点位置，一点吊可设在离端头 0.293L 处，两点吊可设在离端头 0.207L 处（L 为构件长度）。其他配筋形式的构件应根据计算决定。 (2) 构件的吊环应顺直，如发现弯扭必须校正，使吊钩能顺利套入。吊绳交角大于60°时，必须设置吊架或扁担，使吊环垂直受力，以防吊环折断或破坏吊环周边混凝土。如用钢丝绳捆绑起吊时，需用木板、麻袋等垫衬，以保护混凝土的棱角和钢丝绳。 (3) 板、梁、柱构件移运和堆放时支撑位置应与吊点位置一致，并应支撑牢固。起吊及堆放板式构件时，注意不得将上下面吊错，以免折断。拱肋移运时的吊点位置应结合构件形状，构件内钢筋布置以及吊运、搁置过程中受力情况综合考虑，保持移运过程中稳定安全。 (4) 当采用两点吊时，吊点位置应设于拱肋弯曲平面重心轴上，一般可设在离拱肋端头 0.22~0.24L 处（L 为拱肋长度）。当拱肋较长或曲率较大时，为保持拱肋受力均匀和稳定，可采用三点吊或四点吊。当采用三点吊时，除跨中一点外，其余两吊点可设在离端头 0.2L 处。采用四点吊时，外吊点可设在离拱肋两端头 0.17L 处，内吊点设在离拱肋两端头 0.37L 处，四个吊点左右对称。 (5) 拱形构件，特别是矢跨比小的构件，在运输及堆放时若采用卧放时，应设三垫点，垫木位置应在中央及离两端 0.15L 处。三个垫点应同高度。如采用立放时，应搁放在符合构件曲度的弧形支架上，如无此种支架，则应垫搁在拱肋设计的吊点处，各支点离开度应符合构件曲度，以免构件折断。 (6) 桁架和梁运输时应竖立放置，同时应设固定措施防止倾倒。用斜撑支承梁时，应支在梁腹上，不得支在梁翼缘板上，以防止根部开裂。 (7) 使用平板拖车或超长拖车运输大型的构件时，车长应能满足支承点间距要求。构件装车时须平衡放正，使车辆承重对称均匀。构件支点下及相邻两构件间，须垫上麻袋或草帘，以免损坏车辆和构件以及构件相互碰撞，为适应车辆在途中转弯，支点处必须设活动转盘，以免扭伤混凝土。			
审核人			交接人		接受交底人	

工程名称		施工单位		编号	
序号	项目	预制构件的移运与堆放技术交底			

| 1 | 一般规定 | 成垛堆放构件注意事项 | （1）堆放混凝土预制构件的场地应该是平整夯实，使其不致有积水存在，并在场地周围开挖排水沟。
（2）根据构件的使用先后和吊装顺序进行堆放，注意留出适当通道，防止越堆吊运。
（3）堆放构件时，应按构件刚度、受力情况，采用平放或竖放并保持稳定。
（4）构件堆垛时，应放置在垫木上，垫木位置要与吊点相符；同时，应使吊环向上，标志向外，以利吊运。
（5）水平分层堆放构件时，其堆垛高度应按构件强度、地面承载力、垫木强度以及堆垛的稳定性而定；大型构件一般以2层为宜，不应超过3层。
（6）小型构件一般不宜多于6～10层，各层之间以垫木（在吊点处）隔开，并要求各层垫木必须在同一竖直线上，以防构件折断。
（7）雨季与春季冻融期间，必须注意防止地面软化下沉而造成构件折裂损坏。 |

2	钢筋混凝土预制梁的拖曳移运与存放构件堆放法	直道上滚筒拖移法	首先铺好木道板，将滚筒置于拖板之下，然后将构件平稳地放置于拖板上，运用绞车牵引移运。滚筒随着拖板的前进而向前移动。	 图 11.3-1　直道上滚筒拖板移运 1、2—吊点；3—桩；4—木拖板（400mm×2D×1500mm）（D是滚筒直径）；4—钢管；5—滚筒
		弯道上拖板滚筒放置法	当拖板经过弯道处时，必须将滚筒逐渐斜向放置，以改变走向，斜向大小，视弯道缓急变化而定，弯转较急时斜向放大，弯转较缓时则斜向放小。	 图 11.3-2　弯道拖板滚筒子楼放置法 1—拖板；2、4—吊点；3—纵向有圆底的托板；5—纵向拖板；6—轨道；7—钢管斜拖
		柱形桩梁吊运法	这种运输方法必须注意将宽边立置并支垫稳固，遇坡道上拖曳时，必须防止构件端部触及地面，而垫处则应适当垫高。	 图 11.3-3　柱形桩梁吊运存放法 1、2—吊点；3—垫木；4—钢管滚筒（φ64×1000）；5—拖板（400mm×2d×1200mm）（d是滚筒直径）

| 审核人 | | 交接人 | | 接受交底人 | |

工程名称			施工单位		编号	
序号	项目		预制构件的移运与堆放技术交底			

序号	项目	内容	
2 钢筋混凝土预制梁的拖曳移运与存放构件堆放法	四点吊拼支垫法	主要是铺平站定板，拖曳的速度不得过快，并必须支垫稳固，防止移运过程中出现支点走动现象。	 图 11.3-4　四点吊拼支垫法 1、2—吊点；3—方木（300mm×300mm）； 4—圆木底垫脚石板；5—钢管；6—拖板
	预制构件堆放法	堆放混凝土预制构件的主要方法是根据构件的刚度及受力情况，采用水平放置与垂竖放置，以确保构件不受损坏；成垛堆放时要用垫木在规定吊点的位置垫平放稳。各层垫木竖向应在一直线上，使受力均衡。钢筋混凝土 T 形梁必须进行双面撑固，以防止倾倒。	 图 11.3-5　预制构件堆放法 (a) 桩；(b) 梁柱；(c) 板梁；(d) T 形梁

序号	项目	内容
3 柱式墩台的安装	墩台的基本形式	（1）砌块式：桥梁上采用砌块式墩台是以预制的混凝土块用砂浆砌筑而成（可根据墩台的形状预制成多种形式的砌块）。操作的工艺与砌石坏工相同，但是，砌块式墩台每一块的体积质量较大，必须采用机械吊装砌筑施工，而砌石坏工则可采用人工抬运或简易的桅杆吊移砌筑施工。 （2）桩柱式：桩柱式墩台常用的单排架和双排架两大类，其帽梁采用现浇和装配式两种。前者是就地搭架浇筑混凝土而成墩台，后者是通过吊装而成墩台。桥梁上采用的柱式排架不是靠锤击或振动沉入地下，而是将柱安装在预先埋置的杯形基础的杯口中。
	砌块式墩台安装与注意事项	（1）基坑挖到设计标高后，平整好坑底，经检验合格后铺设砂、砾石或碎石垫层并夯实整平，再铺好坐浆准备安装墩台。吊机可采用汽车吊、轮胎吊、履带吊、龙门架及桅杆等。 （2）砌块安装时应对准位置安放平稳，若位置不准确时，应重新起吊放置，不得用撬棍大尺寸地拨移。在安装预制砌块时，吊环宜设置于凹窝内，不至于突出顶面，以免拼装时不方便，同时也省去吊环切除工序。 （3）在施工过程中，砌筑平缝一般选用较干的砂浆，竖缝采用塑性砂浆。砌缝宽度不得大于 10mm，为防止水平缝砂浆全被上层砌块挤出，可在水平缝中垫以铁片，其厚度必须小于铺筑砂浆的厚度。 （4）墩台砌筑中，其竖向砌缝的所有砂浆应捣插密实，在砌筑外露面时应预留 20mm 的空缝备作勾缝之用，隐蔽面砌缝可随砌随刮平。竖向砌缝错缝不得小于 200mm。 （5）每安装到高度 1000mm 左右时，应找平以控制灰缝厚度和标高，特别要注意墩帽下的最后一层，其位置和高度应与设计标准一致。

审核人		交接人		接受交底人	

工程名称			施工单位		编号	
序号	项目		预制构件的移运与堆放技术交底			
3 柱式墩台的安装	柱式墩台安装程序		（1）首先应对所有预制的立柱、杯形基础进行编号，并仔细检查各墩、台的高度和杯形基础标高是否符合要求，否则该进行调整。对于柱式墩台的安装最好是选用自行式起重机。 （2）基坑挖好后，随即铺设砂、砾石或碎石垫层并夯实整平，符合设计高度后，吊装杯式基础。其平面位置应仔细校正。 （3）首先将立柱用起重机吊入杯口就位时，要注意在纵横方向吊线，使墩、台身竖直，然后使各柱顶平面位置和高度符合要求，最后用楔子塞入杯口内打紧，对于大型、细长的墩与台柱，打紧楔子后，必须采用风缆或木撑给予校正固定。墩柱定位方法如图 11.3-6 所示。 图 11.3-6 墩柱定位 1—立柱；2—木楔；3—杯形基础； 4—风缆；5—花篮螺栓；6—木桩 图 11.3-7 旋转法吊装立柱示意图 （a）旋转法吊装立柱平面布置图；（b）旋转过程 1—始发旋转；2—旋转过程；3—旋转终止			
	旋转法		（1）在桥梁墩、台的施工中，可采用旋转安装法。其立柱堆放的位置如图 11.3-7（a）所示。 （2）在安装过程中，应使立柱的下端、立柱的绑扎点和杯形基础中心三点在起重机的同一回转半径的圆弧上。起吊时，起重机边转动起重臂，边收紧起重钢丝绳，使立柱上端绕下端旋转至竖直状态，见图 11.3-7（b）所示，然后将立柱吊起，移至基础杯口上方落下就位。			
	独脚桅杆起吊法		（1）在施工现场，将立柱斜向布置，使绑扎点靠近杯口，起吊时采用滑行法。用卷扬机将立柱拉起，立柱根部用绳拉住，以免滑行过快，造成与基础相撞。 （2）当立柱吊到基础杯口上空时，再把立柱吊成竖直，缓慢放下就位，如图 11.3-8 所示。 （3）待用楔子固定并卸钩后，桅杆再向前移动起吊另一根立柱。			
审核人			交接人		接受交底人	

工程名称		施工单位		编号	
序号	项目	预制构件的移运与堆放技术交底			

3 柱式墩台的安装	独脚桅杆起吊法	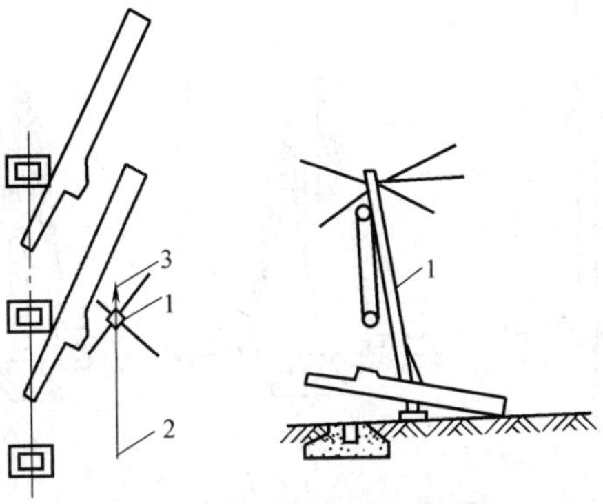

图 11.3-8 独脚桅杆吊装法示意图
1—独脚桅杆；2—接卷扬机；3—桅杆前进方向

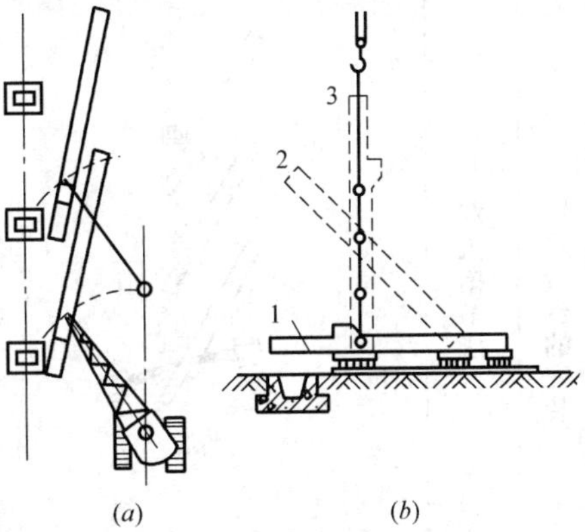

图 11.3-9 滑行法吊装示意图
(a) 平面布置图；(b) 滑行过程
1、2、3—滑行的顺序

	滑行法	(1) 滑行法主要应用于现场就地预制、施工条件受到限制和吊装较长的立柱。立柱的绑扎点宜放在杯形基础附近或基础上，并使绑扎点和柱基中心同在吊机的回转半径上，以便立柱吊离地面后，稍转动起重臂即可就位。 (2) 采用滑行法时（图 11.3-9），首先平整场地，对较重的立柱必须在柱底设置走板、滚杠、滑道等助滑设施，以减少滑行的摩擦阻力。
	斜吊法	(1) 当吊装较长的立柱，而起重机的吊臂不够长时，可先采用旋转法将立柱吊至杯口上方，再用人力拉缆风绳和撬棍使立柱就位。如图 11.3-10 所示。 (2) 待立柱的下端进入杯口 200～300mm 时，刹住吊车，旋转起重臂，并将立柱拨正，然后立柱继续下降至离杯底约 50mm 时再一次刹车，校正好中心线后放好楔子，将立柱放到杯底，再打紧楔子就算完成吊装。
	双机抬吊法	双机抬吊法是当立柱质量很大，一台起重机不能完成吊装时，就可以采用双机旋转抬吊法（如图 11.3-11 所示）、双机滑行抬吊法（如图 11.3-12 所示）。 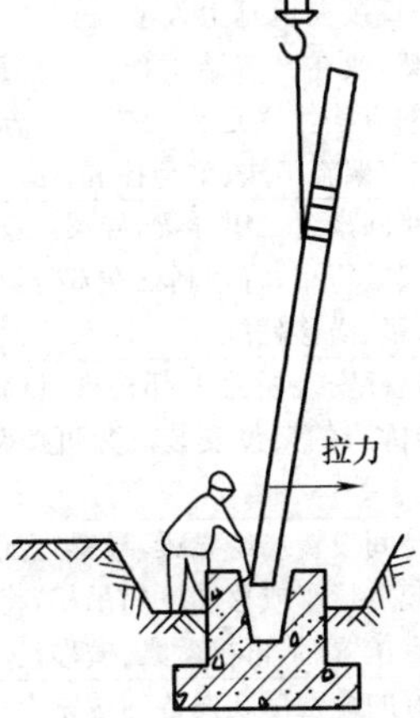

图 11.3-10 斜吊法

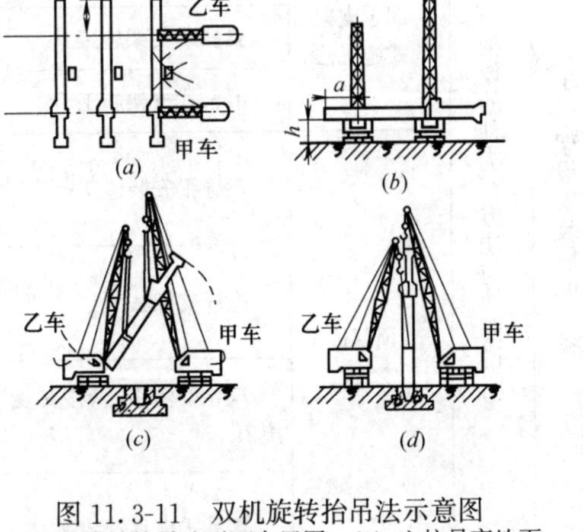

图 11.3-11 双机旋转抬吊法示意图
(a) 双机旋转抬吊法平面布置图；(b) 立柱吊离地面；
(c) 立柱由水平转到竖直位置；(d) 立柱落入杯口就位

审核人		交接人		接受交底人	

工程名称		施工单位		编号	
序号	项目	预制构件的移运与堆放技术交底			

3 柱式墩台的安装	双机抬吊法	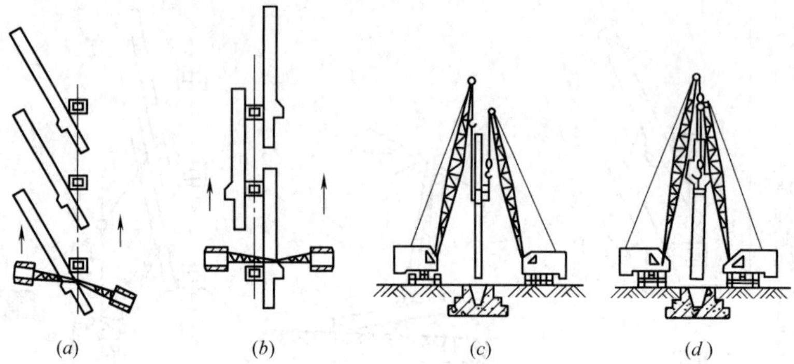

图 11.3-12　双机滑行抬吊法示意图

(*a*)、(*b*) 双机滑行抬吊平面布置图；(*c*) 立柱起吊；(*d*) 立柱就位

审核人		交接人		接受交底人	

11.4　梁板架设安装施工技术交底

梁板架设安装施工技术交底　　　　　　　　　　　　　表 11-4

工程名称		施工单位		编号	
序号	项目	梁板架设安装施工技术交底内容			

梁板架设安装方法　　　　　　　　　表 11.4-1

1 架设安装前的准备	架设的种类、方法与简要说明	架设类型	安装方式	简　要　说　明
		固定支架式施工法	立柱式支架施工	固定支架式施工法,一般是与移动支架式施工法相对而言,实际上是直接在地基上设立支架的方法,或在现有结构物上设立支架,或在已有结构物上直接设置固定梁,使之形成支架作用的方法。固定支架式施工方法有固定支架式施工法、梁柱式支架施工法、梁与柱混合式支架施工法等
			梁柱式支架施工	
			混合式支架施工	
		预制桥安装法	双导梁安装施工	利用架设跨间设置二组导梁,导梁上配套有悬吊预制梁的轨道平车和起重车,将预制梁在双导梁内吊着运到所有位置后,再行落梁、横移就位
			桅杆支架法	利用人字桅杆安装桥梁上部构件,设备简单易行,主要应用在中、小型桥跨的架设安装。并可按跨径大小,运用悬吊安装、托梁安装等
			双导梁横移、纵移安装施工	利用架设跨间设置二组导梁,导梁上配套有悬吊预制梁的轨道平车和起重车或移动龙门吊机,将预制梁在双导梁内吊着运到所有位置后,再行落梁、横移就位
			悬吊式横移安装施工	利用架设好的缆索吊装设备的主索上设置两个跑车,下面连接起吊滑轮组,跑车上安装前后牵引钢丝绳,牵引预制构件到架设安装桥墩的上空,下落、横移、就位、安装等

审核人		交接人		接受交底人	

工程名称			施工单位			编号	
序号	项目		梁板架设安装施工技术交底内容				

		架设类型	安装方式	简 要 说 明
1 架 设 安 装 前 的 准 备	架 设 的 种 类、 方 法 与 简 要 说 明	预制梁 安装法	固定门式架桥机安装施工	利用钢导梁配合龙门架、蝴蝶架和滑车、链滑车、千斤顶、绞车等辅助设备架设安装预制梁。不需要桥下支撑,更不受桥下洪水影响。施工中不影响桥下通车、通航。预制梁的纵移、横移、起吊和就位方便
			自行门式架桥机安装施工	
			移动支架安装施工	首先用单根或多根桅杆将梁吊起,撤出运梁设备,把活动支架从旁边移至梁下,再将梁搁放在靠桥墩旁边的两个活动支架上,活动支架将预制梁移入桥孔落梁位置
		悬臂 安装法	现场悬臂浇筑施工	现场悬臂浇筑施工是采用移动式挂篮作为主要施工设备,以桥墩为中心,对称向桥的两边利用挂篮逐段浇混凝土梁,待混凝土达到强度要求后,张拉预应力束,再移动挂篮,进行下一节段的施工
			导梁安装施工	利用钢桁架导梁安装桥跨上部的构件,可适应各种跨径和形式的预制梁,设备较简单,不受江河水位影响
			塔架安装施工	塔架式起重机是一种具有竖立塔身,吊臂装在塔身顶部的转臂起重机。由于吊臂装于塔身顶部,形成"Γ"字形工作空间,因此有较大的工作范围和起升高度,其幅度利用率比其他起重机高,广泛应用于桥梁工程的垂直与水平运输和预制混凝土构件的安装
			索道安装施工	在架设好的缆索吊装设备的主索上设置两个跑车,下面连接起吊滑轮组,跑车上安装前后牵引钢丝绳,牵引预制构件到架设安装桥墩的上空,下落、横移、就位、安装等
			门式架桥机安装施工	利用总长大于两倍桥跨的导梁,在上面铺设轨道,而预制梁用平车在导梁上运至桥孔,由两桥墩上的龙门架起吊预制梁横移就位
			汽车起重机安装施工	汽车起重机安装施工:指安装在标准或专用的载货汽车底盘上的全旋转臂架起重机,可进行单机或双机吊装施工
	架 设 方 法 的 选 择		在桥梁的架设安装过程中,如何选择一种安全可靠、经济简单的架设混凝土构件的方法,主要结合如下具体情况来合理选择: (1) 架设安装施工地形的条件:所架设梁下空间利用的可能性,地面及地下埋设物的障碍对架设安装的影响程度;施工现场是否有无高压电源,架设地点的上空安全高度有无保证;架设施工过程中,外界的噪声、振动、光线对安装的影响程度;预制板、预制梁对施工机械的运输道路条件、空间条件是否合适。 (2) 建设工程规模条件:主要是考虑架设孔数和宽度,预制板与梁的总数。 (3) 下部构件条件:如下部构造的形状、尺寸和施工状况等。 (4) 工期条件:如安装进度要求和架设时期、场所、时间长短有无限制等。 (5) 架设安装机械设备条件,如已有的架设机械设备完好的情况,能租赁到的机械设备情况,以及架设安装的机械操作人员配备情况。 (6) 架设安装的安全:对于大型的架设安装设备和相应的临时的构筑物的强度、刚度和稳定性应按架设安装的荷载进行验算。例如在预制梁与板的架设安装工人施工中,若临时支撑位置与设计位置不一致,或构件纵横向发生较大的倾斜、弯曲等,均必须停止施工,更改施工方法,或在架设前进行必要的验算,以便增大支架力度。		

审核人			交接人			接受交底人	

工程名称		施工单位		编号	
序号	项目	梁板架设安装施工技术交底内容			
2 架梁施工的基本内容	施工注意事项	（1）选择好起落梁、板的方法：选用千斤顶放在梁下面来起落梁时，因千斤顶低于梁的重心，操作过程中不够稳定。施工时不能粗心大意，否则梁会出现倾斜而掉下发生危险事故，所以选用千斤顶要特别小心；选用人字桅杆、龙门架或自行起重机来起吊梁时，只需对系点位置和起吊梁、板时瞬间高度注意就可以。其稳定性比千斤顶起落好，且进度快、费时少。 （2）特别注意梁、板的重心：在安装施工过程中，要特别注意构件的重心位置，尤其是要验算其稳定性。同时要采取必要的措施，确保梁处于平衡状态，才可进行吊装工作。 （3）梁在移位时操作要点：在对梁、板纵向或者横向移动时，在坚固的轨道上采用平车较安全，并且速战速决。如若采用走板、滚筒移动时，由于滚筒直径较小，梁的重心和滚筒的相互关系以及滚筒所受的荷载都随着梁的移动而发生较大的变化尤其是滑道条件较差时，采用滚筒移动的稳定性很差。 （4）布置好控制方向所用的钢丝绳：在高架桥上吊装梁、板或移动时，应特别注意施加作用于移动方向的力和控制好相反方向移动的力。因为构件的质量较大，开始移动时，很难准确控制位置，所以，一定要准确控制好钢丝绳的移动。			
	千斤顶起落梁	（1）千斤顶的选择：一般情况下，起落较轻的钢筋混凝土预制梁或钢梁时可选液压千斤顶或螺旋千斤顶。起落大型的混凝土梁时，因为重量大，适合选项用液压千斤顶。 （2）顶梁操作注意事项： 1）施工过程中，每次只允许顶落梁的一端，而另一端必须稳妥垫实，防止向一端走动与倾斜；千斤顶的下面或上面若需要扩大承压面积时，应垫上厚钢板；为了防止产生滑动，必须在千斤顶上面和梁底之间加垫麻袋片和硬质木板； 2）在承受主要荷载时，千斤顶的受力部分应布置在中央，不得倾斜，若必须斜时，其上下应以适合斜度的楔形硬木承垫，并加垫厚钢板在顶落 T 形钢筋混凝土预制梁时，两端必须有稳妥的斜支撑式托架支护，在起落架的下面需有跟随梁的起落用木楔与垫木保险； 3）钢筋混凝土梁起顶和保险支撑的部位，应尽可能靠近设计支点处的梁梗底面，T 形梁的支撑应顶在梗肋上，如图 11.4-1 所示。 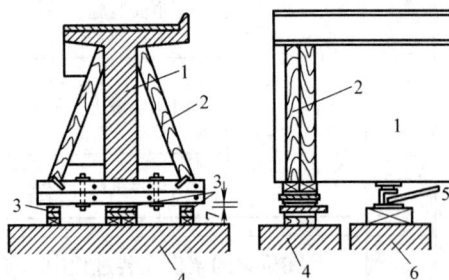 图 11.4-1 T 形梁的支预示意图 1—梁梗；2—斜撑；3—木楔；4—保险枕木垛； 5—千斤顶；6—顶梁枕木垛； 7—空隙不得大于 50mm （3）墩台顶上落梁： 1）在施工中，如若墩台顶的排水坡面采用千斤顶落梁时，不必考虑其滑动问题，只需要采用楔形硬质木垫平，有足够的安全承压面积就可以了； 2）桥梁下的净空不够安放千斤顶时，将千斤顶安放在端横隔板的下面，如若其净空仍然不够受时，可凿低一小部分顶帽混凝土，或者在灌注顶混凝土时，有意识地留下其缺口，待梁架设好后再进补。			
	审核人		交接人		接受交底人

工程名称		施工单位		编号	
序号	项目	梁板架设安装施工技术交底内容			
2 架梁施工的基本内容	千斤顶起落梁	3) 当墩台不高且无水时,可以在桥内搭枕垛、排架等支承的千斤顶。若墩台高或者水较深时可在墩台身前面设置牛腿安放千斤顶,待梁架设好后再凿除。 (4) 墩台上起落梁的其他方法: 1) 配合梁底托具采用千斤顶来起落钢筋混凝土预制梁的操作方法如图11.4-2所示; 图11.4-2 采用梁底托具起落梁的示意图(cm) (a)顶落梁示意图;(b)梁底托具构造示意图 1—预制梁;2—梁底托具;3—千斤顶;4—墩台;5—焊缝; 6—加固钢筋;7—10mm厚的钢板;H—梁高;W—梁梗宽 2) 配合梁面托具采用千斤顶起落钢筋混凝土预制梁的操作方法如图11.4-3所示。 图11.4-3 采用梁面托具起落梁的示意图(cm) (a)顶落梁示意图;(b)梁面托具构造示意图 1—轨道与平车;2—待架设的梁;3—短铁栓;4—吊环;5—梁面托具;6—千斤顶;7—已架好的梁;8—墩台;9—钢瓶;10—吊环;11、13—钢板;12—2根钢轨;h—千斤顶净高			
	横移梁与板的方法	(1) 采用跨墩龙门架或墩侧龙门架横移。主要架设的程序如下: 1) 跨墩龙门架架设方法:首先将龙门架设置在安装跨两墩间的位置处,钢筋混凝土预制梁由平板拖车或轨道平车送至架设桥孔处,由两台龙门架将预制梁吊起横移,从一侧向另一侧逐片架设安装。如图11.4-4所示。当一跨安装工人施工完毕后,可通过轨道将龙门架拖拉至下一跨进行安装;			
审核人		交接人		接受交底人	

工程名称			施工单位		编号	
序号	项目	梁板架设安装施工技术交底内容				
2 架梁施工的基本内容	横移梁与板的方法	 图 11.4-4　跨墩龙门架安装示意图 1—桥墩；2—自行式龙门架吊机；3—风缆；4—横 移跑车；5—轨道；6—混凝土预制梁 　　2) 墩侧高低腿龙门架的架设方法：当采用墩侧高低腿龙门架时，其架程序与跨墩龙门架基本相同。但是，减少了一根轨道，墩上的一条腿的高度也可以降低，其缺点是龙门架不能拖拉运行。为了确保钢筋混凝土预制梁的安装进度，一般要准备好三台高低腿龙门架，架设施工时，将分别设置在 1、2、3 号墩侧，待第一跨各梁安装完毕，紧接着就可安装第二跨。与此同时，将一号墩上的龙门架拆除运至第 4 号墩安装。以此方法重复进行施工。 　　(2) 采用小龙门架横甩法：这种方法的逐步横移梁体如图 11.4-5 所示。其具体的步骤是在钢筋混凝土预制梁、板两端两个龙门架上各设两个吊点的链条滑轮 A、B 交替使用。图 11.4-5 (a) 中两个龙门架上的 B 链条滑轮先收紧，把梁、板吊起来，两个龙门架上的 A 链条滑轮再收紧，同时逐渐放松 B 链条滑轮，梁、板就移向 A 链条滑轮方向了。如图 11.4-5 (a)、(c) 依次移动链条滑轮的吊点，就可将梁、板由龙门架右侧移向左侧。 图 11.4-5　小龙门架横甩梁体横移法示意图 1—小龙门架；2—链滑轮 A；3—链滑轮 B；4—钢筋混凝土梁、板				
审核人			交接人		接受交底人	

工程名称		施工单位		编号	
序号	项目	梁板架设安装施工技术交底内容			

序号 2 项目 架梁施工的基本内容 / 吊放方法

（1）在起吊钢筋混凝土预制梁、板时，其捆绑吊点距梁端悬出的长度不得超出设计的规定，若无高度规定时则应进行验算，以防止捆绑吊点梁顶面超过允许应力而使梁开裂破损。起吊钢桁梁时千斤绳应捆在节点的部位，吊钢板梁的千斤绳应捆在靠近梁的横向联接处。吊Ⅱ形梁的千斤绳应捆在梁的横隔板附近，否则，应在梁内加设横撑木或在梁底使用横托架。

（2）起吊钢筋混凝土预制 T 形梁时，如若吊钩不是钩住预埋的吊环，而是用千斤绳捆绑吊放时，应采用如图 11.4-6（a）或图 11.4-6（b）的方法，不能采用如图 11.4-6（c）的方法，以避免压坏梁的两个翼板。若吊机只有一个吊钩时，应该附挂横扁担起吊。

（3）当钢梁及小跨度的钢筋混凝土预制梁、板经过验算不会发生超允许应力时，可采用人字千斤绳起吊，如图 11.4-7 所示，或者由一个吊点在梁的重心起吊。较大跨度的混凝土梁如用一个主钩起吊，则必须配以纵向扁担，确保吊装的安全施工。

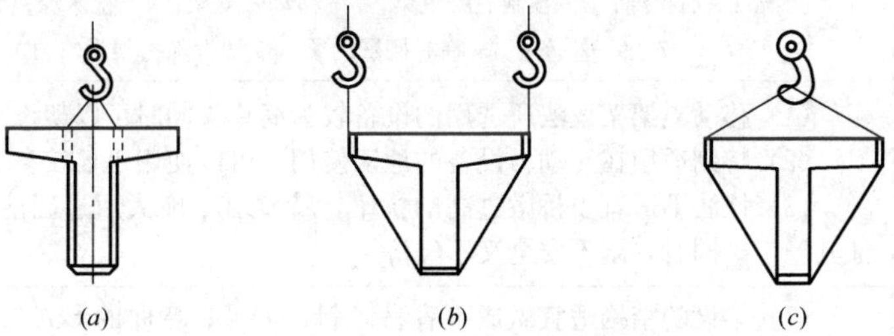

| (a) | (b) | (c) |

图 11.4-6　T 形钢筋混凝土预制梁的捆吊方法
（a）、（b）正确；（c）不正确

（4）各种起吊设备在每次组装后，第一次使用时，必须试吊。试吊时将梁吊离支承面约 20～30mm 后暂停，对各主要受力部位作仔细的检查，确认受力良好才可撤除支垫继续起吊作业。

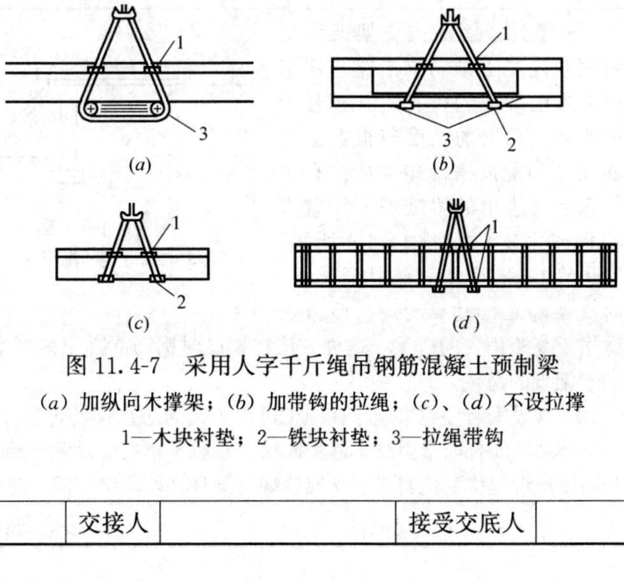

图 11.4-7　采用人字千斤绳吊钢筋混凝土预制梁
（a）加纵向木撑架；（b）加带钩的拉绳；（c）、（d）不设拉撑
1—木块衬垫；2—铁块衬垫；3—拉绳带钩

审核人		交接人		接受交底人	

工程名称		施工单位		编号	
序号	项目	梁板架设安装施工技术交底内容			

	概述	这是在架设孔的地面上，顺桥轴线方向铺设轨道，其上设置可移动的支架，梁的前端搭在支架上，通过牵引支架，将梁移运到要求的位置后，用龙门架或桅杆吊装，再进行横移就位。其架设方法见图 11.4-8 所示。 图 11.4-8　移动式支架架高法示意图 1—后拉绳；2—预制混凝土梁；3—移动式支架；4—枕木垛；5—拉绳；6—轨道； 7、9—平车；8—临时搁置的梁（支架拆除再架设）；10—移动式支架
3 移动支架架设法	特点	（1）移动支架架设法所选用的设备较为简单，同时可以架设重型的钢筋预制混凝土梁。 （2）特别适用在无动力设备的地区使用，可以使用手摇绞车人力移动支架进行架设。 （3）该法不适宜于桥墩过高的桥梁，特别对于庞大而过高的支架在移动过程中难以保证其稳定，同时，既不安全又不经济。
	注意事项	（1）架设的结构适宜做成不容易倾斜、变形、弯曲的形式，常见的移动式支架为梯形结构。 （2）架设的钢筋混凝土预制梁、板在支架上应搁置稳定，对于 T 形梁应增加斜向支撑，整体移动时，梁、板的前后应加导向拉绳。 （3）移动支架的立柱可用木材或型钢制作，计算支撑应力时，为简化计算程序，可考虑其垂直荷载仅由支架立柱承受。对于水平力、弯矩等荷载可作为斜撑的作用力来计算。 （4）对于地基基础的承载力必须进行验算，如遇到软弱的地基时，为防止架设时支架发生不均匀沉降，应采用换填、夯实等进行加固，同时还可考虑在现场排水等方法。
	摆动式支架架设法	（1）概述：摆动式支架架设法是将钢筋混凝土预制梁沿路基牵引到桥台或已架成的桥孔上并稍悬出一段距离，悬出的长度应根据梁的截面尺寸和配筋来确定。从桥孔中心河床上至悬出的梁端底下设置人字桅杆或木支架如图 11.4-9 所示。前方可考虑采用绞车牵引至梁端，此时支架随之摆动到对岸。该方法最适用于高跨稍大的桥梁，这种方法在架设时钢筋混凝土预制梁身高度起伏变化相对较小，有利于架设的稳定。 图 11.4-9　摆动式支架架设法示意图 1—制动绞车；2—混凝土梁；3—特制支架；4—牵引绞车 （2）架设安装注意事项：在施工过程中，为防止摆动过快，应在梁的后端采用制动绞车来牵引制动，配合前牵引绞车逐步放松。在后平车上应设置转动铰，以适应梁在牵引过程中，梁身高度出现起伏变化需要。支架顶端与梁身必须联结牢固，防止架设时梁体滑动与倾斜。

审核人		交接人		接受交底人	

工程名称			施工单位		编号	
序号	项目		梁板架设安装施工技术交底内容			
3 移动支架架设法	活动式支架横移架设法	\(1\)概述：首先从预制场将钢筋混凝土预制运输至桥孔墩的一侧，再采用桅杆将梁吊起，撤出运梁设备，将活动支架从旁边移至梁下，然后将梁搁放在靠桥墩旁边的两个活动支架上。活动支架沿横桥向设置的轨道移入桥孔落梁位置，最后从墩台上将梁顶起，抽出支架上的垫木将梁安装就位，如图 11.4-10 所示。 \(2\)采用该方法安装架设钢筋混凝土预制梁时，必须注意轨道下的路基要求坚固可靠，从预制梁运至桥孔。如若采用轨道平车运输时，在其纵向和横向交叉处，应设置活动的轨道转向连接装置，因此，纵横向轨距必须相同，墩旁两段横向轨道应等高；支架应牢固地联结在横移轨道平车上；两横移支架在横移时应同步等速运行。 图 11.4-10　活动式支架横移架设法示意图 1—横向轻轨道；2—墩台；3—纵向轻轨道；4—能够横移的活动支架；5—去预制场道路；6—钢筋混凝土预制梁；7—临时停放活动支架处（图中没有将起吊桅杆标出）				
4 自动式起重机架设法	概述	大型的自行式起重机广泛使用于桥梁的架设安装施工中，因为自行式起重机本身有动力，不需要架设桥梁的临时动力设备，也不需要进行架设设备的准备工作，架设速度快，可缩短施工期限，因此，对中、小跨径的混凝土预制梁的架设安装，自行式起重机深受欢迎。				
	架设方法	\(1\)采用一台起重机架没：当钢筋混凝土预制梁的质量不大，而起重机又有相当的起吊能力，城市道路无障碍物，起重机能自由行驶和停搁时，就可以采用一台起重机架设安装但应注意起吊钢丝绳与梁面的夹角不能太小，一般情况下，以 45°～60°为宜。一台起重机架设如图 11.4-11 所示。 \(2\)采用两台起重机架设：其施工方法是两台自行式起重机同时各起吊一根混凝土预制梁的端头，同步提升、同步转方向、同时将梁安放在桥墩上。运用此法时，应注意两台起重机的互相配合。 \(3\)采用起重机和绞车配合架设：其主要施工方法是预制梁一端采用走板、滚筒支垫，而另一端用起重机吊起，前方采用一台绞车牵引预制梁前进，梁在前进的过程中，其起重机的起重臂也随着转动，将梁向前移动，当前端就位后，卸掉吊点，起重机移到梁的后端，提起梁的后端取出走板、滚筒，将梁放下就位，直至将整根预制梁完全安装在桥墩上。起重机与绞车配合架设施工见图 11.4-12 所示。				
审核人			交接人		接受交底人	

工程名称		施工单位		编号	
序号	项目	梁板架设安装施工技术交底内容			

<table>
<tr><td rowspan="2">4
自动式起重机架设法</td><td>架设方法</td><td colspan="4">

图 11.4-11　一台起重机架设示意图 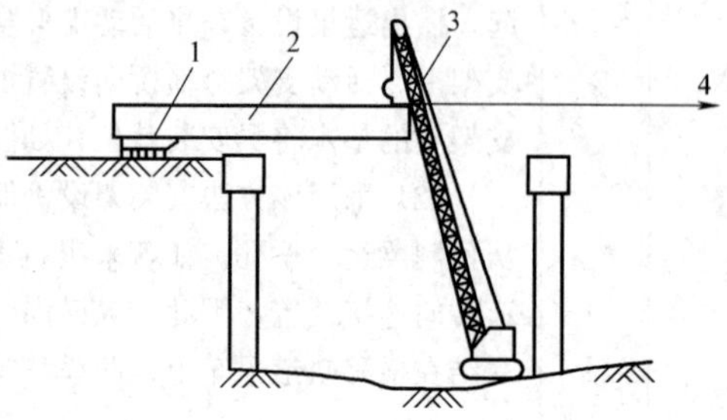　　　图 11.4-12　起重机和绞车配合架设示意图
1—走板滚筒；2—预制梁；3—起重机；4—绞车
</td></tr>
<tr><td>安全注意事项</td><td colspan="4">
（1）起吊安装之前，必须认真检查梁的质量、梁的外形尺寸、梁的运输路线、梁的架设顺序、起重机进出路线状况及起重机作业位置有无障碍物等。
（2）同时，必须检查起重机的起重臂长度及作业时所要求的伸幅半径和高度。
（3）了解起重机通行路线的宽度、弯道半径、高度限制和载重限制等。
（4）对架设方法的选择可按上述的三种方法进行，应从施工现场情况、荷载、作业半径、起重臂长度等多方面选定能满足要求的起重机。
（5）在起重机施工过程中，应严格按照吊装安全技术操作规程进行。并特别注意防止因下列情况造成安全事故：
1）对于起重机的起吊构件超重估计不足，起重臂俯角太大，超过允许值，而使起重机倾斜或倒塌；
2）对起重荷载和作业半径的配合验算不足，使起重机超荷载而倾斜；
3）吊装施工过程中，起重机的起重臂过度旋转，导致起重臂弯曲或折断；
4）起重机的支腿安装处地基松软，造成吊装施工中起重机倾斜；
5）起重机在吊装施工过程中，司机操作失误而造成吊钩与钢丝绳破断。
</td></tr>
<tr><td>5
联合机械架桥法</td><td>概述</td><td colspan="4">
（1）联合机械架桥法就是以钢导梁配合龙门架、千斤顶、绞车、链滑轮、蝴蝶架等辅助设备架设安装钢筋混凝土预制梁。
（2）其主要优点是不设桥下支架，不受江河湖水及城市构筑物的限制，架设过程中不影响桥下通车、通航和人们的行走。
（3）施工过程中，对钢筋混凝土预制梁的横移、纵移、起吊、就位都较为方便。但是，所涉及的架设设备用钢材较多，因此较适用于环境复杂的、多孔简支装配式桥梁。
</td></tr>
<tr><td>审核人</td><td></td><td>交接人</td><td></td><td>接受交底人</td><td></td></tr>
</table>

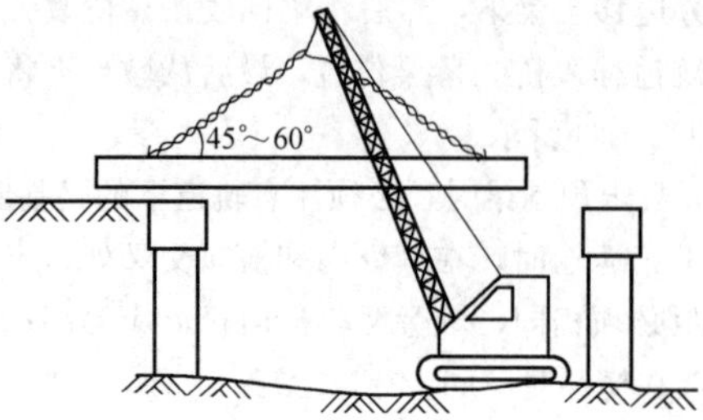

工程名称		施工单位		编号	
序号	项目	梁板架设安装施工技术交底内容			

| 5 联合机械架桥法 | 主要设备 | (1) 导梁：采用工字钢或装配式钢桁节组成，片数由安装重力计算确定。导梁总长比桥跨孔径的两倍稍长。施工中导梁后一孔承受预制梁的重力，中孔供蝴蝶架、龙门架通用。前段半孔为导梁；导梁顶面铺设轨枕和钢轨，钢轨与路堤或已架好的梁上轨道接；导梁首先在地面拼装好，前方设置绞车牵引导梁进入桥孔。

(2) 龙门架：龙门架的构造、作用除参考本章 11.2 有关内容外，还应按参照以下内容：

1) 可用型钢、万能杆件或装配式钢桥桁节拼装制成，用来起落钢筋混凝土预制梁和导梁，并对预制梁进行墩上横移和就位；

2) 为了保证能在龙门架范围内安装全跨钢筋混凝土预制梁，龙门架立柱柱脚可做成拐脚形式。龙门架净高由两片预制梁的叠置高度加上运梁平车高度、链滑车（或滑车组）高度、系梁千斤绳长度之和来确定；

3) 预制梁的横移、就位一般利用在龙门架横梁上安设的跑车下挂链滑车来进行。跑车的运行可利用立柱上装设的绞车进行或采用电动自行式跑车。

(3) 蝴蝶架：这是用木料或型钢组成，用于托起和移动龙门架。蝴蝶架顶部两端附有用角钢做成的方框，内放千斤顶将龙门架顶起，沿钢轨行走。

图 11.4-13 是用角钢制成的蝴蝶架。图中 H 可视为龙门架净空高度而定，B 和 W 是根据起重机行车梁而定。

图 11.4-13　蝴蝶架 |
| | 安装程序 | (1) 桥梁的吊装施工中，如在桥头路堤轨道上拼装导梁时，先在导梁下放好滚筒，再用绞车牵引导梁进入桥孔。在墩台顶上用千斤顶顶起导梁，取出导梁下的木垛或排架，将导梁落到墩台顶面的滚轴上。如图 11.4-14 (a) 所示。

(2) 在路堤上拼装蝴蝶架等，如图 11.4-14 (b) 所示。先将蝴蝶架竖立，然后将蝴蝶架平车推近，再将蝴蝶架吊起固定在平车上，推入桥孔；在路堤上拼装龙门架，用蝴蝶架托运龙门架至墩台就位。具体程序见图 11.4-14 (c) 所示；用平车将预制梁运至导梁上面，预制梁的两端停在龙门架下。如图 11.4-14 (d) 所示。 |

审核人		交接人		接受交底人	

工程名称		施工单位		编号	
序号	项目	梁板架设安装施工技术交底内容			

<table>
<tr><td rowspan="3">5 联 合 机 械 架 桥 法</td><td rowspan="3">安 装 程 序</td><td>

图 11.4-14 多种机具架桥施工程序

(*a*) 拼装导梁、纵移就位示意图；(*b*) 拼装蝴蝶架；
(*c*) 平车运输预制梁；(*d*) 拼装龙门架与蝴蝶架配合施工
1—拼装蝴蝶架；2—平车前移；3—蝴蝶架吊装到平车后推入桥孔

(3) 蝴蝶架后撤至导梁范围以外，撤开导梁与路基钢轨连接，将导梁牵引至前方孔。如图 11.4-15 (*a*) 所示；采用龙门架将未安装到位的梁吊起安装就位，再把各梁电焊连接起来。如图 11.4-15 (*b*) 所示；用蝴蝶架托运龙门架至前方孔。如图 11.4-15 (*c*) 所示；用同样程序吊装前方孔。如图 11.4-15 (*d*) 所示。 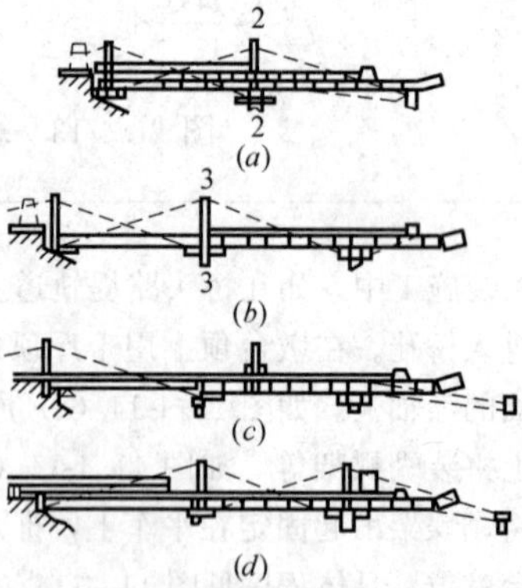

图 11.4-15 联合机械架设安装程序
</td></tr>
</table>

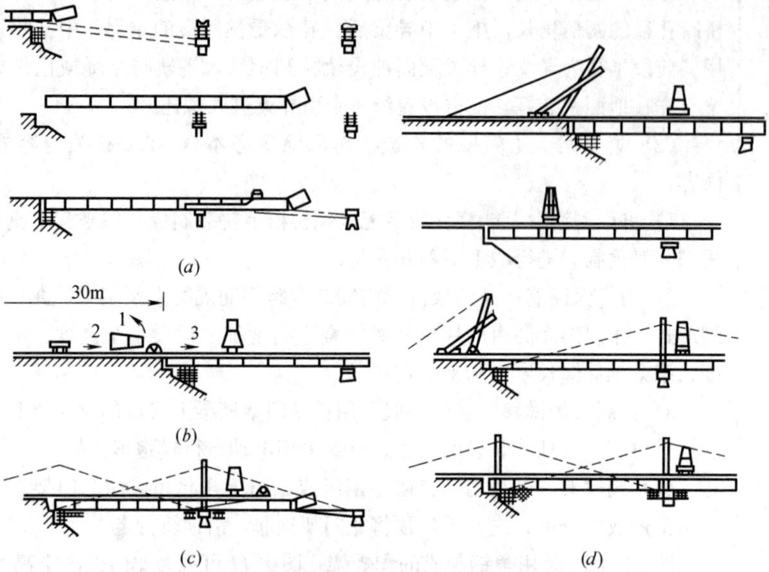

审核人		人	交接人		接受交底人	

11.5 架设安装施工观测控制技术交底

架设安装施工观测控制技术交底　　　　　　　　　　　　　**表 11-5**

工程名称			施工单位		编号	
序号	项目	架设安装施工观测控制技术交底内容				
1	安装施工观测及控制	（1）在支架上浇筑梁式桥的观测内容：施工时应对支架的变形、位移、节点和卸架设备的压缩和支架基础的沉陷等进行观测，如发现超过允许值的变形、变位，应及时采取措施予以调整。 （2）高程和中线测量：悬臂浇筑混凝土过程中对桥梁的中轴线、高程进行测量观测，误差应在允许范围内： ① 高程：±10mm； ② 中轴线偏差：5mm。 （3）悬拼测量及挠度观测：控制每节箱梁施工中的中轴线及标高，监测施工过程中各块箱梁的挠度变化情况，并不断进行调整。 ① 基准梁块四角高差的允许误差：为±2mm； ②悬拼允许误差：湿接缝第一块箱梁中线允许误差：2mm；湿接缝第一块箱梁顶面标高允许误差：±2mm；悬臂合拢时箱梁中线允许误差：30mm；悬臂合拢时箱梁相对标高允许误差：±30mm。 （4）应力跟踪测量： 对梁体主要断面应力观测值与理论值比较，研究体系转换过程中的应力变化，分析其他因素对箱梁的影响。 （5）顶推过程中的施工观测项目： ① 墩台和临时墩承受竖直荷载和水平推力所产生的竖直、水平位移，需要时，观测其应力变化； ② 桥梁顶推过程中，主梁和导梁控制截面的挠度，需要时，观测其应力变化； ③ 滑动装置的静摩擦系数和动摩擦系数； 观测的结果应随时记录、整理，如超过设计规定限值，应分析原因，采取措施纠正。 （6）裂缝观测：装配式桥安装施工过程中，应经常对构件混凝土进行裂缝观测，若发现裂缝超过规定或有继续发展的趋势时，应及时分析研究，找出原因，采取有效措施。				
审核人			交接人		接受交底人	

11.6 质量标准

架设安装施工质量标准　　　　　表 11-6

工程名称		施工单位		编号	
序号	项目		架设安装施工质量标准内容		

序号	项目	架设安装施工质量标准内容
1	质量标准	(1) 墩、台安装允许偏差见表 11.6-1 所列。

墩、台安装允许偏差见　　　　　表 11.6-1

检查项目	允许偏差(mm)	检查项目	允许偏差(mm)
轴线平面位置	10	倾斜度	0.3%墩、台高,且不大于 20
顶面高程	±10	相邻墩、台柱间距	±15

(2) 预应力混凝土桥顶推安装完成后的允许偏差见表 11.6-2 所列。

预应力混凝土桥顶推安装允许偏差　　　　　表 11.6-2

序号	主　要　项　目		允许偏差(mm)
1	混凝土强度(MPa)		符合设计要求
2	轴线偏位	$L \leqslant 100m$	10
		$L > 100m$	$L/10000$
3	顶面高程	$L \leqslant 100m$	±20
		$L > 100m$	$L/5000$
		相邻节段高差	10
4	断面尺寸	高度	+5,−10
		顶宽	±30
		顶底腹板厚	+10,0
5	同跨对称高程差	$L \leqslant 100m$	20
		$L > 100m$	$L/5000$

(3) 简支梁、板就位后应与支座必须紧密地结合,否则应该进行重新安装,其安装的允许偏差见表 11.6-3 所列。

简支梁、板就位允许偏差　　　　　表 11.6-3

检查项目		允许偏差(mm)	检查项目	允许偏差(mm)
支座中心偏位(mm)	梁	5	竖直度	1.2%
	板	10	梁、板顶面纵向高程(mm)	+8,−5

(4) 对于预应力悬臂拼装梁桥的安装,其完成时的质量标准见表 11.6-4 所列。

预应力悬臂拼装梁桥安装完成时的质量标准　　　　　表 11.6-4

序号	主　要　项　目		允许偏差(mm)
1	混凝土强度(MPa)		符合设计要求
2	轴线偏位	$L \leqslant 100m$	10
		$L > 100m$	$L/10000$
3	顶面高程	$L \leqslant 100m$	±20
		$L > 100m$	$L/5000$
		相邻节段高差	10
4	同跨对称点高差	$L \leqslant 100m$	20
		$L > 100m$	$L/5000$

审核人		交接人		接受交底人	

12 拱 桥

12.1 概 述

拱桥施工特点与分类　　　　　　　　　　　　　　　**表 12-1**

工程名称		施工单位		编号	
序号	项目	拱桥施工特点与分类内容			
1	工艺特点	（1）拱桥是城市道路中广泛应用的一种桥梁体系，拱桥与梁桥相比，在受力性能上有较大的差别，拱式结构在竖向荷载作用下，支撑处产生竖向反力外，还产生水平力。由于存在水平推力，使拱的弯矩比相同跨径梁的弯矩小很多，拱圈内主要承受压力。特别对于大跨径桥梁，载占全部荷载中的绝大部分，当合理选择拱的轴线，使拱圈在静载作用下主要受压，这就使抗压性能较好而受拉性能较差的石料和混凝土材料得到充分利用。 （2）由于拱桥的受力合理，外形美观，使它在桥梁方案比较中占据有利地位，因此常被选用。我国在大跨径拱桥建造上处于世界先进行列，全世界跨径在100mm以上的钢筋混凝土拱桥中，我国占有的数量超过1/3。 （3）拱桥的施工方法主要根据其结构形式、跨径大小、建桥材料、桥址环境的具体情况以方便、经济、快速的原则而定，并且随着拱桥各阶段的发展水平而变化。			
2	拱桥分类	（1）石拱桥与混凝土预制块拱桥：石拱桥根据其用料不同可以是片石拱、块石拱或料石拱；根据其布置形式又分为实腹式石板拱或空腹式石板拱和石肋拱。对石拱桥，目前主要采用拱架施工法。拱架种类很多，包括竹木拱架、钢拱架。在采用钢拱架时，为了减少拱架尺寸并减少用材，还可以采用斜钢拱架施工法，即利用斜拉索适时调整拱架受力，实现拱圈连续砌筑。混凝土预制块拱桥施工与石拱桥相似。 （2）钢筋混凝土拱桥：钢筋混凝土拱桥是中、大（特大）型拱桥的主要形式，包括钢筋混凝土箱板拱桥、箱肋拱桥、钢管混凝土拱桥等。拱桥从结构立面上可分为上承式桥、下承式桥和中承式桥。根据不同情况，有多种施工方法可供选择。在允许设置拱架或无足够吊装能力的情况下，各种钢筋混凝土拱桥均可采用在拱架上现浇或组拼拱圈的拱架施工法。 1）为节省拱架用材，使上、下部结构同时施工，缩短工期，可采用预制装配方式。无支架缆索吊装是常用方法，即通过设置吊运天线来完成预制拱圈节段的纵向与竖向运输，从而完成拱圈拼装。无支架缆索吊装根据桥跨的多少，可采用单跨法或双跨法。国内用该施工方法施工的拱桥跨径已达到160m。吊装施工的关键是吊装缆索系统设计与计算、吊装过程控制以及拱肋扣挂等； 2）根据两岸地形及施工现场的具体情况还可采用转体施工法。该法就是在两岸现浇半拱，然后绕拱座作水平或竖直转动合拢成拱，目前其施工跨径已达到200m。转体施工利用两岸地形搭架，可少用支架，安装架设工序少，主要在陆地上施工。其施工关键是转动系统的设计与计算以及转动过程的控制； 3）在拱桥跨径更大（大于200m）时，采用上述施工方法均存在一定困难。劲性骨架施工方法是特大跨径拱桥施工方法，即先采用无支架缆索吊装或转体架设劲性钢骨架拱，然后			
审核人		交接人		接受交底人	

工程名称		施工单位		编号	
序号	项目	拱桥施工特点与分类内容			
2	拱桥分类	在骨架上现浇混凝土拱圈。劲性骨架由型钢或钢管混凝土构成。该法的特点是混凝土浇筑全部在空中进行，工序复杂，工期长，需注意施工过程中结构变形与应力监控；采用钢管混凝土修建大跨径拱桥可以进一步简化施工。该法首先采用无支架缆索吊装钢的高空施工作业，目前其施工跨径已达到400m。钢管混凝土拱桥施工的关键是钢管拱圈加工，管内混凝土的浇筑以下施工监控。 （3）桁架拱桥、桁式组合拱桥：桁架拱桥、桁式组合拱桥一般采用预制拼装施工。对小跨径桁架拱桥可采用有支架安装，对不能采用支架安装的大跨径桁架拱桥则采用无支架安装，其安装方法包括缆索员装、悬拼安装及转体安装等；对桁式组合拱桥主要采用人字桅杆悬臂吊装。 （4）刚架拱桥：刚架拱桥可以采用有支架施工、少支架施工或无支架施工。			
审核人		交接人		接受交底人	

12.2 拱桥就地浇筑施工技术交底

拱桥就地浇筑施工技术交底 表 12-2

工程名称		施工单位		编号	
序号	项目	拱桥就地浇筑施工技术交底内容			
1	概述	拱桥就地浇筑施工，目前常用的施工方法有以下几种： （1）搭设拱架，有支架就地浇筑施工。 （2）采用型钢或钢管混凝土劲性骨架，无支架就地浇筑施工。 （3）采用塔架斜拉索法和斜吊式悬浇，无支架就地浇筑施工。			
	拱架类型	拱架的种类很多，按其使用材料可分类木拱架、钢拱架、竹拱架、竹木混合拱架、钢木组合拱架以及土牛胎拱架等多种形式；按结构形式可分为排架式、撑架式、扇形式、桁架式、组合式、叠桁式、斜拉式等。			
	拱架的构造及安装	木拱架一般有排架式、撑架式、扇形式、叠桁式及木桁架式等。前四种在桥孔中间设有或多或少的支架统称满布式拱架，最后一种可采用三绞木桁架形式，在桥孔中完全不设支架。图 12.2-1 为撑架式木支架示意图。 (a) (b) 图 12.2-1 撑架式木拱架 (a) $L=40\sim60m$；(b) $L=70\sim90m$ 1—卸架设备；2—斜撑；3—横向斜夹木			
审核人		交接人		接受交底人	

工程名称		施工单位		编号	
序号	项目	拱桥就地浇筑施工技术交底内容			

1	拱架	木拱架的构造及安装	(1) 木拱架构造： 1) 满布式木拱架一般可分为上下两部分，下部为支架，上为拱架。支架的构造基本上与木桥相同，但在纵横方向均设置水平撑和斜撑，以便使排架稳定； 2) 较高的支架，可采用框架式结构，但两半跨的构造应尽量对称，上下游应设斜撑或拉索。拱架的弧形木，一般跨度为 2~3m，弧形木的上缘应按拱圈或拱肋的内侧弧线制成弧形； 3) 当拱度不大、失高不超过立柱或斜撑木料的长度时，拱架的水平拉杆可设置在起拱线的水平位置上；当拱跨圈套和拱矢较高时，可提高拉杆的位置； 4) 拱架的横向间距由圈重力大小而定，一般为 1.2~1.7m。间距较大时，模板下需设置横梁，其间距一般可取 600~700mm。各片拱架间需设夹木连接； 5) 拱架的卸落设备，一般设置在拱架水平拉杆与支架帽两木之间上下立柱对应处。跨径较大时，可设于弧形木下支点处；当为扇形木组成的叠桁两端又嵌入桥台，因此卸落设备（一般为木楔）置于拱顶叠桁等铁件或硬木连接；桁式木拱架需采用榫接；叠桁式木拱架必须采用螺栓连接。图 12.2-2 所示为木拱架节点构造。 图 12.2-2 木拱架节点构造示意图 1—模板；2—横梁；3—填木；4—斜撑；5—螺栓；6—铁（木）板；7—弓形木； 8—拉梁；9—卸架设备；10—立柱；11—水平夹木；12—垫木；13—纵梁；14—托梁； 15—夹板；16—键；17—砂筒；18—夹板；19—帽木；20—桩或柱；21—框架立柱 (2) 支架基础：支架基础必须稳固，承重后能保持均匀沉降且沉降量不得超过设计范围。

| 审核人 | | 交接人 | | 接受交底人 | |

工程名称		施工单位		编号	
序号	项目	拱桥就地浇筑施工技术交底内容			

1	拱架	**木拱架的构造及安装**

基础为石质时，将表面挖去，立柱根部岩面应凿低、凿平。基础为密实土时，如施工期间不会被流水冲刷，可采用枕木或铺砌石块做支架基础；如基础施工期间可能被流水冲刷或为松软土质时，需采用桩基、框架结构或其他加固措施施工，如采用夯填碎石补强，砂砾土用水泥固结，再在其上浇混凝土基座作为支架基础等措施。

（3）木拱架的制作与安装：拱架的弧形木立柱等主要杆件和木桁架的各种杆件，应采用材质较强、无损伤、无腐烂及湿度不大的木材。拱架制作安装时，拱架尺寸和形状要符合设计要求，立柱位置准确且保持直立，各杆件连接头要紧密，支架基础要牢固，高拱架应特别注意它的横向稳定性。拱架全部安装完成后，应全面检查，确保结构牢固可靠。

（4）拱架可就地拼装，也可根据起吊设备能力预拼成组件后再进行安装。满布式木拱架的制作及安装程序如下：在平台上，按拱圈内弧线加施工预拱度值放出拱模弧线，并将拱模弧线分成若干段，定出弧形木接头位置和排架、斜撑、拉杆的中心线或叠桁式拱架拱盔顶板和立柱顶端的中心线和位置；在台样上量出各杆件尺寸，制作各杆件大样；在备上抄平，定出拉杆水平线，安装拉杆、立柱、斜撑、夹木及木杆件等；在弧形木各点上抄平，准确的安装拱模弧形，控制弧形木高度；对于叠桁式木拱架，先在拱跨内放出立拱位置。因基座、顶端标高不一样，立柱的第一层和最后一层各不相同才能保证叠桁的不同斜度，需分排定位制作第一层和第二层立柱，其他杆件按统一规格制作通用。当最后一层立柱安装完后，安装第一层叠桁，两层叠桁需交错重叠，并注意接头紧密。叠桁安装校正后，架上横梁用螺栓下连牵枋，将横向几个叠桁连成整体。

钢拱架与钢木组合拱架

（1）钢桁架拱架分类：

1）工字梁钢拱加工可采用两种形式：一种是有中间木支架的钢木组合拱架，另一种是无中间木支架的或用钢拱架；

2）钢木组合拱架是在木支架上用工字钢梁代替木斜梁，以加大斜梁的跨度，减少支架用量。工字钢梁顶面可用垫木成拱模弧形线。但在工字梁接头处就适当留出间隙，以防拱架承载落实顶死。钢木组合拱架的支架常采用框架式，如图 12.2-3 所示；

3）工字梁活用钢拱架，构造简单，拼装方便，且可重复使用，其构造形式如图 12.2-4 所示。它适用于施工期间需保持通航、墩台较高、河水较深或地质条件较差的桥孔。

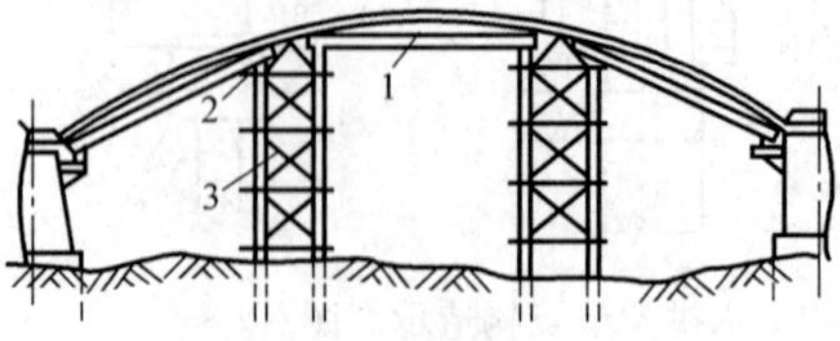

图 12.2-3　钢木组合拱架
1—钢架；2—卸落设备；3—斜杆

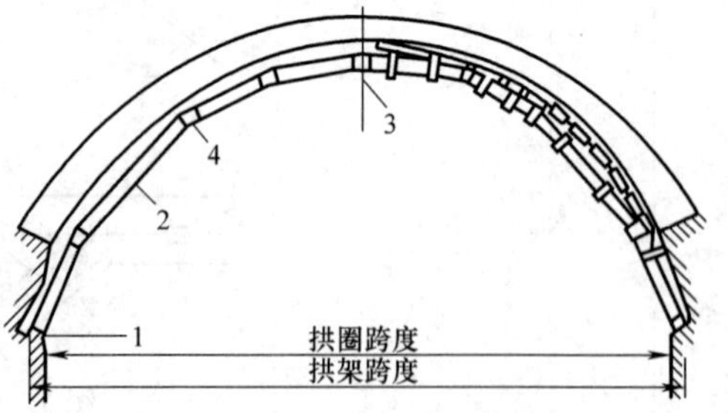

图 12.2-4　工字钢活用钢拱架
1—拱脚铰；2—基本节；3—楔形插节；4—拱顶拆拱设备

（2）钢桁架拱架：

1）钢桁拱架的结构类型通常有常备拼装式桁架形拱架、装配式公路钢桁架节段拼装式

审核人		交接人		接受交底人	

工程名称		施工单位		编号	
序号	项目	拱桥就地浇筑施工技术交底内容			
1	拱架	拱架、万能杆件拼装式拱架、装配式公路钢桁架、万能杆件桁架与木拱盔组合的钢木组合拱架。图 12.2-5 为常备拼装式桁架示意图； 图 12.2-5　常备拼装式桁架拱架示意图 （a）常备拼装式；（b）标准式；（c）拱脚节；（d）拱顶节 1—砂筒；2—拱脚节；3—连接杆甲；4—连接杆乙；5—标准节；6—拱顶节 　　2）钢桁架拱架的安装通常采用的方法有： 　　① 半拱旋转法：架设方法与上述工字梁活用钢拱架相似，但起吊前拱脚先安在支座上，然后用拉索使半拱拱架向上旋转，使其合拢； 　　② 竖立安装法：在桥跨内两端拱脚上，垂直拼成两半孔拱架，然后绕拱脚旋转至设计位置合拢； 　　③ 浮运安装法：在浮船上安装满布式支架，其上拼装拱架，为了便于拱架的进孔和就位，拱架拼装时的矢高应稍大于设计矢高，并用挂在墩台上的大滑车和放置于支架中部的千斤顶来调整矢高，图 12.2-6 为钢拱架浮运安装就位示意图； 　　④ 悬臂安装法：此法适用于拼装式桁架形拱架，拼装时从拱脚起逐节进行，拼装好的节段，用滑车组系吊在墩台塔架上，图 12.2-7 为拱架悬臂拼装示意图。 图 12.2-6　钢拱架浮运安装就位示意图 　　（3）扣件式钢管拱架： 　　扣件式钢管拱架是将房屋建筑施工用的钢管脚手架移植到拱桥施工中，一般有满堂式、预留孔满堂式及立柱式扇形等几种。扣件式钢管拱架一般不分支架和拱盔部分，它是一个
审核人		交接人		接受交底人	

393

工程名称		施工单位		编号	
序号	项目	拱桥就地浇筑施工技术交底内容			

<table>
<tr><td rowspan="2">1</td><td rowspan="2">拱架</td><td>钢拱架与钢木组合拱架</td><td>

图 12.2-7　拱架悬臂拼装示意图（尺寸单位：cm）
1—临时吊点；2—吊装单元；3—临时吊索

空间框架结构，一般由立柱（立杆）、小横杆（顺水流向）、大横杆（顺桥轴向）、剪刀撑、斜撑、扣件和缆风索等组成，所有杆件（钢管）通过各种不同形式的扣件实现连接，不需设置卸落拱架。扣件式钢管拱架的安装一般不需要技术工人，常常无正规施工设计图纸，安装工具仅需扳手。一般由两拱脚开始，全拱圈宽度推进，合拢于拱顶处。这种拱架所需杆件轻，运输传递灵活方便，无须特殊起吊设备，工作面宽，施工进度快。施工时注意杆要垂直地面打入土中，所有扣件要求拧紧，严防松滑。
</td></tr>
<tr><td>斜拉式贝雷平梁拱架</td><td>

（1）斜拉贝雷平梁拱架一般应用在几跨连续施工的情况，在距边墩一定距离处设置临时墩，在中间墩墩顶各设一个塔柱，塔柱顶端伸出斜拉杆拉住贝雷平梁，平梁上设拱盔，形成几孔连续的斜拉式贝协平梁拱架结构。其主要构件均由常备式贝雷桁架、支撑架、加强弦杆等组成，结构构件处理较方便。由于整体拱架体系柔性多变，施工中应严格掌握和控制对称加载及塔柱、平梁的变形，控制平梁、斜拉杆、塔柱的受力不得超过容许值。斜面拉式贝雷平梁拱架的构造如图 12.2-8 所示。 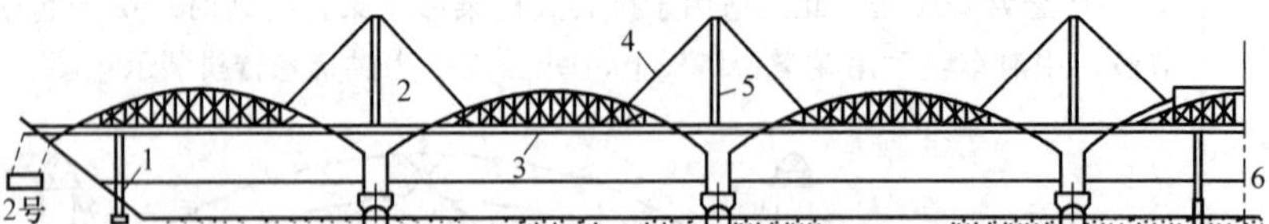

图 12.2-8　斜面拉式贝雷平梁拱架的构造示意图
1—临时墩；2—塔柱；3—平架；4—斜拉杆；5—塔柱；6—临时墩

（2）斜面拉式贝雷平梁拱架可采用浮吊船架设，也可采用悬臂扒杆节段拼装的方法。拼装从各墩顶开始，对称施工拼进，每拼进 6～9m，设临时扣索，以减小悬臂找度；横联与拼进应同时进行；在墩顶平梁支承处设置滑板，便于跨中合拢。
</td></tr>
</table>

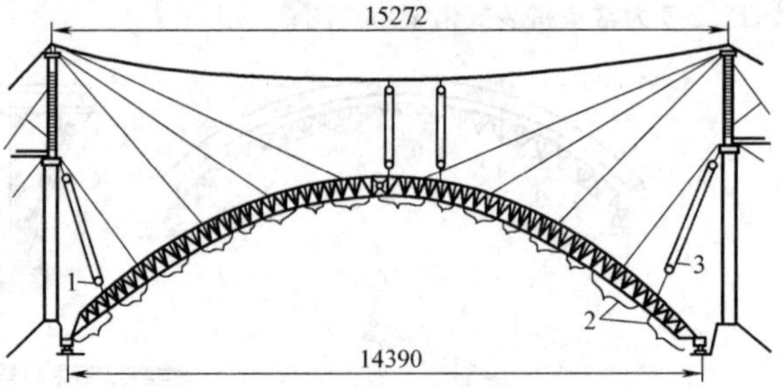

审核人		交接人		接受交底人	

工程名称		施工单位		编号	
序号	项目	拱桥就地浇筑施工技术交底内容			

	概述	有支架就地浇筑拱桥的施工工序一般分三段进行：第一阶段：浇筑拱圈（或拱肋）及拱上立柱的底座；第二阶段：浇筑拱上立柱联结系及横梁等；第三阶段：浇筑桥面系。前一阶段的混凝土达到设计强度的 70% 以上才能浇筑后一阶段的混凝土。拱架则在第二阶段或第三阶段混凝土浇筑前拆除，但必须事先对拆除拱架后拱圈的稳定性进行验算。若设计文件对拆除拱架另有规定，应按设计文件执行。双曲拱桥的拱波，应在拱肋强度或期间隔缝混凝土达到设计强度 70% 后开始砌筑。
2 就地浇筑拱圈的上承式拱桥	拱架安装	以常备拼装式桁架形拱架悬臂拼装为例，拱架系用标准节、拱顶节、拱脚节及联结杆等以钢销连接组成，再以纵横向联结系将几片拱架连成一体，作为浇筑拱圈或拱肋的支架。拱轴曲线的曲度采用变换联结杆长度的方法得到。 （1）拱架吊运安装：安装前拱架需先按框架形式组成安装单元，其长度可包括 2～3 节拱架。安装时由拱脚至拱顶，两岸对称进行。拱架用门式索塔安装，中间拱架可采用直接抬吊法运就位。拱架运轨道固定在塔门中间时，两侧拱架可采用交换抬吊法吊运就位。图 12.2-9 所示为抬吊法施工示意图。 图 12.2-9　抬吊法施工示意图（尺寸单位：cm） 1—后拉索；2—活动下弦杆；3—滑车 （2）封拱及卸吊：悬臂安装法安装拱架时，采取低温封拱、高温卸吊的成拱方法较适宜。卸吊应由拱顶向拱脚分次对称循环进行，一次放松不能过多，斜拉索花篮螺栓一次放松不得超过 5cm。 （3）吊装和封拱及卸吊注意事项：吊装前应做好准备工作，并应进行试拼；封拱前必须调整好拱轴线及各节点标高，收紧所有侧向风缆；封拱合拢后，在卸吊前，将全部风钩螺栓拧紧一次。
	拱圈或拱肋的浇筑	（1）连续浇筑：跨径小于 16m 的拱圈（或拱肋）混凝土，应按拱圈全宽度，自两端向拱脚向拱顶对称地连续浇筑，并在拱脚处混凝土初凝前全部完成。如预计不能在限定时间内完成，则须在拱脚处预留一个隔缝并最后浇筑混凝土。 （2）分段浇筑： ① 大跨径拱桥的拱圈或拱肋（跨径≥16m），为避免拱架变形而产生裂缝以及减少混凝土的收缩应力，应采用分段浇筑的施工方法。分段长度一般为 6～15m。分段位置确定的原则应是使拱架受力对称、均匀，并使拱架变形小。因此，在拱架拱曲线为拱架支点、节点处及拱顶、拱脚等处，一般宜设置分段点并适当预留隔缝。如预计变形较小且采取分段间隔

审核人		交接人		接受交底人	

工程名称			施工单位		编号	
序号	项目		拱桥就地浇筑施工技术交底内容			

浇筑时，也可减少或不设间隔缝。间隔缝的位置避开横撑、隔板、吊杆及刚架节点等处。间隔缝的宽度以便于施工操作和钢筋连接为宜，一般为 50～100cm，以便于施工操作和钢筋连接。为缩短拱圈合拢和拱架拆除的时间，间隔缝内的混凝土强度可采用比拱圈高一等级的半干硬性混凝土。各段的接缝面应与拱轴线垂直；

② 分段浇筑程序应符合设计要求，且对称于拱顶进行，使拱架变形保持对称均匀和尽可能地小。填充间隔缝混凝土，应由两拱脚向拱顶对称向上填。拱顶及两拱脚间隔缝应在最后封拱后浇筑，间隔缝与拱段的接触面应事先按施工缝进行处理。并应注意以上几点：间隔缝混凝土应在拱圈分段混凝土强度达到 70%设计强度后进行；封拱合拢温度应符合设计要求，如设计无规定时，一般宜在接近当地的年平均温度或在 5～15℃之间进行。

（3）箱形截面拱圈（或拱肋）的浇筑：

① 大跨径拱桥一般采用箱形截面的拱圈或拱肋，为减轻拱架负担，一般采取分环、分段的浇筑方法。分段的方法与上述相同。分环的方法一般是分成二环或三环。分二环时，先分段浇筑底板（第一环），然后分段少筑肋墙、隔墙与顶板（第三环）。

② 分环分段浇筑时，可采取分环填充间隔缝合拢和全拱完成后最后一次填充间隔缝合拢两种不同的合拢方法。采取分环填充间隔缝合拢时，已合拢的环层可起到拱架作用。在浇筑后一环混凝土时，可减轻拱架的负担，但施工工期较一次合拢的方法长。采用最后一次合拢时，拱圈或拱肋仍必须一环一环地分段浇筑，但不是浇完一环合拢一环，而是在最后一环混凝土浇完后，一次填充各环间隔缝完成拱圈或拱肋的合拢。因此，采用这种合拢方法时，上下环的间隔缝位置应与相对应和贯通，其宽度一般为 2m 左右，有钢筋接着的间隔缝一般为 4m 左右。图 12.2-10 所示为箱形截面拱圈采用分环、分段浇筑施工程序。

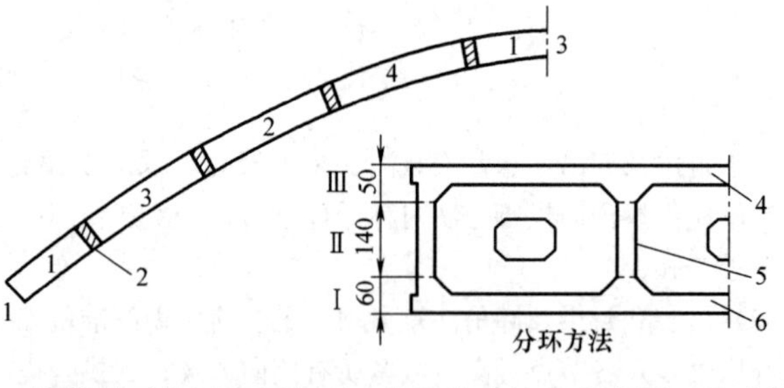

图 12.2-10　箱形截面拱圈采用分环、分段浇筑施工程序图（尺寸单位：cm）
1—拱脚；2—工作缝；3—拱顶；4—顶板；5—肋墙；6—底板

（4）卸拱架：采用就地浇筑施工的拱架，卸拱架的工作相当关键，拱架拆除必须在拱圈砌筑完成后 20～30d 左右，待砂浆砌筑强度达到设计强度的 70%后方可拆除。此外还必须考虑拱上建筑、拱背填料、连拱等因素对拱圈受力的影响，尽量选择对拱体产生最小应力的时候卸落拱架。为了能使拱架所支撑的拱圈重力能逐渐转给拱圈自身来承受，拱架不能突然卸除，而应按一定的程序进行。

① 卸架设备：为保证拱架能按设计要求均匀下落，必须采用专门的卸架设备。常用的卸架设备有砂筒、木楔和千斤顶；

审核人		交接人		接受交底人	

工程名称		施工单位		编号	
序号	项目	拱桥就地浇筑施工技术交底内容			

| | | （a）砂筒用钢板制成，筒内装以烘干的砂子，上部插入活塞组成。卸落是靠砂子从筒的下部预留泄砂孔流出，要求筒内的砂子干燥、均匀、清洁。砂筒与活塞间用沥青填塞，以免砂子受潮而不易流出。由砂子泄出量可控制拱架卸落高度，这样能由泄砂孔的开与关，分数次进行卸架，并能使拱架均匀下降而不受振动，使用效果良好。图12.2-11为砂筒构造图；

（b）木楔有简单木楔和组合木楔等不同构造。简单木楔由两块1∶6～1∶10斜面的硬木楔组成，落架时，只需轻轻敲击木楔小头，将木楔取出，拱架即下。组合木楔由三块楔形木和一根拉紧螺栓组成，卸架时只需扭松螺栓，木楔下降，拱架即降落。图12.2-12为木楔构造图；

（c）采用千斤顶拆除拱架常与拱圈调整内力同时进行。一般在拱顶预留放置千斤顶的缺口，千斤顶用来消除混凝土的收缩、徐变以及弹性压缩的内力和使拱圈脱离拱架；

② 卸架程序：

（a）满布式拱架的卸落：满布式拱架可根据算出和分配的各支点的卸落量，从拱顶开始，逐次同时拱脚对称地卸落。多孔连续拱桥，拱架的卸落应考虑相邻孔的影响。若墩设计为单向推力墩，就可以直接卸落拱架，否则应多孔同时卸落拱架；

（b）工字梁活用钢拱架的卸落：这种拱架的卸落设备一般放于拱顶，卸落布置如图12.2-13所示。卸落拱架时，先将绞车摇紧，然后将拱顶卸拱设备上的螺栓松两转，即可放松绞车，敲松拱顶卸拱木，如此循环松降，直至降落到设定的卸落量； | | | | |

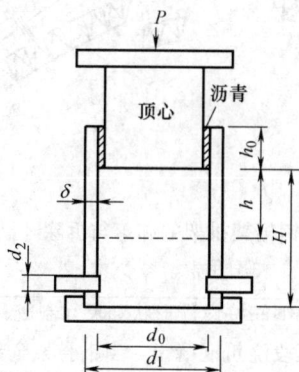

图 12.2-11　砂筒构造

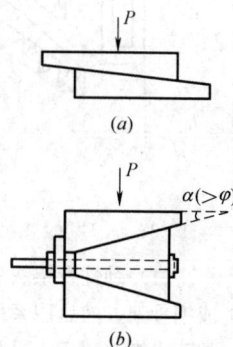

图 12.2-12　木楔构造
(a) 对鞘木楔；(b) 组合木楔

（c）钢桁架拱架的卸落：钢桁架拱架的卸落设备架设于拱顶时，可在系吊或支撑的情况下，逐次松动卸架设备，逐次卸落拱架，直至拱架脱离拱圈后，才将拱架拆除。当卸架设备架设于拱脚时（一般为砂筒），为防止拱架与墩台顶紧阻碍拱架下降，应在拱脚三角垫与墩台之间设置木楔，如图12.2-14所示。卸落拱架时，先松动木楔，再逐次对称地泄砂落架。拼装式钢桁架拱架利用拱圈体进行拱架的分节拆除，拆除后的拱架节段可用缆索吊车吊移。图12.2-15为拼装式钢桁架的拆除示意图。

审核人		交接人		接受交底人	

工程名称		施工单位		编号	
序号	项目	拱桥就地浇筑施工技术交底内容			

| 2
就地浇筑拱圈的上承式拱桥 | 拱圈或拱肋的浇筑 | 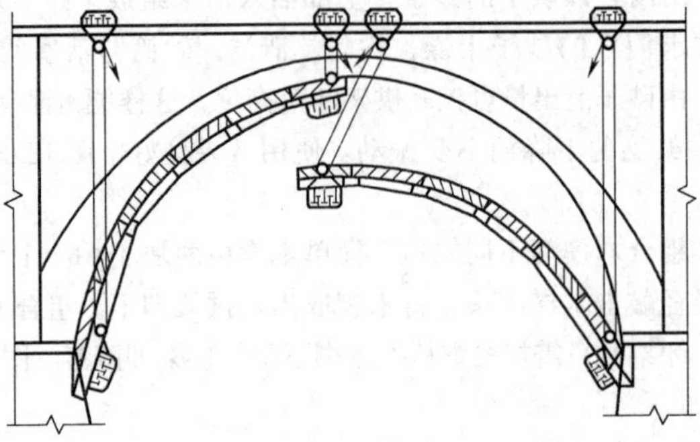 图 12.2-13　工字钢活用钢拱架卸落 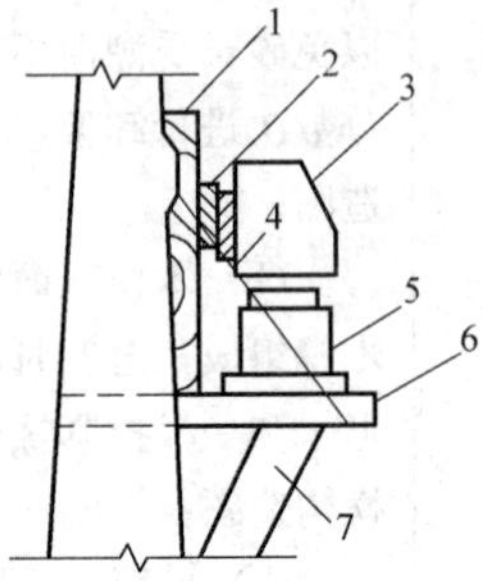　　图 12.2-14　钢桁架拱架拱脚处卸落设备
1—垫木；2—木垫；3—混凝土三角垫；
4—斜拉杆；5—砂筒；6、7—支架

（d）斜拉式贝雷平梁拱架的卸落，应视平梁上拱架的形式而定，一般可采用满布式的卸架程序和方法，同时应考虑相邻孔拱架卸落的影响； 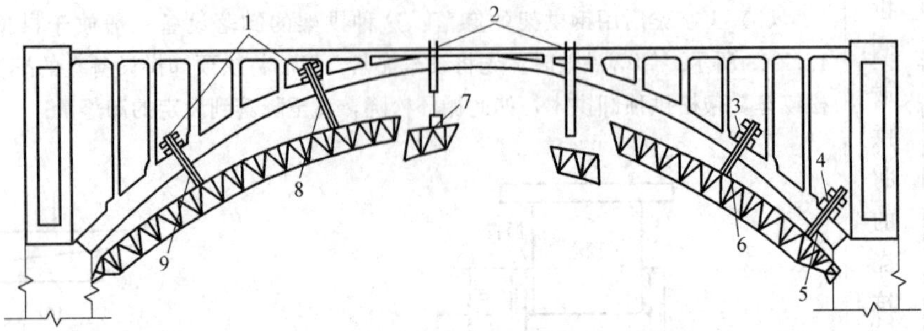

图 12.2-15　拼装式钢桁架拱架的卸落与拆除
1、3、4—砂包；2—缆索吊车；5—4 号吊索；6—3 号吊索；7—方木；8—2 号吊索；9—3 号吊索 |

图 12.2-13　工字钢活用钢拱架卸落

图 12.2-14　钢桁架拱架拱脚处卸落设备
1—垫木；2—木垫；3—混凝土三角垫；
4—斜拉杆；5—砂筒；6、7—支架

（d）斜拉式贝雷平梁拱架的卸落，应视平梁上拱架的形式而定，一般可采用满布式的卸架程序和方法，同时应考虑相邻孔拱架卸落的影响；

图 12.2-15　拼装式钢桁架拱架的卸落与拆除
1、3、4—砂包；2—缆索吊车；5—4 号吊索；6—3 号吊索；7—方木；8—2 号吊索；9—3 号吊索

| 3
劲性骨架施工的中承式拱桥 | 概述 | （1）劲性骨架法是先将拱圈的全部受力钢筋按设计形状和尺寸制成，并安装就位合拢形成钢骨架，然后用系吊在钢骨架上的吊篮逐段浇筑混凝土，当钢骨架全部由混凝土包裹后，就形成钢筋混凝土拱圈（或拱肋）。用这种方法施工的钢骨架，不但需满足拱圈的要求，而且施工中还起临时拱架的作用，因此，需有一定的刚性。一般选用劲性钢材如角钢、槽管等作为拱圈的受力钢筋。施工时最好按设计的拱圈混凝土重力对钢筋骨架进行预压，以防止钢筋骨架在浇筑混凝土时产生变形，破坏已浇筑完的混凝土与钢骨架的结合。
（2）施工步骤如下：借助缆索吊车和悬臂架设法安装拱肋的钢骨架；安装横向剪刀撑的劲性钢骨架；在中部布置 8 个蓄水后重力为 120kN 的水箱；在劲性骨架上安装箱肋底板、腹板、顶板的受力钢筋和分布钢筋网；采用混凝土泵由拱脚向拱顶分环对称平衡地浇筑混凝土，将钢骨架和分布钢筋包裹在混凝土中。
（3）采用型钢作为劲性骨架的拱桥上部施工，主要施工步骤为：劲性钢骨架制作；劲性钢骨架安装；拱肋浇筑；横梁和吊杆安装。 |

| 审核人 | | 交接人 | | 接受交底人 | |

工程名称		施工单位		编号	
序号	项目	拱桥就地浇筑施工技术交底内容			

序号	项目	拱桥就地浇筑施工技术交底内容
3 劲性骨架施工的中承式拱桥	劲性钢骨架制作与安装	(1) 劲性钢骨架制作：劲性钢骨架由 16Mn 型钢焊接制成，钢骨架顺桥向逐段制作。钢骨架的制作是在放样台上进行。在大样上确定一个符合大多数节段的曲率，按确定的曲率将弦杆型钢在冷弯台座上冷弯成型，然后在大样上拼焊加工。焊成的钢骨架应进行探伤检查。 (2) 劲性钢骨架安装： 1) 吊装设施的布置：吊装设施包括吊运天线、跑马滑车、起吊滑车组、索塔（高度根据主索的工作垂度、钢骨架高度、起吊滑车组高度、千斤绳高度、操作安全等因素确定，塔由万能杆件组拼而成）、扣索、锚碇； 2) 钢骨架安装：每段平卧钢骨架利用滚筒移至桥台，再将钢骨架竖转 90°成设计安装状态。用平车将钢骨架运至起吊位置，由吊运天线运至安装位置，先用螺栓将各段进行临时连接，待钢骨架合拢过程中的竖向和横向稳定。钢骨架安装中要根据计算要求，设置所需的横向联结系。为保证钢骨架的稳定，对拱轴线进行调整，每段骨架均设有一组八字风缆。
	拱肋浇筑	在进行拱肋混凝土浇筑工作时，最关键的问题是确保钢骨架在浇筑混凝土过程中的稳定，为此应在钢骨架上按稳定计算所需布置足够的横向联结系和横向风缆。拱肋混凝土浇筑采用单肋分环，两岸从拱脚到拱顶对称浇筑。拱箱截面分底板、下肋板、上肋板、顶板四环浇筑完成。拱肋在浇筑过程中，钢骨架会随浇筑位置而发生轴张变形，调整拱 肋竖向变形采用水箱加载法，在拱顶附近布置水箱，通过对水箱注水加载和放水卸载，对拱肋变形予以调整控制。为适应钢骨架变形，避免混凝土开裂，应适当设置变形缝。半跨仅设一条变形缝，缝宽 20cm，待该环混凝土浇筑完成后，用 C50 混凝土将变形缝填实。
	横梁和吊杆安装	(1) 横梁：横梁为预应力箱梁，为便于拆除内模，横梁浇筑分两次进行。第一次除两端外，中间部分浇分槽形开口箱，拆模后安砌厚 4cm 的盖板，再后浇筑顶板。横梁预应力钢丝束分两批张拉，第一批在预制场张拉，第二批在横梁安装就位，桥面板安装完成后再张拉。横梁利用缆索吊进行吊装。 (2) 吊杆：吊杆采用钢绞线组成，外用钢管内压浆防护。吊杆的上端锚头预先安装，将吊杆下端从拱肋预留孔中穿出，再穿入横梁预留孔，用千斤顶将吊杆下端锚固至安装完成。用劲性钢筋骨架法浇筑拱圈时，就特别注意在钢骨拱桁安装、拱圈混凝土浇筑阶段及桥面系安装阶段钢骨拱的变形、强度和稳定问题。
4 拱架上浇筑中、下承式拱桥	拱架安装	(1) 浇筑中、下承式拱桥一般按拱肋、桥面系、吊杆三个阶段进行。图 12.2-16 所示为中承式拱桥浇筑程序示意图。 (a) (b) 图 12.2-16　中承式拱桥浇筑程序示意图（一） a) 安装吊杆钢丝束，拱肋浇筑；图中数字为浇筑顺序；(b) 拆除拱架，浇筑刚架混凝土，安装桥面系支架；

审核人		交接人		接受交底人	

工程名称		施工单位		编号	
序号	项目	拱桥就地浇筑施工技术交底内容			

| | 拱架安装 |
图 12.2-16　中承式拱桥浇筑程序示意图（二）
（c）拆除拱架，浇筑吊杆混浇筑吊杆混凝土；（d）吊杆预架压力，拆除支架

　　（2）拱架结构杆采用万能杆件，每片拱肋由六片钢拱架组成。拱轴线的曲度同拱架下弦杆的非标准短杆形成。拱架采用悬臂安装法，每半跨布置两根扣索，拱架吊装采用塔式起重机，在河两岸桥墩旁各布置一台塔式起重机。拱架合拢后，浇筑拱肋的拱脚步段和端横梁混凝土。在浇筑拱肋混凝土前，在拱脚端横梁布置水平预应力钢束，张拉拱脚水平预应力钢束，使金属拱架成为无水平推力的系杆拱体系。 |
| 4 拱架上浇筑中、下承式拱桥 | 拱肋混凝土浇筑与系梁浇筑 | 　　（1）拱肋混凝土浇筑：拱肋混凝土分段对称浇筑。在拱肋混凝土浇筑过程中，分阶段反复张拉端横梁水平预应力钢束，以抵消拱肋混凝土自重产生的拱架推力。
　　（2）拱肋混凝土浇筑：拱肋混凝土分段对称浇筑。在拱肋混凝土浇筑过程中，分阶段反复张拉端横梁水平预应力钢束，以抵消拱肋混凝土自重产生的拱架推力。失肋混凝土达到设计强度后，割去钢拱架拱顶的弦杆，将钢拱架卸除。
　　（3）系梁浇筑：系梁浇筑时，利用拱肋吊挂临时吊杆，临时吊杆用来作为系梁施工的支架。系梁为预应力箱形梁，预应力筋采用钢绞线。系梁采用分段浇筑，系梁混凝土达到设计强度后，张拉系梁内的预应力钢束。预应力钢束的张拉力随施工荷载的增加分阶段增加。系梁浇筑施工程序见图 12.2-17 所示。

图 12.2-17　系梁施工示意图（尺寸单位：cm）
1—拱肋；2—施工临时吊杆；3—系梁 |

审核人		交接人		接受交底人	

工程名称		施工单位		编号	
序号	项目	拱桥就地浇筑施工技术交底内容			
4 拱架上浇筑中、下承式拱桥	吊杆和横梁安装	（1）在拱架或支架上浇筑中、下承式拱圈时，除按照浇筑程序施工，还应注意以下几点： 　① 杆的钢筋或钢丝束及锚环一般可在拱肋混凝土浇筑前穿挂于拱肋钢筋骨架上； 　② 悬挂式的桥面系，应在挂架拆除后才能浇筑混凝土； 　③ 在桥面混凝土达到能承受荷载的强度外，拆除支架（或吊架）横梁下的木楔，降落支架，结构变为由吊杆的钢筋骨架或钢丝束系吊的状态。然后在桥面上加上全部设计荷载，使吊杆的金刚筋或钢丝束产生应有的应力，以减少吊杆混拧所加的拉引力； 　④ 吊杆钢筋或钢丝束中产生应有的应力后，即可浇筑吊杆混凝土。吊杆混凝土应对称浇筑，待其强度到达设计强度的100%，再进行吊杆钢丝束的张拉工作。 　（2）采用热挤PE防腐处理的钢丝束作为吊杆时，浇筑施工应注意以下几点： 　① 横梁强度达到100%设计强度，再安装热挤PE防腐索吊杆，并将横梁调至设计标高； 　② 在拱肋和横梁的吊杆位置，应分别预埋无缝钢管。用索道将吊杆起吊就位后，一般将吊杆由拱肋顶部插入横梁底。上锚头锚板安好后，再将下锚头锚板上好，此时才可将横梁落梁就位； 　③ 制作锚头时，应将吊杆端的PE索套剥去70cm，分丝插入墩头锚板，先用墩头机剪平，再用凿刀将高强钢丝凿平达到同一平面，长度误差控制在1mm以内，然后用墩头机将钢丝墩头锚固在锚板上； 　④ 杆的安装长度要求准确，应根据恒载产生的伸长量给予预留值； 　⑤ 吊杆安装好后，宜将锚头孔用砂浆灌满，以保持拱肋圆顺的线形。			
5 拱桥悬臂浇筑施工	塔架、斜拉索浇筑拱圈	塔架、斜拉索及挂篮浇筑拱圈，这是国外采用最早、最多的大跨径钢筋混凝土拱桥无支架施工的方法。这种方法的要点是：在拱脚墩、台处安装临时的钢塔架或钢筋混凝土塔架，用斜拉索（或斜拉粗钢筋）将拱圈（或拱肋）用挂篮浇筑一段系吊一段，从拱脚开始，逐段向拱顶悬臂浇筑，直至拱圈合拢。塔架的高度和受力应按拱的跨径、矢跨比等确定。斜拉索可用预应力钢筋或钢束，面积及长度由所系吊的拱段长度和位置确定。用设在已浇完的拱段上悬臂挂篮逐段悬臂浇筑拱圈（或拱肋）混凝土，整个拱圈混凝土的浇筑工作应从两拱脚开始，对称地进行，最后在拱顶合拢。塔架斜拉索法，一般多采用悬浇施工，也可用悬拼法施工，但后者用得较少。图12.2-18所示为塔架、斜拉索及挂篮浇筑拱圈的施工示意图。 图12.2-18　塔架、斜拉索及挂篮浇筑拱圈（一）			
审核人		交接人		接受交底人	

工程名称		施工单位		编号	
序号	项目	拱桥就地浇筑施工技术交底内容			

5 拱桥悬臂浇筑施工	塔架、斜拉索浇筑拱圈	 图 12.2-18　塔架、斜拉索及挂篮浇筑拱圈（二） 1—悬臂挂篮；2—塔架；3—斜拉索
	悬臂浇筑拱圈	采用斜吊式悬臂浇筑拱圈，它是借助专用挂篮，结合使用斜吊钢筋将拱圈、拱上立柱和预应力混凝土桥面板等齐头并进地、边浇筑边构成桁架的悬臂浇筑方法。施工时，用预应力钢筋临时作为桁架的斜吊杆和桥面板上的临时拉杆传至岸边的地锚上（也可利用岸边桥墩作地锚）。 　　用这种方法修建大跨径拱桥时，个别的施工误差对整体工程质量的影响很大，对施工测量、材料规格和强度及混凝土的浇筑等必须进行严格检查和控制。
	斜吊钢筋拉力控制	斜吊钢筋的锚固和地锚地基反力的控制，预拱度的控制，混凝土应力的控制等几项： 　　(1) 其施工程序如图 12.2-19（a）所示。其中图 12.2-19（a）在边孔完成后，在桥面板上设置临时拉杆，在吊架上浇筑第一段拱圈。等此段混凝土达到要求强度后，在其上设置临时预应力拉杆，并拆去吊架，直接系吊于斜吊杆上，然后在其前端安装悬臂挂篮。 　　(2) 图 12.2-19（b）为用挂篮逐段悬臂浇筑拱圈。当挂篮通过拱上立柱 P_2 位置后，须立即浇筑立柱 P_2 及 P_1 至 P_2 间的桥面板，然后用挂篮继续向前悬臂浇筑，直至通过下一个立柱后，再安装 P_1 至 P_2 间桥面板的拉杆及斜吊杆 T_2，并浇筑整个立柱及之间的桥面板。每当挂篮前进一步，必须将桥面板拉杆收紧一次。这样，一面用斜吊钢筋构成桁架，一面向前悬臂浇筑，直至拱顶附近，拆去挂篮，再用吊架浇筑拱顶合拢混凝土。 图 12.2-19　斜吊式现浇法的主要施工步骤（一） 1—桥台；2—拱台；3—上桥移动支架；4—预应力混凝土外钢筋；5—斜钢筋；6—格构梁；7—吊篮

审核人		交接人		接受交底人	

工程名称		施工单位		编号	
序号	项目	拱桥就地浇筑施工技术交底内容			
5 拱桥悬臂浇筑施工	斜吊钢筋拉力控制	 图 12.2-19 斜吊式现浇法的主要施工步骤（二） 1—桥台；2—拱台；3—上桥移动支架；4—预应力混凝土外钢筋； 5—斜钢筋；6—格构梁；7—吊篮			
审核人		交接人		接受交底人	

12.3 装配式拱桥施工技术交底

装配式拱桥施工技术交底　　　　　　　　　　　　　表 12-3

工程名称		施工单位		编号	
序号	项目	装配式拱桥施工技术交底内容			
1	概述	（1）梁桥上部的轻型化、装配化，大大加快了梁桥的施工速度。要提高拱桥的竞争能力，拱桥也必须向轻型化和装配化的方向发展。从双曲拱桥以及以后发展至桁架拱桥、刚架拱桥、箱形拱桥、桁式组合拱桥、钢管混凝土拱桥，均沿着这一方向发展。混凝土装配式拱桥主要包括双曲拱、肋拱、组合箱形拱、悬砌拱、桁架拱、刚架拱和扁壳拱等。 （2）在无支架施工或脱架施工的各个阶段，对拱圈（或拱肋）截面强度和稳定性均有一定要求。但实际施工过程中拱圈（或拱肋）的强度稳定安全度常低于成桥后的安全度，因此，对拱圈（或拱肋），必须在预制、吊运、搁置、安装、合拢、裸拱卸架及施工加载等各个阶段进行强度和稳定性的验算，以确保桥梁安全和工程质量。对于在吊运、安装过程中的验算，根据机械设备、操作熟练程度和可能发生的撞击等情况，考虑 1.2～1.5 的冲击系数。在拱圈（或肋）及拱上建筑施工过程中，应经常对拱圈（或拱肋）进行挠度观测，以控制拱轴线的线形。 （3）目前在大跨径拱桥中，较多采用箱形截面拱，因此本节将着重介绍箱形截面拱桥的装配式施工。桁式组合拱桥跨越能力大，目前较多采用悬臂安装法施工，也作为本节介绍的重点。缆索吊装不仅在装配式拱桥上广泛应用，在就地浇筑拱桥的拱架和劲性骨架及钢管混凝土拱桥的钢管拱肋吊装中是经常采用的。			
审核人		交接人		接受交底人	

工程名称		施工单位		编号	
序号	项目	装配式拱桥施工技术交底内容			

2 缆索吊装施工	缆索吊装施工	（1）缆索吊装的应用：在峡谷或水深流急的河段上，或在通航的河流上需要满足船只的顺利通行，缆索吊装由于具有跨越能力大，水平和垂直运输机动灵活，适应性广，施工比较稳妥方便等优点，使缆索吊装成为拱桥施工中使用最为广泛的方案。 （2）采用缆索吊机吊装拱肋时，为使在起重索的偏角不超过 15°的限度内减少主索横向移动次数，可采用两组主索或加高主索塔高度的方法施工。一般中、小跨径拱桥，为降低主索塔架高度，可采用增加主索横移次数、减少横移距离的方法。主索在纵向的布置，应尽可能采取一次跨越的方法；桥址条件许可时，也可采取分次逐段架设、逐段安装的方法；跨径或起重力较大的拱桥，可采取将主索分成两跨、用双跨缆索进行吊装的方法，采用此方法时，当一跨吊装完成后，只将跑车牵入中间塔架并将跑车轮与起重系的联结轴拆开，跑车可转入另一跨工作。 （3）拱上构件的吊装，应利用拱肋的吊装设备进行。吊装时，可采用主索居中的平衡吊装、两单跑车横向并联吊装或两组主索抬吊等方法，并宜用横扁担系吊构件，以避免构件横移。 （4）在采用缆索吊装的拱桥上，为了充分发挥缆索的作用，拱上建筑也可以采用预制装配施工。缆索吊装对于加快桥梁施工速度，降低桥梁造价等方面起到很大作用。图 12.3-1 为缆索吊装布置示意图。 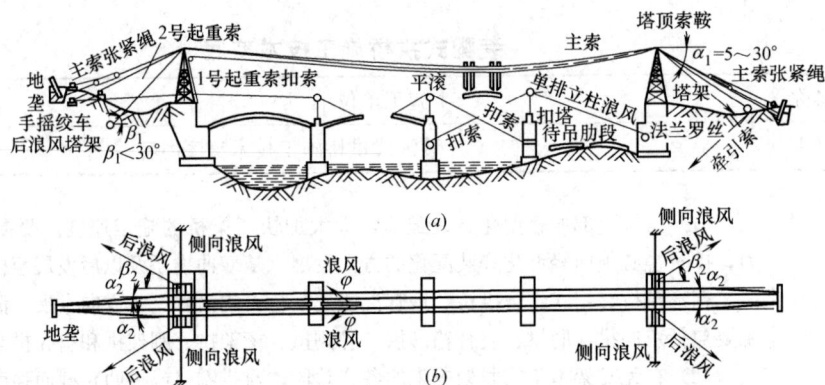 图 12.3-1　缆索吊装布置示意图
	构件的预制、堆放与运输	（1）预制方法：拱肋预制方法分为拱肋立式预制与卧式预制两种。采用立式浇筑方法预制拱肋，具有起吊方便、节省木材的优点。底模采用拱肋密排浇筑时，能减小预制场，是预制拱肋最常用的方法，尤其适用于大跨径拱桥。卧式预制时拱肋的形状和尺寸较易控制，特别是空心拱肋，浇筑混凝土时操作方便，且节省木材，但起吊时容易损坏。卧式预制一般方法包括木模卧式预制、土模卧式预制与卧式叠浇等。 （2）拱肋分段：拱肋跨径在 30m 以内时，可不分段或仅分二段；在 30～80m 范围时，可分三段，大于 80m 时一般分 5 段。拱肋分段吊装时，理论上接头宜选择在拱肋自重弯矩

审核人		交接人		接受交底人	

工程名称		施工单位		编号	
序号	项目	装配式拱桥施工技术交底内容			

2 缆索吊装施工	构件的预制、堆放与运输	最小的位置及其附近，但一般为等分，这样各段重力基本相同，吊装设备较省。 （3）拱肋接头： ① 对接：为方便预制，简化构造，拱肋分两段吊装时多采用对接形式，如图 12.3-2（a）及图 12.3-2（b）所示。吊装时先使中段拱肋定位，再将边段拱肋向中段拱肋靠拢，以防中段拱肋搁置在边段拱肋上，增加扣索拉力及中段拱肋搁置弯矩。 ② 搭接：分三段吊装的拱肋，因接头处在自重弯矩较小的部位，一般宜采用搭接形式，如图 12.3-2（c）所示。拱肋吊装时，采用边段拱肋与中段拱肋逐渐靠拢的合拢工艺，拱肋通过搭接混凝土接触面的抗压来传递轴向力而快速成拱。然而中段拱肋部分质量搁置在边段拱肋上，扣索拉力和中段肋自重弯矩较大，设计扣索时必须考虑这种影响。分 5 段安装的拱肋，边段与次边段拱肋的接头也可采用搭接形式。搭接接头受力较好，但构造复杂，预制也较困难，须用样板校对、修凿，确保拱肋安装质量。 ③ 现浇接头：用简易排架施工的拱肋，可采用主筋焊接或主筋环套接的现浇接头，如图 12.3-2（d）所示。用于拱肋接头的连接材料，有型钢电焊、钢板（或型钢）螺栓、电焊拱肋钢筋、环氧树脂水泥胶等。接头处的混凝土强度等级应比拱肋混凝土强度等级高一级。对连接钢筋、钢板（或型钢）的截面要求，应按计算确定。钢筋的焊缝长度，应满足《公路钢筋混凝土及预应力混凝土桥涵设计规范》JJG D62—2004 有关规定。 图 12.3-2　拱肋接头形式
	拱座	拱肋与墩台的连接，称为拱座。拱座主要有如图 12.3-3 所示的几种形式，其中插入式及方形拱座因其构造简单、钢材用量少、嵌固性能好被较为普遍采用。 图 12.3-3　拱座形式 1—留槽；2—拱肋；3—肋座；4—铸铁垫板；5—预埋角钢；6、8—预埋钢板； 7—绞座底板；9—加劲钢板；10—绞轴支撑；11—钢绞轴

审核人		交接人		接受交底人	

工程名称		施工单位		编号	
序号	项目	装配式拱桥施工技术交底内容			

序号	项目	装配式拱桥施工技术交底内容
2 缆索吊装施工	拱座	（1）预埋钢板法，是在拱座上预埋角钢和型钢，与边段拱肋端头的型钢焊接，这种方法施工简单，但对型钢预埋精度要求较高。 （2）按无绞拱设计的肋拱桥，其拱肋宜采用插入式，以加强与墩台的连接。拱肋插入端应适当加长拱肋，安装时将拱肋加长部分插入拱座预留孔内，合拢定位后，即可封槽。 （3）采用方形拱座的拱肋，在安装时可利用水平面与侧面适当调整拱肋和墩台间尺寸的误差。调整时一般用铸铁块嵌紧，然后灌以高等级小石子混凝土封固。
	拱肋起吊、吊、运输及堆放	（1）拱肋脱模、运输、起吊时间的确定：装配式拱桥构件在脱模、移运、堆放、吊装时，混凝土的强度不应低于设计所要求的吊装强度；若无设计要求，一般不得低于设计强度的70%。为加快施工进度，可掺入适量早强剂。在低温环境下，可用蒸汽养护。 （2）场内起吊：拱肋移运起吊时的吊点位置应按设计图上的设计位置，如设计无要求应结合拱肋的形状、拱肋截面内的钢筋布置以及吊运、搁置过程中的受力情况综合考虑确定，以保证移运过程中的稳定安全。当采用两点吊时，吊点位置应设在拱肋弯曲平面重心轴之上，一般可设在离拱肋端头（0.22～0.24）L处（L为拱肋长度）。当拱肋较长或曲率较大时，应采用3点吊或4点吊，保持拱肋受力均匀和稳定。3点起吊除跨中设一吊点外，其余2吊点可设在离洪肋端头0.2L处。采用4点吊时，外吊点一般设在离拱肋两端0.17L处，内吊点可设在离拱肋两端头0.37L处，4个吊点应左右对称布置。大跨径拱桥拱肋构件的脱模起吊一般采用龙门架，小跨径拱桥拱肋及小型构件可采用三角扒杆、马凳、吊车等机具进行。 （3）场内运输（包括纵横移）： ① 场内运输可采用龙门架、胶轮平板挂车、汽车平板车、轨道平车或船只等机具进行； ② 龙门架适用于场地平整，预制构件集中，构件质量大，数量多的场合。当采用一组龙门架时，可进行脱模、起吊和横向运输；当采用两组龙门架时还用于纵向运输； ③ 当拱肋较长较重时，可利用汽车平板车运输。运输时，在前后车上加设纵梁，以保证构件安全；重型的拱肋可采用轨道平车进行纵向和横向运输，横向运输时只能从预制场外侧向中间进行。纵向运输时需铺设简易轨道，将拱肋移到主索下起吊。当必须从水上运移时，可采用铁驳船、浮箱或渡船。用船只运移时，应逆水进入桥孔。 （4）构件堆放： ① 拱肋堆放应尽可能卧放，特别是矢跨比小的构件（拱肋、拱块）。卧放时应垫三点，垫木位置应在拱肋中央及离两端0.15L处，三个垫点应同高度。如必须立放时，应搁放在符合拱肋曲度的弧形支架上，如无此种支架，则应垫搁三个支点，其位置在中央及距两端0.2L处，各支点高度应符合拱肋曲度，以免拱肋折断； ② 堆放构件的场地应平整夯实，不致积水。当因场地有限而采用堆垛时，应设置垫木。堆放高度按构件强度、地面承载力、垫木强度以及堆放的稳定性而定，一般以2层为宜，不应超过3层；构件应按吊运及安装次序顺序堆放，并留适当通道，防止越堆吊运。
	吊装程序	吊装程序为：边段拱肋吊装及悬挂，次边段拱肋吊装及悬挂，中段拱肋吊装及拱肋合拢，拱上构件的吊装或砌筑安装等拱肋的安装可按下列原则进行： （1）单孔桥吊装拱肋顺序常由拱肋合拢的横向稳定方案决定；多孔桥吊装应尽可能在每

审核人		交接人		接受交底人	

工程名称		施工单位		编号	
序号	项目	装配式拱桥施工技术交底内容			
2 缆 索 吊 装 施 工	吊 装 程 序	孔合龙几片拱肋后再推进，一般不少于两片拱肋。对于肋拱桥，在吊装拱肋时应尽早安装横系梁，为加强拱肋的稳定性，需设临时连接，加快施工进度。但合拢的拱片数所产生单向推力应不超过桥墩的承受能力。 　　(2) 对于桥墩，应以桥墩的墩顶位移值控制单向推力，位移值应小于 $L/400 \sim L/600$。 　　(3) 设有制动墩的桥跨，可以制动墩为界分孔吊装，先合拢的拱肋可提前进行拱肋接头、横系梁及拱波等的安装等工作。 　　(4) 采用缆索吊装时，为减少主索的横向移动次数，可将每个主索位置下的拱肋全部吊装完毕后再移动主索。一般将起吊拱肋的桥孔安排在最后吊装，必要时该孔最后几段拱肋可在两肋之间用"穿孔"方法起吊。 　　(5) 为减少缆索往返拖拉次数，可按吊装推进方向，按顺序地进行吊装。缆索吊装施工工序为：在预制场预制拱肋（箱）和拱上结构，将预制拱肋和拱上结构通过平车等运输设备移运至缆索吊装位置，将分段预制的拱肋吊运至安装位置，利用扣索对分段拱肋进行临时固定，吊装合拢拱肋，对各段拱肋进行轴线调整，主拱圈合拢，拱上结构安装。			
	吊 装 准 备 工 作	(1) 预制构件质量检查： 　　① 预制构件起吊安装前必须进行质量检查，不符合质量标准和设计要求的不准使用，有缺陷的应预先予以修补； 　　② 拱肋接头和端头应用样板校验，突出部分应予以凿除，凹陷部分应用环氧树脂砂浆抹平。接头混凝土接触面应凿毛，钢筋应除锈；螺栓孔应用样板套孔，如不合适应适当扩孔，拱肋接头及端头应标出中线； 　　③ 应仔细检测拱肋上下弦长，如与设计不符者，应将长度大的弧长凿短。拱肋在安装后如发生接合面张口现象，可在拱座和接头处垫塞钢板。 　　(2) 墩台拱座尺寸检查：墩台拱座混凝土面要修平，水平顶面高程应略低于设计值，预留孔长度应不小于计算值，拱座后端面应与水平顶面相垂直，并与桥墩中线平行。在拱座面上应标出拱肋安装位置的及中线，用红外线测距仪或钢尺（装拉力计）复核跨径，每个拱座在肋宽范围内左右均应至少丈量两次。用装有拉力计的钢尺丈量时，丈量结果要进行温度和拉力的修正。 　　(3) 跨径与拱肋的误差调整：每段拱肋预制时拱背弧长宜小于设计弧长 0.5～10cm，使拱肋合拢时接合面保留上缘张口，便于嵌塞钢片，调整拱轴线。通过丈量和计算所得的拱肋长度和墩台之间净跨的施工误差，可以用拱座处垫铸铁板来调整，如图 12.3-4 所示。背垫板的厚度一般比计算值增加 1～2cm，以缩短跨径。合拢后，应复核接头标高以修正计算中一些未考虑的因素和丈量误差。 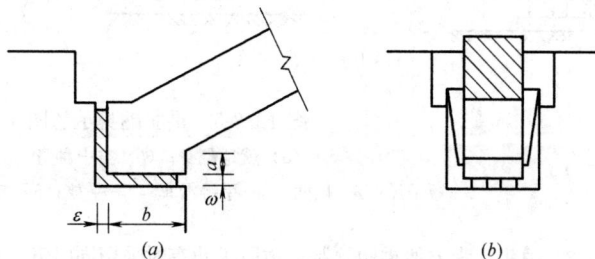 图 12.3-4　拱肋施工误差调整			
审核人		交接人		接受交底人	

工程名称		施工单位		编号	
序号	项目	装配式拱桥施工技术交底内容			
2 缆索吊装施工	缆索设备的检查与试吊	（1）地锚试拉：一般每一类地锚取一个进行试拉。缆风索的土质地锚要求位移小，因此在有条件时宜全部试拉，使其预先完成一部分位移。可利用地锚相互试拉，受拉值一般为设计荷载的 1.3～1.5 倍。 （2）扣索对拉：扣索是悬挂拱肋的主要设备，因此必须通过试拉来确保其可靠性。可将两岸的扣索用卸甲连在一起，将收紧索收紧进行对拉，这样可全面检查扣索、扣索收紧索、扣索地锚和动力装置等是否达到了要求。 （3）主索系统试吊：主索系统试吊一般分跑车空载反复运载、静载试吊和重运行三步骤。必须待每一步骤检查、观测工作完成并无异常现象后，方可进行下一步骤。试吊重物可以利用钢筋混凝土预制构件、钢轨和钢梁等，一般按设计吊重的 60%、100%、130%，分几次进行。试吊后应综合各种观测数据和检查情况，对设备的技术状况进行分析和鉴定，然后提出改进措施，确定能否进行正式吊装。			
	拱肋缆索起吊	拱肋由预制场运到主索下后，一般用起重索直接起吊。当不能直接起吊时，可采用下列方法进行： （1）翻身： ① 卧式预制拱肋在吊装前，需要"翻身"成立式，常用就地翻身和空中翻身两种方法； ② 就地翻身如图 12.3-5（a）所示，先用枕木垛将平卧拱肋架至一定高度，使其在翻身后两端头不致碰到地面，然后用一根短钢索将拱肋吊点与吊钩相连，边起重拱肋边翻身直立； ③ 空中翻身如图 12.3-5（b）所示，在拱肋的吊点处用一根串有手链滑车的短钢索，穿插过拱肋吊环，将拱肋兜住，挂在主索吊钩上，然后收紧起重索起吊拱肋，当拱肋起吊至一定高度时，缓慢放松手链滑车，使拱肋翻身为立式。 图 12.3-5　拱肋翻身示意图 （a）就地翻身；（b）空中翻身 1—短千斤；2—拱肋；3—手链滑车；4—平放；5—放松；6—翻身后 （2）掉头：为方便拱肋预制，边段拱肋有时采用同时五方向预制，这样部分拱肋在安装时，掉头方法常因设备不同而异；河中起吊时，可利用装载拱肋的船进行掉头；在平坦场地			
审核人		交接人		接受交底人	

工程名称		施工单位		编号	
序号	项目	装配式拱桥施工技术交底内容			
2 缆索吊装施工	拱肋缆索起吊	采用胶轮平车运输时，可将跑车与平车配合起吊将拱肋掉头；用一个跑车吊钩将拱肋吊离地面约 50cm，再用人工拉动麻绳使拱肋旋转 180°，将掉头放下；当一个跑车承载力不够时，可在两个跑车下另加一钢扁担起吊，旋转调头。 　　（3）吊鱼：如图 12.3-6 所示，当拱肋从塔架下面通过后，在塔架前起吊而塔架前场地不足时，可先用一个跑车吊起一个吊点并向前牵出一段距离后，再用另一个跑车吊起第二个吊点。用此法起吊，并用单点向前牵引拱肋时，须拉住尾索，以防拱肋向前滑动。 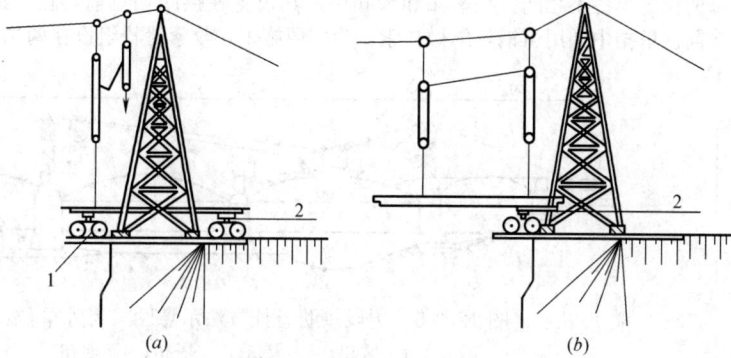 图 12.3-6　吊鱼示意图 1—悬臂钢架；2—尾索 　　（4）穿孔：拱肋在桥孔中起吊时，最后几段拱肋常需在该孔已合拢的拱肋之间穿过，俗称穿孔，如图 12.3-7 所示。穿孔前应将穿孔范围内的拱肋横夹木暂时拆除，在拱肋两端另加稳定缆风索。穿孔时应防止碰撞已合拢的拱肋，故主索宜布置在两拱肋中间。 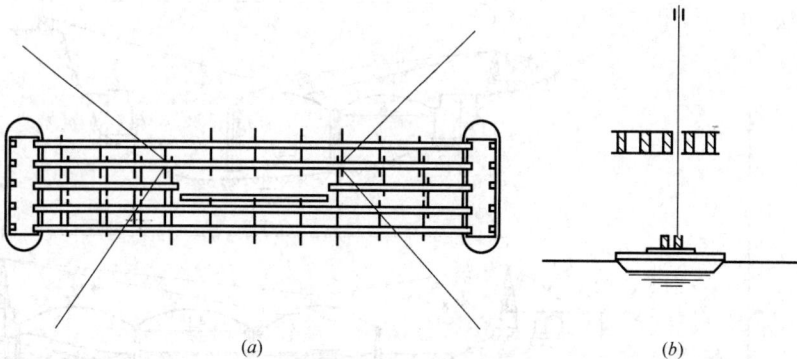 图 12.3-7　穿孔示意图 　　（5）横移起吊：当主索布置在对中拱肋位置，不宜采用穿孔工艺起吊时，可以用横移索帮助拱肋横移起吊。			
审核人		交接人		接受交底人	

工程名称		施工单位		编号	
序号	项目	装配式拱桥施工技术交底内容			
2 缆索吊装施工	缆索吊装边段拱肋悬挂方法	(1) 扣索的设置： ① 在拱肋无支架施工中，边段拱肋及次边段拱肋均用扣索悬挂。按支撑扣索的结构物的位置和扣索本身的特点分为：天扣、塔扣、通扣、墩扣等类型，可根据具体情况选用，也可混合使用。边段拱肋悬挂方法如图12.3-8所示； ② 图中1号扣索锚固在桥墩上，简称墩扣；2号扣索是用另一组主索跑车将拱肋悬挂在天线上，简称天扣；3号扣索支承在主索塔架上，简称塔扣；4号扣索一直贯通到两岸地锚前收紧，简称通扣；扣索一般都设置有一对收紧滑轮组。在不同的悬挂方法中，收紧滑轮组的位置也各不相同。在墩扣和天扣中，其设置在拱肋扣点前，在"通扣"中则设置在地锚前。塔扣中如用粗钢丝绳做扣索，为方便施工，收紧滑轮组设在两岸地锚前； 图12.3-8 边段拱肋悬挂方法示意图（尺寸单位：m） 1—墩扣；2—天扣；3—塔扣；4—通扣 ③ 在横桥方向，按扣索和主索的相互位置不同，可以有几种不同的悬挂就位方法； ④ 在墩扣和通扣中，扣索和主索不在同一高度上，可采用正扣正就位和正扣歪就位方法施工。在塔扣和天扣中，由于扣索和主索均布置在塔架上，因此都采用正扣歪就位的方法。 (2) 塔扣：塔扣直接利用主索的塔架作为扣索的支承，节省了扣架，因此在单跨桥中较多采用。多孔桥中若桥跨不很大时也可以采用。此时虽然扣索在塔架和拱肋扣点间的自由长度较长，只要拱肋的横向稳定，如图12.3-9所示。 图12.3-9 塔扣示意图（尺寸单位：m）（一） (a) 二段吊装时塔扣法；(b) 三段吊装时塔扣法
审核人		交接人		接受交底人	

工程名称		施工单位		编号	
序号	项目	装配式拱桥施工技术交底内容			
2 缆索吊装施工	缆索吊装边段拱肋悬挂方法	图 12.3-9　塔扣示意图（尺寸单位：m）（二） （c）五段吊装时塔扣法 （3）通扣：通扣是先在桥墩上立一个扣架，或直接利用接近桥面标高的桥墩立柱、横墙或桥台，用一根钢丝绳做扣索，扣索的一头固定在拱肋扣点上，另一头通过各扣架端顶一直贯通到两岸地锚前，再用滑轮组予以收紧。通扣方法具有扣索长，伸展范围广，扣架与拱肋扣点间自由长度短，扣索与主索系统分开，干扰少，收紧滑轮固定，施工操作方便等优点。因此在多孔长跨的拱桥中得到普遍应用。当两岸缺乏平坦场地设置收紧滑轮组时，可以将扣索转向到桥的两侧，如图 12.3-10 所示。 图 12.3-10　通扣示意图（尺寸单位：m） （a）二段吊装时通扣法；（b）三段吊装时通扣法；（c）五段吊装时通扣法 （4）天扣：天扣实质上是一组主索设备，它是专门用来悬挂稳定边段拱肋的，因此不需另设扣索。主索跑车吊运拱肋时不必在扣架上翻越，与通扣法相比，可降低主索塔架的高度。在分两段吊装的拱肋中采用时，天扣为一套完整的主索，这样两组设备可以交替作主索和扣索用，如图 12.3-11 所示； （5）墩扣：当桥墩（台）已砌筑到接近桥面标高，而且本身又具有足够的强度时，可以直接用以锚固扣索，悬挂边段拱肋，这时扣索设备最少，但墩扣的拉力较大，一般用于悬挂			
审核人		交接人		接受交底人	

工程名称		施工单位		编号	
序号	项目	装配式拱桥施工技术交底内容			
2 缆索吊装施工	缆索吊装边段拱肋悬挂方法	分五段吊装的拱肋的第一边段或分二、三段吊装的边段拱肋，如图 12.3-12 所示。 图 12.3-11 天扣示意图（尺寸单位：m） （6）混合使用：在实际工程中具体情况各不相同，因此上述 4 种边段拱肋悬挂方法可因地制宜地混合采用，尤其是在分五段吊装拱肋时，往往能得到较好效果。 图 12.3-12 墩扣示意图（尺寸单位：m）			
	拱肋缆索吊装合拢方式	边段拱肋悬挂固定后，就可以吊运中段拱肋进行合拢。拱肋合拢后，通过接头、拱座的连接处理，使拱肋由绞结状态逐步成为无绞拱，因此，拱肋合拢是拱桥无支架吊装中一项关键工作。拱肋合拢的方式比较多，主要根据拱肋自身的纵向与横向稳定性、跨径大小、分段多少、地形和设备条件等不同情况，先用不同的合拢方式： 　　（1）单基肋合拢：拱肋整根预制吊装或分两段预制吊装时，当拱肋高度大于 0.009～0.012L（L 为跨径），拱肋底面宽度为肋高的 0.6～1.0 倍，且横向稳定系数不小于 4 时，可以进行单基肋合拢，嵌紧拱脚后，松索成拱，如图 12.3-13（a）所示。这时其横向稳定性主要依靠拱肋接头附近所设的缆风索来加强，因此缆风索必须十分可靠。单基肋合拢的最大优点是所需要的扣索设备少，相互干扰也少，因此也可用在扣索设备不足的多孔桥跨中。 　　（2）悬挂多段拱脚段或次拱脚段，拱肋后单基肋合拢：拱肋分三段或五段预制吊装的大、中跨径拱桥，当拱肋高度不小于跨径的 1/100 且其单基肋合拢横向稳定安全系数不小于 4			
审核人		交接人		接受交底人	

工程名称		施工单位		编号	
序号	项目	装配式拱桥施工技术交底内容			

| 2 缆索吊装施工 | 拱肋缆索吊装合拢方式 | 时，可采用悬扣边段或次边段拱肋，用木夹板临时连接两拱肋后，设置稳定缆风索，单根拱肋合拢，成为基肋，待第二根拱肋合拢后，立即安装两肋拱顶段及次边段的横夹木，并拉好第二根拱肋的风缆。如横系数值采用预制安装，应将横系梁逐根安上，使两肋尽早形成稳定、牢固的基肋。其余拱肋的安装，可依靠与"基肋"的横向连接，达到稳定，如图12.3-13（*b*）、（*c*）所示。

（3）双基肋同时合拢：当拱肋跨径大于等于80m或虽小于80m，但单肋合拢横向稳定安全系数小于4时，应采用"双基肋"合拢的方法。即当第一根拱肋合并调整轴线，楔紧拱脚及接头缝后，松索压紧接头缝，但不卸掉扣索和起重索，然后将第二根拱肋合拢，并使两根拱肋横向连接固定。拉好负缆后，再同时松卸两根拱肋的扣索和起重索。这种方法需要两组主索设备。

（4）留索单肋合拢：在采用两组主索设备吊装而扣索和卷扬机设备不足时，可以先用单肋合拢方式吊装一片拱肋合拢。待合拢的拱肋松索成拱后，将第一组主索设备中的牵引索、起重索用卡子固定，抽出卷扬机和扣索移到第二组主索中使用。等第二片拱肋合拢并将两片拱肋用木夹板横向联结、固定后，再松起重索并将扣索移到第一组主索中使用。

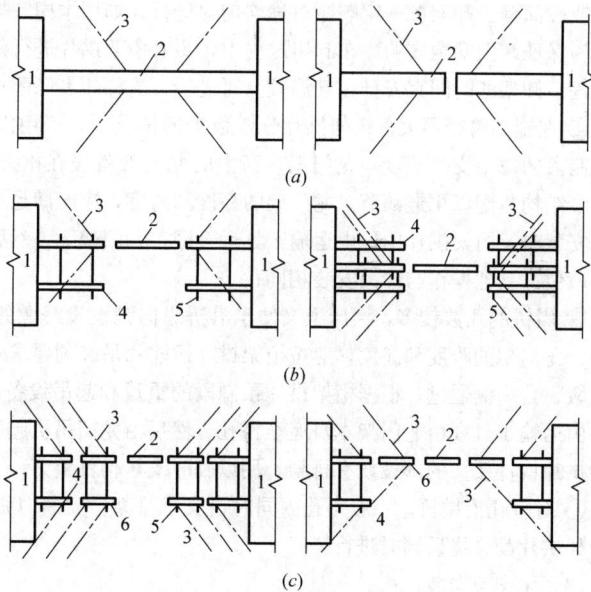

图 12.3-13　拱肋合拢示意图
（*a*）单基肋合拢；（*b*）三段吊装单肋合拢；（*c*）五段吊装单肋合拢
1—墩台；2—基肋；3—风缆；4—拱脚段；5—横尖木；6—次拱脚段 |
| | 桁架拱桥安装 | （1）施工安装要点：
① 桁架拱桥的施工吊装过程包括：吊运桁架拱片的预制段构件至桥孔，使之就位合拢，处理接头。与此同时随时安装桁架拱片之间的横向联结系构件，使各片桁架拱片连成整体。然后在其上铺设预制的微弯板或桥面板，安装人行道悬臂梁和人行道板； |

审核人		交接人		接受交底人	

工程名称		施工单位		编号	
序号	项目	装配式拱桥施工技术交底内容			

2 缆 索 吊 装 施 工	桁 架 拱 桥 安 装	② 桁架拱片的桁架段预制构件一般采用卧式预制，实腹段构件采用立式预制，故桁架段构件在离预制底座出场之后和安装之前，需在某一阶段由平卧状态翻身转换到竖立状态； ③ 安装工作分为有支架安装和无支架安装。前者适用于桥梁跨径较小和具有河床较平坦、安装时桥下水浅等有利条件的情况；后者适用于跨越深水和山谷或多跨、大跨的桥梁。 （2）有支架安装： ① 有支架安装时，需在桥孔下设置临时排架。桁架拱片的预制构件由运输工具运到桥孔后，用浮吊或拢门吊机安装就位，然后进行接头和横向连接；吊装时，构件上吊点的位置和数目与吊装的操作步骤应合理地确定和正确地规定，以保证安装工作安全和顺利地进行； ② 排架的位置根据桁架拱片的接头位置确定。每处的排架一般为双排架，以便分别支撑两个相连接构件的相邻两端，并在其上进行接头混凝土的浇筑或接头钢板的焊接等。第一片就位的预制段常采用斜撑加以临时固定。以后就位的平行各片构件则用横撑与前片暂时联系直到安上横向联结系构件后拆除。斜撑系支承于墩台和排架上，如斜撑能兼作压杆和拉杆，则仅用单边余斜撑即可。横撑可采用木夹板的形式； ③ 当桁架拱片和横向联结系构件的接头均完成后，即可进行卸架。卸架设备有木楔、木马或砂筒等。卸架按一定顺序对称均匀地进行，如用木楔卸架。卸架后桁架拱片即完全受力，为保证卸架安全成功，在卸架过程中，要对桁架拱片进行仔细的观测，发现问题及时停下处理。卸架的时间宜安排在气温较高时进行，这样较易卸落； ④ 在施工跨径不大、桁架拱片分段数少的情况下，可用固定龙门架安装。这时在桁架片预制段的每个支撑端设一龙门架，河中的龙门架就设在排架上。龙门架可为木结构或钢木混合结构，配以捯链葫芦。龙门架的高度和跨度，应能满足桁架拱片运输和吊装的净空要求。安装时，桁架拱片构件由运输工具运至固定龙门架下，然后由固定龙门架起吊、横移和下落就位。其他操作与浮吊安装相同； ⑤ 当桥的孔数较多，河床上又便于沿桥纵向铺设设跨墩的轨道时，可采用轨道龙门架安装。龙门架的跨度和高度，应按桁架拱片运输和吊装的要求确定。桁架拱片构件在运输时如从墩、台一侧通过，根据桁架拱片预制段的重量和起吊设备的能力等条件确定。施工时，构件由运输工具或由龙门架本身运至桥孔，然后用龙门吊机起吊、横移和就位。跨间在相应桁架拱片构件接头的部位设有排架，用以临时支承构件重力； ⑥ 对多孔桁拱桥，一般每孔内同时设支承排架，安装时则逐孔进行。但卸架须在各孔的桁架拱片都合拢后同时进行。 （3）无支架安装： ① 无支架安装，是指桁架拱片预制段在用吊机悬吊着的状态下进行接头和合拢的安装过程。常采用的有塔架斜推力缆安装、多机安装、缆索吊机安装和悬臂拼装等； ② 塔架斜缆安装，就是在墩台顶部设一塔架，桁架拱片边段吊起后用斜向缆索（也称扣索）和风缆稳住再安中段。一般合拢后即松去斜缆，接着移动塔架，进行下一片的安装。塔架可用 A 安装过程中的承重索，一般用钢丝绳。钢丝绳的直径根据受力大小选定。斜缆的数量和与桁架拱片连接的部位，应根据桁架拱片的长度和重量来确定。一般说来，长度和重量不大的桁架拱片，只需用一道斜缆在一个结点部位连接即可；如果长度和重量比较大，可

审核人		交接人		接受交底人	

工程名称		施工单位		编号	
序号	项目	装配式拱桥施工技术交底内容			
2 缆索吊装施工	桁架拱桥安装	用两道斜缆在两个结点部位连接。连接斜缆时，须注意不同位置，待两个桁架预制段都吊装就位并稳住后，再用浮吊等设备吊装实腹段合拢。待接头完成、横向稳住后，松去斜缆。用此法安装，所用吊装设备较少，并需设置排架； ③ 多机安装就是一片桁架拱片的各个预制段各用一台吊机吊装，一起就位合拢。待接头完成后，吊机再松索离去进行下一片安装。这种安装方法，工序少，进度快，当吊机设备较多时可以采用； ④ 用上述两种无支架安装方法时，须特别注意桁架拱片在施工过程中的稳定性。为此，应采取比有支架安装更可靠的临时固定措施，并及时安装横向联结系构件。第一片的临时固定，拱脚端可与有支架安装时一样用木斜撑固定，跨中端则用风缆固定，其余几片也可采用木夹板固定。木夹板除了在上弦杆之间布置外，下弦杆之间也应适当地设置几道； ⑤ 对于多孔桁架拱桥，安装时须注意邻孔间施工的均衡性。吊装过程可用支架或不用支架，接头形式可为湿接头或干接头。			
	刚架拱桥安装	刚架拱桥上部结构的施工分有支架安装和无支架安装两种。安装方法在设计中确定内力图式时即决定，施工时不得随便更改。采用无支架施工时（浮吊安装或缆索吊装），首先将主拱腿一端插入拱座的预留槽内，另一端悬挂，合拢实腹段形成裸拱，电焊接头钢板；安装横系梁，组成拱形框架；再将次拱腿插入拱座预留槽内，安放次梁，焊接腹孔的所有接头钢筋和安装横系梁，立模浇接头混凝土，完成裸肋安装；将肋顶部分凿毛，安装微弯板及悬臂板，浇筑桥面混凝土，封填拱脚。			
	钢筋混凝土箱形拱桥	（1）拱箱预制： 1）拱箱预制场布置：预制场地地势较平坦，为了便于施工操作，在同组中两箱间净距为1m，组与组之间净距为2m。拱箱在预制场由龙门架桁梁横移，由运输天线起吊，运输至安装位置安装就位； 2）拱箱预制： ① 均在混凝土地面上预制，用三脚扒杆起吊脱模，运走堆放备用； ② 组装在拱肋上进行，拱肋系按拱箱分段放样坐标，将土夯实辗压筑成，其上浇筑一层8cm厚C10混凝土并抹平，即组成拼装拱箱的拱肋。在拱箱吊点处的拱肋上设置40cm×40cm槽沟，以砂填实，供做提出拱箱时安装吊具之用。在混凝土肋面上准确地放出拱箱底板中线及边线。为便于脱模，在肋面上铺油毛毡一层，其宽度不超过底板边线，同时在油毛毡与肋面之间撒上滑石粉； ③ 铺设拱箱底板钢筋，但暂不绑扎，将侧板运至组装位置。将侧板和横隔板准确就位，将底板钢筋与侧板及横隔板钢筋绑扎，并垫好底板钢筋保护层，点焊牢固； ④ 两段拱箱的连接是通过每段拱箱接头能否将上下角钢的螺栓准确栓上的关键。端模采用10mm钢板制成，在钢板上按端头连接角钢螺栓眼孔设计位置准确钻孔，将端头角钢螺栓装在端头模板上，仔细校正端面平整度及端头的倾斜度，并使端面与拱箱中线垂直，然后与顶板和底板主筋点焊连接，再次检查、校正，最后分段对称电焊； ⑤ 拱箱组装成型后，仔细地对拱箱的长度、宽度、中线及端头钢模位置和倾角进行检查，检查符合要求后，浇筑底板及各接头混凝土形成槽形箱；			
审核人		交接人		接受交底人	

工程名称		施工单位		编号	
序号	项目	装配式拱桥施工技术交底内容			
2 缆 索 吊 装 施 工	钢 筋 混 凝 土 箱 形 拱 桥	⑥ 在槽形箱内安装可拆卸的简易顶板模板。在顶板混凝土浇筑完后,从横隔板的空洞中拿出拱箱;绑扎顶板钢筋和吊点及扣点牛腿钢筋,浇筑顶板混凝土。ϕ6 钢筋构成 7cm 网格。先分块平浇预制,然后与横隔板组装连接,浇筑底板及接头,再浇顶板,组合成闭合箱。 (2) 吊装设备布置:主要包括塔顶索鞍布置;索塔风缆布置;扣索布置,拱箱端段扣索与拱箱中间段扣索;拱圈风缆布置;锚碇。 (3) 拱箱吊装: 1) 吊装前的准备工作:对拱箱尺寸进行检查和修凿,使其符合设计尺寸。对拱座表面清凿,放出起拱线和拱箱中线及边线。在起拱线处焊以 L50×50×5 角钢,用以临时支撑端段拱箱,进行拱箱预顶,以消除拱箱底板与混凝土肋面间的黏聚力,以免因吊点受力不均拉坏箱体。认真检查吊装设施、动力电路是否符合要求,并进行空载运转。对拱箱进行原地试吊,固定跑马牵引绳,用人力晃动拱箱,以增加冲力。同时观测锚碇、索塔、各卷扬机地锚、运输天线、钢丝绳接头索卡等重要部位有无不正常现象,如有不正常现象应及时分析处理; 2) 拱箱吊装: ① 利用上游组运输天线吊装长 I 片拱箱,下游组则吊装第 II 片拱箱,将 I 和 II 两片吊装完成后,进行横向连接和接头处理。然后拆除 I 片拱箱吊点,将运输天线向上游移动,吊装第 III 片; ② 吊装端段:当端段就位后,将拱箱两侧预埋的角钢点焊于拱座金钢板上,以固定端头位置。拉好八字风缆并调整拱箱中线位置,固定八字风缆,安装好扣具并转换由扣索受力。先收紧扣索并暂时固定,以水平仪观测下接头的高程。当下接头开始上升时,表示扣索初步受力,停止收紧扣索,缓缓放松吊点,控制端头高程升降在 10cm 范围。按上述步骤反复进行,直至全部转换到扣索受力,端头预抬高度 20cm; ③ 拱箱合拢后应进行松索及中线调整,施工中松索调整与中线调整同时进行。松索由水平观测资料通知各卷扬机手采用定长松索方法进行。中线调整则由专人指挥各组人员同时松紧八字风缆使拱箱段至设计标高,这样可加快安装进行。中线调整则由专人指挥各组人员同时松段扣索、中间段扣索、中段吊点的顺序往返进行。松索时力求相对接头高程一致,每次松索接头标高下降不超过 2cm。当接头钢板低紧,直至各接头标高不再发生变化为止。最后松吊,使吊点受力至 30%即开始电焊接头; ④ 两片拱箱横联:当 I 和 II 两片拱箱完成合拢、调整、接头处理后,首先将两片拱箱的顶部和底部预埋横向联系件电焊连接,安装侧板螺栓,接头灌注环氧树脂,然后将上接头和下接头及拱座接头混凝土灌满。同时在顶板每一横联处将两箱间纵缝现浇 C40 混凝土 60cm,以加强两箱的稳定。待所浇混凝土达到一定强度后,将上游吊点和扣点全部松掉,并向上游移动索鞍,进行第 III 片拱箱吊装; ⑤ 边拱箱吊装:边拱箱吊装程序与中拱箱相同。边拱箱吊装完成后,吊装工作全部完成。			
	桁式 组合 拱桥	(1) 桁式组合拱桥构造特点:为了减轻自重,保证截面的强度和整体刚度,桁式组合拱桥的上下弦杆和腹杆及实腹段的截面,一般均采用闭合箱形截面,并按照吊装顺序,分次拼装组合而成。为了增强构件的整体性,在所有箱形杆件内均设有隔板加强,隔板间距为 4~5m。			
审核人		交接人		接受交底人	

工程名称		施工单位		编号	
序号	项目	装配式拱桥施工技术交底内容			
2	缆索吊装施工	桁式组合拱桥	（2）桁式组合拱桥能迅速得到发展，除结构受力的合理性带来材料的节省外，其主要原因是它采用无支架悬臂安装进行施工，这是最突出的优点。安装时常采用钢桁构人字桅杆吊机作为吊运工具，避免了缆索和塔架等安装设备，为施工带来方便： 1）上部构件预制：主孔桁片的构件分段，主要根据吊机的起重能力和起重臂的有效伸臂范围确定。分段名称按拱脚至拱顶称为脚段、二段、三段、四段、实腹段； 2）人字桅杆吊机：人字桅杆吊机其特点是设备简单，制作与安装容易，操作方便，起重能力大，适应性强，工作速度低，振动小，吊装运转安全可靠。但因桅杆较高，整体移动不灵活； 3）起重系统由起重臂、卷扬机、滑轮组组成。由两个主弦组成人字桅杆，主弦采用4个角钢组成。底部设特制的连接段和底座，用M100螺栓与底座连接，使桅杆可以灵活俯仰。每侧底座设多个螺孔，使桅杆能可靠地与安装点构筑物牢固连接； 4）稳定和变幅系统由背索、侧浪风索、前浪风索、地锚组成。背索、地锚与桅杆安装点的距离，由桅杆受力分析决定。当桅杆吊装重量大，前段倾角小时，背索受力很大，地锚需要很坚固。一般在桥台和中墩上埋放锚环，利用构件自锚。浪风索地锚一般受力不大，在两侧挖坑埋设即可。前浪风索可锚固在对岸预设的锚环上。 （3）悬拼施工： 1）构件就位与稳定：构件吊运至安装位置，其平面位置一律用横浪风索控制。横浪风索由电动慢速卷扬机牵引，使用卷扬机上的点动微调装置进行平面位置控制。高程一律用起重绳微动控制。单杆拼装就位后的稳定，各段下弦杆的纵向和高程用专设的临时钢丝束张拉固定，待斜杆就位及预应力束张拉后即可撤除。横向用一组浪风索稳定，待两边下弦及斜杆就位，安装横向联结系后撤除竖杆，按计算的支撑点高度设刚性连杆与斜杆联结，构成临时稳定体系，待上弦杆全部就位、张拉预应力束和横向联结系安装完成后撤除； 2）构件安装精度控制：对中精度以拼接时不影响预应力钢筋的连接为准，一般定为5mm。安装高程除按设计计算的包括预拱度值在内的施工安装标高控制以外，考虑到非弹性高度的影响，将安装高程略为提高，其值一般定为10mm。设计预拱度，拱顶为150mm，其余各段按直线分配。
审核人		交接人		接受交底人	

12.4 钢管混凝土拱桥施工技术交底

钢管混凝土拱桥施工技术交底　　　　　　　　　　　表12-4

工程名称		施工单位		编号	
序号	项目	钢管混凝土拱桥施工技术交底内容			
1	概述	（1）钢管混凝土拱圈是以钢管为拱圈外壁，在钢管内浇筑混凝土，使其形成由钢管和混凝土组成的拱圈结构。由于管壁内填满混凝土，提高了钢管壁受压的稳定性，钢管内的混凝			
审核人		交接人		接受交底人	

工程名称		施工单位		编号	
序号	项目	钢管混凝土拱桥施工技术交底内容			
1	概述	土受钢管的约束，提高了混凝土的抗压强度和延性。 （2）在施工上，由于钢管的重量轻，刚度大，吊装方便，钢管的较大刚度可以作为拱圈施工的劲性骨架，钢管本身就是模板，这些优点给大跨度拱桥施工创造了十分有利的条件。 （3）钢管混凝土拱桥断面尺寸较小，结构轻巧，钢管外壁涂以色彩美丽的油漆，使拱桥建筑造型极佳。由于有上述这些优点，钢管混凝土拱桥在全国各地很快得到推广应用。 （4）值得提及的是钢管混凝土结构，由于钢管吊装重量较轻、安装也方便、刚度大等优点，特别近年来，大跨度钢筋混凝土拱桥施工中常采用钢管混凝土结构作为拱圈施工的劲性骨架，已被广泛应用。			
2 钢管混凝土拱桥构造特点	截面形式	（1）钢管混凝土结构的主要特点之一，是钢管对混凝土的套箍作用，使钢管内混凝土处于三向受力状态，提高了混凝土的抗压强度和抗变形能力。由于上述原因，目前的钢管混凝土拱桥，基本上均采用圆形钢管组成。当跨度较小时可以采用单圆管。跨度在150m以内，一般均采用两根圆形钢管上下叠置的哑铃形截面。这是已建成拱桥中采用最多的截面形式。 （2）当跨径超过150m以后，以采用桁式截面较合理。在劲性骨架的钢筋混凝土拱桥中多采用桁式截面。图12.4-1所示为钢管混凝土拱桥的拱肋截面形式。 图12.4-1　钢管混凝土拱桥的拱肋截面形式 （a）单管形；（b）矩形；（c）哑铃形；（d）桁架形 1—上弦杆；2—腹杆；3—下弦杆			
	结构形式	随着钢管混凝土拱桥的发展，已修建了各种结构形式的钢管混凝土拱桥： （1）中承式肋桥，这是目前钢管混凝土拱桥中应用最多的一种。由于桥面位置在拱的中部穿过，可以随引桥两端接线所需的高度上下调整，所以适应性强。当地质条件较好时，一般均采用有推力的中承式拱桥； （2）当地质条件较差时，或受到城市道路接线高度的限制，钢管混凝土拱桥往往采用下承式系杆拱结构形式，拱脚的推力由系杆承受。目前下承式钢管混凝土系杆拱桥的系杆形式；另一种是上部结构简支形式支承于桥墩的刚性系杆形式。柔性系杆形式结构简单，施工方便，节省一根尺寸较大的系梁。 图12.4-2所示为某中承式钢管混凝土拱桥。			
审核人		交接人		接受交底人	

工程名称		施工单位		编号	
序号	项目	钢管混凝土拱桥施工技术交底内容			

3 中承式、下承式钢管混凝土拱桥	结构形式	 图 12.4-2　中承式钢管混凝土拱桥（尺寸单位：m） (a) 立面图；(b) 平面图；(c) 横截面	
	施工程序及要点	(1) 施工程序 　　中承式钢管混凝土拱桥施工时，首先要分段制作钢管及加工腹杆、横撑等，然后，在样台上拼接钢管拱肋，应先端段，后顶段逐段进行；接着吊装钢管拱肋就位合拢，从拱顶向拱脚对称施焊，封拱脚使钢管拱肋转为无绞拱，同时，从拱顶向拱脚对称安装肋间横梁、X 撑及 K 撑等结构；第三步可按设计程序浇筑钢管内混凝土；最后，安装吊杆、拱上立柱纵横梁和桥面板，浇筑桥面混凝土。 　　(2) 施工要点： 　　① 用钢板制作钢管时，下料要准确，成管直径误差应控制在±2mm 范围内，拱肋拼接应在 1∶1 大样的样台上进行，焊接时应采取措施减少焊接变形，并严格保证焊接质量； 　　② 由于钢管直径大，一次浇筑混凝土数量多，为避免浇筑过程中钢管混凝土出现过大的拉应力及保证管内混凝土的浇筑质量，每根钢管混凝土的浇筑应连续进行，上下钢管、相邻钢管内混凝土按一定程序或设计要求进行； 　　③ 为保证空间桁架拱肋在施工中的纵横向稳定性，拱肋间应设置横梁、X 撑、K 撑、八字浪风索，调整管内混凝土的浇筑程序等措施；钢管的防锈和柔性吊杆的防护和更换应有一定的措施；必须在钢管混凝土达到设计强度后才能进行桥面系的安装。	
	钢管拱肋制作	(1) 概述：钢管混凝土拱桥所采用的钢管直径大，材料一般采用 Q235 钢和 16Mn，钢管由钢板卷制成型，管节长度由钢板宽度确定，一般为 1200～1800mm。采用桁式截面时，上下弦之间的腹杆由于直径较小，可直接采用无缝钢管。在有条件的情况下，优先选用符合国家标准系列的成品焊接管。拱肋制作的关键在于拱肋在放样平台上的精确放样和严格控制焊接质量。应减少高空焊接，严格控制钢管拱肋的制作质量，为拱肋的安装和拱肋内混凝土浇筑提供了安全保证。	

审核人		交接人		接受交底人	

工程名称		施工单位		编号	
序号	项目	钢管混凝土拱桥施工技术交底内容			
3 中承式、下承式钢管混凝土拱桥	钢管拱肋制作	（2）钢管卷制和焊接：钢板利用焰割机切割，但应将热力影响的宽度3～5mm去掉。拱肋及横撑结构外表面均应先喷丸除锈，按一级表面清理。钢板卷制前，应根据要求将板端开好坡口，将钢板送入卷板机卷成直筒体，卷管方向应与钢板压延方向一致。钢板卷制焊接可采用工厂卷制和工地冷弯卷制。前者卷制质量便于控制，检测手段齐全，为推荐方法。轧制的管筒的失圆度和对口错边偏差应按施工规程要求。根据不同的板厚和管径，可采用螺旋焊缝将卷成的钢管焊接成直管。由于钢管对混凝土起套箍作用，宜采用螺旋焊缝。对焊成的直钢管应进行检查和校正，以确保卷制的精度。 （3）拱肋放样：卷制后的成品管，通常为8～12m长的直管，一般在工地进行接头、弯制、组装、形成拱肋。首先根据设计图的要求绘制施工详图，然后将半跨拱肋在现场平台上按1∶1进行放样，注意考虑温度和焊接变形的影响，放样精度需达到设计和规范要求。沿放样的拱肋轴线设置肋架，在大样上能放出吊杆位置及段的长度可以适当变化。主要分段接头应避开吊杆孔和混凝土灌注孔位置按拱肋加工段长度进行钢管接长。首先应对两管对接端进行校圆，除成品管按相应的国家标准外，失圆度一般不大于 $3D/1000$（D 为钢管直径），达不到要求必须进行调校。接下来进行坡口处理，包括对接端不平度的检查，然后焊接。工地弯管宜采用加热预压方式，加热温度不得超过800℃。钢管的对接焊缝可采用有衬管的单面坡口焊和无衬管的双面熔透焊。两对接环焊缝的间距应符合设计要求，设计无规定时，直缝焊接管不小于管的直径，螺旋焊接进行控制，将纵向焊缝全部置于两肋板中间，以免外表面焊各管节点相错；施工时应严格进行控制，以免外表面焊缝影响美观。焊接完成后严格按照设计要求对管缝焊接质量进行超声探伤和X光拍片检查。 （4）拱肋段的拼装：精确放样和下料；对管段涂刷油漆做防锈（喷砂）处理；在1∶1放样台上组拼拱肋。先进行组拼，然后做固定性点焊接，在拱肋初步形成后，详细检查，调校尺寸；做好精度控制，精度控制着眼于节段的制作精度；钢管防护的好坏直接影响钢管混凝土拱桥的使用寿命。首先对所有外露面做喷砂除锈处理，然后做防护处理，目前一般采用热喷涂，其喷涂、工艺以及厚度均应符合设计要求。			
	拱肋安装和拱肋混凝土浇筑	（1）拱肋安装：钢管拱肋的安装，我国已建成的钢管混凝土拱桥中采用最多的施工方法为少支架或无支架缆索吊装、转体施工或斜拉扣索悬拼法施工。图12.4-3所示为钢管拱肋拼装流程示意图。钢管拱肋成拱过程中，应同时安装横向联结系，未安装联结系的不得多余一个节段，否则应采用临时横向稳定措施；节段间环焊缝应对长进行，施焊前需保证节段间有可靠的临时连接并用定位板控制焊缝间隙，不得堆焊。 （2）拱肋混凝土浇筑： ①人工浇筑法：这种方法是用索道吊点悬吊活动平台，在钢管拱肋顶部每隔4m开孔作人工振捣。所以人工浇筑一般使用在拱肋截面为单管、哑铃形等实体形钢管拱肋。浇筑程序对于哑铃形一般先腹板、后下管、再上管。加载顺序从拱脚向拱顶，按对称、均衡的原则进行。并可通过严格控制拱顶上升及墩顶位移来调整浇筑顺序，以使施工中钢管拱肋的应力不超过规定值，并保证拱肋的稳定性。但应尽量采用泵送顶升浇筑法以保证质量； ②泵送顶升浇筑法：这种方法适用于桁架式钢管拱肋内混凝土的浇筑，也可用于单管、哑铃形等实体形拱肋截面的混凝土浇筑。一般输送泵设于两岸拱脚，对称均衡地一次压注混			
审核人		交接人		接受交底人	

工程名称		施工单位		编号	
序号	项目	钢管混凝土拱桥施工技术交底内容			
3 中承式、下承式钢管混凝土拱桥	拱肋安装和拱肋混凝土浇筑	凝土。在钢管上应每隔一定距离开设气孔，以减小管内空气压力。泵送混凝土之前，应先用压力水冲洗钢管内壁，再用水泥砂浆通过，然后边续泵送混凝土。用泵送顶升法浇筑管内混凝土，一般应按设计规定的浇筑顺序进行。宜采用先钢管后腹箱的程序。图 12.4-4 所示为泵送混凝土浇筑管内混凝土示例；			

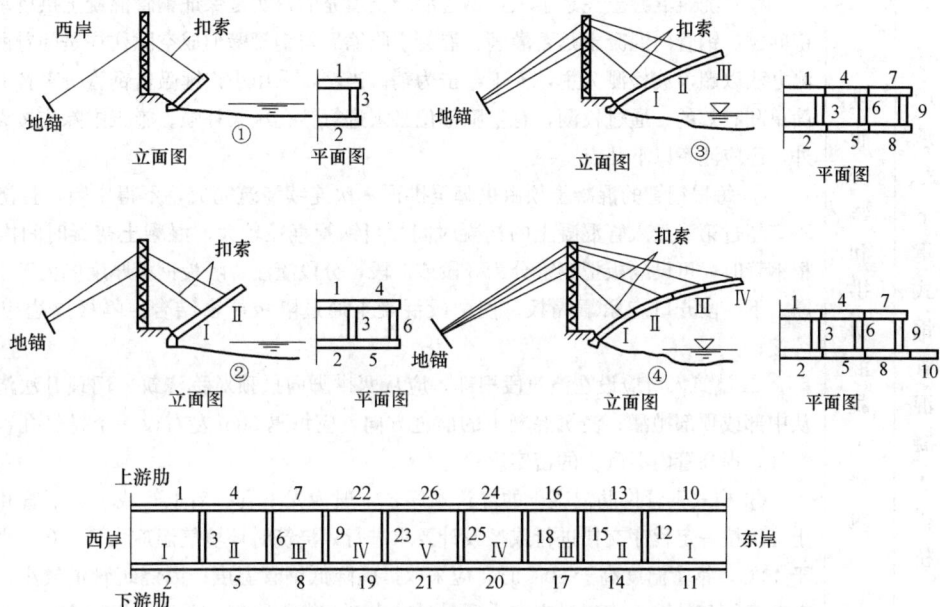

图 12.4-3 钢管拱肋拼装流程示意图

注：1. 图中的阿拉伯数字表示吊装就位顺序；2. 图中罗马数字表示钢骨架分段

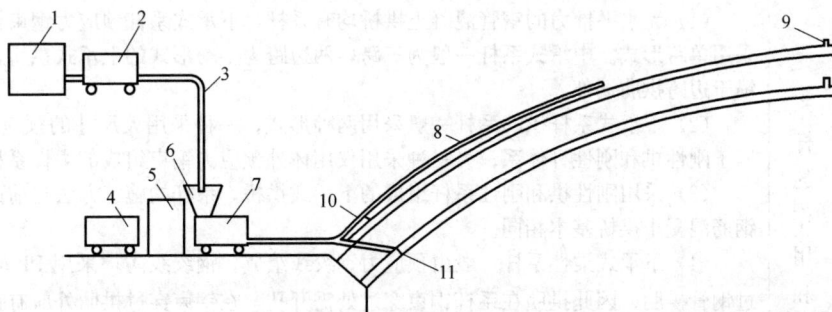

图 12.4-4 泵送混凝土浇筑管内混凝土示例

1—混凝土搅拌站；2—混凝土第一级输送泵；3—输送管道；4—备用混凝土输送泵；5—备用混凝土搅拌机；
6—储料罐；7—混凝土第二级输送泵；8—备用管道；9—排气（浆）；10—下弦钢管压注口；11—排淹孔

审核人		交接人		接受交底人	

工程名称		施工单位		编号	
序号	项目	钢管混凝土拱桥施工技术交底内容			

序号	项目	钢管混凝土拱桥施工技术交底内容
3 中承式、下承式钢管混凝土拱桥	拱肋安装和拱肋混凝土浇筑	③ 灌注混凝土的配合比除满足强度指标外，尚应注意混凝土坍落度的选择。对于泵送顶升浇灌法粗骨料径可采用0.5～3cm，水灰比不大于0.45，坍落度不小于15cm，对于吊斗浇捣法粗骨料径可采用1～4cm。为满足上述坍落度的要求，应掺入适量减水剂。为减少收缩量，可掺入适量的混凝土微膨胀剂； （3）浇筑混凝土注意事项：钢管混凝土填充的密实是保证钢管混凝土拱桥承载能力的关键问题。钢管内混凝土是否灌满，混凝土收缩后与钢管壁形成空隙往往是问题所在。质量检测办法以超声波检测为主，人工敲击为辅。当然，采用小铁锤敲击钢管听声音的方法是十分简单和有效的。通过检测，有空隙部位必须进行钻孔压浆补强。施工中除应按设计要求进行外，还应注意以下几点： ① 每根钢管的混凝土须由拱脚至拱顶一次连续浇筑完成，不得中断，且浇筑完成时间不宜超过第一盘入管混凝土的初凝时间。当钢管直径较大，混凝土初凝时间内不能浇完一根钢管时，可设隔板把钢管分为3段或5段，分段灌注。隔板钢板厚度应大于1.5倍钢管壁厚。下一段开口应紧靠隔板，使两段混凝土通过隔板严密结合。隔板周边应与钢管内壁焊接； ② 浇筑入口应设在浇筑段根部，应从两拱脚向拱顶对称浇筑。用顶升法浇筑时，严禁从中部或顶部抛灌；浇筑混凝土的前进方向，应每隔30m左右设一个排气孔，有助于排出空气，提高管内混凝土的密实度； ③ 桁式钢管拱肋混凝土的浇筑顺序，一般为先下管、后上管或上、下管和相邻的混凝土浇筑按一定程序交错进行或按设计要求进行；浇筑时环境气温应大于5℃。当环境气温高于40℃，钢管温度高于60℃时，应采取措施降低钢管温度；因浇筑管道较小，要求混凝土有较高的和易性，施工时应加入适量的减水剂和微膨胀剂，并注意振捣密实； ④ 管内混凝土的配合比及外掺剂等，应通过设计、试验来确定，施工中须严格管理，以确保钢管混凝土的质量。大跨径钢管混凝土拱桥，混凝土人工浇筑，灌注时应从拱脚向拱顶对称进行。大跨径拱肋灌注混凝土时应对拱肋变形和应力进行观测，并在拱顶附近配置压重，以保证施工安全。
4 中承式和下承式系杆施工	系杆的作用和组成	（1）无水平推力的钢管混凝土拱桥均有系杆，下承式系杆预应力钢束锚于拱脚，一般常采用单跨形式。中承式系杆一般为三跨，两边跨为半跨形式的上承式拱桥，系杆预应力钢束锚于边跨拱肋端部。 （2）下承式系杆拱的系杆一般采用两种形式，一种采用大尺寸的预应力梁组成的系杆，属于刚性拱和刚性杆体系；另一种采用仅用体外预应力钢束组成的柔性系杆。 （3）采用刚性拱和刚性杆组成的下承式拱桥，系杆的施工方法与前面就地浇筑下承式钢筋混凝土拱桥基本相同。 （4）下承式柔性系杆一般由预应力钢绞线组成，钢绞线防护采用PE套。系杆钢束要穿过钢管拱肋，因此拱肋在系杆钢束穿过处要开孔，在钢束穿过拱肋处应有预留孔道，一般预留孔道做成一只封闭的钢箱。中承式预应力钢束需穿入边孔端部拱肋钢管，钢束直接锚于钢管端部断面。下承式预应力钢束锚于拱脚后面的钢筋混凝土锚固块上。由于下承式柔性系杆于拱肋拱脚处与桥墩刚性连接，桥墩需承受弯矩，为加强系杆锚固块的强度，在锚块的垂直方向应加预应力钢筋。

审核人		交接人		接受交底人	

工程名称		施工单位		编号	
序号	项目	钢管混凝土拱桥施工技术交底内容			

| 4 中承式和下承式系杆施工 | 系杆的作用和组成 | （5）柔性系杆的拱桥，结构受力类似于带拉杆的刚架，结构自身的抗推能力很小，这就要求施工中加载的数量和系杆预应力钢束的张拉力基本平衡。因此柔性系杆拱桥的施工加载和系杆预应力钢束张拉及锚固块垂直预应力钢筋张拉必须严格按计算要求进行，以保证结构施工安全。根据施工加载各阶段，系杆的预应力钢束和锚固块垂直预应力钢筋也分阶段、分批张拉。系杆钢束全部张拉完成后，将拱肋和锚固块预留孔压浆封闭。图 12.4-5 为某中承式钢管混凝土系杆拱桥。

图 12.4-5　中承式钢管混凝土系杆拱桥（尺寸单位：cm） |
| | 施工程序及要点 | （1）施工程序：系杆拱桥施工主要包括下列项目：搭架浇筑两边跨半拱；拱肋制作、吊装；杆安装。拱肋合拢后安装横撑，穿系杆钢绞线，安装张拉设备，张拉部分系杆，以平衡钢管拱肋产生的水平推力；浇筑拱肋钢管内混凝土，安装桥面系（吊杆、横梁、纵梁及桥面板）并同步张拉系杆，要求按设计程序浇筑管内混凝土，适时按增加的水平推力张拉系杆，以达到推力平衡。按一定的加载程序安装横梁、桥面板、吊杆及桥面系其他部分，同步张拉系杆，最后封固系杆，形成系杆拱桥；拆除边跨支架，安装边跨支座；
（2）施工时注意事项：钢管拱肋合拢时，系杆因无法马上张拉，因此主墩必须能承受空钢管拱肋产生的水平推力或采取临时措施使主墩能承受此水平推力；如为单跨系杆桥，则在钢管拱肋吊装合拢且安装好横撑后，在封拱脚同时，浇筑拱脚两端的系杆锚墩，完成主拱拱脚固结；
（3）对拱肋加载应与系杆张拉同步进行，施工中应严格控制主墩（或锚墩）的水平位移以确保施工安全；桥面系施工、吊杆安装程序等应按设计程序对称、均衡施工。加载程序为先灌注拱肋钢管内混凝土，然后施工桥面系，张拉竖向吊杆及水平向系杆钢束；
（4）钢管内混凝土可通过压浆、微膨胀混凝土、泵送连续浇筑等措施保证管内混凝土的密实性及与管壁的紧密结合，完成后，要检查其质量及压实度。应采取措施使吊杆与后浇筑的系杆混凝土隔离。 |

| 审核人 | | 交接人 | | 接受交底人 | |

工程名称		施工单位		编号	
序号	项目	钢管混凝土拱桥施工技术交底内容			
5	钢管混凝土劲性骨架	(1) 钢管混凝土结构，由于钢管吊装重量轻，钢管内灌注混凝土后刚度大，钢管对混凝土的约束作用等提高了混凝土的强度和变形能力。以上这些突出的优点使钢管混凝土结构适宜作为大跨径钢筋混凝土拱桥的施工劲性骨架，这已成为一个趋势。 此法采用不同形状的钢管（如单管形、哑铃形、矩形、三角形或集束形），或者以无缝钢管作弦杆，用槽钢、角钢等作为腹杆组成空间桁架结构，先分段制作成钢骨架，然后吊装合拢成拱，再利用钢骨架作支架，浇筑钢管内混凝土，待钢管内混凝土达到一定强度后，形成钢管混凝土劲性骨架，然后在其上悬挂模板，按一定的浇筑程序分环（层）分段与劲性骨架共同承受后浇各部分混凝土的重力；同时，钢管中混凝土也参与钢骨架共同承受钢骨架外包混凝土的重力，从而降低了钢骨架的用钢量，减少了钢骨架的变形。故利用钢管混凝土作为劲性骨架浇筑拱圈的方法比劲性骨架法更具优越性。图 12.4-6 为钢管混凝土劲性骨架构造及混凝土浇筑顺序图。 (a) (b) 图 12.4-6　钢管混凝土劲性骨架构造及浇筑顺序图（尺寸单位：cm） (a) 钢管混凝土劲性骨架构造图；(b) 混凝土浇筑顺序图 (2) 分段进行吊装劲性骨架。吊装时采用两副拢门架吊机和临时施工支架，先将两边段吊装就位，用临时支架支撑，再用两台吊机将中段提升就位，用临时螺栓连接，拱脚为绞结				
	审核人		交接人		接受交底人

工程名称		施工单位		编号	
序号	项目	钢管混凝土拱桥施工技术交底内容			
5	钢管混凝土劲性骨架	合拢后的拱轴线进行调整，拱轴线调整完成后，将接头焊接和将拱脚固结。劲性骨架钢管内混凝土采用泵送顶升。待钢管内混凝土达到强度后，设模板吊架，立模、绑扎钢筋。拱肋混凝土可采用分环多工作面均衡浇筑法、水箱压载分环浇筑法和斜拉扣挂分环连接浇筑法。分环多工作面均衡浇筑劲性骨架混凝土（拱肋）时，工作面可根据模板长度分成若干工作段，各工作面要求对称均衡浇筑，两对应工作面浇筑进度差不得一个工作段。用水箱压载分环浇筑劲性骨架法浇筑时，当混凝土浇筑至 $L/4$ 截面区段，应严格控制好拱圈的竖向及横向变形。当浇筑第一层（环）混凝土时，可在 $L/4$ 截面处设变形缝，变形缝宽 20cm，待浇完第一层（环）后用高等级混凝土填实。用斜拉扣挂分环连接浇筑劲性骨架混凝土拱圈（拱肋）时，应选择可靠和操作方便的扣挂及张拉系统，确定好扣点和索力，设计好扣索的张拉与放松程序，确保混凝土从拱脚向拱顶连续浇筑。 （3）用钢管混凝土劲性骨架浇筑拱圈，施工过程中结构的稳定性是关键。浇筑前应进行加载程序设计，准确计算和分析钢骨架以及钢骨架与先期混凝土层联合结构的竖、横向变形、应力和稳定安全度，并在施工过程中进行监控，以确保施工安全。			
审核人		交接人		接受交底人	

12.5 拱桥施工质量标准

拱桥施工质量标准 表 12-5

工程名称		施工单位		编号	
项目		拱桥施工质量标准内容			
质量标准	（1）预制安装主拱圈时，其安装质量检验的允许偏差可见表 12.5-1 所列。 **预制安装主拱圈的质量检验与允许偏差** 表 12.5-1				

预制安装主拱圈的质量检验与允许偏差 表 12.5-1

序号	检查项目		允许偏差	检查方法与频率
1	轴线横向偏差(mm)		10	用经纬仪检查 5 处
2	主拱跨径 L (mm)	≤60m	±20	用测距仪检查
		>60m	±$L/3000$	
3	拱圈底子薄面高程 (mm)	拱顶、拱脚	+10，−0	用水准仪检查 5~7 处
		接头点	+15，−0	
4	两对称高程相对高差(mm)		15	用水准仪检查
5	同跨各拱肋相对高差(mm)		10	用水准仪检查
6	同跨各拱肋间距(mm)		±5	用尺量 5 处

审核人		交接人		接受交底人	

工程名称		施工单位		编号	
序号	项目		拱桥施工质量标准内容		

质量标准

（2）对现场浇筑混凝土拱圈时，其质量检验的允许偏差可见表 12.5-2 所列。

现场浇筑混凝土拱圈质量检验的允许偏差　　表 12.5-2

序号	检查项目		允许偏差	检查方法与频率
1	轴线偏位(mm)	板拱	10	用经纬仪检查 5 处
		肋拱	5	
2	内弧线偏离设计弧线(mm)	跨径 $L \leqslant 30$m	±20	用水准仪检查 5 处
		跨径 $L > 30$m	±$L/500$	
3	断面尺寸(mm)	高度	±5	用尺量拱脚、$L/4$、拱顶 5 个断面
		顶底腹板厚	+10，−0	
4	拱肋间距(mm)		5	用尺量 5 处

（3）对钢筋混凝土拱圈施工的质量检验允许偏差可见表 12.5-3、表 12.5-4 所列。

钢管拱肋制作及安装的质量检验允许偏差　　表 12.5-3

序号	检查项目		允许偏差	检查方法与频率
1	焊接厚度保证率		≥90%	超声波检查 10%焊缝长度
2	焊缝气孔率		≤10%	X 射线检查 1%焊线长度
3	内弧偏离设计弧线(mm)		8	用样板检查
4	每段拱肋内弧线(mm)		+0，−10	用钢尺检查
5	钢管直径(mm)		±2	用卡尺检查
6	轴线横向偏位(mm)	拱顶	$L/5000$	用尺量每个接缝
		$L/4$	$L/6000$	
7	拱肋接缝错台(mm)		3	用样板检查
8	拱顶、拱脚用接头点高程(mm)		+20，−0	用水准仪检查

钢管拱肋混凝土浇筑质量检验允许偏差　　表 12.5-4

序号	检查项目		允许偏差	检查方法与频率
1	混凝土填充度		≥98%	在拱顶、$L/4$、顶面钻孔洞检查
2	轴线横向偏位(mm)	拱顶	$L/5000$	用经纬仪检查
		$L/4$	$L/6000$	
3	拱顶、拱脚用接头点高程(mm)		+20，−0	用水准仪检查

审核人		交接人		接受交底人	

工程名称		施工单位		编号	
项目		拱桥施工质量标准内容			

质量标准	（4）劲性骨架浇筑混凝土拱圈允许偏差可见表12.5-5所列。

劲性骨架浇筑混凝土拱圈允许偏差　　　　　　　表12.5-5

序号	检查项目		允许偏差	检查方法与频率
1	轴线横向偏差(mm)		20	用经纬仪检查5处
2	拱圈底面高程（mm）	拱顶	L/2000,且≤100或设计要求	用水准仪测量拱顶及L/4高程,并减去拱圈竖直厚度
		L/4	L/3000,且≤70或设计要求	
3	对称点高差(mm)		30	用水准仪测L/4及各接头点
4	断面尺寸(mm)		±10	用尺量5处

注：上述表12.5-1～表12.5-5所示L为跨径。

审核人		交接人		接受交底人	

13 钢桥、斜拉桥与悬索桥

13.1 钢桥施工技术交底

钢桥施工技术交底　　　　　　　　　　　　　　　　表 13-1

工程名称		施工单位		编号	
序号	项目	钢桥施工技术交底内容			
1	钢桥施工概述	（1）钢桥是各种桥梁体系特别是大跨度桥梁常用的一种形式。近 20 年来，随着预应力混凝土桥梁的急速发展，钢桥已越来越向更大的跨度领域内发展，并且在结构形式、材料及加工制造、施工架设方面不断有所开拓和创新。 （2）由于钢材是一种性能优越的弹塑性材料，所以在桥梁上使用比较灵活。从板梁桥、桁梁桥、拱桥、直到大跨度的悬索桥。特别是 30 多年来，斜拉桥又得到了飞速的发展，起着主导桥梁工程发展的地位。随着材质的进展以及焊接工艺和高强度螺栓连接的不断完善，钢桥制造和施工对于提高劳动生产率和降低生产成本给予特别的重视。 （3）除此之外，在桥梁施工装备方面，特别是吊机的起重能力不断提高，伸臂拼装所使用的行走于桥上的吊机起重能力已经用到 1000kN，并且也已经有一次起吊重量达 35000kN 整孔桥梁的例子；为了将拼好的桥顶推就位，千斤顶的行程已扩大到 2.0m 以上。 （4）这一切都促使传统的钢桥施工和架设法得到更新。以往大跨度钢桥基本上以悬臂拼装架设为主，现在除了悬臂安装之外，还常常采用整孔吊装和顶推施工方法，以提高施工速度。 （5）此外，在条件许可的场合，还可用浮运法辅助安装（如 Hunber 桥）。在体系方面，一些运营不良，费工费料的结构（如悬臂桁梁）已经被淘汰，取而代之结构紧凑、线条简洁、造型美观、受力优越的结构。值得注意的是，钢结合梁已从中小跨度（40～80m）的范围内越出，而走向大跨度领域。世界著名的苏通大桥、矮塞大桥工程，也基本以大跨度的悬索桥和斜拉桥为主体，这说明钢桥今后几十年的方向以大跨、轻质、高强、美观、快速等为发展的特点。			
2 钢构件的制作	制作工艺	（1）概述：钢构件的预制加工工艺过程：做样、号料、切割、矫正、号孔、钻孔、焊接、结构试拼装、除锈和油漆等。 （2）样板：样板亦称机器样板。样板是在厚 12～20mm 的钢板上，按照孔眼的设计位置，精确嵌入经过渗碳淬火处理的钢质钻孔套。钻孔套是旋制的，硬度比钻头大 2°～3°洛氏硬度级。钻孔套直径公差只有 ±0.05mm，孔心距公差为 ±0.25mm。钻孔时将机器样板覆盖在要施工的部件上，用卡具夹紧，钻头即通过钻孔套钻制加工部件上的安装孔。用样板钻出的孔，精度高，并可省去号孔工作。图 13.1-1 所示为主桁节点板用的机器样板。 （3）号料：利用样板、样条在钢材上把零件的切割线划出，称为号料。号料使用样板、样条而不直接使用钢尺，这是为了避免出现不同的尺寸误差，而使钉孔错孔。号料的精确度应和放样的精度相同。			
审核人		交接人		接受交底人	

工程名称		施工单位		编号	
序号	项目	钢桥施工技术交底内容			

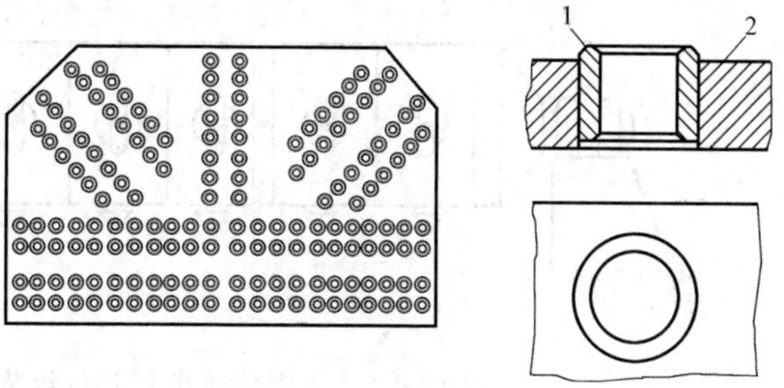

图 13.1-1 覆盖式机器样板及钻孔套
1—钻孔套；2—母体

（4）切割：钢料的切割方法有剪切、焰切、联合剪冲和锯切四种：

① 剪切是使用剪切机进行的，对于 16Mn 钢板，目前可切厚度在 16～20mm。对于一般剪切机不能剪切的厚钢板，或因形状关系不能使用剪切的板材都能采用焰切；

② 焰切分手工切割、半自动切割和自动切割机切割；

③ 联合剪冲用于角钢的剪切。目前联合剪冲机可剪切的最大角钢为 L125×125×12；

④ 锯切主要用于对槽钢、工字钢、管材及大型角钢的切割，锯切的工具为圆锯机。

（5）矫正：由于钢材在轧制、运输、切割等过程中可能会产生变形，因此需要进行矫正；对于钢板常采用辊压机来赶平。对于角钢也可用辊压机进行调直；对于切割后呈马刀形弯曲的料件，当宽度不在时，可以在顶弯机上矫正。对于宽厚钢板的马刀形弯曲，则要用火焰加热进行矫正，火焰温度应控制在 600～800℃ 之间。

（6）号孔、钻孔：

① 号孔是利用样板或样条，用样冲在钢料上打上冲点，以表示钉孔的位置。如果采用机器样板则不必进行号孔；

② 钻孔的发展过程为：划线钻孔→扩孔套钻→机器样板钻孔→数控程序钻床钻孔；

③ 使用机器样板钻孔可以使杆件达到互换使用，但对于不同规格的单构件则不能使用同一样板来钻孔（如钉孔排列不同或钉孔的间距不同），因此设计者应尽量使结构物的设计标准化、模数化以减少机器样板的数量，提高机器样板的利用率；

④ 用数控坐标式钻床钻孔可达到很高的精度，也可以使工字形杆件的工地栓孔一次钻成。

（7）组拼：

① 栓焊钢梁的主桁杆件截面形式大多数为 H 形。H 形杆件的组装是在胎型上进行的，为了便于进行定位焊，组装胎型最好是转动式，见图 13.1-2 所示；

② 为了保证组拼质量，对组成杆件的各零件的相对位置、相互间的密贴程度以及整个杆件的外轮廓形状和尺寸，在组拼过程中均要进行检查；

③ 在零件正确顶紧就位后，即可进行定位焊。定位焊的焊缝长度每段为 50～70mm，各段之间的距离大的可以大于 600mm。

（8）焊接：

审核人		交接人		接受交底人	

工程名称		施工单位		编号	
序号	项目	钢桥施工技术交底内容			

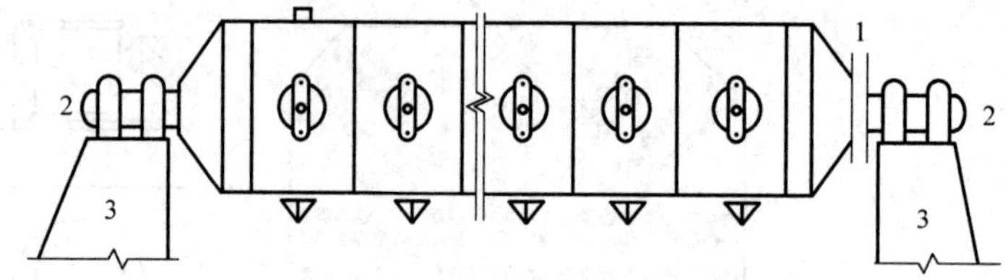

图 13.1-2　正面转动式 H 形杆组装胎型

1—传动轮；2—轴座；3—台座

① 钢桥采用的焊接方法有自动焊、半自动焊和手工焊三种；

② 焊接质量在很大程度上取定于施焊状况。焊接时所采用的电流强度、电弧电压、焊丝的输送速度及焊接速度都直接影响焊接质量；

③ 焊接完毕后应检查焊缝质量。焊缝中主要缺陷有：裂缝、内部气孔、夹渣、未溶透、咬边、溢流、烧穿及焊缝尺寸不合规定等。对于所有的焊缝均应进行外观检查。内部检查以超声波探伤为主。

（9）拼装：

① 栓焊钢梁某些部件，由于运输和架设能力的限制，必须在工地进行拼装；

② 运送工地的各部件，在出厂之前应进行试拼装，以验证工艺装备是否精确可靠。例如钢桁梁桥试拼装主桁、桥面系、桥门架及平纵联四个平面进行。试拼装时，钢梁主要尺寸如桁高、跨度、上拱度、主桁间距等的精度应满足有关标准的要求。

③ 最近十几年来，随着桥梁向"长跨、轻质、高强、整体"发展，钢桥的结构形式日新月异，花样百出。钢桥的制造技术、工艺水平也在迅速提高；

④ 普遍应用电子计算机进行计算机辅助设计（CAD）和绘图系统的开发；用精密切割代替刨铣机械加工；高效切割、自动碳弧气刨开坡口；将光电跟踪技术运用于切割、放样、划线等工序；先进的检测手段。

目前常用的 X 射线焊缝探伤仪已发展为轻便式，可在杆件上直接探伤；全力提高钢梁焊接接头的强度；改进除锈涂油方法和组装成型工艺。

悬臂安装是在桥位上拼装钢梁时进行，不用临时支架支撑，而是将杆件逐根的依次拼装在平衡梁上或已拼好的部分钢梁上，形成向桥孔中逐渐增长的悬臂，直至拼至次一墩（台）上。这称为全悬殊臂拼装。

若在桥孔中设置一个或一个以上临时支撑进行悬臂拼装时称为半悬臂拼装。用悬臂法安装多孔钢梁时，第一孔钢梁多用半悬臂法进行安装。钢梁在悬臂安装过程中，值得注意的关键问题是：降低钢梁的安装应力、伸臂端挠度的控制、减少悬臂孔的施工荷载、保证钢梁拼装时的稳定性。悬臂安装钢梁的施工顺序如下：

（1）杆件预拼：由桥梁工厂按材料表发往工地的都是单根杆件和一些拼接件，为了减

序号	项目				
2 钢构件的制作	制作工艺				
3 钢桥的安装	悬臂拼装法				

审核人		交接人		接受交底人	

续表

工程名称		施工单位		编号	
序号	项目	钢桥施工技术交底内容			

3 钢桥的安装 | 悬臂拼装法

少拼装钢梁时桥上的高空作业，减少吊装次数，通常将各个杆件预先拼装成吊装单元，把能在桥下进行的工作尽量在桥下预拼场内进行，以期加快施工进度。

(2) 钢梁杆件拼装：由于预拼场预拼好的钢梁杆件经检查合格后，即可按拼装顺序先后运至提升站，由提升站吊机把杆件提运至在钢梁下弦平面运行的平板车上，由牵引车运至拼梁中机下拼装就位，拼梁吊机通常安放在上弦，遇到上弦为曲弦时，也可安放在下弦平面。

钢梁拼装必须按一定的拼装顺序图进行，在拟定拼装顺序时应考虑下列原则：

① 拼梁吊机的性能，如运用方法、起吊能力、最大吊距等；先装的杆件不应妨碍后装杆件的安装与吊机的运行；

② 拼装时，应速将主桁杆件拼成闭合的三角形，形成稳定的几何体系，并尽快安装纵横联结系，保证钢梁结构的空间稳定；

③ 主桁杆件拼装，应左右两侧对称进行，防止偏载的不利影响；

④ 图 13.1-3 所示为一主桁拼装顺序图。伸臂拼装第一孔钢梁时，根据悬长度大小，需要一定长度的平衡梁，并应保证倾覆稳定系数不小于 1.3（倾覆稳定系数就是稳定矩与倾覆力矩之比值）。平衡梁通常是在路堤上（无引桥的情况）或引桥上（通常为预应力钢筋混凝土梁或钢板梁）或满布膺架上进行拼装。在拼装工作中，应随时测量钢梁的立面和平面位置是否正确。

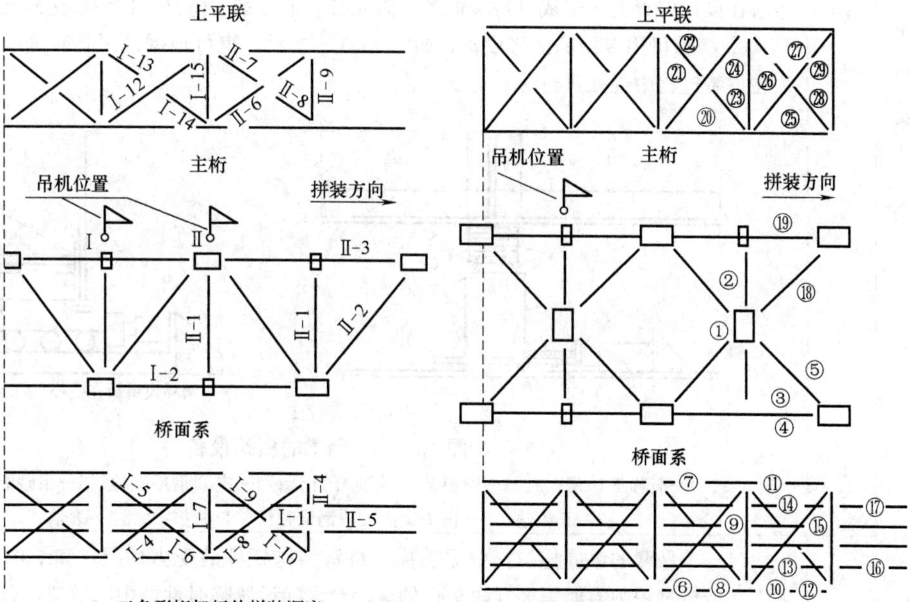

三角形桁架杆件拼装顺序　　　　菱形桁架杆件拼装顺序

图 13.1-3　主桁拼装顺序图

(3) 高强度螺栓施工：在高强度螺栓施工中，目前常用的控制螺栓的预拉力方法是扭

审核人		交接人		接受交底人	

工程名称		施工单位		编号	
序号	项目	钢桥施工技术交底内容			

序号	项目	钢桥施工技术交底内容
3 钢桥的安装	悬臂拼装法	角法和扭系数法；安装高强螺栓时应设法保证各螺栓中的预拉力达到其规定值，避免超拉和欠拉。 （4）安装时临时支撑布置：临时支撑主要类型有：临时活动支座、临时固定支座、永久固定支座、保险支座、接引支座等这些支座随拼梁阶段变化与作业程序的变化将互相更换交替使用。 （5）钢梁纵移：钢梁在悬臂拼装过程中，由于梁的自重引起的变形；温度变化的影响；制造误差；临时支座的摩阻力对钢梁变形的影响等因素所引起的钢梁纵向长度几何尺寸的偏差，致使钢梁各支点不能接设计位置落在各桥墩上，使桥墩偏载。为了调整这一误差至允许范围内，钢梁需要纵移各支点不能接设计位置落在各桥墩上，使桥墩偏载。为了调整这一误差至允许范围内，钢梁需要纵移。 （6）常用的纵移方法： ① 温差法：利用一天的气温差倒换支座的性质，可以达到纵移的目的； ② 顶落梁法：在连续梁中，利用该联钢梁中间某一个支点的顶落及两旁支点的支座变"固"或变"活"的相互转换，使钢梁像蛇一样的爬行，向着预定的方向蠕动。 （7）钢梁的横移： ① 钢梁在伸臂安装中，由于受日光偏照和偏载影响，加之杆件本身的制造误差，钢梁中线位置会随时改变，有时偏向上游侧，有时偏向下游侧，以至到达墩顶后，钢梁不能准确地落在设计位置上，造成对桥墩偏载。为此必须进行钢梁横移，使偏心达到允许范围之内； ② 横移可用专用的横移设备，如图 13.1-4 所示。也可根据情况临时采取措施。横移必须在拼装过程中逐孔进行。 横移设备放在弦杆下(节点处) 图 13.1-4　钢梁的横移设备 1、9—横移千斤顶；2、6—钢板；3—竖向千斤顶；4—夹紧钢反螺栓；5—粗砂纸薄木板； 7—石棉垫；8—长垫块；10—钢梁弦杆；11—垫板；12—滚轴
	拖拉法架设钢梁	（1）半悬臂的纵向拖拉：根据被拖拉桥跨结构杆件的受力情况，和结构本身稳定的要求，在拖拉过程中有时需要在永久性的墩、台之间设置临时性的中间墩架，以承托被拖拉的桥跨结构。如图 13.1-5 所示，表示用拆装式杆件拼组成中间临时墩架的纵向拖拉。 在水流较深，且水位稳定，又有浮运设备而搭设中间膺架不便时，可考虑采用中间浮运支撑的纵向拖拉。如图 13.1-6 所示。必须指出的是，船上支点的标高不易控制，所以要十分注意。

审核人		交接人		接受交底人	

工程名称		施工单位		编号	
序号	项目	钢桥施工技术交底内容			

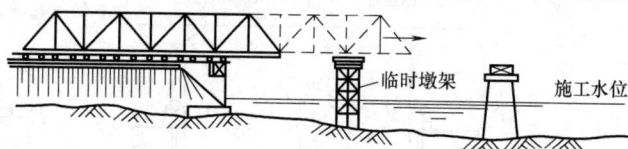

图 13.1-5　中间临设墩架的纵向拖拉

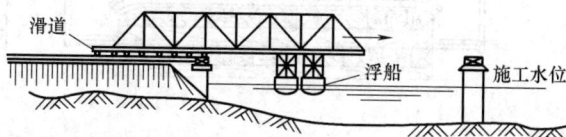

图 13.1-6　中间浮运支撑的纵向拖拉

（2）全悬臂的纵向拖拉：

① 全悬臂的纵向拖拉指在两个永久性墩、台之间不设置任何临时中间支撑的情况下的纵向拖拉架梁的方法。图 13.1-7 所示为用拆装式杆件组成导梁的全悬臂拖拉；

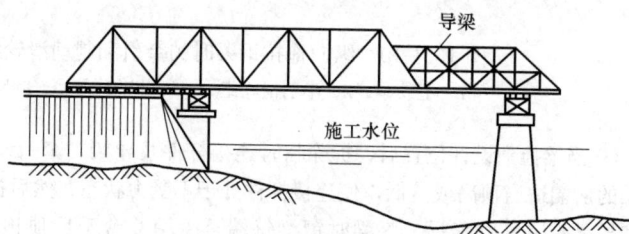

图 13.1-7　全悬臂的纵向拖拉

② 拖拉钢桁梁的滑道，可以布置在纵梁下。纵梁中心距通常为 2m，主桁中心对单线梁通常为 5.75m。图 13.1-8 为滑道布置在纵梁下的构造图。图 13.1-9 为滑道布置在主桁下的构造图。钢梁拖拉布置如图 13.1-10 所示；

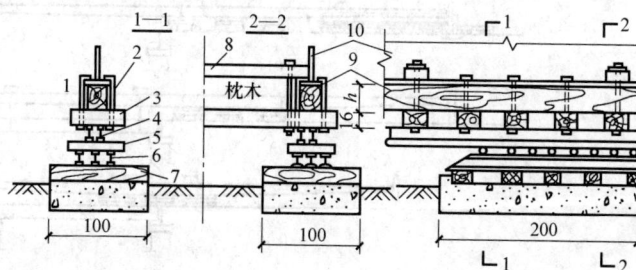

图 13.1-8　滑道（纵梁下）构造图（尺寸单位：cm）

1、9—垫木；2—钩头螺栓；3、7—短枕木；4—上滑轨；5—滚轴；6—下滑轨；8—吊木；10—纵梁

左侧竖排：3 钢桥的安装　拖拉法架设钢梁

审核人		交接人		接受交底人	

续表

工程名称		施工单位		编号	
序号	项目	钢桥施工技术交底内容			

3 钢桥的安装

拖拉法架设钢梁

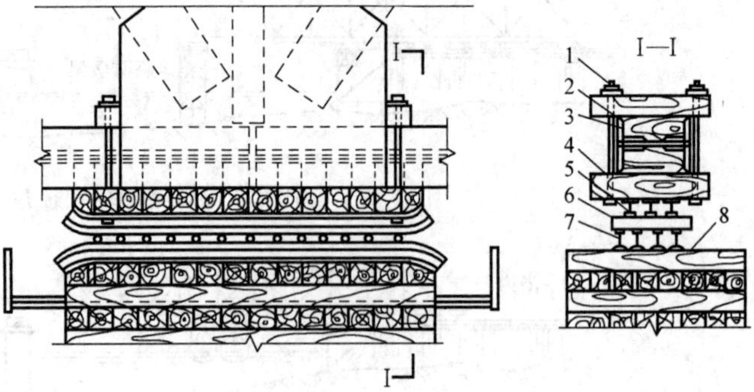

图 13.1-9　滑道（主桁下）构造图

1—螺栓；2—横木；3—填木；4—垫木；5—上滑轨；6—滚轴；7—下滑轨；8—枕木垛

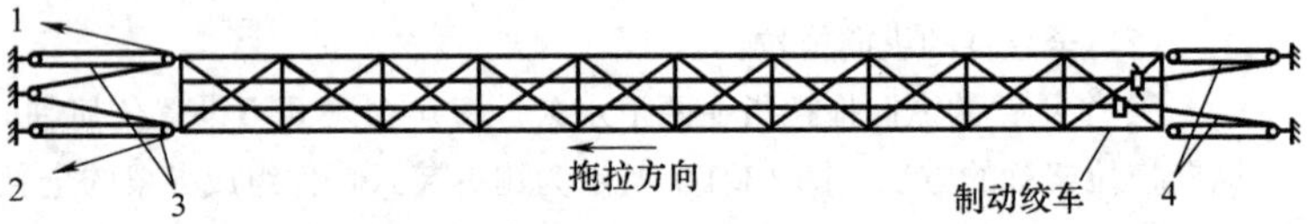

图 13.1-10　纵向拖拉钢梁时的牵引和制动滑轮组示意图

1—上绞车；2—牵引滑轮组；3—制动绞车；4—制动滑轮组

③ 当梁拖到设计位置后，拆除临时连接杆件及导梁、牵引设备等。拆除时应先将导梁或梁的前端适当顶高或落低，使连接杆件处于不受力状态，然后拆除栓钉。拆除临地连接杆件和导梁等后可以落梁。落梁时钢梁每端至少用 2 台千斤顶顶梁，以便交替拆除两侧枕木垛。

整孔架设

(1) 用架桥机架梁：用架桥机架梁既快又省。目前常用的架桥机有胜利型架桥机、红旗型窄式架桥机。图 13.1-11 所示为双梁窄式架桥机架梁步骤示意图。

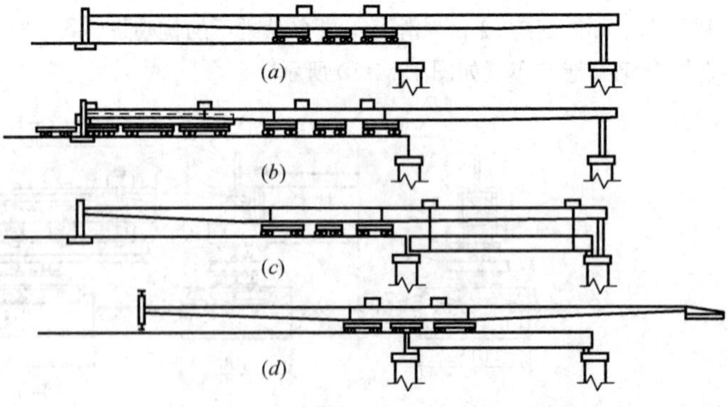

图 13.1-11　红旗型架桥机（窄式）架梁步骤示意图

(a) 架桥机就位；支好台车与支柱；(b) 送梁进入后机臂，吊梁小车进行到吊梁位置吊梁；(c) 吊梁小车吊梁行走到架梁位置架梁；(d) 铺好桥面后，架桥机自行到下一孔架梁位置

审核人		交接人		接受交底人	

工程名称		施工单位		编号	
序号	项目	钢桥施工技术交底内容			

<table>
<tr><td rowspan="2">3
钢
桥
的
安
装</td><td>整
孔
架
设</td><td>

（2）钓鱼法架梁：这是通过立在前方墩台上有效高度不小于梁长 1/3 的扒杆，用固定扒杆顶的滑轮组牵引梁的前端悬空拉到前方墩台上。图 13.1-12 所示用钓鱼法架设跨度 24m 拆装式桁梁的示意图。图中后方桥台上也竖立了扒杆，供梁到位后落梁用。梁后端设置动滑轮组控制梁的前进速度。前后每端至少用 2 台千斤顶顶梁，以便交替拆除两侧枕木垛。 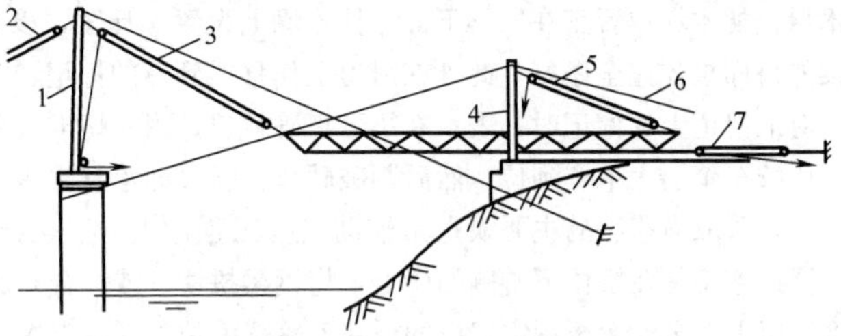

图 13.1-12　钓鱼法架梁示意图

1—前扒杆；2、5—背索；3—前起重滑轮组；4—后扒杆；6—后起重滑轮组；7—制动滑轮组

（3）整孔架设：钢桥施工除小跨度的钢板梁可用整孔架设外，大跨度梁用整孔架设的例子较少。近年来，随着起重能力的提高，国外也曾用浮吊、整孔架设重达 3500t 桥梁的例子。

</td></tr>
<tr><td>膺
架
法
拼
组
钢
梁</td><td>

在满布支架上拼组钢梁和在场地上拼组钢梁的技术要求基本一致。其工序可分为杆件预拼、场地及支架布置、钢梁拼装、钢梁铆合和栓合等几部分：

（1）杆件预拼：首先应将工厂发送到工地的钢梁的单根杆件和有关的拼接件在场地上预拼，拼组成吊装单元。

（2）支架或拼装场地布置：支架最好能用万能杆件进行拼装，支架基础可用木桩基础。在较密实的地层上，当施工过程中不受水淹时，可先整平夯实后，再密铺方木或木枕，在方木或木枕上固定支承梁。

支架顶面铺木板，板面标高应低于支撑垫石面，以便于梁落到支座上。根据钢梁设计位置，在每个钢梁节点处设木垛。木垛间留有千斤顶的位置，可供设置千斤顶调整节点的标高，木垛的最上一层用木楔，以便调整钢梁节点标高。

（3）钢梁拼装：钢梁拼装用的吊机类型很多，在支架上和场地上拼装钢梁可用万能杆件组成的拢门吊机，也可用轨道吊机，钢梁常用的拼装顺序有两种，一种是从一端逐节向另一端拼装；另一种是先从一端拼装下弦桥面系和下平纵联到另一端，然后再从一端拼装桁架的腹杆、上弦杆、上平联及横联到另一端。

（4）钢梁栓合：钢梁拼装完毕后应根据精度的要求，经过复测检查调整后才能进行栓合；栓合的要求与本节的悬臂法安装中的栓合相同；钢梁在支架上拼装组合完毕后，可落梁到支座上。落梁方法可用千斤顶在端横梁下将梁顶起，逐渐拆除节点下木垛，然后落梁到支座上。当落梁高度很小时，也可逐步将节点下木楔放松，使钢梁徐徐下落；支座位置应十分正确，活动支座的辊轴位置应按安装支座时的温度通过计算确定。对连续梁的支座，应以带压力表的液压顶量测钢梁自重下的反力值，相符合才能安装，必要时应调整支座高度。

</td></tr>
</table>

审核人		交接人		接受交底人	

工程名称		施工单位		编号	
序号	项目		钢桥施工技术交底内容		

序号	项目	钢桥施工技术交底内容
3 钢 桥 的 安 装	横 移 法 施 工	（1）有些旧桥改建工程，只需要更换桥跨结构。在采用横移法换梁时，对于运输繁忙的线路，如何缩短线路封锁时间，是极为重要的问题。 （2）横移法施工要点：在移梁脚手架上设滚轴滑道，滚轴滑道上放置用方木制成的大平车。大平车一端用砂袋支垫新梁，其高度使新梁稍高于支承垫石，便于新梁就位。另一端搭枕木垛，枕木垛位置正在旧梁下面。枕木垛上设置千斤顶，以备换梁的时候起顶旧梁之用。新梁的桥面事先完全做好，此外在滑道上作移梁到位的标记，并在大平车上安放指针，当指针正对准滑道上的标记时，表示新梁已正确就位。当一切准备妥当后，可封锁交通，起顶旧梁，用绞车牵引大平车到位，然后割破砂袋，新梁即落到支座上，就可开放通车。 （3）采取横移法的主要缺点是辅助结构工程量大，当孔数较多或桥高水深时，尤为显著。浮运施工是在桥位下游侧的岸上，将钢梁拼铆（或栓合）成整孔后，利用码头把钢梁滚移到浮船上，再浮运至预定架设的桥孔上落梁就位。浮运支撑主要由浮船、船上支架、浮船加固桁架以及各种系缚工具组成，浮运支承的布置见图 13.1-13 所示。 图 13.1-13　钢梁浮运支撑的布置示意图 1—分配梁；2—浮船；3—支架；4—船上支架；5—加固桁梁
	膺 架 法 拼 组 钢 梁	（1）浮运一孔钢梁的支撑不宜多于两个，以保证荷载分布明确，如果钢梁较重，在每一处支承下，可用两艘或多艘浮船连接使用，每个支撑上设两个支点承托钢梁，以保证稳定性。浮船可用铁驳船、坚固的木泵船或常备式的浮箱拼组。 （2）船上支架通常是由拆装式杆件拼成，其高度应使浮船进入桥孔内时钢梁底面高出支座顶 0.2～0.3m。 （3）浮运过程中，为了保证浮运系统的稳定，浮运应从下游逆水进入桥孔较为完全稳妥，因此在选择岸上拼铆钢梁场地时应注意到这一个原则。 （4）钢梁从岸上纵移至船上时，第一组钢梁在一端浮拖的情况下继续向外滚移，随着钢

审核人		交接人		接受交底人	

工程名称		施工单位		编号	
序号	项目	钢桥施工技术交底内容			
3 钢 桥 的 安 装	膺 架 法 拼 组 钢 梁	梁拖出长度的增加，作用于第一组浮船的荷载逐渐加大，浮船也将逐渐下沉，此时钢梁将呈倾斜状态，这时浮运系统的稳定将十分不利。 　　(5) 为了使钢梁在浮托过程中保持水平状态，就必须随着钢梁的拖出，逐渐排出浮船压舱水，使浮船吃水深度保持不变。施工时应根据钢梁的重量和浮拖的速度来决定排水量并配备适当能力的抽水机。 　　(6) 如果在施工时单靠排水和充水调整浮船的标高较为费工费时，作为辅助措施，也可在浮船支架顶部设千斤顶，但在浮运途中应将千斤顶拆除，以防钢梁翻倒。 　　(7) 钢梁中线宜布置成与浮船纵向中线垂直，以使受力较均匀，增加浮船的稳定性。 　　(8) 浮船托起钢梁或脱离钢梁，一般是利用水泵调整浮船的压舱水。托起钢梁时可抽出压舱水。脱离钢梁时可灌入压舱水。这些抽灌水作业必须拟定技术规程，施工时严格执行。 　　(9) 在有条件的河流，也可利用河流的涨落潮托起或脱离钢梁，涨潮时浮运系统进入桥孔，并调好落梁位置；船底高出河底应大于40cm，以防搁浅或接触杂物。 　　(10) 浮船承受全部荷载后，露出水面的船舷高度应大于50cm，在风力的作用下，纵、横向倾覆稳定系数应不小于2，浮船纵、横向倾角应小于5°，以保证浮运过程中浮运系统的稳定性。 　　(11) 浮船的移动可用锚索，用人工或电动绞车绞紧或放松锚索来使浮船前进或横移。有时也用拖轮以帮靠、顶推或牵引浮船的方式进行。需用的绞车能力或拖轮马力都可根据施工风力和水流阻力由计算决定。 　　(12) 选用和布置锚碇设备是浮运钢梁的一件重要而细致的工作，所布置的绞车、地垄或锚定应使浮船前进或横移方便可靠。锚索与水流方向夹角不宜太大。锚索也不要太松太长，以免浮船位置难于控制。 　　(13) 浮运前应做好浮运系统的试验工作，如：浮船隔舱的水密性试验，必须保证不漏水；探测浮运经过的河道，充分掌握河床情况，以防浮运时搁浅；其他如锚碇、地垄、绞车、支座、将军柱等，在条件许可时，均需进行强度试验，并核定压舱水数量及抽水设备的能力。			
审核人		交接人		接受交底人	

13.2　斜拉桥施工技术交底

斜拉桥施工技术交底　　　　　　　　　　　　　　　　　　　　表 13-2

工程名称		施工单位		编号	
序号	项目	斜拉桥施工技术交底内容			
1 概 述	概 况	(1) 斜拉桥是一种桥面体系受压，支承体系受拉的桥梁。斜拉桥桥面体系用加劲梁构成，支承体系由钢索组成。			
审核人		交接人		接受交底人	

工程名称			施工单位		编号	
序号	项目		斜拉桥施工技术交底内容			
1 概述	概况		（2）近代第一座斜拉桥是 1955 年建造的瑞典斯特姆松特桥，它是一座稀索辐射式的斜拉桥，中孔跨度 185.5752m，边孔 74.676m。从 20 世纪 80 年代开始，斜拉桥以其独特优美的造型及优越的跨越能力在中国迅速推广，特别在城市桥梁和公路桥梁中被采用。其材料结构多以预应力混凝土即 PC 结构为主，部分为钢叠合梁、混合梁或钢梁形式。桥型有多塔、双塔与独塔、双索面与单索面等。主跨跨径双塔形式已达 400m 以上，其中上海杨浦大桥为叠合梁形式，主跨跨径达 602m，南京长江二桥为主跨跨径达 628m。 （3）由于设计能力与施工技术的迅速进步，国内目前已有几十座特别引人瞩目的大跨径斜拉桥正在施工或者已经完成设计。其中湖北荆州长江大桥为主跨跨径 540m 和塔单幅达 300m 的 PC 结构的斜拉桥，南京长江二桥为钢箱梁结构斜拉桥，如湖南岳阳洞庭湖大桥为 130m＋2×310m＋130m 三塔斜拉桥，江苏省苏州市至南通市的苏通大桥主跨跨径达 1088m，总长 8206m，主桥采用（100＋100＋300＋1088＋300＋100＋100）m，创造了最深桥梁桩基础、最高索塔、最大跨径、最长斜拉索等 4 项斜拉桥世界纪录，其雄伟的身姿成为横跨在长江之上的又一道亮丽风景。这些是我国由建桥大国走向建桥强国的代表工程。			
	成就		（1）斜拉索防护技术的不断完善及制索工艺逐步实现专业化和工厂化。 （2）斜拉桥主梁的施工工艺日趋成熟，塔柱锚固区采用箱形断面。 （3）大吨位张拉、牵引设备的研制成功，为大跨度、大吨位拉索的斜拉桥提供了必要的施工手段。拉索可在营运状态下进行调索和更换。 （4）高强度低松弛钢绞线在拉索中的应用，涉及施工过程和测量的系统控制。 （5）抗风性能研究、抗震性能研究、超大群桩基础设计与施工、冲刷防护设计与施工、超高钢混桥塔设计与施工、超长斜拉索减振技术、主梁架设技术等多方面处于世界领先地位。			
2 索塔施工	主塔施工测量控制		（1）索塔的材料常用金属、钢筋混凝土或预应力混凝土。索塔的构造远比一般桥墩复杂，塔柱可以是倾斜的，塔柱之间可能有横梁，塔内须设置前后交叉的管道以备斜拉索穿过锚固，塔顶有塔冠，并须设置航空标志及避雷器，沿塔壁须设置检修攀登步梯。 （2）斜拉桥主塔一般由基础、承台塔座、下塔柱、下横梁、上塔柱（拉索锚固区）、塔顶建筑等八大部分或其中几部分组成。由于主塔的建筑造型千姿百态，断面形式各异，在主塔各部位的施工全过程中，除了应保证各部位的几何尺寸正确之外，更重要的是应该进行主塔局部测量系统的控制，并与全桥总体测量系统接轨。 （3）主塔局部测量系统的控制基准点，应建立在相对稳定的基准点上，如选择在主塔的承台基础上，进行主塔各部位的空间三维测量定位控制。测量控制的时间，一般应选择夜晚 22 点～早上 7 点日照之前的时段内，以减少日照对主塔造成的变形影响。此外，随着主塔的高度不断地升高，也应选择风力较小的时机进行测量，并对日照和风力影响予以修正。 （4）在主塔八大部分的相关转换点上的测量控制极为重要，以便根据实际施工情况及时进行调整，避免误差的累计。主塔局部测量系统的量测，一般采用三维坐标法或天顶法。 （5）若主塔局部测量系统的基点，选择在相对稳定的承台基础上，随着主塔的高度增高及混凝土收缩、徐变、沉降、风荷载、温度等因素的影响，基准点必然会有少量的变化。			
审核人			交接人		接受交底人	

工程名称		施工单位		编号	
序号	项目	斜拉桥施工技术交底内容			
2 索塔施工	钢主塔施工要点	（1）钢主塔施工，应对垂直运输、吊装高度、起吊吨位等施工方法作充分的考虑。钢主塔应在工厂分段立体试拼装合格后方可出厂。主塔在现场安装，常常采用现场焊接接头，高强度螺栓连接，焊接和螺栓混合连接的方式。经过工厂加工制造和立体试拼装的钢管塔，在正式安装时，应予以测量控制，并及时用填板或对螺栓孔进行扩孔来调整轴线和方位，防止加工误差、受力误差、安装误差、温度误差、测量误差的积累。 （2）钢主塔的防锈措施，可用耐候钢材，或采用喷锌层。但绝大部分钢塔都采用油漆涂料，一般使用年限为 10 年。油漆涂料常采用二层底漆，二层面漆，其中三层由加工厂涂装，最后一道面漆由施工安装单位最终完成。			
	混凝土主塔施工要点	典型的混凝土主塔施工，可参照图 13.2-1 所示的工艺流程实施。 图 13.2-1　混凝土主塔施工工艺流程图 （1）下塔柱、中塔柱、上塔柱的施工：混凝土下塔柱、中塔柱、上塔柱一般可采用支架法、滑模法、爬模法施工。在塔柱内，在塔壁中间常常设有劲性骨架，劲性骨架在工厂加工，现场分段超前拼接，精确定位。劲性骨架安装定位后，可供测量放样、立模、扎筋拉索钢套管定位用，也可供施工受力用。劲性骨架在倾斜塔柱中，其功能作用很大，应结合构件受力需要而设置。当塔柱为倾斜的内倾或外倾布置时，应考虑每隔一定的高度设置受压支架（塔柱内倾）或受拉拉条（塔柱外倾）来保证斜塔柱的受力、变形和稳定性。塔柱的混凝土浇筑可采用提升法输送混凝土，有条件时应考虑商品泵送混凝土工艺。 （2）下横梁、上横梁的施工：在高空中进行大跨度、大断面现浇高强度等级预应力混凝			
审核人		交接人		接受交底人	

工程名称		施工单位		编号	
序号	项目	斜拉桥施工技术交底内容			
2 索塔施工	混凝土主塔施工要点	土横梁，其难度很大。施工时要考虑到模板支撑系统和防止支撑系统的连接间隙变形、弹性变形、支撑不均匀沉降变形，混凝土梁、柱与钢支撑不同的线膨胀系数影响，日照温差对混凝土钢的不同时间差效应等产生不均匀变形的影响，以及相应的变形调节措施。每次浇筑混凝土的供应量应保证在混凝土初凝前完成浇筑，并且采取有效措施，防止在早期养护期间及每次浇筑过程中由于支架的变形影响而造成混凝土梁开裂。 (3) 主塔混凝土施工：主塔混凝土常用的施工工艺采取现场搅拌、吊斗提送的方法。当主塔高度较高时，用吊斗提送的混凝土，供应速度难以满足设计及施工的要求，有条件时，应采用商品泵送大流动度混凝土。为了改善混凝土可泵性能并达到较高的弹性模量和较小的混凝土收缩、徐变性能，应采用高密度骨料、低水灰比、低水泥用量、适量掺加粉煤灰和泵送外加剂，以便满足缓凝、早强、高强的混凝土泵送要求。 (4) 泵送混凝土施工工艺特点及要求：在满足设计提出的混凝土基本性能要求的前提下，泵送混凝土工艺应根据主塔施工的不同季节、不同的缓凝时间、不同的高度泵送混凝土的要求来确定，一般应考虑混凝土泵送。设施的布置，即根据不同的部位、泵送高度，每段浇筑时间，每段浇筑混凝土工程量，考虑混凝土泵送设施来综合布置。 (5) 泵送混凝土配合比的设计： 1) 按混凝土抗压强度、弹性模量、水泥等级、粉煤灰掺加量、碎石粗骨料用量、初凝时间来设计混凝土配合组成； 2) 优化原材料。应对水泥、砂、碎石、粉煤灰、泵送剂、外加剂等材料，进行优化选择。混凝土可泵性优化技术的研究。要获得较高的早期强度，应尽可能减少用水量、降低水灰比，但这会导致可泵性指标降低，故应从改善混凝土拌合物的可泵性来进行混凝土配合比设计，对混凝土砂要认真比选； 3) 确定配合比。经确定的配合比，在正式使用前，均应经过试验室试拌、工程现场配合比调整（骨料含水量情况），以确保主塔泵送混凝土施工质量达到设计要求。制定混凝土的施工工艺和严格的质量保证和监控体系； 4) 实践证明，采用商品泵送混凝土施工工艺，可以达到一次泵送200m的高度，混凝土强度等级达到C50，其性能均能满足设计主塔混凝土的基本要求，并且性能稳定，施工速度快，机械化、自动化程度高，造价省，是桥梁混凝土施工工艺的发展方向。			
	主塔内拉索张拉施工工艺要求	(1) 主塔内拉索张拉的特点与要求 当主塔为空心塔柱断面时，常常采用拉索对称锚固的钢横梁构造及平面预应力钢束布置构造。拉索可在梁内张拉，也可采用在塔内张拉的方法。现代的大跨径斜拉桥，以对称悬臂拼装的施工方法为主。当塔有足够大的抗弯刚度和能承受较大的不平衡拉索水平力时，可采用单边不平衡的张拉方法。但从斜拉桥便于施工控制，减小主塔的施工阶段弯矩考虑，往往更多地采用主塔两侧对称张拉拉索的施工方法，这也要求主塔内部要有足够的空间，以满足拉索施工工艺的要求，及施工过程中施工机具、材料、设备、人员的施工需要。 (2) 斜拉桥成型拉索的施工工艺 斜拉桥成型拉索的施工工艺，主要分为挂索、穿索、拉索及换索等部分。而这些施工工艺的完成，除必要的起重吊机设备之外，大部分都依靠主塔内的设施来实现。斜拉索施工安装应具备以下的基本设备有：①垂直提升成品拉索盘；②水平运输设备系统；③卷扬机挂索系统；			
审核人		交接人		接受交底人	

工程名称		施工单位		编号	
序号	项目	斜拉桥施工技术交底内容			

		④塔外活动提升平台系统；⑤塔内提升系统；⑥千斤顶及高压油泵车；⑦桥面起吊系统；⑧塔吊。

⑧塔吊。

1) 挂索：当成盘的斜拉索在桥面上放盘后，即进入挂索安装阶段。这也是斜拉桥施工的难度之一，尤其是长索，重量大、长度长、垂度大。故一般挂索可根据短索、中索、长索来制定挂索方案；

2) 短索：其索重不超过 6t。可用塔吊直接放盘，并将拉索张拉端先与在主塔张拉千斤顶的牵引钢绞线连接，在桥面吊机的配合下，将拉索锚固端安装到主梁内完成挂索；

3) 中索：可用在主塔内的卷扬机的滑轮组进行牵引，并与主塔内的拉索张拉千斤顶牵引钢绞线连接，完成挂索；

4) 长索：挂索要注意可能发生钢丝绳旋转、扭曲的现象。长索挂索仍采用与主塔内拉索张拉千斤顶牵引钢绞线连接的方法来完成挂索。由于长索对牵引力要求高，必须经过计算挂索设备满足要求后方可施工；

5) 穿索：斜拉索穿索的牵引，采取刚性张拉杆张拉，以钢绞线柔性连接及牵引的特点，根据"VSL"锚具体系的原理，在锚头探杆与千斤顶钢绞线连接后，收紧钢绞线，当其牵引完成后，拆除钢绞线，安装千斤顶，牵引锚头，直至永久螺线旋转到位锚固。在斜拉索施工中，对于每根索其永久螺母带上时的牵引力是不同的，长索牵引力很大，而钢绞线牵引力有限。因此，在牵引穿索的过程中，应尽可能使钢绞线的牵引力减少，而将牵引力大的穿索阶段由千斤顶的探杆承受。在拉运锚具牵引并进入拉索钢套管及拉出拉索套管时，均应将千斤顶严格对中，并有导向装置来调整拉索的不同角度入道，防止拉索锚具碰、撞、损伤、影响施工；

6) 张索：拉索张拉工艺、索力及标高的施工控制，是斜拉桥施工的关键所在，应按设计指令进行施工，由施工单位配合执行指令，并将施工控制的实际结果快速反馈给设计单位，以便及时调整，指导下一步骤施工。拉索的张拉，一般就考虑主塔两侧平衡、对称、同步张拉，或相差一个数量吨位差以利施工控制和减小主塔内力。必要时也可考虑单边张拉，但必须经过仔细的计算。由于不同的斜拉桥，梁体的重量、构造各异，拉索锚具、千斤顶的引伸量，应能适应设计的指令要求，特别是长索的非线性影响，大伸长量及相应的各种因素影响，设计与施工都予以充分的考虑和采取有效的技术措施；

7) 换索，设计应考虑在通车条件下，更换斜拉桥任何一根拉索的可能性。并且应在塔内留有必要的预埋件和起重设备设施，以便换索时能顺利地进行施工操作。

表 13.2-1 所示为杨浦大桥斜拉桥架梁施工顺序图。

杨浦大桥斜拉桥架梁施工顺序图   表 13.2-1

示意图	简要说明
(a)	(1) 采用 3000kN 地面吊机安装 0 号段钢主梁、钢横梁、桥面板及 0 号索，安装施工平台。0 号段梁，塔临时固结体系形成。安装施工平台。 (2) 张拉 B0 号、Z0 号拉索。安装台令扒杆及临时索塔，用台令扒杆吊装 LWB0、LWZ0 段的钢主梁、钢横梁，张拉 LWB0、LWZ0 段上的施工临时索。 (3) 用台令扒杆吊装 LWB1、LWZ1 段的钢主梁、钢横梁

审核人		交接人		接受交底人	

工程名称			施工单位			编号	
序号	项目		斜拉桥施工技术交底内容				

			示　意　图	简要说明
2　索塔施工	主塔内拉索张拉施工工艺要求		 (b)	（4）安装 B1 号、21 号索,张拉 B1 号、B0 号、Z0 号、Z1 号索后拆除施工临时索。 （5）安装 LWB0、LWZ0、LWB1、LWZ1 段桥面板,对称张拉 B1 号、Z1 号、B0 号、Z0 号索。 （6）拼装桥面吊机,施工平台到位
			  (c)	(7)采用桥面吊机安装 LWB2、LWZ2 段钢主梁、钢横梁、桥面板和拉索,对称张拉 B2 号、Z2 号、B1 号、Z1 号拉索。 (8)向前移动桥面吊机,对称张拉 B2 号、Z2、B1 号、Z1 号拉索。 (9)向后移动施工平台,对称张拉 B2 号、Z2 号、B1 号、Z1 号拉索。浇筑 LWB0、LW0、LWZ0 段桥面板接缝混凝土并养护
			  (d)	（10）安装垂直提升架,拆除台令把杆。 (11)安装 LWB3、LWZ3 段的钢主梁、桥面板并张拉 B3 号、Z3 号拉索
			  (e)	(12)向前移动桥面吊机和施工平台,安装 LWB4、LWZ4 段的钢主梁、钢横梁、桥面板、拉索,对称张拉 B4 号、Z4 号、B3 号、Z3 号拉索。 (13)向前移动桥面吊机。 （14）向前移动施工平台,浇筑 LWB2、LWB1、LWZ1、LWZ2 桥面板接缝混凝土并养护
审核人			交接人			接受交底人	

442

工程名称		施工单位		编号	
序号	项目	斜拉桥施工技术交底内容			

续表

示 意 图	简 要 说 明
 (f)	(15)重复(11)～(14)标准节段循环施工步骤安装以后的节段直至辅助墩。 (16)用 200kN 地面吊机安装岸跨LWB14 段,河跨按标准段常规施工
 (g)	(17)辅助墩支座就位,张拉辅助墩中锚固拉索。安装并张拉 B14 号、Z14 号索,同时吊装尾段 LWZ26 段
 (h)	(18)安装 LWB24 段,其余岸跨、河跨节段安装仍照标准节段常规步骤施工。 (19)浇筑端横梁混凝土,河跨、岸跨继续按标准节段常规施工
 (i)	(20)按标准节段常规施工方法安装LWB23,LWZ23 段后进行边跨合拢。 (21)河跨按常规步骤安装 LWZ24 段钢主梁、钢横梁、桥面板、拉索,对称张拉 B24 号、Z24 号索。 (22)重复标准节段常规施工方法进行河跨施工至 LWZ31 段安装完毕,其间相应安装岸跨桥面板及拉索、岸跨、河跨的31 对索均张拉到位

序号 2 索塔施工

项目 主塔内拉索张拉施工工艺要求

审核人		交接人		接受交底人	

工程名称		施工单位		编号	
序号	项目	斜拉桥施工技术交底内容			

续表

示意图	简要说明
 (j)	(23)安装中孔合拢段钢主梁,全桥合拢—待钢主梁合拢立即释放临时固结构造,使全桥呈全漂浮结构体系。 (24)安装中孔桥面板,张拉相应钢索。浇筑桥面板接缝混凝土,完成全结构合拢。 (25)对后拉边跨及中跨桥面板预应力钢索
 (k)	(26)对称拆除桥面吊机。 (27)安装桥面系,与此同时进行全桥拉索索力总调整。 (28)铺设桥面铺装。 (29)竣工加载试验。 (30)全桥竣工通车

2 索塔施工

主塔内拉索张拉施工工艺要求

主塔的养护与维修

　　主塔是斜拉桥的一个重要组成部分,可以说整个上部结构就维系在此一"柱"之上,且主塔上斜拉索的锚固构造较为复杂。因此,在设计斜拉桥时,应重视主塔的构造及相应的维修与养护措施,应该把这部分内容考虑在内。

　　(1) 主塔的材料要求及养护维修要求:

　　① 主塔所用的材料,有钢主塔和混凝土主塔两种类型。混凝土材料因其良好的抗压性能和低廉的价格,较为适合我国的国情,因此国内的斜拉桥主塔多为混凝土结构。就塔身的混凝土而言,成桥后一般无须再作养护和维修;

　　② 主塔的养护及维修主要针对斜拉索的锚头而言,其次还包括其他需要进行养护的构件、塔上的航空障碍标志灯、避雷装置及其他管线等。在塔上锚固的斜拉索的锚头,虽然在设计时已采取了一定的防护措施,但其毕竟是暴露在大气中的,不可避免地会受到侵蚀,需要定期进行检查与维修;

　　③ 由于斜拉桥的主塔为高耸建筑物,对其上的锚头或其他构件进行检查和维修养护是比较困难的,因此在设计主塔时,在不影响结构受力和美观的前提下,应尽可能为今后的维修养护提供方便,确保桥梁的使用寿命和安全。

　　(2) 构造与布置:

　　① 斜拉桥的塔柱可分为实心和空心两大类。早期的小跨度斜拉桥多为实心塔柱,全塔的高度较低,可以在塔身上直接设置攀登梯级以作检修之用,也可不设攀登梯级而在将来检修时采用简易脚手架或其他措施;

　　② 随着斜拉桥跨度的不断增大,主塔的高度也相应地越来越高。如上海杨浦大桥和苏通大桥的主塔高分别为163m和300.4m(均自下横梁算起)。这样高的主塔给将来的维修养护工作造成了更多的困难;

审核人		交接人		接受交底人	

工程名称		施工单位		编号	
序号	项目	斜拉桥施工技术交底内容			
2 索塔施工	主塔的养护与维修	③ 当采用空心塔柱时，就可以在塔柱内设置检修爬梯。检修爬梯一般采用钢结构，沿着塔柱内壁布置，优点是所占空间少，结构紧凑，缺点是攀登费力。如果能采用电动的升降设备，则上下检修就更方便了。但一般来说，塔柱内部的空间都比较小，结构布置是非常紧凑的，较难容纳这样的设备，在构造布置上除了满足检修人员的上下之外，还应考虑到检修用设备的垂直搬运需要，在设计时要为此提供方便。 （3）拉索更换： ① 斜拉索是暴露在大气中的，虽有 PE 材料等保护层，但这些材料都会随着时间发生变化，最终导致斜拉索的钢丝产生锈蚀。再者，斜拉索也可能因意外而遭到破坏。因此，斜拉桥在设计时需要考虑将来的拉索更换问题； ② 从设计的角度来看，在确定塔柱尺寸及塔上的斜拉索的锚固间距时，要考虑构造布置及施工时的需要，还要考虑到将来更换拉索时要有足够的操作空间，使人员、设备等能方便地上下提升； ③ 做主塔的受力计算时，还要考虑到将来的更换拉索的影响。根据一次允许更换的斜拉索根数及换索时对桥上车辆等荷载的限制情况，详细分析计算换索对主塔受力产生的不利影响。			
	质量要求	（1）基本要求： ① 索塔的索道孔及锚箱位置以及锚箱锚固面与水平面的交角均应控制准确，锚板与孔道必须互相垂直，符合设计要求； ② 分段浇筑时，段与段之间不得有错台，新旧混凝土接缝表面必须凿毛，以便新旧混凝土接合良好； ③ 混凝土强度不得低于设计强度； ④ 塔柱倾斜率不得大于 $H/2500$ 且不大于 30mm（H 为桥面上塔高）；轴线允许偏位：$\pm 10mm$；段面尺寸允许偏差：$\pm 20mm$；塔顶高程允许偏差：$\pm 10mm$；斜拉索锚具轴线允许偏差：$\pm 5mm$； ⑤ 塔柱全部预应力束布置准确，轴线偏位不得大于 10mm，张拉要求双控，以延伸量为主，延伸量误差应控制在 $-5\%\sim+10\%$ 以内，在测定延伸量时，扣除非弹性因素引起的延伸量； ⑥ 张拉同一截面的断丝不得大于 1%。 （2）外观要求： ① 混凝土表面平整、线形顺直； ②混凝土蜂窝麻面不超过该面面积的 0.5%，深度不超过 10mm； ③ 锚箱混凝土不得有蜂窝。			
3 主梁施工	施工方法	斜拉桥主梁施工方法与梁式桥基本相同，大体上可以分以下四种： （1）顶推法。 （2）平转法。 （3）支架法 临时支墩上拼装 　　　　支架上现浇 满堂脚手浇筑 　　　　　　　　　临时支墩上搁托架或劲性骨架浇筑			
审核人		交接人		接受交底人	

工程名称		施工单位		编号	
序号	项目	斜拉桥施工技术交底内容			

| 3
主
梁
施
工 | 施
工
方
法 | （4）悬臂法 ⎰ 悬臂拼装 ⎰ 吊装拼装
浮吊拼装
缆索起吊
千斤顶起吊
悬臂浇筑

　　① 顶推法——顶推法的特点是施工时需要在跨间设置若干临时支墩，顶推过程中主梁反复承受正、负弯矩。该法适用桥下净空较低、修建临时支墩造价不大、支墩不影响桥下交通、抗压和抗拉能力相同能承受反复弯矩的钢斜拉桥主梁的施工。对混凝土斜拉桥主梁而言，因拉索水平分力能对主梁提供预应力，如在拉索张拉前顶推主梁，临时支墩间距又超过主梁负担自重弯矩能力时，为满足施工需要，需设置临时预应力束，在经济上不合算；
　　② 平转法——是将上部构造分别在两岸或一岸顺河流方向的矮支墩上现浇，并在岸上完成所有的安装工序（落架、张拉、调索）等，然后以墩、塔为圆心，整体旋转到桥位合拢。平转法适用于桥址地形平坦、墩身矮和结构系适合整体转动的中小跨径斜拉桥。我国四川马尔康地区金川桥是一座跨径为 68m＋37m，采用塔、梁、墩固体体系的钢筋混凝土独塔斜拉桥，塔高 25m，中跨为空心箱梁，边跨是实心箱梁，该桥墩采用平转法施工；
　　③ 支架法——是在支架上现浇、在临时支墩间设托架或劲骨架现浇、在临时支墩上架设预制梁段等几种施工方法。其优点是施工最简单方便，能确保结构满足设计线形，但又适用于桥下净空低、搭设支架不影响桥下交通的情况；
　　④ 悬臂法——可以是在支架上修建边跨，然后中跨采用悬臂拼装法和悬臂施工的单悬臂法；也可以是对称平衡方式的双悬臂法。悬臂施工法分为悬臂拼装和悬臂浇筑法两种。
　　a. 悬臂拼装法，一般是先在塔柱区现浇一段放置起吊设备的起始梁段，然后用各种起吊设备从塔柱两侧依次对称安装节段，使悬臂不断伸长直到合拢；
　　b. 悬臂浇筑法，是从塔柱两侧用挂篮对称逐段就地浇筑混凝土。我国大部分混凝土斜拉桥主梁都采用悬臂浇筑法施工；
　　综上所述，支架法和悬臂施工法是目前混凝土斜拉桥主梁施工的主要方法，前者适用于城市立交或净高较低的岸跨主梁施工；后者适用于净高很大的大跨径斜拉桥主梁的施工。 |
| | 斜
拉
桥
主
梁
施
工
特
点 | 　　（1）采用悬臂施工时，因挂篮重量大，梁、塔和拉索将由施工内力控制设计，不经济、且难过关。所以考虑施工方法，必须充分利用斜拉桥结构本身特点，在施工阶段就充分发挥斜拉索的效用，尽量减轻施工荷载，使结构在施工阶段和运营阶段的受力状态基本一致。
　　（2）对于单索面斜拉桥，一般都需采用箱形断面。如全断面一次浇筑，为减少浇筑重量，要在一个索距内纵向分块，并需额外配置承受施工荷载的预应力束。所以，一般做法是将横断面适当地分解为三部分，即中箱、边箱和悬臂板。先完成包含主梁锚固系统的中箱，张拉斜拉索，形成独立稳定结构，然后以中箱和已浇节段的边箱依托，浇筑两侧边箱，最后用悬挑小挂篮浇筑悬臂板，使整体箱梁按品字形向前推进。
　　（3）对于双索面斜拉桥，主梁节段在横断面方向分为两个边箱和中间车行道板三段，边箱安装就位后就张拉斜拉索，利用预埋于梁体内的小钢箱来传递斜拉索的水平力，使边箱自重分别由两边拉索承担，从而降低了挂篮承重要求，减轻了挂篮自重，最后安装中间桥面板并现浇纵横接缝混凝土。 |

审核人		交接人		接受交底人	

工程名称		施工单位		编号	
序号	项目	斜拉桥施工技术交底内容			

序号	项目	斜拉桥施工技术交底内容
3 主梁施工	梁临时固结	（1）为了保证大桥在整个梁部结构架设安装过程中的稳定、可靠、安全，要求安装时采取塔梁临时固结措施，以抵抗安装钢梁桥面板及张拉斜拉索过程中可能出现的不平衡弯矩和水平剪力。 （2）上海杨浦大桥施工中的临时固结装置，主要是将 0 号钢主梁与主塔下横梁刚性固结，使大桥在悬臂拼装施工阶段成为稳定结构。 （3）临时固结装置是以直径为 609mm 的钢管组成刚性的空间框结构。其上与钢主梁底板外伸钢板焊接，下与主塔下横梁上的预埋钢板和钢筋焊接。临时固结装置，按能承受最大抗倾覆弯矩 27MN·m，最大抗不平剪力 10MN 设计。 （4）杨浦大桥的临时固结措施，吸取了南浦大桥的成功经验，而且固结位置更加合理，安装、拆除都很方便。特别是在中孔合拢后，在很短时间内就顺利解除了临时固结，满足了大桥结构体系转换的需要。施工实践证明，该临时固结措施在整个架设过程中稳定可靠，满足了设计要求，达到了预期效果。
	中孔合拢	为保证大桥中孔能顺利合拢，根据以往斜拉桥的成功经验，一般选择自然合拢的方法，如上海杨浦大桥。在选择自然合拢的方法时，需要认真考虑以下几个方面： （1）合拢温度的确定：大桥能否在自然状态下顺利合拢，关键是要正确选择合拢温度。该温度的持续时间，应能满足钢梁安装就位及高强螺栓定位所需的时间。 （2）对全桥温度变形的控制：由于大桥跨度大，温度变形对中跨合拢段长度的影响相当敏感，因此在整个施工过程中应对温度变形进行监测，特别是对将接近合拢段时的中孔梁段和温度变形更应重点量测，找出温度变形与环境温度的关系，为确定合拢段钢梁长度提供科学依据。 （3）合拢段钢梁长度的确定：设计合拢长度原定为 5.5m，在实际施工时再予以修正。其实际长度应为合拢温度下设计长度加减温度变形量。 （4）合拢段的安装：合拢段钢梁的安装是一个抢时间、抢速度的施工过程，必须在有限的时间里完成，因此，在合拢前必须做好一切准备工作。钢梁应预先吊装就位，一旦螺孔位置平齐，即打入冲钉，施拧高强螺栓，确保合拢一次成功。 （5）临时固结的解除：中孔梁一旦合拢，必须马上解除临时固结，否则由于温度变化所产生的结构变形的内力，会使结构难以承受，因此在合拢段钢梁高强螺栓施拧完毕后，立即拆除临时固结。
4 斜拉索施工	概述	（1）斜拉索是斜拉桥的一个重要组成部分，并显示了斜拉桥的特点。斜拉桥桥跨结构的重量和桥上活载，绝大部分或全部通过斜拉索，传递到塔柱上。 （2）在历史上，初始的斜拉桥曾采用铁链、铁链杆来制作拉索。现代斜拉索全部使用高强度钢筋、钢丝或钢绞线制作拉索。当代斜拉桥对拉索的防护手段，几乎一律使用高强度的钢绞线或钢丝制作拉索，轧制的粗钢筋已淘汰。 （3）拉索的防护手段，随着材料和工艺的进步，也日趋简单有效。和过去相比，当代使用的斜拉索的特点是更轻、更强、更可靠。
审核人		交接人		接受交底人	

工程名称		施工单位		编号	
序号	项目	斜拉桥施工技术交底内容			

	概述	（4）目前，单根斜拉索的破断索力已达到 30000kN，耐疲劳应力幅值达到 200～250MPa。良好而有效的防护，能保证拉索的使用寿命超过 40 年。为求拉索的质量更为稳定可靠，拉索的生产已日趋工厂化，出现了专业化的制作工厂。 （5）配合我国斜拉桥的建设，经过 10 多年开发、研究，已建成了专业的制索工厂，拉索的质量已达到国际先进水平。例如，2008 年 6 月 30 日通车的苏通大桥，最长斜拉索的长度 577m，其长度名列世界第一。

4 斜拉索施工	钢索的构造与性能	钢索作为斜拉索的主体，必须用高强的钢筋、钢丝或钢绞线制作，这点已成为现代斜拉桥设计师的共识。钢索主要有如下几种形式（图 13.2-2）： ① 平行钢筋索； ② 平行（半平行）钢丝索； ③ 平行（半平行）钢绞线索； ④ 单股钢绞缆； ⑤ 封闭式钢缆。 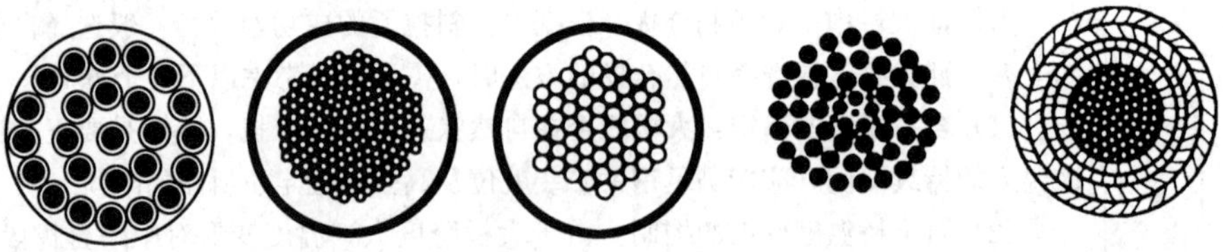

图 13.2-2　钢索的形式示意图

(*a*) 钢盘索；(*b*) 钢丝索；(*c*) 钢绞线索；(*d*) 单股钢绞缆；(*e*) 封闭式钢缆

（1）平行钢筋索：

① 平行钢筋索系由若干根高强钢筋平行组成，钢筋的直径自 $\phi 10 \sim \phi 16$，其标准强度不宜低于 1470MPa，索中各根钢筋借孔板彼此分隔，所有钢筋全穿在一根粗大的聚乙烯套管内，索力调整完毕后，在套管中注入泥浆对钢筋进行防护；

② 这种钢索配用夹片式群锚；

③ 平行钢筋索必须在现场架设过程中形成，操作过程复杂，而且由于钢筋的出厂长度有限，用于大跨斜拉桥时，索中钢筋存在接头，从而疲劳强度受到影响；

④ 进入 20 世纪 80 年代，钢筋拉索已很少采用。

（2）钢丝索：

① 将若干根钢丝，平行并拢、扎紧，穿入聚乙烯套管，在张拉结束后注入水泥浆防护，就成为平行钢丝索。这种索适于现场制作；

② 将若干根钢丝，平行并拢，同心同向作轻度扭绞，扭绞角 20°～40°，再用包带扎紧，最外层直接挤裹聚乙烯索套做防护，就成为半平行钢丝索。这种索挠曲性能好，可以盘绕，具备长途运输的条件，宜于在工厂中机械化生产；

③ 钢丝索配有用镦头锚或冷铸锚。目前钢丝索普遍使用 $\phi 5$ 或 $\phi 7$ 钢丝制作，要求钢丝的标准强度不低于 1570MPa；

审核人		交接人		接受交底人	

工程名称		施工单位		编号	
序号	项目	斜拉桥施工技术交底内容			
4 斜拉索施工	钢索的构造与性能	④ 半平行钢丝索由于可以在工厂内制作并配装锚具，不但质量有保证，而且极大地简化了施工现场的工作，因此正在逐步取代平地钢丝索。 （3）钢绞线索： ① 钢绞线的标准强度已达到 1860MPa，用钢绞线制作钢索可以进一步减轻索的重量； ② 索中的钢绞线可以平行排列，也可以集中后再加轻度扭绞，形成半平行排列。平行钢绞线索的防护有两种形式：一种是将整束钢绞线，穿入一根粗的聚乙烯套管，然后压注水泥浆；另一种是将每一根钢绞线，涂防锈油脂后挤裹聚乙烯护套，再将若干根带有护套的钢绞线，穿入大的聚乙烯套管中，并压注入水泥浆。集束后轻度扭绞的半平行钢绞线索的防护，采用热挤裹聚乙烯护套最为方便； ③ 一般而言，平行钢绞线索多半在现场制作，半平行钢绞线索则在工厂制作后运至工地。平行钢绞线索通常配用夹片群锚，先逐根张拉，建立初应力，然后整索张拉至规定应力。半平行钢绞线索也可以配用冷铸镦头锚。 （4）单股钢绞缆： ① 以一根钢丝为缆心，逐层增加钢丝，同一层内的钢丝直径相同，但逐层钢丝的捻向相反，最后形成一根单股钢绞缆； ② 用作斜拉索时，钢缆采用镀锌钢丝制作，最外层加涂防锈涂料； ③ 这种只能在工厂中生产的钢缆柔性好。可以盘绕起来运输； ④ 单股钢绞缆配用热铸锚，使用单股钢绞缆作拉索的斜拉桥较少。 （5）封闭式钢缆： ① 以一根较细的单股钢绞缆为缆心，逐层绞裹断面为梯形的钢丝，接近外层时，绞裹断面为"Z"形的钢铁丝，相邻各层的捻向相反，最后得到一根粗大的钢缆和用圆钢丝制成的单股钢绞缆，这种钢缆中的梯形或"Z"形钢丝相互间基本是面接触，各层钢丝的层面上也是面接触。这种钢缆结构紧密，具有最大的面积率，水分不易侵入，因此称为封闭式钢缆； ② 封闭式钢缆使用镀锌钢丝，绞制时可以在钢丝上涂防锈脂，最外层再涂防锈涂料防护； ③ 封闭式钢缆配用热铸锚具；封闭式钢缆只能在工厂中制作，盘绕后运送到施工现场。			
	斜拉索制作要求	（1）斜缆索色彩要求与制作：由聚乙烯材料作护套的斜缆索均为黑色。当设计要求采用涂料成彩色外盘时，应在斜缆索安装调试完成后进行，所用涂料必须具有抗老化的能力；当设计要求在工厂制索直接制成彩色外套时，则可以两次挤塑的工艺，在黑色护套挤塑完成后，继续加挤所需彩色护套。 （2）平行钢丝索的制作： ① 调直与防锈：未经镀锌的高强钢丝应堆放于室内，并防止潮湿锈蚀。使用前须注意调直，用调直机进行调直和除锈。经调直的钢丝其弯曲失高≤5mm/m，表面不能有烧伤发蓝的痕迹，并在调直后的钢丝表面均匀涂抹防锈油脂； ② 确定标准钢丝：每束缆索中应有 1 根钢丝，$0.1R_y^b$（R_y^b 为钢丝标准强度）应力下换算标准温度时的长度予以精确丈量后切断，作为该索的标准丝（样板丝），并在该丝两端涂色，用以区别于其余各根钢丝。其余各丝可略长于标准丝在通常情况下切断； ③ 钢丝排列夹紧定位：在编索平台上按锚板孔的位置将钢丝分层排列，并注意将标准			
审核人		交接人		接受交底人	

工程名称		施工单位		编号	
序号	项目	斜拉桥施工技术交底内容			

序号	项目	斜拉桥施工技术交底内容
4 斜 拉 索 施 工	斜 拉 索 制 作 要 求	丝安排在最外层，不可错位，然后用梳板将钢丝梳理顺直，再用特别的夹具，将梳理顺直的钢索夹紧定位，夹具间距一般可为 2m。夹紧的钢索断面应符合设计形状，且能保证钢丝之间相互密贴，无松动现象； ④ 内防腐处理：在夹紧定位后的钢丝须进行内防腐处理，一般可采用涂刷橡胶沥青防水涂料和包以玻璃纤维布的做法，要求涂料涂刷均匀，无空白漏涂现象，玻璃纤维布的包裹则应紧密重叠； ⑤ 平行索的内防护：平行钢丝索的外防护有多种处理方法，一般宜采用聚乙烯管做护套，安装后再在护套内压注特种水泥砂浆。因此，护套须能承受一定的内压并具有一定的防老化的能力。可根据设计所要求的直径与管壁厚度，由专业工厂制作，其分节长度可视工地现场及运输条件确定； ⑥ 护套安装：平行钢丝索的外防护是在内防护完成后，即可套入乙烯套管，要求将每节聚乙管接顺，并保持其接缝平整严密； ⑦ 堆放要求：平行索应保持顺直、平放、支点间距一般不应大于 4m，堆放场地要求干燥阴凉。堆放工地现场须有保护措施，以防碰撞破损缆索表面。 （3）钢绞线索的制作： ① 防锈、防伤：绞制钢索所用高强钢丝为未镀锌时，应用除锈、防锈油等作临时防腐措施；当采用镀锌钢丝时，也须注意在放丝绞制过程中防止擦伤镀锌； ② 绞制要求：钢丝应按设计断面进行排列定位，不能错位。钢索绞制的角度须严格控制在 20°～40°以内； ③ 缠绕紧密：钢索绞制成型后立即绕上高强复合带 2～4 层，要求绕缠紧密，经绕缠后的钢束断面形状应正确，且钢丝紧密无构动现象； ④ 热挤护套要求：热挤护套可采用低密度聚乙烯或高密度聚乙烯材料。根据设计决定的材料性能先用。聚乙烯材料中应掺有一定比例的碳，以提高抗老化能力。聚乙烯护套应紧裹在钢丝索外，在正常生产、运输、吊装过程中，不应脱壳。护套外观应光滑圆整，厚度偏差不大于 1mm； ⑤ 斜索长度：挤好护套后的缆索长度应大于成品索的设计长度，换算成标准温度在无应力状态下的长度，经精确丈量无误后将两端切齐，要求端面与缆索垂直，不能歪斜。
	锚 具	（1）锚具种类：斜拉索上的锚具，目前常用的有四种：热铸锚、镦头锚、冷铸镦头锚、夹片群锚。前三种锚具都可以事先装固在拉索上，称拉锚式锚具。配装夹片群锚的拉索，张拉时千斤顶直接拉钢索，张拉结束后锚具才发挥作用，所以夹片群锚双称拉丝式锚具。 1）热铸锚：将一个内壁为锥形的钢质套筒套在钢索上，然后将钢索端部钢丝散开，在套筒中灌入熔融的低熔点合金，合金凝固后，即和散开的钢丝的套筒内形成一个头小尾大的塞子。钢索受拉后，这一塞子在钢筒内越楔越紧，外界的拉力就可以通过钢筒，传递给钢索。习惯上，所套在钢索上的这个套筒称为锚杯。锚杯可以用螺纹、销键、垫块等多种方式定着在工程结构上。定着方式不同，锚杯的具体构造也不同（图 13.2-3）。用于张拉端的锚杯，必须备有能和张拉设备相连接的内螺纹。热铸锚适用于单股钢缆和封闭式钢缆；

审核人		交接人		接受交底人	

工程名称		施工单位		编号	
序号	项目	斜交拉桥施工技术交底内容			
4 斜 拉 索 施 工	锚 具	2）镦头锚：取一根钢丝，穿过孔板后，将末端镦粗，由于镦出来的疙瘩头已通不过板上的孔眼，钢丝的拉力就可传递到孔板上。当孔板上的孔眼数和钢索中的钢丝数相当时，这块孔板就能锚固整根钢索，国内均称这种锚具为镦头锚，见图 13.2-4 所示。 图 13.2-3　锚杯构造示意图 （*a*）销接式；（*b*）垫块式 1、3—锚环；2—拉杆；4—对开垫块；5—索孔垫脚板 图 13.2-4　镦头锚示意图 1—张拉端锚；2—固定端锚；3—螺母；4—索孔垫板；5—连接筒； 6—密封环；7—PE 套管 　① 设计镦头锚时，要验算镦头锚最外圈孔眼处的材料抗剪强度，并据此选定镦头锚锚板的厚度；镦头锚根据不同的使用场合，可以有不同的形式。用于张拉端镦头锚，一定要备有能和张拉设备相连接的螺纹，通常均留有内螺纹； 　② 镦头锚适用于钢丝索，具有良好耐疲劳性能；使用镦头锚时，必选用具有可镦性的钢丝。 　3）冷铸镦头锚： 　① 冷铸锚具的构造和热锚具相似（图 13.2-5），只是在锚杯锥形腔的后部增设了一块钢丝定位板，钢索中的钢丝线通过锚杯后，再各个穿过定板上的对应孔眼镦头就位。锚杯中的空隙，用特制的球氧混合料填充。环氧固化后，即和锚杯中的钢丝结合成一个整体； 　② 环氧混合料中必须加入铸钢丸，铸钢丸在混合料中形成承受荷载的构架。钢索受拉后，由于楔形原理，铸钢丸受到锚杯内壁的挤压，对索中的钢丝形成啮合，使钢丝获得锚固； 　③ 环氧混合料的固化温度不超过180℃，不会对钢丝的力学性能带来不利的影响；

审核人		交接人		接受交底人	

工程名称			施工单位		编号	
序号	项目	斜交拉桥施工技术交底内容				

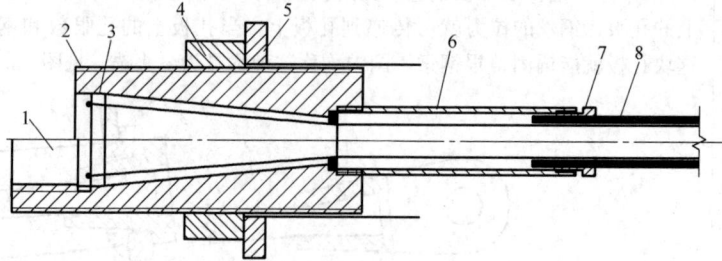

图 13.2-5 冷铸墩头示意图

1—张拉端锚杯；2—固定端锚杯；3—定位板；4—螺母；5—索孔垫板；
6—连接筒；7—密封环；8—PE 套管

④ 配装冷铸锚的拉索具有优异的抗疲劳性能，其耐劳应力幅大于 200MPa，完全能满足斜拉桥的要求；

4）夹片群锚：

在后张预应力体系中，用于锚固钢绞线束的夹片群锚已是成熟的技术。但是有粘结预应力筋中，对锚具的疲劳性能要求较低，而在斜拉桥中，如前所述中，粗大斜拉索类似的一根体外预应力索。在拉索上使用夹片群锚时，必须提高锚具的抗疲劳性能。为此用于斜拉索的夹片群锚具备一些特殊的构造。钢绞线索在进入群锚的锚板前必定要穿过一节钢筒、钢筒的尾端和群锚锚板间有可靠的连接，在斜拉索的索力调整完毕后，于钢筒中注入水泥浆。这样，拉索的静载由群锚承受，支载则在拉索通过钢筒时，获得缓解，从而减轻了群锚的负担，如图 13.2-6 所示。

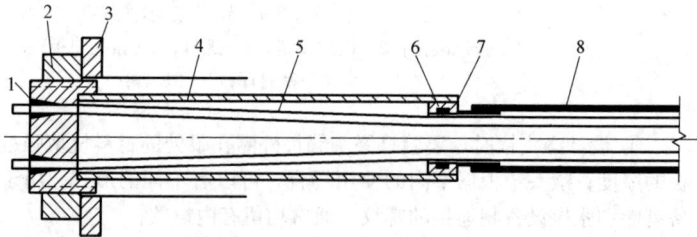

图 13.2-6 夹片群锚示意图

1—群锚锚板；2—螺母；3—索孔垫板；4—连接筒；
5—钢绞线；6—密封环；7—约束圈；8—PE 套管

（2）锚具配置有关要求：

① 成品索的检验与编号：长度切割正确的缆索，应在两端配置锚具，锚具配置完成后即为成品索。每根索经检验合格后应按编号挂牌，并附检验资料作为产品合格证书的附件；

② 冷铸锚具的组成及其相关要求：斜缆索的锚具大都采用冷铸锚具，每副冷铸锚具主

审核人		交接人		接受交底人	

452

工程名称		施工单位		编号	
序号	项目	斜交拉桥施工技术交底内容			
4 斜 拉 索 施 工	锚 具	要由锚环、锚板、约束圈、连接筒、螺母、后盖等部分组成。其所用钢材质量应符合有关标准。锚环、螺母是冷铸主要受力部件，应经探伤合格。冷铸锚具的主要部件的加工误差应符合有关规定，同一规格冷铸锚具的同类部件，应具有互换性； ③ 表面处理：锚环、螺母、接口、后盖等部件，当设计需要镀锌时，其镀锌量应不少于 $150g/m^2$。不镀锌的部件应妥善堆放于室内，避免生锈；如设计采用发黑工艺时，则应注意润色一致； ④ 钢丝镦头技术要求：钢丝穿过镦板后应进行镦头，镦头直径要求不小于钢丝直径的 1.5 倍，高度不小于钢丝直径；头形目视正直；允许有小于 0.1mm 纵向裂纹，不得有横向裂纹；钢丝在镦头夹紧部位不得有削弱断面。锚环孔眼直径应大于钢丝直径但不得超过 0.4mm； ⑤ 冷铸料的组成和要求：冷铸锚具所有的冷铸料由环氧树脂、固剂、稀释剂、增塑剂以及钢球等组成，所有的化工原料应符合有关工业标准，钢球应符合有关铸钢球的标准； ⑥ 冷铸料的级配和要求：冷铸料的级配应经计算确定，并应先作试块，当力学指标达到设计要求后方可采用。要求固化后的冷铸料在25℃时的抗压强度不应小于120MPa，60℃时不应小于70MPa。每灌制 1 只锚具应制作试块两组，在同条件下升温固化； ⑦ 冷铸料的浇筑：浇筑时，应先将锚具和钢丝束洁净无油垢（如锚环内应无锈、无油污，钢球应去锈去污等），并做好准备工作后，方能拌制冷铸料。冷铸料的配合应该精确计量，确保拌和均匀，然后浇筑。冷铸料和钢球的浇筑，须配备振动设备，确保浇筑密实； ⑧ 已浇筑锚具的升温固化：将已浇筑完成的锚具垂直吊放入烘箱进行升温固化，烘箱宜有自动控制温度的装置，以控制温度的升降，对于升降温速度必须按下列要求予以控制： $$\text{室温} \xrightarrow{1h} 700℃ \xrightarrow{2h} 1400℃ \xrightarrow{4h} 1800℃ \xrightarrow{5h} 5h \text{ 自然冷却至室温}$$ （3）缆索预拉及成盘（成圈）要求： ① 斜索预拉及预拉索力：无论是工地现场制作的平行钢丝缆索还是工厂绞制的钢缆索，在两端配置上冷铸锚具后，每根缆索均应经过预拉，预拉索力一般为设计索力的 150%。经预拉测定锚板的内缩值，不应大于 7mm（或根据设计规定），螺母与锚环应能灵活旋动； ② 预拉加荷要求及索长塑性变形量：预拉所用的千斤顶应按规定校验、标定。加荷要缓慢、均匀。加荷速度不大于 100MPa/min。加荷至初应力时（一般为预拉荷载的 5%～10%），测量该索长度，当加荷至设计索力的 150%时，持荷 5min，放松至初应力，再测量该索长。 ③ 斜索实际长度及容许差值 ΔL 小于下列规定： 索长 $L \leqslant 100m$，$\Delta L \leqslant 20mm$；$L > 100m$，$\Delta L \leqslant L/5000$ ④ 斜索的荷载试验：为检验缆索质量，可根据设计要求对缆索进行静载和支载试验。进行静载试验，要求实际破断索力不小于钢丝束设计破断索力的 95%，破断时钢丝束的延伸率不小于 2%。钢丝束的破断索力根据钢丝的标准抗拉强度及所有钢丝的截面积计算而得。在进行动载试验时，加载的上限，应满足设计要求； ⑤ 斜索成盘或成圈及其吊运绑扎要求：平行钢丝束应保持顺直平放，而工厂制的绞制钢索，则可按要求进行成盘或成圈，无论为成盘或成圈，其索圈的直径不能太小，一般宜大于索的直径 30 倍。当缆索成圈运输时，每盘索圈的绑扎不应少于 4 道，并为保护缆索表面不致受损，必须在索圈的外面包裹麻布之类的包装材料两层，要求包扎紧密，不露缆索表面。然后再在包装材料之外，在绑扎处垫衬橡胶之类的弹性材料，并宜绑扎时结合吊点考虑，以免另设吊点，有损索面。
审核人		交接人		接受交底人	

工程名称		施工单位		编号	
序号	项目	斜交拉桥施工技术交底内容			

4 斜 交 拉 索 施 工	挂 索 及 张 拉	(1) 施工技术要点:

（1）施工技术要点：

① 挂索是将拉索的两端，分别穿入梁上和塔上预留的索孔，并初步固定在孔端面的锚板上。张拉是用千斤顶对拉索的索力进行调整。索力的大小，根据各个不同的情况，经过计算后确定；不同的拉索，不同的锚具，不同的斜拉桥设计，要求采用不同的挂索和张拉方式；

② 配装拉锚式锚具的拉索，可以借助卷扬机，直接将锚具拉出索孔后螺母固定；当拉索长度超过百米，重量超过 5t，直接用卷扬机拉至连接杆露出洞口，即可完成挂索。对于更长更重的拉索，由于卷扬机的牵引力有限，连接杆的长度就要相应加大；

③ 根据拉索的长度 L，上下两端索孔锚板中心的几何距离 L_0，可以估算出牵引力为 T 时拉索上端离塔柱上相应索孔锚板端面的距离 ΔL；

$$\Delta L = L_0 - L + (W^2 L^2 \times L_0)/(24T^2) - TL/AE$$

④ 根据算出的 ΔL，选定连接杆的长度，最好能使牵引力为 T 时，连接杆能在张拉千斤顶的后方露出，由千斤顶接替卷扬机继续牵引，完成挂索；较长的连接杆，可以由几节组成，千斤顶拉出一节，比较方便。对于特长特重的拉索，卷扬机的牵引力有限，连接杆的长度也不能太长；

⑤ 在塔上的索孔中先穿入一束由若干根钢绞线组成的柔性牵引，并在千斤顶上附设一套钢绞线束的牵引装置。卷扬机将拉索提升，至连接杆到达塔外索孔进口附近，即可和钢绞线束连接，从而利用千斤顶的力量，将连接杆拉入索孔，完成挂索；

⑥ 除了在事先进行计算，确定所需的卷扬机能力和连接杆长度外，在挂索过程中还应校验计算值是否和实际相符。斜拉桥的结构特性，决定了施工时的挂索程序必定是由短到长。因此，根据先期挂索的实践，可以预计到下一根较长索的情况，及时对卷扬机的能力和连接杆的长度作调整；

⑦ 上海南浦大桥最长的拉索长 228m，每延米重 86kg。挂索时所用的连接杆由 3 节组成，长度接近 4m，牵引束由 7 根 $\phi 15$ 钢绞线组成，张拉千斤顶为带有钢绞线牵引装置的 YQL-600 型。由于事先对挂索方案、程序、机具作了统筹安排，所以全桥的挂索过程安全顺利，如期完成。杨浦大桥的拉索更长更重，最长的达 331m，每延米重 98kg，利用上述方法，也顺利完成挂索；

⑧ 对于配装拉丝式夹片群锚锚具的钢绞线拉索，挂索时先要在拉索上方设置一根粗大钢缆作为辅助索，拉索的聚乙烯套管先悬挂在辅助索上，然后逐根穿入钢绞线，用单根张拉的小型千斤顶调整好每根钢绞线的初应力，最后用群锚千斤顶整体张拉。新型夹片群锚拉索锚具，第一阶段张拉用拉丝方式，调索阶段可以使用拉锚方式。张拉及调整索力的过程中，要校核索力的增量和拉伸值的对应关系；

⑨ 拉索的伸量由两部分组成：拉索的弹性伸长量 ΔL_e 和拉索的垂度修正值 ΔL_f。当索中应力由 δ_1 增至 δ_2 时，只要分别计算 δ_1 和 δ_2 时的 ΔL_e 和 ΔL_f，由其差值，即可得到相应的计算伸长量 ΔL：

$$\Delta L = (\Delta L_e)_2 - (\Delta L_e)_1 + (\Delta L_f)_1 - (\Delta L_f)_2$$

实际上，张拉时索力增加，还会使桥面抬高，塔柱也向受力一方倾斜，这样就会使以张拉端索孔端板为基准，量出的拉索押量有所增大，具体的影响，要另作专门计算；

⑩ 大部分斜拉桥采用塔上的张拉方式，也有部分斜拉桥采用梁上张拉，但先挂索、后张拉索的程序不变。挂索、张拉属于起重和高空作业，必须周密考虑，采用最安全可靠的方

审核人		交接人		接受交底人	

工程名称			施工单位		编号	
序号	项目		斜交拉桥施工技术交底内容			

4 斜 拉 索 施 工	挂 索 及 张 拉	案，确保人员安全，顺利完成作业。所有的机具、设备、连接件，均应根据负荷选用。 　　(2) 缆索的安装要求： 　　① 安装方法和选用：斜缆索的安装，可根据索塔高度、斜缆索长度、缆索的刚柔程度、起重设备等条件和缆索护套的性能等情况选用。选用的安装方法，一般可为单点吊法、多点吊法、脚手架法、起重机吊装法及钢管法等。对于已制成的较硬或脆的外防护缆索，不得采用单吊点法安装； 　　② 在塔上张拉并向上安装斜拉索：如在塔上张拉并向上安装斜拉索时，塔上张拉端锚头上应安装连接器与引出杆，从锚箱管内伸出（引出杆所需长度与直径应根据计算确定），缆索吊升至引出杆的连接器外时，可即与缆索端的锚具连接。再由塔上锚箱内张千斤顶，将缆索张拉就位。缆索锚引出就位后应将引出的千斤顶、引出杆、连接器等拆除，再按设计要求的索力进行纠正张拉； 　　③ 在塔上张拉并向下安装斜拉索：如在塔上张拉并向下安装斜缆索时，可待缆索吊升至安装高度后，牵引钢丝绳可自塔上铺缆管道内引出并拴住张拉端锚具，配合起重机的提升将锚具自锚箱管道中伸出，并旋紧锚具的螺母，使之初步定位，然后再用特制的夹具将锚固端锚具伸入主梁锚箱的管道内并初步旋紧定位，然后再按设计要求索力进行张拉； 　　④ 斜拉索安装、张拉顺序与张拉力控制：各斜缆索的安装、张拉顺序以及张拉力的调整次数应按照设计规定办理；各斜缆索的安装、张拉顺序以及张拉力控制，以延伸值作为校核。在斜缆索的张拉过程中，必须同时进行梁段高程和索塔变位的观测并与设计变位值比较。如果标高与张拉力有矛盾时，一般可以标高为主进行控制，但当实际张拉力与设计张拉力相差过大，应查明原因，并与设计单位商讨，采用适当方法进行控制调整； 　　⑤ 同步张拉的要求：索塔顺桥两向两侧和横桥向两侧对称的缆索组应同步张拉，中孔无挂梁的连续与两端索塔和主梁两侧对称位置的缆索亦应同步张拉，同步张拉的缆索，张拉中不同拉力相对差值，不得超过设计规定。如设计无规定时，不得大于张拉力的 10%，不同步拉力使塔顶产生的顺桥向偏移值不得大于 $H/1500$（H 为桥面起算的索塔高度）。此值见《公路桥涵施工技术规范》JTG/T F50—2011。两侧不对称的缆索或设计拉力不同的缆索，应按设计规定的拉力，分阶段同步张拉； 　　⑥ 各斜索的拉力测定和调整：斜缆索张拉完成后，应使用振动频率测力计（或索力测索周期仪、数学测力仪等可选用其一）测验各缆索的张拉力值，每组及每索的拉力误差均应控制在 10%（如设计规定时应按设计规定办理）。如有超过应进行调整。调整时可以超过设计拉力值最大或最小的缆索开始调整（放松或拉紧）到设计拉力。在调整拉力时应对索塔进行位移观测。各斜缆索的拉力调整值和调整顺序应会同设计单位决定； 　　⑦ 锚具安装轴线与临时防护：斜缆索两端锚具轴线和孔道轴线容许偏差为 5mm。锚具的孔道在未封口前，应临时予以防护，防止雨水侵入和锚头被撞击； 　　⑧ 聚乙烯护套内压注水泥浆时的要求：由平行钢丝束作缆索，如采用聚乙烯护套时，一般在索力调整完成后用套管内压注水泥浆防护法。所用水泥采用 52.5 级水泥，水灰比不宜大于 0.35；为尽量减少水泥浆的收缩率，宜掺入有微膨胀功能、又不腐蚀钢材的外掺剂。水泥浆的抗压强度应 ≥30MPa。水泥浆的压注压力一般可控制在 0.6～0.7MPa 之间，并应自下向上压注；当索高度超过 50m 时可分段向上压注。每次压注均在压注段上端的透气孔溢出与压入相似稠度的水泥浆时，方能表明该段索长已压注密实。压注完成后及时清除残留在缆索表面、塔身的水泥浆。

审核人		交接人		接受交底人	

工程名称		施工单位		编号	
序号	项目	斜交拉桥施工技术交底内容			
5 施工控制	施工管理	(1) 主梁恒载的误差对结构内力和变形的影响较为显著，应在技术上、管理上采取有效的措施将误差减小到最低程度。同时对施工荷载也要严加管理，因为它对结构内力和变形的影响同样不容忽视。 (2) 在管理中要及时完成各项施工测试任务，采集的数据应准确、可靠，它们是施工控制的重要依据。 (3) 严格按规定的施工程序进行安装架设。施工中如出现施工荷载或架设方案发生较大变更的情况，则应根据变更后的施工荷载或架设方案重新进行施工计算，以便获得与此相应的施工控制参数理论值，从而保证理论计算模式与实际施工过程一致。 (4) 工程实践表明，斜拉桥施工中理论值与实测值偏离的程度不仅与测量、千斤顶张拉存在误差，以及理论计算时设计参数与实际工程中表现出来的参数不一致等随机因素有关，而且与施工中是否严格按预定的施工顺序进行架设等人为因素密切相关。			
	施工测量	施工测试是施工控制的重要组成部分。通过测试所获得的斜拉桥在施工阶段结构内力和变形的第一手资料是施工控制、调整的主要依据，同时它也是监测施工、改进设计、确保结构在施工过程中安全的重要手段。施工测试的内容主要包括如下几个方面： (1) 变形测试：主要观测主梁轴线偏差和塔柱水平位移的变化情况。通常使用（精密）水准仪、经纬仪、倾角仪等测量仪器。 (2) 应力测试：主要测定斜拉索索力、支座反力和主梁、塔柱的应力在施工过程中的变化情况。一般使用千斤顶油压表、荷载传感器或激振法、随机振动法等测定斜拉索的索力，主梁塔柱应力测量则使用各种应变仪（应变片）或测力计等。 (3) 温度测试：主要观测主梁、塔柱和斜拉索的温度（温度场）以及主梁校直、塔柱位移等随气温和时间变化的规律。斜拉桥的主梁为预制钢梁时，合拢段施工前温度测试对于合拢温度的选择和合拢段预制长度的确定具有重要的指导作用。			
审核人		交接人		接受交底人	

13.3 悬索桥施工技术交底

悬索桥施工技术交底   表 13-3

工程名称		施工单位		编号	
序号	项目	悬索桥施工技术交底内容			
1 概述	结构形式与构造特点	(1) 概述：悬索桥施工主要有：锚碇、塔、主缆和加劲梁的制作和安装。其中以主缆及其附件的制造安装最具有特色。如图 13.3-1 所示。 (2) 主缆：是悬索桥的主要承重结构，可由钢丝绳组成，也可用平行钢丝组成。大跨度悬索桥的主缆普遍使用平行钢丝式，可采用预制平行钢丝股架设法，也可采用控制纺丝法架设。 (3) 锚碇：是锚固主缆的结构，主缆的丝股通过散索鞍分散开来锚于其中。根据不同的地质情况可修成不同形式的锚碇，如重力锚、隧道锚等。			
审核人		交接人		接受交底人	

工程名称			施工单位		编号	
序号	项目		悬索桥施工技术交底内容			
1 概述	结构形式与构造特点	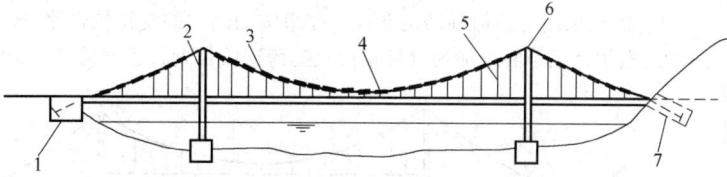图 13.3-1 悬索桥主要构造示意图 1—重力式锚碇；2—索塔；3—主缆；4—索夹；5—吊索；6—主索鞍；7—隧道式锚碇 （4）索塔：是支撑主缆的结构，主缆通过主索鞍跨于其上。根据具体情况可用不同材料修建，国内多为钢筋混凝土塔，国外钢塔较多。 （5）加劲梁：是供车辆通行的结构。根据桥上的通车需要及所需刚度可选用不同的结构形式，如桁架式加劲梁、扁平箱形加劲梁等。 （6）吊索：它通过索夹把加劲梁悬挂于主缆上。大跨径悬索桥的结构形式根据吊索和加劲梁的形式可分为以下几种： ① 采用竖直吊索，并以钢桁架作为加劲梁，如图 13.3-2 所示； 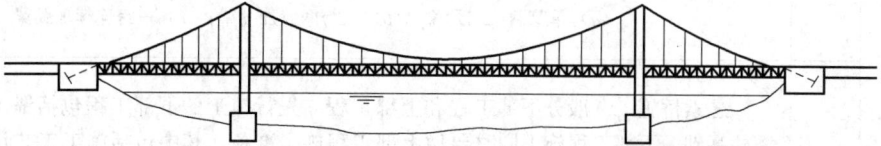图 13.3-2 采用竖直吊索桁架式加劲梁的悬索桥示意图 ② 采用三角形布置的斜吊索，以扁平流线形钢箱梁作为加劲梁，如图 13.3-3 所示； 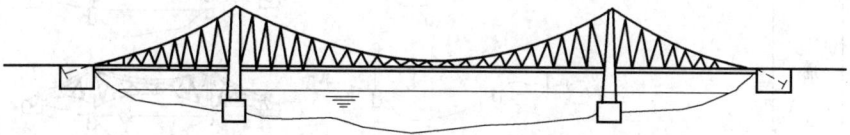图 13.3-3 采用斜吊索钢箱加劲梁的悬索桥示意图 ③ 前两者混合式，即采用竖直吊索和斜吊索，流线形钢箱梁作为加劲梁； ④ 除了有一般悬索桥的缆索体系外，还设有若干加强用的斜拉索，如图 13.3-4 所示； 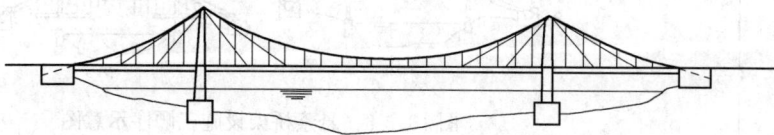图 13.3-4 带斜拉索的悬索桥示意图				
审核人			交接人		接受交底人	

工程名称		施工单位		编号	
序号	项目	悬索桥施工技术交底内容			

1 概 述	结 构 形 式 与 构 造 特 点	⑤ 无论采用上述何种结构形式，如果按加劲梁的支撑构造来分，又可分为单跨两绞加劲梁悬索桥、三跨两绞加劲梁悬索桥及三跨连续加劲梁悬索桥等，如图 13.3-5 所示。 图 13.3-5　按支撑构造划分悬索桥形式 （a）单跨两绞加劲梁；（b）三跨两绞加劲梁；（c）三跨连续加劲梁
	施 工 工 序	悬索桥施工一般分下部工程和上部工程。先行施工的下部工程包括锚碇基础、锚体和塔柱基础。下部工程施工同时要做上部工程施工准备，其中包括施工工艺设计、施工设备购置或制造，悬索桥构件加工等。上部工程一般分为主塔工程、主缆工程和加劲梁工程。从基础施工开始到加劲梁架设的施工工序如图 13.3-6 所示。 图 13.3-6　悬索桥架设施工顺序示意图 （a）基础施工；（b）塔柱和锚碇施工；（c）先导索渡海工程；（d）牵引系统和猫道系； （e）猫道面层和抗风缆架设；（f）索股架设；（g）索夹和吊索安装；（h）加劲梁架设

审核人		交接人		接受交底人	

工程名称		施工单位		编号	
序号	项目	悬索桥施工技术交底内容			

2

锚
碇
施
工

碇结构类型

（1）锚碇是主缆锚固装置的总称，悬索桥的主要承重构件，要抵抗来自主缆的拉力，并传给地基基础，由混凝土锚块（含钢筋）及支架、锚杆、鞍（散索鞍）等组成。锚碇按受力形式可分为重力式锚碇和隧道式锚碇，如图13.3-7所示。重力式锚碇依靠巨大的重力抵抗主缆拉力，隧道式锚碇的锚体嵌入，借助基岩抵抗主缆拉力。

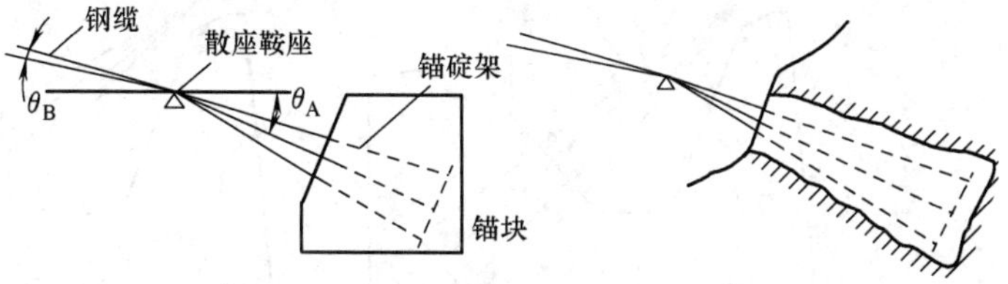

图13.3-7 锚块
（a）重力式；（b）隧道式

（2）若锚碇处有坚实岩层靠近地表，修建隧道锚（或称岩洞式锚）有可能比较经济。美国华盛顿桥新泽西岸锚碇是隧道式，其混凝土用量22200m³，较之于续约岸锚碇所用混凝土及花岗岩镶面工程量107000m³，仅为其21%。但隧道锚有传力机理不明确的缺点。美国金门大桥原设计两端部都用隧道锚，但考虑到隧道锚块混凝土将力传给周围基岩机理不明确，于是总工程师改变决定，全部采用重力式锚碇。

（3）有坚实基岩层靠近地表也可以采用重力式锚，让锚块嵌入基岩，使位于锚块前的基岩凭借承压来抵抗主缆的水平力。如我国1995年建成的汕头海湾大桥，就是利用两岸山体岩层，设计为重力前锚碇。巨大的主缆拉力通过锚杆、后锚梁、锚块混凝土，均匀传递给基岩。

虎门大桥的东锚碇也为山后重力式锚。若坚实基岩位于桥面之下深度不过30~50m，可修建直接坐落在基岩上的锚块。

主缆锚固体系

（1）锚固体系结构类型：
1）据主缆在锚块中的锚固位置可分为后锚式和前锚式。前锚式就是索股锚头在锚块前锚固，通过锚固系统将缆力作用到锚体。后锚式即将索股直接穿过锚块，锚固于锚块后面，如图13.3-8所示。前锚式因具有主缆锚固容易、检修方便等优点而运用于大跨悬索桥中；

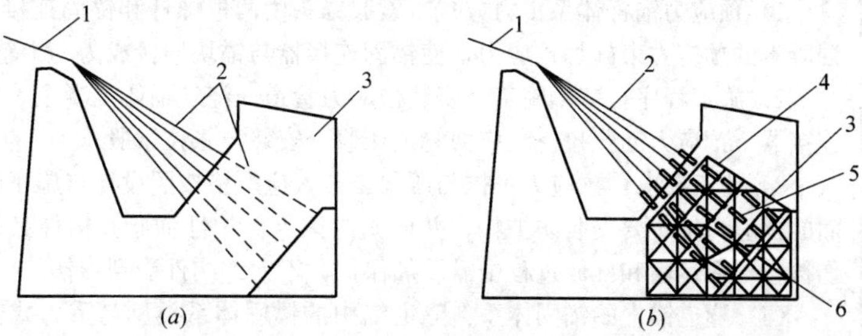

图13.3-8 主缆锚固系统
（a）后锚；（b）前锚；
1—主缆；2—索股；3—锚块；4—锚支架；5—锚杆；6—锚梁

审核人		交接人		接受交底人	

工程名称		施工单位		编号	
序号	项目	悬索桥施工技术交底内容			

2）前锚式锚固系统又分为型钢锚固系统和预应力锚固系统两种类型。型钢锚固系统又有直接拉杆式和前锚梁式。预应力锚固系统按材料不同可分为粗钢筋锚固形式和钢绞线锚固形式，如图 13.3-9 所示。

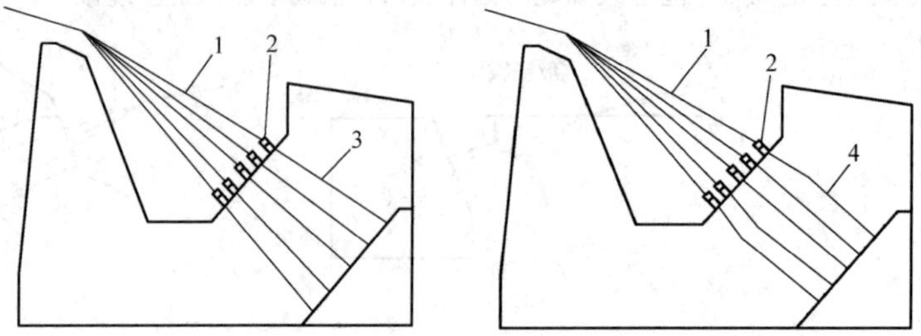

图 13.3-9　预应力锚固系统

（a）粗钢筋锚固；（b）钢绞线锚固

1—索股；2—螺杆；3—粗钢筋；4—钢绞线

（2）型钢锚固系统施工：型钢锚固系统主要由锚架和支架组成。锚架包括锚杆、前锚梁、拉杆、后锚梁等，是主要传力构件。支架是安放锚杆、锚梁并使之精确定位的支撑构件。

1）施工程序：锚杆、锚梁等工程制造→现场拼装锚支架（部分）→安装后锚梁→安装锚杆（与锚支架)→安装前锚梁→精确调整位置→浇筑锚体混凝土；

2）施工要点：所有构件安装均应按照钢结构施工规范的要求进行：

① 锚支架安装，将散件运至现场拼装而成，为了提供效率，可将若干杆件先拼接成片，后再逐片安装。其中一部分支架安装工作与安装锚杆是穿插进行的，锚杆由下至上逐层安装，每安装完一层要拼装相应的支架与托架后才能安装另一层锚杆；

② 根据设计要求，锚杆与混凝土之间可以是无粘结的或有粘结的。如果是无粘结的，为了使锚杆能明确地将索力传递至锚梁，应使锚杆表面与混凝土处于无粘结状态；

③ 由于锚杆和锚梁质量巨大，要注意锚支架特别是锚梁托架的刚度，必要时可采取加固措施，防止支架变形而严重影响锚杆位置的精度。

（3）预应力锚杆体系施工：

1）预应力锚杆体系传力方式：索股锚头由两根螺杆和锚固连接器相连，再对穿过锚块混凝土的预应力束施加预应力，使锚固连接器与锚块连接成为一个整体，承受索股的拉力；

2）施工程序：基础施工→安装预应力管道→浇筑锚体混凝土→穿预应力筋→安装锚固连接器→预应力筋张拉→预应力管道压浆→安装与张拉索股；

3）施工要求：预应力张拉与压浆工艺，应严格按照设计与施工规范的要求进行。前锚面的预应力锚头要安装防护帽，并向帽内注入保护性油脂。构件必须进行超声波和磁粉探伤检查，在运输和堆放过程中需严加保护，不允许构件受到损伤。

（4）隧道锚中的锚固体系：隧道锚中的锚固体系类型与重力式锚碇的锚固体系大致相同。但由于洞内空间较小、坡度陡，安装难度相对较大。运送构件到洞内较多采用轨道滑溜的方法，然后采用小型起吊设备安装。长大构件在洞内位移、翻转困难，施工中，各构件应严格按照从下而上的顺序搬运，随放随装。

序号 2　项目：锚碇施工　主缆锚固体系

审核人		交接人		接受交底人	

工程名称		施工单位		编号	
序号	项目	悬索桥施工技术交底内容			

序号	项目	内容
2 锚碇施工	散索鞍安装与精度控制	（1）底座板定位：底座板通过在散索鞍混凝土基础中精确预埋螺栓而固定在基础上，调整好板面标高与位置后，在板底和四周浇筑高强度膨胀混凝土，使之稳固。每个座板都有多个螺栓，只有保证每个螺栓的位置精确，才能进行安装。 （2）安装散索鞍：安装好底座板以后，开始安装散索鞍。由于散索鞍与底座的连接是绞接，在主缆架设好之前散索鞍不能自立，必须在基础混凝土中预埋型钢支撑架，一方面用于支撑鞍体，另一方面用于调整位置精度，准确定位。 （3）散索鞍施工精度要求：散索鞍位置的精度直接影响主缆及散索股的空间角度，从而影响主缆的受力状况。因此，对散索鞍的安装精度要求必须严格控制。
3 索塔	索塔施工	（1）混凝土塔柱施工：塔身施工的模板工艺目前主要有滑模、爬模、翻模等三大类型。塔柱竖向主钢筋的接长可采用冷压套管连接、电渣焊、气压焊等方法。 （2）钢塔施工：我国已建成的大悬索桥都采用钢筋混凝土塔，钢塔在悬索桥中的使用尚无先例。而国外的悬索桥大多数采用钢塔，钢塔的施工方法也不尽相同。根据索塔的规模、结构形式、架桥地点的地理环境以及经济性等可选用浮吊、塔吊和爬升式吊机等三种。 ①浮吊法：可将索塔整体一次起吊的大体积架设方法，可显著缩短工期，但对应于浮吊起重能力、起吊高度有限，使用时以80m以下高度的索塔为宜。 ②塔吊法：在索塔安装与索塔完全独立的塔吊进行索塔架设。由于索塔上不安装施工用的机械设备，因而施工方便，施工精度易于控制，但是塔吊及其基础费用较高。 ③爬升式吊机法：这是先在已架设部分的塔柱上安装导轨，使用可沿导轨爬升的吊机吊装的架设方法，如图13.3-10所示。这种方法虽然由于爬升式吊机支持在索塔塔柱上，索塔铅垂度的控制需要较高的技术。 图13.3-10　爬升式吊机施工顺序
	主索鞍施工	（1）安装塔顶门架：按照鞍体质量设计吊装支架及配重起重设备。支架可用贝蕾架、型钢或其他构件拼装，固定在塔顶混凝土中的预埋件上。起重设备一般采用卷扬机、滑轮组，当构件吊至塔顶时，以手拉葫芦牵引横移到塔顶就位。 （2）钢框架安装：钢框架是主索塔的基础，要求平整、稳定。一般在塔柱顶层混凝土浇筑前预埋数个支座，以螺栓调整支座面标高至误差小于2mm，然后将钢框架吊放在支座上。 （3）吊装上下支撑板：首先检查钢框架顶面标高，符合设计要求后清理表面和四周的销孔，然后开始吊下下支撑板。下支撑板就位后，销孔和钢框架对齐销接。在下支撑板表面涂油处理后安装上支撑板。 （4）吊装鞍体：鞍体因质量大，吊装施工需认真谨慎，要稳、慢、轻，不得碰撞。入座后用销钉定位，要求底面密贴，四周缝隙用黄油填实。
审核人		交接人		接受交底人	

工程名称		施工单位		编号	
序号	项目	悬索桥施工技术交底内容			

4 主缆工程施工 — 施工程序

锚碇和索塔工程完成以后，紧接着就是主缆工程，包括主缆架设前的准备工作，主缆架设、防护以及收尾工作。工作难度大，工序繁多，主缆工程施工程序如图 13.3-11 所示。

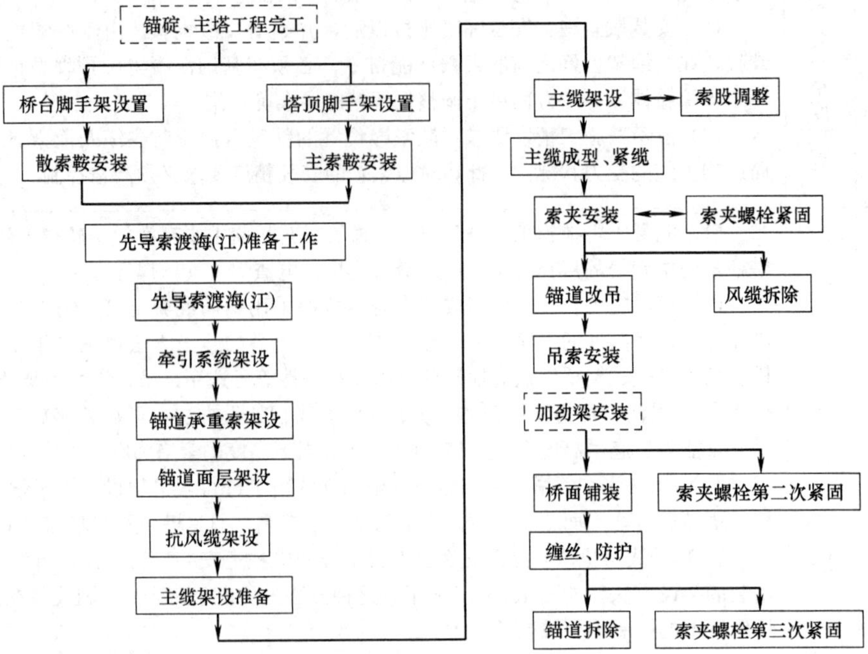

图 13.3-11　主缆工程施工程序图

主缆架设

（1）概述：悬索桥的钢缆有钢丝绳钢缆和平行线钢缆。前者一般用于中、小跨度的悬索桥，后者主要用于主跨为 500m 以上的大跨悬索桥。平行线钢根据架设方法分为空中送丝法（AS法）及预制索股法（PWS法）。

（2）空中送丝法：主要包括如下内容：

1）用空中送丝法架设主缆。在桥两岸的塔和锚碇等都已安装就绪后，沿主缆设计位置，在两岸锚碇之间布置一端牵引绳上某处，且将缠满钢丝的卷筒放在一岸的锚碇旁，从卷筒中抽出钢丝头，暂时固定在某靴跟（可编号为 A）处，称这一钢丝头为"死头"。继续将钢丝向外抽，由死头、送丝轮和卷筒等正在输送的丝形成一个钢丝套圈，用动力机驱动牵引绳，于是送丝轮就带着钢丝送向对岸。在钢丝套圈送到对岸时，就用人工将套图从送丝轮上取下，套到其对应的靴跟（可编号为 A'）上；

2）图 13.3-12 为送丝工艺意图。随着牵引绳的驱动，送丝轮又被带回这岸，取下套圈套在靴跟 A 上，然后又送向对岸。这样进行上百次，当其套在两岸对应靴跟（例如 A 及 A'）上的丝数达到一丝股钢丝的设计数目时，就将钢丝"活头"剪断，并将该"活头"同上述暂时固定的"死头"用钢丝连接器连起来。这样，一根丝股的空中编制就完成了；

3）在上述基本原理基础上，可以采取多种提高工效的措施。如果对岸也有卷筒钢丝，可以利用刚才所说的送丝轮在其返程中另带一钢丝套圈到这岸来，对面是另一对编号为 B、

审核人		交接人		接受交底人	

工程名称		施工单位		编号	
序号	项目		悬索桥施工技术交底内容		
4 主缆工程施工	主缆架设	B′的靴跟之间进行编股。又沿无端牵引绳可以设置两个送丝轮，两轮的间距为：当甲轮从这岸驶向对岸时，乙轮正好从对风岸驶向这岸，而且两岸都有送筒钢丝，于是就可以同时在C、C′和D、D′靴跟之间编制另两丝股。这就是"以四根丝股为一批"的安排。再者，对于送丝轮扣牢在牵引绳上的两个点而言，每点可以不只设一轮，例如美国金门桥是设四轮，而且每个送丝轮上的缠槽路也可以不止一条； 图 13.3-12　送丝工艺示意图 1—卷筒钢丝；2—平衡重；3—钢丝；4—无端牵引绳；5—锚道；6—送丝轮；7—靴跟 A；8—锚杆 4) 空中关丝法扩缆每一丝股内的钢丝根数约为 300～600 根，再将这种丝股配置成六角形或矩形并挤紧而成为圆形。它的施工必须设置脚手架（猫道）、配备送丝设备，还需有稳定送丝的配套措施。为使主缆各钢丝均匀受力，必须对主缆钢丝长度和丝股长度分别进行调整，还应及时进行紧缆和缠缆。 (3) 预制索股法： 1) 用预制索股法架设主缆是 1965 年间在美国发展起来的，其目的是使空中架线工作简化。自用于 1969 年建成的纽波特桥以后使用逐渐广泛，我国 20 世纪末建成的汕头海湾大桥、虎门大桥、四陵大桥、江阴长江大桥都是采用这个方法； 2) 预制股张束 61 丝、91 丝或 127 丝，再多就太重了。两端嵌固热铸锚头，在工厂预制先配置成六角形，然后挤紧成圆形。架设的过程同空中送线法一样，但在猫道之上要设置导向滚轮以支持绳股； 3) 虎门大桥每股 127 丝，每丝直径 5.2mm，每根主缆 110 束，采用站架式拽拉器穿过导轮组作往复运动。索股前端与拽拉器连接，使得索股前端约 30m 长悬在空中运行，而索股后段则支撑在导向滚轮上运。此方式也可用于空中送法。
5 加劲梁架设	架设施工	(1) 加劲梁架设的主要工具是缆载起重机。架设顺序可以主跨跨中开始，向桥塔方向逐段吊装；也可以从桥塔开始，向主跨跨中及边跨岸边前进。 (2) 以往加劲梁多用钢桁架，其架设方式也像钢桁架桥那样，从桥塔开始向主跨跨中和岸边逐段吊装。在每一梁段拼好以后，立即将其与对应的吊索相连，使其自重由吊索传给主缆。对于三跨悬索桥而言，一般需要 4 台缆载起重机，分别从两塔各向两个方向前进。边跨和主跨的跨径比各桥不同，为了使塔顶纵向位移尽可能小，当主跨拼成多段时，边跨应拼几段，应该进行推算。
审核人		交接人		接受交底人	

工程名称		施工单位		编号	
序号	项目	悬索桥施工技术交底内容			

| 5

加
劲
梁
架
设 | 架
设
施
工 | （3）从桥塔开始吊的优点是施工比较方便，缺点是桥塔两侧的索夹首先夹紧，此时主缆形状与最终几何线形差别最大，因而主缆中的次应力较大。汕头海湾大桥就是采用这种方式，如图13.3-13所示。海湾大桥混凝土加劲箱梁主跨有73段，边跨各24段，首先将预制段从预场纵、横向下海，用铁驳浮动到呼跨主缆下定位，用锚固在主缆索夹上的800kN缆载吊机垂直起吊安装。每安装一梁段之后，吊机向前移6m，锚固到下一对索夹上，做下一梁段的吊装准备。吊装时，采用4点吊装法。

（4）当加劲梁的重力逐渐作用到主缆上，主缆将产生较大的位移，改变原来悬链线的形状，所以在吊装过程中缘一般都顶紧而下缘张开，直至全部吊装完毕下缘才闭合。如果强制使下缘过早闭合，结构或其连接件有可能因强度不够而破坏。合理的做法应该是：在架设的开始阶段，使各梁段在此缘绞接，而使下缘张开。这些上缘绞接的梁段应具备整体以横向抗弯抵抗横向风荷载的能力。待到一部分梁段业已到位，主缆线形也比较接近最终线形时，再将这一部分梁段下缘强制闭合，当然必须通过施工控制确认此时闭合是结构和其连接件都能够承受的。

图13.3-13　门架拽拉器牵引方式
1、4—牵引索；2—导轮组；3—拽拉器；5—大缆；6—锚道门架；7—索股；8—锚道

（5）英国1966年建成的塞文桥梁段吊装是从跨中开始，向桥截方向前进。如果边跨较长，为避免塔顶产生过大的纵向位移，应从两岸向桥塔方向同时吊装边跨梁段，如图13.3-14所示的就是汕头海湾大桥吊装示意图。这种吊装顺序的主要优点是：在架设桥塔附近的加劲梁段时，主缆线形已非常接近最终形状，此时将桥塔附近的索夹夹紧，主缆的永久性角位最小。虎门大桥（边跨无加劲梁）主跨39个梁段，其吊装次序就是先吊跨中段再从跨中对称向两桥塔前进，直至全桥合拢。

图13.3-14　汕头海湾大桥吊装示意图
1—缆载起重机；2—加劲梁预制块 |
| 审核人 | | 交接人 | | 接受交底人 | |

工程名称		施工单位		编号	
序号	项目	悬索桥施工技术交底内容			
6 防 腐 涂 装 工 程	加 劲 钢 箱 梁 防 腐 涂 装	对于用中型钢板（厚度 6～14mm）全焊而成的加劲钢箱梁，通常采用下述防腐涂装方式： （1）整个梁体分三部分进行防护（图 13.3-15）： 图 13.3-15　梁体防护区域划分示意图 ① 由于钢箱梁呈封闭箱体，其内壁几乎不能重涂油漆，可以采用干燥空气防护； ② 对行车道部分沥青混凝土防水层下的钢桥面只涂长效漆底； ③ 对外壁即底板、斜腹板、上腹板外露在大气中，可以进行重涂，一般采用多层油漆防护，要求使用寿命为 15 年，即 5 年小修，15 年大修。 （2）钢箱梁外壁涂装体系的选配：虎门大桥悬索桥加劲钢箱梁采用了长效防腐涂装体系，底漆为高模数水基原浆型，无机富锌底漆，封闭漆为环氧云铁，中间漆也为环氧云铁，面漆为 HDI 丙烯酸聚氨酯。 （3）底漆的选用：虎门大桥悬索桥原设计底漆为水基型的无机富锌漆，这是因为水基型富锌漆是近年发展起来的防腐性能优良的底漆。由于水基型的无机富锌漆工艺、性能缺乏了解，加上工期等原因，虎门大桥悬索桥实际施工所用的底漆为溶剂型的无机富锌漆。 （4）各层涂装的作用：防腐涂层是由起防腐作用的底漆、具有耐候性及对外起屏蔽作用的面漆和增加两者之间附着性的中间漆等功能各异的涂层组成： ① 底漆与被保护的金属本体直接接触，附着金属表面起防蚀保护作用，是涂层体系的"内卫"，对涂层的寿命长短有重要影响；封闭漆用来封闭底漆的微孔，不使有腐蚀物质进入底漆内部，并加强涂层间的结合力，一般采用稀释 50% 的环氧云铁油漆； ② 中间漆主要起阻隔作用，防止水分及腐蚀性介质渗透，并使底漆和面漆结合更好，一般使用环氧云铁油漆。面漆保护中间漆和底漆，要求油漆具有优越的耐候性和抗老化性，保光、保色好，漆膜坚硬光滑，具有良好的耐盐雾、耐潮湿性能，一般采用 HDI 丙烯酸聚氨酯漆。 （5）各个部位油漆涂装的时机和方法： ① 箱梁内壁的薄层油漆可采用下述方法：在箱体拼成后，再除去车间底漆，重新全面覆涂。并尽快安装除湿系统。另外，也有加强车间底漆，在箱梁节间拼成后，只对车间底漆损伤部分和焊缝部分进行补涂； ② 钢箱梁的外涂装：钢箱梁节段制作完成后进行，其面漆可全部在吊装前涂完，也可留一道面漆在整个钢箱梁做成后，利用检查车在跨间（现场）进行； ③ 钢箱梁顶板（即桥面板）的防腐底漆施工的时机有两种：在钢箱梁整体焊接完成后，在铺设沥青混凝土和防水胶之前进行；在钢箱梁节段组装场内进行。这种方式好处在于喷砂除锈，喷底漆施工进度快，但缺点是不易保证质量。

审核人		交接人		接受交底人	

工程名称		施工单位		编号	
序号	项目	悬索桥施工技术交底内容			

序号	项目	悬索桥施工技术交底内容
6 防 腐 涂 装 工 程	表 面 处 理	（1）一次表面处理也称原板处理： 1）为防止钢板在制造箱梁过程中锈蚀，通常在制造钢箱梁之前对原材料钢板涂车间底漆，为了使车间底漆的漆膜能牢固地附着在钢板面上，发挥良好的防锈作用，必须除去钢板上的氧化皮、铁锈、油脂等有害物质，而且，为了改善附着性，获得有效的防锈膜厚，钢板面必须要有适当的粗糙度； 2）处理表面清洁度必须达到 Sa2.5 级，粗糙度达到 $Ra30\sim Ra40\mu m$； 3）使用的研磨料类型没有特别的规定，一般将钢丸、钢砂、钢丝切制粒混在一起使用，混合比例要根据除锈度和表面光洁度的要求而定。表面处理后要尽量在短时间内涂长效底漆或车间底漆，防止钢板再生锈。 （2）二次表面处理：所谓二次表面处理，是指在钢箱梁节段制造工序全部完成后，在进行"永久"防腐涂装之前对箱梁外壁钢板面进行的一次处理作业。二次表面处理比一次表面处理的要求高，必须将钢板上原涂有的车间底漆彻底清除干净： 1）喷砂前应首先彻底清除残存表面的焊渣、飞溅物、针孔和毛刺等，锋刺的边角必须打磨成 2mm 的圆角；再用溶剂或中性的高压水清洗其表面，彻底清洗掉油脂盐水及其他的脏物。然后进行喷砂； 2）喷砂必须在全天候的专用厂房内进行，严禁在室外除锈作业。其室内温度高于露点 3℃，相对湿度≤80%。所用磨料为砂粒直径 16～40 目，干燥、清洁，不含油脂、盐分等有害物质的棱角砂或铜矿砂。喷砂用的压缩空气须经过过滤，不应含有油质，水分也不应超过 0.39%；空气压力大于 0.6MPa。 （3）表面处理质量标准： 1）清洁度：所涂装的表面应达到国家的要求，将表面所有的锈物全除去，使钢板画完全呈现金属色，并在喷底漆前用干净的高压空气吹去灰尘； 2）表面粗糙度：要求二次表面处理的粗糙度必须达到 $Ra30\sim Ra40\mu m$。为达到规定的除锈度和粗糙度的要求，在作业前应对研磨的粒度、喷嘴口径、压缩空气压力、喷射角度、喷射速度、喷射时间要预先试验确定，并对操作手进行培训和技术交底。
	涂 装 施 工	（1）涂料准备：在调配涂料前，应先核对油漆的种类、名称是否符合使用规定，施工单位应对批量油漆的主要性能指标和黏度、附着力、干燥时间等进行检验；涂料开罐后，应充分搅拌均匀。对喷涂的涂料须经过滤；对双组分涂料，在使用前将甲、乙组分按规定的调配比例混合并搅拌均匀、熟化，准备使用。混合后如超过使用期，则不得使用；配制油漆的容器必须干净；涂料应按涂装方法、工作温度、湿度，用规定的稀释剂。变动稀释剂的品种和用量必须经监理或厂方代表许可。 （2）涂装操作：二次表面处理后，到喷底漆的时间为 2h 以内，以免时间过长表面返锈；钢箱梁节段的焊接接合部，U 肋的连续衬板等可以用胶布临时覆盖，暂不涂装；严格遵守各涂层的间隔时间；喷涂油漆时每次要有 50% 左右的喷路搭接幅度；在涂漆过程中要加强黏度的管理，以保证漆膜的厚度；对每层漆膜产生的开裂、起皱等缺陷务必在进入下一道工序之前改正过来；如施工场地湿度在 50% 以下的情况下，涂无机富锌漆时，应在场地洒水，让湿度上升。
审核人		交接人		接受交底人	

14 城市箱涵顶进

14.1 一 般 规 定

城市箱函顶进施工的一般规定 表 14-1

工程名称		施工单位	编号	
序号	项目	城市箱涵顶进施工的一般规定内容		
1	概述	当穿越铁路、公路及城市市区的道路不便而断绝交通，现场条件又不能修筑便道时；修筑便道工程量较大；街道狭窄、两侧建筑物多，可能造成大量拆迁；当地下路基稳定无明显下沉，经技术、经济比较，可以考虑修建一条地道；当新建城市道路须从现有铁路、公路路基下面穿过时，必须在技术条件允许的条件下，取得铁路、公路及市政部门的同意，才可采用顶进法施工。		
2	一般规定	(1) 施工前对顶进地点的情况应进行周密调查，调查时应对下列事项进行详细了解。 　1) 施工地点的工程地质及水文地质情况，土壤种类及物理力学性质、地下水位高低和流量大小； 　2) 被顶进路线一段的交通运输情况，需征得有关单位的同意，以便决定加固措施； 　3) 了解被顶进路线的地下障碍物情况，了解其用途、规格、位置、基础及使用情况，并与有关单位联系，决定相应措施。施工地点周围环境的调查了解，如地面排水情况、电源、水源等。 　(2) 施工组织设计要作好总平面部署及桥涵顶进、引道施工、排水、降水设施的泵站、管线、渗渠、封闭路堑等项施工部署。桥涵顶进施工总平面部署应根据设计文件及现场调查资料综合分析，全面考虑，对下列各项内容合理安排： 　1) 确定桥涵顶进、引道施工、排水泵站及其他地下管线施工的占地范围、相互关系、施工顺序； 　2) 部署桥涵顶进施工现场的工作坑、后背，进出场材料、设备、土方运输的通道位置； 　3) 施工排水、降水设备的布置。现场管线的改移、悬吊及其防护设施；铁路加固范围及防止线路推移设施的布置；施工期间临时道路、铁路道口及社会交通的疏导方案； 　4) 施工现场供水、供电及现场照明设施的布置。 　(3) 应与铁路有关部门签订施工配合协议，在顶进作业前，并应依据设计图纸及施工组织设计由铁路部门对施工范围内的铁路线路进行加固。 　(4) 地道桥采用整体顶进时，其长度不宜大于或等于 30m；当大于 30m 时，宜在纵向分节。第一节长度宜为桥高的 1.5～2.0 倍。纵向分节的接缝宜设在铁路线间。 　(5) 桥涵顶进施工现场的排水、降水工作应根据设计文件、工程水文地质报告及现场调查情况，结合总平面布置做好临时排水与降水设计并在工作坑开挖及桥涵顶进前完成。 　(6) 顶进桥涵施工现场应做好防汛、排水工作，工作坑及顶推现场路基两侧均应做好防		
审核人		交接人	接受交底人	

工程名称		施工单位		编号	
序号	项目	城市箱涵顶进施工的一般规定内容			
2	一般规定	雨及地面水截流、排放工作，工作坑和顶进开挖工作面及顶推作业区段铁路路基不得被水浸泡。 （7）多孔地道桥的宽度超过45m时，宜横向分解为多个单体桥，根据工期和顶进设备情况采用分开顶进或同步顶进。在地道桥顶进过程中，应对线路加固系统、桥体各部位、顶力体系和后背进行测量监控。测量监控方案应纳入施工组织设计或施工技术方案中。 （8）桥体顶力作用面应垂直于道路中心线，并应设置钢垫板，当斜桥顶进时，在受力部位应设置桥体底板顶进三角块，并应采取纠偏的技术措施。桥体尾墙长度不宜小于桥高的0.4倍。 （9）地道桥体结构可采用箱形框架结构，也可采用拱形结构或分解式结构。顶进桥涵应避开雨期施工，施工期间不宜跨汛，若工作坑必须跨汛，在汛前应及早做好路基防护、防洪排水等工作，防止工作坑边坡塌方影响路基稳定及行车安全。施工工期宜在汛后开工，次年汛前竣工。 （10）在不中断行车的条件下，顶进桥涵应根据具体情况采取相应方法对线路加固，并限速行驶。线路加固工作必须在顶进工作前完成。加固形式可视线路、运输、路基土质、水文地质情况及顶进桥涵尺寸、覆土厚度、施工季节等因素综合考虑。一般可采用吊轨、吊轨穿横梁、吊轨加纵、横梁等加固形式或其他加固形式。			
审核人		交接人		接受交底人	

14.2 顶进施工方法的选择与施工流程

顶进施工方法的选择与施工流程　　　　　　　表 14-2

工程名称		施工单位		编号	
序号	项目	顶进施工方法的选择与施工流程内容			
1	概述	（1）箱涵地道桥应优先考虑整体顶进，限于各方面的条件不能整体顶进时，才考虑分节、分体顶进。采用整体顶进时，其长度宜小于30m。当大于30m又没有采取特殊措施时，纵向分节的接缝宜设在铁路线间。 （2）箱形桥的顶进方法有多种，施工中应根据不同的地形、地质、规模、工期及各自的设备能力、施工水平等多种因素进行选择。			
2	一次顶入法	（1）一次顶入法也称整体顶入法，它是指箱体整体预制，纵向不分节、横向不分体，从箱体启动到箱体就位一气呵成。 （2）一次顶入法于路基的一侧设置工作坑，在工作坑的滑板上预制整体箱身，借助事先修筑的后背，利用高压油泵带动千斤顶，连续将箱身顶进就位，见图14.2-1所示。 （3）一次顶入法特点是：箱身一次预制完成，整体顶进，只要有足够的顶进设备，不论桥位正交或斜交，在各种土质路基、覆盖土深度，均能用此法一次顶入，但所需的顶进设备及施工机具较多，而且还需要一个强大的后背来承受推力。由于整体顶进可连续完成，施工期较短，对运输干扰时间短，故目前被广泛采用。			
审核人		交接人		接受交底人	

工程名称		施工单位		编号	
序号	项目	顶进施工方法的选择与施工流程内容			

2	一次顶入法	图 14.2-1 一次顶入法示意图
3	对顶法	（1）此法是在桥址路基两侧各修筑一个工作坑，在工作坑的滑板上，各预制半段箱身，借助两侧修筑的后背，将箱身顶进就位，见图 14.2-2 所示。 图 14.2-2 对顶法示意图（单位：m） （2）对顶法一般用在箱形桥长度较长，一次顶入的顶进距离及顶力较大，或顶进设备不足及后背修筑发生困难的工程中。若顶进设备够用，两侧箱身可同时对顶进入路基；若顶进设备不足，可先顶入一侧箱身，在箱身就位后要对刃脚处用支撑加固，做好防止路基塌方的措施后，再把顶进设备移至另侧顶进箱身。 （3）箱身接口（对扣）的位置应选择在铁路两股道之间，以利列车运行和逐次拆卸钢刃脚以顶进另侧箱身就位，并便于设置沉降缝。对顶法要求接口严密不漏水，要求防止两侧箱身顶进后的错牙现象，故对顶进工艺的要求比较严格。
4	中继间法	（1）将箱身轴向分节预制，在工作坑后端修建小型后背，各节箱身间设中继间，各节箱身之间和末节箱身与后背之间均安设千斤顶，然后由前至后依次逐节驱动千斤顶，逐节推动箱身。后背处的千斤顶回收后，安放顶铁，再开始第二次顶进，依次往复循环顶进，直至箱身顶进就位，顶进程序见图 14.2-3 所示。由于逐节顶进箱身，故后背的最大反力仅为最后一节箱身的顶力，使后背工程大为简化。 （2）为使各节箱身间不出现错缝，各中继间均安设抗剪销。为不使土挤进箱身，两节间设钢接缝板，钢板面与箱身混凝土面齐平。为防止接缝处漏水，在顶进就位前，于中继间设橡胶止带。 （3）此法的优点是后背小，顶进设备用量少，不需要拉锚设备，箱身预制简单，而且箱身的分节顶进比顶拉法自由，还可以克服因箱身过长而纵向配筋增多的问题。当受地形限制，不能沿箱身轴线分节预制时，还可以沿线路横向排列分节预制，例如箱体分 3 节预

审核人		交接人		接受交底人	

工程名称		施工单位		编号	
序号	项目	顶进施工方法的选择与施工流程内容			

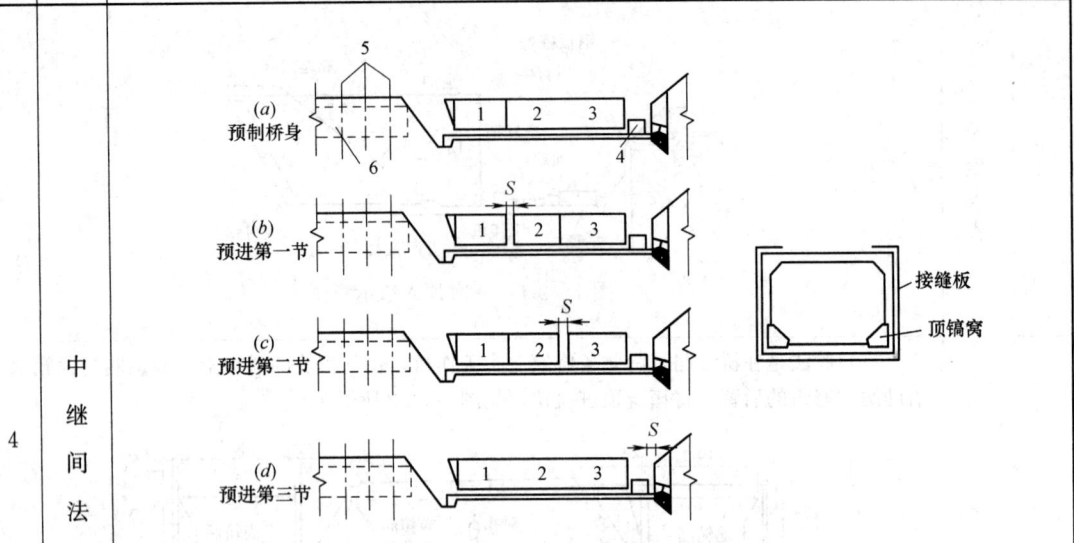

图 14.2-3　中继间法示意图

1~3—箱身；4—顶镐；5—线路中线；6—箱身设计位置；S—顶程

制，将中间沿顶进轴线排列的第 1 节先顶入路基，然后将第 2 节横移至顶进的轴线位置上，安装第 1 个中继间，待第 2 节顶入路基后再横移第 3 节就位，安装第 2 个中继间，再继续顶入路基，直至全部箱身就位。

（4）在箱身长、顶力过大，或受场地限制无法修建大型后背的情况下中继间法被广泛采用。

序号 4　项目：中继间法

序号 5　项目：多孔地道桥顶进法

（1）对穿越既有线路较宽的多孔地道桥，一般按孔数将地道桥横向分成 2~4 个单体箱形桥。每个单体箱形桥可以是单孔，也可以是双孔，孔跨大小和顶进顺序应根据便梁加固线路条件来确定。箱体间和设计净距一般控制在 10cm 左右为宜，太小了箱身预制若发生偏差就难以顶入；太大了由于后续箱体的顶进，仅一侧受土压力，间距难以控制。

（2）多孔顶进顺序可根据便梁长度、箱孔大小、施工安全、工期要求、经济效益等因素综合进行方案比较，择优选用。其顶进的顺序主要有三种形式：

1）按顺序顶入法：从一端开始依次逐个顶入。其主要优点：第一孔箱体顶入后，作为第二孔便梁的支墩箱，顶进较稳妥，方向易掌握。但是其缺点：便梁支墩架设次数多，施工周期比较长；

2）先中间后两边顶入法：先把中间的一孔箱体顶入，作为两边孔便梁支墩箱，然后再顶边孔。优点：中间先顶主干道可先开通，两边箱可同时顶进，能加快施工进度。缺点：大跨孔先顶支墩工程量大，工程成本高；

3）先两边后中间顶入法：优点：边孔一般孔径小，顶进易控制，两边箱顶入后作支墩箱，可节省支墩工作量，顶进比较稳妥。缺点：顶距控制要求严格。

审核人		交接人		接受交底人	

工程名称			施工单位		编号	
序号	项目	顶进施工方法的选择与施工流程内容				
6	顶拉法施工	（1）采用顶拉法施工时，箱体应不少于三节。一般用钢筋束或钢轨作拉杆，将各节箱身串联起来，如图14.2-4所示，然后借助千斤顶接力顶进，利用两节或多节的静止阻力，克服另一节箱身顶进时的滑动阻力，从而依次将箱身往前顶进，在常用几种润滑隔离层中适用摩阻大的材料。 （2）顶拉法适用于箱身较长、铁路路基不易做后背、箱顶无覆盖土或覆盖土层不厚的正交的箱形桥。 （3）顶拉法虽有可省去后背、传力设备少和顶进费用低等优点，但也有如下较明显的缺点： 1）隔离层阻力大，启动困难，对滑板结构承载力和稳定性要求高； 2）定向约束差，顶进时箱体易摆动，节间易错位，接缝多防水处理工作量大； 3）作为后背的各节当静止摩擦阻力偏差时，会产生倒退现象。 因此，顶拉法在软土地基箱形地道桥顶进施工中不宜采用。 图14.2-4 顶拉法示意图				
7	施工流程图	（1）承建城市箱涵地道桥工程后，应熟读工程设计文件，并到现场详细调查核对：进行设计交底，领会设计意图。 （2）确定施工方案，编制施工组织设计，并与铁路设备管理单位、市政管理单位、交通运输管理部门等签订施工配合协议，然后才能动土开工。 （3）地道桥顶进施工作业流程见图14.2-5所示。				
审核人			交接人		接受交底人	

工程名称			施工单位		编号	
序号	项目		顶进施工方法的选择与施工流程内容			
7	施工流程图	施工测量放样 ↓ 管线调查拆迁 ↓ 围护结构施工 ← 设搅拌桩门槛 ↓ ← 设置排水系统 工作坑开挖 ↓ 设水垫或气垫管路 → 浇注后背、滑板 → 设导向墩 ↓ 铺设润滑隔离层 ↓ 测坍落度、做试块 → 预制箱体 → 养护、做防水层 ↓ 做便梁支墩 吊运便梁 → ↓ 架设便梁 ↓ ← 拉挖U形槽 地基加固 ← 高压旋喷喷桩施工 ↓ 安装设备 → 接长滑板 ↓ 启动试顶 ↓ 监控测量 → 顶进作业 ← 挖运土 ↓ 箱体就位 ↓ 回填处理 (斜交时设过渡段) ↓ 拆除便梁 ↓ 恢复线路 ← 设护轮轨 图 14.2-5　地道桥顶进施工作业流程图			
审核人		交接人		接受交底人		

472

14.3 铁路线加固施工技术交底

<table>
<tr><td colspan="4" align="center">铁路线加固施工技术交底</td><td align="right">表 14-3</td></tr>
<tr><td>工程名称</td><td></td><td>施工单位</td><td></td><td>编号</td></tr>
<tr><td>序号</td><td>项目</td><td colspan="3">铁路线加固施工技术交底内容</td></tr>
<tr>
<td>1</td>
<td>加固方法</td>
<td colspan="3">

　　铁路加固一般可采用吊轨梁法、吊轨横梁法、吊轨加纵横梁法、钢轨束梁法、工字钢束梁法及钢板脱壳法等，应按以下原则选择加固形式：

　　(1) 顶进桥涵跨径小于 2m，顶入位置处于线路直线段，运输车辆少、路基填土密实、覆土厚度在 3m 以上时，可不进行线路加固，但应限速通过，并设专人监视。

　　(2) 顶进桥涵跨径大于 3m，小于 8m，覆土厚度 1m 以上时，可采用钢轨束梁法或工字钢束梁法加固，或采用钢板脱壳法和吊轨梁等法加固。

　　(3) 顶进桥涵跨径大于 8m，顶上又无覆土或覆土很薄时，可采用吊轨加横梁法或吊轨加纵横梁法加固。
</td>
</tr>
<tr>
<td>2</td>
<td>加固技术要求</td>
<td colspan="3">

　　(1) 跨度小于 3m，桥位处路基密实，覆盖厚度大于 4.5m，可采用单一的吊轨加固方式，并在限速条件下进行施工。

　　(2) 吊轨应将 43kg/m 或 50ks/m 钢轨组成 3—5—5—3 或 3—7—7—3 轨束梁后进行线路加固。吊轨应与枕木用 $\phi22U$ 形螺栓和用宽度为 80mm、厚度为 16mm 的扣板连成一体，轨束本身应每隔 1.5m 用 L63×63×6 角钢和 $\phi22U$ 形螺栓固定。

　　(3) 吊轨组数、纵横梁设置以及 U 形螺栓、扣板多少等均应进行强度、刚度、稳定性计算后确定，或在施工前进行验算。吊轨长度应伸出桥体每侧 5m 及以上。

　　(4) 在道岔区加固时，应采取使尖轨不跳动；并应采取防止整个道岔下沉和防止电器设备发生故障的措施。岔区的线路加固方法应符合道岔的整体刚度和稳定性的要求。

　　(5) 横梁工字钢可选用 I50—I56，其间距不得大于 1.5m，并与枕木间距相匹配，桥体边墙外侧应加铺 3~5 根。

　　(6) 工字钢的连接可采用搭接或焊接，接缝强度应进行强度计算并满足受力要求。横梁工字钢与吊轨应用 U 形螺栓和扣板连成一体，行车轨与工字钢之间应加设绝缘胶垫，防止干扰铁路信号。桥顶上横梁支点宜采取减阻措施。

　　(7) 吊轨加纵横梁，如图 14.3-1 所示，应在吊轨横梁的基础上。在横梁两端的一面各加一组与铁路方向一致的工字钢纵梁（I50~I56），并应用 U 形螺栓和扣板与横梁连成一体。

　　(8) 当加固材料符合要求，且铁路限速为 45km/h 时，可采用支墩加便梁临时承载，但桥体设计应与加固方式相适应。 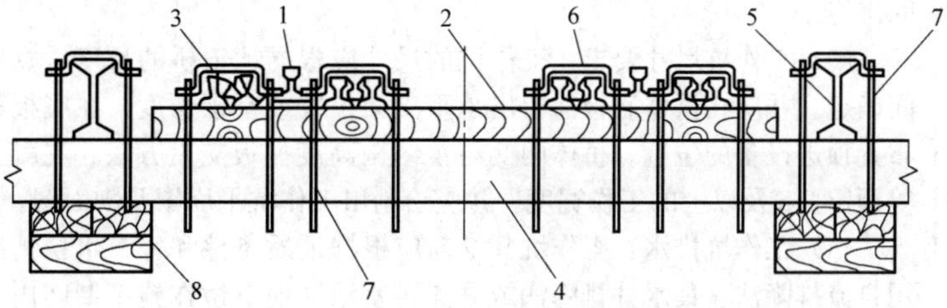

图 14.3-1　吊轨加纵横梁

1—路轨；2—木枕；3—吊轨；4—工字钢横梁；5—工字钢纵梁；6—扣板；7—U 形螺栓；8—枕木垛
</td>
</tr>
<tr><td>审核人</td><td></td><td>交接人</td><td></td><td>接受交底人</td></tr>
</table>

工程名称		施工单位		编号	
序号	项目	铁路线加固施工技术交底内容			
3	防线路横移的措施	箱涵顶进时，应防止铁路线路横向位移，可采取以下措施： （1）在顶进方向的背后埋设地锚、锚桩，用卷扬机、绞磨或捯链等机具通过 U 形卡、钢丝绳等固定和调整吊轨及横梁位置。 （2）在顶进方向的前方，桥体就位线在 3m 以外，垂直埋设桩柱（钢轨或枕木），通过平卧枕木、方木排架支顶横梁。 （3）覆土大于 1m 时，可采用桥顶拖带钢板顶进。当钢板进入预定位置后应与桥体脱离并留在覆土下，或在桥体顶面顶入小直径钢管排束以支撑和稳定覆土。			
4	施工注意事项	（1）无缝线路加固，应先对线路进行锁定或改造，并应设置锚固支挡设施。 （2）线路加固时，应先将加固地段的钢筋混凝土轨枕换成木枕，并在轨底增设垫木或胶垫板。 （3）安装横梁时，相邻横梁的接头应错开 1.5m 及以上。扣板螺栓不得高出行车轨面。两轨间的吊梁、螺栓和扣板等不得侵占护轮轨轮缘槽位置。 （4）桥体顶进时，施工单位应配合铁路有关部门，采取铁路行车安全的措施。当遇有铁路险情时，应在铁路部门统一部署下进行抢险。			
审核人		交接人		接受交底人	

14.4 工作坑、滑板及后背施工技术交底

工作坑、滑板及后背施工技术交底　　　　表 14-4

工程名称		施工单位		编号	
序号	项目	工作坑、滑板、后背与润滑隔离层施工技术交底内容			
1	工作坑的施工	（1）工作坑选址：预制和顶进箱涵的工作坑，应根据线路情况，现场地形、地物及施工需要，在保证排水和安全的前提下，选择在施工场地宽敞、供料方便和顶进距离短的铁路一侧。 （2）工作坑坡度的要求：在靠铁路一侧的工作坑边坡坡顶与最外侧铁路中心线的距离不得小于 3.2m，边坡的坡度应小于 1∶1，其余边坡坡度宜为 1∶1.25～1∶0.50。对不稳定土层或雨期施工的工作坑边坡应进行抗滑稳定性验算，边坡不稳定时应先加固，后开挖。当坑边的建筑物基底压力线进入工作坑内，或工作坑的边坡不能按规定开挖时，应采取加固措施。 （3）工作坑尺寸要求：工作坑的尺寸应根据地道桥的长度、宽度、后背尺寸和操作空间确定。并应在桥体底板前留出承重支架位置或空顶长度，在底板和后背间宜留出 2～3m 布置顶进设备的位置。桥体两侧可视结构高度模板支设方法、混凝土浇筑方案、排水情况等预留 2m 及以上的工作宽度。并应绘制出工作坑平面图及剖面图。 （4）工作坑排水：工作坑开挖前应根据地质条件和地下水位情况决定排水方法，可采用自流排降法、集水井排降法或井点排水法。地下桥在施工期间内，应保持地下水位在基底下 0.5～1.0m；顶进时，沿顶进方向的地下水位也应降至地下桥面以下，严禁带水作业。			
审核人		交接人		接受交底人	

工程名称			施工单位		编号	
序号	项目	工作坑、滑板、后背与润滑隔离层施工技术交底内容				
1	工作坑的施工	(5) 工作坑开挖： 1) 工作坑应先降水后开挖，水位降至基底以下后，方可清理基底。基底的轴线、高程、平面尺寸要符合施工设计规定。工作坑基底应密实、平整、均匀，并有足够的承载力，地基允许承载力一般不宜小于 0.15MPa；若基底土层较软弱，应采取措施加固处理，加固方法可采用换填砂砾或水泥、石灰稳定土壤等方法； 2) 工作坑用机械分层开挖，挖到边坡及底部土方时预留 0.3m，并应采用人工跟随机械削坡、清底、整平，但不得超挖。采用人工开挖时，宜用阶梯分段倒土，台阶宽度不得小于 0.8m； 3) 滑板设有锚梁时可与工作坑一次挖成。当选定钢板桩后背时，可先打桩，后挖工作坑； 4) 当工作坑底土质较弱，需进行加固时，采用夯填砂砾台或石灰（水泥）稳定土进行坑底处理； 5) 当工作坑坡顶需堆置土方料具，或有机械运行时，应有安全距离。				
2	滑板施工技术	(1) 滑板的选用： 滑板应满足预制桥体所需的强度、刚度和顶进时稳定性要求。可根据地基承载力、桥体重量和顶进方法选用钢筋混凝土滑板、混凝土滑板、砌筑片石滑板和灰土滑板等。混凝土滑板厚度宜为 0.2m；根据土质情况，滑板底部可设碎石和灰土垫层。 (2) 技术要求： 1) 滑板中心线应与地道桥设计中心线一致。根据土质及线路使用情况，滑板宜做成前高后低的仰坡。仰坡的坡度应根据设计确定，可取 1‰～5‰； 2) 地道桥顶进轨迹是指桥体在顶进全过程中的高程变化线。桥体起动后沿滑板的坡度上升，当桥体被顶出滑板 1/3 后，滑板前端土基由于桥体自重而产生压缩； 3) 当桥体前端进入线路加固梁下后，由于列车活载作用，使滑板端部下沉而出现断裂，桥体开始扎头。当桥体重心移出滑板后，扎头更为明显。当桥体脱离滑板后，尾部下沉，桥体在路基内顶进就位； 4) 影响桥体在顶进中高程变化的因素很多，但主要取决于土基在顶进过程中的压缩变形大小，应根据土质情况，底板长度，顶进距离等进行地道桥顶进轨迹设计，结合顶进允许偏差拟定滑板仰坡； 5) 滑板顶面应平整光滑，可用水泥砂浆抹面。滑板底面与土基接触部分应有防滑锚固措施，也可在滑板下设锚梁，并应验算地道桥在顶进起动时的滑板抗滑移稳定性； 6) 可采用在灰土或土基上设梅花桩形小坑或表面凿毛以增加滑板抗滑能力，当采用滑板下设锚梁时其数量和位置为：一般宜和方向墩的数量和位置相吻合，锚梁可取上宽 0.5m，下宽 0.3m，滑板以下深 0.5m 的梯形断面，与滑板和方向墩浇筑成一体。滑板抗滑移稳定性验算是参照桥台抗滑移稳定性验算，稳定系数取 1.3； 7) 当控制地道桥顶进入土方向之时，在滑道两侧应设置钢筋混凝土或钢制方向墩，其间距宜为 3～4m，并应深入滑板以下 0.6～0.8m，且在滑板以上外露 0.2m，与桥体间预留出导梁垫片位置。方向墩和滑板应浇筑成一体，并应满足强度和稳定性的要求； 8) 当后背反力不能满足地道桥顶进要求时，可将混凝土滑板和后背梁用受力钢筋连成一体；				
审核人			交接人		接受交底人	

工程名称		施工单位		编号	
序号	项目	工作坑、滑板、后背与润滑隔离层施工技术交底内容			

<table>
<tr><td rowspan="40">2</td><td rowspan="40">滑板施工技术</td><td colspan="4">

9）地道桥采用气垫起动时，应在桥体底板或滑板中预留输气管道并设置充气空气压缩机；

10）气垫分为供气和密封两个系统，供气系统包括风源、输气管及阀门等。密封系统包括气垫裙等。以上应根据顶进需要进行设计；

11）输气管的出风口采用喇叭口形式，其间距为 4～5m；支气管内径 6mm；主气管直径可根据送风量经计算确定，风源采用空压机。气垫裙一般可采用尼龙氯丁橡胶或其他塑料软管制成。

（3）滑板施工：

1）工作坑的基底平面尺寸、轴线、高程经检验合格后并留记录，基底土质应密实、平整、均匀，承载能力应符合要求；

2）滑板浇筑可纵向分割、分条浇筑。滑板横向不得分割留缝。每条滑板要连续浇筑一次完成，分条宽度 3～5m 为宜；

3）混凝土滑板和锚梁要同时浇筑，不得留施工缝。滑板顶面要用振动夯找平，原浆抹面，压光，不得预留砂浆找平层二次抹面；

4）滑板顶面高程及平整度要严格控制，不得超差，滑板成型后要妥善保护，强度达 2.5MPa 以前不得踩踏、压痕；

5）滑板应采取防滑锚固措施，当一次浇筑顶面不易整平时，其顶部可采用厚度为 30mm 的 1:3 水泥砂浆抹面，并沿顶进方向用冲筋法抹平、压光、养护；

6）灰土滑板可采用 12% 灰土分层压实，密实度应达到 95% 及以上。在浇筑锚梁和方向墩混凝土之后，应将灰土顶面划毛，并可采用厚度为 30mm 的 1:3 水泥砂浆抹面。

（4）润滑隔离层：

1）润滑隔离层由润滑剂和隔离层两部分组成。润滑剂可采用石蜡、滑石粉、机油和黄油等；隔离层可采用塑料薄膜、油毡纸、油毡布和水泥砂浆抹面等。在桥体底板施工过程中，应采取使润滑隔离层不被损坏的措施；

2）润滑隔离层可根据顶进方法选用。当采用顶入法施工时，润滑隔离层宜选用摩擦系数低的材料；当采用顶拉法施工时，润滑隔离层宜选用油毡纸等摩擦系数偏大的隔离材料。常用润滑剂摩擦系数可按表 14.4-1 采用。

常用润滑剂摩擦系数 表 14.4-1

</td></tr>
<tr><td>序号</td><td>介质名称</td><td>规格</td><td>摩擦系数 μ</td></tr>
<tr><td>1</td><td>无介质</td><td>—</td><td>0.52～0.69</td></tr>
<tr><td>2</td><td>石蜡</td><td>厚度 2～4mm</td><td>0.17～0.34</td></tr>
<tr><td>3</td><td>滑石粉</td><td>厚度 3mm</td><td>0.30</td></tr>
<tr><td>4</td><td>机油滑石粉浆</td><td>厚度 1～2mm</td><td>0.20</td></tr>
<tr><td colspan="4">

注：无介质指混凝土与混凝土之间。

3）当滑板混凝土强度达到 1.2MPa 以上时，应将板面清扫干净，并将桥体预制位置线标定后，方可进行润滑隔离层施工；

4）润滑隔离层施工应符合下列规定：

① 当采用石蜡和滑石粉润滑剂时：石蜡宜加热到 150℃，熔化后用扁嘴壶倒至度板上

</td></tr>
</table>

审核人		交接人		接受交底人	

工程名称			施工单位		编号	
序号	项目		工作坑、滑板、后背与润滑隔离层施工技术交底内容			
2	滑板施工技术	的两道10号钢丝之间,用刮板刮平后拆除钢丝;也可用毛刷纵横均匀涂刷熔化后的石蜡。石蜡凝固后,用刮板均匀摊铺滑石粉; 　　② 当采用石蜡机油润滑剂时:将石蜡加热熔化后掺入10％～25％废机油,按上述方法均匀摊铺在底板上。当采用机油滑石粉润滑剂时:将废机油与滑石粉按体积比1:1.5加热拌匀后,按上述方法均匀摊铺在底板上; 　　5)润滑剂摊铺后,可在其上平行顶进方向覆盖一层塑料薄膜做为隔离层,薄膜间应相互搭接0.2m并粘结成一体,两边应宽出桥体0.15m及以上; 　　6)焊接桥体钢筋时,应在焊接地点铺一块石棉布或石棉板,并随焊接位置移动。			
3	后背施工	(1)一般要求: 　　1)顶进箱涵的后背应根据现场条件、地质、材料设备情况及强度、稳定的要求,选择经济合理的形式,一般可选用板桩式(钢板桩或型钢)、重力式和拼装式等。对所需顶力不大者可采用原土后背; 　　2)后背的设置应留有补强余地。当后背的水平反力不足时,可将后背梁和滑板连成整体,其设计顶力应从地道桥的最大顶力减去滑板的抗拉力;也可采用串联式后背,其整体反力应满足最大顶力要求; 　　3)后背的布置宽度应根据其单位宽度提供的土抗力和设计顶力确定(包括斜桥纠偏顶力),其位置应与千斤顶的布置相对应。 　　(2)施工作业: 　　1)后背排桩施工放样。排桩必须与顶进方向垂直,并与工作坑围护结构同步施工。斜交箱身顶进后背可设成阶梯形,以减少顶进距离; 　　2)后背排桩在工作坑开挖前应事先进行支撑或距顶端0.2m处采用柱杆锚固,后背需填土时密实度应达到95％以上; 　　3)浇筑后背梁混凝土时应采用油毛毡与板桩隔离,后背梁的钢筋可与滑板的纵向钢筋连接一体,后背梁受力面应垂直平整并与桥体轴线垂直; 　　4)采用钢后背梁时,与后背墙接触面应保持平直,并可用塑料薄膜隔开,应采用高强度等级早强细石混凝土将空隙填实并垂直于桥体轴线。			
4	润滑隔离层铺设施工	(1)准备工作:润滑隔离层施工所采用的材料、配比、工艺等已明确,并进行技术交底。滑板混凝土强度达到1.2MPa以上,应将板面清扫干净,并将桥体预制位置线标定后方可以进行润滑隔离层的施工。 　　(2)施工作业: 　　1)采用石蜡和滑石粉润滑剂:石蜡宜加热到150℃,融化后用扁嘴壶浇在滑板上预先放置的两道10号铁丝(每米1道)之间,随即用木刮板刮平,铁丝抽去后槽痕用喷灯烤合。石蜡凝固后在上面用刮板均匀摊铺滑石粉(约厚1mm); 　　2)采用石蜡、机油润滑剂:将石蜡加热融化后掺入10％～25％废机油,然后均匀摊铺在底板上,厚度约3mm左右; 　　3)用机油滑石粉润滑剂:将废机油与滑石粉按体积比1:1.5～3:1加热拌匀后用大刷子涂即可; 　　4)塑料薄膜隔离层:在润滑剂摊铺后可在其上平行顶进方向覆盖一层塑料膜,薄膜间			
审核人			交接人		接受交底人	

工程名称			施工单位		编号	
序号	项目	工作坑、滑板、后背与润滑隔离层施工技术交底内容				
4	润滑隔离层铺设施工	应相互搭 0.2m 并用塑料胶带（宽 5cm）粘结接缝，可避免搭接时常出现的错动现象； 　　5）在滑板面上涂一层钙基脂，再在其上平行顶进方向铺设油毛毡做隔离层。箱体重量在 2000t 以上应铺设二油二毡，并增设水垫，以进一步减少启动阻力； 　　6）水垫管埋设：为了减少启动阻力，软土地基大型箱体顶进施工一般需要设置水垫，水垫管应在润滑隔离层铺设时一并埋设，详见图 14.4-1 所示。 图 14.4-1　水垫高压水管埋设图				
审核人			交接人		接受交底人	

14.5　箱涵制作施工技术交底

箱涵制作施工技术交底　　　　　　　表 14-5

工程名称			施工单位		编号	
序号	项目	箱涵制作施工技术交底内容				
1	箱涵制作施工工艺流程	（1）用顶进法施工的箱桥，其箱涵一般都在工作坑内进行预制。 　　（2）单孔箱涵在工作坑内制作的施工程序是：在工作坑内的滑板上支立箱涵底板的模板→绑扎底板钢筋→浇筑底板混凝土→支立内模→绑扎侧墙及顶板钢筋→支外模→浇筑侧墙及顶板混凝土→养护→拆模→做防水层。 　　（3）箱涵制作施工工艺流程图见图 14.5-1 所示。 图 14.5-1　箱涵制作施工工艺流程图				
审核人			交接人		接受交底人	

工程名称		施工单位	编号	
序号	项目	箱涵制作施工技术交底内容		
2	基本要求	（1）工作坑、滑板的平面位置，高程及滑板的纵坡经检测合格并留有检验记录。 （2）滑板、隔离层、厚度、平整度、强度经检验符合要求。 （3）桥涵顶进系将箱涵预制在路基外，桥涵设计轴线上，顶推平移就位，一般不得转动，箱涵预制轴线要与桥涵设计轴线一致，若桥位在曲线上，则应在设计轴线与线路中线（或桥梁中点）交点处的切线延长线上，箱涵预制前要精确放线。 （4）钢筋、模板、混凝土及预应力混凝土施工有关规定，按本书的有关章节规定执行。 （5）为使混凝土的表面光滑，预制箱涵的模板宜采用钢模、木模包薄钢板、木模内侧刨光，包塑料薄膜。木模制作时必须密拼，接缝处堵塞严实，不得跑模漏浆。模板支搭应直顺平正，不得出现弓背、鼓肚、错茬、倒坎现象。 （6）为减少顶进阻力，支模时在箱涵两侧墙前端2m范围内的外模，可向外稍放宽1～2cm，或使前端保持正误差，尾部为负误差，形成倒楔形。不得出现前窄后宽的楔形现象。 （7）在钢筋上不得粘有油污及石蜡，影响与混凝土的粘结力。在浇筑过程中加强插捣，但应注意保护钢筋不得造成错位或变形。 （8）在夏季高温浇筑箱涵混凝土时，必须采取相应的降温措施，保证混凝土的浇筑质量，并应加强养护，防止干缩裂缝。		
3	钢筋作业	（1）钢筋应根据设计要求进行检验和配料，并严格按配料单下料、焊接、弯制成型，分类挂牌，堆放整齐。 （2）按照滑板顶面放出的桥体底板及墙身位置线，在控制位置应设置定位钢筋；在定位筋上应按设计尺寸依次标出下层钢筋位置，由端部按顺序绑扎。下层钢筋绑扎完后，可安装上层定位架立钢筋，在其下部设置砂浆垫块，其纵横间距不宜大于1m，并采用同样方法绑扎上层钢筋。最后绑扎上下层拉结钢筋，位置应准确，绑扎应牢固，浇筑混凝土时不应变形。 （3）墙体竖筋可采用定位支架由端部依次安装，随后绑扎水平及中间拉结钢筋。用斜撑或拉线将竖筋稳固后，方可绑扎上部水平钢筋。最后应绑扎加腋钢筋。墙体钢筋与模板之间应设置砂浆垫块，其间距宜为1m×1m呈格网状。 （4）顶模板安装后，顶板钢筋应采用上述（2）方法绑扎。 （5）接缝护板、导向及传力设施和各种预埋件等，应按设计要求安装牢固。接缝钢护板可采用8～10mm厚钢板，当千斤顶的顶程为0.2m时，护板宽度为0.55m，其中固定端为0.25m，活动端为0.3m。固定端在前节利用ϕ19勾螺栓锚固，保证与主筋连接牢固，顶进中不损坏。当千斤顶的顶程较长时，钢护板相应加宽、加厚。		
4	支架设置	（1）承重支架按类别分为木支架、钢木混合支架或钢支架。近期多采用轻型钢支架，支架的梁和柱多采用工字钢、槽钢或钢管；斜撑、联结系可采用角钢等。为便于支架和模板的拆卸，支点处应设置木楔或升降螺栓。 （2）模板支架应根据结构形式、荷载大小、地基承载力、施工设备、浇筑方法和材料等情况进行设计，绘出施工图，并应符合下列规定： 　　1）模板宜采用钢模或木模包铁皮或木模包薄塑料板，并应使焊缝平整、严密，当浇筑混凝土时不应漏浆；支模时，在箱体两侧前端2m范围的外模，可向外放宽10mm或使前端保持正误差，尾部为负误差，形成楔形，不得出现前窄后宽现象； 　　2）底板前端下部（图14.5-2）宜设置坡度为5%的船头坡，其长度宜为1～1.2m；当在软地基中顶进时，船头坡坡度可为10%。		
审核人		交接人	接受交底人	

工程名称		施工单位		编号	
序号	项目	箱涵制作施工技术交底内容			

4	支架设置	 图 14.5-2 船头坡 1—底板；2—顶进方向

5	混凝土浇筑	（1）桥体预制分阶段施工时，施工缝的位置宜留在墙体下加腋的上部或上加腋的下部。各边墙施工缝不得在同一平面上，并宜增加连接短钢筋。 （2）桥体混凝土分阶段施工时，其底板或顶板混凝土应一次浇筑，顶面应整平并按施工要求选用外加剂。浇筑底板混凝土时，应严格控制振捣深度，防止振坏隔离层。 （3）高温季节浇筑混凝土应在室外气温较低时进行，并应采取降温措施，或采用低水化热水泥，混凝土入模温度不宜超过 28℃。混凝土浇筑完毕，应覆盖洒水，养护时间不得少于 14d。 （4）在冬季室外气温 0～5℃的低温情况下浇筑大体积箱涵混凝土时，为了防止产生裂缝可采取下列措施： 1）浇筑时低温入模一般可控制在 5～7℃。混凝土浇筑后应注意抑制混凝土中水化热的增长速度，在 24h 内不加温； 2）低温蒸养：蒸养时控制恒温在 30～40℃，使与混凝土内部蓄热温度接近，消除混凝土内外温差影响； 3）慢升温、慢降温：蒸养升温和降温时，每小时控制在 5℃左右不可太快； 4）在浇筑箱涵混凝土过程中尽量采用同厂、同牌号、同时期的水泥，以保证水泥性质的稳定。 （5）箱涵浇筑质量应符合下列要求： 1）混凝土抗压强度、抗渗等级均符合设计要求； 2）箱涵尺寸允许偏差： ① 净宽：±30mm；净高：±50mm；箱涵总宽度：0，−30mm； ② 顶板、底板、墙体厚度：±10mm； ③ 箱涵总长度：+50mm；轴线位移：±10mm； ④ 侧墙垂直度：$0.15\%H$ 且不大于 10mm。

6	箱涵防水层施工	箱形直交桥又称地道桥，属地下防水建筑物，尤其在城镇市区内是重要的市政设施。防止渗漏水直接影响到城市景观和交通安全，所以必须严肃对待。认真处理好。 施工前，按工艺标准及设计要求编制相应的施工方案；施工期间各工种全过程应相互协调，密切配合；施工完成后注意产品保护，不应损坏。 （1）施工准备 1）材料：

审核人		交接人		接受交底人	

工程名称			施工单位		编号	
序号	项目		箱涵制作施工技术交底内容			
6	箱涵防水层施工		① 主要指水泥、砂、石子、掺合剂、外加剂等都要符合防水混凝土结构的要求，并具备抗渗、防腐蚀的性能； ② 防水卷材、涂料、沥青等胶结材料符合相关技术的标准，要有出厂的合格证，并经过检验合格方可使用； 2）施工工艺、质量要求、安全措施等都已明确，作业人员必须经过培训，每一道工序都进行施工前的技术交底。 （2）施工作业： 1）加强混凝土自防水作用： ① 接模板牢固、密贴，并保持湿润，控制分层灌注时间间隔，合理加强振捣，避免过早脱模，克服蜂窝、麻面、漏浆等工程质量通病，提高箱身混凝土自防水能力； ② 在管道、预埋件和钢筋过密处浇筑混凝土有困难时，应采用相同抗渗等级的细石混凝土，预防漏捣造成孔洞； ③ 施工缝、变形缝、止水带、穿墙管件、支模块件等处是造成渗漏水的薄弱环节，应认真执行设计和施工规范，严格操作工艺，振实捣严。 2）做好面层处理： ① 在浇筑箱身顶板混凝土时应按设计要求做好泄水坡，并用水泥砂浆抹光； ② 做防水层前应清除污垢、浮土等杂物，并保持干燥。 3）防水层铺设： ① 不管采用何种类型的防水层，都要按照施工说明书规定的工艺要求、作业程序进行铺设； ② 要克服避免质量通病： A. 空鼓：基层不干燥、卷材潮湿或沥青脱水不完全、沥青卷材防水施工浇油不足或油层太厚、黏结不严等。 B. 翘边：浇铺温度太低、沥青胶稠度太稠、油层厚、刮油刮边不及时或不均匀、搭接边清理不干净、受污染等。 ③ 首次采用防水新材料新工艺。随着科技发展，防水新材料、新工艺不断改进创新，为了确保施工质量，施工作业前应详细阅读施工说明书，了解新材料的防水性能，掌握施工工艺，并到现场交底，必要时应请生产厂方到现场帮助指导。 4）主要安全技术措施： ① 防水材料中有机溶剂和高分子聚合物等均为易燃品，应贮存在干燥、远离火源的地方，贮仓及施工现场禁止烟火，并备有灭火防火用品；②施工操作时应注意风向，在通风不良的地方作业时应通风排气，施工作业人员每隔1～2h到通风处休息，防止中毒；③施工时应戴防护手套、防护眼镜等，避免涂料污染和伤害。 5）产品保护：①掌握好作业顺序，减少在已施工的涂层上走动，也不能在上面堆放物品；②已铺贴好的防水层应及时采取保护措施，操作人员不得穿带钉鞋作业；③排水口处应保持畅通，防止堵塞积水；④防水层施工完成后应及时做好保护层，并及时铺垫砂层。			
审核人			交接人		接受交底人	

工程名称		施工单位		编号	
序号	项目	箱涵制作施工技术交底内容			
7	钢刃脚及中平台安装	(1) 箱涵前端周边应设置钢刃脚。箱涵高度大于 4.5m 且砂土路基高度超过 6m，挖方坡度大于 1∶0.75 时，宜设置中间钢刃脚和中平台。 (2) 钢刃脚宜划分为侧刃脚、底刃脚、中刃脚和顶刃脚。侧刃脚应设置在钢筋混凝土刃角墙前端，刃角墙端线与水平线的夹角应视土质确定，宜取 60°。底刃脚应设置在底板前端，并可采用垫板调整坡度。中刃脚应设置在中平台前；当土质较好时，可不设中刃脚和底刃脚。顶刃脚应设置在前悬臂端部；当箱涵顶面覆土小于 1m 或无覆土时，可不设顶刃脚。 (3) 钢刃脚应按位置的不同分别进行设计，并应按施工荷载进行结构计算，并验算预埋螺栓的强度以及端部混凝土的局部承压力。 (4) 钢刃脚可采用厚 10～20mm 的钢板焊成块体，挑出长度宜为 0.5～0.8m，并应与桥体前端预埋螺栓进行拼装固定，顶进就位后拆除。 (5) 钢刃脚的外部尺寸，当土质为砂黏土时，一般取水平方向长 0.5m，底座宽 0.3m，中间三角形肋板间距 0.5m，焊制成 1.5cm 长块体，安装在桥体 M16 预埋螺栓上。在砂砾石及卵石路基中顶进的钢刃脚应另行设计。 (6) 中平台应按施工垂直荷载和刃角正面阻力进行设计。顶进方向的宽度可采用 1.5～2m，高度应按装土机械作业确定。中平台可采用型钢支架设置在桥体预埋螺栓上，并应满足强度和稳定性的要求；桥孔较大时，中平台应设置中柱或支架。			
审核人		交接人		接受交底人	

14.6　顶进设备的布置、安装与选用

顶进设备的布置、安装与选用　　　　　　　表 14-6

工程名称		施工单位		编号	
序号	项目	顶进设备的布置、安装与选用内容			
1	顶进设备的组成	(1) 顶进设备应包括液压系统及顶力传递部分。顶力传递设备应按传力要求进行结构设计，并应按最大顶力和顶程确定所需规格及数量。 (2) 顶进液压系统：主要包括高压油泵、控制阀、调节阀、电气集中控制台、油路、压力表、油箱、千斤顶等。顶力传递设备按顶进方法分别由顶铁、顶柱、横梁组成，或由传力支墩、拉杆和拉梁组成。 (3) 顶进设备组成示意图可见图 14.6-1 所示。 顶进设备 ── 液压系统 ── 动力机械——高压油泵；操纵机械——控制阀、调节阀；执行机械——千斤顶（油镐）；辅助装置——油箱、油表、压力表等 　　　　　　传力系统 ── 顶铁——按千斤顶每次冲程更换；顶柱——传递顶力的构件；活动横梁——随箱身顶进前移，将顶力均匀传给顶铁的构件；固定横梁——顶柱横向连接梁，避免复压失稳，均匀传递顶力的构件 图 14.6-1　顶进设备组成示意图			
审核人		交接人		接受交底人	

工程名称		施工单位		编号	
序号	项目	顶进设备的布置、安装与选用内容			
2	顶进设备的选用	（1）高压油泵宜采用柱塞泵。柱塞泵的工作压力可选择在额定压力的60%～70%。高压油泵输出流量应符合顶进速度的要求，并可根据供油量计算，确定高压油泵台数。泵房宜设置在桥体中间，使桥体中线两侧负荷均衡。 （2）千斤顶的工作顶力可按额定顶力的70%进行计算，并应按照最大顶力和纠偏顶力综合确定其配备数量。正向顶进的千斤顶应按桥体中轴线来进行对称布置，如若其型号不同时，应进行对称组合；纠偏千斤顶应布置在斜桥锐角一侧三角顶块的边部，并可加大纠偏顶力的力臂，减少千斤顶用量。 （3）斜桥顶进时，为增大纠偏顶力的力臂，减少千斤顶用量，提出将纠偏千斤顶布置在三角顶块的边部。千斤顶分单作用油缸千斤顶和双作用油缸千斤顶两种。其中单作用油缸千斤顶靠配置拉镐复原，而近期多采用双作用油缸千斤顶，能自动回镐复原。 （4）液压系统油管内径应按流量确定；回油管路主油管的内径不得小于10mm，分油管的内径不得小于6mm。油路应按工艺要求进行布置（图14.6-2），并应安全稳固、密封良好、便于操作。液压油介质宜采用稠化液压油或合面锭子油。 图14.6-2 液压系统布置 1—千斤顶；2—压力继电器；3—远传压力表；4—集油板；5—电磁换向阀；6—电磁溢流阀； 7—单向阀；8—电接点压力表；9—高压油泵；10—交流电动机；11—放气孔； 12—网式滤油器；13—油箱 （5）地道桥分节顶进时，油路宜采用电液和电磁换向联动控制系统。			
3	顶进设备布置	（1）顶入法传力设备中的顶柱和顶铁可采用型钢组焊，按长度6、4、2、1（m）和0.6、0.3、0.2、0.1（m）等几种规格，并根据其传递能力，按千斤顶和后背位置进行布置。顶柱和顶铁可每4～8m长设置一道钢横梁，其间距应便于操作。当顶程较长时，顶柱与横梁应用螺栓连接成受力框架，并可根据需要，在其顶上压重或填土，填土高度宜为1.0～1.5m，并碾压密实，在滑板中部可设置地锚梁。			
审核人		交接人		接受交底人	

工程名称		施工单位		编号	
序号	项目	顶进设备的布置、安装与选用内容			
3	顶进设备布置	(2) 顶拉法传力设备可采用明拉杆和暗拉杆两种，拉杆可采用钢筋、钢绞线或型钢等制成。暗拉杆应设置在桥体底板的预留孔道内，拉杆前端应用螺母（锚具）紧固在前节底板端部的锚块上，尾端通过千斤顶和拉梁后用螺母（锚具）与拉梁紧固。明拉杆应设置在桥体底板顶面，穿过前后节传力支墩预留孔和拉梁后，两端用螺母（锚具）紧固。两种拉杆也可结合使用，桥体顶进就位后根据标高要求应将传力支墩凿除。 (3) 当地道桥顶进时，在滑板分段处可设置地锚梁；当桥尾顶过时，在其预埋钢板上设置钢支墩和钢横梁，并与顶柱楔紧。 (4) 根据桥体尺寸和工艺设计应绘制出顶进传力设备平面布置图（图 14.6-3），和顶拉传力设备平面布置图（图 14.6-4）。 图 14.6-3　顶进传力设备平面布置 1—桥体；2—铁路；3—千斤顶；4—顶铁；5—横梁； 6—顶柱；7—后背梁；8—后背填土；9—后背墙；10—滑板 图 14.6-4　顶拉传力设备平面布置 1—底板；2—传力支墩；3—螺母；4—拉杆；5—钢垫板；6—千斤顶； 7—拉梁；8—护板；9—中继间			
4	顶进设备安装	(1) 千斤顶用的钢垫板、钢托盘和油路等，应按工艺设计安装。安装前，管路应清洗干净，安装后应采取防护措施。使用的液压油应过滤。 (2) 设置千斤顶用的钢尾板厚度一般为20mm，钢板托盘厚度一般为10mm，按工艺设计加工完后安装。常用的液压油为10号或20号机油，或合成锭子油。 (3) 液压系统的千斤顶、高压油泵、电液控制阀、电控箱、各种仪表等各部件，经检修后应进行单体试验，合格后方可安装。全部安装完毕后接通线路进行试运转，油路、控制阀门、千斤顶、油泵、电路及操纵箱等应符合技术要求。			
审核人		交接人		接受交底人	

工程名称		施工单位			编号	
序号	项目		顶进设备的布置、安装与选用内容			
4	顶进设备安装	（4）传力用的顶柱、顶铁、垫板、横梁、拉杆等应按设计规格及数量备齐，经检修后安装。同一节桥体用的拉杆安装应松紧一致；顶柱位置应与顶力线一致，并应与横梁和后背垂直；接缝处应采用钢板楔紧，各行顶铁的松紧度应保持一致。 （5）方向墩和桥体间宜设置导梁或垫板，并应楔紧，前后各墩与导梁垫板间的松紧度应保持一致。 （6）安装桥体顶进测量用的观测尺、水准仪和经纬仪，定位后应对准零点。 （7）观测尺包括水平及高程两种，必须安装在边墙内侧上方的预理件上，保证顶进中不被碰撞。将观测仪器定位后对准观测尺零点，然后将观测尺和仪器稳固，顶进施工中不能扰动。			
审核人		交接人			接受交底人	

14.7　顶进作业施工技术交底

顶进作业施工技术交底　　　　　　　　　　　表 14-7

工程名称		施工单位			编号	
序号	项目		顶进作业施工技术交底内容			
1	顶进准备	（1）对桥体结构和后背应进行全面检查验收，桥体和顶面保护层混凝土强度应达到设计要求。 （2）顶进设备和现场照明安装完毕，顶进液压系统经试运转应符合要求。 （3）观测仪器及观测标点、标尺安装完毕，经校正后应对准基准点，并测出初读数。 （4）顶进范围内的管线和障碍物迁移防护完毕。线路加固应经有关单位检查验收。 （5）顶进施工涉及铁路、市政、交通各有关业务部门应按协议作施工配合准备，派驻现场的值勤人员应上岗。 （6）挖土顶进和线路加固应签订施工配合协议，明确各自的工作范围和职责，确定双方联络人员；并应规定挖土方法、每次挖掘进尺、作业联系信号；备用的抢险物资等应落实；应接通与就近车站联系专用电话，安排值班人员。 （7）应建立现场指挥机构，编制跟班作业人员表，且应明确其分工和职责，责任落实到人。 （8）申报的铁路慢行应办理批准手续，并应确定线路加固、桥体顶进和线路恢复作业时间、防护人员及防护设施等措施应落实到位。 （9）顶进作业需要的机械设备、劳力和物资应进入现场，各种人员应到岗并应做好顶进前的技术交底工作。			
2	顶进挖运土方	（1）挖土应在列车运行的间隙时间内进行，每米工作面上宜布置 1～2 人；按照侧刃脚坡度及规定的进尺应由上往下开挖，侧刃脚进土应在 0.1m 以上。开挖面的坡度不得大于 1∶0.75，并严禁逆坡挖土，不得超前挖土，应设专人监护，严禁扰动基底土壤。挖土的进尺可根据土质确定，宜为 0.5m；当土质较差时，可按千斤顶的有效行程掘进，并随挖随顶防止路基塌方。			
审核人		交接人			接受交底人	

工程名称		施工单位		编号	
序号	项目	顶进作业施工技术交底内容			

序号	项目	顶进作业施工技术交底内容
2	顶进挖运土方	（2）装运土方视作业面配备施工机械，应将土运至工作坑以外妥善位置。装土机械作业时，不得扰动路基边坡脚土层，以免造成塌方。顶进时底板前端不得存土或停放机械。 （3）设有中刃脚时，上下两层，不得挖通；平台上不应存土，并宜设置扶手和上下扶梯。 （4）列车通过时，挖土人员和施工机械应避至安全地带。挖土方时，其挖土工具不得接触钢轨，防止联电干扰铁路信号。 （5）当发生路基塌方影响行车安全时，应立即与有关单位联系，并迅速组织抢修加固。必要时，应提前对列车发出停车信号。
3	箱涵桥顶进	（1）当桥体起动时，各部位及观测点应设有专人观察情况。开泵后，每当油压升高5～10MPa时，应停泵检查一次，发现异常应及时处理。 （2）桥体在滑板上空顶时，应根据偏差及时调整轴线两侧顶力，使桥体沿设计轴线方向入土。 （3）桥体吃土顶进和挖运土应循环交替进行，并应按联系信号在列车运行的间隙时间内完成。列车通过时应停止顶进。 （4）在每次顶进前应检查液压系统、传力设备、刃脚、后背与滑板等变化情况，发现异常应及时处理。顶进时，作业人员应站在安全地带，顶进设备严禁在受力情况下进行维修和调整，严禁在顶铁上站人，以防高压油喷出或顶铁崩起伤人。 （5）每次顶进后接换顶铁和顶柱时，应按轴线方向调直，其接触面应用钢板楔紧。顶柱上方应及时压土，确保传力设备的稳定性。 （6）顶进中，观测人员应对每一项的进尺、轴线和高程偏差、千斤顶开启数量、油泵压力、即时顶力等进行记录，并应将顶进偏差用报表及时通知现场指挥人员采取措施矫正。顶进过程中停顶时间不宜超过24h，以免增大阻力。 （7）地道桥顶进前，应将线路加固梁下的木楔松动，或采取钢柱滚动等措施以减小桥体顶面阻力，防止线路横移，并在列车通过前楔紧；应及时将路基开挖断面前已进入破坏棱体内的横梁支撑垫木前移，以免塌方。 （8）在顶进过程中，每顶一次或列车通过一次都应及时检查和校正铁路线路的水平位置、轨距、轨顶标高和行车动态下的挠度变化，并应在下一次列车到达前调整好。应有专人经常检查吊轨与枕木、吊轨和横梁、横梁与纵梁的连接螺栓和支撑垫的稳固程度，发现松动应立即紧固。所有加固部件和料具不得侵限，确保行车安全。 （9）桥体分节顶进时，应经常检查布镐槽、顶拉传力设备、钢护板、钢搭榫、剪力绞和导向设施等的工作状况，发现问题应及时处理。 （10）在桥体入土前应利用方向墩严格控制多节桥体轴线一致，入土后应及时调整桥体四周接缝的宽度，使其保持一致，运土车道处的接缝应采用钢板遮盖，防止桥体偏转或接缝进土增大阻力。桥洞长度超过60m，采用机械挖运土时，宜安装排烟通风设备。
4	箱涵桥顶进纠偏	（1）顶进轴线偏差的调整：斜桥顶进，必须分阶段计算出入土后的纠偏顶力，编制出纠偏千斤顶的启用操作程序，作为理论纠偏依据。因影响地道桥顶进偏差的因素很多，应结合实测偏差进行矫正。当偏差值较小时，可采取调整千斤顶的力臂（距轴线距离）进行矫正。 1）正桥顶进产生偏差时，可调整轴线两侧顶力或两侧刃脚切土量进行矫正；

审核人		交接人		接受交底人	

工程名称			施工单位		编号	
序号	项目		顶进作业施工技术交底内容			
4	箱涵桥顶进纠偏		2）斜桥顶进可采用调整轴线两侧顶力纠偏，按照纠偏操作程序和千斤顶的即时工作顶力，结合实测偏差进行矫正。当超过允许偏差时，应在顶进中跟踪监测，并试调两侧顶力逐渐矫正归位； 3）当桥体斜度较小时，可采用动态自动纠偏，按监测的偏差自动调整轴线两侧油压矫正。 （2）顶进高程偏差的调整：地道桥顶进高程偏差较难控制，特别是在软地基中顶进，须由设计和施工单位共同商研解决顶进中的扎头。应先从设计桥体本身开始，解决好前后悬臂的重量平衡，只靠顶进中采取的措施是远远不够的。桥后端尾墙，既能平衡桥体前端重量，又能解决桥体就位后修筑挡墙挖基的困难，尾墙长度在设计阶段就应予以充分考虑。当路基土质较好时，尾墙长宜为桥高的 0.35～0.40 倍，砂土路基应在桥高的 0.40 倍以上。 1）偏高的调整： ① 偏高时应向下调整底刃脚的角度或将前端超挖略低于底板，应逐渐调整归位； ② 当因挖土宽度不够，或侧刃脚切落土方多而造成底部切工量过大而抬高桥体时，应按断面挖土到位，减小侧刃脚切土量，及时清除塌落土方。 2）偏低的调整： ① 在土质中顶进地道桥产生扎头现象时，宜增加底刃脚向上翘的角度，增大侧刃脚的上部切土量，加大墙体附近船头坡的吃土量，在挖土坡面上支顶； ② 在软土质中顶进地道桥产生扎头现象时，除可采用取上述几项措施外，还可设置中刃脚切土，应将施工机械停在桥体后端临时配重，在底板前换铺片石、砂砾石或浇筑升坡的速凝混凝土，也可在底板前打桩。			
5	箱涵桥顶进中的结构变形控制		（1）对宽度大于 45m，顶程大于 40m 的桥体，在设计和施工中应有变形和裂缝的控制要求，必要时宜做顶进受力变形模拟试验。 （2）施工单位应按设计部门对墙体、底板和顶板等提出的变形要求，经常观测桥体变形和开裂情况，并做出记录。当观测变形值发展较快时，应停止顶进，并与设计部门研究制订出控制措施后方可继续顶进。桥体就位后的最终变形，不应超过设计允许值。 （3）纠偏应小纠、勤纠，防止大偏大纠，减少因纠偏而引起的非正常变形。 （4）宽大箱形桥底板在坚硬的地基中顶进时不宜设置船头坡。顶进时，可在底板跨中临时配重，以减小挠曲变形。当地基土壤较弱时，为了防止桥体顶进中的扎头现象，可在跨度 1/4 处到墙边的底板前端设置船头坡。 （5）挖土应严格控制高程，底部应清理平整。当发现底板隆起变形时，应采取措施，减小隆起变形。			
审核人			交接人		接受交底人	

487

14.8 测量监控与恢复线路施工技术交底

测量监控与恢复线路施工技术交底　　　　　　　　表 14-8

工程名称			施工单位		编号	
序号	项目	测量监控与恢复线路施工技术交底内容				
1	测量监控	对于软土地基的地道桥顶进工程，往往缺少成熟的经验和切实的定量分析方法，对工程地质和周围环境调查不实或疏漏而导致工程施工发生困难。加上地道桥顶进施工时列车不间断运行，又受气候变化的影响，路基边坡塌方、便梁下沉、围护结构失稳、箱身顶进"扎头"等现象时有发生。所以加强顶进施工监测，使问题及早发现，及时得到处理，将大大减少出现事故的可能性。 　　(1) 施工监测的目的： 　　1) 根据监测结果，发现可能发生危险的先兆，判断工程的安全性，防止工程破坏事故和环境事故的发生，采取必要的工程措施； 　　2) 以施工监测的结果指导现场施工，进行信息反馈优化设计，达到优质、安全、经济合理、施工快速的目的； 　　3) 将现场监测的结果与理论预测值相比较，用反分析法求得更准确的设计参数，以指导下阶段施工。软土地基地道桥顶进施工监测工作主要有：铁路路基边坡、工作坑围护结构、线路便梁支墩、顶进作业过程。 　　(2) 施工监测的基本内容：根据软土路基地道桥顶进施工设计文件和施工组织设计来制订监测方案，进行施工监测设计，其基本内容有： 　　1) 工程概况：工程水文地质条件、工作坑围护结构、铁路路基列车运行、季节气候及周围环境等；监测的目的、内容和监测点的布置； 　　2) 监测实施的具体方案：检测仪器的选择、标桩的埋设、测试的频次、记录报表的格式、内容等；报警值及应急措施等。				
2	恢复线路	地道桥箱身全部按设计顶进就位后，要做好以下各项工作，才能恢复线路、办理交接。 　　(1) 填塞箱身间隙：多个箱身顶进就位后，箱间留下空隙应用 C15 细石混凝土灌满捣实。顶面应高于箱顶 3~5cm 并向两侧作泄水坡，这样，可以避免箱间积水，预防出现端墙渗漏、冒吐白浆现象。 　　(2) 斜交时设过渡段：箱身与线路斜交时，线路上铺设的轨枕一端着力于箱身，另一端着力于回填的碴土上，由于软硬不一，开通后线路易出现三角坑、列车摇晃，造成病害。为此应在便梁拆除前，用浆砌片石砌筑台阶式过渡段。一般深度不少于 2m，坡度不陡于 1:1.5，台阶式布置。 　　(3) 拆除施工便梁：在箱体顶部先铺设底砂，再铺设石碴，串镐捣实。按拆除作业顺序卸螺栓扣件，解体便梁抽出横梁，吊装运走纵梁，开通既有线路。 　　(4) 铺设护轨：按铁路技术管理规程要求，大型立交桥都要铺设护轮轨，把原有轨枕更换为带有护轮轨孔的钢筋混凝土轨枕，铺设护轮轨、铁梭头。 　　(5) 浇筑电缆槽道：箱桥顶进施工前，铁路路基及坡脚下埋设的各种管线、电缆都开挖出来，暂绑扎在便梁或临时支架上。顶进施工结束，应抓紧浇筑电缆槽道，及时使各种电缆归位，防止被盗、损坏。 　　(6) 箱桥台帽栏杆的安设：为了确保铁路作业人员和公路行人安全，立交桥两侧都要设置台帽和栏杆。 　　(7) 验收交接：桥上线路经验收合格，取消慢行，恢复正常速度，移交竣工文件，与工程业主部门办理交接手续。				
审核人			交接人		接受交底人	

14.9 质量标准与验收

<table>
<tr><td colspan="3" style="text-align:center">质量标准与验收</td><td style="text-align:right">表 14-9</td></tr>
<tr><td>工程名称</td><td colspan="2">施工单位</td><td>编号</td></tr>
</table>

序号	项目	质量标准与验收内容
1	工作坑	(1) 工作坑开挖不得扰动基底土,当发生超挖,严禁用土回填。 (2) 施工时应采取使边坡稳定,防止塌方的措施。 (3) 基底不得被水浸泡或结冻,其承载力应符合设计要求。 (4) 工作坑开挖的允许偏差应符合表 14.9-1 的规定。 **工作坑开挖的允许偏差** 表 14.9-1 见下表

工作坑开挖的允许偏差 表 14.9-1

序号	项目	允许偏差 (mm)	检验频率		检验方法
			范围	点数	
1	坑底高程	±30	每座	5	用水准仪测量
2	轴线位移	50	每座	2	用经纬仪测量
3	工作坑尺寸	不得小于设计要求	每座	4	用尺量
4	边坡坡度	不得大于设计要求	每座	4	用尺量

序号 2 项目 滑板及润滑隔离层

(1) 滑板及润滑隔离层使用的原材料、配合比、强度或密实度应符合设计要求。
(2) 方向墩的位置、尺寸应符合设计要求。
(3) 润滑隔离层应摊铺均匀、平顺,厚度应符合设计要求。
(4) 滑板允许偏差应符合表 14.9-2 的有关规定。

滑板允许偏差 表 14.9-2

序号	项目	允许偏差 (mm)	检验频率		检验方法
			范围	点数	
1	平面尺寸	不得小于设计院要求	每座	4	用尺量
2	平整度	±3	每座	6	用 3m 直尺测量
3	厚度	不得小于设计院要求	每座	4	用尺量
4	顶面高程	+50	每座	6	用水准仪测量
5	中心线	30	每座	2	用经纬仪测量

序号 3 项目 后背

(1) 后背使用的原材料、配合比、强度应符合设计要求。
(2) 后背墙后回填土的土质和密实度应符合设计要求。
(3) 后背梁的顶力作用面应平直,并应垂直于桥体中心线。
(4) 各种形式后背墙允许偏差应符合表 14.9-3~表 14.9-5 的规定。

审核人		交接人		接受交底人	

工程名称		施工单位		编号	
序号	项目	质量标准与验收内容			

钢筋混凝土后背墙允许偏差 表 14.9-3

序号	项目	允许偏差（mm）	检验频率 范围	检验频率 点数	检验方法
1	混凝土抗压强度	符合设计要求	—	—	压试块
2	断面尺寸	±5	每构件	2	用尺量
3	长度	±20	每构件	1	用尺量
4	顶面高程	±20	每座	4	用水准仪测量
5	墙面垂直度	不得大于 0.5%H	每座	4	用垂线或经纬仪测量
6	麻面	每侧不得超过该侧面积1%	每构件	1	用尺量麻面总面积
7	墙面平整度	±5	每构件	1	用 2m 直尺或小线量最大值
8	桥面水平线与桥中心线垂直度	不得大于 0.3%L	每座	2	用尺量
9	缝宽	不得大于 20	每座	4	用尺量

注：表中 H 为构筑物高度（mm），L 为构筑长度（mm）。

钢板桩后背墙允许偏差 表 14.9-4

序号	项目	允许偏差（mm）	检验频率 范围	检验频率 点数	检验方法
1	桩垂直度	不得大于 1%H	每根桩	1	用垂线量
2	墙面水平线与桥中心线直度	不得大于 0.3L	每根桩	1	用尺量

注：表中 H 为构筑物高度（mm），L 为构筑物长度（mm）。

砌筑后背墙允许偏差 表 14.9-5

序号	项目	允许偏差（mm）	检验频率 范围	检验频率 点数	检验方法
1	砂浆强度	符合设计要求	—	—	压试块
2	断面尺寸	不得小于设计要求	每座	6	用尺量，长、宽、高各量1点
3	顶面高程	±20	每座	4	用水准仪测量
4	墙面垂直度	不得大于 0.5%H	每座	4	用垂线量
5	墙面平整度	20	每座	4	用 2m 直尺或小线量最大值
6	桥面水平线与桥中心线直度	不得大于 0.3%L	每座	2	用尺量

注：表中 H 为构筑物高度（mm），L 为构筑物长度（mm）。

（序号 3，项目：后背）

审核人		交接人		接受交底人	

工程名称		施工单位		编号	
序号	项目	质量标准与验收内容			

<table>
<tr><td rowspan="30">4</td><td rowspan="30">桥体预制</td><td colspan="4">（1）模板及支撑不应有松动、跑模、漏浆或下沉等现象；模内必须洁净；预留拱度应符合设计要求。模板安装允许偏差应符合表14.9-6的规定。</td></tr>
</table>

模板安装允许偏差　　　　　　　　　表14.9-6

序号	项目		允许偏差（mm）	检验频率		检验方法
				范围	点数	
1	表面平整度	刨光模板	3	每节每孔或者每墙	4	用2m直尺检验
		不刨光模板	5		4	用2m直尺检验
		钢模板	3		4	用2m直尺检验
2	垂直度		0.1％H且不得大于6		2	用垂线或经纬仪测量
3	模内尺寸		+3～-8		3	用尺量，长、宽、高各计1点
4	轴线位置		10		2	用经纬仪测量，纵、横各计1点
5	支撑面高程		+2～-5	每个支撑面	1	用水准仪测量
6	高程		+10	每孔	1	用水准仪测量
7	螺栓、锚筋等预埋件	位置	10	每个预埋件	1	用直尺
		外露长度	±10		1	用直尺
8	预留孔洞	位置	15	每个预留孔洞	1	用直尺
		高程	±10		1	用水准仪测量

注：表中H为构筑物高度（mm）。

（2）钢筋、焊条和预埋件，其品种、规格和质量应符合设计要求；钢筋的各种焊接接头，应按规定取样试验，其力学性能应符合设计要求；骨架同一截面受力钢筋的接头数量与搭接长度应符合现行行业标准《钢筋焊接及验收规程》JGJ 18—2012的要求。钢筋加工及安装允许偏差应符合表14.9-7的规定。

（3）水泥混凝土的原材、配合比、强度和抗渗都必须符合设计院的要求。桥体预制允许偏差应符合表14.9-8的规定。

钢筋加工及安装允许偏差　　　　　　　表14.9-7

序号	项目	允许偏差（mm）	检验频率		检验方法
			范围	点数	
1	受力钢筋顺长度方向的全长净尺寸	±10	每孔底、顶板、墙	4	用尺量
2	弯起钢筋的位置	±20	每孔底、顶板、墙	4	用尺量
3	箍筋内边距离尺寸	±3	每孔底、顶板、墙	5	用尺量
4	主筋横向位置	±7.5	每孔底、顶板、墙	4	用尺量
5	箍筋位置	±15	每孔底、顶板、墙	5	用尺量
6	箍筋的不垂直度	15	每孔底、顶板、墙	5	用吊线和尺量
7	钢筋保护层	±5	每孔底、顶板、墙	6	用尺量
8	其他钢筋位置	±10	每孔底、顶板、墙	4	用尺量

审核人		交接人		接受交底人	

工程名称		施工单位		编号	
序号	项目	质量标准与验收内容			

| | | **桥体预制允许偏差** | | | | 表 14.9-8 |

4　桥体预制

序号	项目	允许偏差 (mm)	检验频率 范围	检验频率 点数	检验方法
1	混凝土抗压强度	符合现行《铁路桥涵工程施工质量验收标准》TB/J 10415—2003	—	—	检验方法
2	宽度	±50	每节	5	按照《普通混凝土力学性能试验方法标准》GB/T 50081—2002 要求进行检测
3	高度	±50	每节	5	用尺量,沿全长端部、L/4 处和中间各计 1 点
4	轴向长度	±50	每节	4	用尺量,两侧上、下计 1 点
5	顶、底板厚度	±20～5	每节	8	用尺量,端部顶、底板各计 2 点
6	中、边墙厚度	+20～5	每节每墙	2	用尺量,端部各计 1 点
7	梗胁	±3%	每节每墙	2	用尺量
8	侧向弯曲	L/1000	每节每墙	2	沿构件全长拉线,量最大矢高,左右各 1 点
9	墙面垂直度	不得大于 0.15%H 且不得大于 10	每节每墙	4	用垂线或经纬仪测量,前后各计 1 点
10	麻面	每侧不得超过该面积 1%	每节	—	用尺量麻面总面积
11	墙面平整度	5	每节每墙	4	用 2m 直尺或小线量取最大值,每侧前后各计 1 点
12	桥面平整度	5	每 50m²	1	用 2m 直尺或小线量取最大值

注：表中 H 为构筑物高度（mm），L 为构筑物长度（mm）。

5　桥体防水

(1) 防水层应坚固、耐久、弹韧性强、防水性能好，并应符合与桥面粘结性的要求。

(2) 防水涂料应涂刷均匀，厚度一致。防水层应平整，粘贴牢固，不应有褶皱、破损、鼓疤、翘边、脱层、滑动和封口不严等缺陷。

(3) 保护层应符合设计要求。

(4) 接缝防水应符合设计要求。

(5) 桥面防水层允许偏差应当符合表 14.9-9 的规定。

| 审核人 | | 交接人 | | 接受交底人 | |

工程名称			施工单位		编号	
序号	项目		质量标准与验收内容			

序号 5　项目：桥体防水

桥面防水层允许偏差　　　　　　　　　　表 14.9-9

序号	项目	允许偏差（mm）	检验频率		检验方法	
			范围	点数		
1	搭接宽度	不小于 100	每 20 延米	1	用尺量	
2	保护层平整度	5	每 50m²	1	用 2m 直尺量取最大值	

（1）桥体顶进中应及时检查顶力系统和桥体各部位的受力状态，确保安全顶进就位。

（2）桥体顶进就位线应符合设计要求。

（3）桥体顶进就位允许偏差应符合表 14.9-10 的规定。

桥体顶进就位允许偏差　　　　　　　　　　表 14.9-10

序号	项目		允许偏差（mm）	检验频率		检验方法
				范围	点数	
1	中线	一端顶进	200	每座或每节	2	测量检查
		两端顶进	100	每座或每节	2	测量检查
2	高程		1‰顶程并偏高≤150 偏低≤200	每座或每节	2	测量检查
3	相邻两节高差		50	每孔	1	用尺量，每个接头计 1 点

序号 6　项目：施工测量

（1）地道桥施工前，应对设计单位所交付的有关测量基线与水准基点进行核对。

（2）导线方位角闭合差应符合 $\pm 40\sqrt{n}\ ('')$ 的要求（式中 n 为测站数）。

（3）水准点闭合差应符合 $\pm 12\sqrt{L}$（mm）的要求（式中 L 为水准点之间的水平距离，单位 km）。

（4）直接丈量测距允许偏差应符合表 14.9-11 的规定。

直接丈量测距允许偏差　　　　　　　　　　表 14.9-11

主要项目		精度
固定桩间距和桥各部位间距离	＜200mm	1/5000
	200～500m	1/10000
	＞500m	1/20000

审核人		交接人		接受交底人	